일제하 도서지역의 민족운동과 사회운동
- 소안도·암태도·하의도 등의 사례 -

일제하 도서지역의 민족운동과 사회운동
- 소안도·암태도·하의도 등의 사례 -

박찬승 지음

경인문화사

책을 내면서

이 책은 일제하 전라남도 완도군, 진도군, 무안군 등 도서지역에서 전개된 민족운동과 사회운동을 정리한 것이다. 이 글에서는 이 책을 쓰게 된 과정과 그 내용에 대해 간단히 설명하고자 한다.

1990년 9월 필자는 전남 무안군 청계면에 있는 목포대 사학과에 전임강사로 부임하였다. 이후 11년 동안 목포대에 근무하면서 전남 서남해안 도서지역의 역사에 대해 연구하고 글을 쓸 기회가 있었다. 당시 목포대에는 도서문화연구소(현재는 도서문화연구원)가 있었는데, 이 연구소에서는 매년 섬 하나를 선정하여 역사학, 민속학, 사회학, 경제학 등 다양한 분야의 교수들이 연구를 진행하여 각각 논문 한 편씩을 썼고, 이를 모아서 『도서문화』라는 학술지를 발간하였다.

1993년 필자도 이 연구에 참여하였는데, 첫 번째 연구 대상이 된 섬이 바로 완도군 소안도였다. 소안도의 항일 민족운동에 대해서는 이미 1980년대에 동덕여대에 강의를 나가면서 이균영 교수님으로부터 이야기를 많이 들었기 때문에 친숙한 편이었다. 이균영 교수님은 1989년 『사회와 사상』(한길사 간) 8월호에 「해방의 땅, 소안도」라는 글을 발표한 바 있었다. 당시 이균영 교수님은 소안도에서 서울까지 올라오신 김진택이라는 분이 가지고 온 자료(재판기록과 신문기사)들을 토대로 하고, 또 현지답사까지 해서 이 글을 썼었다. 그

즈음 소안도의 김진택 선생을 비롯하여 여러분은 '소안항일운동사료편찬위원회'를 구성하여 1990년에 『소안항일운동사료집』을 출간했다.

1993년 필자는 소안도에 대한 논문을 쓰기 위해 김진택 선생께 연락을 드렸고, 김진택 선생은 이번에는 목포대학교로 필자를 찾아와 사료집과 새로 찾은 자료들을 건네주셨다. 그리고 마침 목포대학교 청계캠퍼스 부근의 요양원에 계시던 이월송이라는 분을 소개해주셨다. 이월송 선생은 소안도 출신으로 중동학교에 다니면서 학생운동에 참여했고, 일본을 거쳐 중국으로 건너가 임정에도 관계했던 분이었다. 이월송 선생은 자신의 활동을 정리한 자서전 초고를 갖고 계셨고, 필자의 질문에도 자세하게 답해주셨다. 이러한 과정을 거쳐 필자는 1993년 「일제하 소안도의 항일민족운동」이라는 논문을 『도서문화』 11집에 발표했다.

이어서 1994, 95년에는 약산면 조약도(일명 약산도), 고금면 고금도에서의 항일운동에 대한 연구가 진행되었다. 조약도와 고금도는 일제하에서는 고금면에 함께 속해 있었고, 서로 연결을 가지면서 농민조합을 통한 항일운동을 주로 했기 때문에 두 편의 연구는 그대로 이어지는 것이었다. 이 연구들은 『도서문화』 12집과 13집에 발표되었다. 소안도와 고금도, 약산도에서의 항일운동을 연구하면서 이들 섬에서 해방 이후부터 한국전쟁까지의 시기에 많은 이들이 목숨을 잃었고, 그 가운데에는 항일운동에 참여했던 이들도 상당수 있었다는 말을 들었다. 당시로서는 이 연구까지 하기는 어려워서 훗날로 미뤄두었다. 이후 1998년 완도군 본섬(체도)에서의 항일운동에 대해서도 연구에 참여하긴 했으나, 『도서문화』에 싣지는 못하고, 2001년에야 『지방사와 지방문화』 4-1에 실었다.

한편 김진택, 정병호 선생 등 완도군의 뜻있는 분들이 '(사)완도군항일운동기념사업회'를 조직하여 2000년에 『완도군항일운동사』(역사비평사)라는 사료집 겸 논문집을 출간하였다. 필자는 김진택 선생을 도와 이 책을 만드는 작업에 참여하여 완도군 항일운동과 관련된 각종 사진, 신문기사, 재판기록, 관련 논문과 에세이 등을 모아 정리했다. 김진택 선생은 이 책의 출간을 목전에 두고 과로로 세상을 떠나셨다. 김진택 선생은 1980년대부터 완도와 서울을 왕래하면서 신문기사와 재판기록 등을 모으는 데 주력했고, 사료집을 편찬하는 데 온 힘을 기울이셨다. 그 결과 훌륭한 자료집을 만들 수 있었다. 이 자료집을 토대로 하여 이후에 완도군 출신의 많은 항일운동가들이 정부로부터 독립유공자로 포상을 받을 수 있었다. 2024년 말 현재 완도군에 본적을 둔 독립유공자는 모두 90명에 달한다.

한편 도서문화연구소에서는 1996년 신지도에 대한 공동연구도 진행했으나, 신지도에서는 큰 규모의 항일운동이 없어서 필자는 참여하지 못했다. 그러나 신지면의 서을윤, 정원채 선생 등 여러분이 2013년 가을에 서울의 한양대 연구실까지 필자를 찾아오셔서 신지도의 항일운동에 대해서 사료집을 만들고 논문을 써줄 것을 부탁하셨다. 그리하여 2014년 이 작업을 진행하여 『신지도 항일운동사』(한양대출판부)라는 책을 출간하게 되었다.

한편 1997년에는 목포대 교수 몇 분과 함께 한국학술진흥재단의 지원을 받아 진도의 세등리라는 마을에 대한 공동연구를 하게 되었다. 그 결과 「근현대 사회변동과 진도 동족마을 주민의 대응-식민지 시기 세등리를 중심으로-」라는 논문을 써서 2000년에 『지방사와 지방문화』 3-2에 실었다. 이 책의 제6장 「일제하 진도군의 민족운동과 사회운동」은 이를 대폭 수정 보완한 것이다. 이 연구는 필자가 '마을'을 대상으로 한 연구에 착수하는 계기가 되어, 2001년 가을 충남대로 학교를 옮긴 뒤에 필자는 충남대에서 '마을연구팀'을 만들게 된다. 그리고 한국전쟁기 전남과 충남의 5개 마을에서의 있었던 일들을 조사하여 2010년 『마을로 간 한국전쟁』(돌베개)이라는 책을 출간하게 되었다.

이상이 이 책의 제1부 '일제하 완도군·진도군의 민족운동과 사회운동'에 실린 논문들을 쓰게 된 배경이다. 이번에 책을 내면서 과거에 발표했던 논문들을 대폭 수정 보완하여 실었다.

이 책의 제2부는 '무안군 암태도·하의도 등의 농민운동'이다. 현재의 신안군 지역에 해당하는 일제하 무안군의 섬 지역은 1920년대에 암태도, 지도, 자은도, 도초도, 매화도 소작쟁의와 하의도 토지회수투쟁으로 인하여 전국적으로 주목을 받은 지역이었다.

필자는 목포대에 재직 중이던 1999년에 행정학과 손형섭 교수님과 함께 신안군청의 연구 용역을 받아 『하의3도 농지탈환운동 자료집』을 만들게 되었다. 이때 조선왕조실록 등 조선시대 사료, 신문기사, 재판기록 등 자료들을 모두 모아서 검토를 했고, 이를 토대로 하여 「하의3도 농지탈환운동의 전개과정」이라는 상당히 긴 논문을 썼다. 하의 3도의 농지는 조선시대 인조대 정명공주방에 20여 결이 절수되었는데, 이후 정명공주의 시가인 풍산 홍씨 집안에서 하의3도의 농지 전체를 절수받았다고 주장하면서 결당 미 40두씩을 거두어 갔다. 하의3도의 농민들은 이 토지는 자신들이 개간한 자신들의 소유지라고 주장하였고, 풍산 홍씨가에서는 자신들이 사패를 받은 소유지라고 주장하여 양측의 입장이 맞섰다. 이 문제는 대한제국기까지 이어졌고, 결국 풍산 홍씨가가 이 토지를 팔아 일본인의 손에 넘어가게 됨으로써, 하의3도민들은 이제 일본인 지주를 상대로 한 토지회수투쟁을 벌여야만 하게 되었다. 이 문제는 해방 이후에도 잘 해결되지 못한 가운데 한국전쟁 이후 헐값으로 농민들에게 유상분배하는 것으로 결론이 났다. 3백여 년에 걸친 하의도민들의 토지를 되찾기 위한 투쟁을 정리하는 일은 간단치 않았다. 특히 조선시대 하의도민들과 풍산 홍씨가의 주장이 첨예하게 맞서 어느 쪽 주장이 옳은지 판단하기 쉽지 않았고, 자료도 충분치 않았다. 이 책의 제10장은 이와 같은 하의도민들의 3백여 년에 걸친 투쟁을 정리한 것으로, 1997년에 쓴 글을 대폭 수정하였다. 그때 잘못 본 부분도 있고, 또 궁방전에 관한 학계의 새로운 연구성과도 나왔기 때문이다.

한편 필자는 1980년대초 대학원 시절에 암태도에 답사를 다녀온 이후 암태도 소작쟁의에 대해 깊은 관심을 갖고 있었다. 이후 박순동, 송기숙 선생의 논픽션과 소설이 나오긴 했지만, 역사학계에서는 이렇다 할 논문이 나오지 않았다. 이에 필자는 2010년에 동아·조선 등의 신문기사와 재판기록을 정리하여 「1924년 암태도 소작쟁의의 전개과정」이라는 논문을 『한국근현대사연구』 54집에 발표했다. 암태도 소작쟁의는 1920년대 소작쟁의 가운데 가장 대표적인 쟁의이며, 소작료 4할을 요구하여 농민들이 승리한 쟁의로서, 오늘날 고교 한국사 교과서에서도 소개되고 있다. 그럼에도 불구하고 그 과정이 제대로 정확하게 정리되지 못한 상태에 있어, 필자가 이를 시도해 본 것이다. 이번에 책을 내면서 자료를 더 보강하여 구체적으로 정리했다. 하지만 아직도 분명하게 밝히지 못한 부분도 있다. 앞으로 후학들이 보다 완벽하게 정리해줄 것으로 믿는다.

암태도 소작쟁의 이후 그 영향을 받아 지도, 도초도, 자은도, 매화도에서도 소작쟁의가 일어났다. 이에 대해서는 이미 몇 편의 개

별논문이 발표되었기 때문에, 필자는 따로 이를 발표하지 않았으나, 이번에 책을 내면서는 빠뜨릴 수 없어 기존 연구와 새로 나온 자료들을 참고하여 이들 소작쟁의를 제9장에 모아서 정리하였고 서로 비교도 해보았다.

이들 서남해안의 섬들에는 임진왜란 이후 사람들이 들어가서 농지를 개간하여 살기 시작했다. 그런데 당시 왕실의 궁방들이 이들 섬을 궁방전으로 하사를 받아, 이들 섬의 토지 소유권 문제는 복잡하게 되었다. 그 대표적인 사례가 바로 하의도였다. 다른 섬들의 경우에도 비슷한 문제들이 있었고, 결국 통감부시기 역둔토조사 등을 통해 이를 정리하는 작업이 진행되었는데, 하의도를 제외한 다른 섬들은 대부분 민유지로 판정을 받았다. 이들 섬들은 대부분 궁방에 결세 수조권만을 부여한 민결면세지였기 때문이다. 그밖에도 목장토, 둔토 등으로 되어 있는 섬들도 있었다. 필자는 일제시기 농민운동의 전사로서 조선후기 이들 섬들의 역사를 정리하는 것이 필요하다고 생각하여, 이번에 책을 내면서 제7장에 조선후기부터 1910년까지 각 도서의 토지상황을 정리하였다.

필자는 2022년 2월 정년퇴직 후 기존에 썼던 완도, 진도, 신안군의 민족운동과 사회운동에 관한 글들을 모두 수정 보완하여 한 권의 책으로 묶기로 하고, 기존에 썼던 글에 제7장과 제9장을 새로 써서 추가하기로 했다. 그래서 약 2년여의 작업 끝에 이제 이 책을 내게 된 것이다.

필자는 이 책의 제목을 놓고 오랫동안 고민하다가 『일제하 도서지역의 민족운동과 사회운동 -소안도·암태도·하의도 등의 사례-』로 결정하였다. 일제시기에 '민족운동과 사회운동'은 두 가지 의미로 쓰였다. 하나는 '민족주의운동과 사회주의운동'이라는 의미였고, 또 하나는 '항일민족운동과 노동·농민·청년·여성운동'이라는 의미였다. 이 책에서는 후자의 의미에서 민족운동과 사회운동이라는 용어를 쓴 것이다. 그러나 일제하에서 민족운동과 사회운동은 구분되지 않고 겹쳐지는 부분이 많았다. 따라서 이 책의 각 장에서의 서술에서는 양자를 구분하지 않고 같이 서술하였음을 밝혀둔다.

이 책을 쓰면서 수많은 분의 도움을 받았다. 앞서 든 분들 외에도 이 책의 각주에 표시된 것처럼 많은 분이 도움말을 주셨다. 특히 소안도의 김진택, 이월송 선생, 하의도의 김학윤 선생께 이 자리를 빌려 다시 한번 감사의 말씀을 드리고자 한다. 또 목포대와 한양대 대학원생들도 신문기사 정리, 현장조사 동행 등으로 많은 도움을 주었다. 목포대의 유영삼, 박이준, 송태갑, 안대희, 김재훈 등과 함께 조사를 다니던 날들을 잊지 못할 것이다. 또 한양대의 이명종, 김민석, 최은진, 양지혜, 백선례, 정대훈, 정종원 등의 자료정리와 현장 답사 동행도 큰 도움이 되었다. 2024년 8월 암태도 답사 때 안내를 해준 신안군청 이재근 학예사에게도 고마움을 전한다.

목포대 사학과에 재직하던 당시 같은 과의 이해준, 고석규, 이병희, 강봉룡 교수님과 도서문화연구소의 김경옥 교수님이 주셨던 도움과 격려, 공동연구를 같이 했던 나승만, 전봉희 교수님이 주셨던 도움도 잊을 수 없을 것이다. 그리고 2021년 『신안농민운동사자료집』을 편찬하여 이 책의 집필에 크게 도움을 준 목포대 사학과 최성환 교수에게도 역시 감사의 말을 전한다. 또 일본에서 하의도 관련 자료를 수집할 때 도와주신 미즈노 나오키(水野直樹) 교수님과 사호리 신조(佐堀伸三) 선생께도 감사의 말씀을 드리지 않을 수 없다.

그리고 이러한 책을 쓰게 된 동기를 만들어주신 목포대 도서문화연구원, 연구비를 지원해주신 한국학술진흥재단, 자료수집에 적극 협조해주신 완도군청, 신안군청, 진도군청, 완도군 소안면과 신지면, 완도군 항일운동기념사업회 등에도 감사의 말씀을 드린다.

이 책은 필자가 2023년에 낸 『혼돈의 지역사회』(상·하)(한양대출판부)와 자매편이라고 할 수 있다. 『혼돈의 지역사회』는 목포·나주·강진·영광·능주 등 육지에서의 민족운동과 사회운동편이었다고 한다면, 이 책은 도서지역에서의 민족운동과 사회운동이기 때문이다. 이 책을 펴냄으로써 필자는 '전남지역에서의 민족운동과 사회운동' 연구를 어느 정도 마무리할 수 있을 것 같다.

끝으로 이 책의 출판을 기꺼이 맡아주신 경인문화사의 한정희 사장님과, 깔끔하게 편집을 해주신 편집부에게도 감사의 말씀을 전하지 않을 수 없다. 이 책을 1백년 전 불꽃같은 항일운동을 벌였던 소안도 사람들, 소작쟁의에서 빛나는 승리를 거둔 암태도 사람들, 3백여 년간 끈질긴 토지회수투쟁을 벌였던 하의도 사람들에게 바친다.

2025. 1.

저자 박 찬 승

차 례

책을 내면서 4

1부 일제하 완도군·진도군의 민족운동과 사회운동

제1장 일제하 소안도의 민족운동과 사회운동 ·········· 21
  1. 머리말 ·········· 21
  2. 소안도 민족운동·사회운동의 사회경제적 배경 ·········· 23
     1) 경제적 배경 ·········· 23
     2) 사회적 배경 ·········· 27
  3. 소안도 민족운동·사회운동의 전개과정 ·········· 31
     1) 비밀결사운동 : 수의위친계(守義爲親契)와 ·········· 31
        일심단(一心團)
     2) 청년운동 : 배달청년회 ·········· 39
     3) 노농운동 : 노농대성회 ·········· 49
     4) 사상단체 : 살자회 ·········· 53
     5) 교육운동 - 소안학교 ·········· 56
  4. 소안도 민족운동·사회운동의 주체 ·········· 70
  5. 맺음말 ·········· 79

제2장 일제하 완도(본섬)의 민족운동과 사회운동 ·········· 82
  1. 머리말 ·········· 82
  2. 완도 민족·사회운동의 사회문화적 배경 ·········· 83
     1) 정치경제적 배경 ·········· 83
     2) 문화적 배경 - 신교육을 중심으로 ·········· 90

  3. 완도 민족·사회운동의 전개과정 ······························96
    1) 3·1운동 ··96
    2) 청년회운동 ···98
    3) 노농운동 ··102
    4) 신간회운동 ···109
  4. 완도 민족·사회운동 관련 사건 ································112
    1) 완도상회 사건 ··112
    2) 완도면 대신리 신우회 사건 ······························115
    3) 전남운동협의회 사건 ··118
  5. 맺음말 ··124

제3장 일제하 고금도의 민족운동과 사회운동 ···············128
  1. 머리말 ··128
  2. 고금도 민족·사회운동의 사회경제적 배경 ···············129
  3. 1920년의 독립만세운동 ··137
  4. 1930년의 용지포간척지투쟁 ··································140
  5. 1933~34년의 전남운동협의회 사건 ·······················145
  6. 고금도 민족·사회운동의 주체 ·······························154
    1) 독립만세운동 참가자 ··154
    2) 전남운동협의회 참가자 ·····································157
  7. 맺음말 ··160

제4장 일제하 조약도의 민족운동과 사회운동 ···············163
  1. 머리말 ··163
  2. 조약도 민족·사회운동의 사회경제적 배경 ···············164
    1) 경제적 배경 ··164
    2) 사회적 배경 ··170

3. 1920년대 후반 - 1930년대 전반 조약도의 ················ 175
   민족·사회운동
4. 1930년대 중후반 '전남운동협의회재건위원회' 운동 ········ 181
   1) 운동의 주체 ··· 182
   2) 조직과 운동방침 ··· 185
   3) 활동 ·· 195
5. 1930년대 후반 관산리 노동야학운동 ························· 202
6. 맺음말 ·· 204

제5장 일제하 신지도의 항일민족운동 ·························· 207
1. 머리말 ·· 207
2. 신지도 항일민족운동의 배경 ······································ 208
   1) 역사적·사회적 배경 ··· 208
   2) 신교육보급운동과 그 좌절 ···································· 213
3. 신지도의 항일민족운동 관련 사건 ······························ 216
   1) 신지학술강습소 사건 ·· 216
   2) 신지주재소 태극기 설치 사건 ······························· 221
   3) 유언비어 유포사건 ··· 222
4. 신지도 출신의 항일민족운동가 ·································· 223
5. 맺음말 ·· 232

제6장 일제하 진도군의 민족운동과 사회운동 ················ 236
1. 머리말 ·· 236
2. 진도군 민족·사회운동의 사회경제적 배경 ················· 237
   1) 진도군의 주요 성씨와 동족마을 ··························· 237
   2) 주요 지주와 토지소유 ·· 241
   3) 근대 교육의 출발 ··· 247

4) 진도의 유력자 ···248
　3. 1920년대 진도군의 민족운동과 사회운동 ··················250
　　1) 3·1운동 ···250
　　2) 농민운동 ···254
　　3) 청년운동 ···260
　4. 1930년대 자각회의 결성과 적색농민조합 운동 ············263
　　1) 자각회의 결성과 해산 ·······································264
　　2) 진도적색농민조합의 결성 ···································270
　5. 맺음말 ··281

2부 일제하 무안군 암태도·하의도 등의 농민운동

제7장 일제하 무안군 도서지역 농민운동의 역사적 배경 ······287
　　- 조선후기~1910년 각 도서의 토지 상황을 중심으로 -
　1. 조선후기 나주목 소속 섬들의 상황 ··························287
　2. 조선후기 궁방전의 역사와 유형 ·······························291
　3. 조선후기 하의3도 토지의 상황 ·······························298
　4. 조선후기~1910년 비금도·도초도·자은도 토지의 상황 ······311
　5. 조선후기~1910년 암태도 토지의 상황 ·······················317

제8장 1920년대 중반 암태도의 소작쟁의 ·······················324
　1. 머리말 ··324
　2. 암태도 소작쟁의의 배경 ···328
　　1) 암태도의 사회·문화와 토지의 내력 ······················328
　　2) 문씨가의 지주로의 성장과 지주 경영 ···················334
　　3) 1920년대초 소작쟁의의 영향 ······························339

3. 암태도 소작쟁의의 전개과정 ···································346
      1) 암태소작인회의 조직과 소작료 인하 요구 ··············346
      2) 지주측과의 충돌과 소작인회 간부들의 구속 ············350
      3) 소작인들의 두 차례 목포 원정시위 ·······················359
   4. 지주측과의 타협과 지주·소작인회의 재충돌 ···············371
      1) 지주측과의 타협 ···371
      2) 지주측의 약속 불이행과 보복 ·······························378
      3) 지주·소작인회의 재충돌 ·······································389
   5. 맺음말 ··398

제9장 1920년대 중반 지도·도초도·자은도·매화도의 ··············403
     소작쟁의
   1. 머리말 ··403
   2. 지도 소작쟁의 ···407
      1) 지도소작인공조회의 조직 ·····································407
      2) 경찰의 소작인공조회 간부 연행 ····························414
      3) 소작인공조회측의 승리 ··416
   3. 도초도 소작쟁의 ··421
      1) 도초소작인회의 조직 ···421
      2) 소작인회와 경찰의 충돌 ······································425
      3) 지주·소작인회 협상의 실패 ··································434
   4. 자은도 소작쟁의 ··441
      1) 자은소작인회의 조직 ···441
      2) 다도농담회의 조직과 소작인회와의 충돌 ················444
      3) 소작인회의 절반의 승리 ······································451
   5. 매화도 소작쟁의 ··453
      1) 매화도와 지주 서인섭 ···453

2) 매화도농민조합의 조직과 소작쟁의 ·················459
　　3) 농민조합측의 패배 ································468
　6. 맺음말 ···471

제10장 조선후기~해방직후 하의 3도의 농지탈환운동 ··········480
　1. 머리말 ···480
　2. 조선후기 하의 3도와 정명공주방 ······················483
　　1) 정명공주방의 하의 3도 농지 절수 ················483
　　2) 영조대 이후 하의 3도 농민들의 홍씨가를 ··········493
　　　상대로 한 농지탈환운동
　3. 한말 하의 3도 농민들의 농지탈환운동 ···············500
　　1) 한말 내장원의 하의삼도 농지 귀속 ················500
　　2) 홍씨가의 농간과 부당이익 반환소송 ···············501
　4. 식민지 시기 하의 3도 농민들의 농지탈환운동 ········510
　　1) 일본인 지주 우콘과 하의도민의 이른바 ············510
　　　토지소유권 확인소송 강제 화해
　　2) 일본인 지주 도쿠다 야시치와 도민 간의 갈등 ········521
　　3) 하의농민조합 운동 ································534
　5. 해방후 하의 3도 농민들의 농지탈환운동 ··············549
　　1) 미군정하 신한공사의 출현과 3·1 소작제 실시 ········549
　　2) 하의 3도의 소작료 불납동맹과 7·7도민봉기 ··········554
　　3) 정부수립 후 하의 3도 농지소유권 분쟁의 해결과정 ···563
　6. 맺음말 ···569

• 참고문헌　576

• 인명 찾아보기　585

〈일러두기〉

1. 이 책에 나오는 인명 가운데 원자료에서 정확히 확인할 수 없는 경우에는 ○ 또는 □ 로 표기하였다(예:홍○동).
2. 이 책에서 인용한 신문기사, 재판기록 가운데에는 현대문으로 다듬어 표기한 경우가 많다.

1부

일제하 완도군·진도군의 민족운동과 사회운동

제1장
일제하 소안도의 민족운동과 사회운동

1. 머리말

　완도군이 처음으로 군이 된 것은 1895년의 일이었다. 그전까지 완도군의 섬들은 강진, 해남, 장흥군 등에 속해 있었다. 1895년 개화파 내각은 고금도 유배에서 풀려난 이도재(李道宰)의 건의를 받아들여 완도군을 비롯하여, 지도군과 돌산군 등 3개 도서지방의 군을 새로이 설치하였다. 이에 따라 완도군에는 1896년 군수 이규승(李圭昇)이 처음 부임해오고 관아와 향교가 설치되었다. 1914년 조선총독부는 군과 면의 통합을 단행했는데, 그 결과 완도군은 8개 면으로 구성되었다. 8개 면은 군내면, 군외면, 고금면, 신지면, 금일면, 청산면, 소안면, 노안면 등이었다.

　일제강점기, 특히 1920년대에 완도군에서 항일민족운동이 가장 활발하게 전개된 곳은 소안면의 소안도였다. 1920년대 소안도에서 전개된 항일민족운동은 노농연합대성회사건, 소안학교폐교와 복교운동, 배달청년회사건, 그리고 송내호의 순국 등이 당시의 신문들에 대서특필되면서 널리 알려졌지만, 그 이후 세상에 묻혔다. 그러나 1980년대 말 이균영교수의 「해방의 땅, 소안도」라는 글이 발표되면서 소안도의 민족해방운동은 이제 '현실'로서가 아니라 '역사'로서 다시 세상에 알려지기 시작했다.[1] 이후 소안도 현지에서는 주민들이 성금을 모아 1990년 6월 '소안항일운동기념탑'을 건립하였고, 아울러 『소안항일운동사료집』을 펴냈으며, 이 일이 언론에 보도되면서 각 언론에서는 소안도의 항일운동을 보다 자세하게 일반에 소개하기에 이르렀다. 그리하여 이균영교수의 글이 발표된 지 몇 해 되지 않아 소안도의 항일민족운동은 전국적으로 유명해지게 되었으며, 연구자들도 더욱 깊은 관심을 표명하여 송내호와 송기호 형제의 민족운동에 관한 연구도 나오게 되었다.[2]

하지만 소안도의 항일민족운동과 관련하여 충분히 밝혀지지 못한 부분도 많았다. 수의위친계와 일심단이라는 비밀결사의 구체적인 조직과 활동내용이라든가, 배달청년회·노농회·살자회 등 소안도 항일운동단체의 구체적인 활동내용, 사립소안학교의 폐교경위와 복교운동의 전말, 이들 단체와 타 지역 운동조직과의 관계, 그리고 소안도출신 운동가들의 구체적인 신상, 그들간의 인간관계, 그리고 그들의 활동상 등은 충분히 밝혀지지 않았던 것이다. 또 가장 중요한 것은 소안도에서는 왜 항일민족해방운동이 이처럼 활발하게 일어날 수 있었는가 하는 점이었다. 이에 필자는 1993년 「일제하 소안도의 항일민족운동」이라는 글을 발표했다.[3] 이후에 정근식교수가 1990년 소안도 항일운동기념탑 건립과정을 사회학적으로 분석한 글을 발표했다.[4]

---

[1] 이균영, 1989, 「해방의 땅 - 소안도」 『사회와 사상』 1989년 8월호, 한길사.
[2] 손형부, 1992, 「식민지시대 송내호·송기호형제의 민족해방운동」 『국사관논총』 40, 국사편찬위원회.
[3] 박찬승, 1993, 「일제하 소안도의 항일민족운동」 『도서문화』 11, 목포대 도서문화연구소.
[4] 정근식, 1995, 「집단적 역사경험과 그 재생의 지평-소안도 항일기념탑의 사

한편 소안도 주민들은 '소안항일운동사료편찬위원회'를 구성하여 1990년 『소안항일운동사료집』을 펴냈으며, 소안항일운동기념탑도 건립했다. 이후 기념사업은 완도군 전체로 확산되어 '완도군항일운동기념사업회'가 구성되고(회장 김진택), 2000년에는 『완도군항일운동사』라는 책을 펴내기에 이르렀으며, 필자도 이 작업에 참여했다. 그리고 2003년에는 소안도항일운동기념관을 세우고, 소안항일운동기념탑도 기념관 앞에 다시 세웠다.

이 글은 1993년 필자가 발표한 글을 수정 보완한 것으로서, 이 글을 작성하는 데 자료제공과 증언 등을 통해 많은 도움을 주신 고 이월송 선생, 고 김진택 선생, 김용리 당시 소안면장, 그 외 소안도의 여러분께 이 자리를 빌려 감사 말씀을 드린다.

2. 소안도 민족운동·사회운동의 사회경제적 배경

1) 경제적 배경

소안도는 완도에서 남쪽으로 20.8km 떨어져 있는 섬으로, 동쪽으로는 청산도를 마주하고 서쪽으로는 노화도와 보길도와 인접해 있고 남쪽으로는 멀리 추자도와 제주도를 바라보고 있다. 소안도는 1914년 행정구역 개편 이후 인근의 횡간도(橫看島), 당사도(唐寺島)와 함께 소안면으로 편성되었으며, 소안면 내에는 이월리(梨月里), 비자리(榧子里, 면소재지), 진산리(珍山里), 미라리(美羅里), 가학리(駕鶴里), 맹선리(孟仙里), 횡간리(橫看里), 자지리(者只里) 등의 8개 리가

회사」『사회와 역사』 47, 한국사회사학회.

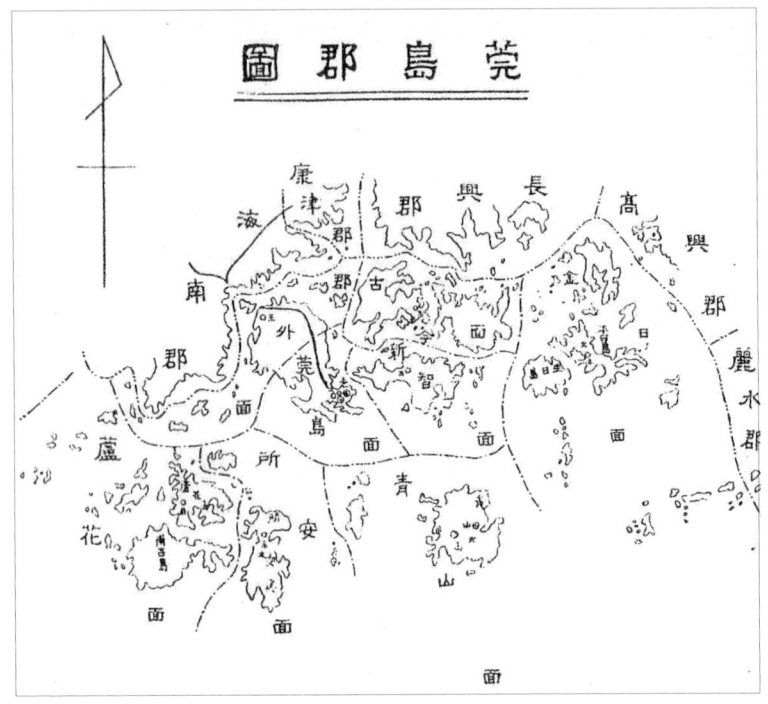

일제하 완도군 지도
출전 : 染川覺太郎, 1930, 『전라남도사정지』, 전라남도사정지간행회, 967쪽.

설정되었다.5

현재 소안도의 면적은 23.155km²로서 그 가운데 논은 약 2km², 밭은 약 3.7km²로서 농경지는 극히 협소하고 논보다 밭이 많다.6 이

---

5 1914년 행정구역 개편 당시 각 리에 포함된 기존의 동리명은 다음과 같다.
  梨月里(北岩里·月項里·梨木里·梨南里), 榎子里(榎東里·榎西里일부),
  珍山里(東珍里·西仲里·小珍里), 美羅里(扶桑里·夫興里·美羅里·孟仙里 각일부)
  駕鶴里(駕鶴里·美羅里일부·榎西里일부), 孟仙里(孟仙里일부)
  橫看里(橫看島), 者只里(者只島)
  (越智唯七, 1917, 『新舊對照朝鮮全道府郡面里洞名稱一覽』, 중앙시장, 447쪽 참조)

러한 실정은 1920년대에도 비슷하였다. 일제하 이 섬에서의 농업은 주로 밭농사로서, 보리·서숙·콩·팥·고구마·면화 농사를 지었다고 한다.7 따라서 소안도민들은 농업 외에도 어업에 생계를 의지하는 반농반어(半農半漁)의 생활을 하지 않을 수 없었다. 인근 청산면 부근에 청어·정어리·전갱이 등의 어장이 형성되어 있었지만,8 소형 어선으로 그곳까지 진출하기는 어려웠기 때문에 어업이라고 해야 특

소안항일운동기념탑
2003년에 소안항일운동기념관 앞에 세워진 소안항일운동기념탑

별한 것이 되지 못했다. 그런 가운데 1910년대 이후에 완도 일원을 중심으로 김 양식이 시작되자 김 양식이 점차 주요 생계 수단으로 되어갔다.9 당시 완도에는 완도군해태어업조합이 조직되어 있었고, 1935년경 이 조합은 9,421명의 조합원을 포괄하여 전국 제1의 어업

---

6 완도군, 1992, 『완도군지』, 51, 55쪽.
7 金南千씨(1924년생, 소안도 맹선리) 증언(1993.2.19.).
8 조선총독부, 1935, 『朝鮮の聚落』Ⅱ, 조선총독부, 775쪽.
9 소안도에서의 김 양식은 1910년대 이남리와 이월리에서 시작되어 그 후 비자리, 가학리로 확산되었으며, 미라리·맹선리는 일제 말기에 와서야 김 양식을 시작하였다고 한다(金南千씨 증언, 1993.2.19).

조합으로 두각을 나타냈는데, 당시 소안도의 경우에도 동 조합원이 1천 명을 넘는 실정이었다.10 1935년경 소안도의 어업 현황을 자세히 보면, 해태조합원 수는 1,094명, 어선수는 74척, 총어획고는 40,110원(圓), 공동판매고는 26,821원에 달하였다.11 그리고 당시 소안도에서 가장 큰 마을이었던 비자리에는 일본인 어민이 2호, 3명이 거주하였으며, 한국인 어민은 210호 1,263명이 거주하였다.12 김양식 이후 소안도민의 생활에는 이전보다 여유가 생겼으며, 이는 그들이 자녀들의 교육에 보다 신경을 쓰고 외지에까지 유학을 보낼 수 있게 하는 기본적인 조건이 되었던 것으로 보인다.13

한편 소안도는 육지에서 제주도로 가는 길목에 자리를 잡고 있어 목포 개항 이후 목포에서 제주도로 가는 배들이 이곳을 반드시 거쳐갔다고 한다. 1930년대의 자료에 의하면 목포-제주간의 정기적으로 항해하는 기선으로서 조선기선주식회사의 228톤급 대서환(大西丸), 98톤급 신광환(新光丸)이 소안도에 기항하였으며, 완도를 기점으로 하는 발동기선으로 완도 일원을 항해하던 배로서 순항선조합(巡航船組合, 1921년 설립)의 남붕환(南鵬丸, 40톤), 제이완도환(第2莞島丸, 27톤), 김상근(金商瑾)의 제일비룡환(第1飛鵬丸, 19톤), 해남환(海南丸, 19톤) 등이 있었다.14 또 오사카와 인천 간을 항해하던 외항

---

10 조선총독부, 1935, 『朝鮮の聚落』Ⅱ, 조선총독부, 788쪽.
11 같은 책, 791쪽.
12 같은 책, 766쪽.
13 일제시기 완도는 김 생산으로 상당히 유족한 자금회전이 이루어졌다고 하며, 이는 완도군으로 하여금 전국의 군 단위에서 해외 유학생을 가장 많이 배출한 군이 될 수 있게끔 하였다고 한다(金熙文씨(1932년생) 증언, 1993.2.19, 완도문화원)
14 전라남도, 1935, 『全南の産業-商工』, 전라남도, 104~109쪽 참조.

선들도 부산, 여수를 거쳐 목포로 항해하게 되는데 그 항로가 바로 소안도와 보길도 남쪽을 통과하게 되어 있어[15] 가끔 풍랑이 있을 때에는 소안도에 정박하였다.[16] 이들 배들이 기항하던 포구는 맹선리였으며, 비자리에도 포구가 있어 어선들이 기항하곤 하였다고 한다. 소안도가 이같이 교통의 요충지에 자리 잡고 있어 각지의 배들이 기항하였던 것은 소안도민들이 일찍 외부 세계에 눈을 뜨게 하는 중요한 요인이 되었던 것으로 보인다.

2) 사회적 배경

소안도의 인구는 1993년 5,300여 명으로, 가장 많았을 때는 1961년경 12,000여 명에 달했으며, 일제 말경의 인구는 8천여 명이었다고 한다.[17] 이로 미루어보아 1920, 30년대 소안도의 인구는 약 7천 내지 8천 명이었을 것으로 추정된다.

현재 소안도 각 동리의 주요 성씨 현황은 다음과 같다.

  榧東마을(김해 金, 전주 李, 밀양 朴), 榧西마을(김해 金, 전주 李, 창원 黃)
  梨木마을(수원 白, 전주 李, 김해 金), 月項마을(김해 金, 전주 李)
  北岩마을(豊天 盧, 김해 金), 駕鶴마을(창원 黃, 김해 金, 밀양 朴)
  孟山마을(전주 李, 수원 崔, 김해 金), 西中마을(草溪 崔, 진주 姜, 김해 金)

---

15 전라남도, 위의 책에 실린 「全羅南道 略圖」 참조. 오사카와 인천 간을 운항하는 배들은 목포가 개항한 1897년 직후부터 항로를 개설하여 목포항에 기항하였는데, 목포 개항 이전에도 고베(神戶)와 인천 간을 운항하던 기선들이 있어 이들 배들이 소안도 부근을 지나 항해했을 것으로 보인다.
16 김남천씨 증언(1993.2.19.).
17 金容利 소안면장 증언(1993.2.20.).

東珍마을(平山 申, 김해 金, 전주 李), 小珍마을(전주 李, 밀양 朴, 청주 韓)
扶桑마을(전주 李, 김해 金), 美羅마을(김해 金, 평산 申, 밀양 朴)

 이들 가운데 일제시기 가장 큰 성씨는 비자리와 이월리의 김해 김씨, 맹선리의 전주 이씨, 미라리의 평산 신씨였다.[18] 소안도에는 특별한 양반가문은 없었고, 따라서 주민들 간에 신분을 둘러싼 갈등의 소지는 적었다. 이는 1920년대 이후 소안도에서 전개되는 민족운동에 도민들이 단결하여 참여하게 되는 하나의 배경을 이루었다. 또 신분상으로 양반층이 없었다는 점은 1924년 완도군 노농회에서 회원들 가정의 족보와 신주(神主)를 소각하고 상가의 제청(祭廳)과 동리의 제당을 파괴하는, 당시 사회관습으로서는 대단히 과격한 행동이 도민들의 큰 제지없이 있을 수 있는 배경이 되었다(이에 대해서는 후술).

 한편 소안도에는 이렇다 할 큰 지주는 존재하지 않았다. 다만 소지주로서 맹선리의 이한태(수십석 정도)를 들 수 있었으며, 부농층으로서 역시 맹선리의 이강채·이한재 등을 들 수 있었다. 이 가운데 이강채는 1924년에는 노농대성회를 반대하고 소작인을 기망하였다 하여 이를 징계하기 위해 노농회원들이 절교하고 수화(水火)도 불통한 일이 있었다.[19] 이강채는 뒤에 소안면장을 지냈으며, 그의 전주 이씨 일가에서 이한재(李漢宰), 이한태, 이봉재, 이성재(이강채의 子) 등이 연이어 면장을 맡았다고 한다.[20]

---

18 조선총독부, 1934, 『朝鮮の姓』, 조선총독부, 244쪽.
19 『동아일보』1924년 8월 21일 「치열한 구도덕의 반동 - 신주소각, 제청파괴, 전라도 완도군 소안도 노농회의 행동」
20 『조선총독부 직원록』에 의하면, 소안면장은 이한재(1919), 이한태(1920~1933), 신남희(1939), 松宮榮次(1940~1941) 등이 맡았던 것으로 나온다.

다음에는 소안도 민족·사회운동의 주요한 배경으로 교육문제를 살펴보기로 한다. 소안도에도 일찍부터 서당이 있어 아동들의 교육을 담당해 왔다. 비자리에는 침벽재(枕碧齋)와 금성재(錦城齋), 미라리에는 관해재(觀海齋), 동진리에는 학신재(學新齋) 등의 서당이 있었다.[21] 신식학교가 들어서기 전에는 이들 서당이 유일한 교육기관이었다.[22]

그리고 1913년에는 신학문을 가르치는 신교육기관으로서 사립중화학원(私立中和學院)이 비자리에 설립되었다. 중화학원은 당시 소안도주민들이 인근 삼도(三島, 현 거문도를 지칭)에 사립약령학교(私立樂羚학교, 1905년 설립)가[23] 주민들에게 신교육을 펴고 있는 것을 보고 이를 본떠 만들었다고 한다.[24] 중화학원 설립 이후 소안도의 각 동리에서는 기존의 서당을 폐지하고 신학문을 가르치는 '학원'이 차례로 설립되었다. 한말 사립학교 설립운동이 한 차례 수그러진 뒤인 1910년대에 소안도에서 사립중화학원을 비롯한 각종 학원이 설립되었다는 사실은 소안도민의 신식교육에 대한 관심과 국

---

21 완도군, 1992, 『완도군지』, 676쪽.
22 완도군에 신식학교가 들어선 것은 한말 계몽운동기인 1906년 사립육영학교(1911년 완도공립보통학교가 됨)가 처음이었다. 이후 공립보통학교로서는 고금공립보통학교(1919년), 청산공립보통학교(1923년), 금일공립보통학교(1924년), 소안공립보통학교(1926년), 노화공립보통학교(1926년)가 각각 세워졌다. 한편 사립학교로서는 소안사립학교(1923년), 약산사립학교(고금면, 1923년), 敎仁학교(군외면 황진리 교인동), 금일사립학교(금일면 신구리), 金塘更新학교(금일면 육산리), 신지사립학교(신지면 대곡리), 道淸사립학교(청산면 도청리)등이 있었다(染川覺太郞, 1930, 『전라남도사정지』, 전라남도사정지편찬위원회, 978~979쪽 ; 완도군, 1992, 『완도군지』, 610쪽 참조).
23 곽영보편저, 1986, 『거문도풍운사』, 전라남도, 227쪽.
24 이월송옹 증언(1993.10.5.).

망 이후 민족교육의 중요성에 대한 인식수준이 그만큼 높았음을 말해주는 것이었다. 이를 다시 확인시켜주는 것은 중화학원의 사립소안학교로의 개편이다. 소안학교의 설립과정은 뒤에 다시 자세히 살피겠지만, 소안학교는 도민들의 높은 교육열의에 의해 1923년 가학리에 설립되었다. 소안학교는 단순한 교육기관이 아닌 민족운동가 양성기관의 의미를 갖고 있었다. 소안도의 민족운동 지도자들은 소안학교에서의 교육을 통하여 전국적인 운동가, 그리고 일본·중국 등지에서 활동할 운동가를 키워내고자 하였던 것이다. 따라서 소안도의 민족운동사에서 교육운동이 차지하는 비중은 대단히 큰 것이었다.

소안도에는 앞서 본 것처럼 비자리에는 일본인 어민이 2호, 3명이 거주하였으며, 일제 말기 맹선리에도 5-6호가 거주하였다고 한다. 이들은 대체로 전복, 해삼양식업을 하는 잠수부들이었고, 따라서 이들에 의해 소안도에 처음 잠수기가 들어왔다고 한다.25 이들 소수의 일본인들이 소안도에 거주하였지만 이들과 소안도민들간에 큰 마찰은 없었던 듯하다.

그러나 소안도민들의 가장 큰 원성의 대상이 되었던 것은 주재소였다. 일경 주재소는 사립중화학원 바로 옆에 자리잡고 있으면서 이 학원를 중심으로 한 소안도의 항일민족운동을 철저히 감시하였다. 당시 이 주재소에는 일인 주재소장 다까모리(高森, 뒤에는 向山)와 조선인 순사 곽경륜, 추상민 등이 있었다 한다.26

---

25 김남천씨 증언(1993.2.19.).
26 이월송옹 자서전초고 ; 김남천씨 증언(1993.2.19.).

3. 소안도 민족운동·사회운동의 전개과정

1) 비밀결사운동 : 수의위친계(守義爲親契)와 일심단(一心團)

소안도에서의 조직적인 항일 민족운동은 1920년대 초의 비밀결사 수의위친계로부터 시작되었다. 수의위친계는 1922년 송내호(宋乃浩)의 주도에 의하여 조직되었다. 송내호는 비자리에서 여각을 하던 송윤삼(宋胤三)의 아들로 어려서 비자리의 침벽재(枕碧齋)에서 한학을 공부한 뒤 아버지의 권유로 완도의 사립육영학교에 진학하였으며, 1911년 17세의 나이로 서울에 있는 사립중앙학교에 진학하였다. 그는 3년간의 중등과정을 마치고 1914년 이 학교를 6회로 졸업하였다.[27] 학교를 졸업하고 곧장 고향 소안도에 내려온 그는 사립중화학원에서 교편을 잡고 교육운동에 뛰어들었다. 그는 소안도의 청소년들에게 민족의식을 고취하기 위해 노력하였으며, 아울러 인근 노화도에도 사립학교 건립을 추진하여 1916년 사립영흥학원을 설립하여 이 학교의 교사로서 노화도의 청소년층도 지도하고자 하였다. 그는 1918년말 상경하여 정세를 살피던 중 3·1운동을 만나자 곧 귀향하여 3월 15일 소안도에서 만세시위를 주도했다고 하나 확실치 않다.

이후 그는 다시 상경하여 1920년 11월 대한독립단의 전라도지단 조직 책임을 맡게 되었다. 대한독립단은 1919년 4월 중국 봉천성 유하현 삼원보에서 박장호(朴長浩) 등이 조직한 무장독립운동단체로서, 국내에 도-군-면 단위까지 지단(支團)을 결성하려고 하였었다.[28]

---

27 송내호의 생애에 대해서는 손형부, 앞의 글을 참조.
28 독립운동사편찬위원회편, 1973, 『독립운동사』 5, 원호처, 245~254쪽.

송내호는 1919년 11월 국내 지단을 조직하기 위하여 국내에 파견된 대한독립단 사간장(司翰長) 김기한(金起漢)을 1920년 11월 정순영(鄭淳永)의 소개로 만났다. 정순영은 1920년 당시 39세로 송내호보다는 13세나 연상이었으며, 고향은 경북 성주군이었고 당시 경성 원동에 거주하고 있었다. 송내호가 어떤 경위로 정순영과 알게 되었는지는 알 수 없다. 송내호는 당시 김기한으로부터 대한독립단임시통칙 등 문서 수십부와 활동자금 50원을 수령하였다. 송내호는 이 사건과 관련하여 김기한 등과 함께 검거되어 1921년 9월 경성지방법원 형사부에서 징역 1년을 선고받았다.29 송내호는 이에 따라 1년간 복역한 뒤 1922년 가을 출옥하였다.

출옥한 송내호는 곧 귀향하여 쉴 틈도 없이 고향 소안도에서 독립운동을 위한 비밀결사 조직에 착수하였다. 1922년 말에 조직된 비밀결사 수의위친계가 바로 그것이었다.30 이월송에 의하면 수의

---

29 소안항일운동사료편찬위원회, 1990, 『소안항일운동사료집』 중 「대한독립단 사건 송내호관련 재판기록」
30 수의위친계는 『사회와 사상』 1989년 9월호에 실린 이균영교수의 「해방의 땅 소안도」라는 글에서 처음 세상에 알려졌다. 당시 이교수는 이월송씨의 증언에 의거하여 수의위친계가 1914년경 조직되었다고 썼다. 그런데 1992년 필자가 면담한 이월송씨는 자신의 노트에 수의위친계에 관한 기록을 써 놓은 것을 보여주었는데, 거기에는 수위위친계의 조직년도가 1922년이라고 적혀 있었다. 필자가 그 근거에 대해 묻자 이월송씨는 10여년전에 사망한 수의위친계 회원 崔炳佑의 증언을 기록해둔 것이라고 답하였다. 같은 노트에는 수의위친계가 3차에 걸쳐 확장되는 과정에서 각 단계마다 참여한 이들의 이름을 상세히 기록하고 있다. 그런데 1914년설의 경우 송내호가 불과 19세의 나이에 어떻게 각지의 운동가들을 쉽게 포섭할 수 있었을까 하는 의문(창립시에 참여하였다는 송기호의 경우 1914년 당시 나이는 불과 14세, 강정태의 나이 불과 18세였다), 또 1914년은 아직 각 군별로 그러한 운동가들이 두각을 드러내기 전인데 어떻게 그들을 포섭할 수 있었을까 하는 의문

위친계는 일차로 소안도에서 조직되어 이후 2차례의 조직 확장과정을 거쳤다고 한다. 단계별 참가자는 아래와 같다.

창립시 : (소안면) 宋乃浩, 姜正泰(仕遠), 宋琪浩, 崔炳佑
1차 확장시 : (소안면) 鄭南局, 申吉祚, 金應燮, 金得云, 李南斗, 朴仕喊
　　　　　　(薪智面) 任在甲, (茅島) 張漢俊, (古今面) 李興世,
　　　　　　(金日面) 徐重炫, (완도읍) 羅鳳均
2차 확장시 :
　　(소안면) 申晙熙, 崔亨天, 李甲俊, 白亨燮(基), 高吾吉, 金良淑, 崔翊載
　　(완도읍) 金柄奎
　　(光州) 姜錫奉, 韓吉祥, 全 濤
　　(영광) 金澱煥, 박정순
　　(무안) 張柄俊, 宋基華, 金宗燮
　　(영암) 曺克煥
　　(나주) 李恒發
　　(담양) 鄭炳鏞
　　(구례) 金正祥, 宣泰燮
　　(장성) 金時中, 金寅洙
　　(목포) 曺文煥, 薛峻碩, 金哲鎭
　　(전북 이리) 林 尬
　　(전북 태인) 金鍾燮
　　(전북 고창) 金淀煥

을 떨칠 수 없었다. 1922년설을 취할 경우 그러한 의문은 자동적으로 해소된다. 왜냐하면 이 즈음에는 3·1운동을 거치면서 각 지역별로 운동가들이 서서히 두각을 드러내고, 또 송내호는 그들을 포섭할 만한 사회적 위치에 다다르고 있었기 때문이다. 따라서 이 글에서는 1922년설을 취하기로 한다.

(경남 동래) 韓元石

(경북 상주) 한신오, 李宗燮

　이상에서 보는 것처럼 수의위친계 조직은 초창기에는 소안도민을 주축으로 하여 완도 일원으로 확장되었고, 뒤에 전라남북도, 그리고 경상남북도 지역으로까지 확장되었다고 한다. 그리고 이 명단도 완전한 것이 아니라고 한다. 즉 이밖에도 여타 지역 인물이 더 있었다는 것이다.31

　이 가운데 소안도를 중심으로 한 완도의 인물들을 살펴보면 이들은 이후 소안도와 완도지역에서의 민족운동, 사회운동을 주도한 이들임을 바로 알 수 있다. 송내호·송기호·정남국·신준희·최형천 등은 소안도의 항일운동을 주도한 이들이었으며, 강정태·임재갑·이홍쇄·나봉균·신준희·최형천·김병규 등은 후일 신간회 완도지회 간부32 등 완도 전체의 운동을 주도한 이들이었던 것이다. 이렇게 본다면 수의위친계는 이후 완도지역 항일운동의 주역의 첫 결집체였다고 할 수 있다.

　그밖에 다른 지역의 주요 인물들을 살펴보면 강석봉, 한길상, 전

31　그런데 이 인물들이 과연 모두 수의위친계 회원이었을까 하는 점에 대해서는 다소간 의문이 있다. 왜냐하면 선태섭의 경우 1905년생이고, 조문환의 경우 1907년생이어서 수의위친계가 만들어진 1922년, 그리고 그것이 확장되어갔을 1923,24년경 그들의 나이는 겨우 16세에서 19세 정도에 불과하였고, 이들이 이 시기 사회운동에 참여하였다는 흔적은 발견되지 않기 때문이다. 선태섭의 경우 1920년대 전반 구례지역의 사회운동에서는 그의 이름이 발견되지 않으며, 다만 1925년경 청년운동에 참여하여 그해 6월 10일 전남청년연맹(위원장 나승규) 제3차 집행위원회에서 조사부장으로 선출된 것으로 알려지고 있다(선우기성, 1973, 『한국청년운동사』, 금문사).

32　1927년 결성된 신간회 완도지회 간부명단은 이 책의 제4장을 참조할 것.

도, 조극환, 이항발, 정병용, 설준석, 김철진 등인데 주지하듯이 이
들은 모두 서울청년회계열의 인물들이었다. 이들 전남지방 서울청
년회계열의 인물들이 명실상부하게 하나의 세력을 형성한 것은
1925년 초 전남해방운동자동맹을 조직하면서부터였다. 당시 이 동
맹의 집행위원으로서는 유용의(柳龍義), 이철호(李喆鎬), 조극환(曺克
煥), 송기화(宋基華), 강택완(姜宅完), 이항발(李恒發), 김은환(金澱煥),
전도(全濤), 김광진(金光鎭), 나봉균(羅鳳均) 등이 선출되었으며,33
1926년에는 김은환(영광), 정병용(담양), 나만성(목포), 김상수(智島),
이항발(나주), 신준희(완도), 전도, 강석봉, 김재명(광주), 설준석(목
포) 등이 선출되었다.34

　그러면 수의위친계는 어떻게 이러한 조직을 갖출 수 있었을까.
위의 각 단계별 조직확대 과정을 통해 볼 때, 수의위친계는 먼저 소
안도와 완도를 중심으로 해서 기본적인 조직을 갖추고, 이후 서울
청년회의 인맥을 통하여 호남지방과 영남지방으로 조직을 확대해
나갔던 것으로 추측된다. 그리고 그러한 조직의 확대는 철저히 송
내호에 의해서 주도되었을 것으로 짐작된다. 즉 송내호는 서울청년
회, 전남해방운동자동맹 등에 참여하면서 비밀결사에 참여할만한
이들을 따로 포섭해들인 것이다.

　이월송의 증언에 의하면 수의위친계는 1924년에 설립된 황포군
관학교에 2명의 계원을 파견하였다고 한다(그중 한 명은 소안도 출
신이고 다른 한 명은 경상도 출신이었다고 한다). 그러나 현재로서
는 소안도 출신으로 황포군관학교를 졸업한 이는 확인되지 않는
다.35 또 수의위친계에서는 베이징(北京)에 동래의 한원석과 완도읍

---

33 『동아일보』 1925년 2월 1일 「해방운동동맹 광주에서 발기」
34 『동아일보』 1926년 2월 25일 「전남해방운동동맹, 신진용을 정제」

의 장진우(張鎭宇), 강우열(康禹烈), 약산도의 정윤섭(鄭允燮), 노화도의 강세원(姜世遠)·천기정(千基正), 소안의 신우승(申禹昇)을 파견하였다고 한다. 이들이 베이징에 파견된 것은 주로 유학을 목적으로 한 것이었다고 한다.36 이들 가운데 소안도의 신우승은 중화학원에서 송내호의 지도를 받은 제자였으며, 노화도의 천기정(일명 千均)도 영흥학원에서 송내호로부터 지도받은 제자였다.

한편 간도의 용정에도 소안도의 정남국(鄭南局), 박화국(朴化局), 이형두(李亨斗), 신지도의 임재갑(任在甲), 노화도의 권유섭(權有燮), 완도의 이형춘(李亨春) 등이 파견되었다. 이들은 당시 간도의 대성중학 등에 적을 두고 간도지방의 민족운동을 지원하기 위하여 파견되었다고 한다. 이들은 약 1년 정도 활동한 후에 귀환하였다. 이들 가운데 박화국, 이형두는 중화학원 졸업생이며, 권유섭은 영흥학원 졸업생으로서 모두 송내호의 제자들이었다.

수의위친계가 언제까지 존속되었는지는 확실하지 않다. 다만 배달청년회, 노농회, 살자회 활동이 활발히 전개되는 1925년 이후가 되면 사실상 소멸된 것이 아닐까 여겨진다.

한편 1920년대 후반 소안도에서 조직된 비밀결사로서 '일심단'이 있었던 것으로 전해진다.37 1927년 1월 10일(음력) 송내호의 지도하에 위경영의 집에서 조직된 일심단은 수의위친계가 사실상 유야무야된 상황에서 새롭게 청년층을 대상으로 조직된 비밀결사였다. 일

---

35 水野直樹, 1989,「黃埔軍官學校と朝鮮の民族解放運動」『朝鮮民族運動史硏究』6, 조선민족운동사연구회, 청구문고 참조.
36 천기정은 후일 신간회 목포지회에 참여하여 활동하였으며, 노화도로 돌아가 1932년 대성사립학교를 설립, 민족교육을 실시하였다(『조선일보』1927년 6월 21일,「신간목포지회 성황리에 설립」).
37 일심단에 대해서는 이월송옹 자서전초고 참고.

심단은 조직 시 "우리의 몸은 조국독립을 위하여 바쳐버리고 개인의 것이 아니라는 확신으로 조국광복까지 싸우되 조선, 일본, 중국 등 동양 3국을 무대로 하여 투쟁할 것"을 결의하였다 한다. 일심단원의 명단은 다음과 같았다고 한다.

정회원 : 宋乃浩, 李月松, 魏京永(良), 朱彩道, 金章安, 金洪基, 申龍均
후보단원 : 李平存, 李守山, 李亨仁, 金在樹(노화), 金光才(노화)

일심단의 단장은 이월송, 경성주재원은 송내호, 본부 직원은 주채도, 이평존 등이 맡았다고 한다. 이 가운데 이월송·위경영·김홍기·김장안·이수산·이평존·신용균은 사립중화학원과 소안학교 출신이었으며, 김재수와 김광재 형제는 노화도 영흥학원 출신이었다.

일심단은 중국 광둥(廣東)의 황포군관학교에 김홍기를 책임자로 하여 김광재, 김재수 등 3명을 파견하였고, 일본에는 김장안, 위경영, 이수산, 정광택, 이형인, 이월송 등을 파견하였다 한다. 당시 광둥 황포군관학교에 파견되었던 김재수옹의 증언에 의하면 자신은 일심단이라는 말을 들어본 적이 없다고 한다. 따라서 일심단에서는 후보단원들에게는 일심단의 내용을 가르쳐주지 않은 것으로 보인다.

김재수는 1927년 초 소안도에서 중국으로 가라는 송내호의 지시를 받고 3월경 동생 김광재와 함께 목포로 나가 김홍기를 만나 함께 서울로 가서 송내호를 만났다고 한다. 송내호는 다시 신의주의 모 연락원을 가르쳐주어 신의주로 가서 경찰의 감시를 피해 연락원을 만났으며, 그의 지시로 톈진으로 가서 남개대 학생을 만났다고 한다. 그리고 다시 그의 소개를 받아 상하이로 가서 '변장성(邊長城)'이라는 이의 안내로 마침내 광조우(廣州)로 갔다고 한다. 그들은 당시 광조우에서 '한인청년동맹'에 가입하였다고 하는데, 이는 김산의 『아리랑』에 나오는 '한국혁명청년연맹'을 가리키는 것으로 공식명칭은 '유월한국혁명동지회'(혹은 유월(留越)한국혁명청년회)였다.38 그리고 그들은 광조우에 있던 군관학교에 입교하였는데, 이때는 그해 초여름이었다고 한다. 그러나 그들이 군관학교에서 훈련을 받기 시작한 지 불과 3개월여만인 8월 제1차 국공합작이 깨지면서 군관학교는 사실상 해체되어 버렸다.39 따라서 이들 일행 가운데 김홍기는 조선으로 귀국하고 김재수·김광재 형제는 일본으로 건너가 잠시 머무른 뒤 귀국하였다고 한다. 후술하겠지만 김홍기는 귀국 후 얼마 되지 않은 1927년 11월 말 배달청년회 사건으로 체포되었다.40 이를 통해 보면 송내호는 국외의 독립운동조직과 연결을 갖고 있었음을 알 수 있고, 광조우의 군관학교에 입교한 조선인들이 대체로 사회주의적 성향을 지니고 있었음을 볼 때 송내호는 그러한 성격의 국외 운동조직과 연결되어 있었다고 추정된다.41

---

38 님웨일즈(조우화 옮김), 1984, 『아리랑』, 동녘, 123쪽 ; 조선총독부경무국, 1927, 『治安狀況』 참조.
39 1927년 조선총독부경무국이 만든 『조선치안상황』은 1927년 5월 현재 광동지역의 황포군관학교에 14명, 황포교도단에 56명, 沙河兵營에 15명, 魚珠學生軍에 36명, 深圳요새에 51명, 廣州東山陸軍병院에 20명, 中山大學에 57명 합계 229명의 조선인이 있었다고 전한다. 그런데 그해 7월 장개석일파의 태도가 돌변하여 국공합작을 파기하고 공산주의자들과의 대결 정책으로 나감에 따라 조선인 학생들은 대부분 상하이(上海)와 우창(武昌) 등지로 피난하였다고 한다. 김재수옹은 자신이 위 부대들 가운데 어느 것에 속하였는지 기억하고 있지 못하였다.
40 김재수 증언(1993.10.8. 목포시 죽교동).
41 님 웨일즈, 앞의 책, 123쪽에 의하면 이 혁명동지회는 의열단, 서울-상해파 고려공산당, 이르크츠크파 고려공산당 등 각 파벌의 집합체였다고 한다. 송내호와 연결된 조직은 아마도 서울-상해파 고려공산당 인맥이었을 것이다.

2) 청년운동 : 배달청년회

한편 수의위친계가 조직되기 전에 이미 소안도에는 배달청년회가 조직되어 있었다. 배달청년회는 1920년 강정태·신준희·최형천 등에 의해 지·덕·체(智·德·體)를 기르는 것을 목적으로 하여 창립된 것이었다.[42] 그러나 이 회는 1923년경 이 회에 참여하고 있던 면장과 연장자가 모두 탈퇴하고 진보적인 청년들을 중심으로 한 청년회로 개편된다.[43] 이는 1923년경 기존의 명망가들 중심으로 구성되어 침체상태에 빠져있던 기존의 청년회들을 진보적인 청년회로 개편하려는 청년회 혁신운동이 전국적으로 진행되고 있었던 것과 맥을 같이하는 것이었다.[44]

창립 초기 배달청년회의 회원과 간부명단은 확인하기 어려우나 강정태, 신준희, 최형천, 송내호 등이 이 회의 회장 또는 부회장을 맡았던 것으로 기록되어 있다.[45] 배달청년회는 1923년 3월 서울에서 열린 전조선청년당대회에 강정태(강사원), 신동희, 신우승을 파견하였다.[46] 전조선청년당대회는 기존의 부르주아적인 청년운동을 사회주의적인 운동으로 방향을 전환하기 위해 열린 것이었다. 이 대회

---

42 이월송옹은 배달청년회가 창립된 시점을 1915년으로 들었다고 증언하고 있다. 그러나 「배달청년회사건재판기록」에는 1920년으로 기록되어 있다. 1920년은 전국에서 지·덕·체를 함양한다는 슬로건을 내걸고 수많은 청년회가 창립되었던 해였으며, 1915년에는 그러한 청년회가 존재했다는 기록을 찾아보기 어렵다. 따라서 이 글에서는 1920년설을 취하기로 한다.
43 소안항일운동사료편찬위원회, 1990, 「배달청년회사건 재판기록」, 『소안항일운동사료집』, 85쪽.
44 박찬승, 1992, 『한국근대정치사상사연구』, 역사비평사, 233쪽.
45 「배달청년회 사건 재판기록」, 『소안항일운동사료집』, 84쪽.
46 김준엽·김창순, 1986, 『한국공산주의운동사』2, 청계연구소, 115쪽.

에서의 안건토의 내용에는 "전조선 청년단체는 다수자인 무산계급 및 노동계급 해방의 선구가 되어 민중을 위한 활동을 전개할 것"이 포함되어 있었다.47 배달청년회원들이 이같은 성격의 전조선청년당대회에 참석하였던 것은 이후 배달청년회의 활동방향에 큰 영향을 미친 것으로 보인다. 이후 강정태·신준희·최형천·송내호·정남국·박홍곤·송기호 등 소안청년회의 핵심 멤버들은 소안면에서도 배달청년회를 중심으로 노동운동을 일으키기로 하여 각 리에 노동단체를 조직하고 이를 연합하여 회원 약 7백 명을 포용하는 '소안노농연합대성회(所安勞農聯合大成會)'를 조직하였다. 그리고 1923년 8월경에는 당시 완도군 내에 있던 7개의 청년회와 9개의 노농단체를 연합하여 완도청년연합회 및 완도노농연합회를 조직하였다. 그리고 그들은 이들 단체가 서울에 있는 조선청년총동맹과 조선노농총동맹, 그리고 광주에 있는 전남청년연합회와 전남노농연맹의 강령과 결의 사항을 지도정신으로 하여 활동을 전개하도록 유도하였다고 한다.48

한편 배달청년회의 일상활동을 살펴보면, 동 청년회는 1923년 11월 24일에는 지육부(智育部) 사업으로 문화발전을 촉진키 위하여 소안학교 추기대운동회와 연합하여 같은 날 소안학교에서 학생들의 웅변대회를 개최하였다.49 배달청년회는 정기적으로 정기총회와 집행위원회를 개최하였는데, 1925년 10월 17일 정기총회에서는 회원교양에 관한 건, 부인 및 소년지도에 관한 건, 노농운동에 관한 건 등이 논의되었으며,50 같은 해 11월 8일에 열린 집행위원회에서는

---

47 같은 책, 120쪽.
48 「배달청년회사건 재판기록」, 『소안항일운동사료집』, 85쪽.
49 『조선일보』 1923년 12월 6일 「배달청년회 문예회」
50 『동아일보』 1925년 10월 30일 「완도 배달청년회」

도초도 소작쟁의에 동정금을 모금하여 보낼 것과 25세 이상의 연령자를 특별회원으로 입회케 할 것, 그리고 신동희로 하여금 회가(會歌)를 기초케 할 것 등을 결의하였다.51 또 1926년 1월 10일의 정기총회에서는 회비징수, 전남청년연합회 문제 등을 논의하였으며, 기타 무안군 자은면 소작쟁의에 격려전문을 발송할 것, 동군 노화면 청년운동을 적극 후원할 것, 소안 소년단 순회강연대를 후원할 것 등을 결의하였다.52 이상에서 배달청년회는 회원교양 등 자체 사업 외에, 대외적으로는 각지의 소작쟁의에 대한 지원과 완도 내의 청년운동과 소년운동에 대한 지원에 힘을 쏟고 있었음을 알 수 있다. 또 당시 배달청년회는 자신의 회관, 즉 배달청년회관도 갖고 있었던 것으로 확인되며,53 이곳에는 사회주의관계 서적들을 비치하고 독서회도 조직하여 회원들의 현실인식을 고취하고자 했던 것으로 보인다.54

그러나 배달청년회원들의 활동은 배달청년회 자체의 활동보다도 소안도 내의 농민운동, 청년운동, 여성운동, 소년운동에 회원들이 적극 참여 혹은 지원하는 데에 중점이 두어져 있었다고 볼 수 있다. 이들은 소안사립학교 부설 중학강습소나 면에서 열린 강화회(講話會) 등을 통하여 청년층에게 민족의식과 사회의식을 고취하고자 노력했던 것으로 보인다.55

---

51 『동아일보』 1925년 11월 21일 「배달청년위원회」. 이를 통해 볼 때 당시 배달청년회는 회원의 나이를 25세 미만으로 하고 있었다는 것과, 會歌를 만들었다는 것을 알 수 있다.
52 『동아일보』 1926년 1월 26일 「배달청년회 정총」
53 당시 배달청년회관은 동 청년회만이 아니라 소안노농연합대성회 등 소안도의 주요 사회운동단체의 집회장소로 항상 이용되었다.
54 「배달청년회사건 재판기록」, 『소안항일운동사료집』, 85쪽.

또 배달청년회는 1927년 5월 뒤에서 살피게 될 소안사립학교 폐쇄 사태에 대응하여 이에 대한 대책을 논의하기 위해 6월 7일 임시총회를 위한 집회계를 경찰에 제출하였다. 그러나 완도경찰서는 청년회에서 학교문제를 토의할 이유가 없다는 구실을 내세워 집회를 허가하지 않았다. 배달청년회측에서는 당지에 존재한 사회단체에서 교육문제를 논의함은 당연하다고 항의하였으나 완도경찰서장은 배달청년회는 법률에 인증(認證)치 않은 단체이므로 불허한다고 하고 집행위원회 회의까지도 금지함으로써 배달청년회는 소안학교 문제에 대한 대책을 마련할 수가 없었다.[56]

이상 배달청년회의 조직과 활동에 대하여 살펴보았다. 그러면 배달청년회와 수의위친계의 관계는 어떠한 것이었을까. 수의위친계는 1922년에 조직되었고, 배달청년회는 1920년에 조직되어 1923년에 혁신되었다. 그리고 수의위친계의 핵심멤버들이 1923년 혁신된 배달청년회의 핵심멤버가 되었다. 결국 비밀결사로서 조직되었던 수의위친계가 합법적이고 표면적인 활동을 위해 배달청년회에 참여, 이를 혁신하였다고 볼 수 있다.

한편 배달청년회는 1927년 8월 28일 완도청년동맹의 결의에 따라 해체하게 되어 이를 위한 총회를 11월 26일 소안학교에서 개최하기로 하였다. 소안도의 배달청년회는 중앙의 조선청년총동맹이 지방의 각 부·군(府·郡)에 하나의 청년동맹을 두고 그 아래 각 면에 지부, 각 리에 반을 조직하는 방향으로 청년운동조직을 개편한다는 방침에 따라 완도청년동맹 소안지부로 개편하기로 한 것이다. 그런

---

55 위와 같음.
56 『조선일보』 1927년 6월 14일 「법률상 認證업스니 학교문제는 토의못한다, 가혹하여 가는 집회금지와 莞島署長의 몰상식」

데 이 해체총회를 준비하는 과정에서 집행위원 최평산이 동 청년회원으로서 하기휴가로 소안도에 와있던 와세다대 학생 이정동(李廷東)에게 발전적 해체의 취지를 담은 선언문을 부탁하였다.[57] 이에 이정동은 「선언」이라는 글을 써서 최평산에게 주었고, 최평산은 해체총회에서 이를 배포하기 위해 25매를 인쇄하여 준비하였다. 경찰은 이 선언문이 '정치의 변혁을 목적으로 하여 안녕질서를 방해'하였다는 구실을 씌워 동 청년회 간부들을 대거 구속하여 이른바 '배달청년회사건'을 일으켰다. 여기서 다소 길지만 이 사건의 빌미가 된 「선언」의 내용을 살펴보면 다음과 같다.

> 급속히 몰락의 길을 걷고 있는 세계자본주의의 몰락과정에 그 과정을 합류해가고 있는 일본자본주의도 국가자본주의 트러스트라 할 절대적 전제적 조직적 착취체로서 첨예화하고 있는 계급투쟁에 의식적인 반동을 시행하면서 최후의 광란을 다하고 있다. 이것이 식민지에서는 더욱 노골적이고 특히 격렬하다. 이같은 사회적 조건에 합리적으로 대응하는 아 조선 무산계급운동도 그 내실적 발전에 의해 민족적 정치투쟁으로 진용을 확장하고 있다. 또한 세계제국주의국가는 중국동란의 와중에서 상호간에 내재적 모순으로 자본주의성을 여실히 폭로하여 세계대혈전을 하려 하고 있다. 중국 4억 피압박 피착취의 민족해방운동은 중국무산계급의 과감 기민한 지도하에 열강 제국의 억압과 국내봉건적 군벌을 자퇴(自退)하게 하여 청천백일기가 장강(長江)을 넘어 이미 중국을 뒤덮고 있음과 동시에 세계의 역사적 사명을 흔쾌하게 수행하고 있다. 이러한 현실운동의 사실은 현시기가

---

[57] 이정동은 동학농민전쟁 시 동학군으로 체포되어 청산진에서 처형된 이순보(李順甫)의 손자이며, 소안면장을 지낸 이한재(李漢宰)의 아들로서, 중화학원을 졸업한 뒤 서울의 중동학교를 다녔으며, 일본으로 유학하여 와세다대학을 다니고 있었다.

아 운동상에 중요한 시기임을 실증하여주고 있다. 그럼에도 불구하고 종래의 우리 운동은 분산적 배타적 파벌적 운동이 대부분이었으며, 그 조직체에서 분산적 복식(複式)이어서 완전한 유기적 조직체를 갖지 못하였으며, 이는 할거적 파벌운동을 연출한 원인이 되었다.

이에 우리는 모든 사사로운 의식을 버리고 특히 파벌귀(派閥鬼)를 청산말살하고 각층을 망라하여 민족적으로 단결하는 것이 현단계 우리들의 임무이다. 이와 같으므로 우리들은 종래의 조직체가 분산적 복식임에 대하여 보다 더 집중적이고 단식이면서 기민한 조직체가 되어야 한다.

이를 인식한 조선청총은 더욱 계급적인 중앙집권제로 조직체를 변경하기 위해 각 세포단체에 조직체 변경의 지령을 발한 바 있다. 그리하여 완도청년연합회에서는 금년 8월 28일에 그 조직을 변경함과 동시에 완도청년동맹이라는 명칭을 세운 것이다. 이에 완도청년연합회의 부분인 우리 배달청년회도 용감히 해체를 선언하고 완도청년동맹에 복귀해야 할 것이다.

一. 완도청년동맹 소안지부를 설치하자.
一. 반대단체를 박멸하자.
一. 소안사립학교 복교동맹을 후원하자.
一. 민족해방운동의 선구대가 되자.
一. ××××(조선총독) 폭압정치를 대중앞에 여지없이 폭로하자.
一. 대중의 정치적 의식을 각성시키자.[58]

이 「선언」은 세계정세 속에서 조선무산계급의 운동, 민족해방운동이 어떠한 위치에 있으며, 어떠한 방향으로 나아가야 할 것인지에 대한 상당히 높은 수준의 인식을 보여주고 있으며, 그러한 인식 위에서 운동전선 내부의 파벌 청산과 운동진용의 중앙집권적 체제

---

58 「배달청년회 재판기록」 『소안항일운동사료집』, 86~87쪽.

로의 개편 등을 당위로서 제시하고 있다. 또 1927년 신간회 창립 이후 사회주의운동과 민족주의운동의 민족협동전선의 필요성도 강조하고 있다. 물론 이 선언문은 일본유학생에 의해 쓰여진 것이었지만, 그가 소안도 출신으로 배달청년회원이었음을 고려할 때 소안도 항일운동의 이론적 수준이 결코 만만치 않은 것이었음을 알 수 있다.

그러나 소안도의 청년운동은 이 「선언」이 빌미가 되어 배달청년회의 간부들이 대거 검거됨으로써 사실상 그 막을 내리게 된다. 배달청년회사건은 한편으로 뒤에서 살피게 될 소안학교 복교운동이 가열되고, 다른 한편으로 배달청년회를 발전적으로 해소하기 위한 임시총회가 열린 1927년 11월 말의 시점에서 발생하였다. 배달청년회는 11월 26일 임시총회를 사립소안학교에서 열어 배달청년회를 해체하고 완도청년동맹 소안지부를 결성하려 하였다. 그런데 당일 완도경찰서장 가와카미 데쓰고로(川上鐵五郞)는 순사 4인을 이끌고 임석하여 방청금지를 명하고 순사들로 하여금 방청자들을 축출하도록 명하였다. 이에 배달청년회 집행부에서는 특별한 경우가 아닌 이상 방청을 금지할 필요를 느끼지 않는다고 대응하자, 서장은 즉시 일어나서 "오늘 본회는 해산을 명한다"고 선언하고 강제 해산을 시작하였다. 결국 배달청년회 집행위원장 신광희는 서장의 요구에 굴복하여 방청을 금지한 채 다시 개회를 선언하였다. 그러나 일반 회원들 가운데에서 다시 본회로서는 방청을 금지할 아무 필요를 느끼지 않을 뿐만 아니라 도리어 방청자가 적어서 유감이며 경찰서장의 무리한 요구에 응하여 방청을 금지하고 개회한다 하면 이 회는 참석할 수 없다하고 퇴장하였으며, 일부 회원은 집행부에 대한 불신임을 제기하기도 하였다. 결국 임시집행부는 동 총회의 유회를 선언하고 말았다.[59] 그런데 당일 총회 석상에서는 이미 앞서본 「선언」이 배포되었다. 가와카미 서장은 즉각 이를 문제삼아 당일 8,9명의 경찰을 출동시켜 맹선리 야학당과 최형천의 집을 수색하였으며, 28일에는 배달청년회 상무위원 최평산, 집행위원 이각재(李恪宰), 완도청년동맹 집행위원장 신광희, 신간회 완도지회 간사 최형천, 회원 이월송(李月松)·이찬욱(李贊郁) 등 7인을 완도경찰서로 연행하였다. 이 가운데 이월송·이찬욱은 석방하고 나머지 5인을 광주지방법원 장흥지청 검사국으로 송치하였다.[60]

이후 경찰은 다른 배달청년회 간부 8명을 추가로 연행하였으며, 결국 이들 배달청년회 간부 13명은 광주지방법원 장흥지청 검사국에서 보안법 위반과 치안유지법 위반으로 조사받고, 동 지청에서 1928년 8월 10일까지 예심을 받았다. 예심이 끝난 시점은 이들이 연행된 지 무려 8개월이 지난 시점이었다. 그리고 이들은 다시 형사소송법 제312조 조선총독부 재판소령 제4조 규정에 의하여 광주지방법원 목포지청 합의부의 공판에 넘겨져 8월 15일 목포형무소로 이감되었다.[61] 이때 기소된 13명은 다음과 같다.

　　최평산(농업, 27), 최형천(농업, 33), 이각재(농업, 25), 신광희(농업, 24), 김남두(농업, 23), 주채도(농업, 22), 강사원(중외일보 지국장, 일명 강정태, 33), 李廷東(와세다대학생, 23), 송내호(신간회 경성본부 상무이사, 34), 신준희(조선농민총동맹 중앙위원, 중외일보 기자, 40),

---

59 『중외일보』 1927년 12월 7일 「완도경찰의 무리 폭압, 배달청년 臨總 또 流會」
60 『동아일보』 1927년 12월 4일 「완도경찰대활동 청년다수검거, 배달청년회 간부를 전부 검거」
61 『동아일보』 1928년 8월 17일 「배달청년사건 장흥서 예심종결, 피고 15명 전부 기소」 ; 『조선일보』 1928년 10월 25일 「완도사건의 진상, 출판, 제령, 보안위반으로 十三靑年은 공판에」

金相淑(농업, 일명 김통안, 31), 金洪基(농업, 22), 金柄奎(군내 농민조합장, 38)[62]

이들은 다시 10월 중순경까지 광주지방법원 목포지청에서 예심을 받았다. 당시『조선일보』는 경찰들의 말을 인용하여 이 사건의 경과를 다음과 같이 보도하였다.

> 피고들은 대정 9년(1920년-필자) 4월에 약 100여명의 회원으로 배달청년회를 조직하고 서울에 있는 모모 청년회와 모모 단체등과 연락을 취하여 가지고 소안도에다가 공산주의를 선전하여 그 섬 하나를 완전한 공산주의 이상향으로 만들고자 계획하고 착착 그 운동을 실행하면서 일변 면장배척의 봉화로부터 경관에 대한 不을동맹을 조직 시행하고 또 소안학교를 설립하여 도민에게 공산주의적 교육을 실시하였는 바 대정 13년에는 도민의 거의 전부인 8백여 명을 회원으로 하고 그 후에도 남자는 청년회에서 여자는 여성회에서 공산주의적 사상을 선전 실행하여 소안도 안에서는 경찰과 군의 행정이 잘 시행되지 않을 지경까지 되었던 사건이라는 바 실로 근래에 드문 조직적 공산주의운동이었다더라.[63]

당시 경찰당국에서는 이 사건을 완전히 공산주의운동사건으로 규정하고, 이로써 소안도의 민족운동을 압살할 것을 기도하고 있었음을 알 수 있다. 당시 경찰당국은 한편으로는 사립소안학교를 폐

---

62 『동아일보』1928년 8월 17일「배달청년사건 장흥서 예심종결, 피고 15명 전부 기소」
63 『조선일보』1928년 10월 16일「소안교 사건 예심종결, 800도민의 공산교육으로 全島 赤化를 계획, 사건주모로 12명이 유죄되어 오래지 아니하여 목포법원 공판에 붓는다」

쇄하고, 다른 한편으로는 배달청년회를 압살함으로써 소안도에서 활발히 진행되고 있던 민족·사회운동에 제동을 걸고자 한 것이다.

그런데 이들 13명이 목포형무소로 이감된 후 장흥유치감에서부터 병이 있어 신음하던 신간회 본부 상무간사였던 송내호의 병세가 크게 악화되자 일제당국도 그를 병보석으로 출감시키지 않을 수 없었다. 당시 그는 폐결핵에 걸려 있었다. 송내호는 곧 목포 죽동 삼산의원(三山醫院)에서 1개월 동안 치료를 받았으나 효과를 얻지 못하고 병세가 더욱 악화되어 10월 20일경 서울로 올라가 치료를 받던 중 12월 20일 오전 6시 세브란스병원에서 세상을 떠나고 말았다.[64] 이때 그의 나이 34세였다.

배달청년회 사건 피고 12명에 대한 공판은 1928년 2월 8일부터 목포지청에서 시작되어 사실신문을 받게 되었다.[65] 1주일에 걸친 사실신문이 끝난 뒤 21일에는 검사의 구형이 있었는데, 이때 송화식(광주), 이의형, 김명진(목포) 등 변호사들은 예심기록에 기재된 죄상이라는 것이 비밀결사로써 국체변혁이나 사유재산을 부인한다는 치안유지법위반에 해당되는 것이 없으며, 배달청년회는 이미 완도경찰서에서 인가하여 준 단체임에도 불구하고 이제 와서 이를 비

---

64 『조선일보』 1928년 10월 25일 「완도사건의 진상 - 출판, 제령, 보안위반으로 十三靑年은 공판에」; 『동아일보』 1928년 12월 21일 「宋乃浩氏 永眠 - 조선 사회운동에 만흔 공헌 - 34세를 一期로」
65 『조선일보』 1929년 2월 10일 「12명의 출정으로 완도사건 공판 - 13명 피고 중 송내호는 사망, 8일부터 1주간 개정」; 2월 12일 「완도사건 공판 금일에 속개 - 최평산, 이정동만 사실신문, 목포지청 1호법정에서」; 2월 14일 「완도사건 11명의 제3회 공판 개정 - 11일 오전 11시에」; 2월 17일 「800여 중 거품과 피고 사실부인 - 15일 목포지청에서 개정, 莞島所安校 續行公判」. 이때 피고인 가운데 김홍기는 역시 폐결핵으로 보석 출감되어 재판은 11명만이 받게 되었다.

밀결사니 공산주의선전이니 하는 것은 합당치 않다고 지적하면서 무죄를 주장하였다.66 이때 그들이 받은 구형은 강정태·신준희·최평산·최형천·김병규는 징역 4년, 신광희·김통안·주채도는 징역 3년, 김남두는 징역 2년, 이정동은 징역 1년에 3년간 집행유예, 이각재는 금고 6개월에 3년간 집행유예 등이었다. 3월 22일에는 언도 공판이 있었는데, 여기서 최평산·최형천·신준희·강정태 등이 징역 4년, 신광희·김병규가 징역 3년, 김남두·주채도·김통안 등이 징역 2년, 이정동은 징역 6월에 집행유예 2년을 선고받았다.67 이에 최평산 외 8명은 대구복심법원에 공소를 제기하여 1929년 10월 15일 복심공판이 개정되었으나 곧 중단되어 재판진행이 지지부진한 가운데 이듬해인 1930년 3월 28일에 이르러서야 재판이 속개되어 4월 1일에 언도 공판이 있었다. 여기서 최평산·최형천·신준희·강정태는 징역 3년, 신광희·김병규는 징역 2년 6개월, 김남두·주채도·강정태·김통안은 징역 2년을 선고받았다.68

3) 노농운동 : 노농대성회

소안도에서의 노농운동은 1924년 3월 3일 결성된 소안노농연합대성회로부터 시작된다. 앞서 서술한 것처럼 소안노농연합대성회

---

66 『조선일보』 1929년 2월 24일 「심리를 마친 완도사건 구형, 최고 4년으로 6월, 변호사 무죄주장」 ; 『동아일보』 1929년 2월 25일 「완도사건의 구형, 5명에 4년 징역, 4명에는 2년 징역구형, 개정 10여일만에 결심」.
67 「배달청년회사건 재판기록」, 『소안항일운동사료집』, 82쪽.
68 『조선일보』 1930년 4월 3일 「3년된 완도사건, 3년 이하로 언도, 4월 1일에 개정하고, 대구복심법원에서」 ; 「배달청년회사건 재판기록」, 『소안항일운동사료집』, 82쪽.

(이하 '노농회'로 약칭)는 배달청년회원들의 주동에 의하여 조직된 것이었으며, 따라서 그 간부도 배달청년회 회원들로 구성되어 있었다. 창립 직후 노농회의 간부진은 강사원, 신준희, 최형천, 정남국, 신동희, 신광희, 신만희, 송내호 등이었다.[69] 노농회는 각 리에 노동단체를 조직하고 그 위에 연합회를 구성하는 형식을 취함으로써 약 7백 명에 달하는 많은 수의 조직원을 확보할 수 있었다.[70]

그런데 노농회가 창립된 지 얼마 되지 않은 그해 10월 간부 12명이 완도경찰서에 구인되고 목포로 압송되어 조사받는 사건이 일어났다. 『조선일보』에 의하면 당시 완도경찰서에서 문제 삼은 혐의는 다음과 같았다고 한다.

1. 집무방해죄 : 이는 지난 9월 15일에 소안면에서 개최한 동 대성회 제2회 정기총회 당시에 입장한 경관 추상민(秋相玟)에게 퇴장을 명령한 일.
2. 협박죄 : 이는 악지주 이강채(李康彩)씨가 노농회를 반대하며 소작인을 기망한 사실에 대하여 이것을 징계하고자 일반회원이 절교함을 선언하는 동시에 수화(水火)도 불통한 일.
3. 예배소에 관한 죄 : 이는 회원은 미신을 타파하기 위하여 금년 여름에 회원 중 상중에 있는 사람이 각기 상방(喪房)을 철폐한 일.
4. 보안법위반죄 : 이는 현 제도를 부인한다는 일.[71]

이 가운데 2,3항은 사실 경찰이 문제삼을 일이 아니었으며, 4항

---

[69] 『조선일보』 1924년 10월 23일, 「경관의 연합활동으로 완도군 소안에 출동하여 노농회간부 8명 구인」 ; 1924년 11월 2일 「송내호씨 수감」
[70] 「배달청년회사건 재판기록」 『소안항일운동사료집』, 85쪽.
[71] 『조선일보』 1924년 10월 26일 「완도 소안면 사건의 내용」

은 매우 막연한 혐의에 불과하였다. 여기서 3항은 그해 8월에 있었던 노농회원들의 이른바 '신주소각(神主燒却)' '제청(祭廳) 파괴'의 사건을 문제삼은 것이었다. 당시『동아일보』는 이 사건을 다음과 같이 보도하였다.

> 전라남도 완도군 소안도 로농회에서는 일반민중을 미신(迷信)과 인습(因習)에서 해방시키고 종족과 문벌의 못된 관념을 소멸케 하기 위한다고 금월 초순경에 회원의 가정에 둔 족보와 가승, 신주상자(神主箱子, 가난한 집에서는 사랑방이 없으므로 신주를 상자에 넣은 것) 등을 모아 일제히 산같이 쌓아놓고 불을 질러 살라버렸으며 또 상가(喪家)에 있는 제청(祭廳)과 각 동리마다 있어서 해마다 산제(山祭)를 지내어 그 동리의 존경을 받는 제당을 여지없이 헐어버렸으므로 그곳 노인들은 무슨 음벌이 내릴까 하여 전전긍긍하였으나 그후 아무 변상이 없었다더라.72

즉 당시 소안노농회에서는 일반 민중들의 봉건적 의식을 타파하기 위하여 미신과 인습을 철폐하는 운동을 전개하는 과정에서 족보와 가승, 신주와 제청, 제당을 불태우고 파괴하였던 것이다. 이는 당시 사회분위기로 볼 때 상당히 과격한 것으로서『동아일보』는 이러한 행동을 '왼편에 왼편에 달음질 하는 무서운 민중'이라고 표현하였다. 그러나 이 사건은 경찰이 문제삼을 일은 아니었다. 당시 경찰의 비위를 거슬린 것은 노농회 정기총회에 임석한 경관을 추방한 사건이었다. 경찰당국은 이 사건을 빌미로 소안도에서 급격히 발전되고 있던 사회운동에 제동을 걸고자 한 것이다.

---

72 『동아일보』1924년 8월 21일 「치열한 구도덕의 반동 : 神主燒却, 祭廳파괴, - 전라도 완도군 소안도의 노농회의 행동」

당시 이 사건으로 광주지방법원 목포지청에서 예심을 받은 이는 정남국(미라리, 29세), 최형천(맹선리, 농업, 32세), 신광희(미라리, 농업, 21세), 신만희(미라리, 농업, 25세), 백형기(진산리, 농업, 30세), 이갑준(맹선리, 농업, 29세), 신준희(미라리, 농업, 37세), 송내호(이월리, 농업, 31세), 신동희(미라리, 사립학교 교원, 24세), 박홍곤(청산면 부흥리, 무직, 22세), 강정태(진산리, 농업, 30세), 박기숙(진산리, 농업, 30세) 등 12명이었다.[73] 이들 가운데 강정태, 신만희, 박홍곤은 면소가 되고 나머지 9명은 공판에 회부되었다.[74] 1925년 4월 3일 광주지방법원에서 열린 공판의 방청석은 광주, 나주, 보성, 순천, 구례 등지에서 온 농민운동자들로 입추의 여지가 없었다고 한다.[75] 5월 20일 열린 언도공판에서 송내호는 징역 1년, 최형천·신준희·정남국은 징역 6개월, 신광희·신동희·백형기·이갑준·박기숙 등은 징역 6개월에 집행유예 2년을 선고받았다. 집행유예를 받은 신광희 등 5명은 당일 석방되어 소안도로 돌아가는 도중 목포에 들리자 목포 무산청년회는 이들을 위한 위로회를 베풀었다.[76] 그리고 정남국, 최형천, 신준희는 1925년 10월 1일 만기 출소하였다.[77]

정남국 등이 출옥한 뒤 노농회는 10월 17일 제5회 집행위원회를 열고 소작지 이동의 조사, 악지주에 대한 대항책 마련 등을 결의하는 등 활동을 본격적으로 재개하였다.[78] 또 노농회에서는 이즈음 서

---

73 『동아일보』 1925년 2월 9일 「완도사건 겨우 예심종결」.
74 『조선일보』 1925년 2월 9일 「완도사건 예심종결, 9인은 공판에 3인은 무죄로」.
75 『동아일보』 1925년 4월 2일 「완도농민공판」.
76 『동아일보』 1925년 5월 26일 「노농간부 판결 - 5씨의 위로회」. 당시 목포 무산청년회는 소안도의 배달청년회와 같은 서울청년회계열로서, 김철진·조극환 등이 이끌고 있었다.
77 『동아일보』 1925년 10월 4일 「노농회간부 출옥」.

울의 노농총동맹에서 현안이 되고 있던 노농운동의 조직체 분화문제와 전남노농연맹 조직문제 등도 논의하고 있었다.[79] 당시 완도노농연합회는 이러한 분위기 속에서 1926년 4월 21일 중앙집행위원회를 열고 의장 신준희의 사회하에 노동연합회와 농민연합회로 분리하였던 것이다.[80] 이처럼 소안노농회는 1926년초까지 기록이 나오고 있으나, 이후 활동기록은 발견되지 않는다. 따라서 소안노농회는 이후 유명무실해진 것이 아닌가 여겨지며, 이후 소안도에서의 활동은 1926년 8월에 결성되는 사상단체 살자회로 그 중심이 옮겨지는 것으로 보인다.

4) 사상단체 : 살자회

사상단체 살자회는 1926년 6월 13일 배달청년회관에서 창립되었다.[81] 창립 당시 회원은 25명으로, 그 중심 멤버는 송내호·신준희·최형천·정남국·송기호·강정태·신광희·최평산·김통안·김남두·주채도·김병규 등 배달청년회의 주요 회원들이었다. 사상단체는 당시 국내 사회주의운동의 양대 계열이었던 화요회계와 서울청년회계가 각 지방에 자파의 운동가들을 이념적으로 무장시키기 위해 만든 것으로, 당시 서울청년회계는 전남지방에서 나주의 효종단, 목포의 전위동맹 등의 사상단체를 결성하고 있었다. 이들 사상단체는 단순히

---

78 『동아일보』 1925년 10월 30일 「소안노련위원회」
79 『동아일보』 1926년 1월 6일 「4개조 결의 소안노련에서」
80 『동아일보』 1926년 4월 26일 「완도노련위원회」
81 『동아일보』 1926년 6월 19일 「사상단체 살자회창립, 전남완도에서」. 「배달청년회사건 재판기록」에는 창립일자가 15일로, 창립총회 장소가 미라리 맹선학원이었다고 기록되어 있다(『소안항일운동사료집』, 85~86쪽).

회원의 이념교육만이 아니라 당지의 각 부문의 사회, 민족운동의 방향성을 논의하는 가장 핵심적인 운동단체로서의 성격을 지니고 있었다.

당시 살자회는 "진실한 생활에 눈뜬 우리들은 이것을 최단기에 실현할 수단과 방법을 양지(諒知)하고 이것을 대중의 심장에 넣기 위해 우리들은 살자회를 조직하고 이에 공명한 조직원들은 굳게 단결하자"고 결의하였다 한다. 살자회는 강령으로서 1) 우리들은 상호부조와 정의에 희생할 정신함양을 도모함, 2) 우리들은 신사회건설의 속성을 도모함 등을 채택하였다. 그리고 이들은 회칙에서 위 강령을 실천하는 것을 동회의 목적으로 하며, 회원가입은 3인의 보증 추천과 전(全) 위원의 동의를 얻도록 규정하였다. 또 회무집행을 위해 본회에 서무·연구·선전의 3부를 설치하고, 여기에 총회에서 선정하는 위원을 두도록 하였다. 창립 시 집행위원으로서는 최형천·최평산·강정태·김병규·신준희가 선출되었다.[82] 그리고 입회금은 1원, 의무금은 연 2원으로 하였으며, 사무소는 당분간 소안면 맹선리 맹선학원에 두기로 하였다.[83]

살자회는 창립총회에 이어 같은 날 오후 다시 임시총회를 열어 사회운동의 구체적인 방법에 관하여 토의하였다. 여기서 그들은 농민운동은 소작농을 중심으로 하는 것은 물론이나 자작농을 포함한 농민대중운동이 되어야 하며, 노동운동은 비타협적 정신으로 경제적 해방을 주목적으로 하되 정치적 훈련을 도모하며, 청년운동은 무산청년운동의 지도적 정신하에 민족주의청년운동과 공동협력을 취해야 하고, 여성운동 역시 계급해방운동의 정신으로써 이를 촉진

---

82 「배달청년회사건 재판기록」, 『소안항일운동사료집』, 85~86쪽.
83 『동아일보』 1926년 6월 19일 「사상단체 살자회 창립」

하는 운동이 되어야 한다는 것 등을 결의하고, 아울러 이러한 방침을 소안노농대성회, 배달청년회, 여성회에서 실행할 것을 결의하였다. 한편 소년운동에 대해서는 소년운동은 소안소년단원에 대해 교양을 적극적으로 실행함과 동시에 계급의식을 주입하기로 하였다. 그리고 살자회 회원들의 교양을 위해서 자연과학과 사회과학의 학습이 필요하다는 것과, 특히 사회과학에서는 자본주의사회의 생멸(生滅)에 관한 이법(理法)과 조선의 현상 및 세계의 정정(政情)에 정통해야 한다는 것을 결의하였다.[84] 그리고 운동선 통일에 관하여 전조선 사회운동 분열 상황에 대하여 통일운동의 최고기관을 위하여 당파적 소이익을 희생하고 통일할 것과, 만일 통일에 성의가 없는 자는 운동선에서 축출할 것을 결의하였다.[85] 살자회의 이같은 운동방침 결의는 1927년 신간회 창립 이후 당시 진보적 민족해방운동진영의 민족통일전선론, 그리고 노동·농민운동진영의 대중운동론에 입각한 것이었다.

살자회는 6월 15일 제1회 집행위원회를 열고 임원개선, 신입회원 전형, 사상동맹 및 중앙협의회 출석 대의원 선정(사상동맹 출석 대의원 정남국, 조선사회단체 중앙협의회 출석 대의원 신준희[86]) 등을 논의하였으며, 각 부원으로서는 서무부에 최평산·최형천, 연구부에 송내호·강사원·송기호, 선전부에 김병규·신준희 등을 선정하였다.[87]

당시 경찰당국은 이러한 살자회의 활동을 "마르크스주의의 독특한 소재라 할 수 있는 자본주의사회의 생멸에 관한 이법을 선전하

---

84 「배달청년회사건 재판기록」, 『소안항일운동사료집』, 86쪽.
85 『동아일보』 1926년 6월 19일 「사상단체 살자회 창립」.
86 신준희는 당시 서울청년회계열의 전진회에서 준비하고 있던 조선사회단체 중앙협의회에 창립준비위원으로 선정되었다(『동아일보』 1926년 4월 22일).
87 『동아일보』 1926년 6월 22일 「살자회 임총」.

고 동시에 조선의 현상과 세계각국 중에 노국(露國:러시아)과 같이 노농독재정치를 시행하는 국가가 현존하는 것을 선전할 것을 결정함으로써 국체의 변혁 및 사유재산제도 부인의 목적을 가지고 결사를 조직하였다"고 규정하였다.88 그리하여 살자회는 1927년 11월 배달청년회사건 때 경찰 당국에 의해 그 간부들이 대거 검거됨으로써 그 활동이 중지되고 말았다.

5) 교육운동 – 소안학교

앞서 살핀 것처럼 소안도에는 각 리에 서당이 있어 아동들을 가르쳐왔다. 즉 비자리에는 침벽재(枕碧齋)와 금성재(錦城齋), 미라리에는 관해재(觀海齋), 동진리에는 학신재(學新齋)가 있었다. 비자리에는 김해 김씨, 미라리에는 평산 신씨, 동진리에도 평산 신씨가 많이 살았고, 이들 집안에서 이러한 서당들을 세운 것으로 보인다. 이들 서당이 언제 설립되었는지는 잘 알 수 없다. 다만, 진도군 세등리의 청운재(靑雲齋)가 18세기 영조 때 설립되었고 1841년에 학계(學契)가 만들어졌다는 것을 보면,89 소안도의 서당들도 19세기 중반 내지 후반경에 만들어진 것으로 추정해 볼 수 있지 않을까 한다.

소안도에서의 신식 교육은 1913년에 설립된 중화학원(中和學院)으로부터 시작되었다. 중화학원의 설립은 이미 1906년 완도에 사립 육영학교가 설립되었던 것, 그리고 가까운 삼도에 이와 비슷한 학원이 설립되었던 것 등에서 영향을 받았다고 한다. 중화학원은 정

---

88 「배달청년회사건 재판기록」, 『소안항일운동사료집』, 86쪽.
89 박찬승, 2000, 「근현대 사회변동과 진도 동족마을 주민의 대응」, 『지방사와 지방문화』 제3권 2호, 150쪽.

식 학교라기보다는 강습소에 가까운 것이었다. 중화학원의 원장과 교사진을 보면 다음과 같다.

원장 : 金仕弘(초대), 崔聖泰(2대), 金景天(3대)
교사 : 김경천, 黃義補(薪智島), 송내호, 강정태, 송기호, 崔弘吉, 鄭昌南, 賓光國(함북 출신, 하얼빈에서 옴), 金玟坤, 康鏡環(함북 출신, 하얼빈에서 옴)[90]

중화학원의 졸업생 가운데 이월송이 기억하고 있는 이는 다음과 같다.

이월리 : 金裕坤, 金海坤, 金銀浩
이남리 : 文南均, 白南珠
비자리 : 宋奉浩, 李在玉, 金洪基, 金章安, 金章順, 金은호, 鄭錫奎, 金洪碩, 李廷東, 鄭昌南, 李明智(女)
가학리 : 朴周平, 朴得守, 黃相植
미라리 : 申洞熙, 申龜熙, 申光熙, 高洪彩, 김영식, 朴東秀
진산리 : 위경영, 金洙千, 申禹錫, 申禹岳, 劉聖吾, 李亨七, 金敏爀, 申禹昇, 朴正仁
중진리 : 최병기
소진리 : 李泰奉, 李亨仁, 朴化局, 李亨斗, 李長伯, 李月松, 朴京奎, 朴權宰
부상리 : 李守山, 金鍾浩, 高山
북암리 : 盧東俊
맹선리 : 李恪宰, 崔平山, 崔柄宰, 李平存, 金南斗, 姜京道, 崔德敦, 李元宰[91]

---

90 이월송 노트 참조.
91 위와 같음.

위의 사립중화학원의 교사진과 졸업생 가운데 뒤에 배달청년회 사건과 관계되는 이들은 교사진 가운데 송내호와 강정태, 졸업생 가운데 김장안·김홍기·이정동·신광희·이각재·최평산·김남두 등이었다. 1925년 소안학교가 설립되기 이전에 이미 사립중화학원에서는 항일민족교육이 철저히 진행되고 있었고, 그것이 밑바탕이 되어 1920년대 소안도에서의 항일민족운동이 가능하게 되었던 것이다. 1920년 전후의 사립중화학원의 분위기를 이월송은 이렇게 기록하고 있다.

> 10살 때(1918년) 일신재학원을 졸업하고 비자리 사립중화학원 3학년에 입학하였다. 金景天원장님과 중국 하얼빈에서 오신 賓光國선생과 송기호, 김형곤, 최홍길 선생 등이 교편을 잡고 계셨다. 학생들은 한문서당을 마치고 자식들이 있기도 한 20살 전후의 청년들이 상투를 자르고 머리를 깎고 신학문을 배우러 온 사람도 여러 명 있었다. 일경(日警)은 우리 학교 정문 바로 옆에 있는 농민의 집을 강제로 빼앗아서 그 자리에 주재소를 짓고 우리 학교와는 돌담 하나를 사이에 두고 우리 학원의 모든 일을 감시하고 있었다. (중략) 이 때 宋乃浩선생은 출옥하여(1922년) 소안에 오시고 서울에 가고 하면서 모든 운동을 지도하시고 늘 책을 손에 들고 다니시고 철봉을 좋아하시고 정구(庭球)도 하시었다. (중략) 송내호선생은 우리 학생들로 하여금 국가와 민족을 위하여 일본과 싸우는 데는 몸과 마음을 바치는 결심을 가지라고 일러주시고, 특히 한문공부를 마치고 신학문을 배우려고 입학한 청년들을 바로 항일투사가 되도록 설득하는 데 노력을 기울여서 많은 성과를 얻기도 하였다. 이때에 중화학원에서는 많은 애국가를 배워서 부르고 있었다. 당시 우리들은 수첩이 없어 백노지로 성냥곽 두어 개 크기의 작고 두터운 창가 노트를 만들어서 작은 글자로 애국가를 적어서 그 노트를 한복 가랑이 속에 넣고 대님을 꼭 매고 다녀 순사들에게 들키지 않도록 주의하고 있었다.[92]

위의 글은 당시 중화학원에서의 민족교육의 분위기와 송내호의 지도적 위치를 잘 말해주고 있다. 송내호가 서울에서 중앙학교를 졸업하고 소안도에 처음 돌아왔던 때가 1914년임을 고려하면 중화학원에서의 항일민족교육은 이즈음부터 이미 이루어지고 있었다고 생각된다. 또 당시 교사 빈광국과 강경환(1919년 귀환)을 하얼빈으로부터 차례로 초빙하여 학생들을 지도하도록 하였던 것을 보면93 중화학원 운영자들의 열의가 얼마나 대단하였는지 알 수 있다. 또 당시 중화학원에서는 중국 베이징에서 발행되는 『익세보(益世報)』라는 신문을 구독하고 있었다 한다. 당시 이는 교사로 있던 빈광국이 베이징으로 귀환한 뒤 그가 주선하여 보내준 것이었다.94 중화학원 교사들은 이 신문을 통하여 당시 국제정세의 흐름을 잘 파악하고 있었을 것으로 보인다.

한편 중화학원이 설립된 이후 소안도에서는 신학문을 가르쳐야 한다는 분위기가 크게 고조되었다. 이에 따라 각 동리에서는 기존의 서당을 폐지하고 신학문을 가르치는 '학원'을 설치하기 시작하였다. 이들 '학원' 가운데 중화학원은 규모가 다소 큰 것으로 사립학교에 가까운 것이었으나 여건이 갖추어지지 않아 '학원'이라는 이름으로 열었으며, 다른 '학원'들은 규모도 작고 기존의 서당을 개량한 이른바 개량서당에 가까운 것이었지만 신교육을 가르친다는 의미에서 '서당'이라는 명칭을 피하고 '학원'을 표방한 것이었다. 1910년대 후반에는 이와 같은 '학원' 혹은 '개량서당'이 다수 등장하여 신교육

---

92 이월송 자서전 초고.
93 이들은 소안도에 와서 각각 약 1년간 근무하였다 한다(이월송 증언, 1993. 5.18.).
94 위와 같음.

을 하면서 민족의식을 암암리에 불어넣기 시작했다.[95] 이러한 상황을 우려한 일제 총독부 당국은 1918년에 「서당규칙」을 반포하여 이로써 이들 '학원'과 '개량서당'들을 통제하였다.[96]

소안도의 '학원'은 주로 부녀자들의 교육과 빈농 자제들의 교육을 담당하였으며, 야학으로 운영되는 경우가 많았다고 한다. 당시 '학원'은 이월리, 이남리, 비자리, 미라리, 맹선리, 동진리, 소진리, 부상리 등에 있었다. 소진학원은 1922년에 개원되었는데, 여기서는 이해숙(李海淑, 목포), 이명지(李明智, 비자리, 중화학원 졸업), 추성균(秋成均), 김은호(金銀浩, 이월리), 김용빈(이남리), 이강보(맹선리), 정태열(鄭泰烈, 이월리), 강태안(비자리), 박용우(전북 부안) 등이 교사로 있었으며, 미라학원에는 김종섭(金宗燮), 정해성, 임홍남(대전), 주진(대전), 홍진유(목포), 이남순(李南順, 목포), 신동희(미라리, 중화학원 졸업), 신구희(申龜熙, 미라리, 중화학원 졸업) 등이 교사로 있었다. 또 부상학원에는 이득재(맹선리), 김수천(金洙千, 동진리)이 교사로 있었고, 맹선학원에는 이갑빈, 김남두(金南斗, 중화학원 졸업), 이평존(李平存, 중화학원 졸업), 최평산(중화학원 졸업), 최덕민(崔德敏, 중화학원 졸업) 등이 교사로 있었다 한다.[97] 이들 학원은 소안도 주민들의 문맹퇴치에 큰 구실을 하였으며, 이들 학원에서는 단순히 문맹퇴치를 목적으로 하는 교육뿐만 아니라 은연중에 민족

---

95 개량서당에 대해서는 노영택, 1979, 『일제하 민중교육운동사』, 탐구당, 79~126쪽 참조.
96 1918년 발포된 「서당규칙」에서는 "서당의 명칭은 종래의 관례에 때라 ○○서당, ○○齋 등의 명칭을 쓰지 않고 학교 또는 학원 등 학교와 유사한 문자를 사용해서는 안 된다"고 명시하고 있었다(『朝鮮彙報』1918년 4월 1일 「書堂規則の發布」).
97 이월송 노트 참조.

의식과 사회의식을 고취시키는 교육을 아울러 펼치고 있었다. 따라서 이들 학원들도 소안도 주민들이 적극적으로 민족운동과 사회운동에 참여할 수 있게 하는 기본적인 바탕을 마련하였다는 점을 지적해두어야 할 것이다.

당시 이들 학원 가운데 가장 먼저 설립되었던 진산리의 일신재학원을 다녔던 이월송은 다음과 같이 술회하였다.

> 네 살 때부터 한문공부를 조금씩 하였고 6살 때 동리 한문서당에 다니면서 천자문, 동몽선습, 사략 등을 배우고 소학을 배우다가 9살 때 소학 2권을 가지고 진산리에 새로 세워진 일신재학원(日新齋學院)에 2학년으로 입학하였다. 이 학원은 진산 4개 리민(里民)들이 자체 설립한 학원으로 뒤에 배달청년회사건으로 징역을 살았던 강정태(姜正泰) 선생이 교편을 잡았다. 일어는 사용하지 않고 우리말을 국어라 하였고 2학기 때부터는 주1회의 만국회의체를 가르치고 3학기에는 주1회의 실습을 시켰는데, 3학기부터 주재소에서 순사가 나와서 매주 토요일 체조시간에 일본어로 체조를 강제로 가르쳤다. 나는 그때 순사가 좌로 돌아 하고 일본어로 하면 우로 돌고 우로 돌아 하면 좌로 돌고 하다가 몇 번 얻어맞기도 하였다. 이 학교에서는 완전히 항일교육을 철저히 시켰다.[98]

당시 일신재에서는 일어를 가르치지 않았으며, 또 회의 방법을 학생들에게 교육시킴으로써 단체생활에 대한 훈련을 일찍부터 시키고 있었음을 알 수 있다.

소안도의 교육운동이 최고조에 달한 것은 1920년대 중반 사립소안학교를 통해서였다. 사립소안학교가 세워지게 된 것은 일명 소안

---

98 이월송 자서전 초고.

도토지계쟁사건과 밀접한 관련이 있었다. 소안도는 본래 무토궁방전(無土宮房田)이었는데, 대한제국기의 수조권자는 사도세자의 5대손인 이기용(李埼鎔)이었다. 그는 1905년 이후 일제의 토지소유권 정리과정에서 소안도의 토지소유권을 가로챘다. 이에 소안도민들은 1909년 이기용에 대해 '전면토지소유권반환청구소송'을 제기하였다. 이 소송은 13년 동안이나 계속되었는데, 소안도민들은 1921년 2월 14일 마침내 승소판결을 받아내 토지소유권을 되찾을 수 있었다. 면민들은 이를 기념하기 위해 무엇인가 뜻있는 일을 하기로 의견을 모으고, 논의한 결과 1912년부터 경영해오던 사립중화학원의 설비를 보강하여 학교로 승격시켜 완전한 교육기관으로 만들기로 하고 의연금을 모집했다. 그 결과 1만 4백 원의 거액이 모금되어 가학리에 교사를 신축하고 1922년 5월 1일 당국의 인가를 얻어 1923년 5월 16일 '각종학교'로 개교하였던 것이다.[99]

소안학교의 초대 교장은 김사홍, 2대 교장은 김경천이었으며, 교사진은 강정태(姜正泰)·송기호(宋琪浩)·김현곤(金炫坤)·백태윤(白泰胤)·신동희(申洞熙)·최형천(崔亨天)·강순저(康淳姐)·김병섭(金炳燮)·이시완(李時琓, 함북 북청인)·김창선(金昌鮮, 광주), 그리고 박영희(朴暎熙)·이호견 부부(대흥사) 등이었다.[100]

당시 소안학교의 학생수는 1백50여 명이었으며, 인근 노화도, 청산도, 해남 심지어는 제주도에서까지 학생이 몰려들었다고 한다.

---

99 『조선일보』1927년 5월 17일 「절도 유일의 교육기관 돌연 폐교를 명령 - 전남 완도에 돌발한 괴사건 진상 형세 험악」
100 신동희는 서울 중동학교를 졸업하였으며, 김병섭은 맹선리 출신으로 제주농업학교를 졸업하였고, 송기호는 광주농업학교를 졸업하였다. 이시완은 북청사람으로 와세다대학을 졸업하고 동아일보에서 지방부장을 지낸 이였다.

학년은 6학년까지 있었으며, 각 학년에는 갑반, 을반이 있어 을반을 마친 뒤 갑반으로 올라가도록 되어 있었고, 유급제가 있었다 한다.101 수업은 조선어, 일어, 산수, 체조, 교련(여자는 재봉, 편물) 등의 시간이 있었으며, 연극회 등이 있어 주민계몽을 위한 순회공연을 하였으며, 운동회도 물론 있었다고 한다. 그리고 소안학교는 부설로 2년제의 중학부를 설치하여 여기에서 영어, 수학, 사회, 역사를 가르치기도 했으며, 학생은 수십 명에 달하였다 한다.102

소안학교는 앞의 중화학원의 교육 내용을 그대로 계승하여 소안학교의 교육 목표를 항일민족운동가를 양성하는 데에 두고 있었다. 따라서 이러한 소안학교는 당국의 눈엣가시가 될 수밖에 없었고, 여기서 당국은 우선 소안학교를 공립보통학교로 개편시켜 소안도의 민족운동가들의 영향력으로부터 소안학교를 탈취하고자 하였다. 이 일의 발단은 1924년 3월 학교회의 때 학교운영문제를 둘러싼 학무위원들간의 내분으로부터 시작되었다고 한다. 이때 학무위원 최형천(崔亨天)과 김명륜(金明倫)103 간에 의견의 충돌이 있었다. 최형천은 생도들이 수업료를 전과 같이 남자에 한하여 35전을 징수하고 여자와 극빈자인 남자 몇 명에게는 무료로 하자고 하자, 김명륜은 1원 평균으로 하자고 하였으며, 학교비도 최형천은 유무산의 등급으로 배정하자고 주장하자 김명륜은 빈부를 막론하고 평균분배하

---

101 房長東 증언(1992.2.20). 방장동은 1912년생으로 1927년 소안학교 4학년 재학 중에 학교가 폐쇄되었다고 한다.
102 이균영, 앞의 글.
103 김명륜은 월항리에 거주하는 김해 김씨로 최형천의 처남이었다. 그는 당시 區長을 맡고 있었다고 한다. 그의 實弟 金昶倫씨는 한의사로서 일본으로 건너가 소안도 출신 인사들의 항일운동을 측면에서 적극적으로 지원하였다고 한다(이월송 1993.10.5 증언).

자고 주장하여, 결국 다수결에 따라 최형천의 주장이 채택되었다는 것이다. 이후 김명륜은 맹선리의 지주 이강채(李康彩), 이한재(李漢宰) 등이 소안노농회와 배달청년회에서 배척받은 것을 동기가 되어 소안학교에까지 좋지 않은 감정을 가지고 있음을 알고, 그들과 함께 각 관청에 "소안학교는 학교가 아니다. ○○군(독립군-필자)과 사회주의자를 양성하는 곳이다"라고 악선전을 하였다.[104]

그후 1924년 10월 노농대성회사건으로 송내호 등이 구속된 사이, 당국은 이 기회에 소안학교를 공립보통학교로 만들어버릴 음모를 꾸미며, 완도군수 김상덕이 교장 김경천에게 소안학교를 공립보통학교로 승격시켜주겠다고 제안하였다. 그러나 교장 김경천은 이를 단호히 거절하였다. 이후 당국은 소안학교를 공립보통학교로 전환시키는 것이 어려움을 알고, 아예 공립보통학교를 하나 새로이 세워 상급학교에 진학하는 데 불리한 조건을 안고 있는 사립각종학교인 소안학교를 눌러버릴 구상을 하게 되었다. 이에 따라 1925년 6월 완도군당국은 소안학교로부터 얼마 떨어지지 않은 곳에 공립보통학교를 세우기로 하여 1926년 개교하였던 것이다. 당시 소안학교에는 학생수가 150명이나 되었지만, 공립보통학교에는 30명밖에 되지 않아 공립보통학교 설치로써 소안학교를 누르려고 하였던 계획은 일단 수포로 돌아갔다.[105] 그만큼 소안도민들의 소안학교에 대한 신뢰와 애정은 깊었다.

이렇게 되자 앞의 김명륜, 이강채, 이한재, 이원재 등 소안학교

---

104 『조선일보』 1927년 5월 17일 「절도유일의 교육기관 돌연 폐교를 명령 - 전남완도에 돌발한 괴사건 진상형세 험악, 경계엄중」 ; 『동아일보』 1927년 5월 17일 「소안학교 돌연폐쇄」
105 『조선일보』 1927년 5월 17일 「절도유일의 교육기관 돌연폐쇄를 명령」

반대파 35명은 1927년 1월 소안학교에서는 일본의 국경일에도 놀지 않는 것과 일장기도 달지 않는 것 등을 들어 소안학교 폐지 진정서를 각 관청에 제출하였다. 또 그해 4월 21일에는 공립보통학교와 사립소안학교 학생들 간에 언쟁이 벌어졌는데, 이 일을 들어 공립학교 학생들을 자극하여 공립학교 학생이 사립학교 학생들에게 매맞은 것은 모욕이니 사립학교를 폐지시켜 달라는 조건으로 동맹휴학을 벌이게 하였던 것이다. 이러한 일들은 일제 경찰당국의 사주에 의한 것이었을 가능성이 높다. 결국 일제당국은 사립학교반대파의 진정서를 받아들이는 형식을 취하여 마침내 1927년 5월 10일 완도경찰서에서 경관 8명과 군수 이하 7명의 군청원이 소안도에 직접 와서 소안학교에 대해 사립학교령 16조에 의거 폐교한다는 명을 내렸다.106

그리고 일제 경찰당국은 소안도에 경비선을 정박시키고, 경관 10여 명으로 하여금 각 요소의 교통을 차단케 하였으며, 신문기자의 출입은 물론 각 단체의 간부들에게 거주제한조치를 취하였다. 또 경찰은 면내에 "1) 면민은 일체 집회를 금지함, 2) 면민은 흉기를 소지하지 말 것, 3) 면민은 곤봉 또는 곤봉과 유사한 것을 소지하지 말 것" 등을 광고로 써붙이고 물샐틈없는 경계를 하였다.107 이는 혹시나 학교폐쇄에 저항하는 소안도민들의 봉기가 있지 않을까 두려웠기 때문이었다.

소안학교가 폐쇄된 가운데 배달청년회 등의 모든 집회가 허용되지 않았기 때문에 소안도민들의 이에 대한 집단적인 대응은 불가능하게 되었다. 따라서 소안학교측에서는 김경천, 최형천 양씨를 광

---

106 위와 같음.
107 『동아일보』 1927년 5월 17일 「소안학교 돌연폐쇄」.

주로 보내 도지사 석진형(石鎭衡)을 만나 소안학교 폐쇄조치에 항의하고 복교를 요구하고자 하였으나, 석진형은 만나주지 않았다. 대신 그들은 마쓰시마(松島) 학무국장을 면회하고 복교조치를 요구하였으나, 마쓰시마는 공립학교에 반대하는 자는 가르치지 않아도 좋다면서, 학교를 폐쇄한 구체적인 이유의 질문에 대해서는 일본말의 보급을 무시할 뿐만 아니라 허가없는 교원을 채용한 일 등을 들었다.[108]

이에 소안학교측은 복교문제에 대한 소안면민들의 의견을 모으기 위해 복교찬성과 반대에 대한 서명을 받았다. 그 결과 서명 사흘만에 면내 약 1천 호(戶) 가운데 8백 호가 찬성에 도장을 찍었으며, 반대에는 단 1명, 권리포기에는 2명이 도장을 찍었다고 한다. 소안학교에 대한 지지도가 이와 같았기 때문에 공립학교에 다니던 학생들은 불안을 느끼지 않을 수 없었고, 따라서 소안면 주재소에서는 등하교 시 공립학교 학생들을 경호하는 촌극을 연출하기도 하였다.[109]

소안학교측은 면민들의 복교찬성 서명을 받은 후 6월 30일 경찰이 임석한 가운데 위원회를 개최하고 다음과 같은 사항을 결의하였다.

- 一. 칠백여 명의 복교탄원서는 위원 두 사람을 선정하여 일본 문부성에는 정남국씨, 조선총독부에는 신준희씨를 파견할 것
- 一. 학생안무부는 전일 결의를 관철할 것
- 一. 소안학교 폐쇄에 대한 면민대회 위원회란 명칭은 너무 광막함으로 복교찬성자 7백 명을 맹원으로 하여 사립소안학교복교동맹이라고 변경하고 규약제정은 서무부에 일임함

---

108 『동아일보』 1927년 6월 4일 「民怨쯤은 무관, 오천만 일본인의 所好 -완도소안학교폐쇄에 대한 전남학무국장 放言」
109 『동아일보』 1927년 6월 11일 「찬성자8할, 반대 단1인-개인방문하야 의견물은 결과, 소안교 복교운동 續聞」

一. 사립소안학교 복교를 목적으로 운동기금을 전 사회단체 또는 개인으로부터 동정금을 구하며 실행위원으로 정남국 외 4인을 선정함
一. 전 사회에 성명서를 발표함
一. 반동단체인 소안진흥회가 본교를 공립보통학교부설로 하기 위하여 면민에게 날인을 받는다 하니 철저히 조사하여 선후책을 강구할 것110

　소안학교측은 복교운동을 복교동맹을 조직하여 각 사회단체의 지원을 받으면서 전국적인 여론을 환기하는 가운데 일본정부와 총독부를 상대로 하여 전개하기로 방침을 정한 것이었다. 당시에는 이미 각 언론에서 기사와 시평 등을 통하여 당국의 소안학교 폐교 조치를 비난하고 복교를 촉구하는 글을 실어 여론을 환기하고 있었다.111 또 일본의 각지에 있는 완도향우회들은 총독부의 소안학교 폐교조치에 대한 항의운동을 활발하게 전개하고 있었다. 즉 재대판 완도향우회(在大阪莞島鄕友會), 재동경완도향우회(在東京莞島鄕友會), 재횡빈완도향우회(在橫濱莞島鄕友會)는 3단체 합동으로 격문 4천 매를 각지에 발송하였으며, 재대판완도향우회는 5월 22일 오사카에서 소안사립학교폐교반대동맹을 조직하고 반대연설회도 개최하였다. 또 이들의 활동이 기폭제가 되어 오사카에서는 한인들의 총독부실정반대실행위원회(總督府失政反對實行委員會)가 조직되어 6월 1일 재일본노동총동맹 관서(關西)연합회, 일본노동조합, 노동당 오사카지부, 전국청년동맹, 수평사 외 40여 단체의 후원으로 조선총독부의 정치

---

110 『동아일보』 1927년 7월 6일 「방침을 변환하야 복교운동에 매진, 복교동맹을 새로이 조직하야 경성과 동경에 진정위원 파견, 소안학교복교운동 그후」
111 예를 들어 『조선일보』 1927년 5월 18일 「시평, 所安이 安在?」

를 공격하는 연설회를 개최하였다. 이날 연설회에서는 일본노동조합평의회 본부집행위원장 노다 츠타(野田津太)의 「제국주의국가의 식민지에 대한 정책 이면 폭로」제하의 연설과, 소안도 출신으로 재일본노동총동맹 중앙집행위원장을 맡고 있던 정남국(鄭南局)의 소안학교 폐교사건에 대한 진상보고 등이 있었으며, 특히 이즈오(泉尾)노동조합 소년부의 한인 소년들이 나와서 「우리조선 약소민족과 우리 소년의 비애」라는 제목의 연설을 하여 4천여 청중이 크게 분노하여 회의장이 소란해지자 연설회장을 포위하고 있던 8백여 경찰이 즉시 해산을 명하여 청중은 '약소민족해방만세' 삼창으로 폐회하였다.112

한편 국내에서도 김제청년동맹 등 각 단체에서 소안학교 문제를 토의하고 격려문을 발송하였으며,113 이리청년회에서는 6월 29일 소안학교 강제폐교에 대하여 학교당국에 격려문을 발송하고, 이리에서 규탄연설회를 개최하기로 결의하기도 하였다.114

한편 정남국은 복교동맹 대표의 자격으로 신간회 동경지회 대표 강소천과 함께 8월초 일본정부로 문부대신을 방문하여 항의문을 전달하였다.115 또 정남국은 귀국하여 9월 4일 완도군수를 방문하였으나 면회를 거절당하였고, 22일 총독부로 학무국장 이진호(李軫鎬)를 방문하여 복교조치를 촉구하였으나 "이것은 도지사의 직권이오, 나의 간섭할 바 아니라"라는 답변만을 들었으며, 29일 전남도지사를

---

112 『조선일보』 1927년 6월 6일 「大阪에 개최된 總督失政攻擊大會, 會衆 4천, 8백 경관출동, 전남 완도 소안면 사립학교 강제폐교사건」
113 『동아일보』 1927년 6월 14일 「소안도에 격려문, 전라북도 김제청년동맹서」
114 『동아일보』 1927년 6월 29일 「소안교문제로 학무당국 규탄, 이리청년회서」
115 『동아일보』 1927년 8월 7일 「대표를 파송, 문부대신에게 항의문 수교, 완도 소안교 폐쇄문제」

방문하였으나 역시 만나지 못하였다. 그런 가운데 소안학교 복교동맹에서는 신학기가 시작되자 학생들을 위하여 임시로 독서회를 조직하여 학생들을 가르치려 하였으나 당국이 이를 금지하여 이도 시행하지 못하였다.116

복교운동이 이렇다 할 성과를 거두지 못하자 소안면민들은 다시 670명의 연서로 총독부 학무국장에게 진정서를 제출하였다. 이들은 진정서에서 1) 사립소안학교 폐쇄명령을 즉시 철회할 것, 2) 독서회 강제해산 명령의 법률적 근거를 명시할 것, 3) 6개월 간 교육사업을 정지시킨 책임자를 엄중히 처벌할 것 등을 요구하였다.117 그리고 그후 11월 초에는 일본노동농민당 특파변호사 후루야 사다오(古屋貞雄)와 신간회 동경지회 대표 강소천(姜小泉)이 하의도사건과 소안학교사건을 조사하기 위하여 하의도와 소안도를 방문하였으며, 후루야 사다오는 소안학교 학생 170여명의 "학교가 있고 생도가 있어도 우리는 공부를 못하고 있는 중이니 빨리 공부를 하게 하여달라"는 내용의 탄원서를 받아 11월 24일 총독부를 방문, 이를 학무국에 전달하기도 하였다.118 그러나 소안학교 복교운동은 그해 11월 말에 발생한 배달청년회·살자회사건으로 소안도 항일운동의 중심 멤버들이 대거 구속되는 바람에 더 이상 진행되지 못하고 말았다.

반년여에 걸친 복교운동에도 불구하고 일제 지배당국은 끝내 소

---

116 『동아일보』 1927년 10월 10일 「복교는 당초에 無望 讀書會도 금지, 책임자에게 복교를 운동해 -완도소안교 복구운동 전말」
117 『동아일보』 1927년 10월 23일 「소안교 복구 학무국에 진정, 面民 6백여인 連書」
118 『동아일보』 1927년 11월 4일 「각 단체대표 완도사건 조사, 노동농민대표를 필두로, 2일밤 現場發向」, 11월 25일 「학교있고 학생있건만 공부를 못한다, 완도소안학교의 탄원서, 古屋씨 교섭에 노력」

안학교를 복교시키지 않았다. 따라서 사립소안학교를 더 이상 다니지 못하게 된 학생들 가운데 외지학생들은 타지 학교로 옮겨갔으며, 일부 학생들은 각 동리의 '학원'에서 학업을 계속했으나 2년 정도가 지난 후부터는 상당수의 학생들이 어쩔 수 없이 공립학교로 진학하게 되었다.

소안학교의 폐쇄는 소안도의 항일민족운동의 기반을 제거하려는 것이었다. 소안학교는 비록 3년여밖에 존립하지 못하였지만, 그 전신인 중화학원까지 포함하면 약 14년 가까이 존속한 셈이 되며 그 사이 이 학교가 키워낸 많은 인재들이 국내외에서 항일민족운동의 동량으로 활동하였던 점을 생각할 때 그 역사적 의의는 대단히 크다 할 것이다.

4. 소안도 민족운동·사회운동의 주체

그러면 소안도 항일민족운동은 어떤 이들에 의해 수행되었을까. 아래에서는 먼저 이 글에서 살핀 소안도 항일민족운동에 참가한 주요 인물들의 경력을 정리해 보기로 한다.[119]

김사홍(金仕홍) : 1883년생, 김해 김씨, 김관두(金寬斗)의 장남, 월항리 출신, 어려서 한학수학. 1909년 소안면토지계쟁사건 시 최성태, 신완희, 이한재와 함께 면민대표로 선출되어 1922년 승소판결을 받아냄. 1913년 사립중화학원 설립. 1922년 사립중화학원을 사립소안학교로 개편하여 설립,

---

[119] 각 인물들의 경력은 완도군, 1992, 『완도군지』, 완도군을 주로 참고하였다.

초대 교장. 1945년 1월 사망.

김경천(金景天) : 1888년생, 김해 김씨, 김사현(金仕鉉, 김사홍의 사촌)의 2남, 월항리 출신, 한학 수학. 1913년 사립중화학원 제3대 교장. 1924년 사립소안학교 제2대 교장. 1935년 사망.

송내호(宋乃浩) : 1895년생, 여산 송씨, 송윤삼(宋胤三)의 장남, 비자리 출신, 초명은 亨浩, 송윤삼은 참봉 직첩을 가졌으며, 소안면 면수(面首)를 지냄. 통감부시기 면장제가 실시되면서 면수를 그만두고 비자리항구에 여각(旅閣)을 차려 생활함. 어려서 비자리에 있던 서당 침벽재(枕碧齋)에 다닌 뒤, 완도에 있는 사립육영학교에 진학, 1911년 17세 때 서울의 중앙학교에 진학, 3년간의 중등과정을 마치고 1914년 소안도로 귀향, 사립중화학원에서 교편을 잡음. 인근 노화도에도 1916년 사립영흥학원을 설립. 1918년 상경하여 정세를 살피던 중 3·1운동이 일어나자 곧 귀향하여 소안도에서 3월 15일 만세시위를 주도. 이후 다시 상경하여 1920년 11월 대한독립단의 전라도지단 조직책임을 맡음. 1921년 대한독립단 국내조직이 발각, 검거되어 징역 1년을 선고받고 복역, 1922년 가을 출옥함. 1922년 가을 소안도에 돌아와 비밀결사 수의위친계를 조직. 1923년 배달청년회에 들어가 배달청년회 개혁을 주도. 1924년 3월 소안노농연합대성회 조직을 주도. 노농연합대성회사건으로 검거되어 징역 1년을 선고받고 복역. 1926년 6월 사상단체 살자회 참여. 1926년 7월 조선민흥회 참여. 1927년 1월 소안도에서 사상단체 일심회 조직. 1927년 2월 신간회 창립 시 본부 상무간사. 서울청년회 구파가 조직한 이른바 춘경원당(비정통파 조선공산당)의 결성과정에서 검사위원으로 선임됨. 1927년 11월 배달청년회 사건으로 완도경찰서에 검거되어 광주지방법원 장흥지청에서 10개월의 예심을 받은 뒤 목포지청으로 넘겨짐. 목포형무소에서 지병인 폐결핵이 악화되어 병보석으로 출감. 목포와 서울에서 치료를 받았으나 1928년 12월 20일 세브란스병원에서 세상을 떠남. 향년 33세. 신간회경성지회에서 신간회동지장(新幹會同志葬)으로 장례.

송기호(宋琪浩) : 1900년생, 송내호의 동생(송윤삼의 2남), 광주농업학교 재학중 광주 3·1운동을 적극 주도하다가 투옥되어 1년형을 언도받고 대구형무소에서 복역. 출옥후 1922년 수의위친계에 참여. 1923년 배달청년회 참여. 1924년 8월 신지면 대곡리 소재 사립학술강습소 교원으로 봉직중 '운동가'라 칭하는 노래를 가르친 것을 일경이 문제삼아 보안법위반 혐의로 구속됨. 재판에 회부되어 목포지청에서 유죄판결을 받았으나 1925년 6월 대구복심법원에서 무죄를 선고받고 석방됨. 1926년 6월 사상단체 살자회 참여. 1928년 4월 수차례 옥고로 인한 병으로 소안면 비자리에서 사망. 향년 28세.

정남국(鄭南局) : 1897년생, 경주 정씨, 정익수(鄭益守)의 장남, 비자리 출생, 부상리에서 성장, 호적명은 台星, 1906년부터 1911년까지 서당에서 한학을 공부, 1912년 완도공립보통학교 진학, 1914년 광주농업학교 진학, 1915년 가정형편으로 중퇴. 1922년 조직된 수의위친계에 참여. 1923년 배달청년회 참여. 이즈음 수의위친계의 명에 따라 임재갑 등을 이끌고 간도 용정에 파견되어 간도지방의 운동을 지원하고 약 1년 만에 귀향. 1924년 소안노농연합대성회 참여, 1924년 10월 노농회사건으로 1년간 복역, 1925년 10월 출옥, 1926년 6월 사상단체 살자회 참여, 1926년 말 도일. 오사카와 도쿄에서 노동운동. 1927년 1월 재일본조선노동총동맹 동경서부지부 위원장, 5월 재일본조선노동총동맹 집행위원장. 1927년 4월 조선공산당(제3차당) 일본총국에 당원으로 참여. 1927년 6월 소안학교복교동맹 실행위원으로 선임되어 오사카에서 총독부실정반대실행위원회 주도. 8월 일본정부 문부대신을 방문하여 소안학교 폐교조치에 대해 항의. 9월 귀국하여 소안학교 복교를 위해 총독부 학무국장 등을 만남. 1928년 4월 서울파 조선공산당사건(일명 춘경원당 또는 신의주공산당 사건)으로 검거되어 신의주로 압송, 1929년 12월 신의주지방법원에서 징역 2년을 선고받고 공소를 제기하여 1930년 5월 평양복심법원에서 징역 1년 8월을 선고받음. 1930년 8월 평양형무소에서 출옥. 1933년 일본에서 조선인실업자대책위원회 위원장. 같은 해 한신철도(阪神鐵道) 해고 반대투쟁. 1934년 친일단체 상애회테러사건으로 나고야형무소에서 6개월간 복역. 1935년 송내호의 처제 김동개(金同開)와 재혼. 해방 후 완도에서 제2대 국회의원. 1955년 사망. 향년 59세.[120]

---

120 김정명편, 1967, 『조선독립운동』 4, 原書房, 36쪽 ; 『동아일보』 1929년 12월 8일 「제4공산당 피고별 판결」 ; 『중외일보』 1930년 5월 16일 「이병의, 박형병 징역 각 4년」 ; 8월 10일 「신의주공산당사건 정남국씨 출감」 ; 任在

최형천(崔亨天) : 1896년생, 전주 최씨, 최순관(崔順寬)의 자, 맹선리 출신, 완도공립보통학교 졸업. 1922년경 수의위친계 참여. 1923년 배달청년회 참여. 소안학교 교사. 1924년 소안노농대성회 참여, 10월 노농회사건으로 구속되어 광주지방법원 목포지청에서 실형 6개월을 언도받음. 1925년 10월 만기출소. 1926년 6월 살자회 참여. 1927년 신간회 완도지회 간사. 1927년 11월 배달청년회사건으로 구속되어 목포지청에서 징역 4년, 대구복심법원에서 징역 3년을 언도받고 복역. 1969년 사망.

최평산(崔平山) : 1903년생, 전주 최씨, 최군삼(崔君三)의 2남, 맹선리 출신, 소안학교 졸업. 1923년 배달청년회 참여. 1927년 살자회 참여. 1927년 11월 배달청년회사건으로 목포지청에서 징역 4년, 대구복심법원에서 징역 3년을 언도받고 복역.

강정태(姜正泰) : 1896년생, 진주 강씨, 강창언(姜昌彦)의 자, 진산리 출신. 완도보통학교 졸업. 목포에 유학. 일명 강사원(姜仕遠), 1924년 배달청년회 회장. 일신재 교장. 소안학교 교사. 1924년 노농대성회 참여. 1924년 노농대성회 사건으로 구속되었으나 면소처분. 1926년 살자회 참여. 1927년 중외일보 지국장. 1927년 11월 배달청년회 사건으로 구속되어 목포지청에서 징역 4년, 대구복심법원에서 징역 3년을 언도받고 복역.

김통안(金通安) : 1897년생, 김해 김씨, 김문ㅇ(金文ㅇ)의 자, 횡간리 출생, 1926년 살자회 참여. 1927년 11월 배달청년회사

甲,「정남국선생 약력」;『완도군지』(1992), 325~326쪽

건으로 구속되어 목포지청에서 징역 2년, 대구복심법원에서 징역 2년을 언도받고 복역.

신준희(申晙熙) : 1899년생, 평산 신씨, 신주경(申柱擎)의 장남, 미라리 출신. 한학. 후일 감옥에서 일본어를 독학. 1922년 수의위친계 참여. 1925년 전남해방운동자동맹 집행위원. 1927년 9월 조선농민총동맹 중앙위원. 1927년 중외일보 기자. 1927년 11월 배달청년회 사건으로 구속되어 목포지청에서 징역 4년, 대구복심법원에서 징역 3년을 언도받고 복역. 1943년 목포에서 사망.

신동희(申洞熙) : 1903년생, 평산 신씨, 신두정(申斗正)의 2남, 1922년 김사홍의 장녀와 혼인, 미라리 출신. 중화학원 졸업. 서울 중동학교 졸업, 미라리 학원 교사. 소안학교 교사. 1924년 소안노농대성회에 참여, 그해 10월 노농회사건으로 구속되어 광주지방법원에서 징역 6월에 집행유예 2년을 선고받음.

신광희(申光熙) : 1903년생, 평산 신씨, 신학신(申學信)의 2남, 미라리 출신. 중화학원 졸업. 1924년 노농대성회 참여, 노농회사건으로 구속되어 징역 6월에 집행유예 2년을 선고받음. 1926년 살자회 참여. 1927년 완도청년동맹 집행위원장. 1927년 11월 배달청년회사건으로 구속되어 목포지청에서 징역 3년, 대구복심법원에서 징역 2년 6개월을 언도받고 복역.

신만희(申晚熙) : 1901년생, 평산 신씨, 신양선(申良善)의 자, 미라리 출신. 소안학교 졸업. 1924년 노농대성회 참여. 노농대성회사건으로 구속되었다가 면소처분. 1985년 미라리에서 사망.

주채도(朱彩道) : 1907년생, 신안 주씨, 朱汝三의 3남, 월항리 출신, 호적명은 채진(彩振). 소안학교 졸업. 1927년 일심단 단원. 1927년 11월 배달청년회 사건으로 구속되어 목포지청에서 징역 2년, 대구복심법원에서 역시 징역 2년을 선고받고 복역.

김남두(金南斗) : 1906년생, 김해 김씨, 김경규(金京圭)의 장남, 맹선리 출신. 소안학교 졸업. 1926년 살자회 참여. 1927년 배달청년회 사건으로 구속되어 목포지청에서 징역 2년, 대구복심법원에서 징역 2년을 선고받고 복역.

魏京永(良) : 1907년생, 장흥 위씨, 위성집(魏成集)의 장남, 진산리 출신, 중화학원, 소안학교 졸업. 1927년 비밀결사 일심단 단원. 1927년경 도일, 노동운동. 1928년 4월 서울청년회계의 일명 신의주공산당사건으로 구속되어 1929년 12월 징역 2년 집행유예 3년을 언도받고 11일 출감.[121]

백형기(白亨奇) : 1896년생, 수원 백씨, 백현익(白賢翊)의 2남, 동진리 출신, 1924년 노농회사건으로 구속되어 광주지법에서 징역 6개월에 집행유예 2년을 언도받음. 1940년 소안도에서 사망.

이월송(李月松) : 1909년생, 전주 이씨, 이남두(李南斗)의 자, 진산리 소진마을 출신. 진산리 일신재학원에서 수학, 1920년 송정리 일본중학원에서 1년간 수학, 1921년 중동학교에 진학, 1926년 졸업. 중동학교 재학시 서울청년회 중앙상임위원(소년학생부책)으로서 조선청년총동맹중앙집행위원

---

[121] 『동아일보』 1929년 12월 8일 「제4공산당 피고별 판결」 ; 12월 15일 「신의주공산당사건 7씨는 무사출옥」

으로 피선되어 주로 해외에서 입국한 인사들을 접대하는 일을 맡고, 조선학생총회를 재건하는 등 학생운동에 참여. 진도청년회재건위원. 목포청년회주최 남조선소년소녀웅변대회에서 1등. 1926년 소련유학을 기도하다 좌절. 조선일보 완도지국 총무겸기자. 완도청년동맹 총무. 1927년 1월 송내호와 일심단을 조직. 11월 배달청년회사건 시 피검되었다가 미성년이라는 이유로 석방됨. 1928년 3월 서울청년회계의 이른바 신의주공산당사건이 발생한 후 중앙으로부터 일본으로 도피하라는 명을 받고 도일. 오사카에서 동아통항조합(東亞通航組合)을 조직. 일본무산자의료동맹 관서지부 병원관리책임을 받아 3개 진료소를 운영, 조선인노동자들에게 의료혜택을 줌. 친일단체 상애회 테러투쟁으로 일경에 검거되어 고문끝에 석방되어 신병치료차 귀국. 1936년 6월 북경으로 망명, 북경한인청년회 참여. 중일전쟁 발발 후 임시정부, 광복군과 연락하며 청년들을 모집, 광복군에 보냄. 1945년 8월 15일 개봉한인회(開封韓人會)를 조직, 회장에 피선. 10월 대한민국임시정부 주화대표단 화중구 전역(駐華代表團 華中區全域)의 한국교포의 관리와 각지 민단조직 및 교포귀국사무를 관장. 1948년 6월 귀국. 한중문화협회 참여.

이들 외에 김홍기·김병규·이갑준·이정동·박홍곤·박기숙 등 노농회사건, 혹은 배달청년회사건으로 옥고를 치른 이들, 그리고 정창남(鄭昌南)·김종호(金宗浩)·김창륜(金昶倫)·이수산(李洙山)·신봉채(申奉彩)·김장안(金章安)·이형인(李亨仁)·김석동(金石同)·이윤련(李允連)·김영식(金永植)·이장백(李長伯)·김수천(金洙千)·고산(高山)·김홍섭(金洪燮)·김영안(金永安) 등 일본에서 노동운동에 참여한 이들, 그리고 광복군에 참여한 김장균(金章均), 일경에 테러를 가하였다가 체포되어 고문끝에 타살된 김명길(金明吉) 등 소안도 출신 항일운동가들이 다수 있으나 여기서는 자세한 언급은 생략하기로 한다.[122]

위에서 살핀 것처럼 소안도의 항일민족운동의 주도적 인물들은 1880년대 출생의 김사홍과 김경천이 주로 중화학원과 소안학교를 통하여 교육운동을 펼침으로써 민족운동의 기반을 만들었고, 1890년대 출생의 송내호·정남국·최형천·강정태·신준희가 역시 소안학교 등의 교사 등으로 참여하여 교육운동을 펴는 한편, 수의위친계, 배달청년회, 노농대성회, 살자회 등의 간부로서 소안도의 항일민족운동을 주도하는 위치에 있었다. 그리고 그 아래 세대인 1900년대 출생인 송기호, 최평산, 신광희, 신동희, 김남두, 주채도 등이 그들을 뒷받침하면서 운동을 전개하였다고 볼 수 있다. 그리고 1890년대와 1900년대 출신의 인물들은 대부분 사립중화학원과 소안학교 출신이다. 이는 당시 이들 학교가 소안도 민족운동사에서 어떠한 구실을 하였는가를 단적으로 보여준다.

한편 위의 인물들 가운데 최형천과 최평산은 맹선리의 전주 최씨로 재종간이며, 신준희와 신동희, 신광희, 신만희는 미라리의 평산 신씨로 역시 재종간이라고 한다. 또 송내호와 정남국은 친동서간이었으며, 신동희는 김사홍의 큰 사위였다. 이처럼 소안도의 항일민족운동은 혈연으로도 서로 깊은 관계를 갖고 있는 이들이 주도하고 있었으며, 따라서 그들간의 결속은 더욱 강하였던 것으로 보인다.

---

122 이에 대해서는 완도군, 1992,『완도군지』, 완도군, 314~350쪽을 참조하기 바람.

5. 맺음말

이상 1920년대 소안도에서 전개된 항일민족운동과 사회운동에 대하여 살펴 보았다. 1920년대 소안도에서의 항일 민족·사회운동은 1910년대 세워진 사립중화학원 등 여러 학원과 1923년 중화학원을 계승하여 설립된 사립소안학교 등에서 성장한 젊은이들에 의해 수행되었다. 당시 그들의 나이는 대체로 20대와 30대였다.

이들에 의해 1922년 비밀결사 수의위친계가 조직되고, 1923년 배달청년회가 혁신되고, 1924년 소안노농연합대성회가 조직되고, 1926년 사상단체 살자회가 조직되었으며, 1927년에는 다시 비밀결사 일심단이 조직되었다. 이들 단체의 조직을 주도한 이는 물론 송내호였다. 그는 굳은 의지와 탁월한 지도력, 그리고 폭넓은 인간관계를 바탕으로 이들 조직을 만들어냈다. 특히 그는 서울청년회의 조직을 통하여 진보적인 사회주의사상을 소안도에 소개하였으며, 또 그 인맥을 통하여 수의위친계의 조직을 확장시키고, 수의위친계와 일심단원 그리고 여타 청년운동가, 노동운동가들이 전국적으로, 그리고 국외에까지 나아가 활동할 수 있는 기반을 조성하였다. 그리고 소안학교 등에서 항일의식, 민족의식에 입각한 교육을 받은 청년들은 그의 지도 아래 교육운동, 청년운동, 노동운동, 사상운동, 비밀결사운동을 활발히 전개하였다.

소안도라고 하는 작은 섬에서 진행된 이같은 운동들은 여타 지역의 군 단위에서 전개된 운동보다 대단히 활발한 것이었다. 그리고 이들은 자신들의 활동 범위를 소안도, 혹은 완도 내에 한정하지 않고, 전라남도, 전 조선, 그리고 더나아가서 중국, 일본 등지에까지 확장해 나갔다. 이들의 운동목표는 당연히 민족해방에 있었으며,

따라서 소안도에서 진행된 교육운동, 청년운동, 노동운동, 사상운동, 비밀결사운동 등은 어디까지나 민족해방운동의 일환으로서 이루어진 것이었다. 그리고 특히 교육운동, 비밀결사운동은 국내외에서 민족해방운동을 전개할 역군을 기르는 운동이었다.

소안도라고 하는 작은 섬에서 이같이 격렬한 민족·사회운동이 일어날 수 있었던 배경은 어디에 있었을까. 먼저 소안도주민들이 일체감을 갖고 운동에 참여할 수 있었던 것은 소안도라고 하는 곳이 특별히 양반층, 혹은 지주층이라고 할만한 계층이 없이 대부분 평민층, 자작농층으로 구성되어 있어 주민들 상호간의 대립과 갈등의 소지가 그만큼 적었다는 것, 그리고 한말~1910년대에 걸친 토지회수투쟁과정을 통해 주민들간의 단합이 그만큼 강화되었다는 점 등이 크게 작용한 것으로 보인다. 그리고 그러한 사회계층상의 특성은 진보적인 사회운동이 소안도에 자연스럽게 들어올 수 있는 여건을 만들었다고 할 수 있다.

그리고 소안도 주민들은 1910년대 들어 신학문에 대해 커다란 관심을 갖고 다른 곳보다 훨씬 일찍부터 신교육을 시작하여 문맹이 거의 퇴치될 수준까지 이르게 된다. 이는 소안도의 지리적 위치가 목포와 제주, 부산과 인천 간을 잇는 항로에 자리하여 일찍부터 외부 세계, 근대 문명과 접할 수 있었던 것이 크게 작용한 것으로 보인다. 이처럼 일찍부터 신교육이 이루어지기 시작하였던 것은 소안도주민들의 민족의식, 사회의식 제고에 크게 기여하였다고 할 수 있다.

그러나 무엇보다도 소안도의 민족운동이 이처럼 크게 일어날 수 있었던 것은 민족의식이 투철하고 진보적인 의식에 일찍부터 눈떴던 김사홍, 김경천, 송내호, 송기호, 최준희, 강정태 등 뛰어난 지도자들이 있었기 때문에 가능한 것이었다. 이들의 훌륭한 지도력은 소안도 주민들의 잠재적인 항일운동의 에네르기를 하나로 결집시킬 수 있었던 가장 큰 자산이었다 할 것이다.

 1927년 배달청년회사건으로 소안도의 항일운동의 핵심세력이 옥고를 치루고, 또 사립 소안학교가 끝내 폐교되었던 것, 그리고 무엇보다도 소안도 항일운동의 지도자 송내호가 서거하였던 것은 소안도 내의 항일운동의 맥을 끊어놓았다. 그러나 송내호의 지도를 받은 일심단 단원 등이 일본 혹은 중국으로 건너가 항일운동을 계속하였으며, 수의위친계 등을 통하여 송내호의 지도를 받았던 인물들이 이후에 완도 내 각 지역에서 계속하여 운동을 지도하거나 새로운 세대의 운동가들을 배출하여 1930년대 고금도, 금일도, 신지도, 완도, 군외면 등에서 (적색)농민조합운동 등이 계속 일어나게 하였다. 소안도의 항일 민족·사회운동의 맥은 결코 끊어진 것이 아니었다.

제2장
일제하 완도(본섬)의 민족운동과 사회운동*

1. 머리말

완도 본섬은 식민지시기 완도군의 군청 소재지로서 완도군 민족운동과 사회운동의 주요한 거점이 될 수밖에 없었다. 완도 본섬은 완도면(莞島面)과 군외면(郡外面)으로 구성되어 있었다. 완도면은 완도의 행정적 중심지로서 군청과 경찰서, 금융조합, 해태어업조합 등 주요 기관이 자리하고 있었다. 완도항은 완도군의 중심적인 선착장으로서 입항하는 선단을 상대로 한 상업이 크게 활발했던 곳이기도 했다. 또 완도면은 완도육영학교, 완도공립보통학교와 사립중학원 등이 있어 교육의 중심지가 되기도 했다. 따라서 완도면은 완도 전체의 청년운동·노동운동·신간회운동의 소재지가 될 수밖에 없었다. 하지만 완도군의 민족운동과 사회운동은 1920년대에는 소안도를 중심으로, 그리고 1930년대에는 군외면과 고금도와 조약도를 중심으로 전개되는 모습을 보인다. 즉 완도 체도, 특히 완도면은 1920년대나 30년대에 완도군 전체의 운동을 주도하는 위치에 있지 못하였

---

* 이 글은 박찬승, 2001, 「일제하 완도(체도)의 항일민족운동」, 『지방사와 지방문화』 4-1, 역사문화학회 논문을 수정 보완한 것이다.

다. 그 이유는 무엇이었을까.

한편 군외면은 완도면과 이웃해 있으면서 완도면에서 전개되는 각종 민족운동의 영향을 곧바로 받았고, 또 해남 이진과도 이웃해 있었기 때문에 해남 쪽에서 전개되는 운동의 영향도 아울러 받고 있었다. 때문에 1930년대에는 완도군 적색농민조합운동의 중심지의 하나가 된다. 군외면에서의 적색농민조합운동은 구체적으로 어떻게 전개되었을까.

이제 이 글에서는 완도면과 군외면에서 전개된 민족운동과 사회운동의 조직적 전개과정을 살피고, 아울러 주요 사건들을 살피고자 한다. 이를 통해 일제하 완도 본섬에서 전개된 민족운동과 사회운동의 성격을 짚어보고자 한다.

2. 완도 민족·사회운동의 사회문화적 배경

1) 정치경제적 배경

완도가 처음 군이 된 것은 1895년의 일이었다. 그전까지 완도군의 섬들은 강진, 해남, 장흥군 등에 속해 있었다. 그리고 완도 본섬에는 가리포진이 군내리에 설치되어 있었다. 1895년 개화파 내각은 고금도 유배에서 풀려난 이도재(李道宰)의 건의를 받아들여 완도군을 비롯하여, 지도군과 돌산군 등 3개 도서지방의 군을 새로이 설치하였다. 이에 따라 1896년 군수 이규승(李圭昇)이 처음 부임해오고 관아와 향교가 설치되었다. 당시 향도유사(鄕都有司)는 고금도 출신으로 유배 시절 이도재를 돌보았던 김광선(金光善)이 맡았고, 이방

(吏房)은 이귀하(李貴夏)가 맡았다.[1] 당시 완도 군내리에 관아가 설치된 것은 가리포진이 있었기 때문이다.

1914년 행정구역 개편 이전과 이후의 완도군의 면 수와 면 이름은 〈표 2-1〉과 같고, 완도 본섬의 행정구역은 〈표 2-2〉와 같다.

〈표 2-1〉 완도군의 면 현황의 변화

연도	面名 (面數)
1914년 이전	郡內面 郡外面 古今面 薪智面 生日面 平日面 金塘面 靑山面 麗瑞面 所安面 蘆花面 甫吉面 (12개면)
1914년 이후	郡內面 郡外面 古今面 薪智面 金日面 靑山面 所安面 蘆花面 (8개면)

자료 : 越智唯七 編纂, 1917, 『新舊對照 朝鮮全道府郡面里洞名稱一覽』, 중앙시장, 444~447쪽.

〈표 2-2〉 1914년 이후 완도 본섬의 행정 구역 (面·里)

面 名	里 名
郡內面	面內里 加用里 竹靑里 長佐里 望石里 中道里 花興里 大新里 正道里
郡外面	大也里 永豊里 佛目里 黃津里 院洞里 唐仁里 三斗里 大文里 新鶴里

자료 : 越智唯七 編纂, 1917, 『新舊對照 朝鮮全道府郡面里洞名稱一覽』, 중앙시장, 444~445쪽.

1911년경 완도 본섬의 호수와 인구수를 보면, 군내면의 경우 882호 3,566명, 군외면의 경우 843호 3,253명이었다.[2] 군내면은 1922년 완도면으로 개칭되었다.[3] 1930년경 완도군 완도면과 군외면의 인구는 〈표 2-3〉과 같았다. 이에 따르면 완도면에 약 400여 명의 일본인이 있었으며, 완도면과 군외면의 조선인 인구는 각각 7,447명,

---

1 김영헌, 1955, 『淸海祕史』, 75~83쪽.
2 조선주차군헌병대사령부, 1911, 『全羅南道海岸竝島嶼の狀況』, 18쪽.
3 황금연, 2021, 「전라남도 완도군의 행정구역(면, 동리) 명칭 변화」, 『지명학』 35, 한국지명학회, 229쪽.

6,010명이었음을 알 수 있다. 당시 완도면과 군외면의 인구는 고금면·금일면·노화면·청산면보다 작은 것이었다. 하지만 당시 고금면이 고금도와 약산도를 합한 것이고, 노화면이 노화도와 보길도를 합한 것이었고, 완도 본섬은 완도면과 군외면으로 나뉘어 있었으므로, 완도면과 군외면을 합한 인구 1만3천여 명은 역시 다른 단위 섬들보다는 많은 것이었다.[4]

〈표 2-3〉 1930년 완도군의 인구 현황

면 명	호 수				인 구			
	일본인	조선인	기타 외국인	합 계	일본인	조선인	기타 외국인	합 계
완도면	99	1,385	5	1,489	409	7,447	16	7,872
군외면	3	1,156	0	1,159	11	6,010	0	6,021
신지면	1	901	0	902	5	4,712	0	4,717
고금면	3	2,331	1	2,335	13	13,124	3	13,140
금일면	3	2,200	2	2,202	9	12,261	6	12,276
청산면	16	1,665	0	1,681	52	9,258	0	9,310
소안면	12	1,033	1	1,046	23	6,094	4	6,121
노화면	3	1,831	1	1,835	6	10,835	3	10,844
합 계	140	12,502	10	12,652	528	69,741	32	70,301

자료 : 染川覺太郎, 1930, 『전라남도사정지』, 전라남도사정지간행회, 965쪽.

일제하 완도군의 산업 가운데 가장 중요한 것은 역시 농업이었고, 어업은 그 뒤를 잇는 것이었다. 이는 완도면과 군외면의 경우도 마찬가지였다. 농업은 미곡·면화 기타의 곡물류가 주요 작물로서, 완도의 면화는 전남에서 우량품으로 명성이 있었다고 한다. 하지만

---

4 染川覺太郞, 1930, 『전라남도사정지』, 전라남도사정지간행회, 969쪽.

완도의 농업은 산과 언덕의 경사가 급하여 하천의 유역이 극히 좁았다. 따라서 저수지를 만드는 일이 매우 중요했다. 1930년 현재 완도군 전체의 농가 호수를 보면 지주가 256호, 자작농이 4,302호, 자소작농이 4,439호, 소작농이 1,356호로서, 순소작농에 비해 자작농과 자소작농이 많은 편이었다. 이는 완도군 전체의 경지 면적 가운데 논이 3,178정보, 밭이 5,202정보로 논보다 밭이 많았던 사정과 관련이 있다.5 곡물 생산 가운데 가장 큰 비중을 차지한 것은 보리였으며, 다음이 쌀이었다. 또 곡물 생산 못지않게 농가경제에서 큰 비중을 차지한 것은 면화 생산이었다. 1928년도 면화 재배지는 2,029정보로서 이는 벼 재배면적 3,212정보, 보리 재배면적 3,943정보의 반 내지 3분의 2를 차지하는 것이었다. 1928년도 면화의 공동판매고는 45만3,075근, 가격으로는 76,953원으로서 밭농사 가운데 가장 큰 소득원이었다.6

완도 부근은 또 남해안 다도해 제1의 어장으로 손꼽히는 곳이었다. 특히 금일면 백야도, 평일도, 부도, 청산면 청산도 등은 가장 유명한 어장으로, 당시 일본의 각 연안어업 단체들이 이곳까지 와서 고기를 잡았기 때문에 7월부터 12월경까지의 성어기에는 발동기 어선이 수천 척에 달하는 성황을 보였다. 또 양식업 및 해조류 채취 역시 완도군의 모든 섬 연안에서 가능하였고, 그 질도 우수하였다. 양식업 가운데 가장 중요한 것은 역시 해태로서 1930년경에는 생산액이 69만 3,960원에 달할 정도였다. 수산업이 이같이 활발하였기 때문에 관련 단체의 힘은 막강하였다. 완도에는 해태어업조합과 수산회 지부가 설치되어 있었고, 이들 단체는 어획물의 처리 및 어

---

5 같은 책, 969~970쪽.
6 같은 책, 971쪽.

선·어구의 공동 구입, 조난자 구휼 등 상호부조 등을 도모하고 있었다.7

완도해태어업조합은 1917년에 창립되어 조합장과 이사를 두고 이사가 실질적인 업무를 담당하게 되어 있었다. 창립 이래 조합장은 일본인들이 맡았고, 이사는 황권팔(黃權八)이 맡아왔다.8 조합원이 되지 않으면 어업권을 가질 수 없었기 때문에 조합원은 5천여 명에 달하였으며, 조합 회의는 총대 24인을 선출하여 진행하였다. 조합의 자금은 '조합계'라는 이름으로 어장세·수수료 등을 조합원들로부터 거두어 운영하였는데, 1925년 조합의 자금은 3만여 원에 달했다. 그런데 1925년 들어 전라남도 도청에서는 조합장을 군수로 임명하고 도 수산연합회(道 水產聯合會)에 가입할 것을 조합 측에 요구하였다. 11월 12일 열린 총회에서 이사 황권팔은 이같은 방침대로 회의를 진행하였으나, 이에 불만을 품은 총대들이 총대회의 후 총사퇴하는 사태가 빚어졌다.9 그 사정은 자세히 알 수 없으나 아마도 이사 황권팔에 대한 총대들의 불만이 폭발한 것으로 보인다. 이후 사태가 어떻게 수습되었는지는 자료가 없어 알 수 없다.

수산업의 활황에 힘입어 완도읍의 상업도 활발하여 상설점포가 많았다. 특히 어기(漁期) 중의 완도읍의 상거래는 육지에서는 볼 수

---

7 같은 책, 973~975쪽.
8 황권팔은 고금면 덕암리 출신으로 1910년 8월 서울에서 융희학교를 졸업하였다. 그는 고금면 청룡리 출신 김영현과 함께 융희학교를 다녔으며 졸업도 같이 하였다(중앙교우회, 2978, 『회원명부』, 58~60쪽). 졸업 이후 그는 귀향하여 여수와 고금도 등지에서 교사 생활을 하였으며, 고금면 수리조합 사업 등에서 공을 세워 현재 고금면 장중리 저수지에 유공비가 남아 있다(『완도군지』(1992), 695, 870쪽).
9 『동아일보』 1925년 11월 19일 「衆議를 무시한다고 總代 連名辭職, 완도해태어업조합에서」; 「辭任總代會」

없는 활황을 보였다. 상거래는 특히 어장(漁場)에 각 시기별로 출장 개점하여 일용식료, 잡화류을 어민에게 공급하고 어기가 끝나면 어선과 함께 다음 어장으로 옮겨가서 개점하는 어장상인들에 의해 주로 이루어졌다. 한편 완도항을 통한 주요 수이출품은 물론 미곡·면화·해태·해조 등이었으며, 수이입품은 외미(外米)·조·당분·유류(油類), 기타 잡화 등이었다.[10]

금융기관으로서는 완도금융조합이 군내리에 있었다. 1930년 당시 완도금융조합의 조합장은 김석현(金石鉉)이었다. 또 창고업과 금융업을 겸하는 완도금융창고주식회사가 있었는데, 자본금 15만 원으로 사장은 김상근(金商瑾)이었다.

당시 완도의 주요 상공인을 보면, 조선인으로서는 김상근·김용안·김상석 등을 들 수 있다. 김상근은 보길도 출신으로 당시 목포에서 사업가 및 변호사, 그리고 도평의원·부협의원 등으로 활동중이던 김상섭(金商燮)의[11] 친동생으로서, 완도에서 완도금융창고주식회사를 경영하면서 도평의원에 참여하였다. 김용안(金容安)은 1920년 면화·해태상을 경영하면서 해태기계·홍죽(篊竹)·비료 등을 같이 판매하는 등 사업을 확장하였고, 인천 및 진남포에 출장소를 열어 연안 어조류를 매집하는 사업에 몰두하고 있었다. 김상석(金商奭)은 완도읍 출신으로 보통학교를 마친 뒤 18세에 소액의 자본으로 해태무역상을 시작하여 20세에 이미 수천 원의 순익을 내는 등 크게 성장하여, 1930년에는 거래고가 수십만 원에 달하는 무역상으로 등장

---

10 染川覺太郞, 앞의 책, 976쪽.
11 김상섭은 무안·해남·영암·완도 등지에서 1930년 당시 92정보의 농지를 소유하고 있었다(한국농촌경제연구원, 1985, 『농지개혁시 피분배지주 및 일제하 대지주명부』, 207쪽).

하였다.

　일본인으로서는 나카이 미쓰하치(中井三八), 야마자키 가쓰우에몬(山崎勝右衛門), 고마다 유조(駒田祐造) 등이 있었다. 나카이 미즈하치는 일본 가가와현(香川縣) 출신으로 완도에 온 이래 연초, 미곡 및 비료 등의 매매를 다루었고, 김상근이 사장으로 있던 완도금융창고회사의 취체역을 겸하고 있었다. 그는 일본인들의 학교조합관리자, 상공회장, 면협의원 등을 겸하고 있었다. 고마다 유조는 효고현(兵庫縣) 출신으로 1917년 개업한 내선잡화 도자 금물 해태 해산물상(內鮮雜貨陶磁金物海苔海產物商)을 경영하면서 동시에 완도금융창고주식회사 취체역을 맡고 있었다. 그의 4형제는 당시 목포와 해남, 완도 등지에서 모두 주물상·잡화상·선구상(船具商) 등을 경영하고 있었다. 야마자키 가츠우에몬(山崎勝右衛門)은 후쿠오카현(福岡縣) 출신으로 1914년 경상남도 하동으로 왔다가 1922년 강진 대구면 마량으로, 그리고 1929년에 다시 완도로 옮겨온 인물로서 완도해태어업조합 이사와 전라남도 수산회 의원을 맡고 있었다.[12]

　그러면 완도면 면협의회원들은 누구였을까. 현재 국가기록원에 남아 있는 완도면협의회록을 보면, 1928년 10월 당시 면협의회원은 김태현(金台鉉), 홍여경(洪汝景), 이경옥(李敬玉), 오병○(吳炳○), 김기석(金奇碩), 김서옥(金瑞玉), 이남련(李南璉), 황인주(黃麟周), 최병○(崔炳○), 일본인 1인(씨명 미상) 등이었다.[13]

　1929년의 선거 결과로 당선된 완도면의 면협의회 의원들은 일본인 나카이 미츠하치(中井三八)와 조선인 홍여경(洪汝景), 김서옥(金瑞

12　이상 조선인 및 일본인 자산가에 대해서는 『전라남도사정지』, 984~985쪽 참조.
13　「완도군완도면협의회회의록」(1929년, (국가기록원 CJA0002725)

玉), 이남련(李南璉), 황인주(黃麟周), 김태규(金泰圭), 김낙주(金樂周), 정응빈(鄭應彬), 박백련(朴百連), 김장렬(金壯烈) 등이었다.14 이들 조선인 가운데 가장 주목할 이는 김장렬이다. 그는 군내리 출신(1898년생)으로 일본 메이지대학을 다녔으며, 뒤에 보듯이 1920년 완도청년회 결성, 완도중학원 운영, 신간회 완도지회 임원 등으로 활동하였고, 해방 이후 완도군 건준 위원장이 되었으며, 제헌국회 의원 선거에서 무소속으로 당선된 인물이다. 김장렬은 식민지 시기 전형적인 완도의 유지로서 신간회 완도지회 임원이면서 동시에 완도면협의회 의원도 겸하고 있었던 것이다. 그밖에 다른 인물들은 이렇다 할 사회활동이 없었던 인물들이다.

2) 문화적 배경 – 신교육을 중심으로

완도에서의 신교육은 1905년에 세워진 사립육영학교로부터 시작된다. 당시 완도군수 김상섭(金商燮)은 자신의 힘으로 사립육영학교를 세웠다. 그러나 재정 부족으로 곤란을 겪던 중 1907년 음력 6월에 새 군수 정긍조(鄭肯朝)가 부임하여 그 역시 스스로 교장을 맡아 학교 운영을 제 궤도에 올려놓았다.15 그해 6월 2일에는 진급시험을 치렀는데, 3학년 우등에는 황영철(黃英哲), 이사열(李士烈), 2학년 우등에는 송내호(宋乃浩), 김대동(金大同), 1학년 우등에는 김홍추(金洪秋), 김춘수(金春水), 김재교(金在敎) 등이었다.16

이들 가운데 이사열은 고금도 청룡리 출신으로 완도사립육영학

---

14 染川覺太郞, 앞의 책, 983쪽.
15 『황성신문』 1908년 5월 30일 「莞島郡英校」
16 『황성신문』 1908년 6월 2일 「莞校試驗」

교를 마친 뒤 서울에 올라가 한성외국어학교 일어과정 3학년 때인 1910년 대한제국이 일본에 병합되자 학교를 그만두고 귀향하였다. 그 후 각종 신문·잡지를 구독하며 경주 이씨가의 청년들, 특히 1920년 3·1운동을 주도한 이현렬(이사열의 사촌)에게 국제정세 등을 설명하면서 큰 영향을 미쳤다. 이사열의 아들 이기홍은 광주고보 재학 중에 광주학생독립운동 사건에 관련되어 퇴학당했으며, 뒤에 전남운동협의회 사건의 주요 인물로 활약하게 된다.[17]

송내호는 소안도 비자리 출신으로 육영학교를 마친 뒤 서울에 올라가 사립중앙학교에 진학, 1916년에 이 학교를 졸업하였다. 곧장 소안도에 내려온 그는 사립 중화학원에서 교편을 잡고 교육운동에 종사하였으며, 인근 노화도에서도 사립영흥학원을 설립하여 교사로 학생들을 지도하였다. 1920년에는 상경하여 대한독립단 전라도지단의 책임을 맡았다가 검거되어 징역 1년을 언도받고 복역하였다. 이후 귀향하여 1922년에는 수의위친계를 조직하여 완도를 중심으로 전라도·경상도에 인맥을 형성하였으며, 이후 소안도와 완도의 청년운동·노농운동 등을 지도하였고, 신간회 창설 시에는 중앙 본부의 상무간사로 선임되기도 하였다. 그러나 그는 1927년 소안도 배달청년회 사건으로 검거되어 옥고를 치르던 중 폐결핵이 악화하여 1928년 12월 20일 세상을 떠난, 완도의 대표적인 민족운동가였다.[18]

이렇게 볼 때 완도육영학교는 한말~일제초기에 완도에서의 항일민족운동가를 길러내는 데 중요한 역할을 했다고 할 수 있다.[19]

---

17 이에 대해서는 이 책 제2장을 참조할 것.
18 이에 대해서는 이 책 제1장을 참조할 것.
19 완도육영학교는 1909년에는 박영규(朴永珪)가 교장을 맡고 있었다. 『황성신문』 1909년 8월 5일 「莞校試驗」.

완도육영학교는 1911년에 완도공립보통학교로 전환된다. 즉 사립학교가 공립학교로 바뀐 것이다. 수업 연한은 6년으로 1930년 당시 교직원은 일본인 3명, 조선인 4명이 있었고, 7학급에 학생수는 남학생 383명, 여학생 55명, 계 438명이었다. 일본인 학교로는 완도면에 완도공립심상소학교가 있었으며, 학생수는 59명이었다.[20]

군외면에는 보통학교가 설립되지 않았기 때문에 1925년 군외면 교인동에서는 학교 설립운동이 전개되었다. 군외면은 군내면과의 교통이 불편하여 완도보통학교에 통학하기가 어려웠다. 이에 김영현을 중심으로 한 군외면 유지들은 면 중심지인 교인동(教人洞)에 사립교인학교를 설립하고 학생들을 가르쳤다. 당시 학생 수는 170여 명에 달하였으나 경비의 부족으로 1년 만에 학교 문을 닫을 수밖에 없는 처지가 되자 유지들은 학교 후원회를 조직하고 기금을 모집하기도 하였다.[21] 뒤에 보는 전남운동협의회 사건 관련자 가운데에는 군외면 출신이 여럿 포함되었는데 재판기록을 보면 이 가운데 황동윤·조동선은 '향리의 사립학교'를 졸업했다고 기록되어 있고, 윤인옥은 '사립교인학교'를 졸업했다고 명기되어 있다. 이로 미루어보아 사립교인학교의 교육도 민족교육의 성향을 띠고 있었을 것으로 짐작된다.

또 1926년 4월에는 중등학교 설립운동이 전개되었다. 완도군 내에는 보통학교는 설립되었지만 중등학교가 없어 보통학교 졸업생들의 상급학교 진학이 어려웠다. 이에 완도군 내 제1의 자산가인 김상근(金商瑾)은 중학강습원 설립에 관한 발기취지문을 배포하고 동지를 구하였다. 그러나 완도군은 아직 빈군(貧郡)이어서 이에 호

---

20 染川覺太郎, 앞의 책, 977~978쪽.
21 『동아일보』 1926년 6월 14일 「教人洞學校 後援會 조직, 當地 유지들이」

응하는 이가 전혀 없었다. 이에 그는 완도흥학회를 발기하여 초등·중학·사회교육의 3대 강령을 선포하였으나 역시 호응하는 이들이 없었다. 이에 그는 1927년 4월 군내 공회당을 빌려 백수십 명의 학생들을 수용할 계획을 세우고 나봉균과 함께 준비에 착수하였다.22

결국 완도중학원은 그해 4월에 80여 명의 학생을 모집하여 개강하였다. 당시 김상근은 고등사범을 졸업한 교사를 초빙할 계획을 세웠는데, 교사로 온 아베 슈(阿部秀)는 학생들의 존경을 받았다고 한다. 그런데 완도중학원은 설립 이후 완도군과 경찰 당국의 간섭을 일일이 받았고, 학원책임자로 임명된 김장렬이 이러한 외풍을 충분히 막지 못한 것으로 보인다. 결국 당국의 간섭으로 학생들의 존경을 받고 있던 아베 슈 교사는 해임되었고, 이에 분개한 학생들은 그해 10월 23일 3인을 제외한 전 학생이 동맹휴학에 들어갔다. 김장렬은 3명의 학생만을 데리고 1주일 수업을 계속하다가 결국은 휴교에 들어가지 않을 수 없었다.23 이 사건이 어떻게 수습되었는지는 불명확하다. 이듬해 여름에도 학생들은 동맹휴학을 단행하였는데, 그 배경은 자세히 알 수 없다.24

완도중학원은 개교 약 1년 뒤에 현재의 완도초등학교 자리로 새 교사를 마련하여 이전하였다. 박아지(朴芽枝), 강경환(康鏡環), 오석균(吳錫均), 김상규(金商圭), 김문환(金文煥) 등이 교사로서 소학생들을 가르쳤다. 하지만 완도중학원은 얼마 가지 않아 설립자인 김상

---

22 『조선일보』 1927년 2월 3일 「전남완도에 중학강습 개시, 4월 1일부터 개강, 金商瑾씨가 설립」.
23 『조선일보』 1927년 11월 13일 「완도중학교 필경 휴학, 郡당국의 고압과 외부의 간섭으로」. 아베 슈는 사회주의적 성향이 있던 교사로서(『완도군지』 (1992), 610쪽) 조선을 동정하는 태도를 보였던 듯하다.
24 『동아일보』 1928년 8월 3일 「도서순례- 莞島海방면(9)」.

근과 황모 간의 지역사회 내에서의 갈등으로 인해 학원문제가 불거졌고, 경찰당국은 이 기회를 포착하여 완도중학원을 '불온한인의 교육기관'이라고 규정하고 강제 폐쇄 조치를 했다. 이로써 완도중학원은 2년이 채 못되어 문을 닫고 말았다.[25]

1936년경 완도에서는 수산학교 설립 운동이 일어났다. 그해 3월 27일 완도군 학교평의회가 끝난 뒤 평의원 박인선(朴仁善) 등 8명은 상급학교에 취학하지 못하는 완도의 보통학교 졸업생들이 매년 4백여 명에 달하고 있으므로 이에 대한 대책이 시급하다는 데 의견을 모았다. 이들은 1929년 완도의 해태 총산액이 백만 원을 돌파한 기념으로 3만 원의 경비를 들여 완도군해태어업조합을 건축하였는데, 1936년에는 풍작으로 해태 총산액이 2백만 원을 돌파할 것으로 예상되므로 이를 기념하여 완도에 수산학교나 상업학교를 세우자는 데에 만장일치로 의견을 같이하였다. 이들은 연서 날인으로 관계당국에 의견서를 제출하였는데, 그 내용은 해태조합 경비 가운데 3만 원을 내어 교사 건축 및 초년도 학교 운영경비에 사용하겠다는 것, 또 매년 해태 1속(束)에 1원씩 거두어 연 4만 원을 만들어 1만 원은 유지비로 하고, 3만 원은 기본금으로 하여 4년간 기본금 12만 원을 출자하여 완전한 4년제 학교를 만들겠다는 것이었다.[26]

이후 이들 학교평의원들을 중심으로 논의가 계속되어 30만 원의 기금을 모아 학교를 창립하기로 하고 기성회창립준비위원회를 조직하였다. 준비위원은 박인선(朴仁善), 김병희(金秉禧), 홍자표(洪子

---

25 『완도군지』(1992), 610쪽. 여기서 황모란 황권팔을 가리키는 것으로 보인다. 보길도 출신 김상근과 고금도 출신 황권팔은 모두 완도의 대표적인 부호로서 서로 경쟁관계에 있었던 것으로 여겨진다.
26 『동아일보』 1936년 4월 2일 「4년간 12만원 결성, 水産學校를 창립, 완도학교 평의원들 連署건의, 해태 풍작기념사업으로」

枸), 김재경(金在敬), 김민홍(金玟洪), 지형래(池洞來), 박노길(朴魯吉), 김태협(金台狹), 강정주(姜程周), 박안근(朴安根) 등이었다.27 이들은 4월 20일 완도주조장 2층에서 회합하여 박인선의 사회로 완도중학교 창립기성회를 조직하고 1) 완도해태조합원이 매년 저축해온 저금이 20만 원이므로 이를 중등학교 창립기금으로 편입할 것, 2) 오는 5월 10일 군민대회를 열어 부족한 금액을 전 군민이 분담하도록 할 것 등을 결의하였다.28

5월 10일 완도읍내 공립보통학교에서 열린 완도고등보통학교 기성회 창립대회에는 군민 대표 680여 명이 참석하였다. 창립대회에서는 학교 창립기금으로서 30만 원을 조성하기로 하고, 그 방법으로서 해태조합원들의 저금에서 10만 8천 원, 기성회원의 해태 대금과 저금액 가운데에서 3만 2천 원, 1936년부터 해태생산액 가운데 2분5리씩을 떼어 모아 6만 원, 유지가의 의연금으로 5만 원을 모으기로 의결하였다. 이날 기성회 회장으로는 박인선, 부회장으로는 박재교가 선출되었고, 각 면에는 지부를 두어 지부장과 평의원을 두기로 의결하였다.29 이후 독지가들의 성금이 모이기 시작하여 나흘 만에 1만 원이 모였으며, 정도리에서는 부인저미조합에서 모아 온 2500원을 기부하였다.30

---

27 『동아일보』 1936년 4월 26일 「완도에 중학 설립, 기성위원회 조직, 금년내에 완성되도록 하려고 사회유지 맹활동 개시」

28 『동아일보』 1936년 4월 27일 「완도중학교 期成, 5월에 군민대회, 모자라는 경비를 충당하고저 준비위원 맹활동 계속」. 박인선은 완도면 정도리 출신으로 도평의원을 지낸 완도의 대표적인 '유지'이다.

29 『동아일보』 1936년 5월 14일 「군민대표 6백여 會集, 완도고보 창립총회, 기금 30만원 조성방법 결정, 부서를 정연 사무분담」

30 『동아일보』 1936년 5월 26일 「완도고보 설립에 기금의연 근 만원, 진행사무도 순조로 나간다」 ; 『매일신보』 1936년 5월 22일 「한술 두술 모힌 저금

그러나 완도고보기성회는 당국과 교섭하는 가운데 고보가 아닌 실업학교를 설립하는 방향으로 전환하게 된다. 이후 기성회는 명칭을 완도중등학교설립기성회로 바꾸고, 수산학교를 설립하는 방향으로 나아가게 된다. 이들은 도지사 등 도당국자들과 교섭하여 학교 건물 건설비 20만원 가운데 완도군민이 10만 원을 부담하고 국비에서 10만 원을 보조해줄 것을 요청하였다.[31]

하지만 완도고보 설립 운동은 끝내 총독부 당국의 지원 거부로 인해 무산되었다. 고보는 물론이고 수산학교 설립도 무산된 것이다. 그런 가운데 1942년 김장렬(金壯烈), 최천렬(崔千烈) 등이 완도읍 군내리 동사무소(현 노인회 지부자리)에 완도중등학술강습원을 개설하였다. 이 학원에서는 100여 명의 학생을 가르쳤으나 해방 직후 폐원되었다.[32]

3. 완도 민족·사회운동의 전개과정

1) 3·1운동

1919년 3월 전국에서 독립만세운동이 일어나는 가운데 완도에서는 완도보통학교 학생들을 중심으로 운동이 준비되었다. 3월 하순 신지도 대곡리에 사는 차종화(車鍾和, 농민, 당시 20세)는 목포에 갔

에서 천5백원 제공, 正道里 婦人貯米組合 壯擧, 완도고보에 빛난 희사」
31 『매일신보』 1936년 9월 23일 「고보기성공작 전환, 莞島水産校 신설, 국고의 보조 10만원 요청코저 군민대표 上道 진정」
32 『완도군지』(1992), 611쪽.

다가 돌아오던 중 4월 5일 완도에 들러 7일 완도면 군내리 김두일의 집에서 청산도 여서리 출신의 완도공립보통학교 학생 김우진(金宇鎭, 당시 20세)을 만나 완도에서도 독립만세운동을 일으키자고 제의하여, 김우진의 숙소인 박인철의 집으로 옮겨가 다음 날인 8일 오전 완도공립보통학교에서 만세시위를 전개하기로 합의하였다. 이 자리에는 완도보통학교 학생 박응두(朴應斗)도 참석하여 그 뜻에 동조하였다. 이들 3명은 그날 오후 3시경 학교 기숙사인 이철암의 방에서 문종렬(文鍾烈)·이철암(李鐵嚴)·김기찬(金基贊) 등 약 20명을 모아 놓고 조선 각지에서 시위운동을 일으키고 있으니 완도에서도 이를 실행하지 않으면 치욕이 될 것이라고 설득하여 참석한 학생들의 동조를 얻었다. 이들은 각각 태극기 1기씩을 만들고, 다음날인 8일 아침 완도공립보통학교 운동장에 정렬하여 급장의 호령에 따라 일제히 독립만세를 부르기로 하고, 만일 이에 찬동하지 않는 학생이 있으면 구타 등의 징벌을 가하기로 정하였다. 그러나 이날 그들의 움직임은 완도경찰서에 탐지되었다. 그리하여 그들은 다음날의 만세시위 운동에 착수해보지도 못한 채 모두 체포되었다.[33] 『매일신보』에는 이 사건 직후 해남에 주둔하고 있던 일본군 일부가 완도로 파견되었다는 기사가 실려 있다.[34] 첫 주모자였던 차종화와 김우진은 구속, 기소되어 그해 4월 22일 광주지방법원 장흥지청에서 보안법 위반으로 징역 6월을 각각 언도받았다.

완도군에서의 독립만세운동은 이외에도 소안도 등지에서 있었다는 주장이 있으나 확실하지 않다. 다만 1년 뒤인 1920년 1월 22일 고금도에서 고금보통학교 학생들을 중심으로 시위가 일어나 80여

---

33 이상은 광주지방법원 장흥지청, 「차종화 등 판결문」.
34 『매일신보』 1919년 4월 11일 「莞島에 軍隊, 해남서 드러가」.

명이 검거되어 6명이 기소된 일이 있었다.[35]

2) 청년회운동

완도의 청년운동은 1920년 6월에 결성된 완도청년회로부터 시작된다. 6월 29일 완도 청년들은 완도공립보통학교에 모여 완도청년회를 창립하였다. 이날 선출된 간부는 회장 나봉균(羅鳳均), 총무 김장렬(金壯烈), 의사부장 박정립(朴晶豎), 지육부장(智育部長) 박○래(朴○來), 체육부장 정인주(鄭仁主) 등이었다.[36] 완도청년회가 창립 이후 어떤 활동을 했는지는 기록이 없어 그 내용을 알 수 없으나, 당시 다른 지역의 청년회와 마찬가지로 지·덕·체의 함양을 내걸고 문화운동을 지향하고 있었다고 여겨진다.

한편 완도 외에도 소안도에서 배달청년회가 1920년에 지·덕·체

---

35 이 책의 제3장 참조.
36 『동아일보』 1920년 6월 7일 「莞島郡靑年會 창립」. 나봉균은 3·1운동에 관련되어 옥고를 치른 인물이라는 기록이 있으나 확인하지 못하였다. 김장렬은 1930년경에는 면협의원을 지냈으며 일제 말기에는 완도 경찰에 예비 검속되어 있다가 1945년 8월 16일 풀려났다. 그는 곧 완도건국준비위원회를 구성했는데 부위원장에는 박인선이 선출되었다. 당시 완도에서는 이들과 대립되는 신광희 중심의 세력이 있었는데, 건준의 구성에서는 김장렬 등의 세력에 밀린 것으로 보인다. 그러나 건준이 인민위로 개편되는 과정에서 신광희 세력은 힘을 얻게 되어 9월 22일 인민위원회를 결성했는데 위원장에는 원로였던 나봉균이 추대되었다(안종철, 1991, 『광주·전남지방현대사연구-건준 및 인민위원회를 중심으로-』, 한울아카데미, 86쪽 및 158쪽). 그러나 미군정 진주 후 인민위는 강제 해산되고, 김장렬은 이후 무소속으로 출마하여 한국민주당으로 출마한 김상석(金商奭)을 꺾고 제헌국회의원으로 당선된다. 그러나 1950년 제2대 선거에서는 민국당으로 출마한 정남국에게 밀려 낙선한다(『완도군지』(1992), 411~412쪽).

의 함양을 내걸고 창립되었다.37 또한 금일도에서도 적어도 1924년 4월 이전에 금일청년회(회장 林弘基)가 창립되어 있었다.38 또 청산면 청산도와 대모도에도 청년회가 창립되었다. 청산도에서는 1924년 10월 제2회 정기총회를 열었다는 기사로 미루어보아 그 이전에 이미 창립되어 있었음을 알 수 있다.39 대모도(大茅島)에서도 1923년 9월 개량서당의 후원을 목적으로 하는 배달청년회(회장 千炳燮, 1925년 4월 茅島청년회로 개칭)가 창립되었다.40 이외에 다른 면에서도 비슷한 성격의 청년회가 창립되었을 가능성이 있다.

완도 각 면의 청년회가 대체로 구성되자 이를 하나로 묶는 완도청년연합회가 결성되었다. 연합회가 언제 결성되었는지는 확실치 않으나 1924년 8월 15일 정기총회가 열렸고, 이 자리에서는 상무위원에 나봉균·임재영(任在穎)·김장렬 등이 선출되었고, 중학강습위원으로는 강사원(姜仕遠)·나봉균·김장렬·김재경(金在敬)·임홍기(林弘基)·신태희(申台熙)·이홍세(李興世, 일명 李興刷)·우장승(禹長昇)·김종헌(金鍾憲) 등이 선출되었다.41 연합회가 중학강습위원을 선정한 것으로 보아 중학강습소를 개설하려 했던 것으로 보이나, 실제로 개설되었는지는 확실치 않다.

---

37 이 책 제1장 참조.
38 『조선일보』 1924년 4월 16일 「可惜한 金日靑年會」. 금일청년회는 1923년 3월에 열린 서울청년회 계열의 전조선청년당대회에 대표로 林弘基를 파견한 바 있었다(경기도 경찰부 보고, 「전조선청년당대회에 관한 건」, 고려대 아시아문제연구소 소장).
39 『시대일보』 1924년 10월 2일 「靑山靑年會 總會」
40 광주지방법원 장흥지청, 「모도청년회사건 판결문」(1926)
41 『조선일보』 1924년 8월 23일 「莞島聯合靑年會」. 이들 가운데 강사원·신태희는 소안도 출신이며, 이홍세(이홍쇄라도 불린다)는 고금도 출신, 임홍기는 금일도 출신이었다.

완도청년연합회는 1925년 10월 소안도 노농대성회 사건으로 투옥되었다가 출옥한 신준희·최형천·정남국 3인의 환영회를 12일 객사 잔디밭에서 갖기도 하였다.[42] 완도청년연합회는 또 그해 12월 22일 중앙집행위원회를 열고 나봉균의 사회로 지방소년운동, 지방세포단체 조직 등의 안건을 협의하였으며, 이를 전담할 위원으로서 최형천(崔亨天)·천돈섭(千頓燮)·위경량(魏京良) 등을 선출하였다. 또 지방순회 강연을 계속하기로 하고 강사로서는 김장렬·나봉균·정권(鄭權) 등을 선출하였다.[43]

1926년 4월 20일에는 완도노동공제회관에서 제3회 정기총회를 의장 신만희의 사회로 열었다. 이날 회의는 토의안건 가운데 이류단체(異類團體) 박멸 등의 문제로 인해 경찰에 의해 중지되어 다음날 다시 열렸으며, 위원으로는 신만희 외 10인이 선출되었다.[44]

한편 완도청년회는 1925년 2월 완도무산청년회로 탈바꿈하였다. 이즈음 다른 지역의 청년회들과 마찬가지로 개혁청년회로 변신한 것이다. 완도무산청년회는 그해 2월 28일 완도면 화흥리 개량서재에서 임시대회를 열고 의장 김병규(金柄奎)의 사회하에 청년운동의 전환을 선언하였다. 무산청년회는 청년운동의 근본방침을 "계급적 자각으로써 해방운동의 제일선에 설 역군을 양성키로 함"으로 정하였다. 무산청년회는 청년교양을 위해 강연회·독서회·토론회·야학 등을 개최하고, 순회문고 및 신문잡지 공동열람소를 설치하기로 하였다. 이들은 이류(異類) 청년단체를 개혁 또는 박멸하기로 결의하였으며, 청년운동의 연령을 25세 이하로 제한하기로 하였다.[45] 또

---

42 『동아일보』 1925년 10월 22일 「출옥환영 금지」
43 『동아일보』 1925년 12월 26일 「莞島靑年委員會」
44 『동아일보』 1926년 4월 25일 「莞島靑年定總 토의사항중 일부는 금지」

이들은 이날 회의에서 "우리들은 역사적 필연인 합리적 신사회의 건설을 기함"을 내용으로 하는 강령을 채택하였다. 그리고 위원으로서 나봉균·김원일(金源日)·김동섭(金東燮)·김채곤(金彩坤)·김용준(金容準)·황금성(黃金城)·김양주(金養主)·이홍숙(李弘淑)·최정래(崔正來)·정규선(丁圭善) 등을 선출하였다.[46]

완도무산청년회는 1926년 4월 20일 완도군 읍내 노동공제회관에서 제3회 정기대회를 갖고 임시의장 김병규의 사회하에 청년운동·교양문제·이류단체·농민운동·종교문제·소년운동·청년데이기념·메이데이기념 등의 안건을 토의하였으며, 중앙집행위원으로 권표(權杓) 외 6인을 선출하였다.[47]

완도청년연합회는 1927년 8월 28일 완도청년동맹으로 개편하였다. 이에 따라 각 면의 청년회는 모두 해체되고 완도청년동맹의 산하로 들어가게 되었다.[48] 완도청년동맹의 위원장은 신광희였으며, 상무위원으로서는 이월송 등이 있었던 것으로 보인다. 완도청년동맹은 11월 7일 러시아혁명기념 강연을 열려고 준비하였으나, 경찰에서 강연 전에 이를 금지하고 위원장 신광희와 상무위원 이월송, 그리고 신간회 완도지회 간사 최형천·정학균 등을 검속하였다가 다음 날 석방한 일이 있었다.[49]

1928년 이후 완도청년동맹의 활동에 대해서는 1928년 4월 15일

---

45 『조선일보』 1925년 3월 8일 「완도무산청년 림시대회 결의」
46 『조선일보』 1925년 3월 8일 「완도에서 무산청년 조직」
47 『동아일보』 1926년 4월 28일 「無産靑年 定總」
48 「배달청년회 사건 판결문」 『소안도항일운동사료집』 86~87쪽.
49 『조선일보』 1927년 11월 13일 「혁명기념으로 완도청년 검속, 一日 경과 放送」. 신광희, 최형천, 이월송은 모두 소안도 출신 인물들이며, 정학균은 고금도에서 3·1운동을 주도한 인물이다.

집행위원회 회의를 개최한다는 기사가 있지만,50 그밖에 다른 기사가 없어 그 활동 내용을 알 수 없다. 아마도 소안도 배달청년회 사건 이후 활동이 부진하게 되지 않았나 여겨진다.

3) 노농운동

완도의 노농운동은 1924년 8월 완도노농총동맹이 조직되면서 시작되었다. 완도노농총동맹은 8월 16일 완도 각 면·리의 세포단체를 통일적으로 지도하기 위해 만들어진 것이었다. 당시 완도 군내에서 이미 조직되어 있던 노농단체로서는 소안도의 소안노농연합대성회(1924.3 결성) 정도밖에 없었다. 따라서 완도노농총동맹은 다른 면 단위에도 노농단체를 만들기 위해 먼저 군 단위의 상급 단체를 조직한 것이라고 볼 수 있다. 완도노농총동맹은 창립대회에서 "노동 본위의 신사회를 건설하는 선구가 됨, 대중해방운동에 분투 노력함"이라는 강령과 "우리는 진리적 인간사회를 창조하기 위하여 이에 동맹하고 세계적으로 동지를 합하려 한다. 동지를 찾는 자들아. 단결하자"라는 선언문을 채택하였다. 그러나 이 강령과 선언문 가운데 단결과 신사회 건설이라는 문구를 놓고 완도경찰서 고등계 부장 나가타 도오루(永田亨)와 장시간 논쟁하다가 결국은 회의를 중지시키고, 이 강령과 선언의 발표를 금지시켰다.51

완도노농총동맹 창립 이후 각 동리에서 차례대로 노농회가 조직되기 시작하였다. 즉 군 단위에서 먼저 노농총동맹이 만들어지고, 다음에 주요 거점이 되는 리(里) 단위에 노농회가 만들어진 것이다.

---

50 『조선일보』 1928년 4월 12일 「완도청맹위원회」.
51 『조선일보』 1924년 8월 23일 「莞島勞農總同盟, 선언 강령은 발표 금지」.

이해 9월 22일에는 완도면 대신리(大新里)에서 윤덕환(尹德丸) 외 2인의 발기로 대신노농회를 조직하고 1) 소작료는 3할 이내로 할 것, 2) 지주에게 일체 뇌물을 폐지할 것, 3) 두량(斗量)은 평목(平木)을 사용할 것, 4) 공인할 만한 과실이 없을 때에는 소작권을 영구 보존할 것을 결의하였다. 부서로는 서무부·조사부·교양부를 두고, 위원으로는 윤덕환(尹德丸)·김치우(金致雨)·김병규(金柄奎)·김두병(金斗柄)·김봉두(金奉斗)·윤치형(尹致亨)을 선출하였다.52

9월 28일에는 군외면 불목리(郡外面 佛目里)에서 김주현 외 2인의 발기로 불목노농회가 창립되었다. 창립총회 참석 회원은 40명에 달하였으며, 완도노농총동맹 상무위원 김창영(金昌英)의 취지 설명이 있은 뒤에 불목노농회 창립이 만장일치로 가결되었다. 이날 총회에서는 또 1) 소작료는 전답 3할 이내로 할 것, 2) 지세 및 공과금은 일체 지주가 부담할 것, 3) 소작권은 공인할만한 과실이 없을 때는 영구 보존할 것, 3) 동리 사당(祠堂)을 폐할 것, 4) 무악(巫樂)을 사용치 말 것 등을 결의하였다. 위원으로는 서무부에 김주현(金周炫)·이기태(李基泰), 교육부에 이종학(李宗學)·김정현(金正炫), 조사부에 김달수(金達首)·박봉선(朴奉先), 소작부에 차낙선(車樂先)·황영률(黃영律) 등이 선출되었다.53

다음날인 9월 29일에는 군외면 영풍리(郡外面 永豊里)에서 영풍노농회가 김채일(金采日) 외 2인의 발기로 창립되었다. 이 자리에서도 완도노농총동맹의 상무위원 김창영의 창립 취지 설명이 있었고, 이어서 임원으로 서무부에 조봉학(趙鳳鶴)·권봉안(權奉安), 교육부에 임성관(任成寬), 조사부에 김채일, 소작부에 김관선(金寬先)·김인홍

---

52 『시대일보』 1924년 10월 3일 「大新勞農會 조직」
53 『시대일보』 1924년 10월 5일 「노농회창립, 5개조의 결의사항」

(金仁洪) 등을 선출하였다.54 다음 날인 9월 30일에는 군외면 대야리에서 대야노농회가 창립되었으며, 임원으로는 서무부에 배봉기(裵鳳琪), 교육부에 김병련(金柄連), 조사부에 조종래(趙鍾來), 소작부에 김종오(金鍾吾) 등이 선출되었다.55

군외면 달도리(達島里)에서도 10월 14일 김동섭(金東燮)과 제문명(諸文明)의 발기로 달도노농회가 창립되었다. 달도노농회도 1) 공인할만한 과실이 없을 때는 소작권을 영구 보존할 것, 2) 소작료는 답 4할 이내, 전 3할 이내로 할 것, 3) 두량은 두기(斗機)를 사용할 것, 4) 소작료 운반은 1리 이내로 하되 초과 시는 상당한 운임을 받을 것, 5) 지세 공과금은 일체 지주가 부담할 것 등을 결의하였다. 그리고 위원으로는 김동섭·제문명·김태환(金太煥)·정민홍(鄭敏弘)·김중현(金仲炫)·이병호(李秉昊) 등을 선출하였다.56

한편 완도면에서도 9월 30일 중도리(中道里)에서 김용준(金容準) 외 2인의 발기로 중도노농회 창립총회를 가졌다. 이 자리에서는 신준희·김병규·신만희 등의 취지 설명이 있었고, 소작문제와 관련하여 1) 일반의 공인할만한 과실이 없을 때는 소작권은 영구 보존할 것, 2) 소작료는 전답 3할 이내로 할 것, 4) 두량은 평목으로 할 것, 5) 소작료 운반에 1인 이상 초과할 때는 상당한 대금을 받을 것, 6) 지세 및 공과금은 일체 지주가 부담할 것, 7) 제방 수축비가 1원(圓) 이상에 달할 때는 지주가 부담할 것 등을 결의하고, 위원으로는 김용준·황금성(黃金城) 외 4인을 선출하였다.57

---

54 『시대일보』 1924년 10월 5일 「영풍노농회 창립」
55 『시대일보』 1924년 10월 5일 「大也勞農會 창립」
56 『시대일보』 1924년 10월 31일 「노농회 창립」
57 『시대일보』 1924년 10월 12일 「三處勞農創立」

완도면 군내리에서도 노농회가 창립된 것으로 보인다. 신문기사에 의하면, 군내리 노농회에서는 10월 24일 임시총회를 열고 결원이 된 위원을 김명규(金明圭)·조치형(趙致亨)으로 보궐하고, 노동·소작 문제와 관련하여 1) 노동시간은 8시간으로 할 것, 2) 임금은 남자는 1원 20전으로, 여자는 60전 내지 75전으로 할 것, 3) 화물 운임은 시내에 한하여 한 짐에 5전씩으로 할 것, 4) 소작료는 3.5할 이내로 할 것 등을 결의하였다고 한다.[58]

위의 각 노농회의 결의사항이 지주측에 의해 얼마나 받아들여졌는지는 알 수 없다. 하지만 지주 측과의 충돌이 있었다는 보도가 없었던 것을 보면 지주 측에 의해 대체로 받아들여졌던 것으로 보인다.

그런데 이들 각 동리의 노농회 위원 가운데에는 구장 등 자칭 '유지'들도 끼어 있었다. 예를 들어 대신리의 경우 김치우는 구장이었으며, 김두병은 자칭 '유지'로서 수년 전부터 관공리 교제비, 동리회비 등의 명목으로 리민들에게 돈을 뜯어와 1925년 3월 같은 노농회의 위원으로서, 완도의 사회운동을 이끌고 있던 김병규가 이들을 불러 징수한 불법 회비를 돌려주라고 요구하자, 이들은 도리어 명예훼손을 당하였다고 경찰당국에 탄원하려 하는 등 갈등을 빚었다.[59] 따라서 이들 노농회는 아직 명실상부한 농민운동 단체가 되지는 못한 것으로 보인다.

완도노농총동맹은 그 뒤 완도노농연합회로 명칭을 변경한 것으로 보인다. 그리고 1926년 4월 21일 완도노농연합회는 중앙집행위원회를 열고 노동연합회와 농민연합회로 분화할 것을 결의하고 위원도 나누어 노동연합회 위원에 나봉균 외 4인, 농민연합회 위원에

---

58 『시대일보』 1924년 10월 31일 「노농회 임시총회」
59 『조선일보』 1925년 3월 24일 「面協議員, 區長輩가 洞民에게 自意 賦稅」

신만희 외 4인을 각각 선정하였다.[60] 이로써 완도의 농민운동은 비로소 노동운동과 분리되는 과정을 밟게 되었다.

그리고 이즈음 각 동리의 노농회도 농민조합으로 명칭을 변경한 것으로 보인다. 예를 들어 완도면 정도리(正道里)에서는 1926년 11월 9일 정도농민조합 창립총회가 열렸다. 이날 창립총회에서 위원으로는 총무부에 강성휴(姜聲烋)·이태호(李泰護)·최원휴(崔元休), 교양부에 최장주(崔璋柱)·이경명(李京銘), 조사부에 이남휴(李南休)·황형주(黃亨周) 등이 선출되었다. 또 이날 총회에서는 소작료와 관련하여 다음 사항들을 결의하였다.

　一, 소작료에 관한 건
　　가, 소작권 이동은 공인할 만한 과실이 없을 때는 절대 부인할 것
　　나, 소작료는 4할 이내로 할 것 (단 중요작물에만 한함)
　　다, 소작료 감정은 평예(坪刈) 또는 분속(分束)으로 할 것
　　라, 계량은 두개(斗槪)를 사용케 할 것
　　마, 소작료 운반은 1리(里) 이내로 하되 1리 이내가 초과한 시는 매1리에 임금 오십전 이상 수취할 것
　　바, 지세공과금은 지주가 부담할 것
　　사, 사음제를 부인할 것
　　아, 지주의 무리한 계약을 거절할 것
　一, 악지주(惡地主) 일본인 후지야마 소오스케(藤山宗助) 소작료에 관한 건
　　가, 제방지(堤防地) 개간에 대하야는 개간용 기구를 무료 임차할 것
　　나, 초년(初年) 경작답(耕作畓)에 대하야는 종자를 무료배부케 할 것
　　다, 2년 이상 경작답 소작료는 2할 이내로 할 것
　　라, 4년 이상은 3할 이내로 할 것

---

60 『동아일보』 1926년 4월 28일 「莞島勞聯委員會」

마, 7년 이상은 4할 이내로 할 것61

위에서 보면 소작료의 4할제, 마름제도의 부인 등이 눈에 띠며, 일본인 지주의 개간답의 경우, 개간답의 소작료를 연차적으로 달리할 것 등을 결의하고 있음을 볼 수 있다. 여기서 일본인 지주 후지야마 소스케(藤山宗助)의 이름이 등장하고 있다. 그는 본래 완도군 군내리에 거주하던 잡화상으로서, 1921년경 염전 혹은 밭으로 이용되고 일부는 김양식 어장으로 이용되던 화홍포해안을 총독부의 지원을 받아 간척하기 시작하였다. 그가 실행한 정도리의 간척은 24.4정보, 개답면적은 19.7정보였다. 이 간척사업은 후지야마가 자본을 투여하고 정도리 주민들이 노동력을 투여하는 것으로 이루어졌다. 정도리 주민들은 일본인 공사감독의 지시에 따라 지게로 돌과 흙을 져 나르고 일정한 품삯을 받았다고 한다. 이 사업은 1925년 7월 준공되어 그해 11월 30일 간척농지 65,924평에 대한 소유권이 확정되었으며, 류지(溜地) 3,531평은 1926년 2월 9일 소유권이 확보되었다고 한다. 후지야마는 이 땅을 정도리 주민들에게 소작을 주면서 첫해에는 소작료를 면제하고, 농토가 완숙되어 감에 따라 소작료를 경미하게 부과하도록 한다고 하였다.62 정도농민조합은 바로 그 간척지에서의 소작 조건을 소작인에게 보다 유리하게 해줄 것을 요구하고 있는 것이었다. 1929년 후지야마는 이 간척지를 타인에게 매각하려 하였고, 이에 당시 도평의원이던 이 마을 출신 박인선(朴仁

---

61 『조선일보』 1926년 11월 17일 「전남 완도에 正道農組 창립, 의안을 결의 통과」 ; 『동아일보』 1926년 11월 17일 「正道農民組合 去11日 莞島에 創立」
62 선영란, 1998, 「간척농지의 공동체적 운영방식의 지속과 변화 - 전남 완도 '정도신농조합'을 중심으로-」 (목포대 사학과 석사논문), 25~27쪽.

善)과, 그의 사촌으로 완도면협의원이던 이남련(李南璉)이 나서서 마을 주민들의 뜻을 모아 이 간척지를 사들였다. 정도리 주민 '박인선 외 90인'은 이 간척지를 저미조합운동을 통해 모은 3,600원과 개인 부담, 그리고 동척 융자금으로 이를 사들였으며, 이를 공동으로 경영하기 위해 '정도신농조합'을 구성하여, 현재까지도 정도신농조합을 통한 공동 경영방식으로 이를 경작하고 있다.[63]

완도군에서의 소작쟁의는 1927년 고금도의 고금농민조합의 강진 거주 지주 김후식(金厚植)을 상대로 한 소작인 7백여 명의 소작쟁의가 있었고,[64] 1928년 4월 해남 거주 지주 천선재(千善才)와 강진 거주 지주 김충식(金忠植)을 상대로 한 소작쟁의가 있었다.[65] 천선재는 완도군에 180여 두락의 토지를 가진 지주로 6~8할의 소작료를 받는 외에 천재지변 등으로 수확이 없는 땅까지 무리하게 소작료를 거두려 함으로써 원성이 잦았고, 1927년에는 마침내 소작인들의 불예동맹(不刈同盟)까지 있었다. 농민조합에서는 교섭위원으로 김병규(金柄奎)·지종호(池鍾浩)를 파견하여 천선재와 교섭, 소작료를 4할로 조정하였다. 김충식은 소작료를 5할로 소작료를 올림으로써 소작인들의 불납동맹이 일어나자, 지주측은 불납동맹에 참여한 소작인들의 소작료를 6~7할로 올려 계약서를 체결하려 하였다. 이에 소작인들은 불경동맹을 단행하는 등 쟁의가 발생하자 농민조합에서는 이에 개입하였다고 한다. 하지만 그 결과에 대해서는 기록이 없어 더 이상의 자세한 내용은 알 수 없다.

이상 완도의 노농운동, 특히 농민운동에 대해 살펴보았는데, 농

---

63 같은 글, 27~28쪽.
64 『중외일보』 1927년 11월 29일 「고금농조의 대책 강구」
65 『조선일보』 1928년 4월 29일 「莞島의 千地主作人, 전부 不農同盟」

지가 다른 지역에 비해 많지 않았던 곳이었고, 대지주도 별로 없는 곳이었기 때문에 대규모 소작쟁의는 없었으며, 농민조합의 활동도 상대적으로 덜 활발했던 것으로 보인다.

4) 신간회운동

완도무산청년회가 출범한 지 1년여가 지난 1926년 여름 완도군에도 사상단체로서 살자회가 창립되었다. 이는 다른 지역의 사상단체의 설립보다 시기적으로 약 1년 정도 뒤진 것이다.

1926년 6월 13일 소안면 배달청년회관에서 사상단체 살자회의 창립총회가 열렸다. 이날 창립총회에서는 강령으로서 1) 우리는 상호부조와 정의에 희생할 정신 함양을 도모함, 2) 우리는 신사회건설 속성을 도모함 등을 채택하였다. 또 1) 입회금은 1원, 의무금은 2원으로 하고, 사무소는 완도군 읍내로 하되, 당분간은 소안면 맹선리 학원으로 하기로 결의하였다. 이날 살자회의 집행위원으로는 신준희 외 6인이 선출되었다.[66] 살자회는 이날 창립대회 직후 임시총회를 열고 농민운동·노동운동·청년운동·여성운동·형평운동·교양문제 등을 토의하였으며, 운동전선의 통일과 관련하여 "전조선사회운동 분열현상에 대하여 통일운동의 최고기관을 위하여 당파적 소이익을 희생하고 통일할 것을 무조건으로 고조하되 만일 통일에 성의가 없는 자는 운동선에서 구축할 것"을 결의하였다.[67]

살자회는 6월 15일 제1회 집행위원회를 열고 사상동맹과 중앙협의회에 대의원으로서 정남국과 신준희를 각각 파견하기로 하고, 각

---

[66] 『동아일보』 1926년 6월 19일 「사상단체 살자회 창립, 전남 완도에서」
[67] 『동아일보』 1926년 6월 19일 「임시총회 개최」

부서별 집행위원을 정하였다. 부서별 집행위원은 서무부에 최평산·최형천, 연구부에 송내호·강사원·송기호, 선전부에 김병규·신준희 등이었다.[68] 살자회 집행위원은 김병규를 제외하고는 모두 소안도 사람들로 구성된 것이 눈에 띈다.

한편 이른바 배달청년회사건 판결문에 기술된 바에 의하면, 살자회의 창립총회가 6월 15일 미라리 서당에서 열렸으며, 심사위원 5명을 정하여 회원을 엄격히 심사하여 주로 배달청년회 회원을 중심으로 25명의 회원을 선발하였으며, 집행위원으로서 최형천·최평산·강정태·김병규·신준희·송내호 등 6인으로 정하였다고 한다(송기호가 빠져 있다). 또 창립총회에 이어 오후에 열린 임시총회에서는 농민운동은 소작농을 중심으로 하는 것은 물론이지만 자작농을 포함한 농민대중의 운동이 되어야 하며, 노동운동은 비타협적 정신으로 경제적 해방을 주로 하며, 청년운동은 무산청년운동의 지도적 정신 하에 민족주의 청년운동과 공동협력해야 한다고 결의하였다고 한다. 또 소년운동과 청년운동 등에서 맑스주의를 교양해야 한다는 것 등을 결의하였다고 한다. 그러나 살자회는 얼마 존속하지 못하고 1926년 11월 15일 정우회 선언 이후 전국적으로 사상단체의 해체가 결의되는 가운데 역시 해체된 것으로 여겨진다.

신간회 완도지회 설립은 1927년 8월말에 이루어졌다. 8월 28일 완도 읍내 중학원에서는 신간회 본부 상무간사로 선임된 소안도 출신의 송내호가 취지 설명을 하고 창립을 결의한 뒤 회관 건축 등을 논의하였다고 한다. 이날 창립대회에서 선출된 임원을 보면 다음과 같다.

---

68 『동아일보』 1926년 6월 23일 「살자회 臨總」

◇ 임원

회장 任在甲, 부회장 郭東植, 서무부총간사 姜仕遠, 재정부총간(財政部總幹) 朴魯吉, 정문부총간(政文部總幹) 朴漢奎, 조직선전부총간 申晙熙, 조사연구부총간 金壯烈, 상무간사 서무부 李興世, 재정부 金官善, 정문부 鄭鶴均, 조사연구부 宋桂完, 조직선전부 金柄奎, 간사 金東燮 鄭斗實 朴成東 崔亨天 任在顯 林弘基 金榮炫 羅鳳均 鄭東均.[69]

여기서 회장을 맡은 임재갑은 신지도 출신(1927년 당시 나이 37세)으로 수의위친계 회원이었으며, 1925년 신지면 대곡리 소재 사립학술강습소 교사로 있으면서 신지면 내의 순회강연단을 조직하여 강연하는 가운데 민족의식을 고취하였다는 혐의로 구속, 기소되어 10개월 동안 복역하고 출소한 인물이었다.[70] 신간회 임원 가운데 상당수는 앞서 본 1924년 완도청년연합회 결성 시 임원 등으로 참여한 인물들이었다. 예를 들어 강사원·나봉균·김장렬·임홍기·이홍세(일명 이홍쇄) 등이 그러하였다.

그런데 신간회 완도지회는 이후 특별한 활동 내용이 눈에 띄지 않는다. 그것은 그해 10월 소안도의 이른바 배달청년회 사건으로 인해 송내호를 비롯한 소안도의 주요 인물들이 구속되었기 때문으로 보인다. 소안도 사회운동가들은 당시 사상단체와 노농단체, 그리고 신간회를 사실상 주도해왔다고 할 수 있는데, 이들이 대거 검거되었고, 위의 임원 가운데에서도 완도 군내면 출신으로 조직선전부의 총간사를 맡은 신준희와 간사를 맡은 김병규, 그리고 서무부

---

69 『동아일보』 1927년 9월 6일 「신간 완도지회 설립」 ; 『조선일보』 1927년 9월 5일 「전남 완도에 신간지회 설립」
70 광주지방법원 장흥지청, 「임재갑 등 신지도 사립학교 강연회사건 판결문」 (국가기록원)

총간사 강사원(일명 강정태), 일반 간사 최형천 등이 구속, 기소되었다. 창립된 지 한 달 만에 불어닥친 검거 선풍은 신간회 완도지회의 활동을 사실상 정지시킨 것으로 보인다.

4. 완도 민족·사회운동 관련 사건

1) 완도상회 사건

3·1운동이 있은 다음 해인 1920년 완도에서는 '완도상회' 사건이 일어났다. 이 사건은 1920년 8월 17일 완도공립보통학교에서 열린 완도청년회 석상에서, 고금면 출신으로 동아일보 목포지국에서 일하던 김영현(金榮炫)이 한 발언에서부터 비롯되었다. 그는 청년회원 20여 명에 대해 "우리 완도는 완도인의 완도이지 타인의 완도가 아니다. 따라서 완도인이 이를 지배하지 않으면 안 된다. 우리는 관리의 명령에만 따르지 말고 스스로 교육·경제의 개량할 것은 개량하여 완도의 발전, 진보를 이룩해야 한다"고 연설하였다. 뒷날 이는 검찰이 그에게 "독립사상을 고취하고 일본인 관리 및 일본인을 배척하도록 교사선동하였다는 혐의를 씌운 근거가 되었다. 그는 또 이 자리에서 "완도는 타군에 비해 물가가 비싸다. 그러므로 이 자리에 참석한 청년회원을 중견으로 하여 완도소비조합을 조직하고 물화를 저가로 공급하고, 이익배당을 목적으로 하자"고 제의하였다. 이에 청년회원들은 모두 동의하였고, 김영현은 이후 1주(株) 당 2원으로 하고, 출자 상한을 15주로 하여 출자자를 모집하였다. 하지만 출자자는 예상과는 달리 많지 않았고, 결국 소비조합의 구상은 물

거품이 되었다. 이에 그는 소비조합 대신 완도상회라는 잡화상을 열었다. 출자자는 김봉현 외 35명이었으며, 출자액은 280원이었다. 그는 1920년 9월 1일 개업한 완도상회의 주임이 되어 잡화 판매를 개시하였으며, 박리공급을 표방하고 특히 출자자들에게 완도상회의 이용을 촉구하였다. 그런데 이같은 김영현의 소비조합, 완도상회 사업은 경찰과 검찰에 의해 일본상품 불매동맹으로 간주되어 구속, 기소된 것이었다.

그는 그해 11월 광주지방법원 장흥지청에서 징역 3월을 선고받았다. 그러나 김영현은 이에 공소를 제기하여 1921년 1월 대구복심법원에서 무죄를 언도받았다. 대구복심법원은 김영현이 "정치적 변혁을 목적으로 음으로 양으로 일본인 관리 내지 일본인을 배척하고, 비매동맹을 결성, 민중들에게 조선독립사상을 고취 선동하고 안녕질서를 방해한 고의적 소행이 있었다고 인정할만한 증거가 없다"고 판시한 것이다.[71]

김영현은 1883년 고금도 청룡리에서 김광선(金光善)의 아들로 태어났다. 김광선(호는 枕泉)은 고금면 청룡리에 거주하면서 당시 이곳에 유배와 있던 이도재(李道宰)를 만나 그로부터 글을 배웠다. 그의 아들 김영현도 어려서 이도재에게 글을 배울 수 있었다. 이도재는 1894년 갑오개혁 때 유배에서 풀려 한양으로 돌아갔고, 전라관찰사가 되어 다시 내려와서 완도군의 설군(設郡)을 위해 결정적인 역할을 하였다. 이도재가 완도군을 설치하기 위해 고금도를 다시 찾았을 때 김광선 등이 이를 영접하였으며, 김광선은 설군 이후 향도유사(鄕都有司)를 맡았다.[72]

---

71 이상은 광주지방법원 장흥지청 및 대구복심법원의 「김영현사건 판결문」(국가기록원) 참조.

김영현은 1905년 장성한 나이가 되자 당시 대한제국의 학부대신 등 요직을 지내고 있던 이도재를 찾아 상경하여 그의 소개로 융희학교 제1기로 입학하여, 1909년 졸업하였다. 1910년 그는 광주에 내려와 광주교원강습소를 수료한 뒤 고금면 회룡리에 내려와 1912년 사립학교를 설립하고 학생을 모집, 약 8년간 신교육을 실시하였다. 1920년에는 목포에 나가 잠시 동아일보 목포지국에 근무한 뒤 다시 완도로 돌아와 위와 같은 소비조합운동을 벌였다. 그는 대구감옥에 있으면서 알게 된 상주(尙州) 출신 조태연(趙泰衍)을 따라 상주 낙동면 운평리에서 낙운사숙(洛雲私塾)이라는 일종의 개량서당을 열었다. 그러나 학생들의 수가 급증하자 이를 감당할 수 없어 1921년 조씨가의 재각 양진당(養眞堂)을 개조하여 조명강습소(朝明講習所)를 열게 되었다. 당시 학생 수는 200여 명에 달해 이를 갑·을·병 3개 반으로 나눠 교육을 하게 되었다. 그는 이곳에서 경북 선산 백진 이씨가로 장가를 들었으며, 1924년에는 옥고로 인해 건강에 문제가 있어 고향에 돌아오게 되었다. 그는 1925년 군외면 교인리에서 사립 교인학교(私立敎仁學校)를 세우고 교원으로 김창선·오석균·이홍용·황동윤 등을 초빙하여 학생들을 가르쳤다. 교인학교는 1934년 일제에 의해 강제 폐쇄당했다. 이에 교인학교를 뜯어서 군외면 불목리로 옮겨 동명학교(東明學校)를 개교하였는데, 이는 고구려 동명성왕의 이름을 딴 것이라 하여 못쓰게 하였기 때문에 군외영창간이학교(郡外永昌簡易學校)라 개명하였다. 그는 1930년대 이후『이두문해설(吏讀文解說)』, 『고어활용법(古語活用法)』, 『청해비사(淸海秘史)』 등의 책을 썼으며 1927년 김상근이 설립한 완도중학원에서 1938년경 한문을 가르치기도 하였다. 1941년에는 일경의 눈을 피해 군외면 고

---

72 金小南(소남은 김영현의 호), 1955,『淸海祕史』, 농촌계몽문화사, 83쪽.

마도로 들어가 은거하면서 당시 마루 밑에 굴을 파고 역사책 등을 숨겨두었다가 해방이 된 뒤 가지고 나와 완도중학교 역사교사로 근무하였다. 그는 1955년 자신의 『청해비사』를 간행하였으며, 1962년 원불교에 귀의한 뒤 1974년 89세를 일기로 군외면 불목리에서 별세하였다.73

2) 완도면 대신리 신우회 사건

1920년대 완도면의 대표적인 사회운동가는 김병규(金柄奎)였다. 그는 1890년 대신리(大新里)에서 김해 김씨 김서욱의 아들로 태어나 한학을 공부하였을 뿐 신학문을 한 흔적은 보이지 않는다.74 하지만 그는 일찍부터 소안도의 송내호·신준희 등과 가까운 관계를 갖고 있었고, 1920년대 초 대신리에 대신무산유치원을 세워 아이들을 가르쳤으며, 1925년 완도무산청년회의 창립을 주도하기도 하였다. 그는 또 1926년에는 소안도 사람들과 함께 사상단체 살자회에 참여하였고, 1927년에는 신간회 완도지회에도 참여하였다. 그는 1929년 소안도 배달청년회 사건시 살자회에 참여한 까닭으로 연루되어 구속되었으며, 대구복심법원에서 징역 2년 6월을 선고받고 복역하였다.

한편 대신리는 1925년 인근 5개 동리의 면화 공판을 위한 면화판매소를 대신리에 설치하겠다고 군과 도 당국에 요청하였으나 들어주지 않자 이를 관철하기 위하여 조합원 270명이 군청에 몰려가 농성을 하는 등 군 당국과 알력이 심한 곳이었다.75

---

73 「김영현 평생이력서」
74 『주간 완도신문』 1994년 2월 27일자 「삼일절 특집 완도 역사인물 - 김병규」
75 『동아일보』 1925년 12월 1일 「數百 棉作組合員 완도군청에 쇄도」; 『조선일

1928년 1월 5일 김병규와 대신리 주민 이응길(李應吉, 일명 李明來)·장명재(張明在)·이정인(李正仁, 일명 李正錫)·허치성(許致成)·이일봉(李一峰) 등은 대신리 유치원에서 모임을 갖고 대신리신우회라는 모임을 만들었다. 훗날 재판과정에서 변호사측은 신우회란 야학을 지속하기 위한 것이었을 뿐이라고 주장하였고, 검사측은 신우회는 사유재산제도를 부인할 목적으로 만들어진 비밀결사로서 「농민 본위의 신사회 건설, 약자원조 강자배척(弱者援助 强者排斥), 빈자상애 부자부인(貧者相愛 富者否認)」 등의 강령을 갖고 있었다고 주장하였다.76

대구복심법원의 당시 판결문에 의하면 김병규는 배달청년회 사건으로 복역하고 출옥한 뒤 고향에 돌아와 1931년 6월 초순부터 음력 7월 중순까지 대신리 유치원에서 경제학강좌회를 열고 여러 차례에 걸쳐 이정인·장명재·이응길 등 십수 명에 대해 사회경제제도의 변천에 대해 원시공산시대·봉건시대·자본주의시대를 거쳐 다음에는 공산주의시대로 가게 된다고 하면서, 공산주의 사회에서는 자연물 생산기관 및 생산물 등이 모든 사회의 공유에 귀속되고 우리는 평등하게 그 분배를 받게 된다고 말했다 한다. 또 그는 계급빈부의 차별이 없는 이같은 공산주의 사회는 필연적으로 도래할 것이니 우리 무산대중은 단결하여 현재의 사유재산제도를 극복하고 무산자 독재의 경제혁명을 감행해야 한다는 취지의 말을 했다고 한다. 또 1931년에는 같은 동리의 윤덕진(尹德津)이라는 당시 15세 소년에게 대중 앞에서 강연을 시킬 목적으로 「국어와 일본어」라는 제목의

보』 1925년 12월 1일 「수백명 조합원 군청에 쇄도 고함, 경관의 출동으로 해산, 완도 販棉所 문제 악화」
76 대구복심법원, 「대신리 신우회 사건 판결문」 ; 『동아일보』 1933년 3월 12일 「莞島祕社사건 5년을 구형, 피고 전부에 유죄를 론고해」

강연 원고를 써주었고, 윤덕진은 9월 12일 유치원에서 십수 명의 청중 앞에서 강연을 하였는데, 그 내용은 "무엇 때문에 조선어를 국어라 하지 않고 일본어를 국어라 칭하는가. 국어는 그 나라의 국민성을 함양하는 데 있어 가장 중요한 것임에도 불구하고 어린이들에 대해 자국어를 말살하고 외국어 즉 일본어를 자국어라 하여 가르치고 국민성까지도 근본적으로 소멸시키려는 것이다. 자본주의 국가는 그 생명을 지속하기 위해 노심초사하고 있지만, 역사의 합리성을 가진 시대의 요구는 만인 평등의 사회를 조직하게 되어 있다. 머지않아 우리 무산대중에게도 정의의 신생활이 실현될 것이다"였다고 한다.

1933년 1월 초순 완도경찰서 경찰 20여 명은 돌연 대신리 마을을 급습하여 신우회 회원 김병규·이응길·허치성·이일봉·장명재·이정인 등을 검거하여 완도경찰서에 수감하였다. 이들은 이후 장흥지청을 거쳐 목포지청으로 이송되었으며, 광주지방법원 목포지청에서 치안유지법 위반, 보안법 위반으로 김병규는 징역 5년, 이명래·장재명은 징역 2년, 이정인은 징역 1년 6월, 허치성·이일봉은 징역 1년을 각각 언도받았다.[77] 그리고 대구복심법원에서는 김병규는 징역 2년, 이응길·장명재는 징역 1년 6월, 허치성·이일봉은 징역 1년을 각각 언도받았다. 다만 이응길·장명재·허치성·이일봉은 3년간 형집행유예를 언도받고 석방되었다.[78]

---

[77] 『동아일보』 1933년 3월 20일 「莞島 祕社사건, 5년의 중형, 피고전원 공소」
[78] 「대신리 신우회사건 대구복심법원 판결문」(국가기록원)

3) 전남운동협의회 사건

이른바 '전남운동협의회사건'은 1933년 10월 초 전남 경찰부 고등경찰과 노주봉(盧周鳳) 경부보가 완도에 출장하여 야학강사 등 청년 30여명을 검거하면서부터 드러나기 시작하였다.[79] 그러나 경찰이 이때는 특별한 혐의를 발견하지 못한 것으로 보인다. 그러나 다음 해인 1934년 3월 9일경 다시 완도경찰서는 서장 이하 서원이 총출동하여 각 면에서 130여 명을 검거하였다.[80] 완도경찰서뿐만 아니라 전남경찰부의 지휘하에 강진·해남·장흥·영암·목포·보성·진도·순천·여수 등 1부 9개 군에서 전후 580여 명의 대인원이 검거되었으며, 그 가운데에는 현직 경관, 교원, 관공리 등도 포함된 사건으로 전례를 찾아볼 수 없는 검거 사태였다. 이 사건은 결국 그해 9월에 이르러 이른바 '전남운동협의회사건'이란 이름으로 경찰에 의해 발표되었다. 580여 명의 검거자 가운데 57명이 1934년 9월 7일 광주지법 목포지청으로 치안유지법위반과 출판법위반으로 송치되어 예심을 받았고, 무려 16개월만인 1935년 12월 23일에야 예심이 끝나, 57명 가운데 6명은 예심면소로 석방되고 51명은 공판에 회부되었다.[81]

'전남운동협의회'란 완도와 해남지역의 사회운동가들이 양 군의 노농운동을 지도하기 위해 조직한 것이었지만 실질적으로는 (적색)

---

79 『동아일보』 1933년 11월 3일 「莞島일대에 선풍 청년 30여명 검거, 전남 경찰부 동원 야학을 풍미, 활동 月餘에 취조를 계속」
80 『동아일보』 1934년 3월 16일 「莞島의 청년 30여명 검거, 밤을 새가며 엄중 취조중」; 1934년 4월 6일 「月餘를 활동한 莞島署 백여 청년을 검거, 사건 내용은 某祕社의 탄로, 취조 일방 검거는 계속」
81 『조선일보』 1935년 12월 25일 「전남협의회사건, 51명 공판에, 현직경관까지 개입된 적색사건, 23일 예심종결」

농민조합 조직의 단계에 그친 것이었다. 이 조직은 완도지역의 황동윤·조동선·황상남·최창규·김옥도·이기홍 등이 1931년 12월경부터 모임을 갖고 완도지역 농민운동의 지도기관 조직에 관해 협의를 시작하고, 또 해남지역에서도 1932년 10월 김홍배가 일본에서 돌아온 이후 김홍배·오문현·박태술·김아기 등이 모임을 갖고 역시 해남지역 농민운동의 지도기관에 관해 협의를 가진 데 그 뿌리를 두고 있었다. 이러한 양측의 모임은 1933년 1월 서로 연결되어 양측의 황동윤·김홍배·오문현 등은 모임을 갖고 완도와 해남 양군의 사회운동가들이 서로 협력하여 농민운동을 일으킬 것과 이를 위한 지도기관의 설치를 위해 서로 긴밀한 연락관계를 가질 것 등을 약속하기에 이르렀다.

이에 따라 황동윤·김홍배·오문현은 1933년 5월 14일 해남 북평면 동해리의 성도암에서 회합을 갖고 농민운동에 국한하지 않고 노동운동 기타 무산자해방운동을 진행하기 위한 지도기관을 조직하기로 하고, 그 지도기관의 명칭을 '전남운동협의회'로 정하였다고 한다. 그들은 이 협의체의 중앙부에 사무부·조사부·조직부·구원부 등의 부서를 두고, 황동윤을 조사부, 김홍배를 사무부, 오문현을 조직부의 책임자로 정하고, 구원부의 책임자로서는 고금도의 이기홍을 내정하였다. 황동윤은 며칠 뒤 이기홍을 만나 협의회의 결성사실을 알리고 구원부 책임자를 맡겠다는 승락을 받아냈다.

전남운동협의회 중앙부의 멤버는 황동윤(黃同允)·김홍배(金洪培)·오문현(吳文鉉)·이기홍(李基弘) 등 4인이었다. 황동윤은 완도군 군외면 출신으로 일본에 건너가 노동자 생활을 하면서 재일본 조선노동총동맹 동경노동조합 북부지부에서 박태을(朴太乙) 등으로부터 영향을 받고 사회주의사상을 갖게 된 인물이었다. 그는 1931년 고향에 돌아와 잠시 완도읍 주재 조선일보 기자생활을 하다가 농업에 종사하고 있었다. 김홍배는 해남 북평 이진리 사람으로, 일본 와세다대학 전문부에 다니면서 사회주의사상을 갖게 되었고, 메이지대학 독서회, 반제동맹, 일본공산당 기관지『적기』독자반, 전협 등에서 활동하였다. 그는 1932년 4월 메이데이 선전비라를 뿌려 퇴학당하자 그해 여름 귀향하여 농업에 종사하고 있었다. 오문현은 해남 북평 오산리출신으로 경성고학당 재학 중 사회주의사상을 갖게 된 이였다. 이기홍은 고금면 청룡리 사람으로 광주고보에 재학 중 광주학생사건이 일어나자 희생자에 대한 동정으로 백지동맹을 결성하였다가 퇴학당한 뒤 귀향하여 농업에 종사하고 있었다.

협의회 중앙부 4명은 8월 11일 해남 대흥사 심적암 부근의 숲속에서 김홍배가 작성한 테제 초안을 심의하여 자신들의 운동방침을 결정하였다. 그 주요 내용은 운동전선을 농민운동에 국한한다는 것, 농민운동의 지도기관으로 각 군에 (적색)농민조합을 조직한다는 것, 그리고 이를 위한 하부조직의 확충을 위해 농촌 각 마을에 2명 내지 5명으로 농민반·청년반·소년반을 조직한다는 것 등을 결정하였다. 즉 이들은 각 마을에 농민반·청년반 등을 조직한 뒤, 이를 토대로 면 단위의 (적색)농민조합 지부를 결성하고, 이를 토대로 다시 군 단위에 (적색)농민조합을 조직한다는 운동방침을 세운 것이다. 이른바 '아래로부터의 통일전선운동'의 방침에 충실하기로 한 것이다.

이러한 방침에 따라 해남·완도에는 (적색)농민조합 건설준비위원회가 구성되었고, 강진·장흥·영암에도 역시 (적색)농조 건설준비위원회가 구성되었다. 그리고 이들 조직은 소작쟁의 등 농민대중의 이해관계가 있는 사건에 개입하여 그 쟁의를 지휘하는 일을 그 주된 활동으로 삼았다. 이러한 농민운동의 기반을 만들기 위해 조직원들은 독서회·저축계·농민야학 등을 조직하여 농민들을 의식화, 조직화하는 데 힘을 기울였다. 또 일부는 해태조합과 어업조합 등에 잠입하여 조직원을 획득하려 하였고, 농촌진흥회와 같은 관변단체에 들어가 이를 이용하기도 하였고, 야경단을 조직하여 대중들의 신임을 얻기도 하였다.

그러면 이 사건과 관련해서 완도 본섬에서는 구체적으로 어떤 활동들이 펼쳐졌을까. 완도 본섬에서는 군외면 황진리 출신의 황동윤(黃同允)·윤인옥(尹仁玉), 신학리 출신의 조동선(趙東善)·황상남(黃相南), 대야리 출신의 문승수(文升洙)·김길룡(金吉龍) 등이 이 사건과 관련하여 구속되었다. 여기서 황상남은 군외면 신학리(郡外面 新鶴里) 사람으로 1927년 완도공립보통학교를 졸업하고 광주학생독립운동 당시 광주사범학교 재학 중이었으며, 당시 독서회에 참여한 혐의로 구속되어 복역한 인물이었다. 문승수도 군외면 대야리(郡外面 大也里) 사람으로 1923년 완도공립보통학교 졸업후 광주농업학교에 진학하여 재학중 장재성이 지도하는 성진회(醒進會)에 참여하였으며, 1928년 3월 졸업 후 완도군 고금면 약산도의 사립약산학교에 교사로 재직하던 중 1929년 광주학생독립운동 시에 성진회에 참여한 사실이 드러나 구속되어 복역한 인물이었다.

이제 이들의 활동 내용을 재판기록을 통해 살펴보자.[82] 재판기록에 의하면 황동윤은 1933년 11월 7일부터 이듬해 1월 23일까지의 사이에 군외면 황진리 윤인옥의 집 그 외 여러 곳에서「러시아 혁명 기념일」또는「3L데이」등의 각 기념일을 이용하여 피고인 윤인옥

---

82 광주지방법원 목포지청 형사부,「전남운동협의회 사건 판결문」(1936.12.28.) (국가기록원)

과 김인학(金仁學) 기타 마을 주민들에게 각 기념일의 유래를 설명한 뒤에 우리 무산농민은 일치 단결하여 혁명을 일으켜 노농러시아와 같은 평등한 국가건설에 매진해야 한다는 등 요지의 강연을 하였다고 한다.

또 황동윤은 같은 해 12월 말경 윤인옥의 집에서 황동윤 스스로 책임자가 되어 두 사람을 반원(班員)으로 하는 농민반을 결성하였고, 동면 불목리 박동준(朴東俊)의 집에서는 김인학을 책임자로 하고 박동준(朴東俊) 외 한 사람을 반원으로 한 청년반을 결성하기로 합의하였다.

다음 조동선과 황상남은 1933년 12월 중순경 황진리(黃津里) 이두성(李斗聲)의 집에서 황동윤 등과 회합을 갖고 완도군 내에서 농민운동과 함께 어민운동을 일으키기로 하고 그 운동방침에 대하여 각자 의견을 교환해본 결과 이 운동에는 무엇보다도 다수의 동지를 규합하는 것이 선결문제라는 데 의견일치를 보고 동지 획득에 노력하기로 합의하였다.

또 조동선, 황상남, 문승수, 김옥도 등은 1932년 1월 초순경 황진리 이두성의 집에서 황동윤 등과 회합을 갖고 완도농민운동 지도기관의 조직 및 그 운동방침에 대해 토론을 가졌으나 그같은 지도기관의 조직은 아직 시기상조라는 데에 의견이 모아졌다. 이에 따라 아직은 무엇보다도 유력한 동지들을 많이 확보하여 참가하도록 하자는 데에 의견을 모았다.

또 조동선, 황상남, 김길룡 등은 1932년 11월 초순경 대야리(大也里) 다리 근처의 묘지에서 황동윤과 최창규(崔昌珪, 고금면 사람) 등과 회합을 갖고 완도농민운동 지도기관에 대한 조직 방법의 하나로 먼저 각자의 부락에서 소작인 또는 어업조합원들을 선동하여 소작쟁의 또는 어업조합폐지운동을 일으켜 완도 읍내의 노동조합의 세포조직으로 하고, 야학회를 개설하여 무산청소년에게 공산주의 의식을 주입시키기로 의견을 모았다. 그들은 이와 같은 운동을 통하여 착착 동지를 획득한 위에서 이들을 세포반으로 편성하고 다시 각 반을 통합하여 점차 상부조직인 지도기관을 조직하는 방향으로 나아가기로 합의하였다.

조동선, 황상남은 1932년 9월 군외면 신학리(郡外面 新鶴里) 예배당에서 회합을 갖고 야학교를 열어 무산아동들을 지도 교양하여 공산주의의식을 앙양시킴으로써 동지를 획득하기로 합의하였다. 이들은 또 1932년 11월 군외면 대야리 마을 내 도로상에서 이 도로의 교량수축공사에 종사하는 인부 30여 명에게 자갈 운반비 한 상자에 돈 4전은 종래의 한 상자에 10전에 비해서 너무 적은 임금이니 이를 올려달라는 요구를 관철하자 하고 선동하였다고 한다. 또 1933년 2월 대야리 부락사무소에서 마을 주민 50~60명에 대하여 마을 사립학교의 기본금이 지금까지 마을 주민들에게 전연 빈부차별없이, 생산한 김 한 다발에 2전을 징수해왔는데 이러한 불공평한 징수법을 즉시 철폐하여 이후로는 마을 주민들의 자산 정도에 따라 각각 차등 징수해야 한다고 주장하였다.

조동선과 해남군 북평면 이진리에 사는 김아기(金阿其)는 1933년 1월 10일 이진리(梨津里) 최상춘(崔相春)의 집에서 황동윤·김홍배(이진리 거주) 등과 회합을 갖고 완도와 해남 양군의 동지는 장래 서로 제휴하여 농민운동을 일으키자는 것 등에 합의하였다.

이상에서 살펴본 바와 같이 황동윤 등은 완도군 적색농민조합 준비위원회 산하에 군외면을 중심으로 황진리에 농민반, 불목리에 청년반을 조직하였다. 하지만 그 이상의 다른 마을에까지 세포반을 조직하지는 못하였다. 이는 뒤에 보는(제3, 4장) 고금도나 약산도의 농민반·청년반에 비해 그 수가 작은 것이다. 군외면의 경우 보통학교가 없었기 때문에 고금도나 약산도 등과 비교할 때 교육 정도가 낮았던 것으로 보이며, 따라서 농민반·청년반의 구성도 고금도나 약산도에 비해 그만큼 어려웠던 것으로 보인다. 따라서 당시 황동윤 등은 야학회를 개설하여 주민의 의식화에 노력하는 한편, 소작쟁의 또는 어업조합 폐지운동 등을 펼쳐 청년반 혹은 농민반의 구성원이 될 수 있는 이들을 양성하고자 했다.

5. 맺음말

완도 본섬의 항일 민족운동과 사회운동은 1919년 3·1운동으로부터 시작되었다. 완도공립보통학교 학생들은 4월 7일 김우진 등을 중심으로 20여 명이 만세시위운동을 준비하여 다음 날인 4월 8일 이를 실행에 옮기려 하였다. 하지만 그날 저녁 그들은 경찰에 모두 검거되었고, 결국 완도 본섬에서의 만세시위운동은 불발로 그치고 말았다.

1920년대 완도 본섬의 민족운동은 청년회로부터 시작된다. 1920년 나봉균·김장렬 등이 중심이 되어 창립한 완도청년회는 지·덕·체의 함양 등 문화운동을 목표로 한 활동을 전개한 것으로 보인다. 완도청년회는 1925년 사회주의 사상을 받아들인 완도무산청년회로 탈바꿈하게 되고, 이를 주도한 것은 김병규였다. 하지만 완도청년회나 무산청년회의 활동은 모두 부진하였던 것으로 보인다. 완도의 각 면의 청년운동은 완도청년연합회-완도청년동맹의 지도를 받았으며, 이들 연합회와 청년동맹의 본부는 완도면에 있었다.

완도 본섬의 노농운동은 1924년 8월 완도노농총동맹이 창립된 이후 거점이 되는 주요 마을에 노농회가 창립되면서 시작되었다. 완도면에서는 군내리와 중도리, 군외면에서는 불목리·영풍리·달도리 등에서 노농회가 창립되었다. 이들 노농회는 소작권, 소작료, 소작료운반, 지세 문제 등에서 농민들의 입장을 대변하여 지주측으로 하여금 그들의 조건을 받아들이도록 하는 데 압력을 행사하였다. 완도노농총동맹은 완도노농연합회로 명칭이 바뀌었으며, 다시 노동연합회와 농민연합회로 분리되었다. 이후 각 마을의 노농회는 농민조합으로 이름이 바뀌었으며, 농민조합은 소작쟁의에 개입하여 농민들의 입장을 대변하였다.

완도지역에서는 소안도를 중심으로 사상단체 살자회가 창립되었는데, 이에는 본섬의 김병규도 참여하였으며, 이로 인해 그는 소안도의 배달청년회·살자회 사건에 연루되어 옥고를 치렀다. 신간회 완도지회는 1927년 8월에 창립되었다. 창립대회는 신간회본부 상무간사였던 송내호의 주도에 의해 이루어진 것으로 보이며, 회장에는 신지도 출신의 임재갑이 선출되었다. 신간회 완도지회는 이후 특별한 활동을 전개하지는 못하였다. 그것은 그해 11월 소안도의 이른바 배달청년회·살자회 사건으로 송내호를 비롯해서 신간회 완도지회의 주요 인물들이 구속되었기 때문이다.

완도지역의 민족운동·사회운동과 관련된 주요 사건으로는 완도상회사건, 대신리 신우회사건, 전남운동협의회 사건 등을 들 수 있다. 완도상회 사건은 1920년 고금면 출신의 김영현이 완도청년회원들에게 완도소비조합을 조직할 것을 제의하였으나 이는 좌절되고 대신 완도상회를 연 것에 대해, 경찰당국이 이를 일본상품불매운동으로 몰아붙여 김영현을 구속한 사건이다. 김영현은 결국 대구복심법원에서 무죄로 풀려났다.

대신리 신우회 사건은 대신리의 김병규가 1928년 1월 대신리 주민들과 함께 야학의 지원을 위해 만든 단체였다. 그 직후 김병규는 살자회 사건으로 구속되어 옥고를 치렀고, 출옥한 뒤 고향에 돌아와 1931년 6월 이후 신우회 회원들을 대상으로 사회과학강좌를 열었다. 경찰당국은 이 사회과학강좌의 내용을 문제 삼고 나아가 신우회를 비밀결사로 간주하여 김병규 등 신우회 회원들을 구속한 것이었다. 이들은 결국 대구복심법원에서 김병규 징역 1년 6월 등을 언도받았다.

전남운동협의회 사건은 완도와 해남지역의 사회운동가들이 1933년 양 지역의 농민운동을 지도하기 위해 만든 일종의 지역전위조직이었다. 하지만 실제로는 각 군별로 (적색)농민조합건설 준비위원회를 결성한 수준에 그쳤다. 군외면의 황동윤 등이 주도한 완도군(적색)농민조합건설준비위는 그 산하에 군외면의 황진리에 농민반, 불목리에 청년반을 조직하였다. 하지만 다른 마을까지 세포반을 조직하지는 못했다. 이는 고금도나 약산도의 농민반·청년반의 수에 비해 취약한 것이었다. 이는 군외면에 보통학교가 없어 포섭할만한 인물들이 적었기 때문으로 여겨진다.

전체적으로 볼 때 완도 본섬의 민족운동은 타 지역의 군 소재지의 민족운동과 비교하여 상대적으로 취약하였다. 그것은 완도군이 설치된 역사가 얼마 되지 않아 완도면이 완도군 전체의 정치적 중심지로서 충분한 역할을 하지 못하였고, 또 완도군 전체의 운동을 이끌만한 주도적인 사회세력이 형성되어 있지 못했기 때문으로 여겨진다. 또 완도군이 여러 섬으로 구성되어 왕래가 상대적으로 어럽고, 따라서 각기 개별 분산적으로 운동이 진행되는 경향이 강하였다는 지리적 배경도 작용하였다고 할 수 있다. 결국 완도 본섬에는 완도군청년동맹, 완도노농총동맹, 신간회 완도지회 등의 소재지였지만, 1920년대 완도군의 민족운동은 사상단체 살자회가 있던 소안면에, 1930년대에는 (적색)농민조합이 만들어지고 있던 군외면이나 고금면에 그 주도권을 넘겨줄 수밖에 없었다.

제3장
일제하 고금도의 민족운동과 사회운동

1. 머리말

고금도는 남해안의 완도군에 속한 여러 섬 중의 하나이다. 위도 상으로 동경 126도 45분, 북위 34도 21분에 위치하여, 북쪽으로 강진군 대구면 마량항과 뱃길로 10분 정도의 거리에 마주보고 있어 그야말로 육지와 지척의 거리에 있는 섬이다. 또 동쪽의 약산도(조약도), 서쪽의 완도, 남쪽의 신지도 등이 이 섬을 둘러싸고 있는 형국이어서 고금도 주위의 바다는 항상 잔잔하기만 하다.

고금도는 비록 작은 섬이었지만, 일제 식민지 지배 시기에 여러 차례에 걸친 항일 민족운동과 사회운동이 일어난 곳이다. 1920년에는 3·1운동 1주년을 맞아 독립만세운동을 불렀고, 1930년에는 일본인들을 상대로 용지포 간척지투쟁을 전개하여 일정한 성과를 거두었다. 그리고 1933~1934년에는 전남운동협의회 산하의 농민조합을 비밀리에 조직하여 활동하다가 수십 명이 검거되고, 5명이 기소되는 큰 사건이 있었다.

이처럼 고금도에서는 지속적인 항일운동이 전개되었으며, 특히 1930년대에 이러한 운동이 활발하게 전개되었는데, 이와 같은 운동이 전개될 수 있었던 이유는 무엇이었을까. 이 글은 고금도에서의

항일 민족·사회운동의 배경과 그 전개과정, 그리고 그 주체에 대해 알아보기 위한 것이다.[1]

2. 고금도 민족·사회운동의 사회경제적 배경

고금도는 조선시기에는 강진현에 속하였고, 남면과 농소면으로 나뉘어 있었다. 1681년 고금도진(古今島鎭)이 설치된 이후에는 호적과 소송은 강진현에서, 군무와 기타 행정은 고금도진에서 관장하였다. 1895년에는 고금도진이 폐지되었고, 1896년 완도군이 처음 설치되면서 고금도는 완도군에 속하게 되었다. 1910년에는 농소면과 남면이 합해져 고금면이 되었으며, 1914년 행정구역의 개편 시에는 이웃한 조약면을 통합하여 고금면이 되었다.

1949년 행정구역 개편 시 조약도가 약산면으로 분리되어 나간 뒤 고금도는 독자적으로 고금면으로 편제된 가운데 현재는 법정리가 10개, 운영리가 32개, 자연마을이 39개에 달하는 비교적 큰 섬이다.

고금도에서는 1987년만 해도 11,000여 명이 살았지만, 2024년 현재는 약 4천여 명이 살고 있다. 1927년에 만들어진 『고금면연혁』에 따르면, 당시 고금도의 호수는 1,453호, 인구는 8,392명, 약산도의 호구는 876호, 인구는 4,740명이었다고 한다. 당시 고금도의 호구수를 동리별로 보면 덕동리가 145호, 세동리가 146호, 도남리가 197호, 덕암리가 110호, 농상리가 176호, 회룡리가 147호, 상정리가 106호, 봉명리가 107호, 청룡리가 142호, 가교리가 179호였다. 이 가운데 일본

---

[1] 이 글은 박찬승, 1995, 「일제하 고금도의 항일민족운동」 『도서문화』 13, 목포대 도서문화연구소를 수정 보완한 것이다.

인은 덕동리에 상점을 하는 2가구가 있을 뿐이었다.[2]

<표 3-1>은 1987년 현재 동리별 주요 성씨를 정리한 것이다. 1987년의 인구가 1930년대의 인구보다 약 3천명 정도 많고, 또 해방 이후 많은 변화가 있었기 때문에 <표 3-1>로써 1930년대의 상황을 그대로 그려내기는 어렵다. 그러나 각 동리별 주요 성씨는 크게 변하지 않았다고 볼 수 있어 이로써 어느 정도 짐작은 가능하다고 할 수 있다. <표 3-1>에서 보면 고금도의 주요 성씨는 김해 金씨, 경주 金씨, 경주 李씨, 밀양 朴씨, 장수 黃씨 등이라고 볼 수 있다. 이는 1930년대에도 비슷한 상황이었다고 여겨진다. 뒤에서 보겠지만, 실제로 고금도에서 유지로 지칭되던 이들, 혹은 민족·사회운동에 참여했던 이들은 대체로 이 성씨에 포함되어 있었다. 물론 이들 성씨들은 조선시기에 대체로 평민층에 해당되었다고 볼 수 있다. 그러나 고금도에 유배를 온 이들의 영향을 받아 유풍(儒風)을 배우고 이를 간직하려 애쓴 경우들도 있었던 것으로 여겨진다.

〈표 3-1〉 1987년 각 마을별 가구·인구수와 대표 성씨

里別	마을	가구	인구수	대표 성씨 (가구수)
農桑	農桑	134	544	경주 金(66), 장수 黃(18), 경주 李(8)
	永扶	75	252	경주 金(14), 김해 金(18), 경주 李(10)
	大谷	42	167	밀양 朴(9), 장수 黃(8), 경주 李(6)
	石峙	86	375	김해 金(15), 경주 金(9), 경주 李(10)
德巖	一德巖	136	512	장수 黃(25), 경주 李(18), 밀양 朴(14)
	二德巖	78	324	김해 金(20), 장수 黃(10), 경주 李(7)
道南	道南	71	295	김해 金(19), 밀양 朴(13)

2 고금면, 1927, 『고금면연혁』, 8~10쪽. 이 자료는 국한문 혼용의 프린트본으로 되어 있으며, 필자가 밝혀져 있지 않으나 내용으로 보아 고금면 면사무소에서 만든 것으로 추정된다.

里別	마을	가구	인구수	대표 성씨 (가구수)
	莊豊	73	326	나주 丁(19), 단양 禹(18)
	燕洞	45	185	밀양 朴(9), 경주 鄭(7), 김해 金(5)
	尺贊	79	355	경주 李(22), 단양 禹(21), 長澤 高(9)
	富谷	27	142	경주 李(11), 진주 姜(4)
回龍	回龍	126	522	경주 李(35), 김해 金(30), 진주 姜(8)
	鳳巖	66	295	경주 李(14), 추계 秋(8), 밀양 朴(6)
	長中	45	199	경주 金(9), 언양 鄭(6), 경주 李(6)
上亭	上亭	174	737	경주 李(43), 밀양 孫(38), 김해 金(25)
鳳鳴	鳳鳴	117	509	김해 金(25), 밀양 朴(40), 장수 黃(9)
	獐項	44	185	김해 金(12), 경주 李(10)
	鳳城	28	130	김해 金(9)
靑龍	靑龍	100	414	김해 金(20), 밀양 朴(39), 경주 李(6)
	靑鶴	109	397	평산 申(19), 김해 金(21), 경주 李(15)
	龍草	46	229	潁陽 千(14), 추계 秋(5), 김해 金(8)
駕轎	駕轎	192	879	진주 姜(19), 김해 金(49), 경주 金(35)
	轎城	139	553	盆城 裵(30), 인동 張(18), 김해 金(50)
細洞	細洞	88	398	김해 金(10), 경주 金(15), 밀양 朴(9)
	項洞	70	371	밀양 朴(15), 김해 金(6), 연일 鄭(10)
	內洞	68	315	김해 金(24), 밀양 朴(14), 해주 崔(7)
	薪場	42	185	밀양 孫(11), 김해 金(5), 밀양 朴(8)
德洞	德洞	77	280	경주 李(18), 밀양 孫(9), 전주 李(8)
	潤洞	58	215	밀양 孫(12), 김해 金(14), 동복 吳(7)
	忠武	56	245	밀양 孫(16), 경주 金(16), 경주 李(8)
	和城	56	236	경주 李(14), 밀양 孫(9), 김해 金(6)

자료 : 완도군, 1987, 『완도군 마을유래지』

오늘날 고금도에는 어업 종사자보다 농업종사자가 훨씬 많다. 이는 일제시기에도 비슷한 상황이어서 1927년의 『고금면연혁』에서도 "본 면은 섬으로 어업 및 제염업에 종사하는 자들이 있지만, 주로는 농업에 종사하고 기타는 부업으로 하고 있다"고 쓰고 있다.3 이같이 농업종사자가 많았던 것은 완도군의 다른 섬들과는 달리 일찍부터 넓은 들이 많았던 데다가4 일제시기 간척사업, 수리조합사업이 행해져 1927년 당시 몽리면적이 130정보에 달할 정도로 논이 넓었으며, 또 높은 산이 없이 야트막한 산들이 많아 밭 또한 상당히 넓었기 때문이다.5

농민들은 주로 쌀과 보리, 그리고 면화를 심었다. 1927년 당시 조약도까지 포함한 고금면 전체의 수확량을 보면 쌀이 8,388석, 보리가 6,290석, 면화가 8,668근에 달하였다.6

당시 각 동리의 농업종사자 통계를 보면 덕동리가 129호, 세동리가 145호, 도남리가 189호, 덕암리가 106호, 농상리가 168호, 회룡리가 145호, 상정리가 106호, 봉명리가 107호, 청룡리가 139호, 가교리가 177호, 총 1411호로서 조선인 전체 1,453호의 97%를 차지하였다.7 물론 고금도는 섬이었고, 이들 마을은 대부분 해안을 끼고 있었기 때문에 이들 가운데 농업만 전업으로 하는 이들은 덕암리의 3호, 농

---

3 고금면, 앞의 자료, 10~11쪽.
4 정유재란 당시 이순신이 조선 수군의 본영을 고금도에 설치했던 것도 고금도의 토지가 넓고 비옥한 것을 염두에 둔 것이었으며, 숙종 7년 고금도진이 이곳에 설치되었던 것도 같은 이유에서였다. 이는 비변사에서 고금도진의 설치를 논의할 때 閔維重이 "고금도는 토지가 비옥하고 백성들이 많이 사는 곳이며 옛날에 이순신·진린 등이 군사를 머물게 했던 곳"이라면서 "땅이 넓어 簽使를 마땅히 설치할 만한 곳"이라고 했던 데에서도 잘 알 수 있다 (『숙종실록』 7년 1월 3일).
5 고금도에는 주봉 봉황산(215m)을 비롯하여 지남산(246m), 덕암산(280m), 백운산(246m), 계당산(67m), 응봉산(145m), 망덕산(103m), 용검산(70m) 등의 야트막한 산들이 있다.
6 고금면, 앞의 자료, 19쪽.
7 고금면, 위의 자료, 17~18쪽.

상리의 10호, 회룡리의 50호, 총 63호로서 전체 농가 호수의 4.5%뿐이었다.[8] 그러나 앞서 본 것처럼 어업은 어디까지나 부업에 해당하고 주업은 농업이었던 것이 당시 이들의 실정이었다. 그런데 이들 농업 호수 가운데 지주는 10호(0.7%), 자작농은 63호(4.5%), 자작 겸 소작농이 1,219호(86.4%), 순소작농이 119호(8.4%)로서 대부분이 자작 겸 소작, 혹은 순소작농이었다.[9] 이들 소작농이 경작하던 땅은 고금도에 살던 김상석(金商奭)·황권팔(黃權八) 등 재지지주들의 땅도 있었지만 그 규모는 50 내지 100석락 정도로 작았으며, 보다 큰 지주들은 청룡리의 용지포를 막아 200정보에 달하는 농장을 만든 일본인 스즈키(鈴木), 그리고 강진의 대지주 김충식(金忠植) 등 외지의 대지주들이 많았다.[10]

고금도에서 농업 다음으로 중요한 산업은 수산업이었다.[11] 그리고 수산업 가운데 가장 중요한 것은 역시 김양식업이었다. 1927년 조약도까지 포함한 고금면 전체의 어획고 272,616원 가운데 해태(김)가 268,900원을 차지하여 해태양식업이 차지하는 비중은 98.6%에 달하였다.[12] 한편 가교리에는 7,200여평의 염전이 있었으며, 여기서 24,200여근의 소금을 생산하였다.[13]

고금도의 시장(5일장)은 도남리의 대평시(大平市) 단 한 곳이 있

---

8 위와 같음.
9 위와 같음.
10 禹東哲(77세), 鄭永基(74세), 孫文太(82세), 金光濟(76세)옹의 도움말(1995년 10월 11일, 石峙 壽星堂)
11 고금면, 1927, 앞의 자료, 27쪽에 따르면, 1927년도 고금면 총생산액 699,843원 가운데 농업 생산이 297,357원, 수산업 생산이 279,928원, 공업 생산이 81,258원, 임업 생산이 18,300원을 각각 차지했다.
12 고금면, 1927, 위의 자료, 24쪽.
13 고금면, 1927, 위의 자료, 25쪽.

었을 뿐이며, 4일과 9일에 개시하였다.14 이후 장시는 덕동으로 옮겨졌다가 1954년 이후 석치(石峙)로 옮겨졌다.15 일제시기 고금도에는 수리조합, 금융조합, 어업조합 등이 있었는데, 수리조합은 1928년에, 금융조합과 어업조합은 1925년에 각각 세워졌다.16

고금도와 이웃 섬들과의 해상교통문제를 보면, 1910년대말 완도군순항조합을 만들어 완도제일환(莞島第一丸)과 제이환(第二丸)이 취항하였는데, 제일환은 고금·금일방면에, 제이환은 청산·노화방면을 순항하였다. 이에 따라 제일환은 고금도의 덕동항과 연동항에 기항하였다. 또 덕동항에서는 약산도로 가는 배가, 매실진에서는 신지도로 가는 배가, 장항리에서는 완도읍내로 가는 배가 있었다. 완도군 밖과의 교통은 덕동항에 편창식산주식회사(片倉殖産株式會社)와 조선기선회사(朝鮮汽船會社)의 배들이 기항하였으며, 그밖에도 가마진에서는 강진 마량으로 건너가는 배가, 용초진에서는 해남군으로 건너가는 배가, 잉고진에서는 장흥군으로 건너가는 배가 각각 있었다.17

일제초기 고금면의 면사무소는 본래 면 중앙의 석치리(石峙里)에 있었는데, 1914년 약산도와 합면(合面)한 이후 약산도와 이웃한 덕동리(德洞里)로 옮겨졌다(1949년 이후 농상리로 다시 이전). 경찰주재소와 우체국 또한 덕동에 설치되어 일제의 고금면 지배는 덕동을 그 근거지로 하여 펼쳐졌다. 당시 면사무소에는 면장 1인과 면서기 8인, 기사 2인이 있었다. 경찰주재소에는 순사부장 1인과 순사 2인이 있었다.18 일제시기 역대 면장을 지낸 이들은 오기만(吳基萬, 청

---

14 고금면, 1927, 위의 자료, 13쪽.
15 고금면, 1954, 『古今面誌抄』, 11~12쪽.
16 초대 조합장은 수리조합의 경우 黃權八이, 금융조합과 어업조합의 경우 朴魯釧이 맡았다(『古今面誌抄』, 10쪽).
17 고금면, 1927, 앞의 자료, 29~20쪽.

룡리출신)·김창호(金昌浩, 농상리)·오기호(吳基灝, 농상리)·박노훈(朴
魯勳, 청룡리)·박노훈(朴魯釗, 덕암리)·서홍렬(徐洪烈, 회룡리)·우장승
(禹張昇, 농상리) 등이었다.19 한편 고금면에도 1920년대 이후 면협
의회(面協議會)가 설치되어 12명의 면협의원(임기 3년)이 있었다고
한다.20 또 덕암리 출신의 황권팔(黃權八)은 도평의원을 지내기도 하
였다.21

고금도에는 조선시기에 많은 선비들이 유배를 와 그 후손들이
고금도에 눌러앉아 살기도 함으로써 다른 섬에 비해 유풍(儒風)이
비교적 강하였던 곳이다. 그 영향은 일제시기에도 계속되어 고금도
민들은 1924년에는 가교리에 숭유사(崇儒祠),22 1941년에는 도남리에

---

18 고금면, 1927, 위의 자료, 11쪽.
19 고금면, 1954, 『고금면지초』, 14쪽.
20 李基東(1908년생) 증언(척찬리, 1995.10.11). 이기동은 1935년부터 9년간 면협
 의원을 지냈다고 한다. 그 외에도 농상리의 金商奭이 면협의원을 지냈음을
 확인할 수 있다(金天寧作, <金灝喜별세시弔辭>). 김상석은 1895년생으로 완도
 육영학교를 졸업한 뒤 해태무역에 손을 대 큰 돈을 벌었으며, 그 돈으로 고
 금도에서 많은 농지를 사들여 지주가 된 이였다.
21 황권팔은 1887년 덕암리에서 장수 황씨 황의택의 장남으로 태어나 어려서
 서당을 다닌 후 喚星學校를 마친 뒤 서울 한성융희학교를 졸업하였다. 이후
 그는 여수보통학교에서 교편을 잡은 뒤 고금보통학교로 전근하여 학생들을
 가르쳤다. 그는 이후 완도의 특산물인 김 생산을 보다 발전시키기 위하여
 완도해태조합 창설을 제창하여 이를 이룬 뒤 스스로 조합장이 되었다. 이후
 그는 도평의회원이 되었으며, 도평의회 부의장까지 지냈다. 도평의원 자리
 에 있으면서 그는 간석지로서 오랫동안 수리불안전답으로 남아 있던 130정
 보에 달하는 新堰坪의 논들을 수리안전답으로 만들기 위해 朴永珪·金昌浩·黃
 權宇·徐洪烈·朴魯釗 등과 함께 수리조합을 결성에 앞장서 白雲저수지를 완공
 시켰다. 이에 수리안전답에서 농사를 짓게 된 농민들은 1952년 그의 공을
 기리기 위해 저수지 제방에 황권팔기념비를 세웠다(완도군, 1981, 『내고장
 전통가꾸기』 참조).

영모사(永慕祠)를 세우기도 하였다.23 또 마을마다 서당을 세워 아동들을 가르치는 일도 게을리하지 않아 정의재(正義齋:상정리)·가교재(駕馬齋:가교리)·덕암재(德嚴齋:덕암리)·월호재(月湖齋:척찬리)·벽호재(碧湖齋:교성리)·서남재(西南齋:회룡리)·의성재(意成齋:덕암리)·연남재(燕南齋:장풍리)·망화재(望華齋:청룡리)·도남재(道南齋:도남리)·시습재(時習齋:청룡리) 등의 서당·사숙이 있었다고 한다.24

근대적인 학교로서는 1907년 당시 남면 대평리(뒤에 농상리로 편입)에 환성학교(喚惺學校)가 세워졌고, 다음 해에는 당시 농소면 회룡리에 도암의숙(道嚴義塾)이 세워졌다. 한말 계몽운동기의 전국적인 사립학교 설립운동의 분위기에서 세워졌던 이들 학교는 1910년 일제의 한국병합 전후에 폐교되었지만, 1911년 농상리에는 사립보통학교가 다시 세워져 그 맥을 이을 수 있었다.25 이 학교는 1918년 덕암리로 이전하였으며, 1919년 4년제 공립보통학교로 개편되었다. 이후 고금도민의 요구에 의하여 1923년 6년제 공립보통학교로 승격되었으며, 6학급에 4백여 명의 학생을 수용하는 큰 규모의 학교로 발전했다.26 이후 이 공립고금보통학교는 이웃한 섬들에서 유학을 오는 학교가 되었다고 한다.

---

22 숭유사에는 고금도의 유생 鄭在文·鄭在圭·鄭在三·裵應奎·裵應彦 등을 배향하였는데, 정재문은 가교리의 가마재라는 서당의 훈장이었으며, 배응규도 교성리의 벽호재라는 서당의 훈장이었다.
23 영모사는 1811년 곡산부민 봉기사건으로 고금도에 귀양을 와서 연남재라는 사숙을 세워 고금도민들을 가르친 洪秉禮를 배향하는 사당이다.
24 완도군, 1992, 『완도군지』, 605쪽.
25 고금면, 1954, 『고금면지초』, 10쪽.
26 고금면, 1927, 앞의 자료, 11쪽.

3. 1920년의 독립만세운동

고금도에서는 1919년에는 만세운동이 일어나지 않았다. 그러나 1920년 1월 들어 이곳에서도 만세운동에 관한 준비가 청년층과 학생층을 중심으로 시작되었다. 이기홍의 증언과 이 사건의 재판기록을 종합하여 당시의 상황을 정리하면 다음과 같다.[27]

이 운동을 처음 제기한 것은 도남리 출신의 고금보통학교 생도 정학균(당시 17세)이었다. 그는 1월 10일 밤 청룡리의 이현렬(당시 20세)을 만나 만세운동을 전개할 것을 제의하여 평소 뜻을 통하고 있던 그로부터 동의를 얻었다. 이현렬은 청룡리 경주 이씨 종갓집의 아들로서 고금보통학교 출신의 청년이었다.

정학균과 이현렬은 고종황제의 1주기인 1월 22일을 맞아 만세운동을 전개하기로 합의하고 이를 위한 준비를 시작했다. 그 준비 가운데 가장 중요한 것은 마을별로 책임자를 선정하여 사람들을 동원하는 일이었다. 이현렬과 정학균은 고금보통학교 졸업생 등 평소 친분관계가 있는 이들을 주로 접촉하여 그들로부터 동의를 얻어냈다.

한편 이현렬은 만세운동에 필요한 태극기 제작에 착수했다. 그는 먼저 같은 집안의 조카 이기홍(당시 8세)과 사촌 동생 이종운(당

---

[27] 고금도의 독립만세운동사건의 판결문(광주지법 장흥지청, 大正 9년 刑 제60호)은 국가기록원에 보관되어 있다. 이기홍(1912년생)은 고금면 청룡리 출신이다. 고금도 만세운동의 주동자인 이현렬은 그의 당숙이었다. 이기홍은 이현렬의 지시를 받아 태극기를 만드는 작업 등 만세운동에 참여하였으며, 이후 광주학생독립운동, 전남운동협의회사건 등에 참여한 바 있다. 필자는 그로부터 고금도 독립만세운동과 전남운동협의회사건에 관해 1995년 10월 9일 그의 자택(광주시 두암동 소재)에서 증언을 들었으며, 이후 여러 차례에 걸쳐 전화 인터뷰를 하였다. 한편 이기홍은 1996년 타계했으며, 2019년 평전이 나왔다. 김명기, 2019, 『이기홍평전』, 선인.

시 12세)을 시켜 덕동과 도남리, 농상리에 있는 상점들에 가서 창호지를 10매씩 여러 번에 걸쳐 나누어 사오게 했다. 또 태극기를 만들기 위해 붉은색과 푸른색 물감도 조금씩 여러 번에 걸쳐 사오도록 했다. 거사일 바로 전날인 21일 이현렬은 자기 집 사랑채에서 같은 마을의 홍철수·김천녕과, 같은 집안의 이수열·이기홍·이동운·이정재[28] 등의 도움을 받아 태극기를 만들었다. 먼저 그들은 들기름을 먹인 두꺼운 장판지에 태극의 하부모양과 팔괘를 그려 오려냈다. 그리고 청색과 홍색, 그리고 검정색의 물감을 접시에 풀어 구둣솔에 이를 묻혀서 먼저 청색을 칠하고 다시 뒤집어서 홍색을 칠한 뒤 사방 팔괘에 검정색을 칠하는 순서로 태극기를 만들었다. 이현렬과 홍철수가 이 작업을 마치면 이수열과 김천녕은 붓으로 선을 깨끗이 교정하는 마무리 작업을 하였으며, 이기홍과 이정재가 이를 멍석에 널어 말렸다. 마른 태극기는 다시 이정렬·이공진·이기동 등에[29] 의해 대나무 깃대에 풀로 붙여졌다. 이 작업은 오후 늦게 이루어졌으며, 완성된 태극기 약 30매는 다시 한지에 말아서 왕골속으로 묶어 덕암리의 고금보통학교 기숙사와 다른 비밀장소로 운반하였다고 한다. 그런데 재판기록에는 정학균이 21일 밤과 22일 아침 보통학교 기숙사에서 따로 배명순 등과 함께 태극기를 만들었다고 기록되어있다. 이로 미루어본다면 기숙사에서도 태극기가 만들어졌을 가능성이 있다. 한편 재판기록에 의하면 이현렬 등이 격문 7통을 만들어 1월 21일 밤 보통학교 기숙사에 전달했다고 한다. 격문의 내용은 현재 전해지지 않기 때문에 알 수 없다.

---

28 이수열은 이기홍의 숙부이며, 이정재는 이기홍의 6촌 누이동생이었다.
29 이정렬은 이기홍의 고모였고, 이공진은 이기홍의 누이였으며, 이기동은 이기홍의 종형이었다.

22일 아침 경찰은 만약의 사태를 우려하여 비상 경계를 폈다. 경찰주재소의 순사부장과 순사 2명, 그리고 소방대원 등이 고금보통학교 앞길에서 지나는 행인들을 검문하였다. 한편 이기홍의 증언에 의하면, 이현렬은 사전에 친분이 있는 이들을 통하여 각 마을의 주민들을 가능한 한 많이 동원하였다고 한다. 그들은 마을별로 믿을 만한 이를 책임자로 선정하고, 그 책임자 밑에 친척관계과 친분관계를 이용하여 10명 내외씩을 동원하였다는 것이다. 21일 밤 이현렬 등은 태극기를 각 마을 책임자에게 전달하였고, 이들은 22일 아침 마을별로 사람들을 동원한 뒤 현장에서 태극기를 마을 사람들에게 나누어 주었다는 것이다.

22일 만세시위는 11시경 덕암리에 있는 보통학교 뒤편에 있는 덕암산에서부터 시작되었다. 정학균의 지시를 받은 학생들 일부가 덕암산 정상에 올라 태극기를 흔들면서 대한독립만세를 부르기 시작한 것이다. 경찰은 메가폰을 들고 내려오라고 외쳤지만 끝내 내려오지 않자 산 위로 쫓아 올라갔다. 그러자 산 위에서 만세를 부르던 이들은 자취를 감추고 만세소리도 들려오지 않았다. 그런데 경찰이 산 위로 올라간 뒤 이번에는 학교 앞에 갑자기 약 3백여 명의 군중이 몰려들었다. 군중이 모이자 정학균과 이현렬은 차례로 나와서 연설을 하였으며, 그들의 선창에 따라 군중들은 대한독립만세를 연호했다. 놀란 경찰은 이번에는 산 아래로 달음질쳐왔고, 그 사이 군중들은 만세를 충분히 부른 뒤 어디론가 다 사라지고 한 사람도 남아 있지 않았다. 그리고 현장에는 태극기 하나 남아 있지 않았다. 그것은 농상리의 책임자 배명순이 태극기를 모두 수거하여 멀리 떨어진 보리밭으로 가서 불태웠기 때문이다.

경찰은 곧 고금면 주재소에 수사본부를 설치하고 만세시위에 참가한 이들의 일제 검거에 나섰다. 당시 연행된 이들은 모두 80여 명이었다. 주모자들이었던 정학균·이현렬·홍철수·김천녕·이수열·배명순 등도 모두 검거되었다. 주동자들은 1920년 2월 10일 광주지방법원 장흥지청에서 정학균은 징역 4개월, 이현렬은 징역 3개월 10일, 홍철수·이수렬·김천녕·배명순은 태형 90대를 각각 선고받았으며, 같은 해 5월 3일 이현렬은 징역 2개월 18일, 정학균은 2개월 17일로 감형되어 출옥하였다.

4. 1930년의 용지포간척지투쟁[30]

이현렬은 출옥 후 곧 일본으로 건너가 야간중학교를 고학으로 다녔으며, 뒤에는 일본대학 경제학과에서 공부하였다. 이때 그는 일본공산당에 입당하여 동경부 성서지구당에서 활동하였다고 한다. 그는 1929년 11월 고향에 돌아와 고금도의 항일운동을 다시 지도하게 된다. 1930년경 고금도에는 광주학생독립운동과 관련하여 학교에서 퇴학당한 최창규(광주사범학교), 황인철(경성제일고보), 박노호(경성보성고보), 이기홍(광주고보), 김진호(경성제2고보) 등이 있었다. 이현렬은 이들 5명을 모아 약 3개월 동안 이론적인 훈련을 시켰는데, 그때 그들이 읽고 토론한 책은 소련공산당 이론부 책임자 미친이 쓴 『유물사관』이라는 책이었다고 한다. 당시 이현렬은 후배들에게 "자본주의국가에서는 사회제도를 바꾸려는 세력이 노동계급이지만 우리와 같은 식민지국가에서는 제국주의착취, 민족 내부의

---

[30] 이하 용지포 간석지투쟁에 대해서는 이기홍의 증언(1995년 10월 9일, 광주시 두암동 자택)과 김명기, 앞의 책을 토대로 서술하였다.

봉건적 지주의 착취, 사회신분의 차별 등 이중 삼중의 억압을 받고 있는 소작농을 주축으로 한 빈농이 식민지지배를 벗어나려는 주된 세력이다. 따라서 우리의 독립운동은 소작민과 빈농세력을 기본으로 해야 한다"고 후배들에게 가르쳤다고 한다.31 이러한 생각에서 이현렬은 농한기를 이용하여 각 마을을 순회하면서 농민들을 모아 좌담식으로 농민들의 의식을 일깨웠다고 한다.

이같이 이현렬이 농민들의 교양에 힘쓰고 있는 가운데 이른바 '용지포간척지투쟁'이라는 사건이 일어났다. 용지포에는 그 바다 입구를 막을 경우 약 200정보의 방대한 면적의 논을 얻을 수 있는 갯벌이 있었다. 따라서 고금도민들은 이를 막으려고 오래전부터 노력해왔고, 그 결과 90% 정도까지 막을 수 있었으나 나머지 약 20미터 가량을 수심이 깊고 조수의 흐름이 빨라 막지 못한 채 1910년을 맞았다. 이때 한말에 경무사를 지내고 이 섬에 유배온 적이 있었던 이 아무개가 용지포공유수면매립허가를 총독부로부터 얻어 이를 일본인 스즈키 아이쵸(鈴木愛重)에게 팔아넘겼다고 한다. 그런데 스즈키는 자금이 부족하여 저수지와 농로를 기한 내에 준공시키지 못했고, 그 허가권은 1928년 자동적으로 취소되었다. 이에 고금도민들은 자신들이 직접 이를 준공시켜 토지소유권을 얻고자 이른바 주주 6명을 선정하여 허가신청서를 냈다.32 스즈키도 이에 맞서 재허가를

---

31 김명기, 앞의 책. 130쪽. 이현렬은 이기홍 등 청년들에게 민족통일전선을 특히 강조했다고 한다. 그는 "식민지 민족의 사회주의 건설운동은 제국주의에서 완전 독립이 된 이후에나 가능한 만큼 제국주의에서 해방될 때까지는 계급을 초월한 민족통일전선의 결성 및 강화가 절대적인 조건이 되어야 하고, 그렇게 모은 힘으로 일본제국주의 축출에 총력을 다해야 한다"고 강조했다고 한다(같은 책, 135쪽).
32 이들 주주는 이승호·김상홍·황권우·황권팔 등이었다.

신청하였다. 결국 총독부는 1930년 10월 스즈키에게 재허가를 내주었다. 고금도민들은 '고금팔천도민 용지포이권옹호동맹'을 조직하고 이에 대항하고 나섰다. 이 동맹의 목적은 실력으로써 스즈키의 공사작업을 방해함으로써 허가권을 쟁취하자는 것이었다. 이 동맹에는 18세 이상의 고금도민 남자의 70% 이상이 가입 서명을 했다고 한다.

예상한대로 12월 초 총독부에서 공사 착공을 위해 파견한 측량기술진 6명이 고금도에 내려왔다. 이권옹호동맹에서는 별동대를 조직하여 이를 막을 계획을 세웠다. 별동대는 이기홍(대장)을 중심으로 7명으로 구성되었다. 별동대는 측량을 위해 스즈키 쪽에서 동원한 면민 17명에게 현장에서 떠나달라고 설득했다. 그러나 인부들은 이를 거부하였고, 결국 양측간에 난투극이 벌어졌다. 별동대원들은 인부들을 현장에서 쫓아내버렸다. 한편 연락을 받은 각 마을의 주민 5백여 명도 현장에 나와 스즈키의 허가권을 취소하라는 구호를 외쳤으며, 측량기사들은 그 기세에 눌려 도망쳐버렸다. 흥분한 일부 군중은 그 길로 스즈키측의 농장 사무소로 쓰던 마름 정문범의 집에 몰려가 가구와 장독대를 부숴버렸다.[33] 사태가 험악해지자 측량기술자들과 마름은 급히 덕동의 주재소로 피신하였고, 주재소에서는 사태를 완도경찰서에 보고하였으며, 완도경찰서에서는 전남도경에 보고하였다.

다음날 전남도경에서는 보안과 경부 인솔하에 10명의 무장경관을 파견했으며, 완도경찰서에서도 무장경관 10명을 파견했다. 경찰은 전날의 소요에 가담한 이들을 모두 찾아내 체포하려 들었다. 이 때 농장에서는 농장사무소로 쓰던 정문범의 집을 습격한 폭도는 약

---

33 김명기, 앞의 책, 153~154쪽.

30명이라고 신고했다. 그러나 경찰이 이 폭도들을 찾아나서자 도민들이 너도나도 폭도라고 나섬으로써 체포된 자는 70명에 달하였다. 경찰은 이들 모두를 덕동항에 도착한 경비선 무등환에 실어 완도경찰서로 이송하려 하였다. 그런데 경비선에 올라탄 도민들이 고의적으로 배의 한편에 몰려 배가 기울어지게 하였고, 경찰이 이들을 흩어놓으려 하였으나 도민들은 계속 한쪽으로 몰려다니면서 배가 기울어지게 하였다. 결국 경찰은 도민들을 다시 배에서 내리게 하였고, 경부는 도민들과 지주측의 타협을 종용하고 나섰다. 이에 따라 도민대표로서 청년 4명, 장년 4명, 노년 4명이 선정되어 그날 밤 완도읍으로 건너갔다.

다음 날 아침 완도경찰서 구내의 공회당에서는 도 경부, 완도경찰서장, 완도군수, 도 평의원 등의 입회하에 고금도민 대표들과 지주측 대표간에 협상이 시작되었다. 이현렬은 고금도민의 대표로서 용지포의 간척으로 얻게 된 농지 200정보 가운데 반을 고금도민들에게 달라고 요구했다. 그러나 지주측은 물론 이를 거부했고, 도민들은 다시 4분의 1을 요구했으나 이도 받아들여지지 않았다. 오후 들어 도민들은 25정보, 10정보로 단계적 후퇴를 하면서 협상을 계속했다. 지주측은 200정보의 1%에 해당하는 2정보를 주겠다고 했고, 이에 군수와 경찰서장은 자신들의 체면을 보아 2정보를 더 내놓으라고 하여 지주측은 4정보를 최종안으로 내놓았다. 이에 이현렬은 "우리 면민이 빼앗긴 이권을 찾아 일치단결하여 투쟁한 것 자체가 이미 커다란 성과이고, 또 극히 작지만 4정보라도 준다니 이는 우리 민족이 단결하면 승리할 수 있다는 상징이 될 수 있다"고 하면서 이를 수용하자고 면민 대표들을 설득하였다. 결국 합의가 이루어져 경찰은 이 사건을 불문에 부치기로 약속하고, 고금도민들은 앞으로 간척지 개발에 일체 방해되는 행동을 하지 않으며, 소작료 납부를 거부하는 행동을 하지 않을 것을 약속하였다.

고금도민 대표 12명은 그날 오후 5시 고금도의 연동항으로 되돌아왔다. 당시 도민들은 대표들이 모두 구속될 것으로 생각하고 있던 차에 12명이 모두 무사히 돌아왔을뿐만 아니라 4정보의 땅까지 받아왔다는 소식에 접하고 축제분위기에 휩싸였다.[34] 결국 용지포 간척지투쟁은 도민들의 부분적인 승리로 막을 내렸으며, 이는 고금도민들의 일치단결과 지도자의 유연한 전술로써 얻어진 것이었다.

그러나 용지포투쟁으로 고금도민들의 영웅으로 떠오른 이현렬은 얼마 뒤 뜻하지 않은 사건으로 세상을 뜨고 말았다. 1931년 가을 스즈키농장의 소작인들 가운데 덕암리 동백정마을의 농민들은 소작료문제로 지주와 갈등을 빚은 적이 있었다. 이에 지주측은 이듬해 봄 일부 소작인들의 소작권을 박탈하고 이를 다른 농민에게 주는 이른바 '이작(移作)'을 시작했다. 당시 청룡리 등의 농민 180명으로 구성된 소작계(小作契)에서는 이에 항의하였고, 소작계를 지도하고 있던 이현렬은 1932년 7월 13일경 농장주 스즈키가 머물고 있던 농장사무소를 찾아가 항의하였다. 당시 이현렬은 새로운 소작인 80여 명과 맺은 소작계약서를 내놓으라고 지주측에 요구하였다고 한다. 스즈키농장의 마름 정문범은 이를 경찰에 신고하여, 경찰은 이현렬을 공갈미수죄로 구속하였다. 이는 용지포사건에 대한 지주와 경찰측의 보복이었다.[35] 이 사건으로 이현렬은 대구복심법원에서

---

34 4정보 가운데 2정보(30두락)은 주주들의 몫으로 돌아갔고, 나머지 2정보는 面民畓으로 하여 면민의 공동소유가 되었다.
35 이에 관한 재판기록은 국가기록원에 보관되어 있다(대구복심법원 소화 7년 刑控公 제 75호).

징역 10개월을 언도받고 대구형무소에서 복역하게 되었는데, 이때 뜻하지 않게 폐렴에 걸렸다. 도민들은 이 소식을 듣고 모금운동을 펴서 이현렬 구원운동에 나섰으나, 그의 병세는 나아지지 않았다. 결국 1933년 6월 21일 출옥하여 고향에 돌아온 뒤 얼마 되지 않은 7월 초 이현렬은 세상을 뜨고 말았다.36 그의 나이 34세였다.

5. 1933~34년의 전남운동협의회 사건

'전남운동협의회사건'이란 무엇인가.37 이 사건은 1931년경부터 1934년초까지 완도·해남을 중심으로 조직된 비밀결사 전남운동협의회와 그 산하에 있던 각 군별 '농민조합건설준비위원회'가 1934년 초 발각되어 완도·해남뿐만 아니라 인근 9개 군에서 전후 558명이 검거되어 57명이 광주지방법원 목포지청에 기소된 사건이었다. '전

---

36 『동아일보』 1933년 6월 21일자에는 '古今農組事件 李顯烈出獄'이라는 제하에 "전남 완도군 고금면 이현렬씨는 농조사건으로 작년 4월경에 피검되어 대구형무소에서 고생하다가 금월 중에 만기 출감하야 건강한 몸으로 고향인 완도에 16일 밤에 돌아왔다고 한다"는 기사가 실렸다. 그러나 그가 '건강한 몸'으로 돌아왔다는 기사는 오보였다. 그는 귀향한지 불과 한 달도 채 안 된 7월 초 폐렴으로 세상을 뜨고 말았기 때문이다. 그리고 여기서 農組사건이란 소작계 사건을 가리키는 것이다. 또 '작년 4월경'이라고 한 부분은 '작년 7월'의 오보로 보인다.
37 이하 전남운동협의회사건에 관해서는 이기홍의 증언과 전남운동협의회사건 관련 판결문 및 『조선일보』 1934년 9월 7일자 호외를 주로 참고하여 서술하였다. 이와 관련된 논저로는 김점숙, 1991, 「전남지방 조선공산당 재건운동 연구」, 『한국사연구』 74, 한국사연구회 ; 지수걸, 1993, 『일제하 농민조합운동 연구 -1930년대 혁명적 농민조합운동을 중심으로-』, 역사비평사 등이 있다.

남운동협의회' 조직의 발단은 완도지역 사회운동가들 사이에서부터 시작되었다. 완도지역의 황동윤·조동선·황상남·최창규·김옥도·이기홍 등은 1931년 12월경부터 모임을 갖고 완도지역 농민운동의 지도기관 조직에 관해 협의를 시작하였다. 또 해남지역에서도 1932년 10월 김홍배가 일본에서 돌아온 이후 김홍배·오문현·박태술·김아기 등이 모임을 갖고 역시 해남지역 농민운동의 지도기관에 관해 협의를 가졌다. 이러한 양측의 모임은 1933년 1월 서로 연결되어 양측의 황동윤·김홍배·오문현 등은 모임을 갖고 완도와 해남 양군의 사회운동가들이 서로 협력하여 농민운동을 일으킬 것과 이를 위한 지도기관의 설치를 위해 서로 긴밀한 연락관계를 가질 것 등을 약속하기에 이르렀다.

이에 따라 황동윤·김홍배·오문현은 1933년 5월 14일 해남 북평면 동해리의 성도암에서 회합을 갖고 농민운동에 국한하지 않고 노동운동 기타 무산자해방운동을 진행하기 위한 지도기관을 조직하기로 하고, 그 지도기관의 명칭을 '전남운동협의회'로 정하였다고 한다.[38] 그들은 이 협의체의 중앙부에 사무부·조사부·조직부·구원부 등의 부서를 두고, 김홍배를 사무부 및 총책임자, 황동윤을 조사부, 오문현을 조직부의 책임자로 정하고, 구원부의 책임자로서는 고금도의 이기홍을 내정하였다. 황동윤은 며칠 뒤 이기홍을 만나 협의회의 결성 사실을 알리고 구원부 책임자를 맡겠다는 승락을 받아냈다.[39]

---

38 이기홍은 '전남운동협의회'라는 명칭은 뒤에 경찰당국에서 만들어낸 용어이며, 당시에는 '협의체'라고만 호칭하였으며, 각 부서의 책임자 4명으로 '중앙부'를 구성한 것이라고 증언하였다. 그러나 당시 신문이나 재판기록에서는 모두 '전남운동협의회'라고 이 사건을 지칭하였다. 따라서 이 글에서는 지도부를 '전남운동협의회 중앙부'라고 부르기로 한다.

전남운동협의회 중앙부의 멤버는 황동윤(黃同允)·김홍배(金洪培)·오문현(吳文鉉)·이기홍(李基弘) 등 4인이었다. 황동윤은 완도군 군외면 출신으로 일본에 건너가 노동자생활을 하면서부터 재일본 조선노동총동맹 동경노동조합 북부지부에서 박태을 등으로부터 영향을 받고 사회주의사상을 갖게 된 인물이었다. 그는 1931년 고향에 돌아와 잠시 완도읍 주재 조선일보 기자생활을 하다가 농업에 종사하고 있었다. 김홍배는 해남 북평 이진리 사람으로, 일본 와세다대학 전문부에 다니면서 사회주의사상을 갖게 되었고, 메이지대학 독서회, 반제동맹, 일본공산당 기관지 『적기』 독자반, 전협 등에서 활동하였다. 그는 1932년 4월 메이데이 선전비라를 뿌려 퇴학당하자 그 해 여름 귀향하여 농업에 종사하고 있었다. 오문현은 해남 북평 오산리 출신으로 경성고학당 재학 중 사회주의사상을 갖게 된 이였다. 이기홍은 고금면 청룡리 사람으로 광주고보에 재학 중 광주학생사건이 일어나자 희생자에 대한 동정으로 백지동맹을 결성하였다가 퇴학당한 뒤 귀향하여 농업에 종사하고 있었다.

협의회 중앙부 4명은 8월 11일 해남 대흥사 심적암 부근의 숲속에서 김홍배가 작성한 테제 초안을 심의하여 자신들의 운동방침을 결정하였다. 그 주요 내용은 운동전선을 농민운동에 국한한다는 것, 농민운동의 지도기관으로 각 군에 농민조합을 조직한다는 것, 그리고 이를 위한 하부조직의 확충을 위해 농촌 각 마을에 2명 내지 5명으로 농민반·청년반·소년반을 조직한다는 것 등을 결정하였다. 즉 이들은 각 마을에 농민반·청년반 등을 조직한 뒤, 이를 토대

---

39 이에 대해 이기홍은 김홍배는 총책임을 맡고, 오문현은 총무·재정부, 황동윤은 출판·조직부, 이기홍은 구원·선전부의 책임을 각각 맡았다고 증언하였다. 따라서 당시 재판기록이나 신문기사와는 다소 차이가 있다.

로 면 단위의 농민조합 지부를 결성하고, 이를 토대로 다시 군 단위에 (적색)농민조합을 조직한다는 운동방침을 세운 것이다.[40] 이른바 '아래로부터의 통일전선운동'의 방침에 충실하기로 한 것이다.

이러한 방침에 따라 해남·완도에는 농민조합 건설준비위원회가 구성되었고, 강진·장흥·영암에도 역시 농민조합 건설준비위원회가 구성되었다. 또한 이들 조직은 다음과 같은 활동을 편 것으로 『조선일보』는 보도하였다.

1. 완도군 고금도에서 소화7년 가을에 수차의 소작쟁의를 지도 성공
1. 고금도에서 소화7년 이작쟁의(移作爭議)에 실패
1. 소화8년 8월 북평소작쟁의에 성공
1. 해태조합저금불려쟁의(海苔組合貯金拂戾爭議)에 실패
1. 북평해태조합 총대(總代) 선거에 실패
1. 이진학원 실권획득 토쟁(討爭)에 실패
1. 해남 오산(鳥山) 소작쟁의에 성공
1. 해남 송지(松旨) 소작쟁의에 성공
1. 강진 간석지 문제 분쟁에 실패
1. 영암서 야경단 조직과 실권 장악에 성공

---

40 당시 경찰당국에서는 이들이 만들려 한 농민조합을 '적색농민조합'이라고 불렀다. 이기홍의 증언에 의하면 '적색농민조합'이란 일제경찰 당국이 붙인 것이고, 자신들은 '농민조합'이라고만 칭하였을 뿐이라고 한다(1996.1.9 증언). 이기홍은 법정에서도 자신들은 본시 합법적 농민운동을 하였던 것이지 결코 공산주의하의 적색농민조합운동이 아니었다고 주장했다(『조선일보』 1936년 11월 9일). 당국이 이 '농민조합'에 '적색'이라는 말을 덧붙인 것은 공산주의운동이라는 색깔을 덧씌우기 위해서였던 것으로 보인다. 이러한 점을 고려하여 이 글에서는 '적색'을 빼고 '농민조합'이라고만 지칭하고자 한다. 한편 학계에서는 이러한 운동을 '혁명적 농민조합운동'이라고 지칭하고 있다.

즉 전남운동협의회는 소작쟁의 등 농민대중의 이해관계가 있는 사건에 개입하여 그 쟁의를 지휘하는 일을 그 주된 활동으로 삼았던 것이다. 이러한 농민운동의 기반을 만들기 위해 조직원들은 독서회·저축계·농민야학 등을 조직하여 농민들을 의식화, 조직화하는 데 힘을 기울였다.[41] 또 일부는 해태조합과 어업조합 등에 잠입하여 조직원을 획득하려 하였고, 농촌진흥회와 같은 관변단체에 들어가 이를 이용하기도 하였고, 야경단을 조직하여 대중들의 신임을 얻기도 하였다.

그러면 고금도지역에서 이 운동은 구체적으로 어떻게 진행되었는가. 고금도에서의 이 운동은 완도군 전체의 움직임과 밀접한 관련을 갖고 있다. 완도지역에서 이 운동의 진원지는 군외면이었다. 군외면의 황동윤·조동선·황상남 등은 1931년 12월 회합을 갖고 완도군 내에서 농민운동과 어민운동을 일으키며, 이를 위해 먼저 다수의 동지를 포섭해야 한다는 데에 의견의 일치를 보았다. 이에 따라 그들은 1932년 1월 완도면의 문승수와 고금면의 김옥도(조약도 관산리)와 자리를 같이하고 완도 농민운동 지도기관의 조직과 그 운동방침에 대해 의견을 나누었다. 이 자리에서도 그들은 지도기관의 조직은 시기상조이며, 따라서 우선은 유력한 동지의 포섭에 주력하는 것이 긴급하다는 데 의견을 같이하였다.

이후 그들은 동지의 포섭에 주력하던 중, 고금면의 김옥도는 10

---

[41] 이기홍은 당시 전남운동협의회측이 야학을 개설한 마을은 300여 곳에 달하였으며, 전후 3년 동안 약 5~6만명을 가르쳤다고 증언하였다. 그는 이들 야학의 지도자 교양과 교재를 마련하는 일의 책임은 전남운동협의회의 선전부에 맡겨졌다고 한다. 한편 이기홍은 당시 고금면 청룡리, 해남 북평리, 강진구 대구면 등지에는 협의회측이 비밀리에 개설한 농촌청년지도자 양성소가 있어 소수의 정예운동가들을 양성하였다고 증언하였다(1996.1.9. 증언).

월 15일경 고금도의 최창규·이기홍과 만나 종래 고금도의 선배 이현렬과 같이 공산주의이론 연구에만 전념하던 데에서 벗어나, 이제는 전위투사가 되어 실천운동에 주력해야 한다는 결론을 냈다. 이는 고금도 사회운동의 중요한 방향전환이었다. 이러한 모임 직후인 11월 초순 군외면 대야리에서는 황동윤·조동선·황상남·김길룡 등 군외면의 사회운동가와 고금면의 대표적인 사회운동가 최창규가 회합을 갖고 농민운동의 지도기관의 조직 방법을 논의하였다. 여기서 그들은 먼저 각자 마을에서 소작인 또는 어업조합원 등을 선동하여 소작쟁의 또는 어업조합 폐지운동을 일으키고, 완도읍 내의 노동조합에 야학회를 세워 청소년층을 의식화하기로 결정하였다. 이는 이러한 운동을 통하여 점진적으로 동지를 포섭하고, 이를 세포반에 편성시키고 다시 각 반을 통합하여 점차 상부조직인 지도기관의 조직으로 나아간다는 방침에 따른 것이었다.

이에 따라 이기홍·최창규·김옥도·이홍쇄 등 고금도의 사회운동가들은 같은 해 10월 25일부터 11월 10일 사이에 두 차례 모임을 갖고, 고금도 용지포 간척지의 소작료 문제가 일부 소작인들의 불평을 사고 있으므로 정황을 예의 조사하여 소작쟁의가 가능한 지역을 탐색, 쟁의를 일으키고 이 투쟁과정을 통해 농민들을 이념적으로 훈련시키고 동지를 획득하기로 결정하였다. 이 때 소작쟁의가 어디에서 어떻게 일어났는지 구체적으로 알 수는 없지만, 앞서 본 『조선일보』의 기사에서 그해 가을 용지포 간척지 소작쟁의를 유발하여 성공한 바가 있다고 기록한 것으로 보아 쟁의를 일으키는 데에 성공하였던 것으로 보인다.

이러한 활동을 통해 이기홍은 고금도 사회운동의 지도자로 점차 부각되었고, 1933년 5월 완도 군외면의 황동윤, 해남의 김홍배·오문현과 함께 전남운동협의회의 중앙부에 참여하기에 이르렀다.[42] 이후 이기홍은 중앙부의 운동 방침에 따라 고금도에서 농민조합의 하부조직, 즉 농민반과 청년반을 조직하는 작업에 착수하였다.

이기홍은 1933년 9월 2일 동지 박노호 등과 함께 고금도 청룡리 부락사무소에서 마을 주민 7,80명이 모인 가운데 소인극(素人劇:아마추어연극)『혹농민(或農民: 어떤 농민)』을 공연하였으며 농민들을 의식화시키면서 동지들을 물색하였다. 재판기록에 따르면 이 소인극은 노농대중의 비참한 생활상태, 자본가·지주의 횡포한 착취행위 등을 풍자하는 것이었다고 한다.

재판기록에 따르면, 1933년 10월 초순 청룡리에서 이기홍·박노호 외 1명은 회합을 갖고 자신들 3명으로 청년반을 조직하였으며, 책임자로 박노호를 뽑았다고 한다. 또 같은 달 15일부터 11월 5일 사이에 이홍쇄 등 수명은 덕암리의 황태하집에서 여러 차례 모임을 갖고 농민반을 조직하였으며, 책임자로 이홍쇄를 뽑았다고 한다. 그러나 이기홍의 증언은 이와 다르다. 이기홍의 증언에 따라 각 마을별 농민반과 청년반의 조직상황을 살펴보면 다음과 같다.

청룡리

〈농민반〉 박노호·이기홍·배윤빈·차남순·김우봉·박병률·오창석·이동운 (2개반을 구성)
〈청년반〉 신병희·김채윤·최복순·이준희·박상규

---

42 이기홍은 자신을 지도해왔던 이현렬이 1932년 봄 동백정 이작쟁의와 관련하여 구속되고, 최창규가 폐병에 걸려 활동이 점차 어려워진 가운데 1933년 초부터 고금도 사회운동의 새로운 지도자로 등장한 것으로 보인다.

세동리 신장마을

〈농민반〉 배일호·김광균·황인하·이쌍봉

도남리 굴목마을

〈농민반〉 최창규·김석진 외 2-3명

덕암리 동백정마을

〈농민반〉 황규하·이맹신 등

적어도 1개의 청년반과 4개의 농민반이 고금도에 조직되어 있었다는 것이다. 그리고 박노호와 이기홍도 청년반이 아닌 농민반에 소속되어 있었다고 그는 기억한다.[43] 재판기록에 따르면, 이기홍은 12월 말경 세동리의 김공술의 집에서 박노호·이홍쇄, 그리고 농민반·청년반의 반원 다수를 소집하여 장래 만들어질 완도군 농민조합의 고금면 지부를 결성하였으며, 스스로 책임자가 되었다고 한다. 이에 대해 이기홍은 자신은 고금면 지부의 지부장이 되었으며, 면지부의 위원으로는 이홍쇄·김옥도·박노호·정후균·정부균 등이 선임되었다고 증언하였다.[44]

이와 같이 농민반과 청년반은 결성되었지만 소년반은 미처 결성되지 못하였다. 다만 최창규는 11월 초순 도남리 자신의 집에서 조약도의 정후균을 만나 그가 경영하는 야학회의 생도 가운데 비교적 유망한 자들을 물색하여 이들로써 소년반을 결성하도록 지시한 바가 있었다고 한다. 정후균이 이후 소년반을 결성하는 데 성공하였

---

43 이기홍은 이홍쇄가 덕암리의 농민반에 소속되었는지의 여부에 대해서는 기억하지 못했다.
44 이기홍의 증언(1996.1.9.).

는지는 불명확하다. 1934년 봄 이 사건 관련자들의 일제 검거가 있었을 때 정후균(鄭後均)과 함께 조약도 출신 가운데에서도 정부균(鄭富均)·정문두(鄭文斗)·김경태(金敬太)·정병래(鄭炳來)·이영식(李永植) 등이 검거되어 조사를 받았는데, 재판기록에도 이들이 소년반을 구성했었다고는 기록하지는 않았다.

한편 이기홍은 1933년 8월 전남운동협의회의 운동방침이 정해진 직후 강진 대구면 수동리의 윤가현을 만나 강진에서도 농민조합 조직을 위한 준비에 착수할 것을 권유하여 즉시 승낙을 받았다고 한다. 이로 미루어볼 때 고금도 사회운동가들의 활동반경은 고금도에만 머물지 않고 바다 건너 강진 대구면에까지 미치고 있었음을 알 수 있다.

전남운동협의회의 조직은 1934년 2월 강진의 윤가현이 1933년에 있었던 강진군 병영 주재소의 방화사건의 용의자로 검거되어 취조를 받던 중 그 일각이 드러나 관련자에 대한 일제 검거선풍이 불었다. 고금면에서도 수십 명이 연행되어 조사를 받았고, 이기홍·박노호·이홍쇄·김옥도·정후균 등 면 위원 5명이 기소되었다. 면 위원 가운데 나이가 어렸던 정부균은 기소면제 처분을 받고 풀려났다. 광주지법 목포지원에서 이기홍은 징역 2년 6월, 박노호·이홍쇄는 징역 1년 6월, 김옥도·정후균은 징역 1년을 각각 선고받고 복역하였다. 한편 최창규는 윤가현과 함께 병영주재소의 방화사건 유력한 용의자로 지목되어, 가장 먼저 전남 경찰부 고등경찰과 노주봉 경부보에 의해 검거되어 완도경찰로 연행되었다. 그러나 그는 이미 폐결핵이 깊어 위독한 상황이었기 때문에 곧 석방되어 집으로 돌아왔으며, 귀가한 지 얼마 되지 않아 곧 세상을 뜨고 말았다.

6. 고금도 민족·사회운동의 주체

고금도에서의 항일운동과 관련하여 직접 일제 당국의 탄압을 받은 사건은 독립만세운동과 전남운동협의회였다. 이제 이들 두 사건의 관련자를 중심으로 고금도 항일운동 참가자들을 살펴보기로 한다.

1) 독립만세운동 참가자[45]

정학균(鄭鶴均) : 1903년 도남리에서 정권종의 장남으로 출생. 본관은 경주. 1920년 고금보통학교 재학중 독립만세운동을 주모. 징역 4개월을 선고받음.

이현렬(李顯烈) : 1900년 청룡리에서 경주 이씨 종가의 5남 3녀 중 5남으로 출생. 이기홍의 당숙. 고금보통학교 졸업, 1920년 독립만세운동을 주동. 이 사건으로 징역 3개월 10일을 선고받음. 출옥 후 일본 동경에 건너가 고학으로 5년제 야간중학교를 졸업, 일본대학 경제학과에 진학, 이때 사회주의운동에 간여, 일본 공산당 동경부 성서지구당에 가입했다는 설이 있음. 1929년 귀향, 용지포간척지투쟁을 지도, 이를 승리로 이끔. 1932년 7월 스즈키농장의 移作행위에 항의하다 주거침입과 폭언죄로 구속되어 10개월 동안 대구형무소에서 복역. 이때 폐렴에 걸려 1933년 6월 21일 만기 출소 뒤 7월 초 곧 숨짐. 후손이 없음. 그의 조카 이동운이 양자로 입적.

---

45 이하 서술은 호적, 족보, 재판기록, 기타 주변 인물들의 증언을 토대로 한 것이다.

홍철수(洪哲洙) : 1900년 청룡리에서 출생. 1920년 독립만세운동
에 참가. 태형 90대에 처해짐. 1964년 사망.

이수열(李守烈) : 1900년 청룡리에서 李根珍의 5남으로 출생. 李士
烈(이기홍의 父)의 친동생. 이현렬과 사촌간. 이현렬과 함
께 독립만세운동을 주모, 태극기등을 제작. 이 사건으로
태형 90에 처해짐. 1973년 사망.

배명순(裵明順) : 1901년 농상리에서 출생. 1920년 독립만세운동
에 주동적으로 참여. 태형 90에 처해짐.

김천녕(金天寧) : 1900년 청룡리에서 김태오(金泰五)의 장남으로
출생. 본관은 김해. 청룡리 망중산 밑의 서당에서 한문을
배움. 13~14세때 약국을 하던 조부와 인척이 되는 배민숙
으로부터 의학을 배움. 한때 농상리에 있던 사립학교에서
신학문을 배우기도 하였지만 부모의 만류로 중도퇴학. 이
후에도 신학문을 독학. 1920년 독립만세운동에 참여, 태형
90에 처해짐. 1922년 면장 박노훈(朴魯勳)의 추천으로 면서
기가 됨, 이후 19년 동안 면사무소에서 일함. 1940년 고금
수리조합 서기가 되어 1957년까지 근무. 1957년 지방자치
제 실시 때 고금면장에 당선되어 3년간 근무. 그밖에도 완
도해태어업조합 총대, 고금공립학교 후원회 부회장, 고금
중학교 기성회장, 완도향교 문묘 장의, 영모사 도유사, 유
도회 부회장 등을 역임. 1968년 사망.[46]

위에서 살핀 것처럼 고금도 독립만세운동은 청년·학생층에 의해
주도되었음을 알 수 있다. 그리고 이들은 대체로 고금보통학교 등

---

46 『蘭亭 金天寧事蹟』(김천녕의 자 金東哲씨 소장) 참조.

에서 신학문을 접한 신지식층이기도 했다. 이들 외에도 만세운동 참여와 관련하여 80여 명이 연행되었는데, 특히 그 가운데 주목되는 것은 청룡리의 경주 이씨가의 사람들이 많았다는 사실이다. 경주 이씨가에서는 이 운동에 주동적으로 참여한 이현렬·이수열 외에도 이사열(李士烈, 이수열의 맏형), 이정렬(李貞烈, 이사열의 여동생), 이기동·이동운(이기홍의 종형) 등이 연행되었다. 경주 이씨들이 이같이 독립만세운동에 대거 참여한 데에는 이사열의 영향이 컸다. 이사열은 청룡리에서 부농 이근진(李根珍)의 장남으로 태어나 어려서 서당에서 한문을 배우고, 서울에 올라가 3년제의 한성외국어학교 일어과정 3학년 때인 1910년 대한제국이 일본에 병합되자 관리의 길을 버리고 귀향하였다. 귀향 후 그는 농사를 지으면서 일본어로 된 각종 신문, 잡지를 구독하면서 국내외 정세를 잘 파악할 수 있었고, 이를 자신의 사랑방에서 경주 이씨가의 청년들을 비롯한 마을의 청년들에게 설명해줌으로써 그들에게 큰 영향을 끼쳤다.[47] 이사열은 항상 '무조직형태의 조직'에 기초한 민족운동을 강조하였고, 특히 이현렬에게 평소 마을별로 동지를 포섭하도록 지시하였다고 한다. 따라서 이사열은 1920년 독립만세운동에 직접 주모자로서 참여하지는 않았지만, 고금도 청년들의 정신적인 지도자로서 이 만세운동을 일으키는 데 큰 구실을 하였다고 할 수 있다.[48]

---

47 이기홍씨 증언.
48 이사열은 해방 직후 완도군 인민위원회 산하 농민위원회의 위원장을 맡아 농지개량과 적산의 토지몰수 및 분배운동을 전개했지만 미군의 진주로 40여일만에 활동을 중단하고 말았다. 이후 이사열·이기홍가는 광주로 이주하게 된다(안송철, 1991, 『광주·전남지방현대사연구』, 한울, 159쪽).

2) 전남운동협의회 참가자

고금도의 전남운동협의회의 주요 참가자는 최창규와 고금도 지부의 책임자 이기홍, 그리고 김옥도·이홍쇄·박노호·정후균·정부균 등 고금도 지부의 위원들을 들 수 있다.

이기홍(李基弘) : 1912년 청룡리에서 이사열의 장남으로 출생. 8세 때 서당에서 한문을 수학, 11세 때 고금공립보통학교에 입학. 1928년 광주공립고등보통학교에 입학, 이듬해 광주학생독립운동사건으로 인해 퇴학당한 학생들을 동정하기 위한 백지동맹을 결성하였다가 퇴학당함. 이후 귀향하여 농업에 종사하던 중, 고금도의 대표적인 사회운동가였던 이현렬과 최창규의 지도를 받고 사회주의적인 이념을 수용. 1932년 최창규·김옥도 등과 함께 고금도 사회운동의 방향을 보다 실천적인 쪽으로 전환하기로 의견을 모음. 1933년 5월 황동윤·김홍배·오문현과 함께 '전남운동협의회'를 조직. 이후 고금도에서 농민조합 조직을 위해 활동. 농민반과 청년반을 조직하고, 완도군 농민조합 고금면 지부를 조직, 그 책임자가 됨. 1934년 봄, '전남운동협의회 사건'으로 검거되어 광주지법 목포지원에서 징역 2년 6월을 선고받음. 1996년 광주에서 타계했으며, 2019년 김명기에 의해 『이기홍평전』이 나옴.

최창규(崔昌珪) : 1909년 고금면 도남리에서 최귀홍(崔貴弘)의 4남으로 출생. 본관은 경주. 7세때 부친을 여의고, 고금보통학교를 졸업. 광주사범학교 재학시 광주학생독립운동에 참여, 퇴학당함. 이후 귀향하여 고금도에서 야학을 개설. 선배인 이현렬의 지도를 받고, 후배인 이기홍·정후균 등을 지도. 1932~33년 고금도 사회운동의 방향을 보다 실천적인 쪽으로 전환하도록 하는 데 결정적으로 기여. 완도·해남지역 농민운동 지도기관의 결성 논의에 참여, '전남운동협의회' 조직에 산파 구실을 함. 이즈음 폐결핵에 걸려 1934년 봄 사망. 미혼으로 후손이 없음. 도남리 공동묘지에 묘가 있음.[49]

김옥도(金玉道) : 1909년 고금면 관산리(조약도) 출생. 사립약산학교를 졸업한 뒤 일본에 건너가 공장노동자로 근무하면서 전일본노동조합협의회의 동경금속노동조합에 가입하여 활동하다가 검거되어 처분을 받고, 그 뒤에 귀향, 농업에 종사. 최창규·이기홍 등 1932년경 고금도의 사회운동가들과 농민운동 지도방침에 관해 논의. 고금도 용지포 소작쟁의를 지도. 1934년 전남운동협의회사건으로 구속되어 징역 1년을 선고받음. 1937년 출옥 이후 강진으로 이주.

이흥쇄(李興刷) : 일명 이흥세. 1900년 고금면 농상리 출생. 고금보통학교를 나온 뒤 최창규로부터 지도를 받으면서 농민운동 참여. 1933년 이기홍의 지시에 따라 농민반을 조직, 책임자가 됨. 이 사건으로 구속되어 징역 1년 6월을 선고받음.

---

[49] 최용호(최창규의 조카) 증언(1995.10.12) 및 『경주최씨족보』 권4 참조. 최창규의 둘째 형 최홍규는 여수수산학교를 다녔으며, 셋째 형 최성규는 일본 수산전문학교를 다녔다는 것으로 보아 비교적 여유있는 가정이었던 것으로 보인다.

박노호(朴魯灝) : 1912년 고금면 청룡리 출생. 고금보통학교를 졸업하고 경성 보성고보에 입학하였으나 학자금 부족으로 중퇴하고 귀향한 뒤 이기홍으로부터 지도 교양을 받음. 1933년 이기홍과 함께 청년반을 조직하여 책임자가 됨. 이 사건으로 구속되어 징역 1년 6월을 선고받음.

정후균(鄭後均) : 1913년 고금면 장룡리(조약도)에서 경주 정씨 정권필(鄭權弼)의 아들로 출생. 1929년 사립약산학교를 졸업한 뒤 1931년 경성고학당에 입학하였으나 그해 7월 고학당이 폐쇄되자 그리스도 청년학교로 옮겨 공부하던 중 병을 얻어 귀향한 뒤 농업에 종사. 이후 먼 인척이 되는 최창규로부터 이념교양을 받음. 1933년 최창규의 지시에 따라 조약도에서 자신이 경영하던 야학에서 학생들을 의식화하여 소년반 조직을 시도. 이 사건으로 구속되어 징역 1년을 선고받음. 1937년 1월 형기를 마치고 귀향하여 정문두·김경태·정병래·이영식 등이 결성한 '전남운동협의회 재건위원회'를 배후에서 지원.

정부균(鄭富均) : 정후균의 사촌동생. 1934년 정후균과 함께 검거되었다가 그해 9월 기소면제로 풀려나 조약도에서 결성된 '전남운동협의회 재건위원회'에 참여하여 한 때 책임자가 됨. 1936년 6월경 정태선(鄭太善)과의 싸움으로 인해 상해죄로 피소되어 경찰에 연행되자 이 일로 인해 조직이 발각될 것을 염려하여 연행 도중 경찰을 때려눕히고 도주함.

이상에서 본 것처럼 고금도에서 전남운동협의회에 적극적으로 참여한 이들은 이기홍·최창규 등 광주학생독립운동에 참여하였다가 퇴학당한 이들, 김옥도와 같이 일본에 건너가 노동운동에 종사하다가 귀향한 인물, 박노호·이홍쇄·정후균 등 고금보통학교 혹은 사립약산학교를 졸업하고 이후 경제적인 문제로 학업을 계속하지 못한 가운데 고향에서 농업에 종사하면서 최창규 등으로부터 이념적인 교양을 받은 이들이었다고 할 수 있다.

한편 고금도 출신으로서 고금도 밖에서 민족·사회운동에 참여한 이들로서는 조동선(趙東善, 세동리)과 김양호(농상리)·오놀보(덕동) 등을 들 수 있다. 조동선은 앞서 본 것처럼 완도군 군외면에서 농조 준비위와 관련하여 활동했으며, 1년 6월의 징역형을 선고받았다. 김양호·오놀보는 1930년 9월 여수수산학교 독서회사건과 관련, 검거되어 징역 1년에 집행유예 3년을 언도받았다.[50]

7. 맺음말

3·1운동 이후 완도군에서의 항일 민족·사회운동은 1920년대에는 주로 소안도를 중심으로 전개되었다. 그러나 소안도에서의 운동은 1927년 배달청년회사건과 이듬해의 송내호의 서거로 그 중심을 잃고 막을 내리게 된다. 이후 완도군에서의 항일 민족·사회운동은 완도 군외면과 고금면을 중심으로 전개되기 시작한다.

고금면에서는 1920년 1월 이현렬과 정학균을 중심으로 독립만세시위운동이 전개된 바 있었다. 이들은 다량의 태극기와 격문을 만

---

50 이에 대해서는 「광주지방법원 소화 6년 刑公訴 제19호 윤경현 외 13명에 관한 판결문」을 참조. 한편 이 사건에 관련된 완도군 출신으로서는 김양호·오놀보 외에 조병호(군외면)·차용헌(청산면) 등 2명이 더 있었다.

들고, 마을별로 책임자를 정하여 많은 인원을 동원하였으며, 양동작전을 펴서 경찰을 따돌리고 만세시위를 전개하는 등 준비과정에서의 치밀함과 단결력을 과시하였다.

1929년 이현렬이 동경 유학을 마치고 돌아와 지도한 용지포간척지투쟁은 그러한 단결력과 지도력의 뛰어남을 보여주는 한 사례였다. 1930년대 이른바 전남운동협의회의 조직과 활동에서 고금도가 중요한 구실을 할 수 있었던 것은 그러한 토대 위에서 가능하였다. 특히 광주학생독립운동 이후 귀향한 최창규·이기홍 등은 새로운 지도세력으로 떠올랐으며, 이들은 1930년대 초 보다 실천적인 운동방침을 결정하고, 1933년 군외면의 황동윤, 해남의 김홍배·오문현 등과 함께 '전남운동협의회'를 조직하기에 이르렀다. 전남운동협의회는 '아래로부터의 통일전선' 전술에 기초한 농민운동을 전개하기로 하고, 이를 위해 각 군에 농민조합을 결성하기로 결정하였다. 이에 따라 그들은 먼저 각 마을에 농민반·청년반·소년반을 조직하고 이를 다시 면 지부로, 또 몇 개의 면 지부를 묶어 군 단위의 농민조합을 결성하기로 방침을 정하고 이를 실행에 옮겼다. 고금도에서는 이기홍을 중심으로 농민반과 청년반이 만들어졌으며, 이를 기초로 완도군 농민조합 고금면 지부를 결성하였다.

이들은 야학이나 소인극 등을 통하여 농민들의 의식을 제고시키는 활동을 전개하면서, 농민들의 이해관계가 직접 걸려 있는 소작쟁의·이작쟁의 등에 간여하여 이를 지도하였다. 또 이들은 합법적인 조직을 충분히 활용한다는 방침 아래 어업조합·해태조합 등에 들어가 활동하기도 하였다. 이들은 또 강진·장흥 등지와도 연결을 가져 그곳에서도 농민조합이 조직되도록 영향을 미쳤다. 그러나 1934년 초 전남운동협의회의 조직이 드러남으로써 고금도에서는 지도부를 비롯해 수십 명이 일제 검거되고, 이기홍 등 지도부는 재판에 회부되었다.

그러나 고금도의 항일운동의 맥이 이로써 완전히 끊긴 것은 아니었다. 당시 정후균과 함께 검거되었다가 면소처분을 받고 나온 조약도의 정문두·김경태·정병래·이영식 등은 1934년 6월경 '전남운동협의회 재건위원회'를 조직했다. 고금도의 전남운동협의회 운동은 이웃한 조약도로 그 맥이 이어졌던 것이다. 재건위원회는 전남운동협의회와 마찬가지로 청년반·농민반·소년반 등을 구성하고, 외보강좌 등을 통하여 반원들의 민족·사회의식을 제고시키고, 반원들의 단결력을 강화하는 데 주력하였다. 그들은 '전남운동협의회'사건을 교훈삼아 조직의 확대보다는 조직의 보위를 더욱 중시하였고, 외부적인 활동보다는 내실을 기하는 데 중점을 두었던 것이다.

재건위원회의 운동방침은 1938년 복역하고 나온 정후균이 이 조직을 실질적으로 지도하게 되면서 다소간 변화를 보였다. 그들은 운동의 궁극적 목표를 '호남 ML회'의 구성에 두고, 재건위원회의 명칭도 '조약도ML회건설준비공작그룹'으로 바꾸었다. 그들은 이제 조약도 내의 다른 마을과 강진·장흥 등 타군 지역으로까지 연락관계를 넓혀갔다. 또 조약도 내에서도 조직원들이 해태양식의 분급위원 혹은 해태어업조합의 총대가 되어 활동한다든가, 위친계·갑계 등을 적극적으로 이용하는 등 합법적인 조직에 들어가 활동하는 방침을 취하였다. 그러나 이러한 활동반경의 확대는 결국 일제 경찰의 주목을 끌었고, 결국 1938년 10월 관산리 노동야학사건이 발단이 되어 전체 조직원이 검거되고 말았다.[51]

---

51 조약도의 '전남운동협의회 재건위원회' 사건에 대해서는 이 책 제3장을 참조할 것.

제4장
일제하 조약도의 민족운동과 사회운동

1. 머리말

조약도(일명 약산도)는 현재 완도군 약산면에 속하면서 강진·장흥과 인접한 작은 섬이다. 그러나 이 작은 섬도 한국근현대사의 격랑으로부터 결코 벗어나 있지 않았다. 특히 일제시기와 해방 직후의 격동기에 조약도 주민들은 다른 어느 지역 못지않게 적극적으로 역사의 물결에 참여하였고, 또 그 물결에 휩쓸리기도 하였다. 이 글에서는 이 가운데 일제식민지 시기에 조약도의 주민들이 어떻게 저항하고 어떻게 핍박을 받았는지 살펴보고자 한다.

조약도에서 있었던 가장 대표적인 민족·사회운동은 1930년대 중후반에 전개된 '전남운동협의회재건위원회'의 조직과 그 활동이다. 1934년부터 시작되어 1938년까지 약 4년여에 걸쳐 장룡리의 청년과 농민들을 중심으로 전개된 이 운동은 비록 그 조직범위는 넓지 못하였지만, 조직원 간의 단결력과 그 지속성의 측면에서는 같은 시기 다른 어느 지역에서의 운동에 못지않은 것이었다. 이들은 1938년경 그 운동범위를 강진·장흥 일대까지 확대하고, 나아가 호남 전체지역에서 '호남ML회'를 구성하려고 노력하던 중 일제 경찰에 의해 발각되는 바 되었다. 이 사건으로 조약도에서만 1백여 명의 청년들이 검거되어 그중 9명이 옥고를 치렀다. 이 사건에는 관산리에서 노동야학운동을 하던 이들도 연루되어 함께 옥고를 치렀다.

이제 이 글에서는 조약도에서의 민족·사회운동이 전개된 사회경제적 배경과 1920년대에서 1930년대 전반에 전개된 민족·사회운동을 먼저 살펴보고, 1930년대 중후반에 전개된 '전남운동협의회재건위원회'의 운동과 관산리 노동야학운동을 차례로 살펴보고자 한다.[1]

2. 조약도 민족·사회운동의 사회경제적 배경

1) 경제적 배경

조약도는 지리적으로 서쪽으로는 고금도, 동쪽으로는 금일도와 이웃해 있고, 북쪽으로는 장흥군, 남쪽으로는 신지도를 마주보고 있다. 육지인 장흥 대덕면 옹암리와는 불과 2km 정도밖에 떨어져 있지 않고, 고금도의 덕동과는 바다로 불과 5백m 정도밖에 떨어져 있지 않다. 따라서 지리적으로 그렇게 고립된 섬이라고 볼 수는 없다.

조선시대 개국 이래 조약도는 고금도와 함께 강진군에 속해 있었다. 그러다가 1895년 행정구역 개편 시 완도군이 처음 설치되면서 조약도는 고금도와 함께 완도군에 속하였으며, 조약도는 행정구역상 조약면이 되었다. 그러나 1914년 일제 총독부에 의해 다시 행정구역이 개편되면서 완도군은 8개 면으로 개편되었고, 조약도는 고금면에 속하게 되었으며, 면사무소는 고금도의 덕동에 설치되었다.

---

[1] 이 글은 박찬승, 1994, 「일제하 조약도의 항일민족운동」 『도서문화』 12, 목포대 도서문화연구소를 수정 보완한 것이다.

1913년 이후 행정구역상 조약도는 다음의 5개 리로 나뉘었으며, 각 리에 속한 마을 이름은 다음과 같았다.

牛頭里 : 牛頭里, 泉洞, 花加里, 呂洞, 冠東里 각 일부
藏龍里 : 可來洞, 竹仙里, 呑道里, 九城里, 呂洞 일부
得岩里 : 上得里, 下得里, 沙洞
海東里 : 堂木里, 新興里, 漁頭里, 加沙沖里
冠山里 : 冠西里, 冠東里 일부2

조약도는 일제시기만 해도 논밭이 적은 섬이었다. 그것은 이 섬이 그 크기에 비해 큰 산들을 지니고 있기 때문이었다. 즉 장룡산(藏龍山 : 현 삼문산, 356.3m)을 주봉으로 해서 공북산(拱北山, 336m), 점모산(點毛山), 동석산(動石山), 망봉(望峰) 등이 크고 작은 산이 많았던 것이다. 따라서 평지는 그만큼 좁을 수밖에 없었고, 논밭도 그만큼 좁을 수밖에 없었다. 더욱이 섬이 워낙 작은 규모이다 보니 농업용수를 구하는 일이 쉽지 않았다. 따라서 이곳 사람들은 농업용수를 구하기 위해 제언을 막는 일에 힘을 기울여 여동의 영강언(永康堰, 金致秀가 도민과 함께 수축), 탄도리의 탄도언(呑道堰), 우두리의 연등포언(蓮燈浦堰, 崔民烈이 수축), 신기리의 신기언(新基堰) 등의 제언이 있었다.3 조약도는 섬이면서도 일제시기까지도 어업에 종사하는 자는 그리 많지 않았다. 오히려 농업이 주된 생계수단이었다. 당시 좁은 농토에서 농사를 짓던 농민들의 자소작 상황은 〈표 3-1〉과 같다.

---

2 越智唯七 編纂, 1917, 『新舊對照 朝鮮全道府郡面里洞名稱一覽』, 중앙시장, 445쪽.
3 고금면, 1927, 『고금면연혁』, 5쪽. 이 자료는 국한문 혼용의 프린트본으로 고금면 면사무소에서 만든 것으로 추정된다.

〈표 4-1〉 1927년 현재 조약도의 농업자 호수

里 名	농가호수	지주	자작	자작겸소작	순소작
우두리	192	1	10	168	13
관산리	189	4	10	156	19
장룡리	212	2	20	174	16
해동리	174	1	7	155	11
득암리	95	0	1	76	18
계	862	8	48	729	77

자료 : 고금면, 1927, 『고금면연혁』, 18쪽

〈표 4-1〉에서 보는 것처럼 조약도 전체 호수 867호 가운데 862호가 농업에 종사하여, 비농가호수는 5호밖에 안되었다. 또 그들 모두는 어업 등을 겸하는 농가였다고 한다. 한편 전체 농가 가운데 자작 겸 소작농가가 729호로 대부분(84.6%)을 차지하고 있으며, 자작농은 48호(5.6%), 소작농은 77호(8.9%), 지주는 8호(0.9%) 정도였다. 8호의 지주 가운데 4호가 관산리에 거주하고 있었는데, 그 대표적인 인물은 최병준(崔秉準)과 최병옥(崔秉玉)이었다.[4] 당시 지주가가 소유하고 있던 토지면적이나, 소작지, 자작지의 전체규모는 자료가 없어 확인하기 어렵다.

당시 고금도와 조약도에서의 주된 농업생산물은 미·맥·면(米·麥·棉)이었다.[5] 조약도의 농업생산물은 이웃한 비슷한 규모의 섬인 신

---

4 이들은 전주 최씨 문선공파 崔三永의 아들로서 이복형제였다. 전주 최씨는 최삼영의 3대조가 되는 崔東煥대에 조약도에 입도하였다고 하며, 그전에는 영암 덕률면 영보리에 살았다고 한다. 최병준은 최익현·기우만·이유인 등에게 사사했다고 하며, 1922-24년에 향교 장의를 지냈고, 그의 아들 최기열도 역시 향교 장의를 지냈다. 뒤에 보게 될 광주학생독립운동 당시 옥고를 치른 鄭南均은 최병옥의 사위였다(『전주최씨문선공파보첩』, 최찬호씨(최병준의 증손, 관산리 거주)의 도움말 등을 참조).

지도와 비교해 볼 때 훨씬 많은 액수였다. 1911년 현재 조약도의 농업생산액과 신지도의 농업생산액을 비교하면 다음과 같다.

〈표 4-2〉 1911년 조약도와 신지도의 농업생산물 비교

생산물	精米(合)	현미(合)	大麥	小麥	大豆	木棉
조약도	935,000	1,122,000	737,000	37,000	5000,000	36苞9斤
신지도	600,000	800,000	1,000,000	50,000	300,000	20同

자료 : 朝鮮駐箚憲兵隊司令部編, 1911,『全羅南道海岸竝島嶼ノ狀況』, 朝鮮駐箚憲兵隊司令部, 부록 20쪽,「완도군 소속도서의 면별 및 육산물표」

〈표 4-2〉에서 보는 바에 의하면 조약도는 신지도에 비해 쌀과 콩의 생산이 훨씬 많았고, 보리의 경우에는 신지도가 더 많았음을 알 수 있다. 또 면화의 재배도 활발하였음을 알 수 있다. 이는 당시 조약도의 농업생산도 역시 시장에서의 상품화를 목표로 하여 이루어지고 있었음을 뜻한다. 그러나 이 액수는 물론 섬의 규모가 더 큰 고금도보다는 적은 액수였다.

1911년 당시 조약도에서 사육하던 소와 가축의 수를 보면 소 68두, 돼지 21두, 닭 34마리로, 이는 신지도의 소 93두, 돼지 49두, 닭 50두에 비하면 숫자가 적었다.6 특히 소의 숫자가 신지도보다 크게 적은 것으로 미루어 보아 조약도의 농가들은 경제적으로 그리 여유가 없었음을 알 수 있다. 1911년 당시 전체 호수 548호가 소 68두를 소유했다는 것도 당시 조약도의 형편을 말해주는 것이다.

한편 조약도의 주민들은 대부분 수산업을 겸하고 있었는데, 그것은 김 양식과 기타 해조류 채취업이었다. 조약도에서는 19세기에

---

5 고금면, 앞의 자료, 19쪽.
6 朝鮮駐箚憲兵隊司令部編, 1911,『全羅南道海岸竝島嶼ノ狀況』, 朝鮮駐箚憲兵隊司令部, 부록 21쪽,「완도군 牛豚鷄頭數表」

장룡리 북방의 정가섬에서 정시원이라는 이가 김을 채취하여 이를 점차 개량 보급한 것이 시초가 되어 김양식이 성행하였으며, 특히 일제시기에 와서 1910년대에 관산리 관서마을에 해태전습소가 설치되어 개량해태가 가장 먼저 제조된 곳으로 유명하다. 김양식은 이후 완도군의 다른 섬들로 확대되어 갔지만, 조약도는 건해태 생산에서 항상 단연 선두였다. 해태양식이 본격적으로 시작되기 전인 1911년 당시 조약면의 수산물 생산량은 가사리(加沙里) 20칭(稱), 감곽(甘藿) 2동(同), 청태(靑苔) 1천 속, 해의(海衣) 20포(苞), 건어(乾魚) 1백 속(束), 염(鹽) 1천1백 석(石)이었다고 한다.7 1935년경 완도군 해태어업조합은 전체 조합원수가 9,421명이었고 총 어획고 및 판매고는 443,427원에 달하였다. 이때 고금도 해태어업조합은 조합원수가 1,957명, 어선수는 200척, 어획고는 21,500원, 판매고는 14,614원이었다. 조약도는 아마도 이 통계의 반 정도를 차지할 것이다.8 1935년경 조약도 주민의 호수가 약 1천 호였을 것으로 짐작되는데, 조합원 수도 그에 거의 일치하는 것으로 보아 조약도 주민은 거의 모두가 해태어업조합에 조합원으로서 참여하고 있었던 것으로 보인다. 건해태 생산이 본격적으로 시작되면서 조약도 주민들의 생계는 이에 상당 부분 의지하게 되었을 것이고, 경제적으로도 그 전보다는 나아졌을 것으로 보인다. 이러한 경제적 조건이 1920년대말 ~ 30년대초 조약도 출신 청소년들의 외지 유학붐을 일으켰을 것이다.

한편 조약도에는 시장이 없었다. 가장 가까운 시장은 이웃한 고

---

7 같은 책, 19쪽, 「완도군소속도서의 면별 및 수산물표」
8 조선총독부, 1935, 『朝鮮の聚落』 후편, 791쪽. 당시 완도군 각 섬의 해태어업조합의 조합원수는 다음과 같다. 신지도 932명, 노화도 2,000명, 금일도 2,191명, 청산도 1,568명, 완도 1,250명, 소안도 1,094명. 고금도 조합의 규모는 금일도와 노화도 다음으로 큰 것을 알 수 있다.

금도의 도남리에 서는 대평시(大平市)였다. 대평시는 5일장으로서 일제시기에는 4일과 9일 개시하였으며, 이곳에서는 농산물·수산물·가축·일용잡화 등이 거래되었다.9 따라서 조약도와 고금도는 사실상 같은 생활권 내에 있었다고 볼 수 있으며, 이 때문에 조약도는 행정구역상으로도 오랫동안 고금도에 속해 있었다.

1927년 당시 고금면 면사무소는 고금도의 덕동리에 있었고, 이곳에는 면장과 8명의 면서기, 2명의 면기수(面技手)가 있었다. 1926년에 설치된 금융조합 역시 덕동리에 소재해 있었고, 조합장 1인과 이사 1인, 서기 2인이 사무를 보고 있었다. 수리조합은 고금도에는 있었지만, 조약도에는 없었다. 한편 경찰관 주재소는 1913년 이래 덕동리에 설치되어 있었고, 순사부장 1명과 2명의 순사가 주재하고 있었다.10 따라서 조약도에는 상주하는 경찰관은 없었으며, 이는 1930년대 비밀결사운동에 비교적 좋은 조건이 되었을 것이다.

다음 조약도의 교통상황을 보면, 고금도와 조약도는 북쪽으로 강진·장흥과 불과 1~2km 정도 폭의 바다를 사이에 두고 있어 교통은 상당히 좋은 편에 속하였다. 특히 1910년대 말 완도군수 홍승표에 의해 완도군순항조합이 만들어져 완도제일환(莞島第一丸)이 완도와 고금도·금일도 방면을 왕래하였고, 완도제이환(莞島第二丸)은 청산도·노화도 방면을 왕래하였기 때문에 고금도와 인접한 조약도는 큰 불편은 없었다. 이들 배는 고금도의 연동항(燕洞港)에 정박하였다. 그밖에도 고금도의 덕동진(德洞津)에는 편창식산주식회사(片倉殖産株式會社)의 배와 조선기선회사(朝鮮汽船會社)의 배들이 들어왔다. 이들 배는 완도-신지도-고금도 덕동진-강진 마량 사이를 운항하

---

9 고금면, 앞의 자료, 13쪽.
10 같은 자료, 12쪽.

는 것이었다. 고금도의 덕동진과 조약도의 우두리는 불과 5백여m
의 바다를 사이에 두고 있어 수시로 나룻배가 다닐 수 있는 곳이었
다. 따라서 조약도 주민들은 덕동진에 들어오는 배들을 통해 강진
이나 완도로 건너갈 수 있었다. 또 조약도에서는 우두리의 넙고진을
통해 장흥군으로도 건너갈 수 있었다.11 이처럼 조약도는 강진·장흥
과 같은 육지와의 왕래가 비교적 편리한 곳에 자리를 잡고 있었다.
따라서 그 생활권도 완도 본도보다는 오히려 강진 쪽에 속하였다.

2) 사회적 배경

1911년 현재 조약면의 호구는 548호였으며, 인구는 남자가 1,514
명, 여자가 1,334명으로 모두 2,848명이었다.12 그런데 1927년에는
호구는 876호, 인구는 4,743명으로 크게 늘었다. 그것은 아마도 1911
년 호구 조사가 미흡했기 때문일 가능성이 크다. 1927년 각 리별 호
구를 보면 〈표 4-3〉과 같다.

〈표 4-3〉 1927년 당시 조약도의 각 리별 호수와 인구수

里 名	호수	가구수	남자수	여자수	인구총계
우두리	194	194	532	505	1,037
관산리	194	194	548	560	1,108
장룡리	216	216	573	570	1,143
해동리	176	176	497	458	955
득암리	96	96	249	251	500

자료 : 고금면, 1927, 『고금면연혁』, 9~10쪽.

---

11 같은 자료, 29~30쪽.
12 朝鮮駐箚憲兵隊司令部編, 앞의 책, 18쪽, 「완도군소할 도서호구표」

그러면 당시 조약도에 일본인은 얼마나 살고 있었을까. 1930년대 초 완도군 거주 일본인은 140호, 528명이었다. 당시 조선인은 12,502호 69,741명이었다. 또 당시 고금면에 거주하던 일본인은 3호, 13명이었다고 한다(조선인은 2,331호, 13,124명).[13] 따라서 조약도에 거주하던 일본인은 극히 적었을 것으로 추정된다.

그러면 각 동리별 주요 성씨는 어떻게 분포하고 있었을까. 이를 보여주는 당시의 자료는 없다. 이를 추정해보기 위해 1980년대 각 마을에 거주하는 주요 성씨들을 보면 〈표 4-4〉와 같다.

〈표 4-4〉 1980년대 조약도의 마을별 가구수·인구수와 대표 성씨

里別	마을	가구수	인구수	대표성씨
장룡리	장룡	134	416	경주 鄭씨(83), 김해 金씨(10)
	구성	51	213	경주 鄭씨(35), 김해 金씨(13)
	죽선	51	201	경주 鄭씨(35), 김해 金씨(15)
우두리	가래	95	352	죽산 安씨(27), 해주 吳씨(20), 김해 金(10)
	우두	80	309	남원 梁씨(40), 김해 金씨(17)
	여동	76	178	김해 金씨(16), 통천 崔씨(13)
	화가	53	206	연안 車씨(20), 밀양 朴씨(16)
	천동	60	201	연안 車씨(20), 경주 李씨(16)
	넙고	37	128	경주 李씨(10), 한양 趙씨(10)
관산리	관산	34	130	통천 崔씨(12)
	관서	64	240	김해 金씨(21), 전주 崔씨(9)
관산리	관중	29	109	김해 金씨(19)
	신기	21	69	광산 李씨(6), 해주 崔씨(5), 통천 崔씨(5)
	구암	25	81	한양 趙씨(7), 김해 金씨(5), 해남 윤씨(4)
득암리	득암	99	380	나주 林씨(47), 김해 金씨(31), 경주 鄭(11)
	상득	32	128	김해 金씨(27)

---

13 染川覺太郞, 1930, 『전라남도사정지』, 전라남도사정지간행위원회, 969쪽.

里別	마을	가구수	인구수	대표성씨
	사동	45	180	김해 金씨(21)
해동리	해동	96	329	김해 金씨(43), 평산 申씨(27)
	당목	90	398	김해 金씨(28), 안동 權씨(20), 평산 申(14)
	어두	130	462	밀양 朴씨(39), 김해 金씨(38), 안동 權(18)
	가사	36	145	밀양 朴씨(6), 언양 金씨(5), 장수 黃씨(5)
	계	1340	4855	

자료 : 완도군, 1987, 『마을유래지』

〈표 4-4〉에서 보는 바와 같이 1987년 조약도의 인구는 4,855명, 가구수는 1,340호이다. 앞서 본 바와 같이 1927년 당시에는 인구가 4,780명, 가구수는 867호였다. 오늘날 가구수는 크게 늘었지만, 인구수는 1927년경과 비슷하다. 따라서 1927년 당시 각 마을별 주요 성씨를 정확히 확인하긴 어렵지만, 대체로 위의 표에 나와 있는 바와 비슷하리라 여겨진다. 1920~30년대의 자료에 의하면 장룡리에는 70여 호의 경주 정씨가 거주했다고 한다.[14] 경주 정(鄭)씨(文獻公派)는 1326년경 정치경(鄭致慶)이 강진에서 아들 8형제와 함께 입도하여 장룡마을을 이룬 것으로 알려져 있다. 이후 경주 정씨는 숫자가 늘면서 분가하여 구성마을, 죽선마을로 이루었다.[15] 1930년대 중후반 장룡리에서 '전남운동협의회재건위원회'를 주도한 것은 이들 경주 정씨였다. 그밖에 조약도의 주요 성씨로는 김해 김씨, 밀양 박씨를 들 수 있다. 김해 김씨는 해동마을을 비롯하여 당목·어두·관서·관중·득암 등에 주로 거주하였고, 밀양 박씨는 어두·가사 등에 주로 거주하였다.

---

14 조선총독부, 1934, 『朝鮮の姓』, 244쪽.
15 이해준, 1994, 「조약(약산)도 지역의 역사문화배경」 『도서문화』 12, 도서문화연구소 참조.

다음 조약도의 교육기관에 대해 살펴보자. 조약도는 조선시대 이래 유배지였기 때문에 유배를 온 이들의 영향에 의해 유교적인 교육이 어느 정도 행해졌던 것으로 보인다. 따라서 조약도에도 전통적인 서당이 오래 전부터 있어왔을 것이다. 그러나 당시 서당이 어떻게 분포했었는지는 확실히 알 수 없다. 또 1910년대에는 개량서당도 일부 있었을 것으로 짐작되지만 그 실태에 관한 기록은 전혀 없다. 다만 1920년 9월 장룡리에 개량서당이 설립되었고, 이것이 약 1년 반 뒤인 1922년 5월 사립약산학교로 개편되었음을 확인할 수 있을 뿐이다. 이웃한 고금도에는 1919년 고금보통학교가 세워졌다. 이에 비해 소안도에는 1913년 주민들에 의해 사립중화학원이 세워졌다. 소안도에서 항일민족운동이 일찍부터 일어났던 것은 신식학교가 비교적 일찍 세워진 것과 관련이 있었다.

사립약산학교는 그 설립자를 관서리의 최병준(崔秉準)으로 하고, 초대 교장을 정환중(鄭煥中)으로 하여 시작되었다.[16] 약산학교는 1932년 사립약산보통학교로 이름을 바꿨으며, 1938년에는 다시 사립약산심상소학교로, 1941년에는 약산학교로, 1942년에는 약산공립국민학교로 이름을 바꿨다. 초대 교장을 맡았던 정환중은 장룡리에 거주하던 경주 정씨로서 구학문을 하였으며, 당시 조약도에서 가장 학문이 높은 이었다고 한다.[17]

한편 사립약산학교에는 박성래(朴聖來)라는 교사가 있었는데, 그는 군외면 사람으로 약산학교에 부임해 와 제자들에게 큰 영향을

---

16 완도군, 1992, 『완도군지』, 619쪽 참조. 사립약산학교의 역대 교장은 다음과 같다. 1대 정환중, 2대 신태희, 3대 최천연, 4대 가나이시게루, 5대 이치교, 6대 황갑동, 7대 이치교, 8대 정한조, 9대 정남진, 10대 박동권, 11대 김성복, 12대 최병규, 13대 이팔주, 14대 정기열.
17 정기열씨 도움말(1994.7.8.).

미쳤다고 한다. 그의 영향을 받은 제자들로서는 한귀재·정병래·정병생·정문두·박천세(박성래의 조카) 등을 들 수 있다.18 한귀재는 그의 회고록(초고)에서 1923년경 학생들은 박성래선생의 지휘하에 각 마을을 순회하여 조혼(早婚)과 같은 구관습의 일소, 민족의 비애 등을 부르짖으면서 강연을 하였으며, 이 때 학생들도 낡은 사상에서 벗어날 수 있었다고 기록하였다. 박성래는 1930년대초에 병사하였으며, 출옥후 이 소식을 들은 한귀재는 "한없는 애통을 금할 수 없었다"고 기록하였다.19

또 1927년경 사립약산학교에는 장룡리 출신으로 광주농업학교를 졸업한 정남균(鄭南均)이 교사로 부임해 와 잠시 근무한 적이 있었는데, 그는 학교 재학 중 성진회에 가담하여 활동했고, 또 교사로 재직 중에 유인물을 배포하여 체포된 적이 있었던 것으로 보아 학생들에게 상당한 영향을 미쳤으리라 짐작된다. 또 완도군 군외면 출신의 문승수(文升洙)는 광주농업학교를 재학 중 정남균과 함께 성진회에 참여하였던 인물로서 졸업한 뒤 정남균과 함께 사립약산학교 교사로 재직하던 중 광주학생독립운동이 일어나 정남균과 같이 체포되어 3년 6개월의 형을 언도받았다. 그는 뒤에 또 전남운동협의회사건에도 참여하는 등 완도 출신의 주요 운동가 중의 하나였으므로, 그가 약산학교 재직 중 학생들에게 상당한 영향을 미쳤으리라는 것은 짐작하고도 남음이 있다.

1920년대 약산사립학교의 수업연한은 4개년이었으며, 초등학급이 4개 반이었고, 직원으로는 조선인 5명이 있었다. 학생수는 남자가 100인, 여자가 7인, 합 107인으로 여학생은 극히 적었다.20

---

18 한길권(한귀재의 자), 김춘심(박천세의 처) 도움말(1994.7.8.).
19 한귀재 회고록(초고) 참조.

다음 조약도 주민들의 종교상황을 보면 대체로 유교적인 영향 아래 아직 머무르고 있었다고 볼 수 있다. 사찰이 하나 있었지만 불교 신자는 별로 없었다고 한다. 기독교 교회는 없었다.[21] 관산리에는 1916년 완도군에서 처음으로 천도교가 포교되어 교회당이 세워졌으며, 통천 최씨, 현풍 곽씨 등 관산리 주민들의 상당수가 천도교인이 되었다고 한다.[22] 1937년에 곽사길·최선일 등에 의해 세워진 관산리 노동야학은 천도교 교회당에서 이미 열리고 있던 야학을 확장한 것이었다.

3. 1920년대 후반 - 1930년대 전반 조약도의 민족·사회운동

1920년대 조약도에서는 이렇다 할 항일 민족운동이나 사회운동이 없었다. 1927년에 면사무소에 의해 만들어진 것으로 보이는 『고금면연혁』(프린트본)에서 고금도와 조약도의 주민은 기질이 일반적으로 유순하다고 할 정도였다. 이는 같은 시기 항일 민족운동과 사회운동이 활발했던 소안도와는 상당한 차이가 있는 것이었다.[23] 다만 조약도에도 1920년대 중반 조약도 출신으로 광주에 나가 광주농

---

20 染川覺太郎, 앞의 책, 978~979쪽. 참고로 당시 이웃한 고금도에는 1919년 10월 설립된 고금공립보통학교가 있었으며, 이곳에는 조선인 교사가 6명, 학급은 6학급, 학생은 남 371명, 여 29명, 계 400인이 있었다고 한다.
21 고금면, 앞의 자료, 12~13쪽.
22 완도군, 1977, 『완도군지』, 482쪽 ; 곽사선씨 도움말(관산리 거주, 1994.7.8.). 1994년 현재 관산리에는 천도교인이 7~8명이 된다고 한다.
23 소안도의 항일운동에 대해서는 이 책 제1장을 참조할 것.

업학교를 다니던 중 성진회에 가담하여 활동했던 정남균(鄭南均)과 같은 인물이 있었다. 그는 1905년생으로 장룡리의 정병국(鄭炳國, 일명 在彦)의 아들로 태어나, 1922년 고금보통학교를 졸업하고 광주농업학교에 진학하였으며, 이때 성진회에 참여하여 활동하였다. 그는 1927년 학교를 졸업한 뒤 사립약산학교에 부임해 와 교사로 재직하였다. 이때 그는 유인물을 배포하여 체포되었으며, 광주지방법원 장흥지원에서 벌금형을 언도받았다고 한다. 또 그는 광주학생독립운동이 발발한 뒤 성진회사건으로 다시 체포되어 3년 형을 언도받고 복역하였다.24 이렇게 볼 때 정남균은 조약도 항일운동의 선구자라 할만하다.

한편 역시 조약도 내에서의 활동은 아니었지만, 조약도 출신으로서 1930년대 초 '전국학생전위동맹재건운동사건'으로 복역한 한귀재(韓貴才)를 주목할 필요가 있다. 그는 1911년 장룡리에서 한광섭(韓光燮)의 아들로 태어나 1928년 사립약산학교를 나온 뒤, 이듬해 상경하여 종로구 숭인동에 있던 사립학교 고학당(苦學堂)에 들어가 이곳에서 사회주의 서적을 읽고 그 사상에 공명하게 되었다고 한다. 그는 1931년 1월경 같은 학교의 김기범(金基範)·진옥진(陳玉振)과 회합을 갖고, 김기범의 제의에 따라 고학당 생도를 중심으로 결성하였던 조선학생전위동맹이 맹원 검거로 인해 와해된 것을 다시 조직하기로 결의하였다. 김기범은 스스로 책임자가 되고, 한귀재는

---

24 金正明편, 1967, 『朝鮮獨立運動』 1, 原書房, 東京, 720~727쪽, 「성진회사건판결문」 ; 정천민(정남균의 자, 68세) 도움말. 정남균과 함께 성진회사건으로 복역한 이 가운데 兪致五가 있는데, 두 사람은 학교 시절 잘 어울렸던 것으로 보인다. 정남균은 출옥한 이후에는 항일운동에 더 이상 종사하지 않았으며, 해방 이후에는 대한독립촉성회 약산면 지부장을 맡기도 했다. 1950년 8월에 사망하였으며, 현재 국립대전현충원에 안장되어 있다.

조직부, 진옥진은 선전부를 각각 맡았다. 또 그들은 독서회를 설립하여 그 회원 가운데에서 동지를 물색하여 동맹에 가입시키기로 하였다. 이에 따라 한귀재는 고학당의 2학년생, 진옥진은 3학년생을 맡아 각각 독서회를 조직하기로 하였다 한다. 진옥진은 이때 동맹의 강령을 기초하였는데, 한귀재의 회고록(초고)에 따르면 일본제국주의 타도, 조선독립, 식민정책·제국주의정책에 대한 항거, 전쟁반대, 학원의 자유와 학술연구자유의 획득 등이 그 내용이었다고 한다. 그 후 그들은 매주 토요일 진옥진의 집에서 집합하여 운동의 방향에 대하여 협의하였으며, 그들은 나아가 이 동맹을 타 학교에까지 확대시키기로 결정하였다. 이에 따라 중동학교·경신학교는 한귀재, 중앙학교는 진옥진이 각각 담당하여 독서회를 조직하기로 하고 활동을 전개하던 중 7월에 조직이 탄로가 나 검거되었다. 이 사건과 관련하여 김기범·진옥진·한귀재는 모두 징역 3년을 언도받았다. 한귀재는 1934년 8월 출감, 귀향하였으나 1934년경부터 장룡리를 중심으로 전개되었던 전남운동협의회재건운동에는 참여하지 않았다.[25]

　조약도에서 보다 조직적인 항일 민족·사회운동이 전개된 것은 1930년대에 들어서였다. 그것은 정후균·김옥도 등이 전남운동협의회사건에 관련되면서부터였다. 그러면 '전남운동협의회'란 무엇인가.[26] 이 단체는 1933년 5월 완도, 해남방면의 유력한 사회운동가인

25　송도호·김기범·진옥진·한귀재 등의 재판기록(경성지방법원, 「소화7년 刑公 제1244,1245호 판결」)과 한귀재 회고록(초고본, 한길수씨 소장), 이력서 참고. 그는 1980년에 사망하였으며, 그를 기리는 비가 그가 살던 가래리에 서 있다.

26　이하 전남운동협의회사건에 관해서는 「전남운동협의회사건관련 판결문」, 『역사와 현장』 1, 남풍, 1990 ; 김점숙, 1991, 「전남지방 조선공산당 재건운동

황동윤(黃同允)·김홍배(金洪培)·오문현(吳文鉉)·이기홍(李基弘) 등이 조직한 비밀결사로서 이 지역의 농민·노동자들의 운동을 지도하기 위한 전위기관이었다. 황동윤은 완도군 군외면 출신으로 일본에 건너가 노동자생활을 하면서부터 재일본 조선노동총동맹 동경노동조합 북부지부에서 박태을 등으로부터 영향을 받고 사회주의사상을 갖게 된 인물이었다. 그는 1931년 고향에 돌아와 잠시 완도읍 주재 조선일보 기자생활을 하다가 농업에 종사하고 있었다. 김홍배는 해남군 북평면 이진리 사람으로, 일본 와세다대학 전문부에 다니면서 사회주의사상을 갖게 되었고, 명치대학 독서회, 반제동맹, 일본공산당 기관지『적기』독자반, 전협 등에서 활동하였다. 그는 1932년 4월 메이데이 선전비라를 뿌려 퇴학당하자 그해 여름 귀향하여 농업에 종사하고 있었다. 오문현은 해남군 북평면 오산리 출신으로 경성고학당 재학 중 사회주의사상을 갖게 된 이였다. 이기홍은 고금도 청룡리 사람으로 광주고보에 재학중 광주학생사건이 일어나자 희생자에 대한 동정으로 백지동맹을 결성하였다가 퇴학당한 뒤 귀향하여 농업에 종사하고 있었다. 이들은 1932년 10월경부터 완도·해남지역의 운동방침에 논의를 거듭하여, 1933년 5월 농민층 및 어민층, 노동자층, 그리고 기타 각계각층을 포괄하는 '전남운동협의회'를 결성하기로 하였다. 그리고 협의회 내에는 사무부·조사부·조직부·구원부 등의 부서를 설치하기로 하였다. '전남운동협의회'는 비록 그 지도 범위가 완도·해남지역에 국한되긴 했지만 일종의 지역 전위정치조직의 성격을 지니고 출발한 것이었다. 지역전위정치조

연구」,『한국사연구』74, 한국사연구회 ; 지수걸, 1993,『일제하 농민조합운동 연구 -1930년대 혁명적 농민조합운동을 중심으로-』, 역사비평사 등을 참조하여 서술하였다.

직이란 장래 전국적 차원에서의 조선공산당 조직을 전망하면서, 우선은 지역단위에서 구성한 그룹 혹은 협의회 등의 전위조직을 가리킨다. 이같은 지역전위정치조직의 예로서는 1931년의 전북과 경기도의 '공산당재건설준비회', 그리고 1931년의 '전남노농협의회' 등을 들 수 있는데, 이들은 '재건설준비위원회', '재건설동맹' 등과 같이 즉각적인 당세포건설을 전망하지 않고, 장기적으로 당세포로의 발전적 해소를 전망하면서 아래로부터 재건준비조직을 만들고자 한 것이다.[27]

그런데 전남운동협의회는 1933년 8월 자신들의 운동전선을 농민층에 국한시키기로 방침을 변경하고, 장래에 해남·완도·장흥·영암 등지에 각각 적색농민조합준비회를 만들기로 하였으며, 이에 따라 결사의 명칭도 '적색농민조합건설준비위원회'로 개칭하였다. 구체적 조직방법으로는 먼저 농촌 각 마을에 2~5명으로 농민반, 청년반, 소년반을 각각 결성하고, 나중에 적색농민조합을 만들 때 다시 면단위에서 그 반들을 통합해서 각 군의 적색농조의 지부로 한다는 방침을 택하였다. 이들이 적색농민조합건설위원회 결성으로 방향을 바꾼 것은 종래의 공산주의운동이 그 하부조직을 확충하지 못했기 때문에 모두 실패로 돌아갔다고 보고, 상부조직의 구성에 앞서 하부조직을 먼저 튼튼히 마련해야 한다고 보았기 때문이다. 따라서 이는 결국 지역전위정치조직에 앞서 혁명적 대중운동조직을 먼저 건설한다는 방향으로 전환한 것을 의미할 수도 있다. 그러나 그러한 방향전환이 얼마나 명확하게 이루어졌는지, 또 하부조직원들에게까지 그러한 방향전환의 의미가 제대로 전달이 되었는지는 불명

---

[27] 이에 대해서는 신주백, 1991, 「조선공산당 재건운동의 조직방침」, 『일제하 사회주의운동사』, 한길사를 참조.

확하다.

어쨌든 위와 같은 방침에 따라 완도군에서는 황동윤의 지도하에 군외면 불목리·황진리에 농민반·청년반이 조직되었고, 이기홍의 지도하에 고금면 청룡리 등에 농민반·청년반이 조직되었으며, 오문현의 지도하에 해남군 북평면에 청년반이 결성되었다. 그러나 이러한 '적농준비위'의 활동은 1934년 2월부터 시작된 경찰의 대검거로 좌절되고 말았다. 이 사건에 조약도에서는 정후균(鄭後均)·김옥도(金玉道)·정부균(鄭富均)·정문두(鄭文斗)·김경태(金敬太)·정병래(鄭炳來)·이영식(李永植) 등이 관련되어 검거되었다. 이 가운데 정후균과 김옥도는 재판에 회부되어 징역 1년을 언도받았다. 김옥도·정후균·정문두 등이 관련되어 체포되었던 것으로 미루어보아 조약도에서도 청년반 혹은 농민반을 구성하려는 움직임이 있었던 것으로 보인다. 그러나 그러한 반(班)이 실제로 구성되었는지는 확실하지 않다.

정후균은 경주 정씨 정권필(鄭權弼)의 아들로 1913년 조약도의 장룡리에서 태어났다. 그는 1929년 사립약산학교를 졸업한 뒤 1931년 서울에 올라가 경성고학당에 입학하였으나 그해 7월 고학당이 폐쇄되자 그리스도 청년학교로 옮겨 공부하던 중 병을 얻어 귀향하여 농업에 종사하고 있었다. 그는 그의 먼 인척으로서, 당시 고금면에서 야학을 경영하고 있던 최창규(崔昌珪)와 이현렬(李顯烈)의 영향을 받고 사회주의사상을 갖게 되었다고 한다. 당시 고금면에는 이현렬과 최창규가 일찍부터 사회주의사상을 갖고 있으면서 후배들을 지도하고 있었다. 이들 가운데 이현렬은 1920년 1월 고종황제 1주기를 맞이하여 정학균 등 고금도 보통학교 학생들이 만세시위를 전개하는 것을 지도하여 2년간 복역하였으며, 1932년에도 고금농민조합사건으로 피검되어 1년여 동안 대구형무소에서 복역하고 출옥한 인물이었다.[28] 이후 이현렬은 전남운동협의회에는 참여하지 않았지만, 최창규는 후배들과 함께 전남운동협의회에 참여했다.

정후균은 1년을 복역한 뒤 1937년 1월 형기를 마치고 귀향하였으며, 이미 조직되어 있던 '전남운동협의회재건위원회'를 측면에서 지도하게 된다.

김옥도는 관산리 출신으로, 1928년 사립약산학교를 졸업한 뒤 일본에 건너가 동경에서 노동자 생활을 하면서 사회주의사상을 갖고 전협 동경금속노동조합의 세포반에 가입하여 스트라이크 전단을 뿌리다가 체포되어 처분을 받은 뒤 귀향하여 농업에 종사하고 있었다.

한편 조약도 우두리 출신 차태희(車泰喜)는 해남군 북평면 이진리에서 이진학원의 교사로 재직하면서 전남운동협의회에 참여하여, 징역 1년 6월을 선고받고 복역하였다.

4. 1930년대 중후반 '전남운동협의회재건위원회' 운동

조약도에서의 항일 민족·사회운동은 완도군내의 다른 지역과는 달리 1930년대 중후반에 오히려 본격적으로 전개되었다. 그것은 일제의 검거로 궤멸된 전남운동협의회를 재건하기 위한 운동으로 전

---

28 독립운동사편찬위원회, 1975, 『독립운동사』 제3권, 독립유공자사업기금운용위원회, 624쪽 ; 『동아일보』 1933년 6월 21일. 이현렬은 일본에서 대학을 다니면서 그곳에서 사회운동에 참여하였다고 한다. 그는 1931년말 고금도에서 전개된 용지포간척지 개간권문제를 둘러싼 고금면 농민들과 일본인 지주 사이의 분쟁에서 농민들의 투쟁을 지도한 것으로 보인다(정진백 대담, 1984, 「인간을 찾아서. 독립운동가 이기홍」 『금호문화』 7-8, 60~61쪽 참조).

개되었다. 이하 이 사건을 주체, 조직, 활동 등으로 나누어 살피기
로 한다.29

1) 운동의 주체

'전남운동협의회재건위원회'운동과 관련된 주요 인물들은 정후
균·정문두·정부균·김경태·정병래·정병생·이영식·박천세 등이었다.
　정후균(鄭後均)은 위의 전남운동협의회사건으로 복역하고 1937년
1월 출옥하여 이 재건운동을 측면에서 지도, 원조하였다. 그는 당시
조약도에서 가장 수준높은 이론가로 꼽히면서 이 운동을 이론적으
로 지도하였으며, 그는 조약도 밖으로 이 조직을 확대하기 위해 강
진·장흥 등지를 순회하면서 활동을 전개하기도 하였다.
　정부균(鄭富均)은 정후균의 사촌동생으로 역시 전남협의회운동사
건으로 구인되었다가 기소면제로 풀려나 이 재건운동에 참여하였다.
　정문두(鄭文斗, 일명 錫珉·文朝)는 경주 정씨 정영기(鄭永基)의 아
들로 1910년 장룡리에서 태어나 고금보통학교를 졸업한 뒤 경성에
서 부기학교·중동학교 등을 다니다가 얼마 안 되어 퇴학당하였으
며, 이때 한귀재 등의 영향으로 사회주의사상과 반일사상을 갖게
되었다고 한다.
　정병래(鄭炳來, 일명 炳直)는 경주 정씨 정일정(鄭一正, 晟朝)의 아
들로 1915년 장룡리에서 태어나 사립약산학교를 졸업하고 고향에서

29　이하 전남운동협의회재건운동 사건에 관한 서술에서 특별한 주를 달지 않
　　은 것은 사건 관련 판결문(광주지방법원, 「소화 16년 刑公 제12호」)을 참조
　　한 것이다(국가기록원 소장). 이와 관련된 논문으로는 김점숙, 1992, 「1930
　　년대 전남지방 혁명적 농민조합운동 연구」『전남사회운동사연구』, 한울이
　　있다.

농업에 종사하는 가운데 정부균·정문두 등의 영향으로 사회주의사상과 반일사상을 갖게 되었다고 한다.

정병생(鄭炳生)은 경주 정씨 정청조(鄭淸朝)의 아들로 1913년 장룡리에서 태어나 사립약산학교를 졸업하고 고향에서 농업에 종사하면서 정문두 등의 영향으로 사회주의사상과 반일사상을 갖게 되었다고 한다.

이상 정후균·정부균·정문두·정병래·정병생 등은 모두 행정구역상 장룡리에 살고 있었으며, 그들은 모두 일가 친척이었다. 『경주정씨 문헌공파세보』에 의하면 경주 정씨의 항렬자는 O朝 - 炳O - O均으로 되어 있어, 항렬로는 정문두(문조)가 가장 위이고, 그 다음이 정병래·정병생이었으며, 가장 아래가 정후균·정부균이었다. 그러나 1935년경 그들은 모두 20대 전반에 해당하여 비슷한 연배였다. 이론적으로는 오히려 정후균이 가장 앞서 있어 정문두도 그의 지도를 받고 있었다.

다음 같은 장룡리에 거주하면서도 성씨가 다른 참여자로는 이영식·김경태 등을 들 수 있다.

이영식(李永植)은 1912년 전의 이씨 이달선(李達先)의 아들로 태어나 1926년 사립약산학교를 졸업한 뒤 완도사립중학원, 경성 중동학교에서 공부하다 병으로 퇴학하고 귀향하여 정부균 등의 영향에 의해 사회주의사상과 반일사상을 갖게 되었다고 한다.

김경태(金敬太, 일명 京太)는 1913년 김해 김씨 김춘선(金春先)의 아들로 태어나 역시 사립약산학교를 졸업한 뒤 고향에서 농업과 어업에 종사하던 중 정부균 등의 영향에 의해 사회주의사상과 반일사상을 갖게 되었다고 한다.

박천세(朴千世)는 1908년 밀양 박씨 박명집(朴明集)의 아들로 태어나 1925년 약산사립학교를 졸업하고 목포에 나가 신문배달 등을 하다가 귀향하여 정부균·정후균의 영향으로 사회주의사상과 반일사상을 갖게 되었다고 한다.

이들 주동인물들은 장룡리의 가장 큰 성씨인 경주 정씨들을 중심으로 조직을 구성하고 있었음을 알 수 있다. 또 이들은 대체로 사립약산학교, 고금보통학교, 완도보통학교를 나온 뒤 고향에서 생업에 종사하거나, 아니면 상경하여 경성고학당·중동학교 등을 다니다가 중퇴한 이들로서, 학력은 그다지 높은 편은 아니었다. 또 그들은 경제적으로도 여유가 있는 집안 출신들이 아니었으며, 고향에서 직접 농업 혹은 어업에 종사하고 있는 이들이었다. 그들은 경성고학당에 유학 중에 사회주의사상을 접했거나 아니면 고향에서 선배·친구들을 통하여 사회주의사상을 접하고 또 반일사상을 갖게 된 이들이었다. 특히 재건위원회의 책임을 맡았던 정문두와, 그들 측면에서 지도, 원조했던 정후균은 모두 경성 고학당출신이었다.[30]

이들 외에도 이 사건에 관련된 이들은 상당히 많다. 즉 장룡리에 설치되었던 각 마을의 농민반에 참여했던 이들로서, 구성리의 박만세(朴萬世)·정덕채(鄭德采)·김두문(金斗文)·김성도(金成道) 김복수(金福守)·박경남(朴京南), 구성 동구의 박경옥(朴京玉)·김두환(金斗煥)·박이만(朴以萬), 구성 서구의 박한세(朴漢世)·정덕추(鄭德秋)·정병기(鄭炳基), 탄도리의 정부명(鄭富明)·김철공(金喆功)·정병완(鄭炳完), 죽선리의 김영진(金永鎭)·장정돈(張正敦)·김윤석(金允石)·정병련(鄭炳連)·김선이(金先以)·김기석(金基石), 소년반의 정복팔(鄭福八)·김상수(金商守) 등이 그들이다. 이들은 모두 장룡리의 청년·소년층으로서 앞서

---

30 『조선일보』 1939년 9월 15일자는 이 사건을 보도하면서 "그 간부가 전부 전 경성고학당출신"이라고 보도하였다.

본 주동 인물들과 형제, 인척, 친구 등의 관계에 있는 이들이었다. 이들은 사건 관련 정도가 경미한 이유로 기소되지는 않았다.

또 정후균이 장흥에서 접촉하여 조직에 포함시킨 인물들로서 대덕면 도청리의 이병진(李秉津)·이병익(李炳翼), 강진에서 접촉한 대구면 용운리의 김상수(金相洙)·김창현(金昌炫) 등을 들 수 있다. 이들은 평소 정후균과 어떤 관계를 갖고 있었을 것으로 짐작되지만, 어떤 사이였는지는 확실치 않다.[31]

2) 조직과 운동방침

다음에는 '전남운동협의회재건위원회'의 조직과정과 개편과정을 살펴보기로 하자. 전남운동협의회사건과 관련하여 검거되었다가 기소 면제된 정문두·김경태·정병래·이영식 등은 1934년 6월 중순경 구성리 뒤 해변 모래사장에서 모임을 갖고, 전남운동협의회의 조직을 부활시켜 실천운동을 계속하기 위해서 '전남운동협의회재건위원회'라는 것을 조직하기로 하였다. 이에 따라 이들은 6월 하순 이영식의 집에서 회합을 갖고, 결사의 책임자를 전형할 위원으로서 정병래를 선출하였다. 이들은 7월 중순경 옛 탄도리 뒷산에서 다시 모임을 갖고 정병래로부터 결사의 책임자를 정문두로 정한 취지를 듣고, 정문두는 이를 수락하였다. 이들은 또 자신들의 그룹에 정병생과 박천세를 가입시키기로 결정하였다. 이에 따라 정문두는 박천세·정병생과 접촉을 갖고 그들로부터 가입허락을 받아냈다.

그런데 주목되는 것은 이들이 '적색농민조합건설준비위원회'의 재건운동을 고려하지 않고, '전남운동협의회'의 재건을 추진하였다

---

31 이들은 전남운동협의회사건에서 드러나지 않은 조직원들이었을 수 있다.

는 점이다. 이는 '전남운동협의회'가 '적색농민조합건설준비위원회'로 그 이름은 바꾸었지만, 운동방침에서 커다란 변화가 없었거나, 아니면 재건운동을 추진하게 된 하부 조직원들에게는 그 운동방침의 변화가 제대로 전달되지 않았기 때문일 것이다. 따라서 '전남운동협의회재건위원회'의 성격은 대단히 애매한 상태에서 출발하였다.

한편 이들이 '전남운동협의회재건위원회'를 조직할 당시 채택한 운동방침은 다음의 네 가지였다.

1) 전남운동협의회사건의 검거를 교훈삼아 금후의 조직은 절대 비밀주의를 취하고 잠행적으로 운동을 전개한다.
2) 책임자는 신문 기타의 잡지를 읽고 새로운 사실을 연구하고 이것을 외보강좌(外報講座)로서 그룹회원들에게 보고하고 그룹회원은 이것을 하부조직의 반원(班員)에게 전달하여 그들을 교양할 것.
3) 그룹회원은 거주마을을 중심으로 하여 동지를 모집하고 하부조직을 결성할 것.
4) 책임자의 통지에 의하여 그룹회원은 월 1회 또는 2회 회합할 것.

절대비밀주의를 원칙으로 한 조직, 그룹회원의 거주마을을 중심으로 한 하부조직의 결성, 이것이 이들 재건위원회의 조직방침이었다. 이는 조직의 절대보안을 위한 것으로서, 향후 4년여 동안 조직이 탄로나지 않을 수 있었던 기초가 되었다. 그러나 이는 또 다른 한편으로는 그들의 조직이 거주마을의 범위를 벗어나지 못하게 하는 한계로 작용하게 된다. 또 그들은 운동방침으로서 월 1~2회 책임자가 그룹원들을 대상으로 외보(外報) 강좌를 가져 정세에 대한 인식을 공유하고, 이를 다시 하부조직의 반원들에게 전달한다는 것을 결정하였다. 즉 그들은 아직 외부지향적인 운동보다는 그룹원, 반원내부의 의식공유에 자신들의 운동을 한정시키고 있었던 것이다.

한편 그해 9월 23일경 전남운동협의회사건으로 구인되었던 정부균이 뒤늦게 기소면제로 풀려나오자 이들 그룹은 그의 석방을 환영하는 모임을 가졌다. 그리고 10월 초순 정부균과 이들 그룹은 배를 타고 해상에 나가 회합을 가졌다. 이날 그룹의 책임자 정문두는 자신의 지도력과 이론의 빈곤을 이유로 들어 책임자를 정부균에 양보하였으며, 정부균은 이를 수락하였다. 이에 따라 정부균과 정문두는 10월 중순경 다시 정병래의 집 뒷산에서 회합을 갖고 각 부서의 책임자로서 조직부·농민부에 정부균, 선전부·청년부에 정문두, 구원부·소년부에 정병래 등을 선출하였다. 아울러 운동방침으로서 다음과 같은 사항을 결의하였다.

 1) 1개월에 1회 또는 2회 회합하고, 결사의 책임자로부터 외보강좌를 듣고, 각자는 마을의 정세를 보고할 것.
 2) 세포반을 조직하고 전위의 회합에서 행한 외보강좌와 마을정세로써 반원을 교양할 것.
 3) 좌익서적문고를 설치하고 정병래를 책임자로 하여 동지들이 소지한 서적을 수집하여 그것을 윤독하게 할 것.

비록 책임자는 정부균으로 바뀌었지만, 회원내부의 의식제고에 주력한다는 운동의 방침에는 큰 변화가 없었다. 다만 외보강좌 외에 마을 정세의 보고, 좌익문고설치 등이 추가되었을 뿐이었다.

10월 하순경 정부균·정문두·이영식·김경태·박천세·정병생·정병래 등은 정병래의 집 뒷산에서 회합을 갖고, 전위그룹인 자신들의 반모임을 '청년반'으로 명명하고 그 책임자로 정문두를 선출하였으며, 정부균과 정문두가 합의한 위의 운동방침을 전달받았다. 또 10

월 하순경 정문두와 정부균은 정문두의 집에서 만나 마을별로 '농민반'을 두고 현재의 청년반원을 각각 그 책임자로 할 것을 정하여, 탄도 농민반은 이영식에게,32 구성리 동구 농민반은 박천세에게, 구성리 서구 농민반은 김경태에게, 구성리 농민반은 정병생에게 각각 그 조직책임을 맡기기로 하였다. 이에 따라 이영식 등은 농민반의 구성에 들어갔다. 또 이들은 아직 청년반에 들어올 수 없는 20세 이하의 소년들을 모아 따로 소년반을 구성하기로 하고, 그 책임을 정병래에게 맡겼다. 이같이 청년반·농민반·소년반이 구성됨에 따라 청년부·농민부·소년부는 자동적으로 없어지게 되었다. 결국 이들의 조직은 조직부·선전부·구원부로 이루어진 재건위원회 산하에 청년반·농민반·소년반이 배치되는 형태를 취하게 되었다. 10월 하순에서 11월 초순 사이에 구성된 청년반·농민반·소년반의 책임자와 반원의 명단은 각각 다음과 같다.

청년반 : 정문두(책임)·이영식·김경태·박천세·정병생·정병래
구성리 농민반 : 정병생(책임)·정덕채·김두문
구성리 동구 농민반 : 박천세(책임)·박경옥·김두환·박이만
구성리 서구 농민반 : 김경태(책임)·박한세·정석추·정병기
吞道 농민반 : 이영식(책임)·김철공·정부명·정병완
소년반 : 정병래(책임)·정복팔·박경남·김성도·김상수

이들 농민반과 청년반은 대체로 5~6명 이내로 구성되어 있음을 알 수 있다. 아마도 조직의 보위를 위해 그 숫자를 크게 늘리지 않은 것으로 보인다. 하지만 빠른 시일 내에 그만한 규모의 농민반과

---

32 탄도리는 장룡리 장룡마을의 옛 이름이다(완도군, 1987, 『마을유래지』 343쪽).

소년반을 구성할 수 있었던 것으로 미루어 보아 평소 그같은 여건이 어느 정도 조성되어 있었던 것으로 보인다. 이후 1935년 여름까지는 이렇다 할 조직상의 변화는 없었다.

　1935년 9월 중순 정부균·정문두·정병래는 회합을 갖고, 무산농민들의 이익옹호를 위해 마을 소유의 임야매각 반대운동을 전개하기로 결정하였다. 이는 그동안의 그룹원·반원의 의식 제고에만 한정해오던 운동방침을 변경하여 마을 주민의 옹호를 위한 실천활동을 시작한 것이었다. 재건위원회는 조직 1년여만에 실천활동에 들어간 것이다. 그런데 이 임야매각반대운동 과정에서 정부균과 정병래 사이에 의견불일치가 있어 소년반의 책임을 맡고 있던 정병래가 조직을 이탈하였다. 이에 따라 12월 초순경 정부균·정문두·김경태·박천세·이영식·정병생 등 전위그룹은 회합을 갖고, 정병래를 배신자로 규정하여 조직에서 제명하는 한편, 정병래가 맡았던 구원부의 책임을 새로 선정하였다. 이에 따라 구원부는 박천세가 그 책임을 맡게 되었다. 그리고 정병래가 책임을 맡았던 소년반도 그 책임을 정병생에게 넘겼다. 또 이들은 운동방침으로서 전위인 청년반원 모임에서는 외보강좌, 마을정세보고 등은 이전과 같이 하고, 또 이를 농민반원들에게 전달하여 교양하는 것도 이전과 같이 하기로 하였다. 그러나 이들은 조직의 보위를 더욱 고려할 필요가 있다고 생각해서인지 대외적인 활동은 당분간 보류한 것으로 보인다.

　한편 정문두는 12월 중순경 죽선리 장정돈(張正敦)의 집에서 죽선리에 거주하는 김영진(金永鎭)·김윤석(金允石)·정병련(鄭炳連)·김선이(金先以)·김기석(金基石)·장정돈(張正敦) 등을 모이게 하여, 이 자리에서 죽선리 농민반을 새로 구성하고 자신이 그 책임을 맡았다. 죽선리 농민반의 구성으로 농민반은 4개에서 5개로 늘어났다.

1935년말 청년반·농민반·소년반원의 명단은 각각 다음과 같다.

청년반 : 정문두(책임)·이영식·김경태·박천세·정병생
구성리 농민반 : 정병생(책임)·정덕채·김두문
구성리 동구 농민반 : 박천세(책임)·정복팔·박경옥·박만세 외 수명
구성리 서구 농민반 : 김경태(책임)·박한세·정석추·정병기
탄도 농민반 : 이영식(책임)·정부명·김철공·정병완
죽선리 농민반 : 정문두(책임)·장정돈·김영진·김윤석·정병련·김선이·김기석
소년반 : 정병생(책임)·박경남·김성도·김상수

그런데 1936년 6월경 예기치 않았던 정부균과 정태선(鄭太善)의 싸움 사건이 일어나 정부균이 상해죄로 고소되자 정부균은 이 일로 인해 조직이 발각될 것을 염려하여 조약도를 떠나버렸다. 이 일로 인해 이들 조직은 지도자를 잃고 잠시 그 활동을 중지할 수밖에 없었다. 그러던 중 10월 중순에 이르러 청년반원들은 정병생의 집에서 회합을 갖고, 실천운동을 재개하기로 결정하고, 조직의 책임자로서 정문두를 다시 선임하였다. 이에 따라 정문두는 11월 중순경 정병생의 집에서 전위그룹 모임을 갖고 조직을 개편하여, 조직부 책임에 정문두, 선전부 책임에 김경태, 구원부 책임에 박천세를 각각 임명하고, 정병생과 이영식은 부원으로 남겨두었다. 그리고 하부조직인 농민반원의 책임자도 다시 선정하였다. 그러나 이러한 조직개편은 일부 조직원에게 불만을 야기시켰다. 즉 이영식이 정문두가 조직의 책임자가 되고, 자신은 부원으로 결정된 데 대해 불만을 품고 조직에서 탈퇴한 것이다.

이영식의 조직 이탈은 이를 보강하기 위한 조직 정비를 요구했다. 즉 이영식이 책임을 맡았던 탄도농민반의 책임을 교체할 필요

가 생긴 것이다. 정문두는 탄도농민반원의 책임을 직접 맡기로 하고, 11월 하순경 정문두의 집에서 열린 탄도농민반원의 회합에서 자신이 탄도농민반원의 새 책임자가 되었음을 알렸다. 또 이즈음 소년반원들을 모두 구성리 서구 농민반에 소속시키고 반원이 둘밖에 없었던 구성리 농민반도 서구 농민반에 통합시켰다. 그리고 그 책임은 소년반의 책임을 맡았던 정병생이 맡았다.

또 1936년말 청년반·농민반의 반원명단은 다음과 같았다.

청년반 : 정문두(책임)·김경태·박천세·정병생
구성리 서구농민반 : 정병생(책임)·정복팔·박만세·정덕채·김성도·
    김복수·박경남
구성리 동구 농민반 : 박천세(책임)·박만세·정석추·김두환·박한세
    외 1명
죽선리 농민반 : 김경태(책임)·김영진·장정돈 외 3명
탄도 농민반 : 정문두(책임)·정부명·김철공

한편 전남운동협의회사건으로 복역중이던 정후균(鄭後均)은 1937년 1월 초순 형기를 마치고 석방되어 귀향하였다. 이에 따라 정문두는 2월 중순 정후균과 만나 재건위원회의 상황을 설명하고, 이후의 운동방침에 대해 협의하였다. 여기서 그들은 동정을 감시당하고 있는 정후균은 결사에는 가입하지 않고 외부에서 지도 원조만 하기로 하였다. 그러나 3월 초순경 청년반원의 모임에서는 정후균이 비록 감시는 받고 있지만 그의 투쟁심이 변함없이 불타고 있는 점을 고려하여 이후 회합에 참여시켜 의견을 청취하기로 결정하였다. 이에 따라 3월 중순경 청년반원과 정후균은 정문두의 집에서 모임을 갖고 이후의 운동방침으로서 하부로부터 질적인 지하운동을 펴나

가기로 의견을 모았다.

1936년 11월 초순경 정문두가 조직의 책임자가 된 데 불만을 품고 이영식이 조직을 이탈한 데 이어 1938년 들어 박천세도 조직을 탈퇴하였다. 1938년 3월 초순 정문두·김경태·정병생 등 청년반원과 정후균은 김경태의 집에서 모임을 갖고, "종래의 파벌투쟁을 청산하고 하부로부터 상층으로 조직을 결성하여 질적인 선동을 전개할 것"을 결의하였다고 한다. 정문두는 5월 중순 자기 집에서 정후균과 만나 "이미 정병래·이영식·박천세 등이 조직을 이탈하였고, 또 종래의 조직은 그 범위가 한 마을(장룡리-필자)의 운동에 그치고 있어, 보다 광범하게 조직을 결성하고 하부로부터 상층으로 강력한 운동을 전개할 필요가 있다"는 데 합의하고, 교양자료로서 『뉴스』를 발간하기로 하였다.

이에 따라 5월 20일경 장룡리 앞 바다의 대죽도에서 정후균·정문두·정병생·김경태 등은 회합을 갖고, 종래의 운동은 작은 마을 내의 운동에 지나지 않았으므로, 앞으로 광범위한 운동을 전개하여 다수의 동지를 획득하고 강대한 조직을 구성하기 위하여 새로운 조직을 만들기로 결정하였다. 이들은 이 새로운 조직의 이름을 잠정적으로 '조약도ML회건설준비공작그룹'으로 정하고 어느 정도까지 동지를 모은 뒤 호남 전역에 이 운동을 확산시켜 나가기로 하였다.[33] 즉 '호남ML회'의 건설을 자신들의 목표로 설정한 것이다. '조약도 ML회'는 그 교두보가 될 것이었다.[34]

---

33 '조약도ML회건설준비공작그룹'의 명칭과 관련하여 재판기록에는 '조약도XX회건설준비공작그룹'이라고 기록되었고, 『동아일보』 『조선일보』의 1939년 9월 15일자에는 'ML회재건준비클럽'이라고 기록되었다. 여기서는 재판기록쪽의 명칭을 따르면서 'XX회'가 'ML회'였던 것으로 추정하여, '조약도ML회건설준비공작그룹'이 정식 명칭이었을 것으로 간주하였다.

이제 그동안 조약도에 한정했던 운동의 범위를 호남 전역으로 확산시키기로 함으로써 그들은 운동의 목표를 분명하게 지역전위 정치조직의 결성에 설정하였다. 이에 따라 그들은 각 부서 책임자로서 외부 책임에 정후균, 조약도 책임에 정문두, 조직부 책임에 정문두, 기관부(기관지부) 책임에 정후균, 구원부 책임에 정병생, 선전부 책임에 김경태를 각각 선정하였다. 기관부를 신설한 것은 기관지 『뉴스』를 발간하기 위한 것이었다. 아울러 그들은 기존의 하부조직은 새 단체의 하부조직으로 그대로 존속시키기로 하였다.

한편 정후균은 재건위원회(뒤에는 '공작그룹')의 외곽에서 나름대로 활발한 활동을 전개하였다. 정후균은 1937년 5월 중순경 자신의 집에서 고금도 세동에 사는 김광준(金廣俊) 등에게 고금도의 일본인 스즈키(鈴木)농장의 간척지문제와 관련하여 농민을 조직화할 것을 지시하였으며, 비슷한 시기 박성래의 집에서 정병생·김광준 등에 대하여 "스페인에서는 인민전선파가 승리하여 공화국을 건설하고 중국소비에트정부는 강서성 서금(瑞金)에서 사천성 성도(成都)로 천도하고 중국 전토가 적화과정에 있으니 세계정세는 공산혁명 쪽으로 기울고 있다. 따라서 우리도 일치단결하여 일본의 자본주의를 타도하기 위하여 매진해야 한다"는 요지의 정세설명을 하였다고 한다. 그는 또 6월 17일경 조약도의 동쪽에 자리잡은 완도군 금당도에 건너가 차우리에 사는 강자수(姜子秀)·강두석(姜斗碩) 등에 대해 같은 요지의 말을 하였으며, 8월 초순에는 완도에 건너가 완도면 대신리에 사는 장명재(張明在)와 만나 역시 같은 요지의 말을 하였으며, "우리의 운동은 하부마을로부터 상부로 향하여 전개되어야 하기 때문에 먼저 각 마을의 동지를 획득하는 데 노력해야 한다"면서

---

34 『조선일보』 1939년 9월 15일자는 이들을 '호남ML일당'이라고 지칭하였다.

그 실천을 독려하였다는 것이다.

그는 또 11월 중순경 관산리의 동쪽 관산고개에서 관산리에 사는 곽사길과 만나, 그에게 "일본제국주의는 국내의 무산계급을 기망(欺罔)하고 중일전쟁을 야기시키고 있으나 중국은 국공합작으로 장기항쟁을 부르짖어 전쟁은 언제 종식될지 예측할 수 없고 노동자·농민은 착취와 압박에 시달려 언제 혁명의 봉화를 들고 일어설지 알 수 없는 정세에 있으니 마을 내에서는 크게 실천운동을 전개하여 질적으로 상부조직에 파급케 하라"고 설득하였다고 한다. 이때 두 사람은 관산리에서 동지를 획득할 것과, 야학에서 전위투사를 양성할 것에 합의하고, 이듬해 3월 중순경까지 매월 1회 만나서 서로 의견을 교환하고 그 실행에 관한 협의를 계속하였다고 한다.

정후균은 또 1938년 4월 하순 장흥으로 건너가 대덕면 도청리 이병진(李秉津)·이병익(李炳翼) 외 2명과 만나 "우리 농민들이 연중 생산한 농작물을 매일 놀고먹는 부자들에게 착취당하는 이유는 세상에 빈부의 계급이 있기 때문이다. 러시아에서는 빈부의 계급이 없고 공동으로 일하고 공정한 분배를 받고 착취와 압박은 없어졌으니 우리들은 일치단결하여 현대의 불합리한 제도를 타도하고 러시아와 같은 국가를 건설하지 않으면 안 된다"고 역설하였으며, 6월 25일경에도 장흥에 건너가 그들에게 실천운동을 위해 동지를 획득할 것을 적극 권유하였다 한다.

그는 또 7월 초순경에는 강진에 건너가 강진군 대구면 용운리에 사는 김상수(金相洙) 외 2명과 만나 장흥에서와 같은 취지의 말을 하고 동지획득을 권유하였다고 한다. 그는 7월 중순경에는 역시 용운리 김창현(金昌炫)의 집에서 김상수 외 2명을 만나 "일본과 중국이 전쟁을 하고 있으나, 전쟁은 소수의 자본가의 이익을 위해서 다수의 무산계급을 희생시키고 있는 것으로, 신문은 일본의 승리를 보도하고 있으나 중국의 공산정부는 강대한 세력을 보존하고 장기적인 항전으로 나아가고 일본은 국내가 피폐하여 무산계급이 봉기할 시기가 꼭 도래할 것이 분명하니, 우리는 이 시기를 놓치지 말고 투쟁해야 한다"는 취지의 설명을 하였다고 한다.

이와 같이 정후균은 출옥한 뒤 1937년 5월경부터 완도, 강진, 장흥 일대를 순회하면서 새로운 동지를 획득하기 위해 분망하였음을 알 수 있다. 이는 앞서 있었던 '적색농민조합건설위원회' 당시에 완도·해남 기타 각 군에 적색농조를 만들려고 하였던 운동 방침을 연상케 하는 것이었다.[35] 그리고 이 때 그가 스페인의 인민전선파의 승리, 중국 공산당의 세력확대, 중일전쟁의 장기화, 일본 내 정세의 동요 등을 설명하면서, 머지않은 장래에 일본 내에서 혁명이 일어난다든가 하는 상황이 전개될 때를 대비하여 동지를 획득하고 조직을 갖춰두는 것이 필요하다는 점을 역설하였던 것은 당시 이 조직의 현실인식을 보여주는 것이다.

3) 활동

'전남운동협의회재건위원회' 혹은 그 이름을 바꾼 '조약도 ML회건설준비공작그룹'의 가장 중요한 목표는 조직의 보존과 확대에 있었다. 그러나 그들은 '확대'보다는 '보존'에 더 힘을 기울였다고 볼 수 있다. 한편 그들의 일상적인 활동은 조직원들의 의식제고와 단

---

[35] 정후균은 이를 위해 이미 1933년 12월 장흥의 대덕면 신우리의 高瑞東을 조약도의 자신의 집으로 불러 장흥 대덕면에 농민조합을 조직할 것을 협의하였다고 한다(대구복심법원의 「유재성 등 판결」, 『역사와 현장』 1, 316쪽).

결도모, 그리고 농민들의 이익옹호운동 등으로 나누어 볼 수 있다. 그리고 그 가운데에서도 전자, 즉 조직원들의 의식제고와 단결도모에 가장 중점을 두었다고 볼 수 있다.

조직원들의 의식제고와 단결도모를 위해서 그들은 러시아혁명 기념일과 메이데이에는 전체모임 혹은 반모임을 갖고 그 역사적인 의미에 대한 강좌를 들었으며, 매년 연말 망년회를 갖고 이때도 역시 국제정세 등에 대한 강좌를 들었다. 그 예를 차례로 들어보면 다음과 같다.

○ 1934년 11월 초순 정부균과 정문두는 정병래의 집 뒷산에서 만나 11월 7일 러시아혁명 기념일에는 하부조직 반원을 집합시켜, 러시아혁명기념일의 투쟁을 전개하여 민중의 의식을 앙양하기로 결정하였다. 이에 따라 11월 7일 밤 정부균·정병래·김경태·이영식·박천세·정병생 등 십여 명은 구 구성리 뒷산에서 모임을 갖고, 정부균·정문두로부터 러시아혁명에 관한 설명과 "노동자 농민은 이를 기회 삼아 일치단결하여 자본주의제도를 타도하고 무산자를 주인으로 하는 정부를 수립해야 한다"는 취지의 연설을 들었다.

○ 1934년 12월 30일경 정부균·정문두·이영식·鄭富明·金喆功 등은 정문두의 집에서 망년회를 가졌다. 이 자리에서 정문두는 "과거 1년 동안의 정세를 살피건대 일본제국주의 자본주의는 몰락의 과정을 거치면서 만주 병탄의 야심을 갖고 만주국을 독립시켰으나, 우리는 그 기만을 폭로하기 위해 투쟁을 계속하고 있다. 그러나 운동의 경험이 적어 소기의 목적을 달성하지 못하였다. 신년을 맞이하게 된 것을 기회로 해서 가일층 단결을 굳게 하고, 자본주의타도를 위해 매진하지 않을 수 없다"는 내용의 연설을 들었다.

○ 1935년 4월 하순경 정부균과 정문두는 정병래의 집에서 회합을

갖고, 5월 1일의 메이데이에 옛 구성리 동쪽 산속에 반원을 모아 기념투쟁을 전개할 것을 협의 결정하였다. 이 취지는 곧 청년반원들에게 통고되었다. 이에 따라 5월 1일 밤 구성리 동쪽 산중에서 정부균·정문두·정병래·이영식·김경태·정병생 등 십여 명은 회합을 갖고, 정부균·정문두로부터 메이데이의 유래에 관하여 설명을 들었다.

○ 정문두는 1935년 12월 29일 밤 자신의 집에서는 이영식·정부균·정부명·김철공 등이 참석한 탄도 농민반의 망년회를 열었으며, 다음 날에는 죽선리 장정돈의 집에서 죽선리 농민반원의 망년회를 열어 조직의 단결과 의식앙양을 위해 노력하였다.

○ 1936년 4월 중순경 청년반원은 박천세의 집에서 회합을 갖고, 5월 1일 메이데이에 공공연한 투쟁은 불가능하므로 당일 삼문산 부근에 있는 정문두의 논에 모여 들일을 하고, 그날 정오경 그 부근에서 기념식을 갖기로 결정하였다. 이는 곧 각 농민반원에게 통고되었다. 이에 따라 5월 1일 정오경 청년반원과 농민반원 십여 명은 회합을 갖고, 정무두·김경태 등으로부터 "어떠한 탄압에도 굴하지 않고 다수의 동지들이 뭉쳐서 획득한 성과는 흔쾌하기 그지없는 일로서 우리들은 메이데이를 기회로 삼아 더욱 단결을 굳게 하여 자본주의사회의 타도에 매진해야 한다"는 연설을 들었다.

○ 1936년 12월 중순경 청년반원들은 모임을 갖고, 금후는 실천운동의 발각을 방지하기 위해 기념일투쟁을 일상투쟁에 연결시켜 가질 것과, 연말에 각 마을별로 망년회를 갖기로 결정하였다. 이에 따라 12월 28일부터 30일 사이에 박천세의 집에서 구성 동구 농민반의 망년회, 구성 서구 농민반의 망년회, 탄도 농민반의 망년회, 죽선리 농민반의 망년회가 열렸다. 이때마다 정문두는 "종래의 운동은 경험이 적어 지하에 잠복해서 해야 할 운동을 함부로 감행해서 스파이에게 발견되는 결함을 맛보았다. 우리들은 그것을 경험삼아 내년에는 일층 단결을 공고히 하여

현 사회제도의 타도를 위해 매진하자"는 취지의 연설을 하였다.
- 1937년 4월 중순 청년반원들은 정문두의 집에서 모임을 갖고, 5월 1일 메이데이에는 감시의 눈초리가 심하므로 5월 2일 밤 마을 뒤편의 단골산에서 기념회합을 갖기로 결정하였다. 이는 곧 농민반원들에게도 통고되었다. 이에 따라 2일 밤 단골산에서 청년반원과 농민반원 십여명은 모임을 갖고 정후균으로부터 메이데이의 역사와 의의에 대하여 설명을 들었다.
- 1937년 10월 중순경 정문두·김경태·박천세 등 청년반원은 정문두의 집에서 모임을 갖고, 11월 7일 러시아혁명 기념일에는 감시의 눈을 피하여 각 반별로 회합을 갖기로 결정하였다. 이에 따라 각 농민반원들은 11월 7일 반별로 모임을 가졌다.
- 1937년 12월 중순경 정문두 등 청년반원은 정문두의 집에 모였다. 이때 정문두는 "일(日)·독(獨)·이(伊)는 방공협정(防共協定)을 체결했는데 이는 자국내의 무산계급을 압박하고 러시아에 대하여 도전적 행위를 한 것으로, 우리는 이 자본주의의 장치를 폭로하고 일층 단결하여 조국 러시아를 사수하고 자본주의제도를 타도하지 않을 수 없다"는 취지의 말을 하였다 한다.
- 1938년 1월 중순경 정문두·김경태·박천세·정병생 등 청년반원들은 정문두의 집에서 모임을 갖고 음력 연말을 이용하여 망년회를 각 반별로 열어 반원들을 교양하기로 하였으며, 이에 따라 1월 20일경 각 반별로 망년회가 있었다.

이상 러시아혁명기념모임, 메이데이기념모임, 망년회 등을 통한 조직원들의 의식고양과 단결제고 운동을 살펴보았다. 그 때마다 강좌를 맡은 것은 조직의 책임자였던 정부균 혹은 정문두였으며, 그 내용은 자본주의의 타도와 사회주의의 건설, 그리고 국제정세의 변화에 관한 것이었다.

한편 이들은 비록 소극적이긴 하였지만, 농어민에 대한 이익옹호운동도 펼쳤다. 그 예를 살펴보면 다음과 같다.

- 1935년 3월 하순경 정문두와 정부균은 정병래의 집에서 만나 옛 탄도리 마을로부터 선착장까지의 건해태(乾海苔) 운반임금이 불공평하므로 임금인상운동을 전개하여 무산노동자의 권익을 획득할 것을 협의 결정하였다고 한다. 이에 따라 4월 초순경에는 정문두의 집에서 청년반원의 회합이 있었으며, 여기서 위의 운동방침에 관한 취지가 통고되었다.
- 1935년 7월 하순경 정부균과 정문두는 정병래의 집 뒷산에서 회합을 갖고, 마을회의에 동지들이 다수 출석하여 어민들의 이익을 옹호하기 위해 구장(區長)인 정생균(鄭生均)의 배척운동 등을 펼치기로 결정하였다. 이 방침은 8월 초순 정문두의 집에 모인 청년반원들에게 통고되었다.
- 1935년 9월 중순 정부균·정문두·정병래는 정문두의 집에서 회합을 갖고, 무산농민들의 이익옹호를 위해 마을소유의 임야매각 반대운동을 전개하기로 결정하였다. 이 방침은 9월 하순 청년반원들에게 통고되었다.

이상의 운동은 그들이 조직적으로 전개했다기보다는 개인적 차원에서 산발적으로 전개한 운동에 지나지 않았다. 그러나 이러한 방침은 1937년 이후 보다 적극적인 방향으로 바뀌게 된다. 즉 1937년 6월 중순경 전위그룹은 정문두의 집에서 모여, 기존의 농촌진흥조합 등 합법적인 조합에 들어가서 그 운동을 좌익적으로 지도하는 것이 필요하다는 데 합의하였다. 이는 중요한 운동방침의 변화였다. 이에 따라 7월 하순경 청년반원들은 음력 7월 15일에 열리는 각 마을회의에서 해태양식지 분급요원을 조직원 가운데에서 다수 선출하기로 결정하였다. 이는 각 농민반원들에게도 곧 통고되었으며,

그러한 방향으로 그들은 운동을 전개한 것으로 보인다. 또 이들은 1938년 6월 하순경 기존의 합법단체에 들어가 활동하면서 이를 적극적으로 이용한다는 운동방침을 세웠다. 이에 따라 정문두는 완도 해태어업조합 총대(總代) 선거에 자신이 직접 입후보하기로 결정하였다. 이러한 방침을 통고받은 각 반조직은 정문두의 당선을 위해 일치단결 총력을 기울여 정문두는 총대에 당선되었다. 이러한 활동과 관련하여 당시 『조선일보』는 "이 결사의 특색은 아직 조선에서 해보지 못한 인민전선운동을 철저히 하고자 어느 부문이든지 침투하여 활동하고자" 한 것으로 높이 평가하였다. 그러나 이미 1934년의 적색농민조합건설준비위원회 단계에서도 조직원들이 해남 북평 해태어업조합 총대선거에 입후보 한 적이 있었고, 심지어 농촌진흥회에도 침투하고 야경단을 조직하는 등의 활동을 한 적이 있었다.[36] 따라서 조약도ML회건설준비공작그룹이 새롭게 인민전선방침을 채택하여 이전의 조직과는 다른 활동을 하였다는 평가는 적절치 않다고 생각된다.

한편 이들은 조직원들 간의 결속을 위해 상부상조하는 활동을 펼치기도 하였다. 예를 들어 1936년 3월 중순경 탄도 농민반원인 정부명의 집이 화재를 당하자, 목재와 금품 등을 모아 원조하고, 집을 다시 개축할 때에는 모두 출역해서 이를 도왔다. 그리고 이에는 죽선리 농민반원들도 참여하였다.

그러면 이들은 자신들의 활동을 위한 자금을 어떻게 충당하였을까. 1934년 12월 재건위원회는 결사의 운동자금과 희생동지의 구원, 빈곤한 동지의 구조 등을 위한 자금을 마련하기 위해 각 반원으로부터 해태(海苔) 수집기에 매회 김 1속(束)씩을 거두기로 하였다. 그

---

36 『조선일보』 1934년 9월 7일자 호외(『역사와 현장』 1, 325쪽 전재)

리고 이는 관례가 되어 매년 각 반원은 해태를 1속씩 내어 활동을 위한 재원을 마련하였다. 뿐만 아니라 1938년에 들어서는 보다 적극적인 재원마련에 나섰다. 5월 하순 이들은 각 마을의 위친계(爲親契)와37 갑계(甲契)에38 참여하여 그 방향을 자신들이 인도하고, 그 자금을 자신들의 운동에 쓰기로 하였다. 위친계와 갑계는 조약도에 오래전부터 있어 온 상호부조를 위한 계의 이름이었다. 당시 조약도에서는 한 사람이 서너개의 계에 가입하는 경우가 많았다.39 위친계와 갑계를 이용하고자 했던 이러한 방침은 정문두가 완도해태어업협동조합의 총대에 출마하기로 한 방침으로까지 발전하였던 것이다.

이상에서 살핀 바와 같이 1937,38년 들어 재건위원회는 조직을 확대하고, 운동의 범위을 넓혀 가면서 활동을 전개해나가고 있었다. 그러던 중 1938년 10월 일제 경찰 당국에 의해 관산리 노동야학운동을 하고 있던 곽사길 등이 검거되고, 곽사길에 연결되어 있던 정후균이 체포되면서 '조약도ML회건설준비공작그룹'의 조직도 탄로되어 반원들이 대거 검거되었다. 당시 조약도에서는 청소년 1백수십 명이 검거되었다고 한다. 이로써 그들의 활동은 막을 내렸다. 그러나 1934년부터 약 4년 이상 활동해오면서도 그 조직을 보위할 수 있었던 것을 당시 상황으로서는 놀라운 일이었다. 그것은 그들이 한정된 지역 내에서, 한정된 인원으로, 조직원의 의식제고를 위주로 운동을 전개해왔기 때문에 가능한 일이었다. 그러나 그 조직을 확대하고, 운동의 범위를 확대하기 시작하면서 그들의 조직은 일경의

---

37 부모의 초상 따위를 당했을 때 서로 도움을 주기 위하여 조직하는 계.
38 나이가 같은 사람끼리 친목을 꾀하기 위하여 맺는 계.
39 고금면, 앞의 자료, 15쪽.

추적을 받고 결국 궤멸되고 말았다.

이 사건으로 검찰에 구속, 송치되었던 이는 정후균·정문두·김경태·정병생·박천세·이영식·정병래·정부명·정석추·정탁균·박만세·김영진·김윤석·권동규 등 14명이었다. 이 가운데 정부명·정석추·정탁균·박만세·김영진·김윤석·권동규 등은 7명은 기소면제되고, 나머지 7명은 기소되었다. 기소된 이들은 모두 전위그룹인 청년반원이었으며, 기소면제된 이들은 농민반·소년반원들이었다. 한편 장흥·강진 지역에서 정후균과 연결을 가졌던 이들은 구속 대상이 되지는 않았다. 이 사건으로 1941년 8월 광주지방법원에서 정후균과 정문두은 징역 4년, 김경태는 징역 3년 6월, 정병래·정병생은 징역 3년, 박천세는 징역 2년 6월을 각각 선고받고 복역하였다.

5. 1930년대 후반 관산리 노동야학운동

일제 경찰은 관산리의 곽사길과 최선일을 재건위원회 멤버들과 함께 구속하여 재판에 회부하였다. 그러나 관산리의 곽사길과 최선일은 이 재건위원회의 정식 조직원은 아니었다. 그들이 재건위원회 반원들과 함께 검거된 것은 곽사길이 정후균과 일정한 연락관계를 갖고, 그의 지도를 받고 있었기 때문이었다.

곽사길(郭士吉)은 현풍 곽씨 곽동식(郭東植)의 아들로 1915년 관산리에서 태어나 1929년 약산사립학교를 졸업하고 상경하여 경성고학당에 잠시 다닌 뒤 세탁소 등에서 일하다가 귀향하여 김옥도·최세련(崔世蓮) 등의 영향으로 사회주의사상을 갖게 되었다고 한다.

최선일(崔先日)은 통천 최씨 최용근(崔龍根)의 아들로 1918년 관산리에서 태어나 1931년 완도 공립보통학교를 졸업하고 고향에서 농업에 종사하다가, 상경하여 경성사립음악원에 입학하였으나 곧 퇴학하고 귀향하여 농어업에 종사하고 있었으며, 곽사길·박동규(朴東珪) 등의 영향으로 사회주의사상과 반일사상을 갖게 되었다고 한다.

곽사길과 최선일·최경윤(崔敬允)은 1936년 10월경 서로 만나 관산리의 동리(東里)와 서리(西里)에 야학을 개설하여 아동들을 교육할 것을 협의하여, 이듬해인 1937년 3월 중순경 관산리 동리에 있는 천도교 교회당에서 기존의 천도교 야학을 확장하여 노동야학을 개설하고 약 30명의 아동을 가르쳤다. 이 야학의 선생은 곽사길·최선일과 신인균(申仁均)이 맡았으며, 일본어·산술·조선어·창가·작문 등을 가르쳤다. 그런데 재판기록에 따르면 그들은 다음과 같은 '농민가'를 학생들에게 가르쳤다고 한다.

1. 우리들의 이름은 농민이로다.
   논귀 밭귀 언덕에서 호미 낫 들고
   피와 땀을 흘려가며 쉴사이 없이
   세상 사람 먹이를 지어내누나.
2. 그러나 이 세상은 어찌하는지
   놀고도 호의호식하는 자 있고
   일하고도 한술 밥 한벌 옷 없어
   빈한과 천대에 우는 자 있다.
3. 사랑하고 정 깊은 우리 동무야
   이 빈한과 이 천대를 면하려면
   지식과 단결은 유일한 무기
   모여라 모여라 우리 글집에

또 재판기록에 의하면, 교사들이 "있는 집 자제들은 주간(晝間)학교에서 배우고 있는데, 우리 가난한 집 자식들은 교실도 없는 좁은 방에서 컴컴한 램프 밑에서 시간을 쪼개어 피로한 몸으로 공부하지 않으면 안 된다. 이는 지금 세상이 자본주의여서 불공평한 빈부의 계급이 있기 때문이다. 우리들은 훌륭하게 공부하여 현대사회를 개혁하고 러시아와 같은 빈부계급이 없는 국가를 건설하지 않으면 안 된다"고 가르쳤다고 한다. 또 재판기록에 의하면 곽사길이 야학개설시에 최경윤 등에게 "야학을 개설하는 뜻은 무산아동들의 문맹퇴치를 목적으로 하는 한편, 그들을 좌익적으로 인도하는 데 있다. 즉 현재의 자본주의사회를 타도하고 빈부의 계급이 없는 공산주의에 기초한 사회를 건설하려면 무산아동의 교양이 급선무이므로 이것을 지도 교양하는 데 전력을 다해야 한다"고 말하였다고 한다.

일제 경찰은 '노동가' 등을 가르친 관산리의 노동야학을 주목하다가 1938년 10월 5일 곽사길·최선일·최경윤 등이 관산리에서 모임을 갖고 있을 때 이들을 체포하였다. 이 사건은 결국 곽사길과 연결을 갖고 있던 정후균, 그리고 정후균의 지도하에 있던 장용리의 '조약도ML회건설준비공작그룹'이 탄로되는 결과를 가져왔다. 이 사건으로 곽사길·최선일·최경윤 등이 구속되어 조사를 받았으며, 곽사길과 최선일은 기소되고 최경윤은 기소 면제 처분되었다. 곽사길은 광주지방법원에서 1941년 8월 징역 1년 6월을 선고받고 복역하였으며, 최선일은 징역 1년 6월에 집행유예 3년을 선고받고 석방되었다.

6. 맺음말

1920년대까지 조약도에서의 민족운동과 사회운동은 이렇다 할

만한 것이 없었다. 그것은 신식 교육기관이라 할만한 사립약산학교가 1922년에 이르러서야 비로소 세워졌던 것과 관련이 있었다. 완도지역에서 민족운동과 사회운동이 가장 먼저 일어난 소안도에 사립중화학원이 1913년에 세워졌던 것에 비하면 상당히 늦은 것이었다. 그러나 1920년대 후반 사립약산학교에서는 민족운동과 사회운동의 인재들을 길러내고 있었다. 당시 박성래·정남균·문승수 등 약산학교의 교사진이 학생들에게 불어넣어준 민족의식과 사회의식은 학생들에게 큰 영향을 미쳤으며, 결국 그 제자들이 1930년대 조약도 민족운동과 사회운동의 주역이 되었던 것이다. 사립약산학교를 마친 조약도의 청년학생들은 1930년을 전후하여 경성 등 외지로 나가 고학당 등에서 공부하면서 사회주의사상과 본격적으로 접하게 되었으며, 귀향하여 생업에 종사하면서 이웃한 고금도의 이현렬·최창규 등 민족의식이 강했던 사회주의자들의 영향을 받고 있었다.

1930년대 조약도에서의 민족·사회운동은 '전남운동협의회재건위원회'라는 조직을 중심으로 전개되었다. '전남운동협의회'는 1933년 5월 해남·완도지역에서 황동윤·김홍배·오문현·이기홍 등을 중심으로 지역전위정치조직으로서 결성되었다가, 그해 8월 '적색농민전합건설준비위원회'로 개칭하면서 혁명적 대중운동조직으로 그 성격을 전환하고 있던 중 1934년 2월 일경의 대검거로 인해 와해된 비밀결사였다. 이 운동에 조약도에서는 정후균·김옥도·정부균·정문두·김경태·정병래·이영식 등이 관련되어 검거되었지만, 정후균과 김옥도만 재판에 회부되고 나머지는 모두 기소면제되어 풀려나왔다.

면소처분을 받고 나온 정문두·김경태·정병래·이영식 등은 1934년 6월경 '전남운동협의회재건위원회'를 조직하고, 전남운동협의회가 개칭했던 적색농민조합건설준비위원회 당시와 마찬가지로 청년반·농민반·소년반 등을 구성하고, 외보강좌 등을 통하여 반원들의 민족·사회의식을 제고시키는 데 주력하였다. 또 그들은 러시아혁명 기념일, 메이데이기념일, 망년회 등의 모임을 통하여 조직원들의 의식을 제고하고 단결을 굳건히 하였다. 그들은 '전남운동협의회'사건을 교훈삼아 조직의 확대보다는 조직의 보위를 더욱 중시하였고, 외부적인 활동보다는 내실을 기하는 데 중점을 두었다. 이러한 운동방침은 그들의 조직을 4년간 보존시킬 수 있게 하는 바탕이 되었다. 하지만 이로 말미암아 그들의 운동은 전남운동협의회와 비교할 때 조직의 규모가 작고, 활동도 위축된 모습을 보이지 않을 수 없었다. 그러나 이는 이 시기 일제의 탄압이 보다 가중되고 있었다는 현실, 그리고 전남운동협의회 사건으로 인해 인적 역량에 큰 손실이 있었다는 점 등을 감안하여 평가하여야 할 것이다.

재건위원회의 운동방침은 1938년 복역하고 나온 정후균이 이 조직을 실질적으로 지도하게 되면서 다소간 변화를 보이게 되었다. 즉 운동의 궁극적 목표를 '호남 ML회'의 구성에 두고, 재건위원회의 명칭도 '조약도ML회건설준비공작그룹'으로 바꾸었던 것이다. 그들은 이제 조약도 내의 다른 마을과 강진·장흥 등 타군 지역으로까지 연락관계를 넓혀가기 시작했다. 또 조약도 내에서도 조직원들이 해태양식의 분급위원 혹은 해태어업조합의 총대가 되어 활동한다든가, 위친계·갑계 등을 이용하는 등 합법적인 조직에 들어가 활동하는 방침을 취하기 시작한 것이다. 그러나 이러한 활동반경의 확대는 결국 일제 경찰의 주목을 끌어, 1938년 10월 관산리 노동야학사건이 발단이 되어 전체 조직원이 검거되는 결과가 되고 말았다.

제5장
일제하 신지도의 항일민족운동*

1. 머리말

 이 글은 일제하 완도군의 신지도에서 있었던 항일민족운동을 정리한 것이다. 완도군은 항일운동이 치열했던 곳으로 2024년 말 현재 국가보훈부로부터 독립유공자로 포상을 받은 완도군이 본적인 이는 90명에 달한다. 그러나 비록 독립유공자로 포상을 받지는 못했지만, 항일운동에 참여한 이들은 이보다 훨씬 많다. 2000년에 발간된 『완도군항일운동사』에 완도군의 항일운동가로서 소개된 이는 122명에 달한다. 이처럼 완도군의 항일운동은 대단히 활발했다.
 완도군 내에서도 항일운동이 특히 활발했던 곳은 소안도와 고금도, 조약도였다. 소안도는 1920년대 완도 항일운동의 중심지였고, 고금도와 조약도는 1930년대 완도 항일운동의 중심지였다. 고금도, 조약도와 이웃한 신지도는 상대적으로 항일운동이 미약했다. 하지만 신지도에서도 항일민족교육과 관련한 사건이 있었고, 태극기 사건, 유언비어 사건 등이 있었다. 그리고 완도 3·1운동의 주동자인

---

* 이 글은 박찬승, 2013, 「식민지시기 완도군 신지도의 항일민족운동」 『구술사연구』 4-2, 한국구술사학회의 논문을 수정 보완한 것이다.

차종화가 신지도 출신이었고, 광주청년운동을 이끌면서 광주학생운동이 발발하자 이를 전국적으로 확산시키는 작업을 주도한 장석천도 신지도 출신이었다. 또 1930년대 적색농민조합운동이 고금도·약산도를 중심으로 일어났을 때, 신지도 청년들도 이와 관련하여 연행되어 조사를 받았다.

이처럼 신지도의 경우, 비록 그 규모는 작았지만 항일민족운동이 있었고, 또 임재갑·장석천과 같은 중요한 항일운동가를 배출했다. 이 글에서는 신지도 항일민족운동의 배경, 항일민족운동의 과정, 그리고 신지도 출신 주요 항일민족운동가들을 차례로 살펴보고자 한다. 이 글에서 사용한 자료는 당시의 신문기사, 재판기록, 그리고 임재갑·장석천 후손들의 구술 증언 등이다.

2. 신지도 항일민족운동의 배경

1) 역사적·사회적 배경

먼저 역사 속의 신지도에 대해 살펴보자. 신지도는 태종 17년(1417) 도강현과 탐진현이 합쳐져 강진현이 되면서 강진현 관할하에 있었다. 신지도가 조선왕조실록에 처음 등장하는 것은 성종 1년(1470)의 일이다. 당시는 강진에 소속된 신지도(薪智島)로서 목장이 있었으며, 방목한 말이 299두였다고 기록되어 있다.[1] 이어서 중종 5년(1510)에는 신지도와 노도(露島), 절이도(折爾島), 조약도(助藥島), 목도(木島) 등의 목장은 수로가 멀어서 왕래가 어렵고, 왜적이 몰래

---

1 『조선왕조실록』 성종 1년(1470) 1월 4일.

나타나므로 내지 목장으로 옮겼다는 기록이 나온다.2

그리고 1685년 청산도의 만호진이 신지도 장항곶 송곡리로 이전해왔다. 하지만 호적과 사송 등 일반 행정은 강진현이 관장하였다. 1896년 완도군이 설치되면서 신지도는 강진으로부터 떨어져 나와 완도군에 속하게 된다.

조선시대, 특히 경종대 이후 신지도에는 한양에서 유배를 오는 이들이 매우 많았다. 그 가운데 유명한 이들을 꼽아보면, 영조 때 이광사(李匡師), 순조 때 정약전과 윤행임, 철종 때 이세보, 고종 때 이만손과 지석영 등이 있다.3 이 가운데 이만손은 1881년부터 약 1년 정도 유배생활을 했고, 지석영은 1887년부터 1892년까지 약 5년간 유배생활을 했다. 지석영은 신지도에서 농학서인 『중맥설(重麥說)』(보리 재배를 장려하는 책)과 의학서인 『신학신설』등을 저술했다. 지석영이 신지도 주민들과 어떤 관계를 맺었는지는 자세히 알 수 없다. 하지만 그는 신지도에 유배되어 와서도 주민들에게 우두를 실시하였다고 하는 것을 보아, 주민들과 밀접한 관련을 맺었을 것임이 틀림없다. 그리고 그러한 그의 태도나 사고가 주민들에게 일정한 영향을 미쳤을 것으로 보인다.

한편 1894년 청일전쟁 때에는 일본군이 상산과 송곡리 일대에 막사, 병기고, 포대, 화약고 등을 설치하였으며, 원정근거지비를 송곡리에 설치하기도 하였다. 이러한 일은 신지도 주민들에게 일본에 대한 반감을 가져오는 계기가 되었을 것으로 보인다.

1910년 일제에 의해 한국이 병합된 뒤, 1914년 조선총독부는 행

---

2 『조선왕조실록』 중종 5년(1510) 7월 5일.
3 향토지리연구소 엮음, 2008, 『완도 신지 - 薪智面 鄕土誌』, 완도신지면지편찬위원회, 624쪽.

정구역을 전면적으로 개편했다. 그 결과, 완도군에는 군내면(뒤에 완도면으로 개칭), 군외면, 고금면, 신지면, 금일면, 청산면, 소안면, 노화면 등 8개 면이 만들어졌다. 그리고 신지면에는 송곡리, 신리, 대곡리, 신상리, 월양리, 동고리 등의 6개 리가 만들어졌다. 이들 6개 리에 속한 마을들을 보면 〈표 5-1〉과 같다.

〈표 5-1〉 신지도의 신구(新舊) 리명(里名) (1914년)

새 里名	옛 里名
松谷里	松谷里
新里	新里
大谷里	德月里 陽川里 金谷里 大坪里
新上里	新基里 上里
月陽里	月復里 陽旨里 加仁里
東古里	東古里

자료 : 越智唯七, 1917, 『新舊對照朝鮮全道府郡面里洞名稱一覽』, 中央市場, 445~446쪽.

1930년의 국세조사에 의하면, 위의 마을들 가운데 4개 마을이 동족마을로 조사되어 있다. 당시 조사에 의하면, 신리에는 장흥 임씨(任氏)가 29호, 대곡리에는 장수 황씨(黃氏)가 54호, 월양리에는 전주 이씨가 43호, 동고리에는 연안 차씨(車氏)가 21호가 거주하고 있었다고 한다.[4] 이는 신리의 임촌(任村), 대곡리의 금곡마을, 월양리의 월부마을, 동고리의 동고마을 등이 동족 마을이었음을 말하는 것이다.[5] 물론 그 외에도 비록 숫자는 작았지만, 동족마을과 비슷한 마을들이 더 있었을 것으로 생각된다.

---

4 조선총독부편, 1934, 『朝鮮の姓』, 243~244쪽.
5 향토지리연구소 엮음, 앞의 책, 394~597쪽. 이들 동족마을은 모두 평민 동족마을이다.

그러면 신지도의 호구수는 어떠하였을까. 1928년 신지도의 호수는 902호(이 가운데 일본인 호수는 1호)로 8개 면 가운데 가장 적었으며, 완도군 전체 12,652호 가운데 5.1%를 차지하는 데 불과했다. 인구수로 보면, 완도 전체의 인구는 70,301명이었으며, 이 가운데 일본인은 528명, 조선인은 69,741명, 기타 외국인은 32명이었다. 일본인 가운데 409명은 완도면에, 52명은 청산도에 거주하였으며, 신지도에는 완도군에서 가장 적은 5명의 일본인이 거주하고 있었다. 조선인 거주자를 보면, 고금면 13,124명, 금일면 12,261명, 청산면 9,258명, 완도면 7,447명, 신지면 4,712명 등으로, 신지면에 거주하는 조선인이 완도군 8개 면 가운데 가장 적었다.[6]

〈표 5-2〉 1930년 완도의 인구 현황

면 명	호 수				인 구			
	일본인	조선인	기타 외국인	합 계	일본인	조선인	기타 외국인	합 계
완도면	99	1,385	5	1,489	409	7,447	16	7,872
군외면	3	1,156	0	1,159	11	6,010	0	6,021
신지면	1	901	0	902	5	4,712	0	4,717
고금면	3	2,331	1	2,335	13	13,124	3	13,140
금일면	3	2,200	2	2,202	9	12,261	6	12,276
청산면	16	1,665	0	1,681	52	9,258	0	9,310
소안면	12	1,033	1	1,046	23	6,094	4	6,121
노화면	3	1,831	1	1,835	6	10,835	3	10,844
합 계	140	12,502	10	12,652	528	69,741	32	70,301

자료 : 染川覺太郎, 1930, 『全羅南道事情誌』, 목포, 전라남도사정지간행회, 969쪽.

---

6 染川覺太郎, 1930, 『全羅南道事情誌』, 전라남도사정지간행회, 969쪽.

당시 완도군의 주된 산업은 농업이었고, 다음이 어업이었다. 신지도도 마찬가지였던 것으로 보인다. 농업에서 주된 작물은 미곡이었고, 다음으로 면화나 기타 곡물류를 재배하고 있었다. 지주-소작 관계를 보면, 완도군의 전체 농가 가운데 지주가 256호(2.5%), 자작농이 4,302호(41.6%), 자소작농이 4,439호(42.9%), 소작농이 1,356호(13.1%)였다.[7] 신지도의 경우는 자료가 없어 알기 어렵다.

신지도에서 생산되는 농산물과 그 생산량을 보면 정미(精米) 60만 홉, 현미(玄米) 80만 홉, 대맥(大麥, 보리) 100만 홉, 소맥(小麥, 밀) 5만 홉, 두(豆, 콩) 5만 홉, 태두(太豆) 30만 홉, 호마(胡麻) 2만 홉, 목면(木棉) 20동(同), 백목(白木) 500필(疋) 등이었는데, 이는 인근의 완도(본섬), 고금도, 조약도보다 대체로 적은 것이었다.[8] 신지도에서 생산되는 수산물을 보면, 가사리가 80칭(稱), 감곽(甘藿, 미역) 50동(同), 청태(靑苔, 파래) 3천 속(束), 해의(海衣, 김) 30포(苞), 생어(生魚) 2백 속(束), 건어(乾魚) 1백 속(束) 등이었다. 이 가운데 가사리와 미역, 파래, 김 등의 생산은 완도군 내에서 가장 많은 편에 속했다.[9] 즉 농산물의 생산은 적은 편이었지만, 수산물의 생산은 비교적 많은 편이었던 것이다. 따라서 신지도의 경제적인 형편이 그렇게 어려웠다고 보기는 어려울 것 같다. 1929년 『동아일보』 기사를 보면 신지도의 경우, "주민은 약 팔백여 호로 반농반어(半農半漁)에 별다른 특징이 없고 일반의 생활은 평균하다"고 썼던 것은 이러한 상황을 보여준다고 여겨진다.[10]

---

[7] 같은 책, 969쪽.
[8] 조선주차군헌병대 사령부, 1911, 『全羅南道海岸並島嶼ノ狀況』, 20쪽.
[9] 같은 책, 19쪽.
[10] 『동아일보』 1928년 8월 10일 「島嶼巡禮」 莞島海方面(14)」 第四隊 崔容煥

한편 신지도에 주재소가 설치된 것은 1922년이다. 교회가 처음 들어온 것은 1933년의 일로 동고리에 동고교회, 대곡리에 신지제일교회가 들어왔다.[11]

2) 신교육보급운동과 그 좌절

신지면에서의 신교육은 1912년 임재갑(1891~1960)이 설립한 명신서원(明信書院)으로부터 시작되었다. 그러나 명신서원은 2년 남짓 유지되다가 문을 닫은 것으로 보인다. 임재갑은 1920년대 들어서 사립학교를 세우기 위해 노력한 결과, 대곡리와 신리 주민들의 지원을 얻어 1923년 3월부터 건물 공사에 들어가 1924년 4월 13일 개교식을 가졌다. 당시 교장은 황계주(黃繼周)가 맡았고, 임재갑(任在甲), 송기호(宋琪浩), 김정상(金正祥), 김창선(金昌鮮) 등이 교사를 맡았다. 임재갑은 신지면 신리의 임촌마을 출신이었지만, 나머지 세 사람은 외지에서 초빙된 교사들이었다. 송기호는 완도군 소안면 이월리 출신으로 완도의 항일운동을 사실상 지도하고 있던 송내호의 친동생이었으며, 광주농업학교 재학 중에 3·1운동에 참여하여 옥고를 치른 경력이 있었다. 김정상(일명 김재희, 1894~1965)은 장흥군 부본면(府本面) 해당리(海堂里) 출신으로, 자세한 학력은 알 수 없다. 김창선은 전남 광주 출신으로 자세한 학력은 알 수 없다.

그런데 1924년 10월 완도군 당국은 신지 사립학교 교장 황계주를 불러 이 학교 교사인 임재갑과 송기호를 교사직에서 쫓아내지 않으면 학교를 철폐시키겠다고 협박하였다. 이는 아마도 임재갑의 민족주의적 성향과 송기호의 3·1운동과 관련된 투옥 경력 때문이었

---

11 향토지리연구소 엮음, 앞의 책, 625쪽.

을 것이다. 당시 「사립학교규칙」에 의하면, 금고 이상의 형을 받은 자는 사립학교 교원이 될 수 없었다. 이에 대해 황계주는 이 학교는 누구보다 임재갑의 열정으로 만들어졌고, 또 유지되고 있는데 그를 내보내면 군 당국의 철폐를 기다릴 것도 없이 자연스럽게 문을 닫게 될 것이라며 2백 명이 학생들이 불쌍하니 양해해달라고 청원하였으나, 군 당국은 끝내 듣지 않았다.[12] 그리고 얼마 되지 않아 뒤에 보는 신지사립학교 사건이 일어나 임재갑과 김정상이 학생들에게 불온한 창가를 가르쳤다는 혐의로 구속되는 사태가 일어났다.[13]

면민들은 어떻게든 신지사립학교의 폐교를 막기 위해 면민대회를 열고 이휴의(李休儀) 등 위원 4명을 선출하여 군청에 보내 양해를 구하였다. 그러나 군청측은 상급관청의 명령이라면서, 교사들은 허가없는 선생들이므로 해직시키라고 지시하였다. 이에 면민들은 교감으로서 당시 면서기였던 김안식(金安植)을 추대하여 사태를 수습하려 하였다. 김안식은 즉각 면서기직을 사직하고 교감의 일을 맡으려 하였다. 그러나 군청측에서는 사직서를 돌려주면서 교감의 일을 맡지 못하게 하였다.[14]

이에 대해 당시 『조선일보』는 「시평」란을 통해서 '신지교(薪智校)의 운명'이라는 제목으로 다음과 같은 글을 실었다.

> 전남 완도군 신지면에 잇는 사립신지학교의 교원 二人이 당국의 혐의에 인하야 구인된 후 동교는 쏘 당국의 간섭에 의하야 폐교의 비운

---

[12] 『조선일보』 1924년 10월 31일 「郡當局 壓迫으로 폐지될 지경인 신지면 사립학교」
[13] 『조선일보』 1924년 11월 18일 「薪智校 兩先生 長興에 押送. 불온당한 창가를 교수한 혐의」
[14] 『조선일보』 1924년 11월 22일 「當局干涉으로 廢校? 문데되는 완도신지학교」

을 보게 되리라 한다. 구인된 사건의 여하는 아즉도 그 진상을 알을 수 업슴으로 지금 논평할 시기가 아니어니와 번쇄(煩碎)한 간섭으로써 일교(一校)의 사명(死命)을 제(制)케 하는 것은 문득 무슨 심사일가? 오인은 벽취(僻陬)한 지방에 잇서 신문화 향상의 길을 일케 되는 후진의 자제가 잇는 것을 생각하면 그 학교의 완부(完否) 여하를 물론하고 쏘한 그 보충적 교육의 임무를 다할 것을 밋는 바이다. 하물며 신지면은 완도군 본도와 각별한 남해의 일소도(一小島)로 육상의 보통면과 달라 아동교육상 반듯이 1교의 설치를 필요로 함에랴 오인은 해(該) 지방의 당국자가 특별히 이러한 사정을 고려하여서 성의잇는 처치를 하기를 바라는 바이다. 만일 비굴한 치안설(治安說)로써 일도(一島) 아동의 교양의 길을 두색(杜塞)한다 하면 이도 쏘한 조선인의 휴척(休戚)을 무시하는 횡포의 일단이라고 하고저 한다.[15]

그런데 위에서 보는 것처럼 당시 언론 보도에서는 이 학교를 모두 '사립신지학교'라고 부르고 있다. 그러나 이 학교가 사립학교규칙에 의하여 사립학교로 정식 인가를 받았는지는 의문이다. 사립각종학교로 인가를 받기 위해서는 설립자, 재원, 설비, 교육과정, 교원 등과 관련하여 여러 조건을 갖추어야 했는데, 당시 이 학교가 그러한 조건을 갖추고 있었다고 보이지는 않는다. 따라서 뒤에 보듯이 이 학교와 관련된 사건의 재판기록에서는 '신지학술강습소'라고 부르고 있었다.

면민들의 노력과 언론의 지원에도 불구하고 신지학술강습소는 결국 1924년 폐교되었다. 그리고 1929년에 이르러서야 비로소 신지공립보통학교가 대곡리에 개설되었다. 이 학교는 처음에는 4년제로 운영되었으며, 1942년에 이르러 비로소 6년제 학교가 되었다.[16] 이

---

15 『조선일보』 1924년 11월 24일 「時評 薪智校의 運命」

처럼 신지면에서의 신교육의 보급은 완도군의 다른 면에 비해 크게 늦었다. 신지도의 항일운동이 다른 면에 비해 상대적으로 미약했던 것은 이와 관련이 있는 것으로 보인다.

3. 신지도의 항일민족운동 관련 사건

1) 신지학술강습소 사건

신지면 대곡리에는 1924년 신지사립학술강습소가 개설되었다. 이는 신지도 신리와 대곡리의 주민들이 재정 지원을 약속한 가운데 신리에 거주하는 임재갑(1925년 당시 35세)이 주도하여 개설한 것으로 보인다. 1922년 가을부터 1923년 가을까지 1년 동안 강습소의 건축을 위해 투자된 액수는 모두 1만3천 원에 달했다고 한다. 그런데 강습소는 1924년 3월 17일 개교식을 거행하였으며, 교사로서 김재희(장흥군 출신), 송기호(완도군 소안면 출신), 김창선(광주 출신) 등 3인을 초빙하였다 그리고 240여 명의 생도를 수용하고 보통학교와 동일한 과정을 가르치기에 이르렀다. 그런데 그해 5월 대곡리와 신리 사이에 분쟁이 일어나 두 마을의 주민들은 강습소 지원을 모두 중단하였다.

이에 강습소측은 하기휴가가 되자 3학년 생도만 통학시키고 나머지는 모두 휴학을 시켰다. 그런데 임재갑은 이때 병이 있어 오전 2시간 수업도 감당하지 못하여 김재희를 초빙하여 오전 1시간의 수업을 부탁하여 이를 계속했다. 그 사이에 임재갑은 김재희와 면민

---

16 향토지리연구소 엮음, 앞의 책, 608쪽.

의 분쟁 화해, 향학 장려, 실업근면 등을 목적으로 각 동리를 순회하면서 강연을 할 필요가 있다는 데 의견을 같이했다. 그 결과 유한단원(流汗團員) 6명 및 강습소 생도 5명으로써 소년강연단을 조직하고, 강연의 원고를 작성하여 이들에게 가르쳐주어 외우게 하고, 또 간이악대를 조직하고 주악을 연습시켰다. 그런데 당시 임재갑이 몸이 불편하여 이 과정을 모두 김재희가 담당하였다고 한다. 강연단에 참여한 유한단(流汗團)이란 '땀을 흘리는 사람들의 모임'이라는 뜻인데, 유한단은 신리의 청년들이 조직한 것으로 보인다. 당시 교사 김재희는 신리에 거주하면서 유한단의 단원이 되어 있었고, 따라서 그가 나서서 유한단원을 동원했던 것으로 여겨진다.

당시 임재갑과 김재희는 강연의 원고를 작성하여, 생도 중 3년생과 2년생 가운데 10여 명을 선발해서 그들에게 강연 연습을 시켰던 것으로 보인다. 나머지 40명 학생들은 일종의 응원부대로 동행했던 것으로 보인다. 강연단은 8월 11일부터 16일까지 신지면 신상리, 월양리, 동고리, 송곡리, 신리, 대곡리 등을 순회하고, 동리마다 주민 약 백여 명을 소집하여 강연단 가운에 몇 명으로 하여금 강연하도록 하였다고 한다. 그런데 문제가 된 것은 강연의 내용이었다.

이 사건의 판결문에 의하면, 김재희가 써준 강연의 원고 가운데에는 "조선 민족성은 관대, 박애, 예의, 염결, 자존으로 이루어진 관대한 성격을 갖고 있기 때문에 조선민족은 스스로 모욕을 당하더라도 가가대소하고 감히 보복하려 하지 않으며, 일본 민족과 같이 보복하는 것을 미덕으로 생각하지 않는다. 또 박애하는 고로 스스로를 낮추고 객(客)을 후대한다. 예의를 존중하기 때문에 의관대검(衣冠帶劍)을 서로 양보하고 싸우지 않는다. 염결하여 금전에 탐하지 않는다. 자존에는 자주독립의 관념이 항상 따른다. 역사를 보건대

삼한시대 무수한 소국이 있었으나, 모두 안전한 독립국으로서, 대국에 의해 망한 적은 있어도 그에 부속된 적은 없다. 당(唐)과 신라의 관계에서도 신라가 당의 지배를 받은 일이 없다. 이조 조선시대에도 명의상 명과 청에 정삭(正朔)을 보낸 일은 있었지만, 이는 명의상의 일편(一片)의 형식에 지나지 않았고, 실질적으로 지배를 받은 일은 없다. 자주독립을 선호하는 기풍은 조선 생활의 각 방면에 현저하다."는 취지의 내용이 있었다고 한다.

또 강연단은 경찰관 주재소에 인접한 대곡리와 신리를 제외한 기타 각 리에서는 강연 개시의 전후에 김재희가 미리 강연단원에게 교습시켜 놓은 혁명가를 불렀다고 한다. 혁명가의 가사는 "一. 우리는 언제나 굽히지 않고 자유를 무시하는 폭정에 6대 주의 피가 용솟음쳐 이에 봉기한 혁명당이다. 二. 폭력은 폭력으로 되돌려주기 위해 양손에 폭탄을 쥐고 일제히 변란소동을 일으켜 자웅을 겨루자. 三. 승리를 기약하는 민중의 떠드는 소리는 산과 들에, 남극과 북극은 자유의 깃발을 세워 용맹으로 축하하자. 혁명당"으로 되어 있었다.

당시 강연단에는 신지면 주재소의 순사가 동행하고 있었는데, 경찰은 강연 내용과 혁명가 제창을 문제 삼아 임재갑과 김정상을 구속, 기소하였다. 그리고 장흥검사국에서는 송기호와 김창선 교사도 역시 구속하여 재판에 회부하였다.[17] 결국 이들 4명은 모두 재판에 회부되어 목포지청에서 1심, 대구복심법원에서 2심 재판을 받게 되었다.

재판과정에서 경찰측은 강연단의 연설 내용은 조선이 자주독립

---

[17] 『조선일보』 1925년 1월 19일 「兩교사 又抱引, 사건은 아직 모르나 보안법 위반이라고」 ; 1월 24일 薪智島事件 擴大? 교원 두명 쏘다시 구인」

할 수 있다는 생각을 고취하기 위한 것이었다고 주장하였다. 이에 대해 김재희는 당시 신지면 내에서 부락민 간에 상호 분쟁이 발생하여 그 중재 연설에 곁들여 조선의 역사를 강연할 목적으로 연설을 한 것에 지나지 않았다고 주장하였다. 또 김재희는 강연을 종료하고 청중을 해산시킨 후에 생도 등 일동이 졸음을 참지 못하였기 때문에 졸음을 쫓기 위해 창가를 합창하였는데, 생도 중 누군가가 자기가 악보의 오류를 정정하였다며 혁명가를 마음대로 소리 높여 불렀다고 주장하였다. 이에 대해 신지면 지서의 순사 김선우는 재판과정에서 순회강연단이 강연 첫째 날 신상리에 가는 도중에, 김재희가 산 위에서 혁명가를 강연단원 각자에 필기를 시켜 가르쳤고, 순회강연 중 여러 곳에서 동인의 지도에 의해 강연단원은 김재희 및 임재갑이 그 노래를 고창함에 이어서 합창하였다고 주장하였다. 또 같은 면 주재소의 순사 김복근(金卜斤)은 증인 조서에서 혁명가는 순회강연의 첫째 날 신상리에 가는 도중 산 위에서 휴식 중 김재희가 필기를 시키고 가르쳤고, 대곡리 및 신리는 주재소에 접근한 관계상 김재희, 임재갑의 금지에 의해 고창하지 않았지만 기타의 신상리, 월양리, 동태리, 송곡리에서는 김재희과 임재갑이 선창한 데 이어서 강연단원이 합창하였다고 주장하였다.

이에 대해 임재갑은 재판과정에서 "당일 신상리로 가는 도중 산중에서 휴식을 취하던 중 유한단원 중 혁명가를 부르는 자가 있었다. 김재희는 그 음보(音譜)가 잘못된 것을 지적하고 이어서 제3학년 전체에 혁명가를 가르쳤지만, 피고인(임재갑)은 그 창가에 불온한 문구가 있음을 지적하고 중지시키는 것이 옳음을 말하였다. 그러나 김재희는 15,6세의 소년이 오락 삼아 부르는 것을 그렇게까지 주의할 가치가 없다고 말하면서 그대로 두었다."고 주장했다. 또 강연의 내용에 관해서도 "김재희가 초안을 하여 이를 생도들에게 암송시킨 것으로 특별히 불온한 사항에 해당하는 것은 없었다. 제6일째 대곡리에서는 주재경찰관 임장 하에 하등 불온하다고 인정할만한 것이 없었음에 비추어도 명확하다."고 주장했다.

그러나 대구복심법원의 재판부는 결국 "이를 종합하면 피고인 등은 공모한 위에 판시와 같이 강연단원으로 하여금 연설하게 하고 또 혁명가를 고창하게 하였다는 것을 인정하기 어렵지 않다."고 결론을 내렸다. 그리하여 김재희에게는 징역 1년, 임재갑에게는 징역 10월을 언도하였다.

한편 경찰과 검찰은 강습소의 또 다른 교사 송기호와 김창선에 대해서도 "피고인 송기호, 피고인 김창선은 전기 강습소 교원 봉직 중 대정 13년(1924년) 9월경 이래 동년 12월에 이르는 사이 학술강습소에서 다수의 생도에 대해 '천지정기(天地正氣) 무릅쓴 계림(鷄林) 남아(男兒)야. 타향에서 칼을 간지 몇 해였던고. 우리 손에 빛나는 문무의 검(劒)은 동포의 혈관이 새로 움튼다. 대붕(大鵬)새 날개로 철환(鐵丸)을 만들고 나팔을 들어 불러라 열을 지어서 용맹스런 자유기(自由旗) 반공(半空)에 높이 영광스런 월계관을 만인이 쓰자. 오호라 우리 동포들아 용진해가자. 의분을 가진 우리들이 아니던가. 고난에 빠진 적(敵)을 쳐부수자. 누가 자유를 부르짖는가. 현군(懸軍) 만리 활동할 때가 왔도다. 천지만물 모두 소리지른다. 무위(武威)의 빛은 영원히 변치 않는다. 우리의 역사를 빛나게 하자'라는 운동가라 칭하는 불온한 창가를 가르쳤고, 또 운동 시에 생도와 함께 고창하였다."는 이유를 들어 이들을 구속 기소하였다. 이에 대해 대구복심법원은 "공소 사실에 대해 살피건대 위 운동가 중에는 과격한 문사(文詞)가 산견되지 않는 것은 아니지만, 요컨대 원기를 고무

함에서 나온 것에 지나지 않는 것으로 조금도 정치에 관하여 불온한 문사라고는 볼 수 없다. 그러한즉 이 운동가를 다수 생도들에게 가르치고 또 운동 시에 생도와 함께 합창하였다고 하지만, 이를 보안법 위반의 행위라고 말할 수는 없다."면서 무죄를 언도하였다. 이들은 결국 10개월 가량의 구속 생활에서 풀려났다. 하지만 송기호는 3·1운동 때의 옥고에 이어 두 번째 옥고를 치르면서 몸이 크게 쇠약해졌고, 결국 1928년 28세의 나이로 세상을 뜨고 말았다.

2) 신지주재소 태극기 설치 사건

완도군 당국이 신지학술강습소를 문제 삼고 있던 1925년 1월 초 강습소 학생 양양순(梁良順, 20), 양막내(梁莫乃, 19), 장수천(張首泉, 22), 장선홍(張宣洪, 19), 추교ㅇ(秋敎ㅇ, 19), 추길철(秋吉鐵, 25) 등 6명이 완도경찰서 경찰에 의해 체포되었다. 이들은 며칠 동안 조사를 받은 뒤 모두 장흥에 있던 검사국으로 압송되었는데, 그 이유는 그들이 신지면 순사주재소 앞에 태극기를 세웠기 때문이었다. 경찰의 취조 결과에 의하면, 이들은 주재소의 장순재(張順在)라는 순사가 주민들에게 너무 가혹하게 대하는 것에 대해 불만을 품고 주재소 앞에 태극기를 세웠다고 한다. 이들은 대체로 20세 전후의 청년들로서, 당시 신지학술강습소에서 선생들로부터 큰 영향을 받고 있던 것으로 보인다.[18]

장흥검사국에서는 이들의 신병을 넘겨받아 예심 취조에 들어갔는데, 1월 중순경 이들의 부형과 면장, 그리고 신지면의 유지 몇 사

---

18 『조선일보』 1925년 1월 11일 「학생 7명을 검거, 완도군 신지도에 모 중대사건」 ; 1월 12일 「주재소에 태극기, 완도 신지에서 범인 류 명 체포」

람을 검사국에 호출하였다.[19] 그리고 1월 19일 장흥검사국은 이들 6명의 청년들에게 기소유예의 결정을 내렸다.[20] 부형과 유지들을 부른 것은 아마도 이들 청년에 대한 지도와 감독을 부탁하기 위해서였던 것으로 보인다.

3) 유언비어 유포사건

일제 말기에 들어서면서 전국 각지에서 이른바 유언비어 유포로 인하여 많은 이들이 구속되는 사건이 일어났다. 완도 신지면의 대곡리에 살던 황의영(黃義瑛)도 그러한 사건으로 구속되어 10개월의 옥살이를 해야만 했다.

황의영은 신지면 대곡리에서 태어나 보통학교를 졸업하고 고학을 하기 위해 일본에 건너가 1942년 3월경 동경사립제국상업학교를 수료하고 오사카에서 취직하였다. 그러다 이듬해인 1943년 신지도로 귀향하여 특별히 하는 일 없이 시간을 보내고 있었다. 그때 신리의 한 상가(喪家)에서 만난 조문객들과 잡담을 하는 가운데, "대동아전쟁에서 미국, 영국은 물자가 풍부하지만 일본은 물자가 크게 부족하기 때문에 반드시 패한다. 일본이 전쟁에 패하면 조선은 독립하고 정치는 크게 변하게 된다. 군들은 주택이나 논밭을 일본에 빼앗기고도 좋은가"라고 말하였다고 한다. 즉 일본이 태평양전쟁에서 곧 패배하고, 조선은 독립하게 될 것이라는 말이었다.[21]

---

19 『조선일보』 1925년 1월 27일 「태극기 사건으로 학부형과 유지까지 또 호출되엇다고」
20 광주지방법원 장흥지청, 「신지주재소태극기사건 결정문」(1925.1.19.) (국가기록원) 참조.
21 소화 19년(1944년) 형공 505호 광주지방법원 장흥지청, 「황의영 유언비어유

이와 같은 그의 말은 소방대장 양모의 밀고에 의해 경찰의 귀에 들어가게 되었고, 황의영은 결국 체포되어 재판에 회부되었다. 이 사건으로 그는 광주지방법원 장흥지청에서 징역 10월을 언도받고 복역하게 된다. 적용된 법규는 육군 형법 제99조 (징역형 선택), 해군형법 제100조, 형법 제54조 제1항 전단 제10조 등이었다.22

4. 신지도 출신의 항일민족운동가

위에서 살펴본 것처럼 신지도에서도 항일운동과 관련된 사건이 여러 차례에 걸쳐 있었다. 그리고 이와 관련하여 여러 사람들이 경찰에 연행되어 조사를 받았고, 또 옥고를 치른 이들도 있었다. 그리고 위에서 언급한 사건 외에도 1930년대 전남운동협의회 사건과 관련해서도 경찰에 연행되어 조사를 받은 이들이 있었던 것으로 보인다.23 하지만 장기간에 걸쳐 항일운동에 종사한 이들은 그리 많지 않았다. 신지도 출신으로서 신지면과 완도군에서 지속적으로 항일운동을 전개한 이로서는 임재갑 정도를 들 수 있을 것이다. 그리고 신지도 출신으로 비록 신지도에서는 활동하지 않았지만, 광주를 거점으로 주로 활동하였고, 1929년 광주학생운동이 일어났을 때 이를 전국적으로 확산시키는 데 지대한 공헌을 한 장석천을 들지 않을 수 없다. 이제 여기에서는 이 두 사람의 활동을 간단히 정리해보기

포사건 판결문」 참조.
22 위와 같음.
23 완도군항일운동기념사업회, 2000, 『완도군항일운동사』, 역사비평사, 50~53쪽. 하지만 이에 관한 자세한 문헌자료가 없고, 이들 가운데에는 일제 말기 친일 행적이 있는 이도 있다는 논란이 있어 이 글에서는 다루지 않기로 한다.

신지도항일운동기념탑
1994년 신지도에 세워진 신지도항일운동기념탑

로 한다.

  ㅇ 임재갑 (任在甲, 1891~1960)

임재갑은 신지면 장흥 임씨 문흥공파의 동족마을에서 태어났다. 부친이 땅이 많아서 가계는 비교적 윤택한 편이었다고 전해진다. 그는 완도보통학교에서 공부를 하고, 서울로 올라가 융희학교(뒤의 중앙학교, 중앙고보)에서 소안도 출신 송내호의 1년 후배로 공부하였다고 전해진다.24 그런데 송내호는 1914년 5회 졸업생 명단에 있

---

24 임재갑의 아들 임옥현(1954년생) 구술. (2013.7.11. 신지면)

으나, 임재갑은 이후 졸업생 명단에 포함되어 있지 않다. 이로 미루어 보아, 임재갑은 졸업하지는 못한 것으로 보인다.

그는 1912년에서 1914년까지 완도군 신지면에서 명신서원(明信書院)을 설립하고 동지들을 규합하면서 농촌청년 계몽운동을 하다가 일경에 체포되어 고문을 받고 방면되었다. 1920년대 초에는 소안도의 송내호가 주도한 비밀결사 수의위친계(守義爲親契)에 참여하였다. 그는 송내호의 주선으로 간도 용정(龍井)에 가서 대성학원(大成學院) 교원으로 교민 2세 교육을 담당하였으며, 군자금 모집 차 여러 차례 국내를 왕래하였다고 한다.

1924년 8월에는 고향에서 신지학술강습소를 개설, 김재희(金在禧)·송기호(宋琪浩)·김창선(金昌鮮) 등 50여 명의 교사, 학생 및 유한단원(流汗團員) 6명과 함께 강연단을 조직하여 신상리(新上里)·월양리(月陽里)·동고리(東古里) 등 면내 6개 마을을 순회하며 주민들에게 민족의식을 고취하였고, 강연이 끝난 후 혁명가를 불렀다. 이 일로 같은 해 12월 일경에 체포되었다. 그는 1925년 3월 25일 광주지방법원 목포지청에서 보안법 위반으로 유죄판결을 받고 항고하였으나 1925년 6월 27일 대구복심법원과 1925년 9월 14일 고등법원에서 징역 10월형을 언도받고 옥고를 치렀다.

1927년 8월 28일 완도읍내 중학원(中學院)에서 신간회(新幹會) 중앙본부 상무인 송내호(宋乃浩) 입회하에 완도군 신간회지회(新幹會支會)가 설립되었는데, 이때 임재갑은 완도 지회장으로 선출되어 활동하였다.[25] 또 1936년에는 완도고등보통학교 설립 운동에 참여하여 재무부장의 일을 맡았다.[26] 하지만 완도고보설립운동은 끝내 총독

---

25 『조선일보』 1927년 9월 5일 「全南 莞島에 新幹支會 設立, 八月 二十八日 午後」
26 『동아일보』 1936년 5월 14일 「郡民代表 六百餘 會集 莞島高普 創立總會, 基金三十

부 당국의 거부로 인해 무산되었다. 고보가 어려우면 수산학교라도 세우려 했으나 고보는 물론이고 수산학교 설립도 거부되었다. 그런 가운데 1942년 김장렬(金壯烈), 최천렬(崔千烈) 등이 완도읍 군내리 동사무소(현 노인회 지부자리)에 완도중등학술강습원을 개설하였다. 이 학원에서는 100여 명의 학생을 가르쳤으나 해방 직후 폐원되었다.[27]

임재갑은 1938년에는 완도의 해태집합판매소를 오사카로 이전한다는 설이 있었을 때, 박인선·이한태·문창주 등 완도 유지들과 함께 완도군민의 대표로서 도 당국에 이를 막아줄 것을 진정하기도 했다.[28] 그리고 이를 막기 위해 완도 군민들은 해태판매연구회를 만들기로 했는데, 임재갑은 박인선·이한태·문창주·김영현과 함께 창립 발기위원으로 참여하였다.[29]

임재갑은 용정에서는 대종교에 입교하였으며, 소안도의 송내호와 특히 가까웠던 것으로 보인다. 그는 송내호와 똑같은 구두를 사서 신었으며, 서로 만나서 편지를 주고받을 때에는 신발에 편지를 숨겨서 서로 신발을 바꿔 신음으로써 편지를 전달했다고 한다.[30]

그런데 임재갑은 1934년 장흥에 주소지를 둔 삼성국자회사(三成麴子會社)의 이사로 참여한 것으로 확인된다.[31] 이 회사는 국자의 제

  萬圓 造成 方法 決定, 部署를 整然 事務分擔」
27 완도군지편찬위원회, 1992, 『완도군지』, 611쪽.
28 『매일신보』 1938년 9월 6일 「전남해태집합판매소, 大阪으로 이전설, 완도군민 궐기 반대」
29 『매일신보』 1938년 9월 26일 「완도해태생산자 망라, 판매연구회 조직, 25일에 창립총회」
30 임옥현 구술(2013.7.11. 신지면).
31 中村資良 編, 1935, 『朝鮮銀行會社組合要錄』 (1935년판), 東洋經濟新報社, 188쪽. 이 회사는 1934년 4월 27일 설립된 것으로 되어 있다.

조와 판매를 목표로 하고 있었다. 그런데 국자의 제조는 군 당국의 허가를 받도록 되어 있었다.

임재갑은 해방 이후 정치활동에 일절 참여하지 않았다. 그 이유는 정확히 알 수 없지만, 해방 이후 정치세력이 좌우로 갈리어 극단적인 대립을 보이는 가운데, 민족주의적 성향을 보이면서 동시에 사회주의자들과도 가까운 사이였던 그로서는 어느 쪽에도 참여하기 어려웠던 것으로 보인다. 그는 해방 이후 광주와 신지도를 왕래하면서 생활하였으며, 한약방을 하며 생활하다가 1960년 사망하였다고 한다.32

○ 장석천 (張錫天, 1903~1935)

장석천은 신지면 송곡리 출신이다. 그의 아버지 장인오는 신지도에서 손꼽히는 지주였다. 그는 서울로 올라가 중앙고보를 잠시 다녔는데, 기합을 주는 일본인 체육교사에게 대들었다가 학교에서 쫓겨난 뒤, 보성고등보통학교로 학교를 옮겨 이 학교를 졸업했다. 이후 수원고등농림학교에 입학했으나, 여기에서도 동맹휴학으로 인해 무기정학 처분을 당하자 학교를 그만두고, 1926년 3월 일본으로 건너가 동경상과대학 예과에 입학했다. 그러나 그는 이 학교도 4개월 만에 중퇴하고 동년 7월에 광주로 왔다.33 당시 그의 부친은 신지도에서 광주로 이사하여 장석천도 광주로 와서 활동하게 된 것으로 보인다.34

---

32 임옥현 구술(2013.7.11. 신지면).
33 이계형, 2012, 「일제강점기 사회주의자 장석천의 생애와 활동」 『한국학논총』 38, 국민대 한국학연구소, 307~308쪽.
34 장석천의 조카 장원 구술(2013.7.12. 광주 운암동 자택).

그 후 그는 광주에서 청년운동(광주청년회)에 참여하여 학생운동단체인 성진회(醒進會)를 지원하였고, 1927년에는 광주청년동맹, 전라청년연맹 중앙집행위원으로 선출되어 활동하였다. 같은 해 10월에는 신간회(新幹會) 광주지회에 참여했으며, 1928년 12월에 신간회 광주지회의 상무간사로 활동했다. 또 1928년 여름 강해석, 김재명, 지용수 등 광주청년동맹 맹원 가운데 조선공산당(4차 당) 참여자들이 대거 검거된 뒤, 광주청년운동을 대표하는 명실상부한 지도자가 되었다.[35]

1929년 11월 3일 광주에서 조선인 학생과 일본인 학생들의 충돌이 일어나자 광주고보 졸업생인 장재성은 광주고보 학생들을 이끌고 가두시위를 전개했다. 11월 4,5일 장석천은 광주 각 사회단체 책임자들을 불러 모아 대책을 협의했다. 이때 장재성은 검거된 학생들의 석방을 위해 시위운동을 다시 전개할 것을 제안했다. 이에 참석자들 모두가 찬성하여 제2차 시위가 계획되었다. 이 시위를 효과적으로 전개하기 위해 학생투쟁본부를 조직했고, 장재성은 거사 날짜를 학교 문이 다시 열리는 11월 11일로 잡았다. 그러나 장석천은 장날인 12일로 날짜를 연기하도록 했다. 장석천은 광주 학생들의 시위를 지도하면서 다른 한편으로 이 시위를 전국으로 확산시킬 계획을 세웠다. 때마침 서울의 조선청년총동맹에서 부건, 권유근 등이 광주에 파견되어 내려왔다. 장석천은 이들에게 학생시위를 전국적인 차원으로 확산시킬 것을 제의했고, 그들도 동의했다. 그리하여 이 작업의 준비를 위해 강영석이 권유근을 따라 서울로 올라갔다. 이어서 신간회 본부의 집행위원장 허헌 등이 광주의 상황을 파

---

35 이애숙, 2000, 「1920년대 광주지방의 청년·학생운동과 지역사회」『광주학생운동연구』, 아세아문화사, 83쪽.

악하기 위해 내려왔다. 장석천은 나주 신간회 지회장인 김창용 등과 함께 허헌을 만나 광주학생사건의 진상을 보고하고, 시위를 전국적으로 확산시킬 것을 역시 제의하였다. 허헌도 이에 찬성했다.

11월 12일, 계획대로 광주고보, 광주농업학교, 광주사범학교, 광주여고보 학생들의 가두시위가 전개되었다. 경찰은 다수의 학생들을 체포하였다. 장석천은 몸을 피하여 나주로 가서 김창용으로부터 40원, 박준삼으로부터 100원을 받아, 장성의 김시중 가를 거쳐 11월 17일 경성으로 올라왔다. 그 사이 강영석은 조선청년총동맹 집행위원장 차재정을 비롯하여 이항발, 황태성 등과 운동방안을 논의하였다. 경성의 청년운동가들은 경성의 학생들은 아직 준비가 되어 있지 않으므로 시위운동은 불가능하다고 말하고 차선책으로 격문을 만들어 살포할 것을 주장하여, 그런 방향으로 운동방침이 결정되었다.

그런 가운데 장석천이 서울(경성)로 올라와 학생들의 시위가 필요하다고 강력히 주장하고 나섰다. 차재정과 이항발은 반대 입장을 고수했으나, 황태성이 장석천의 의견에 동의하여, 결국 격문살포와 시위운동을 동시에 전개하기로 하였다. 차재정과 곽현은 격문의 제작, 살포를 맡았고, 각 학교 학생들의 동원은 장석천과 황태성이 맡았다.

장석천은 허헌으로부터 거사 자금으로 100원을 받았고, 김성수로부터는 도피자금의 명목으로 100원을 받았다. 장석천은 휘문, 보성, 경신, 배재, 경성제2고보, 중동의 학생들을 만나 시위운동 참여를 권유하였다. 황태성도 경성제2고보, 중앙, 보성, 휘문 학생들을 만났다. 한편 곽현은 7종의 격문 8천 매를 인쇄하여 지방의 사상단체에도 우송하고, 12월 2일 시내 각 중등학교에 이를 살포하였다. 이에 경찰은 주동 학생들과 배후의 청년단체와 신간회 간부들을 체포하기 시작했다. 장석천, 차재정 등도 12월 5일 체포되었다. 그러나 5일 경성제2고보에서 시위가 시작되었고, 12월 9일에는 각 학교 학생들의 연합시위가 전개되었다. 경성 학생들의 시위는 16일까지 계속되었다. 그리고 학생들의 시위는 전국으로 확산되어 갔다.[36]

체포된 장석천은 광주지역 시위의 배후주동자라 하여 광주로 호송되어 광주경찰서에서 조사를 받았다. 그는 1930년 2월 치안유지법으로 기소되어, 그해 10월 징역 1년 6개월을 언도받았다. 그리고 대구복심법원에 공소하였으나 1931년 6월에 1년 6개월의 확정 판결을 받았다. 그는 광주형무소에서 옥고를 치르다가 1931년 12월 출옥하였다. 그는 출옥 이후 곧 사회운동을 재개하여, 적색노동조합 운동 쪽으로 방향을 전환하게 된다. 그는 경성에 올라가 적색노조 조직하기 위해 조선제사주식회사의 노동자 박영환 등을 접촉하였는데, 박영환이 체포되면서 장석천도 역시 체포되었다. 장석천은 치안유지법 위반으로 1932년 12월 징역 2년의 확정 판결을 받았다. 그는 서대문형무소에서 옥고를 치르다가 대전형무소로 이감되었는데, 이듬해 11월 7일 병보석으로 출옥했다. 당시 신문에는 그가 만성위장병으로 출옥했다고 되어 있지만, 그의 조카 장원에 의하면 당시 그는 폐결핵에 걸려 있었다고 한다. 당시 교도소 당국이 그의 병명을 숨긴 것으로 보인다. 장석천은 광주의 집에서 2년 정도 요양을 하였으나, 1935년 10월 18일 세상을 떠나고 말았다.[37]

장석천은 그의 고향 신지도 옆의 고금도 출신 여자와 15세 때 부모의 강요로 결혼하였다. 그리하여 아들 하나(옥선)을 두었는데, 그

---

36 이상의 서술은 이계형, 앞의 글 ; 국사편찬위원회편, 2002, 『韓民族獨立運動史 資料集』 49 (서울학생同盟休校사건 裁判記錄) 1 참조.
37 장원 구술(2013.7.12. 광주 운암동 자택).

는 광주에서 학교를 다녔지만, 항상 형사들이 따라다니는 등 못살게 굴었다고 한다. 결국 장석천이 세상을 뜬 뒤 장석천의 아내와 아들 옥선은 고금도로 내려가 살았다고 한다. 아들 옥선은 1924년 갑자년 생이어서 1944년 징병으로 일본군에 끌려갔으나 운 좋게 살아왔다고 한다. 그러나 해방 이후부터 한국전쟁 기간 사이에 행방불명되어 버렸다고 한다. 장석천이 죽었을 때, 가족들은 그를 광주의 공동묘지에 묻었는데, 경찰이 묘비조차 세우지 못하게 했다고 한다. 그래서 이듬해 가족들이 묘지를 찾아갔을 때에는 다른 묘지들이 크게 늘어나 끝내 장석천의 묘를 찾지 못했다고 한다.[38]

1935년 겨울 장석천이 세상을 떠난 뒤, 이듬해 『신조선(新朝鮮)』이라는 잡지에는 조선청년동맹의 집행위원으로 같이 활동한 박승극의 아래와 같은 추모사가 실려 있다. 추모사는 장석천의 활동에 대해서는 거의 언급하지 못하고, 그의 죽음을 슬퍼하는 내용으로만 되어 있는데, 이는 검열을 염두에 두었기 때문인 것으로 보인다.

장석천이여!
◇ 장송(葬送)을 대신하야 / 박승극(朴勝極)
나는 또 한 동무를 잃었다. 마음으로 믿던 그 동무를.
오! 張이여. 동무여.
동무는 왜 좀 더 살지 못하고 이와 같은 쓸쓸한 시기에 그만 가버리고 말았는가?
오! 동무의 그 마음 그 청춘을 나는 무한히 스러워한다.
1929년 봄 나는 이십의 약관, 동무는 좀 더 나이 먹은 청년.
지금은 없어진 서울의 조선청년총동맹 회관. 그곳에서 의기에 넘치는 동무와 나. 각기 중앙집행위원의 일원으로 초대면한 후 얼마 안

---

38 위와 같음.

되어 서로 나뉘어 고생살이를 하였다.
그러나 내 마음 속에선 언제나 늘 동무의 인상이 떠나지를 아니하였던 것이다.
客年 12월 뜻밖에도 나는 동무의 나왔다는 말을 듣고 껑충 뛰어 만나보고자 했더니 마침 출타를 해서 그대로 섭섭히 돌아왔다.
이제 이렇게 될 줄 알았으면 그때 한 번 만나지도 못한 것이 이 어이 철천의 유한이 아니랴?
오! 동무여. 동무는 차마 어떻게 갔는가? 이런 시기에 나 자신이 이런 부끄러운 생활환경에 놓여 있을수록 동무의 죽음을 더욱 스러워 마지 아니한다.
나의 가슴은 아프다. 탄다.
오! 동무여 그 아까운 죽음을…
이제 동무는 영속으로 들어가려 한다.
오! 張이여, 동무여.39

5. 맺음말

일제 강점기의 전남 완도군의 신지도(신지면)는 반농반어의 섬으로 인구도 적고 농토도 작았지만, 경제적으로는 완도에서 평균적인 수준에 있었다. 그러나 인구가 적었기 때문에 공립보통학교가 다른 면들에 비해 늦게 세워졌고, 사립학교도 학술강습소 형태로 세워지긴 했지만 당국에 의해 곧 폐쇄되고 말았다. 따라서 신지도 청소년들의 교육 수준은 다른 섬들에 비해 낮을 수밖에 없었다. 신지도의 항일운동이 다른 섬들에 비해 그리 활발하지 못했던 것은

---

39 박승극, 1936, 「張錫天이여!」『新朝鮮』제5권 1호 (1936년 1월호), 68쪽.

이처럼 신지도의 학교 설립이 부진했던 것과 관련이 있었다.

그러나 그런 가운데에서도 신지도에서도 몇 건의 항일민족운동이 일어났다.

1924년에는 신지학술강습소를 세운 임재갑과 이 강습소에 초빙된 교사 김재희(김정상)은 주민들에게 강습소 지원을 호소하기 위해 학생들과 함께 순회강연을 하였는데, 그 강연 내용과 이동 중에 학생들이 부른 노래가 문제가 되어 구속되었다. 문제가 된 강연 내용은 조선인은 관대하여 서로를 존중하며, 조선은 오랜 세월 동안 자주독립의 국가를 유지해 왔다는 것이었다. 또 문제가 된 노래는 이른바 '혁명가'로서, 그 가사는 자유를 지키기 위해 폭정에 맞서야 한다는 것이었다. 경찰측은 두 사람 외에도 다른 두 명의 교사인 송기호와 김창선도 구속하였는데, 역시 학생들에게 불온한 창가를 가르쳤다는 이유에서였다. 송기호 등이 가르친 노래는 운동가(응원가)로서 '용맹스런 자유의 깃발을 흔들자'는 취지의 가사를 담고 있었는데, 경찰은 이를 문제 삼은 것이다. 하지만 재판에서 임재갑과 김재희는 10개월과 1년의 징역을 각각 언도받았던 반면, 송기호와 김창선은 무죄를 언도받았다.

1925년에는 강습소 학생 양양순 등 6명이 신지도 경찰주재소 앞에 태극기를 세웠다는 이유로 경찰에 체포되었다. 당시 학생들은 주재소의 한 순사가 주민들에게 너무 가혹하게 대하는 데 불만을 품고 태극기를 세웠다고 한다. 이들은 장흥검사국의 예심에서 기소유예 처분을 받았다. 또 1943년에는 황의영이 한 상가에서 잡담 중에 일본은 반드시 전쟁에 패하고, 조선은 독립하게 될 것이라고 말하였는데, 이를 양 아무개라는 사람이 경찰에 밀고하여 체포, 구속되는 사건이 있었다. 이른바 유언비어 유포혐의였는데, 그는 재판에서 징역 10월을 언도받았다.

그밖에도 1930년대 중반 장흥, 해남, 강진, 영암, 완도 등에서 5백여 명이 경찰에 연행되어 조사를 받고 50여 명이 재판에 회부된 전남운동협의회 사건과 관련하여, 신지도에서도 여러 명이 경찰에 연행되어 조사를 받은 것으로 보인다. 하지만 신지도에서는 협의회의 하부 조직인 농민조합이 조직되지는 않았던 것으로 보이며, 따라서 연행된 이들도 조사를 받고 모두 석방되었던 것으로 보인다.

한편 신지도의 항일운동가로서는 임재갑과 장석천을 꼽을 수 있다. 임재갑은 신지도의 항일운동을 사실상 이끈 지도자였다고 말할 수 있다. 그는 신지학술강습소를 세우는 데 주도적인 역할을 하였고, 당국이 이를 폐쇄시키기 위해 만들어낸 혁명가 사건으로 인하여 10개월의 옥고를 치러야만 했다. 그는 신간회 완도지회 지회장으로서도 활약하였는데, 그만큼 그는 완도군 전체에서 상당한 신망을 얻고 있었다.

장석천은 보성고보와 수원농림, 동경상과대학 등을 다닌 우수한 두뇌의 소유자로서, 1926년 광주에서 청년운동에 뛰어들었으며, 1928년 이후 광주의 청년운동을 사실상 주도하였다. 1929년 11월 3일 광주에서 학생들의 봉기가 일어나자, 장재성과 함께 11월 12일 학생들의 2차 봉기를 이끌었고, 17일 서울로 올라갔다. 그는 서울에서 조선청년총동맹, 신간회, 고려공청의 지도자들과 접촉하여, 서울에서 학생들의 시위를 일으키고, 나아가 전국적으로 이를 확산시키기로 의견을 모으는 데 주도적인 역할을 하였다. 그는 이를 위해 서울의 학생 대표들을 접촉하여 여러 학교에서 시위를 일으키도록 지도하였다. 그러나 이러한 움직임은 경찰에 의해 결국 탐지되었고, 결국 그는 체포되었다. 하지만 그의 지시대로 12월 9일 서울에서는 여러 학교에서 동시에 시위, 맹휴가 일어났으며, 이후 학생들의 시위와 맹휴는 전국으로 확산되어 갔다.

　이처럼 신지도에서는 비록 규모가 작기는 하였지만, 여러 차례에 걸친 항일운동 사건이 있었다. 또 임재갑과 장석천과 같은 민족운동가를 배출하기도 하였다. 특히 장석천은 광주학생운동이 전국적으로 확산될 수 있게 하는 데 결정적인 역할을 한 인물로서, 신지도가 배출한 걸출한 항일운동가였다.

제6장
일제하 진도군의 민족운동과 사회운동

1. 머리말

일제하 진도는 어떤 형편에 있었을까. 이에 대해서는 1928년 『동아일보』의 다음과 같은 진도 취재 기사가 잘 말해준다.

(진도는) 아명(兒名)이 옥주(沃州)라는 고호(古號)를 가지고, 이른바 본명이 진도(珍島)인만큼 땅은 기름지고 연해에 해산물이 풍부하여 지금에 와서 일년의 총산액은 이땅 1만여호, 5만여 주민의 배를 불리고도 오히려 남음이 많다 하니, 옥주 그대로가 젖과 꿀이 흐르는 이 땅 백성들의 복지(福地)요 진도 그대로가 남쪽 바다에 펄펄 뛰는 어별(魚鼈:물고기)을 실은 보배의 섬이었던 것을 짐작케 한다.
그러나 소위 흥업회사(興業會社)라는 외래의 자본이 손을 벌리고, 전토 1만여 정보의 약 1할 5분이나 되는 1천5백 정도의 경지를 차지하고, 어디서나 만나게 되는 동척(東拓)이 또한 이곳에서도 단춤을 삼키고 있는 한편에 소위 식산회사(殖産會社)라는 눈치빠른 분네가 4,5백정보의 간석지를 개척하여 오랫동안 처녀지로 굳게 닫혔던 문은 깨어지고 이제 반갑지 않은 그들의 창고가 포구가에 늘어 있으니, 그 그늘에 배주린 백성이 없으리라고 장담할 수 없음에는 어안이 벙벙하야 (하략).[1]

이 기사처럼 진도의 경우에도 동척, 흥업회사, 식산회사 등 일본의 농업자본들이 다수 들어와 상당히 넓은 농토를 차지하고 있었다. 따라서 진도 주민들은 이에 대해 반감을 가질 수밖에 없었고, 다른 지역과 마찬가지로 항일 민족운동과 사회운동에 뛰어들게 된다.

그러나 진도에서의 민족운동과 사회운동에 대한 연구는 매우 드물다. 일찍이 1980년대에 이종범이 진도농민조합에 대해 쓴 논문이 한 편 있었다.[2] 이후 필자가 2000년에 진도 군내면의 세등리를 중심으로 이 마을 청년들의 항일운동 참여에 대해 쓴 논문이 있었다.[3] 그러나 이후 이에 대한 새로운 연구는 거의 나오지 않았다.

이 글은 필자가 2000년에 쓴 논문을 대폭 수정 보완하여 새로 쓴 글이다. 이 글에서는 우선 진도군에서 있었던 민족운동과 사회운동의 사회경제적 배경에 대해 정리하고, 1920년대의 진도군의 민족운동과 사회운동, 1930년대의 자각회와 적색농민조합운동에 대해 차례대로 정리하고자 한다.

2. 진도군 민족·사회운동의 사회경제적 배경

1) 진도군의 주요 성씨와 동족마을

오늘날 진도군에 살고 있는 토착 성씨들은 여말선초에 진도에

---

1 『동아일보』 1928년 7월 26일 「도서순례, 진도해 방면(1)」.
2 이종범, 1986, 「1920·30년대 진도지방의 농촌사정과 농민조합운동」『역사학보』 109, 역사학회.
3 박찬승 2000, 「근현대 사회변동과 진도 동족마을 주민의 대응 -식민지시기 細嶝里를 중심으로-」『지방사와 지방문화』 3-2, 역사문화학회.

하나둘 입도한 것으로 보인다. 그런데 조선전기에 서남해안 도서지역에 왜구들이 침입하여 노략질을 일삼자, 조선정부는 섬 주민들을 육지로 강제 이주시키고 공도(空島)정책을 단행했다. 15세기 초에 들어 서남해안이 안정을 되찾으면서 육지에 머물고 있던 진도사람들은 다시 섬으로 돌아오기 시작하였다. 그리고 공도정책 기간에 진도군과 해남군을 '해진군'으로 합했던 것을 다시 되돌이켜 진도군을 해남군과 분리시켰다. 이때 진도의 창녕 조씨, 밀양 박씨, 김해 김씨 등이 적극 참여하여 진도군을 복설시켰다고 한다. 그 결과 이들은 진도에서 가장 중요한 가문이 되었다. 그 뒤에 임진왜란이 일어나 정유재란까지 계속되는 가운데, 조선 수군을 도와 공을 세운 집안은 밀양 박씨였다. 이후 무안 김씨, 경주 박씨, 진주 정씨, 도강 김씨, 현풍 곽씨 등이 진도에 입도해 들어온 것으로 보인다.[4]

1914년 행정구역 개편 이후 진도군의 면은 7개, 행정리·동은 101개였으며, 자연마을은 250개 정도로 추정된다.[5] 그런데 1934년에 조선총독부에서 나온 『조선의 성(朝鮮の姓)』을 보면, 진도군의 동족마을은 모두 86개였다. 전체 자연마을의 약 3분의 1 정도가 동족마을이었던 셈이다. 이 가운데 동족마을이 가장 많은 성씨는 김해 김씨(26개), 밀양 박씨(19개), 창녕 조씨(4개), 경주 이씨(4개) 진주 하씨(3개), 인동 장씨(3개) 등이었다.[6]

이 가운데 1920년대와 1970년대에 조사된 진도의 주요 동족마을 현황을 보면 〈표 6-1〉과 같다. 이에 의하면 고군면 오산리의 창녕

---

4 김경옥, 2013, 「18~19세기 진도 송산리의 동계·학계 운영」『지방사와 지방문화』 16-1, 역사문화학회, 106쪽.
5 越智唯七편, 1917, 『新舊對照朝鮮全道府郡面里洞名稱一覽』, 447~451쪽.
6 조선총독부, 1934, 『朝鮮の姓』, 244~246쪽.

조씨, 군내면 세등리의 현풍 곽씨, 의신면 칠전리의 밀양 박씨, 진도면 동외리의 무안 박씨, 진도면 포산리의 밀양 박씨, 고군면 석현리의 김해 김씨, 고군면 도론리의 경주 이씨, 군내면 상가리의 제주 양씨 등이었다.

〈표 6-1〉 진도의 동족마을과 주요 성씨

동족마을	마을형성 시기	1920년대	1970년대
고군면 五山里	1400년경	창녕 조씨 133호(54%) 679인(53%), 기타 성씨 115호 593인	창녕 조씨 149호(58%), 기타 성씨 106호
군내면 世嶝里	1500년경	현풍 곽씨 76호(80%) 240인(76%), 기타 성씨 19호 78인	현풍 곽씨 110호(96%), 기타 성씨 4호
의신면 七田里	1550년경	밀양 박씨 150호(96%) 751인(99%), 기타 성씨 7호 34인	밀양 박씨 190호(87%), 기타 성씨 29호
진도면 東外里	1430년경	무안 박씨 38호(47%) 184인(48%), 기타 성씨 43호 200인	무안 박씨 최다(호수 미상)
진도면 浦山里	1492년경	밀양 박씨 76호(75%) 240인(70%), 기타 성씨 25호 105인	밀양 박씨 88호(75%), 기타 성씨 34호
고군면 石峴里	1300년경	김해 김씨 55호(47%) 307인(51%), 기타 성씨 62호 291인	김해 김씨 78호(67%), 기타 성씨 38호
고군면 道論里	1300년경	경주 이씨 39호(98%) 169인(98%), 기타 성씨 1호 4인	경주 이씨 34호(89%), 기타 성씨 4호
군내면 上加里	1500년경	미상	제주 양씨 65호(93%), 기타 5호

자료 : 진도군, 1975, 『珍島郡誌』, 진도군, 825~855쪽.

이들 동족 마을 가운데에는 반촌(班村)과 민촌(民村), 향리가 섞여 있었다. 조선시대 진도 성안에 거주하던 조(창녕)·김(김해)·2박(밀양무안)·허(양천)·손(밀양)·한(청주)씨 등은 진도의 향리가 성씨들이었다.[7] 이들 성씨들은 현재도 본래의 진도 성안이었던 진도읍 성동리, 동외리, 남동리 등의 주요 성씨를 이루고 있다. 그리고 뒤에 보듯이 동외리의 박씨들은 식민지시기 민족운동에 적극 참여하기도 하였다.

진도에서 동족 마을을 이루고 사는 성씨 가운데 한말 이후 진도에서 가장 세력이 있었던 것은 오산리의 창녕 조씨, 칠전리와 포산리의 밀양 박씨, 동외리의 무안 박씨, 석현리의 김해 김씨 등 네 성씨였다고 한다. 이들 네 성씨는 향교를 완전히 장악해왔다. 이 가운데 진도면 포산리의 밀양 박씨, 동외리의 무안 박씨는 향리가였다. 오산리의 창녕 조씨, 칠전리의 밀양 박씨, 석현리의 김해 김씨는 향반으로 볼 수 있다. 그러나 일제시기에 들어오면서 소수의 성씨가 향교를 장악하는 데 대한 반대여론이 일어 결국 삼익계(三益契)를 만들어 이로써 향교를 운영하도록 하였다고 한다.[8] 그 결과 향교 전교직에도 다른 성씨들이 참여할 수 있게 되었다. 일제시기의 향교 전교 명단은 파악할 수 없으나, 해방 이후의 역대 향교 전교는 다음과 같다.

朴國玄(진도 송현), 曺秉寬(진도 교동), 朴哲培(의신 칠전),
朴晉遠(진도 동외), 蘇良三(진도 남동), 金聲瑀(고군 석현),
韓明履(진도 성내), 金昌瑀(고군 석현), 郭丙武(군내 세등),
朴泰洙(의신 칠전), 曺基燁(진도 성내), 朱日文(임회 상만),
朴憲瑀(군내 동산), 朴聖鉉(진도 동외).[9]

위에서 보듯이 해방 이후에는 조·박·김씨 외에도 세등리의 곽씨

---

7 진도 노인들의 증언에 의함.
8 『조선일보』 1925년 11월 22일 「珍島鄕校 掌財 공금횡령혐의로 피소」
9 진도군, 1975, 『진도군지』, 557쪽.

도 참여하였고, 특히 진도 읍내의 조(曺)·박(朴)·한(韓)씨 등이 전교를 맡은 것이 눈에 띤다. 그러나 이미 신분제가 해체되고 향교의 전교가 조선시기의 향교장만큼 세력이 없는 상황에서 이들 성씨가 전교를 맡았다는 사실은 큰 의미를 갖지는 못하는 것이었다. 그래도 평민층에서 성장한 성씨가 양반층이나 향리가의 성씨와 나란히 서게 되었다는 것은 바로 '민중의 성장'을 보여주는 것이라고도 볼 수 있다.

〈표 6-2〉 1928년 진도의 인구와 호수

구분	조선인	일본인	외국인	합계
인구	53,749명	252명	15명	54,016명
호수	10,554호	78호	4호	10,636명

자료 : 『매일신보』 1928년 6월 29일 「진도행(2)」

당시 진도에 일본인은 얼마나 살고 있었을까. 〈표 6-2〉는 1928년 당시 진도군 내의 조선인과 일본인, 외국인을 보인 것이다. 여기서 일본인은 252명으로 0.5% 정도로 극히 적었음을 알 수 있다. 당시 일본인은 주로 읍내에 살고 있었고, 주로 관리나 금융조합 관계자, 혹은 상인들이었다.

2) 주요 지주와 토지소유

일제시기 진도의 주된 산업은 어업이 아니라 농업이었다.[10] 그것

---

[10] 1909년에 작성한 민적표에 의하면, 진도군의 어가(漁家)는 총 35호(조도면 26호, 군내면 5호, 고군면 4호)에 지나지 않았다고 한다. 김경옥, 앞의 글, 97쪽.

일제하 진도군 지도
출전 : 染川覺太郎, 1930, 『전라남도사정지』, 전라남도사정지간행회, 951쪽.

은 진도가 옥주(沃州)라 불릴 만큼 진도에는 농지가 많았기 때문이다. 1928년 현재 진도의 토지 현황은 <표 6-3>과 같았다. 표를 통해 보면 논보다는 밭이 다소 많았다. 하지만 논과 밭은 합하면 3천여만 평으로 전체 3천5백여만 평의 85%에 달하였다. 그만큼 산이 적고 논과 밭이 많았던 곳이 진도였다.

〈표 6-3〉 1928년 현재 진도의 토지현황

	논	밭	대지	기타	산림	합계
면적	1300만여평	1700만여평	99만여평	4백만여평	27,000여평	3501만7천여평

자료:『매일신보』1928년 6월 29일「진도행(2)」

〈표 6-4〉 1928년도 진도의 농가계층 구성 비율 (%)

구분	地主甲	地主乙	자작농	자소작농	순소작농	계
진 도	12 (0.1)	139 (1.5)	1916 (20.7)	4871 (52.6)	2331 (25.1)	9269 (100.0)
전 남 (제주 제외)		(0.3)	(1.8)	(12.8)	(38.6)	(42.6)	(100.0)

자료: 染川覺太郎, 1930,『전라남도사정지』, 103~109쪽.

 그런데 당시 한 신문의 보도에 의하면 진도에는 농업에 종사하는 자가 약 9,538호였고, 지주는 156호였으며, 나머지는 자작 혹은 자소작농, 소작농이었다고 한다. 즉 큰 지주가 없었으며, 동시에 극빈자도 별로 없는 것이 진도의 모습이었다고 한다.11『전라남도사정지』에 의하면, 1928년 진도의 농가 계층의 비율은 〈표 6-4〉와 같았다. 이 표에서 보는 바와 같이 진도의 경우 지주갑(순지주)는 12명, 지주을(지주겸자작)은 139명으로 모두 합하여 전 농가의 1.6%로서 전남 전체의 2.1%보다 작다. 그만큼 지주가 적다는 것을 뜻한다. 반면 자작농은 20.7%로 전남 전체의 12.8%보다 많고, 자소작농은 52.6%로 전남 전체의 38.6%보다 많다. 순 소작농은 25.1%로 전남 전체의 42.6%보다 작다. 이는 당시 진도의 순소작농이 타 지역보다 적고, 자작농 혹은 자소작농이 상대적으로 많았다는 것을 뜻한다.12

11『매일신보』1928년 6월 29일「진도행(2)」
12 당시 동아일보는 진도의 순소작인이 약 2할에 지나지 않는 것을 소작인으로 덮인 남조선 방면에서는 기적과 같은 일이라고 하였다.『동아일보』1928년

이러한 상황은 진도의 자소작지의 비율을 보여주는 〈표 6-5〉에서도 확인할 수 있다. 논의 경우 자작지가 57.7%, 소작지가 42.3%로서 전남 전체의 36.1%, 63.8%와 큰 차이가 있었다. 밭의 경우도 자작지가 60.1%, 소작지가 39.9%로서, 전남 전체의 50.8%, 49.2%와 역시 차이가 있었다.

〈표 6-5〉 1928년도 진도 논밭의 자소작지 내용

단위:정보, ( )은 %

지목	논					밭				
내용	자작지		소작지			자작지		소작지		
계층	자작농	자소작농	자소작농	소작농	계	자작농	자소작농	소자작농	소작농	계
진도	1062.0 (30.6)	1296.3 (27.1)	1179.3 (24.7)	849.5 (17.6)	4779.1 (100.0)	1860.8 (32.0)	1635.2 (28.1)	1403.2 (24.1)	924.5 (15.8)	5823.7 (100.0)
전남 (제주제외)	(15.0)	(21.1)	(26.2)	(37.6)	(100.0)	(21.6)	(29.2)	(21.4)	(27.8)	(100.0)

자료 : 染川覺太郎, 1930, 『전라남도사정지』, 117~118쪽.

〈표 6-6〉 1930년 진도의 조선인 지주와 토지소유면적

(단위:정보)

이름	주소	답	전	기타	계
曺秉洙	임회면	138	55	29	222
孫炳翼	진도면	120	63	27	210
韓承履	진도면	69	35	45	149
許贊五	진도면	82	15	50	147
金聲瑀	고군면	72	30	29	131
蘇鎭春	진도면	52	12	29	93

자료 : 한국농촌경제연구원, 1985, 『농지개혁시피분배지주 및 일제하 지주 명부』, 209쪽.

7월 27일 「도서순례 진도해 방면(2)」

1930년경 진도의 대표적인 조선인 지주를 보면 〈표 6-6〉과 같았다. 위의 조선인 지주 가운데 조병수(曺秉洙)는 임회면 용호리의 대지주로서 1920년대 용산수리조합(龍山水利組合) 조합장직을 맡고 있었다. 그는 해운업에도 손을 대 목포-제주간 여객선을 운영하기도 하였으며, 강원도 횡성군에서 금광업에도 관여하였다. 그는 도평의원을 지냈으며, 해방 후에는 진도 독촉국민회 위원장, 민주국민당 위원장 등으로 진도 우익의 대표적인 인물이 되었다.13 소진춘(蘇鎭春, 1901-?)은 진도 읍내 남동리의 향리 가문 출신으로 1918년 경성제일고보를 졸업한 뒤 제주도청, 곡성군 등에서 관리로 근무하였고, 귀향하여 진도군 면협의회원, 면장을 지낸 인물이었다. 해방 후 그는 1950년대에 민주당 위원장을 지냈다.14 손병익(孫炳翼)은 역시 향리가 출신의 지주로서, 서예가이자 화가였으며 제4,9대 국회의원(무소속, 민주공화당)을 지낸 손재형(孫在馨)의 조부였다.15 한승리·허찬오도 역시 향리가의 지주였다.

일본인 지주나 일본의 농업자본도 진도에 진출하여 상당한 양의 토지를 갖고 있었다. 〈표 6-7〉에서 보면 진도에는 동양척식회사, 조선흥업주식회사, 진도식산주식회사 등이 진출해 있었다. 이 표에는 정확히 나오지 않지만, 이 가운데 진도에서 가장 많은 토지를 소유한 것은 아마도 조선흥업주식회사였을 것이다. 개인으로서 진도에 토지를 소유한 일본인 지주들은 대개 목포에 거주하는 이들이었다.

---

13 진도군, 1975, 『진도군지』, 799쪽
14 染川覺太郎, 1930, 『전라남도사정지』, 962~964쪽 ; 진도군, 위의 책, 825쪽.
15 진도군, 위의 책, 753쪽.

〈표 6-7〉 1930년경 진도에서 토지를 소유한 일본인 지주

(30정보 이상 소유자)

씨명 (회사명)	소유 토지 소재지	면 적 (정보)				사무소주소	창립연월
		논	밭	기타	계		
村上直助	해남 영광 진도 무안 제주	27	15	4	46	목포부	1910.5
內谷万平	함평 나주 진도	276	98	6	380	목포부	1921.7
珍島殖産 株式會社	진도	164	64	97	325	진도군 군내면	1918.4
東洋拓殖 株式會社	광주 담양 나주 함평 진도 기타	7,143	1814	174	9,131	동경시	1908
朝鮮興業 株式會社	무안 해남 함평 진도	1,048	2,076	8	3,132	동경시	1904.9
林田直人	진도	108	61	3	172	熊本下益城	불명
藤井直次郎	해남 진도 무안	27.4	43.9	-	71.3	목포부	1925.3
伊藤伴輔	나주 무안 해남 진도	36.8	21.1	63.2	121.1	목포부	1925.5
山野陽子	영암 광주 해남 진도 무안	71.1	10.9	0.4	82.4	목포부	1910.6
山本治浪 左衛門	함평 영암 진도 무안 영광	46.5	20.1	4..3	70.9	목포부	1909.5
青木佐市	해남 진도	50.4	27.3	-	77.7	해남군 군내면	1911.2

자료 : 한국농촌경제연구원, 1985, 『농지개혁시 피분배지주 및 일제하 대지주 명부』, 190~198쪽, 264~276쪽.
비고 : 위의 표 가운데 林田 이상은 1930년, 藤井 이하는 1929년의 통계임.

    진도는 쌀농사, 보리농사 외에도 면작과 잠업을 많이 하는 편이었다. 특히 면작을 많이 했는데, 그것은 기후와 토질이 면작에 적합했기 때문이다. 진도군 면화의 작부면적은 전남에서 5위, 판매고에서는 전남에서 3위를 차지할 정도였다.[16]

---

16 染川覺太郞, 앞의 책, 953쪽.

3) 근대 교육의 출발

1930년경 진도군 내에는 39개소의 서당이 있었으며, 이 가운데 개량서당은 12개소에 달하였다고 한다. 직원은 41명, 아동수는 남자 608명이었다.[17] 진도군에 서당이 언제부터 세워졌는지는 정확히 알 수 없다. 다만 진도군 군내면 송산리에 서당이 세워진 것은 1803년으로 확인된다. 그것은 송산리 학계안에서 1803년 학계를 만들고 서당을 세웠다는 기록이 남아 있기 때문이다. 이 학계를 주도한 것은 밀양 박씨, 경주 이씨, 현풍 곽씨, 김해 김씨 등이었다. 이들은 학계에 앞서 동계를 18세기 중엽(늦어도 1761년)에 만든 이들이었다.[18]

진도의 개화가 시작된 것은 1900년경부터였다. 당시 『황성신문』은 이 해 읍내의 유지들을 중심으로 재원을 마련하여 광신학교(光新學校)를 세웠다고 보도하였다. 이 학교의 교사로는 소학교 교원을 지낸 박진원(朴晉遠)이 초빙되었다고 한다.[19] 하지만 이 학교가 얼마나 유지되었는지는 알 수 없다.

개화의 물결은 서서히 읍내에 퍼져 1904년에는 유지로 꼽히던 안천강(安天江), 박봉ㅇ(朴鳳ㅇ), 소문ㅇ(蘇文ㅇ), 박영배(朴永培), 최기원(崔基元) 등 20여 명이 신학(新學) 연구와 풍속개량을 내걸고 친목회를 조직하였다. 이들은 대체로 성안에 거주하던 향리가의 사람들로 추정된다. 친목회는 취지문을 통해 "시국이 새로 열려 동서가 교통하니 옛것으로는 새것을 당해낼 수 없다. 따라서 유신이 필요하니 유식한 지사는 신학(新學)의 연구와 풍속개량에 힘써야 한다"고

---

17 같은 책, 958~959쪽.
18 김경옥, 앞의 글, 115쪽.
19 『황성신문』 1900년 10월 30일 「鳩財設校」

주장하였다.[20]

　1909년 3월 진도읍 동외리 가마골에 진도보통학교가 세워졌다. 이후에도 임회면에 1920년 석교공립보통학교, 고군면에 1923년 고성공립보통학교, 의신면에 1923년 의신공립보통학교, 조도면에 1925년 조도공립보통학교가 각각 세워졌다. 이로써 1920년대 중반까지 5개의 보통학교가 설립된 것이다. 군내면과 지산면 등에 보통학교가 세워진 것은 각각 1931년, 1932년의 일이었다.[21] 하지만 중등학교로는 1937년에야 진도농업실습학교가 세워졌다. 1930년대 중반까지 진도에는 완도 소안도와 같은 사립학교나 완도중학원과 같은 중등학교 상당의 학교가 세워지지 않았다. 이는 진도의 교육수준을 타 군에 비해 그만큼 떨어뜨렸고, 민족주의 성향도 그만큼 약화시키는 결과를 가져왔다. 그 결과 1920년대 이후 진도의 민족운동과 사회운동이 다른 군에 비해 그만큼 약하게 나타나게 된다.

　일본인 학교로는 진도면에 진도공립심상소학교(1911년 설립)가 있었고, 학생수는 남녀 26명밖에 되지 않았다. 물론 이는 학교조합에 의해 운영되는 것이었다.[22]

4) 진도의 유력자

　일제하 진도군에서 유지, 즉 유력한 이들은 어떤 이들이었을까. 이를 면장과 면협의회원을 중심으로 살펴보자.
　〈표 6-8〉은 진도군의 면장을 맡은 조선인들이다. 이들 가운데

---

20 『황성신문』 1904년 10월 19일 「天荒漸開」
21 진도군, 앞의 책, 521~529쪽.
22 染川覺太郞, 앞의 책, 957쪽.

조병정과 곽병무는 10년 이상 면장을 맡은 것으로 나타난다. 조병정은 1919년 이전부터 1937년까지 거의 20년 정도 지산면장을 맡았으며, 1927년 설립된 십일시금융조합장도 맡고 있었으며, 고야공려수리조합장도 맡고 있었다.23 곽병무는 1920년부터 1932년까지 군내면장을 맡았으며, 다른 직책을 맡은 것은 보이지 않는다. 진도면장을 맡았던 허찬은 군서기, 군속 출신으로 면장을 맡았고,24 이후 진도금융조합장을 맡게 된다. 소진춘은 93정보의 농지를 소유한 지주였고, 면장을 맡기 전에 면협의회원을 맡았었다. 군내면의 경우 현풍 곽씨들이 계속해서 면장을 맡고 있었음이 주목된다.

〈표 6-8〉 진도군의 면장

면명	면장 이름(괄호 안은 면장을 맡은 해)
진도면	김영기(1919), 허찬(1925), 이달성(1928), 소진춘(1936), 허순(1938)
군내면	곽진권(1919), **곽병무**(1920), 곽두인(1933)
임회면	박형준(1919), 이시방(1926), 곽진언(1938)
조도면	박영규(1919), 김용주(1927), 김낙현(1933)
고군면	조병두(1919), 박길배(1922), 김창우(1923), 곽우춘(1933), 조병찬(1938), 박종관(1941)
의신면	이남주(1919), 박진원(1920), 이남수(1923), 박태수(1930), 허윤술(1934)
지산면	**조병정**(1919), 박윤규(1938), 목호용언(1942)

자료 : 조선총독부, 『조선총독부직원록』 (1919년 이후)

1930년 진도면협의회 의원은 박길배, 허환, 후지이 이치니산(藤井一二三), 허찬, 박명재, 소진춘, 이갑백, 이경욱, 김윤순 등이었다. 이 가운데 허찬은 전직 면장이면서 당시 진도금융조합장을 맡고 있었고,25 소진춘은 93정보의 농지를 소유한 지주였다. 그는 1901년 진

---

23 조선총독부, 『조선총독부직원록』 참조
24 위와 같음.

도읍내에서 태어나, 경성에 유학학여 경성제일보고를 졸업한 뒤 제주도청에서 근무한 뒤 곡성군청에서도 근무했다. 진도에 돌아와 면협의회원을 맡았고, 나중에 면장을 맡았다.[26] 후지이 이치니산(藤井一二三)은 진도운수주식회사의 사장이었으며, 박명재는 이 회사의 취체역이었다. 후지이는 일본 도야마 출신으로 1911년 조선에 건너왔고, 진도에서는 소방조 조두(組頭), 면협의회원, 진도금융조합 감사 등도 맡고 있었다.[27]

진도면의 면협의회원은 대체로 전직 관리, 지주, 회사 대표나 간부 등이 맡고 있었음을 알 수 있으며, 일본인들의 진도 진출이 많지 않아 진도면협의회원 가운데에도 한 명 정도밖에 없었음을 알 수 있다.

3. 1920년대 진도군의 민족운동과 사회운동

1) 3·1운동

진도에서의 3·1운동은 그리 크게 일어나지는 않았다. 1919년 3월 25일 읍내에서 군민들의 만세시위가 있었으며, 독립선언서와 『독립신문』도 배포되었다고 한다. 그러나 이 시위는 규모가 작았던지 별다른 일없이 해산되었다. 4월 1일에도 읍내에서 시위가 있었으며, 4월 16일에는 기독교인들이 주동이 되어 의신, 지산, 고군 등 각 면

---

25 染川覺太郞, 앞의 책, 961쪽.
26 같은 책, 964쪽.
27 같은 책, 963쪽.

에서 산발적인 만세시위가 있었다고 한다. 그리고 그해 12월에는 읍내의 서당 생도들의 시위 계획이 있었으나 사전에 발각되어 주동 생도로 지목되는 7명이 검속되고 계획은 중지된 일이 있었다.28

12월의 시위 계획의 주동자는 정경옥(鄭景玉, 당 17세, 진도면 교동리 거주)이었고, 나머지 참여자로서 기소된 3명은 박종협(朴鍾浹, 당 18세, 동리 거주), 박석현(朴錫鉉, 당 18세, 동리 거주), 김인수(金仁洙, 당 15세, 진도면 남동리 거주) 등이었다. 정경옥은 1917년 경성고보에 입학하였다가 학자금이 없어 1919년 10월 중퇴, 귀향하여 서당에 재학 중이었다고 한다. 그는 서당 생도 3명과 함께 의기투합하여 만세시위를 결행하기로 하고 12월 10일경 진도면 성내리 한원교(韓遠敎)의 집 안에 있던 서당에서 모여 모의한 끝에 동 서당 생도들로 보향단(補鄕團)을 만들기로 하였다. 이들은 타지에서 들어온 독립신문을 모방하여 전단을 만들기로 하고, 정경옥이 이를 작성하여 백수십 매를 베낀 끝에 서당 생도 10명이 12월 30일 오후 7시경 진도 읍내에서 이를 배포하여 다음 날인 1월 1일을 기해 독립만세를 고창하자고 촉구하였다. 진도경찰서는 이 전단을 발견하고 곧 수사에 착수하여 7명을 검속하고 4명을 기소했다.29

이들은 「학생부형제위」와 「옥주동포제위」라는 2종의 전단을 만들어 뿌렸다. 전자의 내용은 다음과 같다.

---

28 독립운동사편찬위원회, 1975, 『독립운동사』 3권(3·1운동사 하), 625~626쪽.
29 위와 같음 ; <조선소요사건관계서류>(국사편찬위원회 한국사데이터베이스) 「祕密結社 國民會員 募集者와 不穩文書 配布者 檢擧에 關한 件」(조선총독부 경무국 고등경찰과, 1920년 1월 22일 보고서)

학생 부형(學生 父兄) 제위

무릇 학당(學堂)이란 것은 도덕을 양성하고 문명의 진보발달을 도모할 목적으로 한다. 이제 보통학은 일본어를 주로 가르쳐 자기의 사용인을 만들 목적으로 하니, 이천만 동포의 문명진보에 방해가 됨은 실로 증오할 일이다. 날아가는 것 같은 세월을 허송하여 일본어를 배워 무엇을 하겠는가. 10년간의 학정(虐政)에 의하여 조선동포가 고대하던 일대 호기를 얻었으나 2만여의 참사자와 7만여의 투옥자를 내고 독립은 이루지 못하였다. 일본어를 배워서 무엇에 쓰겠는가. 다시 돌아갈 수 없는 소년시대를 허송하지 말고 가정에서 언문을 열심히 공부하고 소학(小學)을 배워 효제충신(孝悌忠信)을 익히고, 문명의 서양 신학문을 연구하여 장래 우리 조선에서 필요한 지식있고 인격있는 청년이 되기를 희망한다.

대한원년 1월 일. (태극기 그림).[30]

이어서 후자의 내용을 보면 다음과 같다.

옥주(沃州)동포 제위

남에게 은혜를 입으면 덕으로써 이를 갚고, 악행을 입으면 원수를 갚는 것은 당연한 도리이다. 은혜를 입고도 갚지 않으면 사람이 아니며, 원한을 입고서도 이를 갚지 않으면 역시 사람이 아니라 금수(禽獸)라 할 것이다. 10년의 장구한 세월을 저 악마의 수중에 맡겨 그 학정(虐政)에 의하여 우리 2천만 동포의 문명발달이 지연됨은 실로 가증할 일이며, 실로 원수라고 할만하다. 그런즉 우리는 원수를 갚으려 하는가. 아니다. 저 개성홍삼은 총독부에 한하여 판매할 수 있고 인민은 판매가 금지되어 있으니 이 무슨 까닭인가. 광양 천일제염은 재등이

---

30 <조선소요사건관계서류>(국사편찬위원회 한국사데이터베이스)「祕密結社 國民會員 募集者와 不穩文書 配布者 檢擧에 關한 件」

란 자에 한하고 인민은 이를 금하니 이 무슨 까닭인가. 압록강의 영림소를 정하여 총독부에게만 한하고 민간에는 허하지 않으니 무슨 까닭인가. 학교 정도(수업연한-인용자)도 조선인과 일본인이 다르니 무슨 까닭인가. 조선인도 재주가 있다. 단체심도 있다. 도덕이 뛰어난 사람들이다. 조선인도 20세기의 일인이다. 일본인도 20세기의 일인이다. 왜 차등이 이와 같이 심한가. 조선인과 일본인이 평등하지 않음은 무슨 까닭인가. 저들의 압박을 고요히 생각하니 언제까지 같은 방향으로 바람이 불 것인가. 조선도 일본을 손안에 넣고 회전하는 날이 머지않아 올 것이다.

만세 만만세 태황(太皇)의 독립만세.[31]

첫 번째 전단을 보면, 이는 주로 학교나 서당 등에서의 일본어 교육에 대한 불만을 말하고, 한글(언문)과 유학, 그리고 서양의 신학문을 배우고 싶다는 뜻을 피력한 것이다. 두 번째 전단을 보면 이는 병합 이후 10년 동안의 일본의 지배를 학정(虐政), 차별정치로 규정하고 이로 인해 조선인들의 문명발달이 뒤지고 있다는 것에 대한 불만을 터뜨리고 있다. 전체적으로 일제의 강제병합과 조선통치에 대한 불만을 말하면서, 자신들이 주도하는 만세시위에 동참해줄 것을 요청하는 글이라 하겠다.

1930년대에 진도적색농민조합에 참여한 박종협(진도면 東外里 출신, 밀양 박씨로 추정됨)의 신문기록을 보면 그는 1919년 당시 진도의 민족주의자 정경옥 등으로부터 민족의식을 주입받아 3·1운동에 참여하여 형을 받고 복역하였으며, 그는 출소 뒤 진도의 기독교청년회 총무가 되었다고 한다.[32] 여기서 정경옥은 당시 이들을 지도하

---

31 위와 같음.
32 『珍島赤色農民組合に關する件』(국가기록원 소장, 이하 『진도적색농민조합』으

는 위치에 있었음을 알 수 있다.

이들은 광주지법 목포지청에서 1심, 대구복심법원에서 2심을 받았다. 1심의 재판결과를 보면 정경옥·박종협·박석현 등 3명 모두 징역 6월을 선고받았으며, 2심에서도 공소기각으로 징역 6월이 확정되었다.[33]

2) 농민운동

1920년대 진도에서의 농민운동은 1924년 진도소작인회의 결성으로 시작되었다. 진도소작인회는 1924년 7월 15일 결성되었다. 주목되는 것은 진도소작인회가 창립총회에서 소작료 납입은 4할에 준하여 실행하겠다고 결의한 것이었다. 이는 1922년 12월 순천 서면 소작인들의 소작료 4할 결의와 관철, 1923년 12월 암태소작인회의 논의 소작료 4할 결의를 이어받은 것이었다. 진도소작인회의 소작료 4할 결의는 한 달 뒤 열린 제1회 정기총회에서도 확인되었다. 이에 대해 일부 지주(임회면 용호리 曹秉洙, 진도면 성내리 韓致敎, 고군면 석현리 金聲瑞)는 이를 승낙하기도 하였다. 또 이날 정기총회에서 진도소작인회는 조선노농총동맹에 가입하기로 결의하였고, 순회강연 계획도 세웠다. 창립 당시 회장은 알 수 없다. 이날 정기총회에서 선출된 여타 임원들을 보면 다음과 같다.[34]

부회장 姜奉圭, 재무부 車承萬, 업무부 許行福, 조사부 朴錫洪,

로 약함)
33 국가보훈부의 형사사건부, 수형인명부 등 참조.
34 『동아일보』 1924년 8월 22일, 「진도소작인회, 3지주의 聲明」

교무부 金伯淵

이와 같이 진도소작인회가 결성되어 소작료 4할이 아니면 납입하지 않겠다는 '소작료불납동맹'을 결의하자, 지주들도 이에 맞서기 위해 곧 진도지주인회를 열었다. 지주회는 청년회간부와 연락하여 "불납동맹의 결과는 동척 소작이민의 침입을 가져오게 되어 본군 주민의 생활에 큰 영향을 미치게 되며, 일시의 감정에 사로잡혀 장래에 후회할 일을 해서는 안 된다. 그렇게 되어서는 큰일이기 때문에 소작인은 차제에 지주의 제안에 응하여 소작료를 납입하는 것이 온당하다"는 내용의 선전비라를 소작인에게 배포하고, 이에 따르지 않는 자에 대해서는 지주회의 적립금으로 가차압처분 수속을 밟을 것, 또 진흥회라는 지주의 집행기관을 조직할 것, 소작인회원이 아닌 자와 소작인회를 탈퇴하여 직접 지주와 협조하는 자는 옹호할 것, 소작인에 소작료 불납을 교사하고 소작인회를 탈퇴하지 않는 자는 억압하고 소작료 납입을 방해하는 자는 고소할 것, 지주는 소작인에게 자기의 태도를 성명함과 함께 관청에도 본회의 취지 태도를 명백히 상신하여 양해를 구할 것 등을 결의하였다. 지주측은 이 결의에 따라 성명서, 선전비라 등을 인쇄하여 사무원을 각지에 파견하여 소작료 납입의 강연회를 열고 인쇄문을 배포하였다. 지주회측은 11월 28일 진도군 의신면 송정리에서 소작인들을 모아놓고 선전작업을 폈는데, 이때 군중 가운데 10여 명의 소작인들이 소작인회를 탈퇴하겠다는 뜻을 밝히기도 하였다고 한다. 또 이들은 총독부와 도 당국에 소작료 납입이 확실치 않으므로 공과금 납부를 연기해줄 것을 진정하기도 하였다. 소작인측도 이에 대응하여 선전비라를 살포하고 "지주의 선전은 소작인을 함정에 빠뜨리려는 것으로

서 이에 미혹해서는 안 된다. 일본의 소작료는 어느 곳을 가도 3할 정도이다"라고 선전하였다.35

지주측은 12월 1일 결의사항대로 공동징수를 개시하였다. 지주 스스로 진두에 서서 징수원을 독려하고, 소작료의 납입, 혹은 소작료 불납의 힐문과 위력에 호소하여 소작료를 징수하려 하였다. 여기에는 경찰도 협력하였다. 예를 들어 12월 6일 아침 지주단 20여 명과 인부 40여 명, 경찰 8명이 군내면 덕병리를 포위하고 경찰은 호구 조사부를 들고 집집마다 들어가 낱낱이 불러내어 한 마당에 모아놓고 이시바시(石橋) 서장이 단에 올라 "소작인이 4할제를 주장하는 것은 도적이다. 금일부터 5할제로 지불하라"고 명령한 뒤 소작인들에게 5할제를 승낙하는 자는 오른쪽으로 서고, 4할제를 고집하는 자는 왼쪽으로 서라고 하였다. 이에 몇 사람이 경찰에 위압되어 오른쪽으로 가려 하자, 소작회 간부 이유근이 나서서 "우리는 소작회 규칙을 무시할 수 없으니 오른쪽으로 가는 것은 불가하다"고 말하자 이시바시서장은 형사에게 그를 조처하라고 지시하여 형사는 이유근을 붙잡아 현장에서 뺨을 때리고 발로 차는 등 구타를 서슴지 않았다. 이에 놀란 소작인들이 해산하자 지주측은 인부들을 사서 소작인들에게 매를 때리고 위협을 가하며 소작료를 강제로 거두어갔고, 이에 분개한 한 청년이 식도를 들고 나와서 매를 맞아 죽거나 굶어 죽느니 차라리 자살하겠다고 위협하자 경찰과 지주측이 놀라 철수하였다고 한다.36

소작인과 지주간의 갈등이 가장 고조되었던 이 시기에 『조선일

---

35 朝鮮總督府官房文書課, 1926, 『朝鮮の群衆』, 조선총독부, 39~40쪽.
36 『조선일보』 1924년 12월 22일 「죽기는 일반인즉 내손으로 죽겠다, 경관과 디주 압박에 분개하야 식칼을 가지고 죽겟다고 호통. 진도소작쟁의 속보」

보』는 사설을 통하여 동척과 조선흥업주식회사가 관권과 공모하여 소작인들을 억압하고 있다고 비난하였다. 즉 이들이 관권의 양해를 빌미로 소작인들에게 고발과 차압을 무기로 삼고, 교제단절과 벌금 등으로 지주들 내부를 단속시키고, 소작인들에게는 탈회를 강제 혹은 유혹하고, 조직 폭력배를 동원하여 농작물의 강제징수를 꾀하고, 쟁의조건으로 항의하는 소작인들을 난타하여 자못 약탈과 살육을 겸하는 그 행동은 소위 무정부상태나 다름없다고 비난하였다.37 이를 통해 보면 당시 진도소작쟁의는 그 핵심에 동척과 조선흥업회사가 놓여 있었음을 알 수 있다.

그즈음 조선인 지주의 한 사람인 손병익(孫炳翼)이 자기 소작인들이 소작료를 불납한다고 경찰에 신고하여 의신면 침계리에 사는 조용근, 조용술 외 8명이 1월 22일 경찰에 호출되었다. 소작인들은 서장 이하 경찰들의 협박과 구타를 당하고 강제로 소작료를 납부하겠다는 승낙서에 도장을 찍을 수밖에 없는 사건이 발생하였다.38

1월 28일 경찰은 진도군 고군내면 소작간부 최재문(崔在汶)과 곽문환(郭文煥)을 구금하였다. 그 이유는 이들이 소작회원들에 대해 지주들의 요구대로 소작료를 6,7할을 내고는 도저히 살 수 없으니 4할이 아니면 절대 내지 말라고 하였고 이를 위반한 회원들에게 벌금을 받았는데, 경찰은 이에 대해 공갈취재니 소요선동이니 하고 붙잡아다가 즉결심판으로 29일의 구금을 언도한 것이다.39

---

37 『조선일보』 1927년 12월 7일 사설 「진도사건에 대하여」, 『민세안재홍선집』1, 81~82쪽. 이 사설은 압수되어 실리지 않았다.
38 『시대일보』 1925년 1월 28일 「惡地主와 공모하고 경찰이 作人을 협박, 소작료를 불납한다고 경찰서로 불러서 구타」
39 『시대일보』 1925년 1월 16일 「소작간부를 불법감금, 무리한 처지에 분개한 소작인」

지주측은 또 소작인들의 재산 차압을 단행하여 2월 6일 집달리 3명, 경관 3명, 지주단 일동 등이 의신면 침계리에 들러 소작인들의 가산 집기에 차압표를 붙여 농민들의 원성을 샀다고 한다.⁴⁰ 2월 8일 소작회에서는 제2회 정기총회를 열었으나 돌연 경찰이 해산을 명하고 박순직(朴淳稷) 외 2명을 검속하였으며, 회원들을 구타하는 사건이 발생하였다. 이 사건은 경찰이 규칙 수정위원 소진호(蘇鎭浩)에게 규칙 수정 중에 소작료를 4할로 한 것을 5할로 하라고 명하자 소진호가 이를 끝내 거부한 까닭이었다.⁴¹

이같은 지주와 소작인간의 갈등은 어떻게 마무리되었을까. 지주들은 1924년 12월 초에 이미 공동징수를 포기하였다. 대신 지주들은 12월 17일 비밀리에 회의를 갖고 소작료 불납자에 대해서는 차압수속을 할 것을 결의하고 이를 지주회에 위임하였다고 한다.⁴² 그런데 차압을 위해서는 차압적립금 6만원과 그 외의 여러 경비가 필요하였다. 이에 대지주들은 자신들의 경비 부담이 많아질 것을 우려하게 되었다. 당시 대지주들은 비교적 소작인들에게 양보적인 태도를 취해왔기 때문에 중소지주에 비해 소작인들의 지주에 대한 반발은 강도가 약했다. 따라서 대지주들은 중소지주들의 주장을 관철하기 위해 자기가 보다 큰 경비를 부담한다는 것은 바보같은 짓이라고 생각하게 되었고, 이에 지주회에서 탈퇴를 희망하고, 또는 지주회의 해산을 주장하는 자까지 나오게 되어 지주회는 스스로 붕괴되는 형세가 되었다.⁴³

---

40 『조선일보』 1925년 2월 9일 「진도군에도 집행난, 디주와 집달리가 출동하야 가산집물을 모조리 가차압」
41 『조선일보』 1925년 2월 10일 「소작인 23명 검거, 진도소작회 무리해산」; 2월 26일 「진도소작총회, 해산 상보」
42 『조선일보』 1924년 12월 22일 「진도지주밀의」

소작회는 2월 24일 다시 회의를 속개하여 경찰의 간섭에도 불구하고 회칙 수정 등을 통과시켰는데, 그 내용은 1) 회장제도를 위원제도로 변경하여 박인배(朴仁培) 외 19인을 선정함, 2) 논의 소작료는 5할로 하던 것을 4할 이내로 할 것, 다만 경작지 1평에 대해 총수확고가 1되5홉 이상 되는 논은 소작료를 5할, 1되5홉 이하 1되까지는 4할, 1되 이하 5홉까지는 3할, 5홉 이하는 2할씩을 지주에 납부할 것 등이었다.44 진도 경찰이 이날 총회의 결의를 묵인한 것으로 보아 소작회의 이같은 안은 아마도 지주측과 일정한 타협 속에서 나온 것으로 보인다. 실제로 경찰과 군(郡)이 개입하여 지주에게 강압적 태도를 취하는 것은 소작인의 계급의식만을 치열하게 할 우려가 있다고 설득하고, 소작인에게는 투쟁을 계속한다면 장래 소작인에게 불리한 일이 있을 것이라고 협박하여 소작료는 5할로 할 것, 다만 관습 또는 사정에 의해 그 이하로 할 수 있다는 것으로 조정을 하였다고 한다.45

결국 이 소작쟁의는 지주측과 소작인측이 어느 쪽도 일방적인 승리를 거두지 못한 가운데 타협에 의해 마무리되었다고 할 수 있다. 그러면 이 소작쟁의를 지도한 이는 누구였을까. 그것은 소진호(蘇鎭浩), 박종협(朴鍾浹), 박순직(朴淳稷) 등이었을 것으로 짐작된다. 소진호는 진도소작쟁의를 1925년 1월에 개최된 전남해방운동자동맹 임시총회에 보고한 인물이다. 그는 이후 진도필연단의 조직을 주도하며, ML파로서 이후 신간회 광주지회에 참여하였다가 제3,4차

---

43 朝鮮總督府官房文書課, 앞의 책, 44~45쪽.
44 『조선일보』1925년 2월 25일 「엄중경계리에 진도소작결의, 직제변경과 소작료 기타」
45 朝鮮總督府官房文書課, 앞의 책, 45쪽.

조선공산당 사건에 연루되어 징역 2년에 집행유예 5년형을 언도받았다.46 또 1930년대 적색농민조합에 관여한 박종협의 신문기록을 보면 박종협은 1924년 7월 진도소작인회를 조직하여 그 총무가 되었고, 소작쟁의를 지도하였다고 한다. 이로 미루어 박종협도 이 쟁의에서 중요한 역할을 하였을 것으로 짐작된다. 또 이 쟁의와 관련하여 경찰에 의해 구속된 박순직도 주요 인물이었을 것으로 추정된다.

3) 청년운동

1924년 『조선일보』 기사에 의하면, 진도군 청년회에서는 노동자와 부녀자를 위해 노동야학과 부인야학을 개설했다고 한다.47 이로 미루어 볼 때 진도에서도 1924년 이전에 진도청년회가 조직되어 있었을 것으로 추정된다. 또 1925년 『시대일보』 기사에 의하면, 진도청년회는 임원회를 열고, 1) 회관 소재지인 진도읍에서 연 4회의 정기강연과 연 1회의 각 면 순회 강연, 그리고 임시강연회를 개최하여 계급적 의식을 대중에게 철저히 알려 줄 것, 2) 노동야학을 계속하여 1년 동안 국문과 간이한 계산법을 가르칠 것, 3) 매월 월례회를 개최하여 토론을 속행하며, 문예를 장려할 것, 4) 간간이 운동회, 원족회 등을 실행하며, 축구회를 개최하여 회원의 신체를 건전케 할 것 등을 결의하였다고 한다.48 "계급적 의식을 대중에게 가르쳐 줄 것" 등이 들어 있는 것을 보면, 당시 진도청년회는 부르주아적 청년단체에서 사회주의적 청년단체로 서서히 변모해 나가고 있었다고

---

46 이종범, 앞의 글, 76쪽.
47 『조선일보』 1924년 5월 5일 「진도의 신문화향상」.
48 『시대일보』 1925년 5월 17일 「진도청년 임원회 결의」.

추정된다.

바로 이즈음인 1925년 11월 진도에서도 진도필연단(珍島必然團)이라는 사상단체가 만들어졌다. 이 사상단체의 조직을 누가 주도하였는지는 확실하지 않으나 창립대회를 주도한 이는 박인배, 소진호였다. 필연단의 강령은 다음과 같았다.

> 우리는 역사적 필연성인 진화법칙에 의하여 합리적 신사회의 건설을 기하자! 우리는 상부상조의 일치단결로써 민중운동의 충실한 역군이 되자!49

2년쯤 뒤인 1927년 12월 진도신흥청년회가 만들어졌다. 신흥청년회에 어떤 이들이 참여하였는지는 자세히 알 수 없다. 다만 박종협에 관한 기록 가운데 그가 1927년 12월 진도신흥청년회를 조직하였다는 부분이 있다. 신흥청년회는 기존의 부르주아적 청년회를 탈피한 사회주의적 성격을 띤 청년회였을 것으로 추정된다. 그리고 1928년 3월에는 진도청년동맹이 결성되어,50 신흥청년회는 해산되었을 것이다.

진도청년동맹은 박두재, 박종협 등의 지도에 의해 결성된 것으로 보인다. 집행위원장은 박종협이었으며, 그는 선전부장도 겸하였다. 진도청년동맹의 또 다른 중요 인물은 박두재(朴斗在)였다.51 그는 박종협이 일본으로 떠나간 1929년 이후 진도청년동맹을 지도하고 있었던 것으로 보이며, 1930년 5월에는 일본에서 돌아온 오산리

---

49 『동아일보』 1925년 12월 7일 「必然團을 조직, 去三十日 珍島서」
50 『진도적색농민조합』
51 박두재는 확인되지 않으나 진도면에 거주하던 인물로 보인다.

의 조규선도 진도청년동맹에 참여시켜 집행위원과 교육부장을 맡게 하였다.52 박두재는 1930년 11월 조선청년총동맹의 중앙집행위원으로 피선되기도 했다.53 이때 개편된 당시 간부진에는 1933년 자각회를 결성하는 조규선(曺圭先), 곽재필(郭在必), 곽병휘(郭丙輝, 재정부장), 박동인(朴東仁, 운동부장) 등도 참여한 것으로 보인다. 진도청년동맹도 다른 군의 청년동맹과 마찬가지로 각 면에 지부를 결성하려 노력한 것으로 보인다. 예를 들어 조규선은 1930년 고군면 지부 책임을 맡았다고 한다.54

1920년대 진도의 대표적인 운동가는 박종협이었다. 진도면 교동리 출신으로 진도면 동외리에 거주하고 있던 박종협은 이미 3·1운동 단계부터 진도 민족운동의 주요 인물로서 활동하였고 한때 진도기독교청년회 총무를 맡기도 했다. 이후 그는 진도소작회 총무, 진도필연단 멤버, 진도신흥청년회 대표위원, 진도청년동맹 집행위원장 등으로 활약함으로써 진도의 민족운동과 사회운동의 중심인물이 되었다. 그는 1927년에는 신흥청년회 활동으로 작부취체운동에 관계하였다가 출판법위반 및 명예훼손 혐의로 금고 6개월을 언도받기도 했다. 또 1929년에는 일본에 건너가 적화당(赤化黨)에 관계하여 그해 10월 오사카 지방재판소에서 치안유지법 위반으로 징역 2년형을 언도받았다고 한다.55

이상에서 1920년대 진도의 민족운동과 사회운동을 개관해 보았다. 1920년대 진도에서도 부르주아적 청년회, 사상단체, 소작인회,

---

52 『진도적색농민조합』
53 이종범, 앞의 글, 78쪽.
54 『진도적색농민조합』
55 이종범, 앞의 글, 76쪽.

진보적인 청년회 등이 나타났다. 하지만 그들의 활동은 매우 미약한 것이었으며, 신간회 지회는 결성의 논의조차 이루어지지 않았다. 이는 같은 도서지방인 완도 등지와도 크게 차이가 나는 것이었다.

진도의 민족운동과 사회운동은 당시 신문에도 제대로 보도되지 않았다. 그것은 1920년대 진도에는 동아일보, 조선일보, 시대일보, 중외일보 등의 지국이 설치되지 않았기 때문이다. 진도에 신문 지국이 처음 설치된 것은 1934년 중앙일보 지국이 박종협에 의해서였다. 이러한 사실도 당시 진도의 민족운동과 사회운동 세력이 상당히 미약했음을 말해준다.

진도의 민족운동, 특히 사회운동이 미약한 이유에는 여러 가지가 있겠지만, 타지방보다 지주가 적고, 소작농보다는 자작농이 많았다는 것, 즉 계급간의 갈등이 그만큼 적었다는 것이 주요한 배경이 될 것이다. 또 신교육 기관이 취약했던 것도 그 배경의 하나가 될 것이다.

4. 1930년대 자각회의 결성과 적색농민조합 운동

1930년대 이후 진도의 사회운동을 주도하는 마을은 세등리와 인근의 고군면 오산리였다. 오산리(上里와 下里로 구성)는 창녕 조(曺)씨의 동족마을이었다. 이 마을에는 조씨(75% 정도 차지) 외에도 밀양 박씨, 김해 김씨가 섞여서 살았다. 세등리는 현풍 곽씨의 동족마을이었다. 세등리의 곽씨들과 오산리의 조씨들은 서로가 양반 성씨라고 자처하고 있었고, 따라서 이들은 빈번하게 혼인 관계를 맺었다. 세등리 곽씨가 혼인관계를 맺은 성씨 가운데 가장 많은 성씨가 창녕 조씨이고, 다음이 밀양 박씨였다.

1) 자각회의 결성과 해산

세등리와 오산리 청년들이 본격적으로 진도의 민족운동을 주도하기 시작한 것은 1930년대의 일이었다.[56] 여기서 가장 중요한 역할을 한 인물이 오산 상리의 조규선이었다. 조규선(曺圭先)은 1910년 조계환의 아들로 태어나[57] 광주고보 3학년 재학 때인 1929년 6월 중퇴하고 도일하여 제강회사 직공으로 있다가 1930년 1월 귀향하여 진도청년동맹의 교육부장이 되었다. 그해 12월 그는 다시 도일하여 히로시마의 관서자동차학교에 입학, 1931년 전협계(全協系)의 노동운동에 참여하였고, 1932년 1월 귀향하였다.

조규선은 귀향하여 오산리에서 가까운 세등리의 곽재필과 협의, 1933년 1월 비밀결사 자각회(自覺會)를 조직하게 된다. 곽재필은 현풍 곽씨 중파의 인물로서, 곽병문의 아들이며, 당시 500석 가량의 지주였다. 토지대장에서 보면 1931년 곽병문은 7,500여평의 전답을 소유한 세등리의 가장 큰 부농이었다. 그의 집은 세등리의 중앙에 있었다. 재판기록에 의하면 그는 1911년에 태어나 12세 때인 1923년 부친과 사별하고 2만 원의 재산을 물려받았다고 한다. 그는 진도공립보통학교를 졸업한 뒤 1930년 4월 경성고등예비학교 중학과에 입학, 1년 수료한 뒤 퇴학하였다고 한다. 그는 이해 여름 방학 때 귀

---

56 이하 서술은 주로 『진도적색농민조합』 및 관련 사건 판결문(김경일편, 『한국민족해방운동사자료집』 7)에 실린 자료를 참고하였으며, 따로 주를 달지 않겠다.
57 『昌寧曺氏正言公派世譜』, 370쪽.

향하여 진도청년동맹 간부인 박두재 등의 지도에 따라 좌익서적을 읽기 시작했고, 학교를 퇴학한 뒤에 귀향하여 10여 권의 좌익서적을 입수 탐독하였다고 경찰기록은 쓰고 있다.

조규선과 곽재필은 1932년 9월 초순 세등리 곽재필의 집 거실에서 비밀결사 과학연구 서클을 조직할 것을 협의하고 동지를 획득하는 작업에 나섰다. 그들은 광주학생사건 때 목포상업학교 학생으로 이에 참여하였다가 퇴학당하고 옥고를 치른 송산리 출신 박종식(朴鍾殖)과 접촉하게 된다. 그러나 박종식은 그같은 조직을 결성하는 데 반대했다. 이들은 다시 박종협과 박동인, 임재옥, 이재석과 접촉하여 그들의 동의를 얻게 된다.[58]

조규선과 곽재필은 1932년 12월 22일 저녁 곽재필의 집에서 만나 비밀결사 조직에 대한 구체적인 협의를 한 끝에 결사의 명칭을 '자각회'로 하고, 박종협·박동인·곽병휘·이재석 등을 멤버로 하기로 결정했다. 이들은 1933년 1월 15일 곽재필의 집에서 모여 비밀결사 자각회의 발회식을 가졌다. 이날 발회식에서는 조규선이 만든 규약, 자각회 선언 등을 검토하였다. 규약은 가입, 제명, 책임부서, 대회, 월례회, 회계 등 12개조로 구성되어 있었다. 회비는 월 20전으로 결

---

[58] 박동인(朴東仁)은 진도면 동외리의 중류의 농가에서 태어나 진도공립보통학교를 졸업한 뒤 1928년 4월 광주농업학교에 입학하여 1930년 1월 광주학생사건 시 구속자 석방을 요구하는 시위에 연좌되어 1930년 10월 보안법 위반으로 금고 4월, 집행유예 5년을 선고받은 경력이 있었다. 그는 귀향한 뒤 1931년 8월 진도청년동맹에 가입하여 운동부장을 맡았다. 그는 박두재와 조규선 등의 지도에 의해 민족의식 및 공산주의 의식을 갖게 되었다고 한다. 이재석(李在石)은 고군면 도평리의 하류 농가에서 태어나 하등 학력이 없고, 1930년 10월경 일본에 도항하여 오사카에서 노동을 하면서 노동운동에 대해 어느 정도 인식을 갖게 되었고, 1933년 4월초순 귀향하여 자각회에 잠시 참여한 뒤 다시 6월에 일본에 건너갔다.

정하였다. 선언은 국제관계의 위기로부터 소비에트 러시아를 구하고 사유재산제도를 부인하고 용기있는 청년은 자각회에 모여 현 사회에 감연히 투쟁할 것 등의 내용으로 되어 있었다고 한다. 운동방침으로서는 『프로과학』『아등(我等)의 과학』『대중의 벗』『신계단』 기타 코프 출판물 등을 교양부가 구입하여 이를 책임지고 윤독시키며, 이들 텍스트는 조규선의 집에 보관하고, 조선일보는 교양부장 집에 설치하며, 주요 기사는 월례회에서 설명할 것 등으로 결정하였다. 각 부서와 그 책임자는 다음과 같이 정해졌다.

  책임 : 조규선
  교양부장 : 박동인(朴東仁), 부원 조규선
  조직·재정부장 : 곽재필, 부원 : 이재석(李在石)
  조사부장 : 박종협, 부원 곽병휘.59

 위와 같은 운동방침에 따라 그들은 1933년 2월 1일 곽재필의 집에 모여 제1회 정례회의를 갖고 회비를 징수하고, 동지 획득 및 텍스트 구입 등에 관해 협의하였다. 2월 중순경에는 다시 진도면 교동리 박종영의 집에서 제2회 정례회를 열어 이재석의 제의로 동아통항조합의 진도지부를 조직하자는 데 찬성의 의견을 교환하였다. 3월 중순에는 조규선의 집에서 제3회 정례회를 열어 조규선이 소지한 『비판(批判)』 및 회비로써 구입한 『신계단(新階段)』 1933년 2월호를 윤독하였다. 곽재필은 추가 회원모집을 위해 군내면 둔전리 이승창(李承昌)을 접촉하였으나 가능성이 없어 이를 포기하였고, 4월

---

59 곽병휘(郭丙輝, 1904년생)는 곽재필(1911년생)의 숙부가 되는 이로 진도공립학교 부설 육영학교 4년을 마치고 진도청년동맹 재정부장을 맡았었다.

상순 같은 동리의 곽병관을 접촉하였으나 그가 침착하지 않은 인물로서 비밀누설의 우려가 있다고 생각하여 그에게 대신 독서회를 조직하도록 권유하였다. 곽병관(1918년생)은 중류의 농가에서 태어나 9세에 부친과 사별하고 1932년 13세때 고성공립보통학교를 졸업하고 이후 곽재필의 영향을 받아『오늘의 세상(今の世の中)』등 8권의 좌익서적을 받아 읽기 시작하여 공산주의적 의식을 갖게 되었다고 한다.

이같은 활동을 펴던 자각회는 1933년 4월 21일 갑작스럽게 해산하였다. 조규선은 이즈음 광주에 나가 허영석(許永錫: 姜永錫의 오기인 듯-필자)을 만나[60] "현하의 실천운동에서 조직체를 유지하는 것은 단결로부터 파괴로 빠져 헛되이 희생자를 낼 우려가 있다. 각자가 잠행적 활동으로 기다리는 것만 같지 못하다"는 말을 듣게 된다. 조규선은 강영석의 말에 따르기로 결심하고, 4월 21일 곽재필의 집에서 그와 만나 자각회원들의 열의가 없으니 차제에 해산하고 각자 독자적인 활동을 하기로 협의, 결정하고 그 뜻을 회원들에게 통고하였다. 자각회는 회원 전체가 모인 자리가 아닌 조규선과 곽재필의 뜻에 의해 해산되었던 것이다.

한편 곽재필이 곽병관을 시켜 만들려 한 독서회는 그해 7월 상순 곽병관과 곽재헌(郭在憲)의 회합에서 결성에 합의를 보고, 9월 중순 세등리의 서당에서 곽재중(郭在中)·곽재인(郭在仁)·곽재의(郭在儀)·곽종언(郭鍾彦)·곽재환(郭在煥) 등 5명이 회합하여 독서회 조직을 결의하고,『오늘의 세상(今の世の中)』라는 책자를 놓고 토론 중, 다른

---

[60] 강영석은 제3·4차 조선공산당 전남 고려공청 광주책임을 맡았다가 징역 2년 6월을 선고받은 인물이다. 그는 광주학생운동의 모태인 성진회의 결성을 지도한 인물로서, 광주지방 청년운동의 대표적 인물이다.

사람(곽유배)이 들어와 독서회 조직의 절차를 밟지 못하고 말았다. 곽재헌(1917년생)은 뒤에 보는 곽재술의 동생으로서 4세 때 실부와 사별하고 1932년 3월 15세 때 고성공립보통학교를 졸업하고 이후 농업에 종사하고 있었다. 곽재중(郭在中)은 곽재중(郭在仲, 1917년생)과 동일 인물로 보이며, 그는 세등리 곽병환의 장남이었다. 곽병환의 생부는 세등리의 제일부자였던 곽태호이며, 따라서 곽병환은 곽병문(곽재필의 父)의 동생이었다. 곽재의(郭在儀)는 곽재의(郭在義, 1920년생)와 동일 인물로 보이며, 그는 곽재필의 동생이었다.

자각회와 독서회 참여자를 표로 정리한 것이 <표 6-9>이다. 여기서 보듯이 참여자는 대부분 세등리, 동외리, 오산리의 청년 혹은 청소년들이었다. 이 표에서 보듯 참여자들 가운데에는 지주(부농)의 아들이나, 중농·빈농의 아들들이 섞여 있었다. 그러나 그 가운데 가장 큰 비중을 차지한 것은 중농의 자제들이었다고 할 수 있다.[61] 그리고 그들은 학력상으로 보통학교 졸업자 및 재학생, 그리고 고등보통학교 중퇴자들이 많고, 기타 서당에서 공부한 이들이 포함되어 있었다.

---

61 여기서 부농·중농·빈농은 판결문에서 상류·중류·하류의 농가라고 지칭한 것과, 진도군 토지대장에서 각각의 토지소유가 6천평 이상, 3천~6천평, 3천평 이하에 해당하는 경우를 참고하여 구분한 것이다.

〈표 6-9〉 자각회 및 독서회 참여자

성명	생년(1933년 당시 나이)	참여내용	거주지	경제 형편	학력	비고 (경력, 관계)
조규선	1910년생 (23세)	자각회 책임	고군면 오산리		광주고보 중퇴	일본서 노동운동
박동인		자각회 교양부장	진도면 동외리	중농	광주농업중퇴	광주학생사건시 구속
곽재필	1911년생 (22세)	자각회 조직, 재정부장	세등리	지주(부농) 의 아들	경성고등예비학교 중학과 1년 수료	중파 (곽병문의 아들)
박종협	1901년생 (32세)	자각회 조사부장	진도면 동외리		서당	보향단 만세운동 참여
이재석		자각회 조직, 재정부원	고군면 도평리	빈농	무학	일본서 노동
곽병휘	1904년생 (29세)	자각회 조사부원	세등	중농	진도보통학교부설 육영학교졸	중파 (곽재필의 숙부)
곽병관	1918년생 (15세)	독서회	세등	중농	고성보통학교 졸	중파 (곽치덕의 아들)
곽재헌	1917년생 (16세)	독서회	세등	중농	고성보통학교 졸	중파 (곽재술의 동생)
곽재중	1917년생 (16세)	독서회	세등	중농	고성보통학교 졸	중파(곽재필 사촌동생)
곽재인	1920년생 (13세)	독서회	세등	중농	고성보통학교 재학중	중파(곽재필 사촌동생)
곽재의	1920년생 (13세)	독서회	세등	부농	고성보통학교 재학중	중파(곽재필의 친동생)
곽종언	1920년생 (13세)	독서회	세등	중농	고성보통학교 재학중	계파

　이상에서 살핀 것처럼 자각회는 사상 학습에 그 주된 목적을 둔 일종의 독서회 조직이라고 할 수 있을 것이다. 그리고 참여자는 주로 인텔리 청년들이었으며, 그들을 따르던 청소년들이 그 주변에 따로 독서회를 구성하려 하다가 미수에 그쳤다고 정리할 수 있다.

2) 진도적색농민조합의 결성

자각회가 해산된 뒤 세등리와 오산리를 중심으로 다시 결성된 조직이 진도적색농민조합이다. 이를 처음 발의한 것은 곽재술(郭在述)이었다. 곽재술은 1910년생으로 곽씨 문중의 중파에 속한다. 그는 1929년 3월 고성공립보통학교를 졸업하고 경성 사립중동학교에 진학하여 1933년 3월 졸업한 뒤 그해 4월 보성전문 법과에 진학하였다. 그러나 그해 10월 14일 곽재술은 보성전문을 중퇴하고 귀향하게 된다. 그는 중동학교 재학 중에 사회과학에 뜻을 두고 『오늘의 세상(今の世の中)』・『유물사관』・『맬더스자본론』 등 공산주의 서적을 읽기 시작하여 이에 공명하기에 이르렀다고 한다. 그는 보성전문에 진학한 뒤 그해 4월 동교생 조규영(趙圭英)과 공모하여 경성부 원정(元町)에 있는 세창고무공장 여공 김수부(金水夫)・김유순(金柔順) 등에게 독서회를 결성하도록 시도하던 중에 4월 하순 이 고무공장에서 임금인하를 발표하자 김수부로 하여금 동맹파업을 감행하도록 하여 그 선동・사주의 혐의를 받고 경성 서대문경찰서에서 구류 25일의 처분을 받기도 하였다.

그는 귀향 직후인 10월 17일 곽재필・조규선과 함께 진도공립보통학교 운동회에서 돌아오는 도중 고성리의 노상에서 사회운동에 관한 의견을 교환하던 중 조규선으로부터 자각회 해산의 경위를 듣고 새로운 농민운동의 조직체를 결성할 것을 제의하였다. 이에 조규선과 곽재필도 찬성하여,[62] 이들은 1934년 1월 17일과 2월 6일 두 차례 모임을 갖고 진도군의 농민운동 지도기관의 결성을 준비하였

---

[62] 조규선은 목포에 나가 선배 朴鎔雲 등의 의견을 들은 결과 곽재술의 견해가 옳다고 확신하게 되었다고 한다.(판결문)

다. 2월 중순의 모임에서 투쟁기관의 명칭을 놓고 조규선이「진도 전위동맹」으로 할 것을 제안한 데 대해 곽재술은 실천적 의미의「진도적색농민조합」으로 하는 것이 가하다고 주장하여 곽재술의 의견대로 결정되었다. 이후 이들은 동지의 획득, 선언과 행동강령의 준비 등에 착수하였다.

이들 3인 외에 진도적색농민조합의 멤버로서는 박종협·박종춘 등이 참가하기로 결정되었다. 박종춘은 오산리의 하류 농가에서 태어나 1930년 고성공립보통학교를 졸업하고 집에서 농사에 종사하였으며, 1932년 7월에는 오사카에 건너가 노동에 종사하였고, 1933년 귀향하여 조규선과 교유하면서 그로부터 사상적 지도를 받았다고 한다.

한편 3월에는 박종협이 중앙일보 진도지국장이 되어 지국을 개설하고, 곽재술을 기자로 채용하였다. 당시 이들은 중앙일보 진도지국을 농민대중을 지도 계몽하기 위한 기관으로 삼는다는 구상을 가졌다.

마침내 1934년 4월 17일 고군면 고성리 남방의 첨찰산 송림 중에서 이들 5인은 모임을 갖고 "진도군에서의 무산대중 혁명운동기관으로서 진도농민조합이라는 비밀결사"를 결성하기로 결정하였다. 이 자리에서는 규약(가입·제명·책임부서·대회·예회·세포조직·회계 등 23개조의 내용)이 축조 심의 끝에 가결되었고, 선언과 행동강령도 가결되었다.

「진도적색농민조합선언」은 곽재술이 기초한 것으로, 그 내용을 요약하면 다음과 같은 것이었다.

    1. 객관적 정세
    (국제정세) 세계 자본주의 열강의 정치경제적 위기는 다음과 같은

사실로서 명확하다. 가) 군비확장, 나) 경제공황 심각화, 다) 관세장벽 공고화, 라) 파시즘정치 대두. 이상과 같이 자본주의 국가의 위기는 일층 첨예화되고 자본주의 자체의 모순은 의연 존속·확대되고 있다.

(각국정세) 경제적으로 금본위제의 정지, 인플레정책 등은 이미 금융공황을 야기하고 도시·농촌은 실업문제·농업공황으로 실로 비참한 지경이 되었다. (하략)

(조선정세) 전 인구의 8할이 농업을 주업으로 하는데, 그 생활상태는 소지주·자작농은 해마다 몰락하여 자소작농이 되고 나아가서는 소작농으로 전락하여 소작농이 해마다 증가하고 있는 데서 알 수 있듯이 경제적 파탄에 직면해 있다.

(진도상황) 조선의 한 지방으로 조선의 경제상황과 동일하지만 특수적 지위에 있음도 적지 않은데, 이는 경제적으로 보면 일반 타지방보다 여유가 있음은 명백하지만, 소수 어업자를 제외하고 거의 전 군민이 농업을 주업으로 삼고 있고, 그 반수 이상이 소작농인 상태에서 전 수확의 7·8할을 소작료로 착취당하는 실정이다.

2. 주관적 정세

(각국정세) 노동계급과 농민계급은 불안한 생활에서 일탈하고자 맹렬히 투쟁하고 있으니 동맹파업, 실업자데모, 소작쟁의의 건수가 날로 늘어가고 있다.

(조선상황) 조선은 농업국으로 수개의 공업도시를 제외하고는 거의 농업지방이다. 공업도시 및 농업지방에서는 노농계급의 비애원성(悲哀怨聲)의 결정체인 동맹파업, 소작쟁의가 폭발하고 있다. 양적으로 해마다 증가를 보이고 있음은 명백하지만, 그 요구가 관철되는 바 거의 없고, 비참하게도 패배와 타협으로 끝나고 있으며, 오히려 이전보다 더욱 참혹한 착취를 받게 되는 상황이 되고 있다.

(진도상황) 진도는 유사 이래 아직도 일찍이 소작쟁의다운 대중적 궐기는 볼 수 없었다. 다만 십수년 전에 소작인회라는 타협적 단체가 있었지만, 자멸하고 말았다.

3. 우리의 운동방침

이렇듯 살핀대로 자본주의 사회에 있어 지주계급이 농민계급의 생활을 여하히 빈궁케 하며 나아가서 농민생활 자체를 위협하고 있음을 알 수 있다. 우리는 이에 사유재산제도 부인을 전제로 지주계급을 타파하고 농민생활을 안정하게 보장하기 위해 진도에 적색농민조합을 조직할 것을 선언한다. 우리는 대중적 결의하에 일상농민생활에 직접 영향이 있는 제 문제를 본 조합의 행동강령으로 하고 활동할 것을 맹세한다.

* 잠정적 행동강령
1) 소작료 반감
2) 무조건 소작권 이동 반대
3) 소작계약에 따른 5인제 및 연대보증인제 폐지
4) 고용자 월급제도 실시
5) 소작쟁의단의 설립 자유
6) 전매제도(담배·술) 반대
7) 세금 반감
8) 입도차압(立稻差押) 반대
9) 농지령(農地令) 실시 철저화
10) 노동자와 농민이 제휴
11) 농민교양을 위한 농민야학 설립 자유
12) 농민조합과 노동조합의 제휴
13) 조합원 획득.[63]

위의 강령 13개조를 보면 다른 적색농민조합들과 같이 농민들의 현실적 문제에 깊이 개입하려 하고 있었음을 알 수 있다. 그런데 여기서 주목할 것은 당시 다른 지역에서 등장하던 정치적 성격의 강

---

63 이상 이종범, 앞의 글, 82~83쪽 참조.

령들이 전혀 보이지 않는다는 점이다. 예를 들어 함남 정평지역 정평농조재건위원회는 1933년 8월에 채택한 강령에서 '제국주의 전쟁 반대' '제국주의 타도' '일선프롤레타리아 제휴' '중국혁명의 적극적 원조' '소비에트 사수' '조선공산당 재건촉진' 등을 넣었다.[64] 하지만 진도적농의 경우에는 이같은 정치적 강령은 전혀 포함되어 있지 않았다. 대신 소작농민들의 일상적인 이익을 옹호하기 위한 강령과 농민조합의 활동 방향을 제시하는 내용으로 주로 채워져 있다. 그들은 "일상농민생활에 직접 영향이 있는 제 문제를 본 조합의 행동강령으로 하고 활동할 것을 맹세한다"고 할 정도로 이러한 원칙을 확실히 하고 있었다. 하지만 진도 적농도 운동방침에서 궁극적으로는 사유재산제도의 폐지와 지주계급의 타파를 목적으로 한다는 것을 확인하고 있었다. 한편 농민조합의 조직은 다음과 같이 정하였다.

　　　책임 : 조규선
　　　교양부장 : 곽재술, 부원 : 박종협
　　　조직·재정부장 : 곽재필, 부원 : 박종춘

여기서 주목할 것은 부서로서 교양부와 조직부, 재정부만을 설정하고 있다는 것이다. 여기에는 다른 적농들이 갖추고 있던 선전부나 쟁의부 등이 보이지 않는다.[65] 이는 진도 적농이 아직은 실질적인 행동의 단계가 아니라고 판단하여 우선은 조직과 교양에 중점

64　지수걸, 1993, 『일제하 농민조합운동 연구 -1930년대 혁명적 농민조합운동-』, 역사비평사, 235쪽 참조.
65　정평농조의 경우 조직부·조사부·선전부·교양부·쟁의부·부인부 등의 부서를 갖추고 있었다. 이준식, 1993, 『농촌사회변동과 농민운동 -일제침략기 함경남도의 경우-』, 민영사, 297쪽 참조.

을 두는 데 그치고 있었음을 보여주는 것이다. 한편 이들은 각 개인별 활동 구역을 다음과 같이 정하였다.

    진도읍내 방면 : 박종협·조규선
    고군면 방면 : 곽재술·박종춘
    군내면 방면 : 곽재필

  여기서 주목할 것은 의신면과 임회면 등에 진출할 계획은 전혀 없다는 점이다. 그들의 인맥이나 영향력은 위의 지역, 즉 진도읍 이북 지역에 한정되어 있었던 것이다. 진도군 내에서는 진도면을 경계로 그 북쪽의 고군면·군내면을 북촌으로, 남쪽의 의신면·임회면·지산면을 남촌으로 부른다. 당시 의신면의 면소재지는 돈지리였고, 임회면의 면소재지는 석교리, 지산면의 면소재지는 인지리였다. 그리고 의신면 칠전리에는 밀양 박씨들의 동족마을이 있었고, 임회면 침계리에 창녕 조씨, 임회면 삼막리에 진주 하씨, 호구리에 창녕 조씨와 진주 하씨, 남동리에 김해 김씨의 동족마을이 있었다. 또 지산면에는 인천리에 순창 설씨, 상보리에 김해 김씨 등의 동족마을이 있었다. 농민조합은 이들 남촌에는 조직을 침투시킬 엄두를 못내고 있었던 것이다. 아마도 이는 남촌과 북촌이 생활권이 분리되어 평소에 이렇다 할 교류가 없었던 것, 그리고 남촌 출신으로 이 운동에 참여할만한 사람들이 없었다는 것 등이 이유가 되었을 것이다.

  한편 이들은 운동방침으로서는 동지획득에 전념할 것, 서기국 예회는 매월 2회(5, 20일 전후)에 책임자의 소집에 의해 열며, 텍스트는 각자 소지한 서적을 윤독하고 교양부에서 추가로 코프 출판물을 구입하여 윤독할 것, 회비는 30전으로 매월 20일까지 징수할 것 등을 결정하였다. 이에 따라 그들은 고군면 오산리에서 조병하(曺秉

河)·조규린(曺圭麟)과 접촉하여 이들을 조합에 가입시켰다.

조규린은 1914년 오산리의 중류의 농가에서 태어나 1930년 고성공립보통학교를 졸업하고 집에서 농사에 종사하고 있었으며, 1934년 초부터 조규선으로부터 사상적 지도를 받았다고 한다. 조병하는 1912년 오산리의 중류 농가에서 태어나 1929년 역시 고성공립보통학교를 졸업하고 1931년 4월 일본으로 건너가 노동에 종사하다가 그해 6월 다시 귀향하여 농사에 종사하고 있었다. 그는 1934년 4월 경부터 조규린과 함께 조규선과 박종춘으로부터 사상적 지도를 받았다고 한다.

이후 이들은 5월 이후 7월까지 매월 2차례의 월례회를 가졌다. 장소는 회원의 집 또는 사찰 등지였다. 하지만 5월 20일 회의는 회합자가 적어 유회되었고, 6월 5일 회합도 역시 참석자가 없어 유회되었다. 6월 20일 회의 조규선·곽재술·곽재필·조규린 등 4명이 참석하여 회의가 열렸으나, 조규선은 곽재술과 곽재필이 2회 연속 병을 이유로 결석한 데 대해 힐문하였고, 두 사람은 이에 대해 사과하였다. 이날 회의에서는 규약 10조에 따라 조병하·조규린을 멤버로 한 오산리지구위원회의 결성을 승인하였다. 그러나 7월 5일의 모임에도 곽재술·곽재필은 참석하지 않았고, 조병하·조규린만 참석하였다. 당시 박종협은 부친의 중병과 사망으로 인하여 참석하지 못했다. 여기서 진도적색농조는 위기를 맞게 된 것으로 보인다.

8월 1일 오산리 조씨 문중 재각에서 열린 제6회 서기국 정례회에는 박종협 외에 모든 이들 참석하였다. 그런데 이 자리에서 곽재술은 일신상의 이유를 들어 교양부장을 사임하겠다고 말하였다. 그리고 이것이 받아들여지지 않으면 회를 탈퇴하겠다고 나왔다. 이에 조규선과 곽재술 사이에 쟁론이 벌어졌고, 결국 한 사람의 사임은 해체와 같다는 데 의견 일치를 보아 조합의 해체를 결정하기에 이르렀다. 마지막으로 곽재술의 반전데이의 의의 설명이 있은 뒤 모임은 해산하였고, 이로써 진도적색농민조합은 결성 4개월 만에 해체에 이르렀다.

이같이 진도적농이 창립 이후 이른 시일 내에 해체에 이른 까닭은 어디에 있었을까. 그것은 창립 당시 명칭 문제를 둘러싼 논쟁에서도 보이듯 조규선은 전위동맹과 같은 사상주입을 위주로 한 결사의 노선을 선호하였고, 곽재술은 농민조합과 같은 실천운동을 위주로 한 결사의 노선을 선호하였던 것으로 보인다. 그러나 곽재술의 경우, 진도에서 그는 실천운동의 경험이 전혀 없었고, 따라서 스스로의 노선을 관철시킬만한 조건을 갖고 있지 못했다. 결국 처음 농민조합 결성을 제의했던 곽재술은 주객관적 조건이 자신이 생각과는 많은 차이가 있음을 확인할 수밖에 없었고, 여기서 소극적인 태도로 전환하여 결국 조합을 포기하기에 이른 것이 아닌가 여겨진다.

한편 비슷한 시기 완도·해남·강진 등에서 결성된 전남운동협의회 산하의 각 군별 적색농조의 경우, 각 마을에 농민반과 청년반 등을 조직한 바 있었다. 그러나 진도적농의 경우에는 오산리지구위원회 식의 세포조직을 결성하려 하였다. 이는 농민조합의 세포조직과는 거리가 먼 것이었다. 함남 정평농조 재건위원회의 경우, 각 마을에 반을 구성하고 면의 지부위원회와 마을의 반을 연결하는 조직으로서 지구위원회를 만들었다.[66] 하지만 진도 적농은 이와는 전혀 다른 의미로서 각 마을의 반 조직을 그렇게 부른 것에 지나지 않는다. 또 오산리에는 세포조직이 여럿 있는 것도 아니었다. 이러한 것들은 진도 적농의 조직 사업이 그만큼 미약하였다는 것을 보여주는

---

66 지수걸, 앞의 책, 231쪽.

것이다. 따라서 이들의 적색농조 운동은 타지역에 비해 매우 미숙한 수준에 있었고, 이는 1920년대 이후 진도의 민족운동 세력이 전반적으로 취약했던 사정의 연장선상에 있는 것이기도 했다.

〈표 6-10〉 진도 적색농민조합 운동 참여자

성명	생년(1934년 당시 나이)	참여 내용	거주지	경제형편	학력	비고
조규선	1910년생 (24세)	책임	오산리		광주고보 중퇴	자각회 참여
곽재술	1910년생 (23세)	교양부장	세등리	중농의 아들	보성전문학교 중퇴	서울서 노동운동
곽재필	1911년생 (23세)	조직·재정 부장	세등리	지주(부농)의 아들	경성고보 예비학교 중학과 1년수료	자각회 참여
박종협	1901년생 (33세)	교양부원	진도면 동외리		서당	자각회 참여
박종춘	1914년생 (?)	조직·재정 부원	오산리	빈농의 아들	고성보통학교 졸	일본에서 노동
조병하	1914년생 (20세)	오산리지 구위원	오산리	중농의 아들	고성보통학교 졸	일본에서 노동
조규린	1912년생 (22세)	오산리지 구위원	오산리	중농의 아들	고성보통학교 졸	

진도 적농에 참여한 이들의 성격을 분석해보자. 〈표 6-10〉에서 보는 바와 같이 이들의 다수는 자각회에 참여한 이들이었거나 외지에서 노동운동에 참여 혹은 경험을 한 이들이었다. 그들의 거주지는 대부분 오산리와 세등리였고 지주(부농)의 아들부터 중농, 빈농의 아들까지 다양한 성분을 보였다. 대체로 중농이 더 우세한 경향을 보였다. 학력은 보통학교 졸업 수준이 가장 많고, 전문학교를 중퇴한 곽재술 같은 이도 있었다. 당시 보통학교에 진학하기 위해서

는 중농 이상은 되어야 했다고 한다. 결국 진도 적농은 곽재술이라는 노동운동을 경험한 인텔리가 귀향하여 기존의 자각회 회원과 외지의 노동운동 경험자들과 함께 조직한 것이었다. 그러나 적농을 지향하던 곽재술과, 일종의 전위조직을 지향하던 조규선 간의 지향점에 차이가 있었던 것으로 보인다. 또 진도는 사회운동 역량이 매우 취약하여 곽재술이 지향하는 적색농조의 구성은 현실적으로 매우 어려웠다. 이 때문에 진도적농은 조기에 해산되고 만 것으로 보인다.

하지만 진도 적농이 존속했던 기간, 그리고 해산 이후 이에 참여했던 이들은 이후 세등리의 청소년들에게 큰 영향을 미친 것으로 보인다. 앞서 본 것처럼 1933년 9월 곽병관을 중심으로 한 독서회 결성 움직임이 있다가 실패로 돌아간 일이 있었다. 이듬해 1934년 3월 서당 교사로 있던 곽병관은 곽정배(郭正培)로부터 세등리에서 한 때 조직되었다가 유명무실해진 유년구락부를 부활하고 서당에 야학을 개설해줄 것을 부탁받게 된다.[67] 곽정배는 세등리 하류의 농가에서 태어나 어려서 서당에서 한문을 배웠고, 이후 농업에 종사하였다. 그는 1933년 곽병관으로부터 『오늘의 세상(今の世の中)』을 받아 읽고 그로부터 사상적 지도를 받았다. 곽정배의 부탁을 받은 곽병관은 4월 중순경 서당에서 유년구락부원 12,3명을 불러 유년구락부를 부활시켰다. 또 곽병관은 낮에 아동들을 가르치는 일 외에도 밤에 야학을 개설하여 남학생 12명, 여학생 5명을 모아 『노동독본』을 교재로 토론식 수업을 진행하였다.

---

67 곽병관은 1918년생으로 1934년에는 만 16세의 소년이었다. 따라서 그가 서당 교사였는지는 확실치 않다 곽종언의 증언에 따르면 곽병관은 서당 교사는 아니었다고 한다(2000.6.29 증언).

1934년 8월 15일 곽병관은 곽재술에게 소인극(素人劇:아마츄어연극)을 하나 만들어 줄 것을 부탁하였다. 이에 곽재술은 「지도원의 강연」이라는 연극 대본을 만들고 직접 서당의 아동들인 곽정배·곽병운(郭丙雲)·곽재근(郭在根)·곽재림(郭在林)·곽종언(郭鍾彦) 등을 지도하여 8월 23일 밤에 마을의 곽병환의 집에서 마을 주민 2백여 명이 모인 가운데 연극을 열었다.[68] 이 연극은 24일 밤 둔전리 김남원의 집에서도 주민 150여 명이 모인 가운데 공연되었다.

연극의 내용은 농촌은 몰락하고 있음에도 불구하고 농민부담은 늘어나고, 농사개량이라는 것도 세금을 거두기 위한 수단, 자본주의의 착취 수단의 하나에 지나지 않는다는 것, 그리고 농사지도원이 부르짖는 농사개량의 근검 저축이라는 것도 실은 기아선상에서 헤매는 조선민중을 더욱 기아상태로 몰아넣는 기만정책에 불과하다는 것이었다. 그리하여 지도원의 강연중 군중 가운데에서 누군가가 강연을 중지하라고 요구하며 다음과 같이 강연의 허구성을 폭로한다는 내용이었다.

> 당신을 출장 보낸 농회는 마땅히 농민을 지도하지 않고 기만적 책동을 드러내고 있다. (중략) 농사개량이라고는 하지만 농민생활에서 하등의 이익도 되지 않고 단순히 납세 독려에 편리하게 하고자 할뿐이니 힘써 일해도 7·8할은 소작료·비료대 등으로 가져가 버리니 죽 끓일 식량도 없다.

이러한 내용은 당시 일제의 농촌진흥운동을 비판하는 것이라 볼

---

68 앞서 본 것처럼 곽병환은 곽병문의 동생이며, 곽재중의 아버지로서 이 마을의 가장 큰 부자 중의 하나였다.

수 있다. 그런데 이 공연이 있은 지 얼마 되지 않아 당시 군내면장이던 곽두인(郭斗仁)은 농촌진흥실행조합에 저축맥(貯蓄麥)의 납부를 미루던 곽재술의 어머니를 구타한 사건이 일어났다. 이에 격분한 곽재술은 곽두인을 구타하였고, 『중앙일보』에 이를 기사화하였다. 식민지 경찰은 이때부터 야학을 조사하고, 곽재술을 구금한 가운데 진도농민조합의 조직을 밝혀내, 관련자들을 모두 검거 조사하였다. 결국 조규선·박종협·곽재술·곽재필 등 4명은 치안유지법 위반으로 기소되어 각각 2년 6월의 형을 선고받았다.

곽두인(郭斗仁)은 신리에 거주하던 장파의 중심인물이었고, 곽재술은 세등에 거주하던 중파의 중심인물 중의 하나였다. 곽두인과 곽재술의 싸움은 두 집안의 갈등을 불러오게 되는 사건이 되었을 것이다. 그리고 곽두인은 1942년 세상을 떴지만, 해방 이후 그의 아들 곽채문과 곽재술은 각각 우익과 좌익으로 나뉘어 대립하게 된다. 그리고 한국전쟁기 집안의 큰 비극을 불러오게 된다.[69]

5. 맺음말

진도는 1914년 행정구역 개편 이래 7개의 면, 101개의 리·동으로 구성되어 있었다. 자연촌은 약 250개 정도로 추정된다. 이 가운데 동족마을은 86개로 전체의 약 3분의 1 정도를 차지할 정도로 많았다. 진도에서 유력한 성씨는 오산리의 창녕 조씨, 칠전리와 포산리의 밀양 박씨, 동외리의 무안 박씨, 석현리의 김해 김씨 등 네 성씨

---

69 이에 대해서는 박찬승, 2010, 『마을로 간 한국전쟁』, 돌베개, 98쪽 이하를 참조하기 바람.

였다. 이 가운데 오산리의 창녕 조씨, 칠전리의 밀양 박씨, 석현리의 김해 김씨는 향반이었으며, 포산리의 밀양 박씨, 동외리의 무안 박씨는 향리가였다. 일제하의 면장도 대체로 이들 성씨들이 맡았는데, 군내면의 경우에는 앞의 네 성씨에 들어있지 않은 현풍 곽씨가 계속해서 면장을 맡아 이 시기 군내면의 유력 성씨가 되었음을 말해준다.

진도는 일찍부터 옥주(沃州)라고 불릴 만큼 비옥한 농토가 많았다. 그러나 일제침탈기에 동척, 흥업회사 등 일본의 대규모 농업자본과, 목포에 거주하는 일본인 지주자본이 진도에도 들어와 상당한 면적의 농토를 차지하고 있었다. 따라서 진도군민들의 일제에 대한 반감은 상당히 컸다. 그러나 진도의 경우, 농민 가운데 순소작농이 차지하는 비율이 25% 정도로, 전남 평균의 42.6%에 비해 크게 작아서 조선인 지주와 소작인 간의 대립이 심한 편은 아니었다. 또 인구의 분포를 보면 1928년경 진도 거주 조선인은 5만3천여 명, 일본인은 252명으로 일본인은 타군에 비해 적은 편이었다.

진도의 신학문과 신교육 수용은 타군과 비슷한 시기인 1900년경부터 시작되었다. 그러나 진도에 보통학교가 세워진 것은 1909년이었으며, 이후 1920년대 중반까지 5개의 보통학교가 세워졌다. 그러나 사립학교는 세워지지 않았고, 중등학교는 1937년에야 진도농업실습학교가 세워졌다. 진도의 교육수준은 낮은 편이었고, 이는 진도의 민족운동과 사회운동이 타군에 비해 부진했던 이유였다고 보인다.

1919년 3·1운동기에 진도에서는 커다란 독립만세 시위는 없었다. 군내의 여러 곳에서 소규모의 산발적인 시위가 있었던 것으로 보인다. 그런데 그해 12월에 읍내의 서당 생도들이 시위를 계획했다가 사전에 발각되어 7명이 검속되는 일이 있었다. 이들 가운데 정경옥, 박종협, 박석현, 김인수 등 4명이 기소되었다.

이후 진도에서의 사회운동은 농민운동으로 시작되었다. 1924년 진도소작인회가 결성되었고, 소작인회는 소작료 4할을 실행할 것을 결의하였다. 이는 1922년 12월 순천 서면 소작인들의 4할 결의, 1923년 12월 암태소작인회의 4할 결의를 이어받은 것이었다. 진도군의 지주회는 이를 거부하고 공동징수를 개시했다. 그리고 이에 경찰도 협조하였으며, 소작회 간부들을 구금하고, 즉결심판에 넘기기도 했다. 또 지주들은 소작인들의 재산 차압에 나서기도 하였지만, 소작인들의 반발만 살 뿐이었다. 결국 지주측과 소작인회측은 타협을 하여, 논의 소작료를 매년 수확고에 따라 최고 5할에서 최저 2할까지 조정할 수 있는 것으로 결정하였다.

진도에서의 청년운동은 진도청년회로 진행되었는데, 진도청년회가 언제 결성되었는지는 확실치 않다. 1925년경 진도에서는 '진도필연단'이라는 사상단체가 만들어졌다. 이를 주도한 이는 박인배, 소진호였다. 그리고 1927년말에는 진도신흥청년회가 만들어졌으며, 이는 사회주의적인 청년회였고, 박종협이 주도하여 만든 것으로 보인다. 1928년 3월에는 이를 토대로 진도청년동맹이 결성되었다. 이를 주도한 것도 역시 박종협과 박두재였다. 진도청년동맹은 각 면에 지부를 결성하려 노력한 것으로 보인다. 그러나 전체적으로 볼 때, 1920년대 진도의 민족운동과 사회운동은 부진한 편이었다. 청년회, 사상단체, 소작인회 등이 있었지만, 신간회 지회는 결성되지 않았다. 또 진도에는 동아일보, 조선일보, 시대일보, 중외일보 등의 지국이 설치되지 않았고, 그 결과 진도에서의 민족·사회운동에 대한 보도도 잘 되지 않았다.

그런데 1930년대 들어 진도에서는 자각회, 적색농민조합 등이 조직되어 사회운동이 다소 활발해지는 모습을 보였다. '자각회'는 1933년 일본의 노동운동에 참여했던 조규선이 귀향하여 곽재필과 협의 끝에 만든 비밀결사였다. 이에는 두 사람 외에 박종협, 박동인, 이재석, 곽병휘 등이 참여했다. 이들은 주로 사회주의 서적들을 구하여 읽고 자체적으로 사상교양을 하는 것을 일단 목표로 삼았다. 그러나 회원들의 열의가 기대만큼 높지 않자, 조규선과 곽재필은 이를 해산하고 말았다. 이후 곽재필은 곽병관을 시켜 세등리의 곽씨 청년들을 모아 사회주의적인 교양을 목적으로 하는 독서회를 조직하게 하였다.

그리고 1933년 조규선과 곽재필은 다시 비밀리에 '적색농민조합'을 만들자는 데 합의했다. 이에는 박종협과 박종춘, 곽재술도 참여했다. 이들은 진도읍내, 고군면, 군내면에 조직을 확장시켜 가기로 결정하였다. 조규선은 오산리에서 조병하, 조규린을 포섭하여 조합에 가입시키는 데 성공했다. 그러나 적색농민조합은 조규선과 곽재술 간의 이견으로 결성 4개월 만에 해체되고 말았다. 그것은 조규선은 전위동맹과 같은 사상주입 위주의 운동을 선호했고, 곽재술은 농민조합과 같은 실천 위주의 운동을 선호했기 때문이다. 전위조직을 선호하는 노선과, 실천운동을 선호하는 노선 간의 대립으로 적색농민조합운동은 좌초하고 만 것이다. 그런 가운데 군내면장 곽두인과 농민조합 곽재술 간에 구타사건이 일어나, 경찰 조사 중에 진도적색농민조합의 조직이 드러나 이에 참여한 조규선·박종협·곽재술·곽재필 등 4명은 치안유지법 위반으로 기소되어 각각 2년 6월의 형을 선고받았다. 이로써 일제하 진도의 민족·사회운동은 사실상 그 막을 내렸다.

2부

일제하 무안군 암태도·하의도 등의 농민운동

제7장
일제하 무안군 도서지역 농민운동의 역사적 배경
- 조선후기~1910년 각 도서의 토지 상황을 중심으로 -

1. 조선후기 나주목 소속 섬들의 상황

 일제하 무안군의 여러 섬(현재의 신안군)에서는 농민운동이 거세게 일어나 전국적인 반향을 불러일으켰다. 가장 대표적인 것은 암태도 소작쟁의로서, 1920년대 중반 전국에서 소작쟁의가 광범위하게 일어나는 데 커다란 영향을 미쳤다. 특히 당시 무안군 내에서는 암태도 인근의 자은도, 도초도, 지도, 매화도 등지에서 조선인 지주를 상대로 한 소작쟁의가 연이어 일어났다. 그런가 하면 하의도에서는 일본인 지주를 상대로 한 토지회수투쟁이 일제 강점기 내내 전개되었다. 이 토지는 조선후기부터 풍산 홍씨가(정명공주의 시가)와 소유권 분쟁이 있었던 땅으로, 그 땅이 1910년 직전에 일본인에게 넘어갔기 때문에 일본인 지주를 상대로 한 토지소유권 회수투쟁이 전개되었던 것이다.
 이와 같은 소작쟁의, 토지회수투쟁은 근대 이전부터 내려온 농민수탈적인 지주소작제, 그리고 왕실의 이른바 '절수' '사패'를 통한 토지침탈, 세금침탈 등 사적인 왕실 지배의 유산이라고 할 수 있다. 이와 같이 당시 무안군의 여러 섬에서 토지와 소작료 문제를 둘러싼 각종 분쟁이 일어난 것은 조선후기에 이들 섬이 국가의 공적 관리보다는 궁방, 즉 왕실의 사적 관리하에 있었던 사실과도 관련이 있다. 따라서 이들 소작쟁의나 토지회수투쟁을 이해하기 위해서는 그 역사적 배경이 되는 조선후기 이 섬들이 처해 있었던 사회경제적 상황을 먼저 이해할 필요가 있다.

현재의 신안군의 대부분의 섬들은 조선후기에는 나주목에 속해 있었고, 일부는 무안, 영광, 진도, 해남 등에 속해 있었다. 이들 섬은 고려말 왜구의 잦은 침입으로 시달렸다. 이에 고려정부는 섬 주민들을 내륙으로 이주시키고 섬을 비워놓는 이른바 '공도정책(空島政策)'을 실시했다. 이러한 정책은 조선초기까지 그대로 계속되었다. 그렇다고 해서 섬을 완전히 비워둔 것은 아니었다. 조선정부는 이들 섬에 사복시(司僕司) 소속의 목장을 설치하고, 일부 주민들을 섬에 거주하게 하면서 말을 키우도록 하였다. 15세기 중엽 이후 왜구의 침탈이 멈추면서는 목장이 더욱 증설되었다.[1]

나주목에 속했던 여러 섬들에 목장 설치가 확인되는 것은 『세종실록지리지』에 장산도 목장에 말 57필을 방목했다는 기사, 세종 27년(1445년)에 압해도에 말 600필을 기르도록 했다는 기사, 지도의 감목관을 나주판관이 겸하도록 했다는 기사 등에서 확인된다.[2] 또

---

[1] 이에 대해서는 다음의 글을 참조.
고석규, 1997, 「설군논의를 통해 본 조선후기 섬의 변화」, 『도서문화』 15, 목포대 도서문화연구소.
김경옥, 2004, 『조선후기 도서(島嶼)연구』, 혜안.
송양섭, 2005, 「조선후기 나주 제도의 절수와 설읍 논의의 전개」, 『대동문화연구』 50, 대동문화연구원.
임학성, 2014, 「조선시기 경기 도서지역의 공간인식 변화」, 『도서문화』 43, 도서문화연구소.

[2] 송양섭, 위의 글, 381쪽.

이들 섬은 병선의 제도를 위해 필요한 목재를 기르는 곳으로 지정되기도 했다. 세종 30년(1448년)에는 나주목의 다리도, 비시도, 도초도, 암태도, 안창도, 자은도, 기좌도, 팔시도, 하의도, 이시도, 송도 등이 그러한 섬들로 지정되었다. 그러나 17세기 이후 섬에 사람들이 많이 들어가 살면서 개간과 남벌로 인해 목재 수급은 매우 어렵게 되었다. 또 나주목의 여러 섬들에는 상당수의 염분(鹽盆)이 설치되어 있었다. 『세종실록』에 의하면, 자은도·암태도 등에 35개소의 염소(鹽所)가 있었던 것으로 확인되고, 여기에는 염창(鹽倉)이 있었고, 염간(鹽干) 259명이 봄·가을로 2,590석의 소금을 공납하도록 규정하고 있었다. 한편 조선후기 암태도에는 내수사 소속 염분이 있었는데, 내수사에서는 이로부터 염세를 수세하여 이를 관리하는 도장(導掌)이 있었던 것으로 확인된다.[3]

16세기 말의 임진왜란과 정유재란이 수습되고 평화의 시대가 오자, 서남해안 도서에는 사람들이 본격적으로 들어가 토지를 개간하여 농사를 짓기 시작했다. 이에 각 군문, 아문, 궁방은 앞을 다투어 이들 토지를 둔전이나 궁방전의 명목으로 차지하려 들었다. 특히 각 궁방에서는 이미 민인에 의해 개간되었지만 아직 토지대장(양안)에 올라가지 않은 토지를 '진황지' 명목으로 절수받아 궁방전으로 만들거나, 실제 무주진황지를 절수받아 이를 민인들을 동원하여 개간하여 궁방전으로 만들기도 했다. 또 사복시는 자체 소속의 목장토를 민인을 모집, 개간하여 논밭으로 만들어 재원을 늘리고자 하였다.[4]

---

[3] 같은 글, 382~383쪽.
[4] 같은 글, 389~390쪽, 394쪽 ; 김경옥, 앞의 책, 137~143쪽. 김경옥은 도서지방의 궁방전은 민전침탈, 목장토 절급, 둔전의 절급, 왕의 사패, 입안 절수

전체적으로 보면, 조선후기 나주목에 속한 여러 섬들에는 대체로 사복시 소속의 목장토가 설치되어 있는 경우가 많았고, 또 내수사나 각 궁방이 절수·사여·이속 등을 통해 받은 궁방전이 일부 있었다. 또 토지만이 아니라 염분·어장 등 각종 이권도 사복시나 각 궁방에 속해 있는 경우가 많았다. 19세기 초『나주도서도(羅州島嶼圖)』에 나타난 나주목 소속 여러 섬들의 실태를 보면 다음과 같다.5

〈표 7-1〉 19세기 초『나주도서도』에 나타난 나주 제도(諸島)의 실태

도서명	내용	도서명	내용
지도	司僕屯	반월도	경현서원 둔전
압해도	사복둔·목장·船村	장산도	목장·선촌
자은도	사복둔·목장·선촌	태이도(상태·하태도)	궁장
암(태)도	내수사둔	비이도(비금도)	궁장
고하도	민전	하의도	궁장
달리도	호조 鹽鐵屬	도초도	민전
안창도	목장·선촌	영산도	無人居
기좌도	목장·선촌	우여도	무인거
우이도	민전	흑산도	무인거

자료 : 송양섭, 2005,「조선후기 나주제도의 절수와 설읍논의의 전개」『대동문화연구』50, 388쪽.

〈표 7-1〉에서 보면, 내수사전과 궁방전은 암태도·하의도·상하태도·비금도에 설치되어 있었다. 반면 도초도·우이도는 민전으로 되어 있고, 압해도·자은도는 사복둔·목장·선촌, 장산도는 목장·선촌, 안좌도(안창도와 기좌도)는 목장·선촌으로 되어 있다. 결국 내수사와 궁방에 속한 토지는 암태도·하의도·상하태도·비금도에 있

등의 방법으로 이루어졌다고 분석했다.
5 김정호 편, 1994,『전남의 옛 지도』, 전라남도에 실림.

었던 셈이다.

　이제 아래에서는 먼저 조선후기 궁방전의 역사와 유형을 살펴보고, 이어서 하의 3도(하의, 상태, 하태도), 비금도·도초도·자은도, 그리고 암태도를 중심으로 이들 섬의 토지가 조선후기에서 1910년 사이에 어떤 상황에 놓여 있었는지를 살피고자 한다.

2. 조선후기 궁방전의 역사와 유형

　조선전기의 왕실재정은 왕실운영을 위해 설치된 아문의 지원, 국왕이 하사한 토지와 노비, 사적으로 소유한 토지 등을 통해 유지되었다. 이 가운데 토지는 왕실재정의 가장 큰 재원이었는데, 임진왜란과 병자호란으로 토지가 황폐해지고 각종 재원이 소실되면서 각 궁방은 재정 운영에 어려움을 겪게 된다. 이에 각 궁방은 방납(防納)과 사무역(私貿易)으로 재원을 마련하거나, 민인의 토지와 노비를 강탈하거나, 약탈과 심지어 살인까지도 자행하기도 하여 심각한 사회적 문제를 야기하였다. 조정에서는 궁방의 재정 문제를 인지했지만, 마땅한 지원책을 마련하지 못해 거의 방임하다시피 하였다. 그런 가운데 각 궁방의 전답·산림·천택·바다 등의 점유와 불법적인 재원 확보는 계속 확대되었다.6

　특히 토지와 관련하여 각 궁방은 방대한 토지를 점유하면서 조정으로부터 면세특혜를 받고 있었다. 이에 조정에서는 관료들이 궁방전의 면세전에 한도를 두어야 한다고 주장했지만, 인조·효종·현

---

6 임성수, 2019, 「17~18세기 과세지 확대와 궁방전 규제 강화」, 『한국문화』 87, 규장각 한국문화연구원, 163쪽.

종 등 국왕들은 이를 듣지 않았다. 이 시기 궁방전 문제 가운데 가장 심각한 것은 '궁방전의 절수'와 관련된 것이었다. 궁방은 본래 진황지를 절수받아 여기에 물력을 내어 개간을 해서 소유권을 확보해야 했지만, 이미 개간되어 주인이 있지만 양안에는 올라가 있지 않은 땅을 절수받아 궁방전으로 만드는 경우들이 많았다. 그리고 이 땅은 면세전의 혜택을 받았다. 또 일반 민인 중에서는 궁방전이 면세의 혜택을 받는 것을 이용하여 궁방에 투탁하는 경우도 있었다. 한편 이 시기 궁방이 절수받은 토지 가운데에는 토지의 소유권이 아닌 수세권을 절수받은 경우들도 상당히 많았다.7 이는 조선전기 직전제에서 대군에게 225결, 군에게 180결의 수조권을 지급했던 것을 계승한 것이라고 볼 수 있다.8

문제는 면세되는 궁방전이 수백 결에 이르는 경우들이 있었다는 점이다. 인조 1년(1623) 특진관 이서(李曙)는 면세되는 궁방전이 많게는 수백 결에 이른다면서 그 한도를 설정할 것을 국왕에게 건의하였다. 승정원도 궁방전의 한도 설정을 주장했지만, 인조는 이를 받아들이지 않았다.9 현종 1년(1660) 좌참찬 송준길(宋浚吉)은 직전제를 시행할 때는 대군과 공주에게 일정한 토지를 지급했는데, 그 제도가 무너지면서 절수의 폐단이 일어났다고 진단하고, 직전제 복구를 제안하였다. 그러나 이는 받아들여지지 않았다.10

현종 3년(1662) 궁방전의 면세규모를 제한하고 과도한 궁방전을 혁파하자는 논의가 본격화되었다. 신하들은 직전제를 복구하여 수

---

7 염정섭, 2020, 「17세기 후반~18세기 초반 궁방전의 변화 추이 – 절수·면세에 대한 논의와 정책을 중심으로」, 『인문학연구』 60, 한림대 인문학부, 136쪽.
8 『경국대전』 「戶典」의 職田.
9 임성수, 앞의 글, 163~164쪽.
10 같은 글, 165쪽.

조권을 지급하고 기존의 면세결은 혁파하자는 주장을 했지만, 이미 수백 결의 면세결을 보유하고 있는 궁방에서 최대 225결(대군)에 불과한 직전제를 받아들일 리는 만무하였다. 현종은 궁방의 면세결을 최대 600결로 하자고 제안하였다. 그러나 신하들이 이에 반대하였고, 현종은 약간 후퇴하여 최대 500결로 할 것을 선언하였다. 결국 대군과 공주의 궁방전은 500결, 왕자와 옹주의 궁방전은 300결로 그 정한이 정해졌다. 현종 4년(1663)에는 신하들이 더욱 강력히 요구하여 면세결 한도가 대군과 공주는 400결, 왕자와 옹주는 250결로 약간 축소되었다.[11] 그러나 이러한 규정이 철저히 준수된 것은 아니었다. 숙종 14년(1688) 명선공주방과 명혜공주방의 절수지는 600~1,000결에 이르렀다.[12]

한편 이 시기 궁방전 문제는 새로운 방향으로 전개되기 시작했다. 각 궁방이 전에는 공한지(空閑地)를 절수받았으나, 공한지를 점차 구하기 어려워져 이제는 아문둔전과 민전을 절수받기 시작한 것이다. 현종 9년(1668) 영의정 정태화(鄭太和)는 궁방들이 조그마한 공한지라도 있으면 절수라고 칭하고 인근 민전까지 혼입하여 원성이 크다면서, 앞으로는 절수처에 사표(四標)를 분명히 표시하여 민전을 혼입하지 못하도록 해야 한다고 주장하였다. 당시 궁방에서는 갑술양전(인조 12년, 1634) 이후 양전이 시행되지 않은 상황을 이용하여, 양안에 무주지라고 기재된 것을 핑계로 이미 민간에서 개간한 민전을 탈점하는 경우가 많았다. 이후 궁방전의 절수는 크게 제한되었다. 예를 들어, 황해도와 평안도는 궁방의 절수지가 없는 곳이 없다는 의견에 따라 차후에는 이곳에 궁방의 절수를 금하도록

---

11 같은 글, 167쪽.
12 같은 글, 169쪽.

하였다.13 숙종 1년(1675)에는 궁방이 절수를 원하는 땅이 있으면 이조(吏曹)와 호조(戶曹)에서 각별히 조사하여 공한지임을 확인한 후 절급하도록 하였다. 또 숙종 3년(1677)에는 궁방전 절수 때 모읍(某邑)·모면(某面)을 섞어서 요청하지 말도록 숙종이 신칙하였다. 읍면 단위로 절수를 하다보니 한광지뿐만 아니라 이미 개간된 민전까지 혼입되는 경우가 많았기 때문이다.

현종 14년(1673) 호조판서 오시수(吳始壽)의 요청으로 궁가의 절수를 일절 시행하지 않기로 결정되었다. 그러나 이러한 조치가 실제로 실행되었는지는 의문이다.14 숙종 7년(1681) 호조판서 정재숭(鄭載嵩)은 호조의 재정문제로 더 이상 절수를 해서는 안 된다며 절수 금지를 요청했지만, 숙종은 궁방의 유지를 위해서는 어쩔 수 없다는 이유로 거절했다. 숙종 9년(1683) 비변사는 현종 13년(1672) 이후 제 궁가와 각 아문에서 절수받은 전답·시장·어전·염분을 모두 혁파할 것을 건의하여 간신히 숙종의 동의를 얻어냈다. 그러나 이때도 명례궁·수진궁·어의궁 등 3궁은 모두 두 자전(慈殿)과 관계되고, 용동궁은 다른 궁과는 사정이 다르다는 이유로 제외되었다. 숙종은 이후에도 수년간 제기된 궁방전 혁파 요청을 번번이 거절했고, 새로운 궁방전 절수에는 적극적인 태도를 보였다.15

이후에도 궁방전 절수는 계속 늘어만 갔다. 더 이상 한광지가 없는 상황에서 특단의 조치가 필요했다. 숙종 14년(1688) 12월 영의정 김수흥(金壽興)은 이제 더 이상 한광지를 구할 수 없으니 절수를 하지 말고 돈을 주어 민전을 구매할 수 있도록 하자고 제안했다. 이른

---

13 같은 글, 170쪽.
14 같은 글, 170~172쪽.
15 같은 글, 173쪽.

바 급가매득(給價買得)안이었다. 대군·공주는 은 5천 냥, 왕자·옹주는 은 4천 냥을 주자고 했다. 그리고 옛 궁의 절수 결수 가운데 정해진 한도를 넘는 것은 혁파해야 한다고 했다. 여기서 정해진 한도란 이미 현종 4년(1663)에 대군과 공주 400결, 왕자와 옹주 250결로 정한 것이었다. 이것이 이른바 '무진정식(戊辰定式)'이다. 그러나 이 제안은 이듬해 기사환국(1689)이 일어나 시행되지 못했다.16

숙종 21년(1695) 좌의정 유상운(柳尙運)은 신궁(新宮)에 절수하는 전답을 200결로 상정했다. 우의정 신익상(申翼相)은 200결을 초과하는 토지는 정부가 은을 지급하여 궁방 스스로 매득하게 하자고 제안하였다. 다만 200결은 실결로 지급해주고, 추가 절수는 허용하지 않는다는 조건이었다. 또 유상운은 궁가가 전답을 장만하기 전까지 연한을 정해 공부(貢賦)를 지급해주는 방안도 추가했다. 여기에서 말하는 200결은 바로 '무토면세(無土免稅)'지를 뜻하는 것이었다. 후속조치로 왕자방·옹주방에는 은 4천 냥을 주고, 당시 지급대상이던 세 궁방(희빈방, 최귀인방, 김귀인방)에도 같은 액수를 지급하기로 했다. 또 토지를 매득하기 전까지 매년 선혜청에서 미 200석, 호조 관할 군자감에서 두(豆) 100석을 보내주도록 했다. 이것이 이른바 '을해정식(乙亥定式)'이었다.17 을해정식에서 중요한 내용은 1) 절수 혁파 재확인(무진년 이후의 절수는 모두 혁파), 2) 민결면세제의 정립(200결 한정), 3) 급가매득제의 확인(왕자와 옹주방에 4천냥 지급), 4) 궁장 마련 전까지 미태(米太) 수송 등이었다.18

한편 숙종 때부터 이른바 '대진궁방(代盡宮房)' 즉, 제사를 지내는

---

16 같은 글, 174~175쪽.
17 같은 글, 176~177쪽.
18 염정섭, 앞의 글, 149쪽.

대(4대)가 지난 궁방이 주목을 받기 시작했다. 숙종 27년(1701) 지평 권수는 면세전이 한정없이 증가하는 상황을 우려하여 궁방전은 대수(代數)가 다하면 출세(出稅)하는 것이 나라의 법인데도, 지금은 대수와 관계없이 모두 면세하고 있으니 이는 법에 어긋나는 것이라는 점을 강조했다. 따라서 그는 대가 다한, 즉 4대가 지난 대진궁방전의 환수를 요구했다. 그러나 궁방전 면세결의 대진 여부는 조사된 적이 없었다. 궁방전 면세결의 현황 조사는 영조 5년(1729)에야 실시되었다. 그러나 후손을 찾아 조사하기가 어려운 경우가 많았고, 따라서 조사가 어려운 경우는 일괄적으로 출세하도록 하고, 만약 후손들이 직접 해명하고 나서면 다시 면세하는 방안이 채택되었다. 그리고 영조 22년(1746)에 만들어진 『속대전』의 호전(戶典) 제전(諸田)조에는 궁방전의 면세결은 제위조(祭位條)이니 4대에 한하여 지급한다고 명시되었다. 대진궁방 면세결의 환수는 정조 즉위년(1776)부터 시작되었다. 정조는 또 대진궁방과 함께 후사가 없는 무후궁방(無後宮房)에 대해서도 출세를 지시하였다. 정조는 무후궁방의 사판(祠版)은 모두 수진궁으로 들이고, 궁가에 절수된 궁방전과 가산은 환수하도록 지시하였다. 이리하여 10개 궁방의 전토와 가산이 환수되었다. 대진궁방과 무후궁방의 면세결을 환수하면서 호조는 6천 결 이상의 과세지를 새로 확보할 수 있었다. 이때 뒤에서 보게 될 하의도의 정명공주방도 대진궁방으로 간주되어 궁방전의 출세(出稅)를 하게 되었고, 그때 출세하게 된 토지는 139결 67부 2속이었다.[19]

무후, 대진궁방 외에도 4궁(수진궁, 어의궁, 명례궁, 용동궁) 및 제 궁방에서 법에 규정된 액수를 초과하여 보유하고 있는 면세결에 대해서도 조사가 시작되었다. 정조는 국왕이 별도로 사여한 것을

---

19 임성수, 앞의 글, 182~189쪽.

제외하고 법외로 추가로 준 곳은 어느 궁방을 막론하고 다시 출세하도록 명하였다. 그 결과 정부는 대진궁방, 무후궁방, 4궁, 제궁방의 규정 외의 면세전을 환수하여 총 11,212결을 확보했다. 그러나 내수사와 48개 궁방의 면세결은 여전히 34,176결에 달하였다. 환수된 면세결 11,212결은 총 45,388결 가운데 약 25%에 해당했다. 그리고 내수사를 포함한 전체 궁방 80곳 중에서 대진궁방, 무후궁방 31개가 혁파되어 약 40%가 정리된 셈이었다. 환수된 궁방전의 규모는 결코 작지 않았다. 호조는 환수된 11,212결에서 매년 미 1만3천 석 이상의 국세를 징수할 수 있었다.[20]

그러면 조선후기 궁방전의 유형은 어떻게 나누어 볼 수 있을까. 17세기 궁방에 절수된 궁방전에는 궁방이 황무지의 소유권을 받아 개간한 경우도 있었지만, 일정한 면적 토지의 결세징수권(수조권)만을 절수한 경우도 있었다.[21] 그러다가 1688년 무진정식이 실행되면서 이전에 궁방에 지급된 절수지 외에 지급받은 은으로 매입한 '급가매득지'가 등장하였다. 그리고 이전의 절수지 내에는 소유지와 민결면세지가 함께 하고 있었다. 이리하여 17세기 말에서 18세기 초에 걸치는 시기에 궁방전에는 1) 급가매득지, 2) 토지절수지, 3) 민결면세지의 세 가지 유형이 있었다고 할 수 있다. 그리고 1)과 2)는 합하여 토지소유주가 궁방인 '영작궁둔(永作宮屯)'이라고 불리기도 했다. 그리고 1895년 『결호화법세칙』에서는 1), 2)는 유토면세지, 3)은 무토면세지라고 부르게 된다. 유토면세지 가운데에는 1)을 제1종 유토면세지, 2)를 제2종 유토면세지라고 불렀다.[22] 그리고 숙종

---

20 같은 글, 190~192쪽.
21 염정섭, 앞의 글, 137쪽.
22 염정섭, 앞의 글 ; 박준성, 1984, 「17·18세기 궁방전의 확대와 소유형태의

21년(1695) 정월 호조는 제 궁가의 절수 전답 중에서 민결면세지는 1결 당 전세와 대동미, 잡비 등을 합하여 미 23두로 수세액을 정했고, 영작궁둔은 1결 당 조 200두로 하는 것을 식례(式例)로 정하였다. 조 1두는 미 4승에 해당하므로, 영작궁둔에서는 1결 당 미 80두를 징수하는 셈이었다.[23]

3. 조선후기 하의3도 토지의 상황

하의도의 토지는 정명공주방과 관련이 있었다. 정명공주는 선조와 인목대비 사이의 딸로서, 광해군이 즉위하여 영창대군을 역모 연루죄로 사사하고 인목대비를 서궁으로 폐출하였을 때 함께 감금되었다. 인조반정 이후에 정명공주로 복권이 되었고, 풍산 홍씨 홍원의 아들 홍주원에게 시집을 갔다. 인조대에 정명공주방에는 상당히 많은 토지가 하사된 것으로 보인다. 영조 4년(1728년) 암행어사 박문수는 영안위궁, 즉 정명공주의 남편 홍주원가의 절수가 8,076결에 달하는데, 이제 4대가 지났으므로 마땅히 국전(國典)에 의하여 감해야 한다고 주장한 바 있다.[24]

변화」『한국사론』11, 서울대 국사학과.
[23] 임성수, 앞의 글, 176쪽.
[24] 『영조실록』영조 4년 7월 23일. 『속대전』(영조 22년, 1746년 간)에 보면, 4대에 한해서 제위전조로 지급하며, 그 액수는 공주방 250결로 되어 있다. 이때 박문수가 정명공주방의 절수가 8천 결이 넘는다고 말한 것은 지나치게 과장된 것으로 보인다. 정조대 가장 많은 궁방전을 가진 수진궁의 결수가 3,683결이었고, 공주방와 옹주방은 대체로 1천5백 결 이하였기 때문이다. 임성수, 2019, 앞의 글, 190쪽.

『고종실록』을 보면, 강진군에 속한 조약도(현 완도군 약산면)에는 면세전 40결이 있었다고 하며, 고종 2년 인근 소안도에 진영(鎭營)을 설치하면서 그 비용을 마련하기 위해 호조에서 조약도에 있는 정명공주방의 면세전답 가운데 40결 등을 진영에 획부하였다고 한다.25 정명공주방의 면세전 40결을 진영에 마음대로 넘길 수 있었던 것을 보면, 조약도에 있던 정명공주방의 면세전답은 민결면세전(무토면세전), 즉 토지소유권은 민에게 있고, 지세를 거두는 권리는 강진군이 아닌 정명공주방에 있는 토지였던 것으로 보인다. 그런데 1895년 탁지부가 나주부에 보낸 훈령을 보면, 강진의 조약도는 정명공주방의 장토로서 사장(私庄)과 같으니, 종전처럼 정명공주방에서 토세(土稅)를 거두어 그 가운데 결전(結錢·結稅)을 상납하게 함이 가하다고 하였다.26 또 1898년 탁지부가 전라관찰사 민영철에게 보낸 훈령을 보면, "정명공주방의 소장을 보면, 정명공주방의 장토가 광주부 관하 완도군 조약도에 있는데, 다른 절수와 달라서 경술년에 계하면세안(啓下免稅案)과 을미년(1895년) 경장 승총(陞摠) 후 이정문적(釐正文蹟)이 분명히 있은 즉, 이들 신구 문적에 의거하여 완문(完文)을 작성하여 지급해 줄 것을 청한다 하였다. (중략) 이 섬을 정명공주방에 사여(賜與)한 은전(恩典)과 성의(盛意)가 뚜렷하여, 훈령을 발하니 완도군에게 엄칙하여 결세(結稅)는 완도군에서 수납하고, 도지(賭地)는 정명공주방에서 거두어가도록 하여 이민(吏民)간에 다투는 폐단이 없도록 하라"고 되어 있다.27 이를 보면, 조약도의 면세전은 유토면세전인 것처럼 보인다.

---

25 『고종실록』 고종 2년 6월 11일.
26 탁지부, 『공문편안』 13책, 탁지부(1895년 10월 24일) → 나주부.
27 탁지부, 『공문편안』 43책. 度支部(1898년 8월 30일) → 全羅南道 觀察使 閔泳喆.

앞절에서 본 것처럼 조선후기 궁방의 면세전은 궁장에 소유권이 있으면서 결세는 면세해주는 유토면세전(당시는 영작궁둔(永作宮屯)이라 칭함)과, 궁방에 소유권은 없으면서 결세를 관청 대신 거두어 가는 무토면세전(당시는 면세궁둔(免稅宮屯)이라 칭함)이 있었다. 고종 2년의 자료를 보면 조약도의 면세전은 무토면세전 같아 보이고, 1895년과 1898년의 자료를 보면 조약도의 면세전은 유토면세전 같아 보인다. 조약도의 정명공주방의 토지가 무토인지 유토인지는 확실치 않다.

숙종대 『비변사등록』을 보면, "면세궁둔(免稅宮屯)은 매 부(負)에 쌀 2승(升) 3홉씩을 걷고 영작궁둔(永作宮屯)은 매 부에 벼[租] 2두(斗)씩을 걷되 인정(人情) 및 잡비와 선가(船價)·마가(馬價) 등도 모두 그 속에 포함시키기로 일찍이 순무사(巡撫使)의 서계로 인하여 명백하게 결정을 지은 바 있으니 지금은 마땅히 그 내용을 다시 밝혀 한결같이 그 사목(事目)에 의존하여 받도록 하여야 하겠습니다."라고 하였다.[28] 여기에서 면세궁둔은 민결면세지를 말하며, 민결면세지(무토)의 경우에는 부가세까지 포함하여 결당 미 23두(租로는 약 60두)를 수취했고, 영작궁둔(유토)의 경우에는 도조로 조 200두 정도를 수취했다고 한다.[29] 수취량에서 상당한 차이가 있었던 셈이다.

그러면 하의도의 정명공주방 토지는 어떠했을까. 숙종대 비변사의 감결을 보면, 대략 다음과 같이 되어 있다. "정명공주방의 막립(幕立)의 소지를 보면, 저의 궁이 절수한 토지가 전라도 나주땅 상태도, 하태도, 하의도 등의 섬에 있어 아무 일 없이 수세를 해온 지

---

28 『비변사등록』 숙종 34년 1708년 12월 30일.
29 『신편한국사』 30권, 「조선중기의 정치와 경제」 중 '4장. 자연재해 전란의 피해와 농업의 복구' 참조.

이미 1백 년이 넘었습니다. 그런데 불의에 수년 전부터 섬사람들 가운데 간악배가 납세곡을 감해달라고 요구하면서 여러 간계를 부리고 소란을 피우고 있으며, 특히 상태도 사람들이 세력을 믿고 수세를 거부하고 있고, 감관과 영장배도 또한 작인 중에 속해 있어 이들이 수영(水營)에 '궁차(宮差)가 섬에 머무르면서 둔세(屯稅)를 남봉(濫捧)하는 등 침학이 자심하여 민이 지탱하기 어려워 환산하여 섬이 텅 빌 지경'이라고 거짓으로 보고하였습니다."30

그러나『영조실록』을 보면, 영조 6년에는 "전라도 금성현(錦城縣)의 하의(荷衣)·태금(苔錦) 등 위아래 세 섬의 백성들이 정장(呈狀)하기를, '정명공주방(貞明公主房)의 면세전(免稅田) 20결(結)이 섬 속에 있다가 그 뒤에 공주의 외손(外孫)들에게 전해졌는데, 선조(宣祖) 때 전체의 섬을 절수(折受)했다 핑계하고는 민전(民田) 1백 60여 결에 대하여 몽땅 수세(收稅)하니, 백성들이 원통함을 견디지 못하여 계묘년(1621) 무렵에 한성부(漢城府)에 송사를 냈으나 결국 졌습니다.'"고 하였다.31

또『비변사등록』영조 44년 10월 7일 기사를 보면, 영의정 김치인이 나주 목장 적간낭청 구이겸의 보고를 인용하여, "하의도와 상·하태도는 모두 정명공주방에서 절수한 땅입니다. 당초 사여는 20결에 불과했고, 그 뒤 섬사람들이 사비와 물력으로 둑을 쌓아 논을 만들었습니다. 그런데 지금 궁전(宮田)과 민전(民田)을 논하지 않고 일례로 세를 징수하여 매 결에 40두에 이르고, 또 전세로 대동미 23두를 본관(나주목)에 납부하니, 한 땅에 두 가지 세를 내는 것은 지극히 억울하다는 것입니다."고 말하고, 김치인은 "절수한 것은 스스로

---

30 호조 판적사,『판적사신축등록』경종 1년(1721년) 신축 9월.
31 『영조실록』영조 6년 12월 29일.

절수한 것이고, 민전은 스스로 민전입니다. 더구나 사여한 결수가 있으니 궁전과 민전을 어찌 분별하기 어렵겠습니까. 그런데 궁임(宮任), 관차(官差)가 일례로 징봉하여 도민으로 하여금 그 세를 두 번 내게 하니 이보다 더 해괴한 일은 없습니다. 속히 본도로 하여금 사실대로 측량하여 경계를 정하고 다시 이중으로 세를 받아 원통함을 호소하는 폐단이 없게 하는 것이 어떻겠습니까?"하고 말하였다. 이에 임금은 "아뢴 바가 과연 옳으니 그렇게 엄중 신칙하라"고 지시하였다.32

그러나 이를 그대로 두고 볼 홍씨가가 아니었다. 같은 해 12월 홍씨가의 세도가이자 신임 영의정 홍봉한은 국왕 영조를 만나서 "구이겸의 수본에 논한 바 하의도는 곧 신의 선대에 하사받은 땅입니다. 그런데 차차 분파(分派)되어 지금은 거의 모두 소원한 사람에게 귀속되었습니다. 그 본래의 일로 말하면 비금도의 일과 같습니다."라고 하였다. 이에 국왕 영조는 "그러면 비금도의 예를 따라 시행하도록 분부하라"고 지시하였다.33 여기서 비금도의 예가 무엇을 가리키는지는 불분명하다.

결국 홍씨가의 영의정 홍봉한의 영향력에 의해 하의도의 전답은 모두 홍씨가의 땅처럼 되어버렸던 것으로 보인다. 이에 따라 앞서 본 『비변사등록』 영조 44년 10월 기사에 의하면, 홍씨가는 자신들의 땅 20결 외에도 민전 140결에 대해서도 1결당 40두의 도지를 거두어갔고, 민전 140결에서는 결세 1결당 23두를 따로 나주목에 내야만 했던 것이다. 여기에서 주목할 것은 홍씨가에서 도지를 1결 당 미 40두씩 거두어갔다는 것이다. 이는 조(租) 100두에 해당한다. 당시

---

32 『비변사등록』 제152책, 영조 44년(1768년) 10월 초7일.
33 『비변사등록』 제152책, 영조 44년(1768년) 12월 3일.

전세와 대동미가 1결당 미 23두였으니, 이보다는 많다. 그러나 영작궁둔(유토)의 도세 1결당 조 200두(미 80두)의 반밖에 되지 않는다. 그렇다면 당시 홍씨가는 하의도의 전답을 영작궁둔이라기보다는 민결면세지로 간주하고 있었던 것이 아닐까 생각된다. 140결 외에 20결에서도 같은 액수를 받았으므로, 20결의 경우도 마찬가지로 민결면세지가 아니었을까 생각된다. 결론은 잠시 유보하고 더 살펴보기로 하자.

농민들의 홍씨가에 대한 저항은 경종 3년(1723년)부터 다시 시작되었다. 농민들은 한성부에 소송을 제기하여 20결 외에는 모두 민전이라고 주장했으나, 한성부에서는 농민들이 가지고 있는 토지문서에 관의 인장이 찍혀 있지 않다는 이유로 받아들이지 않았다.[34] 당시 토지거래 문서에는 관행적으로 관의 인장을 받지 않았는데, 이를 이유로 농민들의 패소를 결정한 것이다. 홍씨가의 세도는 한성부를 좌지우지하고 있었던 것으로 보인다. 또 앞서 본 것처럼 영조 6년(1730년)에 다시 사헌부에 정소하여 사헌부에서 국왕에게 계를 올렸고, 국왕은 이 사건을 전라감사가 조사하여 판결하도록 지시하였다.[35] 그 결과는 알 수 없다.

홍씨가의 토지소유권은 영안위 홍주원의 아들 홍만용으로 이어졌고, 홍만용의 셋째아들 홍중연으로 이어졌으며, 다시 홍감보·홍의명(3남)·홍일모(1남)·홍설모(2남)·홍철주·홍낙주·홍우록·홍우승 등으로 이어진 것으로 보인다. 영조대 영의정을 지낸 홍봉한이나 그의 사촌형 홍상한 등은 이 땅과는 직접 관련은 없었다. 그래서 홍봉한은 이 땅은 "차차 분파(分派)되어 지금은 거의 모두 소원한 사람

---

34 『영조실록』 영조 6년 12월 29일.
35 위와 같음.

에게 귀속되었다."고 말한 것으로 보인다. 그렇지만 세도가였던 홍봉한이나 홍상한이 같은 집안의 홍의명 등의 토지소유권을 지켜 주려 한 것은 당연한 일이었을 것이다.

결국 문제는 홍씨가의 세도였다. 홍씨가의 세도가 약화되기만 기다리던 하의도민들은 고종대 들어 대원군이 집권하자 기회가 왔다고 판단했다. 1964년에 무안군에서 정리한 『하의삼도 농지연혁 및 분쟁경위』라는 글을 보면, 하의도민들은 1870년 전라감사 이호준에게 사정을 호소하였다고 한다. 이호준은 홍씨가의 사람들을 불러 국법 위반을 꾸짖고, "무권리한 세미(稅米) 수봉은 절대 용허할 수 없으니, 이후 24결 외에 120여 결에 대해서는 절대 수봉치 말라"고 엄명하고, 24결에 대해서도 1결에 백미 20두씩만 수봉하도록 지시하였다고 한다.36 즉 120결은 물론이고, 나머지 본래 홍씨가의 토지라고 하는 24결에 대해서도 1결당 백미 20두만 거두라고 한 것을 보면, 이호준은 이 토지를 '민결면세지'로 본 것 같다. 이로써 하의도민들은 일토양세의 부담에서 벗어나게 해준 이호준의 공덕을 기리기 위해 이호준 공덕비를 하의도 웅곡리와 상태도 서리 두 곳에 세웠으며, 지금도 이들 비는 남아 있다. 그러나 문서로 된 자료는 남아 있지 않아, 이러한 서술이 사실인지는 의문이다. 설사 사실이라 해도 이러한 조치는 얼마 가지 못한 것으로 보인다. 아래의 사실을 보면 그러하다.

1896년(병신년) 홍씨가의 노 복덕(福德)이 궁내부에 소장을 냈다. 이 소장을 보면, "나주 소속의 하의, 상태, 하태 3도는 오랫동안 궁에서 관장해온 장토인데, 임진란 후에 토지가 진폐되어 인목대비께서 사고전(私庫錢)을 내어 유민(流民)을 모집하고, 농자(農資)를 조급

---

36 전라남도 무안군, 1964, 『하의삼도 농지연혁 및 분쟁경위』

(助給)하여 기간(起墾)한 후에 궁의 사장(私庄)으로 사급(賜給)하니, 그 도지(賭地)를 궁에서 수납케 하였습니다. 병신년(1775년)에 '4대(代)가 지난 궁방전은 승총한다' 하였을 때, 이에 혼입되었지만 곧 환급하셨고, 경술년(1790년) 3월에 호조에 계하하여 이 궁장은 타 궁장과 특히 다르니 다시 거론하지 말라는 뜻으로 성문(成文)을 완급하셔서 지금까지 수백 년 동안 본방에서 아무 폐단없이 도지를 거두어 왔는데, 계사년(1893년)에 섬사람들이 시요(時擾: 동학농민봉기로 보임-인용자)를 칭탁하여 도지를 납부하기를 거부하여 궁에서 사람을 보내어 독봉(督捧)하였는데, 민인들이 완강히 수납을 거부하니, 나주부에 훈령하시어 계사, 갑오, 을미 3년의 도지를 이전처럼 납부하도록 해주시기 바랍니다."라고 하였다. 이에 대해 궁내부대신 이재순은 "살펴본즉 이 땅이 정명공주방의 사장(私庄)이오, 문적이 소연하게 남아 있고, 그동안 아무 문제 없이 봉납해온 것이 확실하니, 도민들이 시요(時擾)를 칭탁하여 완강히 수납을 거부하고 있는 것은 도리에 어긋나는 일이다. 이에 훈령하니 즉시 엄칙하여 3년간 내지 않은 도지를 불일간 내도록 하라"고 나주부 관찰사에게 지시하였다.[37] 즉 1775년 앞서 본 대진궁방의 출세(出稅)시에 정명공주방의 토지도 이에 들어가 몰수되었는데, 이때 하의도 땅도 여기에 들어갔다는 것이다. 그러나 사정을 소명하여 곧 환급을 받았다고 주장한다. 고종대에도 홍씨가는 하의도에서 여전히 도지를 받고 있었고, 1893년에 이르러 하의 3도 도민들이 도지 납부를 거부하자, 홍씨가는 나주부에 도움을 요청하였던 것이다. 이를 보면, 1893년 이전에는 홍씨가에서 도지를 받는 데 별다른 문제가 없었던 것처럼 보인다. 그리고 이때 홍씨가의 노복은 이 토지가 홍씨가의 소유지

---

37 『훈령』 3책, 건양 원년 7월 3일 궁내부대신 이재순 → 나주부관찰사.

라고 주장했고, 궁내부대신 이재순은 이를 인정했음을 알 수 있다. 이는 앞서 이호준의 판결과는 다른 것이었다.

그런 가운데 1897년 대한제국이 들어서면서 궁내부 내장원경 이용익은 왕실재정의 확충을 위해 역둔토·인삼·광산·포사(庖肆)·해세(海稅) 등을 내장원으로 이속하는 데 혈안이 되었다. 기존의 궁방전도 모두 내장원 소속이 되었다. 나아가 이용익은 과거에 궁방전, 목장토 등의 이름이 붙었던 곳을 모두 다시 조사하여 내장원에 부속시키도록 하였다. 1900년 내장원은 이에 대한 조사를 마치고 새로 부속한 토지의 명부를 만들었는데, 하의도의 토지도 이때 내장원에 소속되었다. 이 조사에 따르면 하의도의 답은 약 54결, 전은 약 34결, 상태도의 답은 약 24결, 전은 약 19결, 하태도의 답은 약 15결, 전은 약 17결로, 모두 답 약 94결, 전 약 60결이었다.[38]

이로써 하의3도의 농민들은 이제 내장원에 도전(賭錢)을 내야 하는 처지가 되었다. 이에 1900년 농민들은 봉세관의 목포행도소에 소장을 내고, 도전을 1결당 30냥씩 낼 수 있게 해달라고 요청하여 이를 허락받았다고 한다. 1894년 당시 결세는 1결 당 엽전 30냥이었다. 따라서 하의도에서 낸 30냥도 도지라기보다는 결세라고 볼 수 있다.[39] 그런데 1901년 가을부터는 여기에 10냥씩을 더해서 내라는 지시가 내장원에서 내려왔다. 이에 하의 3도 농민들은 내장원에 직접 소장을 올려, 10냥 추가분을 취소해달라고 요청했다. 이에 내장원측에서는 해당 도세가 오랫동안 너무 헐하였기 때문에 이번에 가정(加定)한 것이라면서, 40냥씩을 내라고 지시했다.[40]

---

38 『全羅南道各郡驛牧屯土及各樣査漏田畓庚子條定賭錢穀及舊未收區別成冊』(규장각 19208) (광무 5년 2월)
39 박찬승, 2008, 『근대이행기 민중운동의 사회사』, 경인문화사, 305쪽 참조.

그런데 1904년 러일전쟁이 일어난 뒤, 내장원경 이용익은 실각하고 친일파 이완용이 득세하게 되었다. 그 이전에 홍씨가에서는 정명공주의 6대손인 홍설모(홍우승의 조부)가 홍우록의 부친 홍철주에게 하의도의 땅을 양도했다고 한다. 이에 홍철주의 아들 홍우록은 내장원에 빼앗긴 하의 3도의 땅을 되찾기 위해 나섰다. 1907년 홍우록은 경리원에 소장을 냈고, 경리원은 이에 제음을 냈는데, 이를 보면 이런 내용이 있다. 먼저 홍우록은 소장에서 "지도군 소재의 하의, 상태, 하태 3도는 인목대비가 사급(賜給)하고 본방(정명공주방)에서 도조를 수납해온 곳으로 지금까지 3백여 년 동안 문권과 양안이 있어 사장(私庄)이 확실한데, 기해년(1899년) 가을에 내장원에서 갑자기 전관한다고 가져가 버려 억울함을 금할 수 없습니다." 라고 하였다. 이에 대해 경리원측에서는 "과연 소장의 말과 같다면 억울한 일이니 마땅히 조사해서 바로잡겠다"고 하였다.[41]

그런데 위의 소장을 보면, 홍씨가는 하의, 상태, 하태의 3도의 전답 전체를 절수받은 것처럼 주장하고 있다. 그리고 이를 인목대비 때에 물력을 내고 사람들을 모아 개간한 것처럼 말하고 있다. 그러나 영조대의 기사를 보면, 인목대비 때 절수를 받은 곳은 20결에 불과했다. 이 땅도 섬사람들이 이미 개간한 땅을 무주지로 되어 있는 것을 이용하여 절수받았을 가능성이 있다. 나머지 전답은 절수 이후 섬사람들이 사비와 노동력을 내어 개간한 땅이었다. 그런데 풍산 홍씨가에서는 집안의 권세를 빌려,[42] 하의3도의 전답 전체를 마

---

40 내장원편, 『全羅南北道各郡訴狀』 3책, 光武六年 六月 日
41 내장원편, 『전라남북도각군소장』 8책, 전남 지도군 홍우록의 소장. 1907년 11월 13일.
42 정명공주는 홍주원(영안위)에게 시집을 가서 3남 1녀를 낳았다. 그의 아들 홍만용, 홍만형, 홍만회는 모두 고위직에 올랐다. 혜경궁 홍씨의 아버지인 홍봉

치 절수받은 것처럼 속이고 세를 거두어갔던 것이다.

홍씨가는 이때 목포재무서의 타케이, 히라시마, 토미나가 등에게 뇌물을 제공하여 허위로 두락 문권을 작성하고, 1907년 11월에는 내장원에 청원서를 제출하고, 1908년 3월에는 제실유급국유재산조사국(帝室有及國有財産調査局)에 하의 3도의 땅을 반환해줄 것을 청구하였다. 조사국에서는 "당사자가 첨부한 문건을 조사한 즉, 사유(私有)된 증거가 명확하기에 이를 하급함이 가함으로 인정함"이라고 판정하였다.[43] 조사국은 이를 내각에 보고하여 내각은 홍우록의 소유임을 증명하는 하급증을 발급하였다.[44] 즉 하의 3도의 전답 151결 24부 3속이 홍우록의 소유임을 인정한 것이다.

한편 그런 사정을 잘 몰랐던 하의도민들은 1908년 7월경 탁지부 및 임시재산정리국, 그리고 통감부 등에 진정서를 내고, 내장원에 속했던 하의 3도의 전답을 하의3도민에게 돌려달라고 요청했다. 하의도민들이 진정서를 내고 회답을 기다리고 있는 가운데, 홍우록은 그해 음력 9월 임예목, 이학범과 일본인 등을 하의도에 보내 도전(賭錢)을 낼 것을 요구하였다. 이에 하의도민들은 도전을 한 푼도 낼 수 없다며 거부했다. 이에 홍우록측은 목포에서 조선인과 일본인 무뢰배들을 데리고 하의도에 들어와 도민들을 협박하고 구타하였다. 그럼에도 하의도민들은 굴복하지 않았다.

홍우록측은 이제 관의 힘을 빌릴 필요가 있다고 판단하고, 지도군수 최수강을 이 일에 끌어넣었다. 최수강은 하의도민 중 유력자

한은 홍주원의 현손(고손)으로 국구로서 영의정까지 올랐다. 역시 권세가로 좌의정까지 올랐던 홍인한은 그의 이복동생이었다. 『정조실록』 등 참조.
43 제실유급국유재산조사국, 『조사국래거안』(규장각 17827), 「自院奪入件 - 智島(하의, 상태, 하태)」
44 『황성신문』 1908년 6월 27일.

17명을 지도로 불러 홍우록측과 화해할 것을 권유했다. 그는 1년분의 도조를 홍우록에게 지불하라고 하면서, 우선은 직접 홍우록측에 바로 지불하지 말고 군수인 자신에게 맡겨 보관하라고 설득했다. 하의도민들은 권리상 쟁의가 진행되는 상황에서 관의 명령을 거부할 수 없어, 일단 도전 1,361원여를 군수에게 맡겼는데, 이는 결국 홍우록에게 넘어갔다. 이에 하의도민들은 1909년 홍우록을 상대로 '부당이익반환청구소송'을 제기했다. 그들은 처음에는 조선인 변호사를 앞세워 경성지방법원에 소송을 제기했으나 패소했다. 이에 일본인 변호사를 다시 선정하여 경성공소원에 공소심(항소심)을 제기했다. 이 소송은 이후 3년여의 시간을 끌어 1912년(혹은 1913년)에야 판결이 나왔다.

재판부는 판결을 위해 하의3도 토지의 내력에 대해 조사했다. 재판부는 하의도민들이 제출한 문건을 보면 최소한 60년 이전에 토지를 매매한 것이 확인되므로, 이 땅은 주민들이 이미 수백 년 전에 개척한 토지로서 그동안 자유롭게 이를 처분하는 등 소유권을 행사해왔다고 보았다. 또 지도세무서에서 제출한 『기유조결세원부(己酉條結稅原簿)』를 보면, 그 안에 「하의도 민유지고하책(荷衣島民有地考下冊)」이 있고, 전답의 소재, 결수, 두락수 및 소유자의 씨명이 기록되어 있어 이들 전답은 민유지임이 확실하다고 판단했다. 재판부는 또 정명공주방에서 하사받았다는 24결도 유토사패(有土賜牌)가 아니라 단순히 결세징수권만을 받은 무토사패(無土賜牌)로 인정된다고 보았다. 따라서 홍우록측이 하의3도민들로부터 도전(賭錢)을 징수한 것은 권리가 없는 행위를 한 것이고, 하의도민들에게 손해를 입힌 것이므로 공소인들에게 배상 책임이 있다고 판결하였다.[45] 재판부

---

45 신안군·목포대임해지역개발연구소, 1999, 「경성공소원 법원 민사부 판결문」

는 정명공주가 절수받은 24결도 결세징수권만을 받은 무토사패지라고 판정한 것이다. 재판부의 판단을 다 믿을 수는 없으나, 당시 홍씨가가 제출한 여러 자료들을 충분히 검토한 뒤에 내린 결론이기 때문에 믿을 만하다고 여겨진다. 그리고 앞서 본 것처럼 홍씨가가 하의도의 민전에서 거두어간 것이 1결 당 미 40두(조 100두)로 당시 영작궁둔의 궁방전에서 거둘 수 있는 조 200두와는 큰 차이가 있었다. 따라서 홍씨가가 주장한 140결의 토지는 말할 것도 없고, 정명공주방(홍씨가)이 하의도에서 처음 절수받았다는 24결도 민결면세지였을 가능성이 높다고 여겨진다.

한편 '부당이익반환청구소송'에서의 승소는 하의도민들에게 토지소유권이 있다는 판결은 아니었다. 이에 대해서는 따로 재판이 필요했다. 홍우록측은 부당이익반환소송이 진행되는 과정에서 재판이 자신에게 불리하게 돌아가고 있고, 토지소유권을 둘러싼 재판이 시작되면 불리할 수 있다고 판단하여, 해당 토지를 다른 사람들에게 팔아넘겼다. 우선 당시 한일은행장 조병택과 백인기에게 대금 1만 5천 원에 이 토지를 넘겼고, 이들은 다시 목포의 정병조에게 5만 7천 원에 팔아넘겼다. 그리고 정병조는 이를 다시 일본인 우콘 곤자에몬(右近權左衛門)에게 11만 5천 원에 팔아넘겼다. 홍우록은 아마도 총리대신 이완용으로부터 받은 하급증이라는 것을 근거로 토지를 매도한 것으로 보인다. 하의도민들은 홍우록과의 재판에서는 승소하였으나, 홍우록측이 몰래 토지를 팔아넘겼고, 새로운 지주로서 우콘이 등장하여 이제는 일본인 우콘과 그를 이은 도쿠다양행(德田洋行)을 상대로 한 싸움을 다시 시작하지 않으면 안 되었다.[46]

『하의3도 농지탈환운동 자료집』, 170~173쪽.
46 이에 대해서는 이 책 제10장을 참조할 것.

4. 조선후기~1910년 비금도·도초도·자은도 토지의 상황

그러면 비금도·도초도·자은도는 조선후기~1910년 사이 어떤 상황에 놓여 있었을까.

먼저 비금도에 대해 살피면, 비금도 주민들은 임진왜란 이후 특히 17~18세기에 집중적으로 입도하여, 진황지를 개간하거나 갯벌을 간척하는 방법으로 전답을 만들기 시작하였다.47 그리고 이러한 간척에는 나주의 부호나 궁방이 간여한 경우도 있었던 것으로 보인다.

경종 1년(1721)에 나주에 거주하는 임학 등은 호조 판적사에 소장을 내어, 자신의 땅이 비금도에 있어 누대에 걸쳐 경식(耕植)해 왔다면서, 해숭위방(海崇尉房)에서 절수받은 36결이 역시 비금도에 있었는데, 중간에 해숭위방에서 자신의 땅을 혼탈입(混奪入)해 들인 일이 있어 자신이 이를 관에 호소하였으며, 이후에는 침책하는 일이 없었다고 한다.48 그런데 40여 년이 지나 이승길이라는 사람이 명혜공주방49 별좌라고 칭하면서 비금도 전답을 명혜공주방이 해숭위방으로부터 사들였다고 하면서, 자신의 땅을 또 혼탈입하였으니, 이를 바로잡아달라고 호소했다.50

비슷한 일은 영조대에도 있었던 것으로 보인다. 『영조실록』을

---

47 김경옥, 2002, 「조선후기 나주목 비금도 주민들의 토지운영 실태」 『도서문화』 19, 도서문화연구소, 74쪽.
48 해숭위(海崇尉) 윤신지(尹新之, 1582~1657)는 선조의 서녀 정혜옹주의 남편으로 영의정을 지낸 윤방(尹昉)의 아들이다. 『효종실록』 18권, 효종 8년 5월 4일.
49 명혜공주(明惠公主)는 현종과 명성왕후의 사이에서 둘째딸로 태어났다. 신정의 아들 신요경과 혼인하기로 되어 있었으나, 가례를 올리지 못한 채 갑자기 사망하였다(1663~1673).
50 호조 판적사, 『판적사신축등록』(규장각 18177) (경종 1년, 1721), 신축 4월 25일.

보면, 호조판서 권이진이 국왕에게 말하기를 "절수는 백성들의 극심한 폐단이 되고 있습니다. 해숭위 윤신지의 자손이 나라에서 내려주어 받은 토지를 신생옹주방에 매도했는데, 그 땅은 진폐된 지 이미 오래 되었는데, 부근에 있는 백성들이 기간(起墾)하여 경작한 지 이미 여러 대가 되었다고 합니다. 이제 만약 궁가에서 매수했다면 백성들은 장차 전지를 잃을 것이니 어찌 나라를 원망하지 않겠습니까"라고 하였다.51

한편 1867년 호조에 의해 만들어진 『비금도 완문』이라는 자료가 있다. 이를 보면 전라도 나주 비금도 민인들이 도세(島稅)가 남봉(濫捧)되고 있다고 호소해 왔다고 한다. 호조는 수세(收稅)를 빙자하여 가세(加稅), 백징(白徵) 등이 있다 하니, 통탄할 일이라면서 아전들의 간활한 관습을 그대로 두고 볼 수 없다고 지적하였다. 절도(絶島)의 가난한 농사군들과 베 짜는 아낙네들은 마땅히 내야 할 신포(身布)와 호역(戶役)도 제대로 내지 못할까 두려워하고 있는데, 여기에 가세(加稅)를 하여 이들을 괴롭힌다면 이들은 살아남기 어려울 것이라 했다. 또 230여 결의 백지징세는 도민들의 가장 큰 원성의 대상이 되고 있으니, 어찌 이런 무엄한 일이 있을 수 있는가 하면서, 이제 이 완문을 발급하니, 호조의 원장부에 수록된 74결 6부 8속의 세금만을 거두고, 그밖에는 남징하지 말도록 지시하였다.52 이를 보면, 비금도에는 면세가 되는 궁방전보다는 세금을 내야 하는 민전이 더 많았던 것으로 보인다.

그런데 언제부터인지 비금도와 도초도의 땅은 명례궁에 속하게 된 것으로 보인다. 1898년 가을 명례궁에서 비금도와 도초도에 감

---

51 『영조실록』 15권 영조 4년 2월 25일.
52 호조, 『비금도완문』 (규장각 17260) (1867년 간행)

관을 파견하여 거두려 하였는데, 도민 김두일, 이지홍, 최사홍 등이 소란을 피우면서 백방으로 방해하여, 경무청에서 경찰을 파견하여 이들 3인을 체포하여 서울까지 압송한 일이 있었다.[53]

또 1899년 9월 궁내부 내장원경 이용익이 지도군수 박용규에게 지시한 내용을 보면, "지도군 목장 및 임자도목(荏子島牧)과 명례궁이 소관하던 자은·장산·압해·비금·도초와, 운현궁이 소관하던 암태와 홍판서가가 도조를 거두던 하의·상태·하태와, 훈둔(勳屯) 소속 우이·흑산·홍의·가가·태사를 이제 내장원에서 구관할 것인데, 자은·장산·압해 세전(稅錢) 1894~1898년 5년분과, 비금·도초 세전 1895~1898년 4년분, 암태 세전 1894~1898년 5년분을 중간에서 빼앗아 연체되어 막중한 공납(公納)에 손실이 있으므로, 이에 장충식과 현덕종을 위원으로 내려보내고 미납된 실수를 기재하여 훈령하니, 즉시 낱낱이 독촉, 징수하여 모두 파원에게 주어서 바로 직납하게 하고, 각 목장과 홍판서가에서 거두어 간 전답과 훈둔 소속 전답 금년분 도세(賭稅)도 파원과 함께 실수대로 징세하여 지도군에서 전관하여 내장원으로 납부하되, 만약 지체가 있으면 책임을 면하기 어려울 것이니 유념하여 시행하라."하는 것이었다.[54]

그러나 이에 대해서는 명례궁 측에서 반발이 있어, 그해 12월에는 다시 명례궁에 속한 비금도와 도초도의 경우 결세를 지도군에서 거두지 말고, 명례궁에서 도조를 거두고 그 가운데에서 결세를 탁지부에 내도록 하라는 훈령을 내장원경 이용익이 지도군수 박용규

---

53 법부 검사국, 『통첩기안』 1책(규장각 17277-21), 1898.10.14. 법부주사 윤동일 → 한성재판소 주사 한동리
54 내장원편, 『訓令照會存案』 (규장각 19143) 2권, 훈령 제1호. 내장원경 이용익 → 지도군수 박용규. 1899.9.5.

에게 보냈다.55

그러면 비금도의 땅은 언제부터 명례궁 소속이 된 것일까. 통감부문서에 실린 헌병대 기밀문서에 의하면, "비금도는 지금으로부터 약 300년 전 비로소 한국인이 이주하여 개척한 것으로, 현재 호수 약 500호라고 함. 그리고 각자 소유한 전답은 왕년부터 □□을 정부에 상납하고 있었으며, 각기 그 토지문서(地券)를 有□ □□ 양도를 해온 것이라고 함. 그런데 □□□□(1897,8년으로 추정됨-인용자) 추수기에 경성 명례궁 궁차(宮差)라고 칭하는 한국인 아무개가 그곳에 와서 비금도는 약 140여 년 한국 황제 조상의 황녀 명혜공주가 황제에게서 증여받은 토지로서 당연히 명례궁의 소속지라고 주장하고 인민들에게서 그 뜻에 반하여 추수곡물의 반을 약탈하려고 함. 이로 인해 도민과 분란을 야기하였고 그 부당함을 주장하며 소유권을 명확하게 하려고 도민 중 약 20명의 대표자가 작년 12월 상순에 상경하였다는 것인데 목하 제실재산정리국에 청원 중이라고 함."이라 하였다.56 이를 보면, 비금도에 명혜공주방의 전답이 일부 있었던 것을 빌미로 명례궁에서 비금도의 전답 전체를 사패받은 것처럼 주장한 것으로 보인다. 그래서 앞서 본 것처럼 비금도의 주민들이 이에 저항하다가 서울까지 붙잡혀 가는 일도 발생했을 것이다.

비금도와 도초도의 토지는 최종적으로 어떻게 처리되었을까. 1908년에 작성된 『국유지조사서서초(國有地調査書抄)』에는 비금도 장토만 기재되어 있고, 도초도 장토는 기재되지 않았다고 한다.57 이

---

55 내장원편, 『훈령조회존안』 (규장각 19143) 5권, 훈령. 내장원경 이용익 → 지도군수 박용규. 1899.12.14.
56 통감부, 『統監府文書』 10권, 九. 憲兵隊機密文書, (97) 全羅南道 元智島郡 飛禽島民 토지소유권에 관한 紛擾. 憲機第二三六號, 1909.2.2.
57 「智島郡 慈恩島 소재 명례궁 장토 수조기 심화 해제」 (규장각 사이트 참조)

로 미루어 보면, 도초도 토지는 궁방전의 유토로 인정되지 않고 무토로 인정되어 국유지에서 제외된 것으로 보인다.

다음으로 자은도의 토지 내력을 살펴보자. 1898년 4월 전라관찰사 윤웅렬이 탁지부에 올린 보고서를 보면, 관하 지도군의 자은도, 장산도, 압해도의 도민들이 연명 상소를 올렸는데, 그 내용은 다음과 같았다고 한다. 이들 3도의 토지가 본래 사복시둔토로서 결총은 비록 나주목의 장부에 올라 있으나, 전세납부는 전 망운목에서 색리를 보내 일일이 적간하여 원래 결수가 409결 59부 6속이었지만, 52결 65부 3속이 유리진폐되었고, 실제로 농사를 짓는 땅은 356결 94부 3속으로 조사되어 이에 대해 세금을 내왔다고 한다. 도민들은 "지난 경인년(1890년)에 명례궁으로 이속된 후에도 역시 망운목의 예에 따라 궁감이 직접 내려와 답험을 하여 결수를 조사한 뒤 세금을 매겼고, 병신년(1895) 이후로 3도가 지도군으로 이속된 후에도 세금은 궁감이 내려와 이전처럼 거두어갔는데, 정유년(1896) 7월에 지도군에서 영칙하기를 갑오승총 시 나주에서 건네받은 목장결(牧場結)의 장부가 총 1,359결 66부라 하였는데, 그 가운데 9백여 결은 이미 농사를 짓지 못하는 땅이 된 것이어서 크게 놀라 지도군에 호소하였으나, 지도군에서는 양전을 다시 하기 전에는 경감하는 것이 불가능하다고 하니, 현재 농사짓는 땅 350여 결 외에 이미 형체도 없어진 땅 959결 6부 4속에서 어떻게 세금을 낼 수 있겠습니까"라고 호소하였다. 이에 지도군에서는 3도의 양안을 갖추어 탁지부에 9백여 결의 전세를 감해줄 것을 요청하였는데, 탁지부는 원총은 함부로 견감(蠲減)할 수 없다면서 이를 거부하였다.[58]

또 같은 해인 1898년 9월 전라남도 관찰사 민영철이 탁지부에 올

---

58 탁지부, 『공문편안』 43책, 광무2년 5월 17일.

린 보고서를 보면, "관하 지도 군수 김한정의 보고를 접한 즉, 본군 속 자은도민 정서권과 압해도민 정성수 등이 올린 소장 내에 3도(자은도·장산도·압해도를 가리킴)의 무망진결(無亡陳結) 9백여 결의 결세를 만약 그대로 걷는다면 민이 장차 환산할 것이요, 섬은 반드시 텅 빌 것이니, 군과 관찰부에 여러 차례 소장을 올렸고, 전 관찰사 때에 장부를 살피고 탁지부에 감해줄 것을 요청하였으나, 아직도 감해주지 않았습니다"라고 하였다. 이어서 지도군수는 이들 3도는 본래 사복시 둔토로서, 전에 망운목에서 관리하던 때부터 매년 답험하여 세금을 거두어 오다가, 명례궁에 이속된 후에 역시 그 실수에 따라 도세를 거두어 왔는데, 이들 섬이 자연재해에 취약하여 3도의 결 1,358결 66부라는 숫자는 언제 때 것인지 알 수 없고, 현재 진황지가 되어버린 것이 958결 6부 4속이고, 실제로 농사짓는 땅은 3백여 결에 지나지 않는다고 주장하였다. 전라남도 관찰사는 본래 목장토였던 땅은 궁장(명례궁)으로 이속하여 면세납도(免稅納賭)하도록 하였는데, 도세 상납 시 진결을 살피지 않고 원래의 결수대로 걷는다고 하면, 큰 폐막이 될 것이니, 9백여 결은 감하고 3백여 결에 대해서만 걷도록 해주길 바란다고 하였다. 이에 대해 탁지부에서는 3도의 전답이 본래 1,358결인데, 지금 3백여 결밖에 되지 않는다는 것은 말이 되지 않는다면서, 이는 받아들일 수 없다고 지령을 내렸다.[59]

이를 보면, 자은도·장산도·압해도는 본래 사복시둔토로 되어 있다가, 1890년에 명례궁으로 이속되어 명례궁에서 전세를 받아갔고, 1894년 갑오승총 이후 지도군에서 전세를 받았던 것으로 보인다. 따라서 잠시 명례궁으로 소속되기는 했지만, 그것은 전세를 거두는

---

59 탁지부편, 『공문편안』 43책.

무토면세지에 지나지 않았던 것으로 보인다.

5. 조선후기~1910년 암태도 토지의 상황

암태도는 조선전기까지도 왜구가 자주 출몰하는 곳이었다. 『태종실록』을 보면 태종 8년 2월에 왜선 9척이 암태도를 노략질하여 암태도의 염간(鹽干) 김나진과 갈금 등 20여 명이 이를 쫓아냈다고 한다.[60] 임진왜란 이후 평화가 찾아왔지만, 숙종대 조정 대신들은 이 섬에서 사람들이 농사를 짓고 살게 하는 것보다는, 소금을 만들고 배의 목재를 키우는 곳으로 활용하자고 하여 그렇게 결정되었다.[61]

그런데 뒤에 보듯이 암태도는 내수사 장토를 거쳐 선희궁 장토로 들어가버렸다. 선희궁(宣禧宮)은 영조의 후궁이며 사도세자의 생모인 영빈 이씨(暎嬪 李氏)의 재궁이다. 영빈 이씨는 어려서부터 궁녀생활을 하다 귀인이 되었으며, 영조 6년(1730) 영빈으로 봉해졌다. 영조와의 사이에 사도세자 외에 5명의 옹주를 두었다. 영조 40년(1764) 영빈 이씨가 사망하자 다음해인 영조 41년 시호를 의열(義烈)로 추증하고, 정조 12년(1788) 선희궁(宣禧宮)으로 고쳤다고 한다. 선희궁의 면세결규모는 1788년 『탁지지』 단계에서부터 1895년 『결호화법세칙』 단계까지 파악된다. 18세기 후반에서 19세기 전반까지 3,100~3,400여 결을 유지하다가, 1870년 육상궁과 합사되면서 선희궁은 폐지되고 소속 면세결도 100결로 크게 축소되었다. 이때 폐지된 선희궁 장토는 내수사로 이속되었고 호조에 출세(出稅)하였던 것

---

60 『태종실록』 15권, 태종 8년 2월 3일.
61 『승정원일기』 249책, 숙종 1년 10월 13일.

으로 보인다. 1897년 다시 선희궁이 복설되면서 폐궁 조치 이후 사라졌던 선희궁 장토는 상당수 회복되었다. 뿐만아니라 내장사와 군부 소관의 둔토도 일부 선희궁에 귀속되었다. 암태도의 장토는 1908년 작성된 『국유지조사서초』에 선희궁 장토로 기록되어 있고, 감관이 있는 것으로 되어 있다. 암태도의 장토는 178결 50부였고, 결세(結稅)의 징수는 벼 650석이었다.[62]

암태도 장토의 내력을 좀 더 자세히 살펴보자. 규장각의 『전라도장토문적』을 보면, 암태도에는 일찍부터 도장(導掌)이 있었던 것으로 확인된다. 1628년 홍한(洪漢)은 내수사 서원 조덕건(曺德健)에게 내수사 소관 나주 내노비 신공(身貢)과 암태도의 세염(稅鹽), 공물(貢物), 전세(田稅)를 징수하는 주인권을 판 문기가 있다. 공물주인권을 방매한 홍한은 남양홍씨 집안의 당계군(唐溪君)이었고, 이를 매득한 조덕건은 내수사 서원(書員)이었다. 이는 일종의 공물주인권이라 할 수 있는 것이었다. 그리고 1672년 조덕건의 후손인 조진석은 이 주인권을 백광원에게 다시 팔았다고 한다.[63]

그리고 1706년 백광원의 자손 백진해는 안영락과 분반(分半)한 공물주인권의 지분 2분의 1을 방매하면서 그 권리를 '전라도 나주속 암태도 도장(導掌)'이라고 이름을 붙였다. 즉 공물보다는 전세가 더 중시되는 상황으로 바뀌면서 이름도 '공물주인권'에서 조세청부업자인 '도장'으로 바뀐 것으로 보인다.[64]

궁방전은 앞서도 본 것처럼 민전에서 전세를 징수하는 민결면세

---

62 「智島郡 嚴泰島 소재 선희궁 장토 收租記 심화 해제」 (규장각 사이트)
63 『전라도장토문적』 (규장각 19301) 35책. 박성준, 2017, 「17~18세기 궁방전에서 導掌의 발생과 역할」 『역사문화연구』 64, 한국외대 역사문화연구소, 50쪽 참조.
64 박성준, 위의 글, 51~54쪽.

지(무토면세지), 궁방에서 매득한 매득지(유토면세지), 황무지를 절수·사여받아 개간한 절수·사패지(영작궁둔) 등으로 구분된다. 이 가운데 절수·사패지는 개간의 주체가 누군가에 따라, 궁방이 물력을 들여 개간한 장토, 도장이 개간한 장토, 민인이 개간하여 중답주가 형성된 장토 등 다양한 모습을 보인다. 도장의 기원에 대해 연구한 박성준에 의하면, '도장'은 이들 장토 가운데 특정 유형의 장토에만 차정된 것이 아니라, 궁방전의 발생 기원과 관계없이 다양한 유형의 장토에 모두 차정되었다고 한다.[65]

그러면 암태도의 경우는 어떤 유형의 장토에 해당할까. 앞서 본 것처럼 암태도에서는 이미 17세기 초부터 내수사에 소속되어 염세, 공물, 전세를 공물주인이 징수하여 상납해왔다. 그 뒤 암태도에서 배를 만드는 나무(船材)를 기르는 작업이 중단되자, 민인이 암태도에 들어와 기간(起墾)을 시작했다. 안영락은 이러한 암태도의 상황을 내수사에 진고(陳告)하여 1691년 암태도 도장에 차정되었다.[66] 즉 암태도는 내수사 소속이었는데, 그 전답을 민인이 개간하였고, 이를 내수사에서 파악하여 수세를 하게 된 경우라고 할 수 있다.

1717년 내수사의 암태도 장토는 254결로 전장의 규모가 크게 확대되면서 영빈방에 이속되었다.[67] 그리고 영조 38년(1762년)에는 영빈 이씨의 제사를 지내는 선희궁이 창설되었다. 이는 처음에는 의열묘라고 칭해져서 암태도의 254결은 의열궁으로 이속되었다. 그리고 정조 12년(1788년) 선희묘라고 이름이 바뀌면서 암태도 장토는

---

65 같은 글, 58쪽.
66 『전라도장토문적』 35책, 1706년 謄給. 박성준, 앞의 글, 54~59쪽 참조.
67 『전라도장토문적』 35책, 1745년 謄給, 박천우, 1983, 「한말·일제하의 지주제 연구 - 암태도 문씨가의 지주로의 성장과 그 변동-」 (연세대 석사논문), 8쪽.

선희궁으로 소속되었다.[68]

그러면 당시 암태도 장토의 성격은 어떠하였을까. 암태도의 도장을 연구한 박성준은 암태도에는 '궁방-중답주-작인'이라는 중층적 토지소유가 성립되었다고 보았다.[69] 그런데 일반적으로는 중답주가 있는 경우의 궁방전에서는 도지(賭地)를 소출의 4분의 1 정도를 받았다. 과연 내수사나 선희궁에서는 암태도에서도 소출의 4분의 1 정도를 거두었을까. 내수사에서 어느 정도를 거두었는지는 기록이 남아 있지 않다. 선희궁의 경우에도 1905년 11월에 작성된 『암태도둔봉상책』이 규장각에 남아 있을 뿐이다. 이를 보면 암태도둔 전답 191결 19부 9속에서 거둔 조(租)는 955석 19두 9승이었다. 이 가운데 감관 1명, 둔장 1명, 호방 1명, 고직 1명, 사령 2명의 면세가 75석이었고, 또 감관과 궁차의 몫으로 뗀 것이 95석, 중흥리 간평시 비용으로 뗀 것이 조 10두였다. 따라서 이들 170석 10두를 제하면 남는 것은 785석 9두 9승이었다. 이를 돈, 즉 전문(錢文)으로 환산하면 1만 7993량 3전 5분이 되었다. 여기에서 다시 신당고사(神堂告祀), 개창고사(開倉告祀) 비용을 39량을 제하고, 178결 50부 2속의 결세(結稅-전세) 1만 4280량 1전 6분을 제하고, 궁감과 궁차의 여비 323량을 제하고, 시가(時價)를 정하기 위한 회의비 20량 등 모두 1만 4,712량 1전 6분을 제하면, 선희궁에 상납할 전문은 3,281량 1전 9분밖에 되지 않았다.[70]

위에서 보면, 암태도둔 전답 191결 19부 9속에서 거둔 도세(賭稅)는 1만 7,993량 3전 5분이었다. 그런데 그 가운데 면세 부분을 제외

---

68 박천우, 위의 글, 8~9쪽.
69 박성준, 앞의 글, 59쪽.
70 『巖泰島屯捧上冊』(규장각 19590).

한 178결 50부 2속의 결세(結稅)가 1만 4,280량 1전 6분이었다. 즉 선희궁에서 거둔 도세의 79.4%가 결세가 된다. 즉 선희궁에서 거둔 도세는 사실상 결세에 약간의 비용을 덧보탠 것에 지나지 않았던 것이다. 이는 선희궁이 이 토지에 대한 소유권을 갖지 못하고 있었음을 말해주는 것으로 보인다. 즉 이 토지는 사실상 무토궁방전이었던 것이다. 앞서 본 것처럼 박성준은 암태도둔에 중답주가 있었던 것이라고 하였으나, 조선총독부의 소작관행 조사의 결과서인『조선의 소작관행』이라는 책 등에서 특수소작으로 분류된 '중답주' 혹은 '중도지'의 사례 가운데 암태도의 경우는 없었다.

한편 이성임의 연구에 의하면, 18~19세기에 조정에서 궁방에 지급할 토지가 부족하자 호조의 원결(元結)에 대한 수조권을 궁방에 지급하기도 했는데, 이것이 무토였으며, 무토는 궁방이 결당 미 23두(조60두, 전 7냥 6전 7푼)의 수조권을 갖고 있었다고 한다. 시간이 흐를수록 무토 궁방전은 늘어갔고, 이곳에서 수세를 맡는 무토 도장도 늘어갔다고 한다. 원래 무토는 10년 단위로(초기에는 3년) 다른 군으로 옮기도록 했지만, 이는 제대로 지켜지지 않았다고 한다. 무토 도장의 경우, 유토 도장에 비해 상대적으로 이권도 작았다.[71] 그리고 1894년 갑오승총에 의하여 무토궁방전은 혁파되었다. 그러나 이후 대한제국기에 다시 일부 무토 궁방전은 복구되기도 했고, 선희궁의 암태도둔이 바로 그러한 경우였던 것으로 보인다.

규장각에는 암태도 소재 선희궁 장토와 관련된 장토문적으로『전라도장토문적』(규 19301) 제35책으로「전라남도지도군소재장토박응호제출도서문적류」가 있다. 박응호는 암태도 도장으로서 도장

---

71 이성임, 2018,「18~19세기 무토도장의 차정과 전계 - 장토문적을 중심으로」,『대동문화연구』 104. 성균관대 대동문화연구원.

권에 대한 보상을 제실재산정리국에 요청했으나, 이는 거부되었다. 그것은 제실재산정리국에서 볼 때, 암태도둔은 무토, 즉 민결면세전에 불과했고, 따라서 박응호의 권리도 그리 크지 않다고 보았기 때문일 것이다.

따라서 선희궁속 암태도둔은 제실재산 정리나 토지조사사업에서 모두 민전으로 인정을 받은 것으로 보인다. 그리고 암태도의 전답은 육지나 다른 섬들의 민전의 경우와 마찬가지로 자작지이거나 지주-소작의 관계하에서 운영되고 있었을 것이다.

1920년대 암태도뿐만 아니라 인근 섬에서의 소작쟁의의 대상이 되는 암태도 문씨가의 경우는 언제 그와 같이 대토지를 소유하는 지주가 되었을까. 문씨가의 입도조 문익태는 18세기 초 즈음에 암태도에 들어온 것으로 보인다. 이후 수곡리는 문씨가의 동족마을이 되었고, 문씨가는 농사일뿐만 아니라 자염업(煮鹽業)에 종사하면서 부를 축적하기 시작했다. 입도조로부터 6대가 되는 문동구는 암태도 둔장이 되어 궁방과 관련을 가졌고, 자신의 아들 3형제를 열심히 가르쳐 큰아들 문진현이 사마시에 합격하여 진사가 되었다. 궁방과의 관계는 계속되었던 것으로 보이고, 1905년에는 문태현의 동생인 문학현이 선희궁 암태도 감관을 맡았다. 그리고 문태현의 사촌 문양현은 암태면의 초대 면장을 맡았다.[72]

문씨가가 크게 부를 축적하게 된 것은 농업, 자염업 외에도 선상(船商)과 고리대 등을 적극 활용하였기 때문이다. 특히 1897년 목포항이 개항되어 일본으로 한국의 쌀을 실어가고, 이에 따라 쌀값이 계속 오르자, 문태현의 아들 문재철은 전답을 적극 매입하기 시작한다. 1915년까지 문씨가는 암태도뿐만 아니라 자은도, 비금도, 도

---

72 박천우, 앞의 글, 16~22쪽.

초도, 안좌도, 임자도 등 인근 도서지역에서 대거 토지를 사들였다. 또 그는 영암군 시종면, 나주군 반남면, 진도군 군내면 등지의 토지도 사들였다. 그 결과 1915년 문씨가의 토지는 논 1,166,991평, 밭 468,541평, 대지 7,588평, 염전 38,695평, 기타 3,013평 등 모두 560여 정보에 달하는 대토지를 소유하게 되었다. 문씨가는 1920년대에는 토지 집적의 속도를 다소 늦추었지만, 1930년대 이후에는 다시 암태도와 인근의 섬, 그리고 충남 당진군, 전북 고창군과 부안군에서 토지를 더 사들였다. 그리하여 1940년경에는 4백만 평에 달하는 토지를 소유하는 거대지주가 되었다.[73] 1920년대 암태도와 자은도, 도초도 등 인근 도서지역에서 일어난 대규모 소작쟁의가 문씨가를 중심으로 한 지주들을 대상으로 하게 된 것에는 위와 같은 배경이 있었다.

---

73 같은 글, 23~57쪽.

제8장
1920년대 중반 암태도의 소작쟁의

1. 머리말

 암태도 소작쟁의는 식민지시대 대표적인 소작쟁의로서 일컬어지는 중요한 사건이다. 이에 대해서는 이미 여러 글이 발표되어 그 경과와 의의는 대체로 정리되어 있다. 이 사건에 대한 최초의 글은 1969년에 발표된 박순동의 「암태도소작쟁의」라는 논픽션이었다.[1] 이 글은 박복영의 회고에 근거하여 쓰인 것으로, 소설과 유사한 형식을 빌리고 있었다. 하지만 박복영의 회고는 부정확한 부분이 많았고, 그의 경험의 폭도 한계가 있었다. 이후 송기숙이 1981년 논픽션과 동아일보 신문기사, 그리고 현지 취재를 바탕으로 소설 『암태도』를 발표했다.[2] 이는 소설로서는 훌륭한 것이었지만, 소설이었기 때문에 픽션이 많이 가미되었고, 또 박순동의 논픽션에서 부정확한 부분을 그대로 이어받은 부분도 있었다.
 역사학계에서는 1979년 조동걸이 『일제하 한국농민운동사』에서

---

1 박순동, 1969, 「암태도소작쟁의」, 『신동아』 1969년 9월호. 이는 이후 『암태도 소작쟁의』라는 책으로 두 차례 출판되었다(1980, 청년사 ; 2003, 이슈투데이)
2 송기숙, 1981, 『암태도』, 창작과비평사.

암태도소작쟁의를 부분적으로 다룬 것이 처음이었다.3 하지만 그의 글도 대체로 박순동의 글을 참고로 한 것이어서 부정확한 부분이 많았다. 그 뒤 김종선이 서남해 도서지방의 소작쟁의를 연구하면서 암태도사건을 다루었는데, 독립된 논문으로는 이것이 처음이었다.4 하지만 그의 글은 일부 새로운 증언이 담겨 있지만, 박순동과 송기숙의 소설에 대체로 의존하고 있어서 역시 부정확한 부분이 많았다.

한편 암태도 소작쟁의와 관련된 인물들에 대해서는 몇 편의 논문이 있다. 우선 이 쟁의를 야기한 지주인 문재철의 지주경영에 대해서는 박천우의 자세한 논문이 있다.5 또 소작쟁의의 주역들이었던 서태석과 박복영, 그리고 지주 문재철의 일생에 대해서는 정병준의 논문이 있다.6 이들 논문은 비교적 충실하여 사건의 배경을 이해하는 데 큰 도움이 된다.

하지만 막상 암태도 소작쟁의 자체에 대해서는 연구가 전혀 없었다. 때문에 이 사건에 대해서는 부정확하거나 심지어 잘못 알려진 부분도 많았다. 그 가운데에서도 가장 중요한 것은 지주 문재철 측과 소작인회의 충돌 과정, 특히 면민대회와 문태현의 송덕비 철거를 둘러싼 경과가 전혀 잘못 설명되어 있으며, 1924년 가을 문재철과 소작인간의 타협 이후 상황이 끝난 것이 아니라 1925·26년에도 문재철의 약속 불이행에 의해 갈등과 충돌이 계속되었다는 점이

---

3 조동걸, 1979, 『일제하 한국농민운동사』, 한길사.
4 김종선, 1984, 「서남해 도서지역의 농지분쟁 및 소작쟁의에 관한 연구-암태도 소작쟁의를 중심으로-」『인문과학』1, 목포대 인문과학연구소.
5 박천우, 1983, 「한말·일제하의 지주제 연구-암태도 문씨가의 지주로의 성장과 그 변동-」, 연세대 석사논문.
6 정병준, 2007, 「암태도 소작쟁의의 주역의 세 가지 길 - 서태석·박복영·문재철」『한국민족운동사연구』51, 한국민족운동사학회.

다. 그밖에도 소작회 간부들의 직책과 이름, 타협의 과정, 암태도 쟁의와 자은·도초도 쟁의의 상관관계 등도 제대로 정리되지 않았다. 이에 필자는 2010년 암태도 소작쟁의와 관련된 자료들을 분석하여 '1924년 암태도 소작쟁의의 전개과정'이라는 논문을 발표했다.[7] 당시 필자는 암태도 소작쟁의에 관한 기본적인 자료인 신문기사와 재판기록을 검토했다. 신문기사는 동아일보뿐만 아니라 조선일보, 시대일보, 매일신보의 기사들도 충분히 참고하였다. 또 재판기록으로서는 광주지방법원, 대구복심법원의 기록을 참고했다. 재판기록은 완전히 신뢰할 수는 없으나, 일단 참고해야 할 중요한 자료였다. 필자는 이와 같은 자료들을 폭넓게 참고하여 암태도 소작쟁의 전개과정을 보다 정확하게 정리하고자 했다.

2020년 이후 최성환은 암태도 소작쟁의와 관련된 추가 연구를 주로 이 소작쟁의에 참여한 인물들을 중심으로 진행하였다.[8] 그리고 2023년에는 박남일이 『서태석평전』을 출간하여, 소작쟁의의 중요한 지도자였던 서태석의 일생을 자세히 정리하였다.[9]

한편 김경태는 암태도를 비롯한 인근 지역 섬들에서의 소작쟁의를 당시의 지역사회 운동과의 관련성을 중심으로 살폈다. 즉 청년회, 교육운동, 면민대회 등 지역사회 운동과 소작쟁의가 어떤 관련을 가지면서 진행되었는지를 살핀 것이다.[10] 그는 또 1920년대 전반

---

7 박찬승, 2010, 「1924년 암태도 소작쟁의의 전개과정」『한국근현대사연구』 54, 한국근현대사학회.
8 최성환, 2020, 「암태도 소작쟁의의 참여인물과 쟁의의 특징」『도서문화』 56, 목포대 도서문화연구원.
  최성환, 2023, 「1920년대 박복영의 암태도 소작쟁의 역할과 대외활동」『인문과학』 90, 성균관대 인문학연구원.
9 박남일, 2023, 『암태도 소작쟁의 지도자, 서태석 평전』, 선인.

암태도소작인항쟁기념탑
1997년에 세워진 암태도소작인항쟁기념탑.
탑 좌우면의 설명문은 전남대 송기숙 교수가 썼다.

반향이 컸던 진주, 순천, 암태도 소작쟁의가 모두 소작료 4할을 요구하는 쟁의였음에 주목하고, 이러한 주장이 대두하게 된 배경, 그러한 주장이 확산하여 간 과정을 정리하였다.11 한편 2020년에는 신안군농민운동기념사업회가 목포대 도서문화연구원과 함께 암태도 소작쟁의 자료 등을 포함한 『신안항일농민운동사자료집』을 펴냈다.

이 글은 필자가 2010년에 발표한 논문을 그동안 새로 나온 연구성과들과 새 자료들을 참고하여 수정, 보완한 것이다. 이 글에서는 암태도 소작쟁의의 역사적 의의를 크게 세 가지 차원에서 짚어보고자 한다. 그것은 1) 일제침탈기 소작쟁의의 역사 속에서 암태도소작

---

10 김경태, 2015, 「1920년대 무안군 도서지역의 소작쟁의와 지역사회」, 『청람사학』 24, 청람사학회.
11 김경태, 2016, 「1920년대 전반 소작쟁의의 확산과 '4할 소작료' 요구」, 『사림』 55, 수선사학회.

쟁의가 차지하는 의미는 무엇인가, 2) 암태도 지역사회 내에서 지주와 농민 간의 세력대결의 역사에서 암태도 소작쟁의가 차지하는 의미는 무엇인가, 3) 무안·목포지역의 사회운동사에서 암태도 소작쟁의가 차지하는 의미는 무엇인가라는 세 가지 차원이다.

2. 암태도 소작쟁의의 배경

1) 암태도의 사회·문화와 토지의 내력

목포에서 뱃길로 약 1시간 반 정도 떨어진 암태도는 오늘날 행정구역상으로 전라남도 신안군 암태면으로 되어 있고, 목포 앞의 압해도에서 천사대교라는 다리로 연결되어 사실상 연륙되어 있다고 할 수 있다. 조선시대에는 전라도 나주목에 속해 있었고, 1896년 지도군이 신설되면서 이에 소속되었다. 1914년 지도군이 폐지되면서 지도군에 속했던 섬들은 무안군에 이속되었다. 이후 오랫동안 무안군에 속해 있다가 1969년 신안군이 다시 개설되면서 암태도도 이에 속하게 되었다. 암태도의 호구는 1928년 말 1,141호, 5,598명이었다.[12]

1914년 당시 암태면에는 8개의 법정리가 있었고, 27개의 자연마을이 있었다. 이 가운데 면사무소 소재지는 도창리였다. 법정리와 자연마을을 정리하면 〈표 8-1〉과 같다.

---

12 染川覺太郞, 1930, 『전라남도사정지』, 전라남도사정지간행회, 815쪽.

〈표 8-1〉 암태도의 마을 현황 (1914년)

법정리	자연마을
도창리	도창리
수곡리	수곡리, 추엽도, 포도
와촌리	와촌, 중흥리, 신기리, 마명리
단고리	단고리, 장고리
기동리	기동, 당산리, 오산리
송곡리	송곡리, 해당리, 활목리
오상리	오상리, 천포리, 신정리, 목도
신석리	신석리, 구석리, 익금리, 탄금리, 오도, 굴산도, 초란도

자료 : 越智唯七, 1917, 『신구대조 조선전도부군면리동 명칭일람』, 중앙시장, 359쪽.

1980년대 조사에 의하면, 이들 마을 가운데 1개 성씨가 마을 전체 가구수의 반 이상을 차지하는 '동족마을'은 익금리, 단고리, 오상리, 오도리, 당산리 등으로 모두 김해 김씨 마을이었다. 또 1개 성씨가 마을 전체 가구수의 3분의 1 이상을 차지하는 마을은 당사도, 기동리, 오산리, 수곡리 등으로 앞의 3개 마을은 모두 김해 김씨 마을이며, 뒤의 수곡리 한 곳만 남평 문씨 마을이었다.13 이처럼 암태도에서는 김해 김씨들이 가장 큰 세력을 형성하고 있었으며, 5개의 동족마을과 3개의 유력마을을 형성하고 있었다. 암태도 소작쟁의 과정에서 문재철 지주의 출신 마을인 수곡리는 철저히 지주편을 들었으며, 인근의 몇 개 마을도 그 영향 아래 들어가기도 했다. 다른 마을들은 대체로 소작인회측의 영향 아래 있었다. 암태도 소작쟁의는 친족조직보다는 소작인회, 청년회, 부녀회와 같은 새로운 조직에 기초하여 진행되었다. 하지만 동족마을의 결집력도 무시할 수 없는

---

13 이수애, 1983, 「도서지방의 촌락구조 - 암태도 사례연구」, 『도서문화』 1, 도서문화연구소, 84~85쪽.

힘이 되었을 것임은 물론이다.

암태도의 교육에 대해 살펴보자. 암태도에는 전통적인 서당들이 있었던 것으로 보인다. 1930년경 무안군 21개 면에 서당이 126개소 있었다고 하며, 서당에서 공부하는 아동은 남자 1,918명, 여자 5명이었다.14 서당 126개소를 21개 면으로 나누어 보면, 1개 면에 평균 6개 정도 된다. 암태도의 8개 리에도 6개 안팎의 서당이 있었을 것으로 보인다. 1930년 전남에는 1,412개의 서당이 있었다(목포부와 완도군은 통계상의 문제로 제외). 인구비례로 보면 전남 전체로는 1,402명당 1개의 서당이 있었고, 무안군에서는 1,316명당 1개의 서당이 있었다.15 따라서 무안군에는 대체로 평균보다 약간 많은 서당이 있었다고 볼 수 있다. 무안군 도서지역의 서당에 대해서는 이미 1890년대에 지도군수 오횡묵(吳宖默)이 쓴 『지도군총쇄록』(智島郡叢瑣錄)이라는 책에서 언급된 바 있다. 이에 의하면 지도군 소속의 고이도(압해도 옆)라는 작은 섬에는 3개의 서당이 있었던 것이 확인된다.16 이를 보면, 이미 19세기부터 무안군 도서지역에는 상당히 많은 서당이 있었을 것으로 추정된다.

한편 1920년에는 '암태학원' 혹은 '암태사립학교'라 불리는 학교가 유지들의 발기로 설립되었다. 암태학원은 1928년까지 3백여 명의 청소년을 배출하였고, 이들이 1924년의 암태소작쟁의의 주체가 되었다고 한다.17 또 1928년 암태도를 방문한 『동아일보』 기자는 "동

---

14 染川覺太郎, 앞의 책, 826쪽.
15 染川覺太郎, 앞의 책, 각 군 서술의 서당 부분 서술을 참조.
16 오횡묵 저 (김정섭, 김형만 역), 2008, 『지도군총쇄록』, 신안문화원, 248~250쪽 참조.
17 『동아일보』 1928년 8월 15일 「도서순례 하의도방면(3) 암태도의 문화」. 이 기사를 보면 다음과 같다. "지금으로부터 8년 전에 유지 몇 분의 발기로 암

리마다 농민야학이 있어 남녀노소 할 것 없이 모두 배우므로 국문 편지 한 장씩은 다 볼 줄 알며 쓸 줄도 안다고 한다. 그러므로 이곳에는 문맹타파운동 같은 것은 벌써 시대에 뒤떨어진 운동"이라고 쓰고 있었다.18

암태공립보통학교는 1922년에야 4년제로 개교하였다. 1930년 암태공립보통학교 재학생 수는 남자가 159명, 여자가 11명으로 여학생은 드물었다.19 이러한 실정이었기 때문에 1923년 암태청년회는 여자강습원을 개설하여 여자 아이들에게도 신교육의 기회를 주고자 했다.

암태도의 토지 내력은 어떠하였을까. 앞서 제7장에서 자세히 언급하였으므로 여기에서는 간단히 정리하기로 한다. 암태도는 서남해안의 다른 섬들과 마찬가지로 임진왜란 이전에는 왜구의 침입을 막기 위한 조선정부의 공도(空島)정책으로 인해 사람이 별로 살지 않았던 것으로 보인다. 하지만 왜구의 침입이 사라진 임란 이후 입도(入島)가 허용되면서 많은 사람들이 섬에 들어가기 시작했다. 그리고 이들은 버려진 땅을 개간하여 옥토로 만들기 시작했다. 조선왕실은 이러한 도서지방의 새로운 땅들에 눈독을 들였고, 이 땅들

태사립학교란 학교를 설립하여 3백 명의 총준자제를 길러내어 그 청년들이 각 방면으로 활동하야 농민운동에도 전위분자가 되었으며, 문맹타파운동에도 선봉이 되었다 한다. 다도해방면 다른 섬에서는 이 섬을 가리켜 이상향이라고 부른다. 흡사 중국혁명에 황포군관학교가 원동력이 된 것과 같이 암태사립학교는 암태의 오늘이 있게 한 원동력이라고 한다. 오. 교육의 위대한 힘이여!" '암태학원'을 세워 인재를 양성한 것은 완도군 소안도에서 사립중화학원(뒤의 사립소안학교)를 세워 이후 민족운동에 참여하게 되는 많은 인재를 양성했던 것과 비슷하다. 이 책 제1장을 참조할 것.
18 『동아일보』 1928년 8월 15일 「도서순례 하의도방면(3) 암태도의 문화」.
19 染川覺太郎, 앞의 책, 825쪽.

은 궁방전으로 편입되기 시작했다. 그리하여 도서지방의 토지들은 궁방이 소유권을 갖는 유토(有土) 궁방전, 혹은 전세(田稅)만을 수취하는 무토(無土) 궁방전이 되기도 했다. 암태도의 토지도 이러한 상황에서 예외가 될 수 없었다.

『전라도장토문적』의 자료에 의하면, 암태도의 토지는 적어도 1628년(인조 6년) 이전에 내수사(內需司)의 토지가 되었고, 1717년(숙종 43년) 암태도의 전답은 184결 35부 4속으로 조사되었다. 이후 암태도의 땅은 다시 영빈방(暎嬪房)으로 이속되었고, 1762년(영조 38년)에는 다시 의열궁(義烈宮)으로 이속되었다. 의열궁은 1788년(정조 12년)에 선희궁(宣禧宮)으로 개칭되면서 암태도의 땅도 선희궁 소속으로 되었다. 당시 암태도의 땅은 모두 254결에 달하는 것으로 기록되었다. 1860년 선희궁이 폐지되어 1897년 다시 복구될 때까지 암태도 장토는 운현궁에 소속되어 있었다. 1898년 선희궁이 복구되자 암태도 토지는 다시 선희궁에 이속되었고, 도장(導掌) 서영은이 전답세 1천냥씩을 1905년까지 선희궁에 납부하였다고 한다.[20]

그러면 암태도의 토지는 유토궁방전이었을까 아니면 무토궁방전이었을까. 도장이 있었다는 점 때문에 암태도의 토지가 유토 궁방전이 아니었을까 하는 짐작을 할 수도 있다. 하지만 기존의 연구에 의하면 무토궁방전에도 도장은 임명되어 있었다.[21] 내수사와 이후의 궁방들은 암태도에서 염세(鹽稅), 전세(田稅) 등을 거두고 있었고, 수세를 위해 궁방은 공물주인(貢物主人) 혹은 도장(導掌)을 두고 있었다. 또 『전라도장토문적』에 포함되어 있는 1628년의 암태도 초기 도장문기를 보면 도장이라는 표현대신 '전세소납주인(田稅所納主

---

20 박천우, 앞의 글, 8~9쪽. 자세한 내용은 이 책 제7장 5절 참조.
21 김용섭, 1970, 『조선후기농업사연구』(1), 일조각, 309쪽.

사)'이라 하였고, 이것이 1698년에 오면 '암태도 도장'이라는 표현으로 바뀌었다.22 만약 유토였다면 '전세'라는 표현 대신 '도조' 혹은 '도세'라는 표현을 썼을 것이다. 또 만약 유토 궁방전이었다면 통감부시기 궁방전을 정리할 때에 암태도의 토지는 모두 국유지에 포함되었을 것이다. 하지만 암태도의 토지는 모두 민전으로 처리되었다. 따라서 암태도의 토지는 무토궁방전이었다고 보는 것이 맞을 것이다. 인조대 혹은 그 이전의 광해군대에 내수사가 암태도의 땅을 절수받았을 때에는 이미 암태도의 땅이 대부분 개간되어 있었을 것이고, 이 때문에 내수사는 이 땅을 절수받았지만 다른 민전과 마찬가지로 전세만 거두어 간 것이 아닌가 여겨진다. 그리고 훗날 숙종대에 궁방전 가운데 이미 민인이 개간한 땅을 절수받은 경우에는 전세와 마찬가지로 결당 미(米) 23두만을 거두는 이른바 민결면세지(民結免稅地)로 규정하는 제도가 정식으로 만들어지면서 이에 포함된 것이 아닐까 추정된다.23

따라서 암태도의 토지는 '궁방전'의 외피를 쓰고 있었지만 실상은 민전이었으며, 그 내부에는 자작지, 소작지가 섞여 있었다. 즉 암태도의 땅에도 다른 지역과 마찬가지로 지주-소작관계가 상당한 비중으로 형성되어 있었다.

---

22 배영순, 1980, 「한말 사궁장토에 있어서의 도장의 존재형태」 『한국사연구』 30, 한국사연구회, 115쪽.
23 송양섭, 2001, 「17세기말 - 18세기 전반 둔전이정책의 논의와 전개」 『한국문화』 28집, 한국문화연구소, 108쪽.

2) 문씨가의 지주로의 성장과 지주 경영

한말~일제하 암태도의 가장 큰 지주가는 문씨가와 천씨가였다. 문씨가는 앞서 본 것처럼 수곡리의 가장 유력한 성씨였다. 1930년 문씨가의 문재철(文在喆)은 목포에 거주하면서 암태도를 비롯하여 전남 각지에 토지를 소유하고 있었는데, 그 면적은 논 377정보, 밭 231정보, 합계 608정보에 달했다. 천씨가의 천길호(千吉鎬)는 주로 암태도에서 논 65정보, 밭 38정보, 합계 103정보를 소유하였고, 천철호(千哲鎬)는 논 41정보, 밭 15정보, 합계 56정보를 소유하고 있었다.[24]

이 글의 대상이 되는 소작쟁의와 관련된 지주인 문씨가의 문태현(文泰炫, 일명 文君玉: 문재철의 부)은 암태도의 토지가 운현궁에 속해 있을 당시 고직(庫直)을 지낸 것으로 전해진다. 그리고 그의 동생 학현(學炫)은 1905년에는 선희궁 장토의 감관(監官)을 맡았다. 또 그의 사촌 인옥(仁玉)은 1910년대 암태도 초대 면장을 지냈다.[25] 이를 통해 보면, 문씨가의 사회적 지위는 점차 상승하고 있었다고 볼 수 있다. 문씨가의 이와 같은 사회적 지위의 향상은 그들의 경제적 성장과 밀접한 관련이 있었다.

문씨가가 경제적으로 성장할 수 있었던 데에는 3가지 배경이 있었다. 첫째는 소금의 생산과 거래에 참여했다는 것이었다. 암태도에는 조선시대부터 자염(煮鹽)이 있었고, 문태현은 목포항이 개항되기 이전부터 이에 참여한 것으로 보인다. 문씨가는 수곡리, 단고리 등에서 소금을 생산하여 영산포, 강경포 등지까지 싣고 나가 팔았

---

[24] 한국농촌경제연구원, 1985, 『농지개혁시 피분배지주 및 일제하 대지주 명부』, 207쪽.
[25] 박천우, 앞의 글, 22쪽.

다. 이와 같은 상업 활동을 위해 문태현은 아예 암태도 남쪽 남강포구로 이주하였다. 그는 선주(船主), 포구주인, 염분주인(鹽盆主人)으로서 이 지역 상권을 장악해 나갔다. 그리고 이에서 얻은 이익을 토지매입에 집중적으로 투자하였다. 목포항이 개항한 1897년 이후에는 문태현의 장남 문재철이 문태현을 이어받아 본격적인 활동에 나섰다. 그는 선상으로서 직접 활동하기보다는 목포로 거주지를 옮겨 선일사상회(鮮一社商會)를 설립하고 객주로서 활동하였다.[26] 둘째는 고리대업을 통해 상당한 부를 축적했다는 것이다. 지주들의 고리대 경영은 이미 조선시대부터 일반적인 것이었지만, 한말~일제시기에는 더욱 극성하였다. 문씨가의 고리대 경영은 이미 문태현 대부터 시작되어 문재철 대까지 이어졌다. 문씨가에 남아 있는 자료를 보면, 1907년부터 1909년까지 6건(이자율 월 5%), 1,459냥의 고리대 거래가 있었고, 1910년부터 1925년 사이에는 76건(이자율 월 4% 내외), 12,363원의 거래가 있었다. 당시 지주들은 이자 수입을 통해 상당한 이득을 얻었으며, 만일 채무자가 돈을 갚지 못하는 경우 저당으로 잡은 그의 토지를 몰수하는 것이 일반적인 예였다.[27] 셋째는 지주로서 소작미를 개항장 목포에 내다 파는 것이었다. 1897년 개항 이후 목포는 쌀 무역항으로 각광을 받고 있었다. 목포에는 일본인 미곡상들이 부산 등지에서 대거 몰려왔고, 이들은 영산강 일대를 비롯하여 전남 각 지역에서 미곡을 매입하고 있었다. 따라서 개항장에 객주업을 시작한 문씨가로서는 미곡 무역이 대단히 유망한 사업임을 바로 알 수 있었다. 이에 문재철은 보다 적극적으로 토지 매입에 나서서 대지주로 발돋움해나갔다.

---

26 같은 글, 23~32쪽.
27 같은 글, 43~47쪽.

이리하여 목포 개항 이전에 불과 2,3백석의 토지를 물려받았던 문재철은 1915년에는 5천석 군의 대지주로 성장하였다.[28] 그의 토지는 세거지인 암태도를 비롯하여, 자은도·도초도 등 무안군의 여러 섬과 전라남도 일대로 뻗어나갔고, 1920년대 이후에는 전북·충남·경기·강원지역까지 확대되어 나갔다. 그리하여 앞서 본 것처럼 1930년에는 논과 밭을 합하여 600여 정보의 토지를 소유한 대지주가 될 수 있었다. 박천우가 정리한 바에 의하면, 문재철이 전국에서 새로 사들인 토지는 〈표 8-2〉와 같았다고 한다. 표에서 보듯이 문재철가는 이미 1915년에 논 116만평, 밭 46만평을 소유하고 있었다. 이후에도 그의 토지(논과 밭) 집적은 왕성하게 진행되어 5년 단위로 보면 63만여 평, 14만5천여 평, 5만9천여 평, 105만1천여 평, 41만여 평을 취득하였음을 알 수 있다. 특히 1930년대 전반기 대공황 이후 토지 가격이 크게 떨어졌을 때 집중적으로 토지를 사들였음이 눈에 띈다.

〈표 8-2〉 문재철가의 토지취득 상황

(단위:평)

지목	~1915년	~1920년	~1925년	~1930년	~1935년	~1940년
논	1,166,991	541,869	81,134	26,607	753,367	401,167
밭	468,541	89,401	64,320	33,216	298,459	9,886
대지	7,588	1,963	2,170	64	17,088	1,140
염전	38,695	-	-	23,079	35,275	27,967
기타	3,013	952	231	-	1,179	1,916

자료 : 박천우, 1983,「한말·일제하의 지주제 연구 -암태도 문씨가의 지주로의 성장과 그 변동-」, 연세대 석사논문, 56쪽.

---

28 같은 글, 57쪽.

그러면 그가 암태도에서 소유하고 있던 토지는 어느 정도였을까. 〈표 8-3〉에서 보듯이 문재철은 이미 1925년에 암태도에서 논 29만여 평, 밭 11만여 평, 염전 2만여 평을 소유하고 있었다. 이후 암태도에서의 토지 취득은 그리 많지 않았다. 다만 1930년대 전반기에 약 2만 평 정도의 논밭을 취득하였음을 알 수 있다.

〈표 8-3〉 문재철의 암태도 토지취득 상황

지목	~1915년	~1920년	~1925년	~1930년	~1935년	~1940년
논	290,118	-	2,626	-	11,147	693
밭	118,687	522	6,464	-	9,115	1,574
대지	2,908	126	231	-	-	174
염전	21,673	-	-	-	-	-
기타	1,988	-	-	-	-	-

자료 : 박천우, 앞의 글, 53쪽.

그러면 문재철은 암태도의 토지를 어떻게 경영하였을까. 문재철은 대부분의 토지를 소작농민에게 대여하여 지대를 징수하는 지주제 경영방식을 취하고 있었다. 그의 토지를 경작하는 농민들은 대부분 영세소농이었다. 예를 들어 암태도 도창리에 있던 문재철의 토지는 5만 4천 평이었는데, 이를 빌려 경작하는 농민은 63명이었으며, 2천 평 이상을 빌려 경작하는 농민은 5명, 1천 평에서 2천 평 사이를 빌려 경작하는 농민은 16명, 1천 평 미만을 빌려 경작하는 농민은 42명이었다. 즉 3분의 2 정도의 소작농민들은 1천 평 미만의 토지를 소작하고 있었다. 그리고 2천 평 이상을 차경하는 농민 21명 가운데 4명이 문씨들(마름 포함)이었다.[29]

---

29 같은 글, 61~62쪽.

문재철의 토지를 소작하는 농민들이 가장 두려워한 것은 지주의 자의적인 이작(移作)이었다. 도창리의 사례를 보면, 63명 가운데 1925년부터 1934년 사이에 소작권을 잃어버린 경우가 23명이나 되었다. 거의 3분의 1 정도가 소작권을 빼앗긴 셈이었다.30

문씨가의 소작료 징수는 어떠하였을까. 1910년대까지 소작료 징수는 대체로 논에서는 지세와 경비를 제외한 나머지를 반분하는 타조제(打租制)로 이루어졌다. 또 밭에서는 벼로 대신 거두거나 아니면 보리, 면화, 금전 등으로 거두었다. 그러던 것이 1920년경에 이르면 반분 타조제에서 4·6타조제, 즉 작인이 40%, 지주가 60%를 갖는 타조제로 강화되었다. 그리고 암태도와 자은도에서는 '잡을도조'라는 집조법(執租法)이 실시되기도 하였다.31 집조법이란 흔히 간평(看坪)이라고도 부르는 것으로, 추수 전에 지주의 대리인인 마름과 소작인이 입회하여 예상 수확량을 기준으로 소작료를 정하는 것이었다. 대체로 예상 수확량의 50%를 소작료로 정했지만, 예상 수확량이 실제보다 높게 책정되는 경우가 많아 실제로는 수확량의 60% 이상을 거두어가는 경우가 많았다. 결국 문씨가는 4·6타조제나 집조법을 통해 수확량의 60% 이상을 소작료로 거두어가고 있었던 것이며, 이것이 소작인들의 불만을 사는 원인이 되었다. 당시의 신문 기사나 재판기록에 의하면 문재철은 논에서 6할 혹은 그 이상의 소작료를 거두어가고 있었다고 한다.32

---

30 같은 글, 63쪽. 이 시기는 뒤에 볼 암태도소작쟁의 이후였기 때문에 지주의 보복으로 이작이 특히 심하게 나타났을 수도 있다.
31 같은 글, 72~73쪽.
32 『조선일보』 1924년 1월 18일 「암태소작회의 공청회에서 지주들이 감복, 결의대로 시행하기로」라는 기사에 보면, 암태도의 여러 지주들은 전년도 소작료를 6할로 책정하였다고 한다. 또 암태도 소작쟁의 사건 광주지법 재판

3) 1920년대초 소작쟁의의 영향

조선후기 혹은 대한제국기에도 농민들이 조세나 도조의 납부를 거부하는 경우들이 있었고, 이를 '거납(拒納)이라 불렀다. 중국에서는 조세 납부 거부를 '항량(抗糧), 소작료 납부 거부를 항조(抗租)라고 불렀는데, 조선에서는 둘을 합하여 '거납'이라 부르는 경우가 많았다.33 이 시기의 이러한 '도조 거납'을 이어받은 것이 식민지시기의 '소작쟁의'라 할 것이다.

식민지시기 소작쟁의의 본격적인 신호탄을 쏘아 올린 것은 아마도 1922년 9월 4일 조선노동공제회 진주지부 주최로 열린 소작노동자대회였을 것이다. 이에 대해 당시 『동아일보』는 사설을 통해 '조선농민의 각성의 규호성(叫號聲)이라고 높이 평가하였고,34 상해에서 발간되던 『독립신문』도 '한국에서 처음으로 소작노동자대회'라고 그 의미를 높이 평가하였다.35 여기서 주목할 것은 이 대회에서 결의된 내용이었다. 그것은 1) 종래의 지정소작료(定租)를 폐할 것, 2) 소작료는 절반을 분배할 것, 3) 지세 및 부가세는 지주의 부담으로 하고, 짚은 소작인의 소득으로 할 것, 4) 소작료의 운반은 지주의 소재지가 1리 이내인 경우에는 소작인이 이를 운반하고, 1리(조선식

기록 30쪽에 나오는 증언에 의하면 문재철은 심한 경우 실 수확의 8~9할까지도 거두어갔다고 한다.
33 이에 대해서는 박찬승, 2008, 『근대이행기 민중운동의 사회사 - 동학농민전쟁·항조·활빈당』, 경인문화사의 제7장을 참조할 것.
34 『동아일보』 1922년 9월 12일 「소작노동자대회, 진주에서 첫 시험」
35 『독립신문』 1922년 9월 30일 「한국에서 처음으로 소작노동자대회」. 진주소작쟁의에 대해서는 오미일, 2003, 「1920년대 진주지역 농민운동」『진주농민운동의 역사적 조명』, 역사비평사 ; 김경태, 앞의 글(2016)에 자세하게 소개되어 있다.

으로는 10리 -인용자) 이상인 경우에는 지주가 그에 상당하는 운임을 지불할 것, 5) 지주 및 마름에 대한 물품 증여의 관습을 전폐할 것, 6) 지주에 대한 무상 노역을 거절할 것, 7) 두세(斗稅)를36 전폐할 것, 8) 소작료를 수취할 때에는 두개(斗槪:平木)를37 사용할 것, 9) 본 결의 사항에 반대하는 자는 서로 돕지 않고 교제를 단절할 것 등이었다.38

이와 같은 소작인들의 요구에 대해 지주들은 9월 18일 진주군청에서 모임을 갖고 소작인들의 요구를 검토했다. 그 결과 지주들은 1) 소작기간을 되도록 장기로 하며, 2) 도조는 간평을 폐하고 작정도조, 즉 정조(定租)로 하며, 3) 지세 및 지세에 따른 공과금을 지주의 부담으로 하며, 4) 지주 및 마름은 소작인으로부터 하등의 물품을 증여받지 않으며, 5) 지주는 소작인의 소작권을 함부로 취소하지 않으며, 6) 소작료를 운반할 때 지주의 편의를 위해 1리 이상 운반할 경우에는 소작인에게 이에 대한 보수를 지불하며, 7) 소작료를 수취할 때에는 조선말(朝鮮升)이 아니라 도량형취체규칙에 따른 양기(量器)을 사용할 것, 8) 소작료 징수 시 마름은 일체의 수수료를 거두지 말 것 등이었다.39 이러한 지주회의의 결정은 소작인들의 요구를 거의 대부분 받아들인 것이었다. 다만 소작료를 절반으로 분배하는 타조 또는 간평으로 하자는 소작인들의 주장에 대해 지주들

---

36 말로 곡식을 재고 이에 대한 세를 받는 것으로 대개 곡식의 10분의 1을 받았다.
37 두개(斗槪)는 말에 곡식을 담고 그 위를 평평하게 밀어 고르게 하는 데 쓰는 방망이 모양의 기구를 말한다.
38 조선총독부경무국, 『조선치안상황』(1922년판), 175~176쪽.
39 『동아일보』 1922년 10월 26일 「소작기간을 長期로, 도조는 대개 작정도조로, 진주디주회의 협의 내용, 진주소작운동의 反響乎」

은 풍흉에 관계없이 일정한 도조로 하자고 주장한 차이가 있었다. 하지만 전체적으로는 진주 소작인들이 집단적인 움직임을 통해 지주측으로부터 상당한 양보를 얻어냈다고 볼 수 있다.

이와 같은 진주 소작인들의 움직임은 이어서 순천 소작인들에게 영향을 미쳤다. 1922년 12월 13일 전남 순천 서면 소작인 1천6백여 명은 지주의 소작료 남징과 지세 부담 전가의 문제를 군청에 호소하기 위해 면사무소와 주재소 앞에 집결하였다.[40] 이때 소작인들은 1) 소작료를 전 수확의 4할로 할 것, 2) 지세와 공과금은 지주의 부담으로 할 것, 3) 두량할 때에는 반드시 목봉을[41] 사용할 것, 4) 소작권을 무고히 이동치 말 것, 5) 지주는 소작인에게 무상노동을 시키지 말 것, 6) 소작료 운반은 1리를 초과하지 말 것, 7) 마름은 공평한 자를 임용할 것, 8) 천재지변에 관한 비용은 지주의 부담으로 할 것 등을 요구하였다.[42] 이어서 12월 20일에는 쌍암면 농민 1천여 명이 면사무소 앞에 집결하여 요구사항을 제출하였다. 그들의 요구사항은 1) 소작료는 지세와 공과금, 농사비용을 제(除)한 후에 반분할 것, 2) 소작권을 함부로 이동하지 말 것, 3) 소작인에게 품삯도 없이 일을 시키지 말 것, 4) 도조의 운반은 1리 이내로 할 것, 5) 천재지변과 관련된 비용은 지주가 부담할 것 등이었다.[43] 쌍암면 농민들의 요구는 서면 농민들의 요구와 거의 비슷한 것이었다. 다만 소작료를 전 수확의 4할로 할 것인지, 아니면 지세·공과금·농사비용을 제하고 반분할 것인지의 차이였다. 양자는 표현은 달랐지만, 내용적

---

40 『동아일보』 1922년 12월 18일 「지주횡포에 분개, 소작인 1천6백여명이 궐기」
41 진주의 소작노동자대회에서 말한 斗槪 혹은 平木을 가리킨다.
42 『조선일보』 1922년 12월 21일 「순천군의 소작운동」
43 『동아일보』 1922년 12월 26일 「작인 천명, 소작료에 대하야 다섯조건을 진정」

으로는 별 차이가 없는 것이었다. 이와 같은 소작인들의 움직임은 곧 다른 면에도 파급되었다. 순천의 낙안면, 황전면, 상사면, 주암면, 송광면, 군내면, 외서면 등지에서도 소작인대회, 농민대회 등의 이름으로 집회가 열렸고, 이들 집회에서는 위의 서면이나 쌍암면의 것과 비슷한 내용을 결의하였다.44 여기에서 주목할 것은 소작인들의 움직임이 면 단위로 진행되었다는 점이다. 그리고 소작료와 관련하여 4할을 요구하는 쪽으로 의견이 모이고 있었다는 것이다. 쌍암면의 경우에도 1922년 12월 31일에 다시 농민대회를 열어 소작료를 상등답에서는 전 수확의 4할, 중등답에서는 3할 5분, 하등답에서는 3할로 해줄 것을 요구하였다. 그리고 농민들은 이 과정에서 농민대회, 소작총회 등의 이름으로 소작인단체를 조직해가고 있었다.45

이와 같은 농민들의 강력한 요구, 그리고 집단적인 움직임에 자극받은 군청과 경찰서는 지주들을 설득하는 데 나섰고, 1923년 1월 22일 순천군청에서 지주회 임시총회가 열렸다. 이날 지주들은 1) 소작료는 그 품질이 우량한 자에 대해서는 총 수확의 4할 이내로 할 것, 2) 지세 및 공과금은 지주가 부담할 것, 3) 두량(斗量)은 공평히 하여 각두(角斗)를 사용치 말 것, 4) 지주는 소작인에게 무상노동을 요구하지 말 것, 5) 소작료 납입운반은 2리 이내로 할 것, 6) 지주는 소작인과 친선을 도모하며, 원만을 주로 하여 소작인을 멸시하지 말 것, 7) 소작권은 함부로 이동치 말 것, 8) 지주는 몰상식한 마름

---

44 『동아일보』 1923년 1월 3일 「순천의 소작운동, 낙안면에서」, 1월 16일 「面面 봉기, 순천소작운동」, 1월 24일 「송광면에도 분기, 순천의 소작운동」, 1월 27일 「순천에 농민대회」;『조선일보』 1923년 1월 12일 「주암면에도 소작운동」, 「쌍암농민의 대총회」, 1월 16일 「소작운동, 순천 황전면에서」,「해룡면 농민대회」, 1월 18일 「상사면 소작총회」, 1월 23일 「농민대회 창립총회」
45 『동아일보』 1923년 1월 11일 「농민대회 결의」

을 사용치 말 것, 9) 천재지변에 의하여 토지피해 복구에 다액의 비용을 요할 시는 지주가 부담할 것 등을 결의하였다.⁴⁶ 소작료 납입 운반 거리만 1리가 아닌 2리로 되었을 뿐, 나머지 사항은 모두 소작인들의 요구를 지주측이 받아들인 것이었다. 때문에 당시 『동아일보』는 이를 '순천군 농민운동의 대성공'이라고 보도하였다.

그러면 순천에서는 이후 이러한 약속이 잘 지켜졌을까. 그해 10월 『동아일보』의 보도에 의하면 순천군 서면 북차에서 농민 4백여 명이 모여 임시대회를 개최하였다고 한다. 그것은 1월의 지주대회 결의 이후 대부분의 지주들이 결의사항을 준수하였는데, 순천군의 대지주 김학모 등 몇 사람의 지주들이 소작료를 조정하면서 횡포한 마름들을 앞세워 전년보다 더 많은 소작료를 요구하였기 때문이었다. 따라서 농민들은 김학모의 토지에 대한 소작료의 재조정을 요구하였고, 만일 재조정시에도 4할 이상이 될 때는 소작료불납동맹을 실행하겠다고 결의하였다. 또 농민들은 소작료 두량은 절대로 지주의 집에서 실행하지 말고, 지주나 지주의 대리인이 소작인이 거주하는 마을로 와서 다른 소작인들이 입회하는 가운데 공평히 실행할 것 등을 결의하였다.⁴⁷ 이처럼 순천소작쟁의는 우여곡절은 있었지만 대체로 성공한 쟁의였고, 따라서 다른 지역에도 큰 영향을 미칠 수 있었다. 그해 봄 전남 광양군, 경북 달성군 가창면, 경남 합천군 가야면, 경남 사천군 서포면, 전북 전주군 등의 소작쟁의에서는 순천군과 비슷한 요구사항들이 나타났다.⁴⁸ 이 가운데 전남 광양

---

46 『동아일보』 1923년 1월 27일 「소작료는 4할 이내로, 순천군 디주총회에서 결의, 순천군 농민운동의 대성공」
47 『동아일보』 1923년 10월 15일 「濫執소작료는 불납, 순천 농민 4백명의 결의, 횡포한 지주에 대항코자」
48 조동걸, 앞의 책, 116쪽.

에서는 소작쟁의가 일어나 5월 6일 지주와 소작인 간에 합의가 이루어졌는데, 그 안에는 "소작료는 품질이 우량한 자에 대하여 총 수확의 4할로 할 것. 단 품질이 양호치 못하면 종래의 습관에 의하여 5할로 할 것. 지세 공과금은 지주의 부담으로 할 것"이 들어 있었다.[49] 그리고 전국 각지에서 군 단위별로 지주회(地主會)가 조직되어 위와 같은 소작쟁의에 대응하고 나섰다.[50] 이러한 분위기 속에서 그 해 겨울 전남 무안군 암태면에서 비슷한 요구를 내건 소작쟁의가 일어난 것이다.

그러면 소작농민들은 왜 이 시기에 '소작료 4할'을 주장하고 나섰을까. 이에 대해 순천면 출신 농민대회 연합회 집행위원 이영민(李榮珉)은 『동아일보』와의 인터뷰에서 이렇게 말했다.

> 근일 각지의 소위 지주회는 소작료 문제를 해결한다는 표방하에 지주가 지세(地稅)와 제 공과(公課)를 부담하면 소작료는 5할을 받아야 한다는 말이 유행되는 모양이다. (중략) 소작인이 5할의 소작료를 지불한다면 소작인의 1년간 지출한 농비(農費)도 못되는 것이다. 비용도 못될 시에는 노력비(勞力費)라는 것은 전혀 손실일 것이 아닌가. 조선 종래의 관례를 보면 토지는 삼분 경작이라 하였다. 지주는 1분을 취득하고, 소작인은 2분을 취득함으로써 답 1두락에 대한 5,60전의 세금을 부담하여 왔다. 실로 소작의 지출하는 것은 3할 6,7분에 불

---

49 『조선일보』 1923년 5월 11일 「광양소작쟁의의 해결」
50 『동아일보』에서 1923년에 조직된 지주회를 검색해 보면, 순천지주회, 고양군 지주회, 여수군지주회, 영동군지주회, 대동군지주회, 용강군지주회, 강서군지주회, 개천군지주회, 광양군지주회, 광주군지주회, 평산군지주회, 함평군지주회, 안주군지주회, 재령군지주회, 봉산군지주회, 예천군지주회, 밀양군지주회, 진주지주회, 성주군지주회, 함안군지주회, 중화군지주회, 함양군지주회, 통영군지주회, 덕천군지주회, 성천군지주회 등이 있다.

과하였던 것은 사실이다.51

위에서 보면, 이영민은 종래의 관습상으로 소작료는 3분의 1 수준이 일반적이었고, 따라서 소작인이 3분의 2를 가져가고 그 안에서 지세를 부담하는 식이었다고 주장한다. 그리고 만일 소작료를 5할로 한다면 소작인이 지출한 농비도 거두지 못할 것이며, 노동의 대가를 거두는 것은 말할 것도 없을 것이라고 주장한다. 즉 4할 정도는 되어야 농비, 노동력 대가를 거둘 수 있다고 주장하는 것이다.

옛날에 소작료가 3분의 1 수준이었다는 것은 조선총독부가 1932년에 만든 『조선의 소작관행』에서도 확인된다. 이 책에 의하면 전남 지역에서는 조사 당시 정조(定租: 정액소작료)제가 36%, 집조(執租: 추수 직전 지주와 소작인측이 함께 看坪하여 소작료를 결정)제가 51%, 타조(打租: 추수후 타작하여 곡식을 반분)제가 13%였다고 한다. 집조의 경우가 반 정도에 해당한다. 그런데 『조선의 소작관행』에 의하면, 과거에는 집조(執租) 소작이 이루어지는 경우, 소작료는 3분의 1이었다고 한다. 이때 공과금은 소작인이 부담하고 있었다. 그런데 근래의 집조제의 경우에는 소작료가 5할로 오르고, 지세·공과금은 대체로 지주가(일부는 소작인이) 부담하는 것으로 되었다고 한다. 또 전에는 비료, 농구, 종자를 모두 소작인이 부담했는데, 근래에는 종자는 소작인이 부담하고, 비료 가운데 퇴비는 소작인이, 금비는 보통 소작인이 부담하지만 지주가 반액을 부담하기도 한다고 기록하고 있다. 또 소작료의 조제, 포장, 운반도 모두 소작인이 부담하고 있다고 쓰고 있다.52 그러니까 소작인들의 입

---

51 『동아일보』1923년 11월 13일 「소작료 4할과 소작기한 연장」 ; 김경태, 앞의 글(2016), 181쪽 참조.

장에서는 과거 집조제에서 소작료를 3분의 1을 내던 것을 지주가 지세공과금을 낸다고 하여 소작료를 2분의 1을 내게 된 것은 부당하다고 생각한 것이다. 따라서 지세공과금을 지주가 내는 것을 감안한다 하더라도 소작료는 4할 정도가 적당하다고 생각한 것이었다. 이 시기 소작인들이 소작료 4할을 들고 나온 데에는 이러한 배경이 있었다.53

3. 암태도 소작쟁의의 전개과정

1) 암태소작인회의 조직과 소작료 인하 요구

암태도에 소작인회가 만들어진 것은 1923년 12월의 일이었다. 12월 2일 암태도 소작인들은 암태공립보통학교에 모여서 소작인회 발기회를 열었고, 이어서 4일에는 같은 장소에서 창립총회를 열었다. 이날 소작인회에 입회한 회원은 529인에 달하였다. 이들이 소작인회를 결성한 것은 지주의 소작료 남집(濫執) 행위를 막기 위해서였다. 소작인회 위원장으로는 서창석(徐倉錫)이 선출되었고, 상무위원에는 박종남(朴宗南) 외 6인, 통상위원에는 김상규(金相奎) 외 33인이 선출되었다.54

---

52 조선총독부, 1932, 『朝鮮ノ小作慣行』, 조선총독부, 134쪽.
53 이에 대해서는 김경태, 앞의 글(2016)에 자세하게 설명되어 있다.
54 『동아일보』 1923년 12월 11일 「암태소작인회, 지주 대항책 결의」. 박순동의 르포나 송기숙의 소설에는 서태석이 회장이었다고 되어 있다. 하지만 신문기사와 재판기록에 의하면 회장은 없었고, 서창석이 위원장을 맡았던 것으로 되어 있다.

암태도농민항쟁사적비
1999년 암태도 소작쟁의의 지도자 서태석의 묘 앞에 세워졌다.

그런데 이러한 암태소작인회의 결성 과정에는 암태청년회가 큰 역할을 하였다. 암태청년회는 언제 창립되었는지 정확히 알 수 없으나 1923년 1월에 청년회 주최로 소인극을 공연하였다는 기록이 있어, 그 이전에 창립된 것으로 보인다.55 그리고 암태소작인회의 발기 과정에서는 서태석(徐邰錫) 등 암태청년회 회원들이 그 준비 과정을 담당했던 것으로 보인다. 서태석은 주로 외지에서 활동하다가 1923년 가을 암태도로 귀향한 뒤, 암태청년회에 참여한 것으로 보인다. 그는 같은 집안의 서창석과 소작인회를 만드는 데에 의견을 같이한 뒤, 박필선·김운재·김정순·김봉균 등 암태청년회 10여

---

55 『동아일보』 1923년 1월 13일 「암태청년소인극」.

명의 동의를 얻어 소작인회를 발기하였다.56 이렇게 성립된 암태소작인회에서 위원장은 서창석이 맡고,57 기타 간부진은 서태석·박종남(朴宗南)·김연태(金淵泰)·김봉균(金奉均)·박필선(朴弼善)·서민석(徐珉錫)·김병운(金炳云) 등이 맡게 된 것이다.58

암태소작인회는 창립총회에서 소작인들은 1) 금년 소작료는 논 4할, 밭 3할로 할 것, 2) 이러한 소작료에 불응하는 지주가 있을 때는 본 회원 일동은 그 지주가 각성할 때까지 소작료를 내지 말 것,

---

56 서태석은 1884년 암태면 기동리 991번지에서 태어나(국가보훈부 전자공훈사료관 참조) 어려서 한학을 공부했고, 시천교 일파인 제우교 신자로서 1919년 11월까지 7년간 암태면장을 지낸 뒤, 만주 등지를 여행한 뒤 고향에 돌아왔다. 그는 1920년 2월 28일 목포에서 자은도 출신 표성천으로부터 태극기와 비라를 건네받고 이를 목포 시내에 게시, 배포하였다(국사편찬위원회편, 2001, 『韓民族獨立運動史資料集』 47(三·一運動一週年宣言文 配布事件·十字架黨 事件 1). 이 일로 그는 체포되어 징역 1년을 언도받았다. 그는 1921년 6월 5일 서대문형무소에서 풀려났는데, 감옥 안에서 만난 김사국을 통해 그해 1월 23일에 결성된 서울청년회에 관여한 것으로 보인다. 그는 이후 러시아의 블라디보스토크에 가서 모종의 활동을 한 뒤, 1923년 9월말 또는 10월초에 귀국한 것으로 보인다. 당시 서울청년회계열과 화요회계열은 각 지방에서 노농단체 조직을 놓고 경쟁하고 있었는데, 서태석은 고향인 암태도에 내려가 암태청년회에 참여하고, 암태소작인회를 조직하는 데 주도적 역할을 한 것으로 보인다. 그는 결국 암태도 소작쟁의 사건으로 체포되어 2년의 옥고를 치르고 1927년 출옥하였다. 그리고 1927년 9월 조선농민총동맹 중앙집행위원으로 선출되어 활동하다가, 1927년 12월 서울청년회 구파 중심으로 결성된 조선공산당(일명 춘경원당)에 전라남도 대표 및 선전부 위원으로 참여했으며, 1928년 4월 체포되어 징역 3년을 언도받고 옥고를 치렀다. 서태석의 이력에 대해서는 정병준, 앞의 논문과 박남일, 앞의 책과 기타 자료를 참조함.
57 서창석은 암태면 기동리 993번지에서 1892년에 태어났다(국가보훈부 전자공훈사료관 참조). 서태석과는 같은 마을 바로 이웃에 살았고, 같은 집안의 동생뻘 되었던 것으로 보인다.
58 암태소작쟁의 광주지법 판결문, 16쪽.

3) 지주와 분규가 있어 내년 음력 2월 25일까지 해결이 안 될 때는 그 지주와 관계된 회원은 모두 파작(罷作)을 단행할 것, 4) 1리 이상 소작료 운반에 대한 운임은 지주가 부담할 것, 5) 마름은 부인할 것, 6) 본 회원으로서 위 결의사항을 위반할 경우에는 출회(黜會)는 물론 교제를 단절할 것 등을 결의하였다.[59] 암태소작인회의 위와 같은 결의는 대체로 순천소작쟁의의 영향을 받은 것이었다. 하지만 논 4할, 밭 3할의 소작료만을 내자고 결의한 것이나, 마름은 인정하지 않겠다고 한 것이나 파작동맹, 위반자의 출회 처분 등은 순천의 경우보다 강력한 결의였다고 할 수 있다.

소작인회의 이와 같은 결의에 대해 암태도의 또 다른 유력 지주인 천후빈(千后彬)은 이에 찬동하고, 그해 소작료는 이미 집도(執賭), 즉 집조법에 의해 정하였으나, 소작인회의 의견에 따라 다시 정하겠다고 통고하였다.[60] 그리고 다른 지주들도 대체로 4할 소작료를 수용하겠다는 뜻을 통고하였다. 그들은 암태도에 거주하는 지주 김용선(金用善), 김상선(金尙善), 서송언(徐宋彦), 서광호(徐光浩)와, 목포에 거주하는 나카미치 세이타로(中道淸太郞), 나카미치 세이오(中道淸男), 고바야시 교지로(小林興次郞), 박경삼(朴京三), 박용채(朴龍采) 등이었다.[61] 주목할 것은 일본인 지주들도 이를 받아들이고 있었다는 점이다. 그러나 암태도 제일의 지주인 문재철은 이를 거부하고 있었다. 문재철은 1924년 3월 전남 도평의원의 민선의원으로 무안

---

59 『동아일보』 1923년 12월 11일 「암태소작인회, 지주 대항책 결의」
60 『동아일보』 1923년 12월 21일 「암태면 소작인대회 결의 승낙」, 1924년 1월 14일 「소작회규 승낙」. 하지만 천후빈측과 소작인 사이에서 소작료 문제가 타결되지는 않은 것으로 보인다.
61 『조선일보』 1924년 1월 18일 「암태소작회의 공청회에서 디쥬들이 감복, 결의대로 시행하기로」

에서 선출되었다.62 그런 상황에서 문재철은 소작인회의 요구 정도는 무시할 수 있다고 생각한 것으로 보인다.

이에 암태소작인회는 3월 21일(음력 2월 20일) 정기총회를 열고, 문재철에 대한 소작료 불납동맹을 실행하고, 이 분쟁이 음력 2월 25일까지 끝나지 않을 때에는 그 토지에 대해 파작동맹을 하며, 이 분쟁으로 인해 소작권이 이동되는 경우에는 회원은 절대로 반항하며, 경우에 따라서 소작인회에서 이를 공동경작하기로 결의하였다.63 이후 수차례에 걸쳐 소작인회측은 문태현(문재철의 父)과 접촉하여 소작료를 내려줄 것을 요구하였으나 문태현은 이를 거부하였다.64 하지만 3월 25일(음력 2월 24일) 『시대일보』 목포지국장 박장환(朴庄桓)의 조정에 의하여 문태현은 소작인회에서 책임을 지고 연체되어 있는 전년도 소작료를 완납할 때에는 소작인회의 요구에 따라 소작료를 저감할 수도 있다는 뜻을 전하였다고 한다.65

2) 지주측과의 충돌과 소작인회 간부들의 구속

암태소작인회는 청년회, 부녀회 등과 함께 3월 27일(음력 2월 26일) 암태 면민대회를 소집했다. 여기서 우선 주목할 것은 암태도 소작쟁의 주체는 물론 암태소작인회였지만, 이를 청년회와 부녀회가 적극 지원하고 있었다는 점이다. 뒤에 보게 되는 암태도 소작쟁의 참여자들의 놀라운 동원력은 이들 단체의 공고한 단결력에서 나

---

62 『동아일보』 1924년 3월 26일 「각지 道議 후보, 전남 각지」
63 『동아일보』 1924년 4월 2일 「無理 移作 대책, 암태소작인회의 결의」
64 암태소작쟁의 광주지법 판결문, 5쪽.
65 암태소작쟁의 광주지법 판결문, 6쪽.

온 것이라 해도 과언이 아니었다. 암태청년회는 1923년 1월 이전에 결성된 것으로 보이고, 암태부녀회는 청년회가 결성된 이후 그 영향을 받아 결성된 것으로 보인다.

단고리의 암태공립보통학교 교정에서 열린 면민대회에는 약 4백 명의 면민들이 모였다.[66] 이날 대회에서는 서창석을 의장으로 뽑고, 지주 문태현에게 소작료를 내려줄 것을 한 번 더 요구하고, 만일 이에 응하지 않을 때에는 1916년 면민들이 세운 문태현의 송덕비(신기리 소재)를 파괴하기로 결의하였다. 박장환은 이날 면민대회에 참석하여 3월 25일의 문태현의 말을 전하였고, 이에 면민들은 서창석과 박필선(朴弼善)을 화해 교섭위원으로 선임하였다.[67]

그런데 지주 문태현측에서는 이날(27일) 면민대회에서 바로 송덕비를 파괴하기로 결의할 것이라고 짐작하고, 수곡리의 문씨 일가 50여 명을 동원하여 각각 몽둥이, 칼, 낫 등을 들게 하고 송덕비가 서 있는 신기리의 숲 부근에 대기하고 있었다. 그런 상황에서 목포에서 다른 볼일을 보고 목포에서 돌아오던 서태석, 기좌도 처가에

---

66 1920·30년대 조선의 각지에서는 부민대회, 군민대회, 읍민대회, 면민대회, 리민대회 등으로 불리는 수많은 주민대회가 일어났다. 한상구는 이에 주목하고 2013년에 「일제시기 지역주민운동 연구 - 지역 주민대회를 중심으로-」(서울대 국사학과 박사논문)라는 논문을 썼다. 그의 논문에 의하면, 1920년대 초반부터 급격히 확산하기 시작한 주민대회는 지역사회에서 주민의 이해관계와 연관된 거의 모든 사안과 관련하여 열렸다고 한다. 당시의 신문에 보도된 바를 정리하면, 부민대회는 280여 건, 군민대회는 330여 건, 읍민대회는 650여 건, 면민대회는 1,160여 건으로, 면민대회가 가장 많았다. 또 리민대회, 동민대회, 정민대회 등도 3백여 건에 달한다고 한다. 면민대회의 주요 쟁점은 면장 배척, 면장 민선, 학교 설립, 시장 이전 등으로, 면의 현안을 해결하거나 면민들의 힘을 보여주기 위해 열린 경우가 많았다.
67 암태소작쟁의 광주지법 판결문, 6~7쪽.

갔다고 돌아오던 박종남, 타지에서 교편을 잡고 있다가 휴가를 이용하여 고향으로 돌아오던 서동오 세 사람은 신기리 남쪽의 암태선 착장에서 하선하여 송덕비가 있는 신기리의 숲 부근 길을 지나게 되었다.68 이때 문씨가 일행은 이들이 송덕비를 부수러 오는 일행인 것으로 오인하고, 문응창이 서태석을 불러 언덕 위로 올라오라고 하였다. 언덕 위로 올라간 서태석은 이날 문씨 일행을 지휘한 문명호와 잠시 언쟁을 벌였으며, 문명호는 몽둥이로 서태석을 난타하려 덤벼들었다. 이 장면을 보고 박종남, 서동오도 놀라서 뛰어 올라오자, 문태현은 그들도 함께 죽여라고 고함을 질러 문씨들은 이들에게 몽둥이세례를 퍼부었다. 그런데 마침 면민대회를 마치고 문태현의 집으로 협상을 위해 가던 서창석과 박필선은 도중에 이 장면을 목격하고 흩어져 가던 군중들에게 뛰어가 문씨들이 박종남을 구타하여 다 죽게 되었다고 말했다. 이에 군중은 송덕비 부근 현장으로 달려오게 되었다.69

이후 상황에 대해서는 소작인회측과 지주측의 주장이 기록에 서로 다르게 나타난다. 당시 상황에 대해 『조선일보』는 "면민대회에 참석하였던 수백 명 군중이 달려와서 현장의 상황을 보고 제각기 분함을 참지 못해 크게 소동을 일으키려 하는 것을 소작인회 간부

---

68 같은 글, 7쪽. 박순동의 르포에 의하면, 서태석 등 3명은 면민대회에 참석하고 동아일보 목포지국에 기사를 보내기 위해 먼저 출발해서 박복영의 집으로 가던 길이었다고 한다. 하지만 이 부분은 재판기록과 아래 주의 조선일보와 동아일보의 기사가 정확하다고 여겨진다.
69 같은 글, 8~9쪽. 『조선일보』1924년 4월 2일 「문지주의 폭거, 그의 부하 50여명이 작당하야 면민대회에 출석하는 소작인들을 대로에서 칼과 몽둥이로 막 때려, 被打 3인은 無關係者, 소작인은 온건, 무장경관 출동」; 『동아일보』1924년 4월 4일 「소작회 간부를 돌연 구타, 문디주의 일족들이」

일동이 극력으로 진정을 시켜 별일은 없었으나, 우선 생명이 위급하게 된 이들을 어찌할 수 없어 겨우 목선 한 척을 빌려가지고 목포로 와서 당지 제중병원에서 응급 치료한 결과 다행히 생명에는 관계가 없다더라"고 보도하였다.[70] 한편 『동아일보』는 "이 소식을 들은 면민 일동은 흉기를 빼앗고 폭행의 이유를 물은 즉 모두 도망하고 그중에 수모자 문명호 혼자 남아 말하기를 '오늘 면민대회에서 내 종조부의 송덕비를 파괴하기로 하였다 하기에 그 수모자를 죽이려 함이라'고 대답하였는데, 피해자인 박종남·서종오 두 사람은 즉시 목포 제중의원에 입원하였다더라"고 보도하였다.[71] 소작인회측에서는 이러한 내용으로 문씨가 일행을 경찰에 고소하였다.[72]

이에 대해 문태현쪽의 주장은 달랐다. 판결문을 보면 문태현쪽은 당시 소작인들이 다수 몰려와 문씨가 일행 30여 명과 난투극을 벌였으며, 그 결과 문씨들이 큰 부상을 입게 되었다고 주장했다. 문명호는 전치 4주의 부상, 문경석은 전치 5주의 부상, 문길호는 전치 15일의 부상, 문덕칠은 전치 3주의 부상을 각각 입었다고 문씨들은 주장했다.[73] 재판기록에 의하면 당시 문씨가 사람들을 진찰하여 진단서를 끊어준 병원은 목포 옥산의원이었다.[74] 문지주 쪽에서는 이 진단서를 근거로 경찰에 맞고소를 제기하였다.[75] 이에 대해 소작인

---

[70] 『조선일보』 1924년 4월 2일 「문지주의 폭거, 그의 부하 50여명이 작당하야 면민대회에 출석하는 소작인들을 대로에서 칼과 몽둥이로 막 때려, 被打 3인은 無關係者, 소작인은 온건, 무장경관 출동」
[71] 『동아일보』 1924년 4월 4일 「소작회 간부를 돌연 구타, 문디주의 일족들이」
[72] 『동아일보』 1924년 4월 6일 「암태사건으로 소작간부의 질문, 경찰서장에게 무장경관 파송에 대해 강경질문」
[73] 암태도소작쟁의사건 대구복심법원 판결문, 6쪽.
[74] 같은 글, 13쪽.
[75] 『동아일보』 1924년 4월 12일 「목포경찰서가 암태소작회 압박」

회측에서는 부상을 당한 일이 없음에도 불구하고 옥산의원측에서 거짓 진단서를 만들어 준 것이라면서 공의(公醫)로 하여금 다시 진단하게 해달라고 주장하였다.[76]

한편 대구복심법원 판결문을 보면 대구복심법원 판사는 군중들이 달려왔을 때 문씨들과 난투극이 있었고, 그 결과 문씨들이 부상을 입은 사실을 인정하였다. 하지만 앞서본 것처럼 『동아일보』의 기사를 보면 문씨일행은 대부분 도망하고 문명호 혼자만 붙들린 것으로 되어 있다. 따라서 이 부분에 대한 진실은 명확하지 않다. 다만 판결문을 보면 문명호와 문태현이 군중들에 붙잡힌 것은 사실로 보인다. 박종남의 동생 박흥언은 문명호의 뺨을 두차례 때린 것을 재판과정에서 시인하였다. 판결문에 의하면 문태현은 이때 소작인회 간부들에게 붙들려 소작료 인하를 요구받았으나 대답하지 않고 자기 집으로 돌아갔다. 이에 소작인회 간부들은 그를 따라 집까지 갔는데, 그때 박종남의 부친 박수복이 와서 문태현을 그의 집 부근의 보리밭으로 끌고 가 군중이 그를 포위한 가운데 소작인회 간부들이 소작료의 인하를 요구하였고, 이에 두려움을 느낀 문태현이 공포와 전율 속에서 "그대들이 좋은대로 하라"고 하자, 소작료 인하의 목적을 달성했다면서 만세삼창을 하고 해산하였다고 한다. 또 이튿날인 28일 소작회측은 면민 4백여 명과 함께 송덕비 부근에 모여서 교섭위원들에게 문태현으로부터 소작료 인하에 관한 확답을 받아오도록 하였다고 한다. 이에 서창석, 서태석, 손학진, 박필선, 김연태, 김운재 등은 수곡리로 문태현을 찾아가 교섭을 벌였지만, 문태현은 애매한 대답을 할 뿐 확실한 대답을 하지 않았다고 한다. 결국 교섭위원들은 군중들에게 교섭이 결렬되었다고 보고하였고,

---

76 『조선일보』 1924년 4월 12일 「쌍방고소의 암태사건」

이에 군중들은 바로 송덕비를 무너뜨렸다고 한다.[77]

소작회측과 지주측이 서로 검사국에 고소를 제기하자 검사국에서는 양측의 화해를 종용하고 나섰다.[78] 하지만 소작회측은 자신들은 피해자인데 덮어놓고 화해를 할 수 없다면서 이를 거부하였다.

한편 암태소작인회는 4월 9일 오후 구 학사 내에서 제5회 임시총회를 열었다. 이 자리에는 회원 약 6백여 명이 참석하였으며, 의장 서창석의 사회하에 문재철 지주측의 폭행에 대한 보고가 있었다. 그리고 기존의 서무, 경리, 조사 3부 외에 선전, 교무, 경제, 구호 4부를 신설하고, 각 부 위원 72명을 선정했다. 또 상무집행위원으로는 서무부에 박종남 김운재, 경리부에 서동아 심상규, 조사부에 김연태 박응언, 선전부에 박필선 박종식, 교무부에 손학진, 경제부에 김봉균 김정순, 구호부에 이봉오 김상오 박치빈 박좌일을 선정했다. 또 경찰당국의 문재철 지주측에 대한 취급에 대한 항의 방법에 대해 논의한 뒤, 남선노농동맹 집행위원장 서정희(徐廷禧)의 "소작운동은 살려고 하는 근본문제다", 이광우의 "보다 더 좋은 생을 목적하는 최후의 승리는 완전한 단결을 요한다"는 주제의 간단한 연설을 들었다. 또 이들은 남선노농동맹회 만세를 삼창한 뒤 폐회했다고 한다.[79] 남선노농동맹은 1924년 3월 9일 대구에서 창립된 노농

---

77 암태도소작쟁의사건 대구복심법원 판결문. 소작인들이 송덕비를 무너뜨린 시점에 대해 일부 글들은 5월 15일이라고 기록하고 있으나, 이는 근거가 없다. 판결문에는 모두 3월 28일로 되어 있고, 조선일보 5월 16일자는 "암태소작인회가 동지 문지주와 충돌되야 서로 쟁투하는 중 동면 인민이 문디주의 비석을 빼어 버림으로 문지주는 더욱 분노하야 목포경찰서에 무고한 결과 소작회 간부 십삼인을 구류케 함"이라고 보도하였다. 경찰이 13인을 연행해간 것이 4월 10일 직후였기 때문에 비석 사건은 그 이전인 3월 28일에 일어난 것으로 보아야 한다.
78 『조선일보』 1924년 4월 12일 「쌍방고소의 암태사건」

단체로서,[80] 최원택, 박이규, 정운해, 서정희 등 북풍회 계열 사회주의자들이 중심이 되어 만든 단체였다.[81]

그리고 서태석은 경성에서 열리는 서울파 계열의 조선노농대회(4월 15일 개최 예정)에 참석하기 위해 4월 10일 기차를 타고 목포를 출발하였다.[82] 그러나 그는 대전역에서 목포경찰서의 연락을 받은 대전경찰서 경찰에 의해 구인, 목포로 호송되었다.[83]

목포경찰서는 서태석을 인계받아 조사에 들어갔고, 서광주(서광언?)와 박필선을 불러 조사를 한 뒤 4월 13일에 이들을 목포형무소에 수감하였다.[84] 그리고 이어서 암태소작회장 서창석을 비롯하여 10명을 추가로 구속하였다. 이리하여 구속된 이들은 서태석·서창석·박필선·김연태·손학진·서동수·김문철·박병완·김운재·서민석·박홍언·박용산·박응언 등 13명이 되었다.[85] 이들은 대부분 소작인회의 간부들이었다.[86]

그런 가운데 50정보 이상의 토지를 소유한 일본인 지주들은 4월 14일 목포 공회당에서 회의를 열고 전남농담회(全南農談會)를 조직

---

79 『조선일보』 1924년 4월 17일 「암태소작인회 근황」
80 『동아일보』 1924년 3월 11일 「적색노동기 하에 운집한 노농대표, 대구에 열린 남선로농동맹」
81 남선노농동맹은 이후 화요파의 조선노동연맹회, 서울파의 조선노농대회와 함께 1924년 4월 20일 조선노농총동맹을 창립하게 된다.
82 이를 보면, 암태소작인회는 서울청년회계열 쪽에 더 가까웠지만 북풍회 계열에도 배타적이지는 않았던 것으로 보인다.
83 『조선일보』 1924년 4월 12일 「쌍방고소의 암태사건」
84 『동아일보』 1924년 4월 16일 「암태소작 간부 3명 수감」
85 암태도소작쟁의사건 광주지법 판결문, 1~3쪽. 박응언, 박홍언은 박종남의 동생과 형이다.
86 박필선은 재무위원, 김연태는 조사위원, 손학진은 교육부장을 맡고 있었다.

한 뒤, 지주소작관계에 대한 결의를 하였다. 그 내용을 보면, 1) 소작료는 수확의 2분의 1을 표준으로 할 것, 2) 공조공과(公租公課)는 반드시 지주가 부담할 것, 3) 2리 이상의 소작료 운반은 특약이 있는 경우 외에는 상당한 운반비를 보조할 것, 4) 소작료의 계량에는 두개(斗槪)를 사용할 것 등이었다. 이날 회의에는 내빈으로 총독부의 미쓰이(三井) 기사, 전남도의 마쓰이(松井) 내무부장, 미야모토(宮本) 농무과장, 하지(土師) 도 경찰부장, 도 경찰부 코가(古賀) 고등경찰과장, 소가(曾我) 목포부윤, 미하라(三原) 면작지장장(棉作支場長) 등이 열석하였으며, 우에다(上田) 동척 목포지점장이 의장으로 선출되었다.87 이러한 일본인 지주들의 결의는 분명히 순천, 암태 소작쟁의에 자극받은 것이었으며, 이에 대한 적극적인 대응이었다. 여기서 주목할 것은 이날 회의에 총독부의 관리와 전남도청, 경찰의 고위 관리가 참석하였다는 점이다. 총독부측에서는 소작인들을 중심으로 소작료를 4할로 인하하는 운동이 계속 확산하고, 일부 일본인 지주들이 이에 굴복하는 상황이 벌어지자, 이를 막아야 한다고 판단하고 이와 같은 지주들의 회의를 지원하려 했던 것으로 보인다.

조선총독부에서 소작료 4할제의 확산을 적극적으로 막으려 한 이유는 무엇이었을까. 만일 전국적으로 소작료 4할제가 일반화되면, 지주가 소작료로 받아 시장에 내놓는 미곡은 20% 줄어든다. 예를 들어 소작료 5할제에서 시장에 5백만 석의 미곡이 나왔다고 하면, 소작료 4할제가 되면 4백만 석밖에 나오지 않게 된다. 그렇게 되면 일본으로 실어갈 수 있는 미곡이 1백만 석이 줄어들게 되는 것이다. 1920년대 후반 실제로 일본으로 실어가던 미곡은 대체로 5백만 내지 8백만 석 정도였다. 조선총독부의 입장에서는 식량이 부

---

87 『동아일보』 1924년 4월 17일 「소작반분, 日地主의 결의」.

족한 일본으로 가능한 한 많은 쌀을 실어가야 하는 상황이었고, 따라서 시장에 가능한 한 많은 쌀이 나오게 하려면 소작료율을 낮추어서는 절대 안 되었던 것이다. 소작인들은 소작료를 1할 낮추어 자신들의 식량을 더 확보하고자 했지만, 총독부측은 일본으로 실어갈 쌀을 최대한 확보하기 위해서는 이를 용납할 수 없었다.

그런 가운데 같은 시기 경성에서는 조선노농총동맹의 결성 대회가 진행중에 있었다. 4월 20일 조선노농총동맹은 임시대회를 열고 소작료 문제와 관련하여, 1) 소작료를 소출의 3할로 할 것, 2) 지세와 공과금은 지주가 부담할 것, 3) 두량(斗量)은 두 개(斗槪)를 쓸 것, 4) 소작료 운반은 1리 이내만 소작인이 할 것 등을 결의하였다.[88] 여기서 주목할 것은 노농총동맹은 소작료를 4할도 아닌 3할까지 낮추어야 한다고 주장한 점이다. 이는 소작농민들에게는 소작료 4할도 과다하다고 보았기 때문이다. 해방 직후 건국준비위원회는 소작료를 3분의 1로 할 것을 결정했고, 미군정도 3-7제, 즉 3할제를 선포했다. 그리고 이에 대해서는 소작농민들도 별 반발이 없었다. 소작농민들도 3할을 적정선이라 생각해왔던 것이다. 조선노농총동맹은 이러한 소작농민들의 생각을 반영하여 3할을 제시한 것으로 보인다. 이로써 소작료 등 소작조건을 둘러싼 싸움은 이제 조선총독부의 지원을 받는 지주층과, 소작농민의 입장을 대변하는 조선노농총동맹 간의 싸움으로 확대되었다. 이와 같은 상황에서 소작료 4할을 제창한 암태소작쟁의는 전국적인 관심을 모을 수밖에 없게 되었다.

암태소작인회측은 소작회 간부들이 대거 구속되자 가만히 있지 않았다. 5월 11일 소작인회는 서태석, 서창석 등이 살던 기동리에서 소작회 임시총회를 열었다. 435명이 참석한 이날 총회에서 참석자

---

[88] 『동아일보』 1924년 4월 22일 「노농임시대회, 소작료는 3할로」

들은 강경한 대응을 주장하였다. 임시의장 김정순(金正順)이 먼저 "우리는 가마에 든 고기가 되어 앉아도 죽고, 서도 죽을 지경이니 좀 뛰다가나 죽자"고 개회사를 하였다. 부인회원 고백화(高白花)는 "농자는 천하지대본이니 우리는 죽도록 싸우지 않으면 안 된다"고 열변을 토하였다. 이들은 이날 1) 작년도 남정(濫定)한 소작료에 대해서는 언제든지 4할, 3할의 승낙이 있기 전에는 불납동맹을 철저히 지킬 것, 2) 소작권의 무리한 이동에 대해서는 구 소작인과 회원 일동의 합력으로 일치단결하여 지주의 악행에 대항하며, 박쥐같은 신소작인과 진드기같은 악 사음배는 교제를 단절하여 섬 안에 살지 못하게 할 것, 3) 어떠한 경우가 있을지 모르므로 후보로 13인의 위원을 선정하여 대비할 것, 4) 만일 또 어떠한 일이 있으면 회원 1,200명 전부가 총출동하여 사생(死生)을 가리기로 할 것 등을 결의하였다.[89] 이에 지주측도 적극적으로 대응하여 문재철, 천후빈 등 지주들은 강제로 소작료를 거두려고 나섰다. 문재철측은 문응창 등 10여 명을 동원하여 암태도에서도 궁벽한 곳인 오리동에 가서 김사유라는 노인을 위협하여 소작료를 거두어 가려다 소작회측의 제지를 받고 미수에 그쳤다. 천후빈측도 사람들을 동원하여 해당리의 조은ㅇ의 집에 가서 강제로 소작료를 받아가려다 조은ㅇ 등 소작인들과 격투를 벌였다.[90]

3) 소작인들의 두 차례 목포 원정시위

그런 가운데 목포형무소에 구금된 암태소작회 13명은 풀려날 기

---

89 『조선일보』 1924년 5월 19일 「암태소작 임시총회」.
90 『조선일보』 1924년 5월 20일 「횡포무도한 지주, 암태쟁의 거익 확대」.

미가 보이지 않고 시간만 흘러갔다. 이에 소작회에서는 6월 3일경 면민대회를 열고 회원 4백여 명이 목포로 나가 석방운동을 벌이기로 결정하였다. 이에 따라 6월 4,5일 암태청년회 대표 박복영(朴福永), 암태소작회 김용학(金龍學), 암태부인회 대표 고백화 등을 비롯한 남녀 4백여 명이 범선 7척을 나누어 타고 목포에 도착했다. 이들은 곧 목포경찰서로 직행하여 13명의 석방을 요구하였다. 이에 경찰은 크게 놀라 대표자 몇 사람을 불러 자초지종을 들은 후에 전경비소 건물에 이들을 수용하여 그날 밤을 지내게 하였다. 이날 암태도에서는 더 많은 인원이 건너와 군중은 5백 명이 넘는 인원으로 불어났다. 이튿날(6일) 암태도민들은 오전 9시 법원 지청으로 몰려가 구내에서 농성을 시작하였다. 이에 예심판사는 대표자 3인을 불러 그들의 의견을 들은 뒤, 다수한 군중이 모여 재판소에서 농성을 하는 것은 불가하므로 몇 명만 남고 해산하라고 명령하였다. 이에 소작회 간부 서광호는 이를 군중에게 전하였지만, 군중은 구금된 간부들을 석방하지 않으면 해산할 수 없다고 주장하면서 농성을 계속하다가 수감된 이들을 만나보자고 목포형무소로 몰려갔다. 하지만 형무소에서도 면회를 시켜주지 않자, 도로 법원 지청으로 몰려가 농성을 하였고, 다시 총독부 감찰관이 목포에 왔다는 말을 듣고 목포부청에 갔으나 만날 수 없었다. 다만 감찰관은 군중은 해산을 하고 대표자 두 명만 보내면 만나겠다고 하여 일단 군중들은 전날 밤을 지낸 장소로 돌아갔다.[91]

7일 아침, 암태면민들은 다시 모여 법원지청으로 몰려가 예심판

---

91 『동아일보』 1924년 6월 8일 「맹렬한 시위운동, 구금된 대표를 방송치 안으면 어대까지 운동을 계속한다고」, 6월 10일 「3일간 포위 시위, 목포지방법원 지청을, 감찰관 면회로 해산케 되여」

사에게 구금된 이들의 석방과 면회를 요구하였다. 예심 판사는 7일 이내에 예심을 마치고 발표하겠다고 하여, 면민들은 만일 7일 안에 석방시켜 주지 않으면 다시 오겠다고 하였다. 또 면민들은 구금된 이들의 면회를 예심판사에게 요구하여 허락을 받아냈다. 군중은 목포형무소로 몰려가 간부들과 면회를 하고 돌아섰다. 암태면민들은 섬에서 나올 때 가지고 왔던 식량이 다 떨어져 일단 흩어져서 친지들을 찾아가 숙식을 하게 되었다. 그런 가운데 소작회 간부들은 목포에 거주하는 지주 천후빈을 찾아가 교섭한 결과, 천후빈은 소작료 4할을 수용하고 면민들이 돌아갈 뱃삯 6십 원을 내어 놓았다. 하지만 문재철은 끝내 소작회 간부들을 만나주지 않았다.92 8일 오후 암태면민들은 목포역 광장에 모여서 '암태소작회 번영 만세' '지주 천후빈 송덕 만세'라고 쓴 기를 앞세우고 거리를 한 바퀴 돈 후, 오후 7시경 수많은 경관들이 감시하는 가운데 배를 타고 암태도로 떠났다.93

암태면민들의 목포 원정 시위는 전국적으로 커다란 반향을 일으켰다. 당시 『동아일보』는 6월 8일 신문에서 이들의 시위를 2면 톱기사로 보도하였다. 이에 전국 각지에서 암태소작인회를 동정하고 지원하는 움직임이 잇따랐다. 우선 경성에서는 법조계의 김병로, 김

---

92 『동아일보』 1924년 6월 14일 「기한으로 우선 해산, 목포에 모였든 암태소작회원, 가졋든 량식은 한 알도 안 남아」; 『시대일보』 1924년 6월 23일 「六百餘의 岩泰小作人이 裁判所에 殺到, 천우빈은 요구를 승낙하나 재판소는 약속을 실행안어」. 당시 문재철에게 낼 소작료는 1천 3백여 석, 천후빈에게 줄 소작료는 7백여 석이었다(『시대일보』 1924년 6월 23일 「毒手에 걸린 천여 생령, 암태소작료불납동맹사건 상보」).
93 『조선일보』 1924년 6월 13일 「천지주를 칭송, 소작료는 4할로 하고, 4백명의 船費까지」

태영, 김용무, 김영수, 서광설, 등목(藤木) 등 6명의 변호사가 자진하여 무보수로 변호하기로 하고 위임장을 제출하였다.[94] 평양에서는 6월 14일 밤에 암태면민들을 동정하기 위한 연설회를 조선노동동맹회, 대동문 노동조합, 신수구 노동조합, 곡물두량조합, 노동대회 평양지회, 평양양말직공조합, 점원상조회, 오월청년회 등이 연합하여 개최하려 하였다. 그러나 이는 경찰의 집회 불허로 불발에 그치고 말았다.[95] 하지만 이들은 모금운동을 벌여 35원을 모아서 암태소작회에 보냈다.[96] 전남 벌교에서도 6월 12일 노동동맹회와 노동회에서 연합 간부회의를 열고 "무안 암태소작회의 간부 13인이 구금됨에 따라 해 회원 5백여 인이 목포에서 무한한 고초를 무릅쓰고 생사를 일호에 부쳐둔 우리의 무산 동포를 만분의 일이라도 위로하기 위하여 다소를 불구하고 물질로써 정을 표시할 것"을 결의하였다.[97] 함북 북청노동조합에서도 암태소작회에 5원을 보냈다.[98]

또 조선노농총동맹은 암태소작쟁의의 실상을 조사하기 위하여 6월 10일 집행위원 강택진(姜宅鎭)을 목포에 파견하였다.[99] 그는 조사를 마치고 6월 19일 경성에 돌아왔는데, 귀경길에 문지주측에 맞아서 중상을 입고 치료중에 있던 박종남을 데리고 와서 세브란스병원

---

[94] 『조선일보』 1924년 6월 8일 「암태면소작인(岩泰面小作人) 오백남녀(五百男女)가 목포(木浦)에 쇄도(殺到)」

[95] 『시대일보』 1924년 6월 16일 「무리한 경찰의 위압으로 연합연설회를 금지, 한 단체 이상의 집회는 불허」

[96] 『조선일보』 1924년 6월 23일 「암태소작회에 동정, 평양의 각 노동단체가 가튼 처지의 동포를 위하야」

[97] 『조선일보』 1924년 6월 20일 「벌교노농단체, 연합간부회결의, 암태소작사건과 기타 여러가지들」

[98] 『시대일보』 1924년 6월 29일 「北靑, 岩泰作人 同情, 勞動組合委員會에서」

[99] 『조선일보』 1924년 6월 11일 「암태소작쟁의로 노농위원이 출장」

에 입원시켰다.[100] 하지만 박종남은 병도 잘 낫지 않고 치료비도 없어 7월 4일 퇴원하여 집으로 돌아갔다.[101]

예심을 받고 있던 암태소작인회측의 13인은 7월 3일 예심을 마치고 공판에 회부되었다. 그들에게 적용된 혐의는 소요, 상해, 주거침입 및 훼기(毁棄) 등이었다.[102] 또 문재철 지주측의 문태현, 문명호, 문민순, 문응창, 문재봉 등 5명도 상해 및 소요죄로 공판에 회부되었는데, 이들 가운데 문명호, 문민순만 구속되었다.[103]

암태소작회측의 13인이 면소로 석방되지 않고 공판에 회부되자 암태면민들은 다시 흥분하기 시작했다. 7월 7일에 암태소작인회, 암태부인회, 암태청년회 등 3단체는 면민대회를 개최하고, 구금된 13명을 구출하기 위해 다시 목포로 나가 단식농성을 하기로 결의하고, 8일 오후 5백여 명이 열 척의 배를 타고 목포로 건너왔다.[104] 이들은 목포에 도착한 즉시 목포지청 검사국으로 달려가서 열세 사람을 석방하지 않으면 모두 그곳에서 죽겠다면서 '아사동맹'(餓死同盟)에 돌입하였다. 이들 가운데에는 혈서까지 쓴 사람도 있었으며, 일행 중에는 노인과 여자들이 2백 명 가까이 포함되어 있었다.[105] 이

---

100 『조선일보』 1924년 6월 21일 「姜 朴양씨의 입경. 암태소작쟁의에 맞은 朴鍾南씨와 조사 사무소로 출장 갔던 姜宅鎭씨가」
101 『조선일보』 1924년 7월 6일 「박종남씨 퇴원, 병은 완쾌치 못하나 치료비 관계로 나와」
102 암태소작쟁의사건 광주지법 재판기록, 52~56쪽.
103 『동아일보』 7월 13일 「암태소작쟁의 전후 경과의 상보, 幕天席地-으스름 달 아래 하루밤을 새워」
104 위와 같음.
105 『동아일보』 1924년 7월 12일 「6백 농민이 재판소에 위집, 소작회 간부를 방면치 안으면 차라리 이 자리에서 죽겠다고, 암태소작쟁의 사건」; 『조선일보』 1924년 7월 11일 「암태소작인 5백명이 목포지청에 쇄도, 로텬에서

는 당시 여러 신문에 자세히 보도되었다. 심지어 총독부 기관지인 『매일신보』도 아래와 같이 암태소작인들에게 동정적인 어조로 보도하였다.

> 분규 당시에 검거되었던 소작인회 간부 십삼명이 예심에서 면소되기만 기다리고 있던 차에 필경 그들이 공판에 붙었다는 소식을 듣게 되자, 요즈음과 같이 심한 한발에 농작물도 돌아보지 아니하고 이곳 소작인들은 팔일 오후에 남녀노유 오백여 명이 다시 목포지청에 쇄도하여 검속 중에 있는 십삼 명을 무죄 방면하야 달라고 애원하여, 심한 자는 만일 방면하야 주지 아니하면 죽기를 맹세하고 돌아가지 않겠다고 혈서까지 쓴 사람도 있다 하며 가뜩이나 기운을 못 차리는 노인들이 저녁밥까지 굶고 재판소 구내에서 이곳저곳에 쓰러져 밤이슬을 머금고 단잠을 이루지 못하는 정경은 목불인견이라더라(목포)[106]

재판소측에서는 경찰서장과 협의하여 면민 대표자인 서광호·박복영·김정순·김상규·고백화 등을 회견하고 군중이 그곳에 머무르는 것은 하등 도움이 되지 않으니 면민들을 데리고 돌아가라고 종용하였다. 하지만 군중은 전혀 움직이지 않았다. 이에 경찰측은 옛 경비소 건물을 열어줄 터이니 그곳에 가서 밤을 새우라고 종용하였다. 하지만 군중은 전혀 움직이지 않고, '하늘을 이불삼아, 대지를 요로 삼아' 그 자리에서 밤을 새우겠다고 고집하였다. 6월 24일 새로 부임한 나카지마 겐죠(中島健三) 목포경찰서장은 군중의 흥분을 가라앉히고 돌아가도록 하는 데 주력하면서도 질서를 문란하게 하면 제재하겠다고 대표단에게 말하였다. 7월 9일에도 재판소 마당에

---

[106] 『매일신보』 1924년 7월 11일 「암태소작인 오백명이 목포지청에 쇄도」 굶고 밤을 새이면서 간부 열셋을 방면하라고 애원」

서의 노천 단식농성은 계속되었다. 노약자들 가운데 일부는 탈진하여 목포 제중병원으로 옮겨졌다. 목포 시내 청년들은 죽을 만들어 이들에게 가져왔으나 일부 노약자들만 입에 댈 뿐이었다. 그리고 그날 밤에도 노숙은 계속되었다. 10일 오전에도 대표들은 경찰서장과 무안군수를 만났고, 마침 제주에서 돌아오다 목포에 들른 광주지방법원장을 만났으나, 그는 "오직 공명정대한 사법당국을 믿고 속히 돌아가라"고 말할 뿐이었다. 그런데 당시 암태면민들이 요구한 것은 열세 사람의 무조건 석방은 아니었다. 면민 대표는 『동아일보』 기자에게 "우리의 요구는 열세 사람에 대해 죄가 있느니 없느니 하는 것이 아니라 다만 그들을 우선 보석으로 풀어달라는 것뿐"이라고 말하였다. 즉 농사철임을 감안하여 보석으로 풀어달라는 것이었다.[107]

암태도 소작쟁의 사건이 크게 확대되자 사회적 반향도 더욱 커졌다. 조선노농총동맹은 이번에도 사건 조사를 위해 이병의(李丙儀) 외 7명을 목포로 보냈다.[108] 또 조선노농총동맹, 조선청년총동맹은 14일 오후 경성의 천도교당에서 '암태소작쟁의 동정연설회'를 개최하기로 결정했다. 연사로는 김영휘·강택진(암태소작쟁의 경과보고), 최창익(소작인의 참상), 이정윤(쟁의와 동정), 신일용 등이 내정되었다.[109] 그러나 이 연설회는 종로경찰서의 금지 조치로 열리지 못하였다. 경찰이 금지한 이유는 사건이 아직 예심 중에 있다는 것이었다.[110]

각지의 사상, 청년, 노농 단체들도 동정금 모금에 나섰다. 경성

---

107 『동아일보』 1924년 7월 13일 「암태소작쟁의 전후 경과의 상보, 幕天席地-으스름 달 아래 하루밤을 새워」
108 『조선일보』 1924년 7월 12일 「암태쟁의 조사로 노농위원 출장」
109 『조선일보』 1924년 7월 13일 「암태쟁의 동정 연설, 양 총동맹 연합 주최로」
110 『조선일보』 1924년 7월 14일 「암태쟁의 동정 연설 금지」

의 북성회 계열의 사상단체 건설사(建設社)는 7월 13일 동정금 모금
을 결의하고, 쟁의에 동정하는 사람들은 건설사로 동정금을 보내줄
것을 호소하였다. 건설사는 또 실지조사를 위해 김재명(金在明)을
목포 현지에 파견하였다.111 북성회 계열의 청년들이 이와 같이 움
직이자 서울청년회쪽도 움직였다. 7월 14일 서울청년회에서는 30여
명이 모여 회의를 갖고 '암태소작인 아사동맹 동정단'을 조직하고
실행위원으로 김유인·조봉암·임표·이정윤·김덕한·전일·임종만 등
6명을 선정하였다. 아울러 이들은 "암태소작인들이 그와 같이 업을
잃어버리고 배고파 굶주리며 한편으로는 온갖 박해를 당하면서도
오히려 굳은 결심과 단결로써 아사동맹을 단행한다는 데 이르러,
경우가 같은 우리로서는 도저히 이것을 그대로 볼 수가 없는 까닭
에 우리는 분연히 일어나서 그들의 최후의 승리를 얻도록 한다"는
결의문도 채택하였다. 또 건설사와 마찬가지로 동정금을 모금하기
로 결의하고 각계에 서울청년회로 동정금을 보내달라고 호소하였
다.112 조선청년총동맹에서도 7월 15일 암태도 소작쟁의의 조사 겸
소작인 위로를 위해 상무집행위원 임봉순(任鳳淳), 집행위원 전도(全
濤)를 목포로 파송하였다.113 한편 인천노동총동맹에서는 극단 금강

---

111 『동아일보』 1924년 7월 14일 「암태사건의 동정금을 건설사 주최로 널리 모집하는 중」; 『조선일보』 1924년 7월 14일 「암태쟁의 동정금 모집, 아사에 빈한 동포를 구하라」. 건설사는 1923년 10월 김약수, 김종범, 마명, 김재명 등 동경 북성회 계열의 청년들이 조직한 사상단체였다. 건설사는 1924년 11월 북성회의 국내 본부 북풍회가 조직되면서 발전적으로 해체되었다(김준엽·김창순, 1986, 『한국공산주의운동사』 2, 청계연구소, 38쪽).
112 『동아일보』 1924년 7월 15일 「분기한 동정단, 위원까지 선거, 최후 승리를 원조」; 『조선일보』 1924년 7월 15일 「암태소작인 사건의 아사동맹 동정단 조직, 동정금은 와룡동 서울청년회 내 임표씨에게 보내기 바라는 중」
113 『조선일보』 1924년 7월 17일 「위원 특파, 암태소작사건을 도사 겸 위문차로」

단과 제휴하여 암태소작인 동정 연극을 16일에 공연하기로 하였다. 하지만 인천 경찰서는 이 공연을 금지시켰다.114

그런 가운데 신문들은 사설로도 암태도 소작인들을 지지, 지원하였다. 『조선일보』는 7월 14일자 「암태사건에 대하야」라는 제목의 사설에서 다음과 같이 썼다.

> 석일(昔日)의 구습으로 인하여 임의로 소작인을 박정(剝程)하고 거기에 더구나 일정한 소작법규 같은 것이 없어 지주의 횡포와 야욕이 만만하야 마지 아니함은 소위 자본주의가 극도로 발달한 어느 나라에서도 볼 수 없는 악례가 특별히 많음은 소위 사음, 도조, 소작권이동, 지세 부담 등 불합리한 제도를 보면 넉넉히 알 것이다. 그러고도 거기에 조금 불평등과 반항의 태도를 갖는 자이면 관헌의 간섭까지 항상 지주 그를 옹호하고 소작인을 학대함이 아주 정규(定規)로 되어 있다.(중략)
> 빈빈(頻頻)한 소작쟁의로 말하자면 그도 역시 한가지 생의 욕구적 운동(이며) 그것은 민중의 각성에 인한 반항적 운동으로 일어나는 조선의 현상이다. 특별히 전남 무안군 암태도민(岩泰島民) 대지주의 소작쟁의 사건은 일이 일어난 지 이미 수개월이요 각 지상의 보도가 빈번하야 그의 기억과 비평이 세인의 이목에 주실(周悉)케 된 바 그의 선악과 시비는 역시 세상의 공평에 맡기려니와 근일에는 또 다시 이 농무가 제일 분망한 시절임에도 불구하고 육백(六百)의 농민이 재차 법정에까지 위집(蝟集)하여 극단인 아사동맹(餓死同盟)까지 단결하여 노약(老弱)이 호곡(號哭)하고 중인(衆人)이 분호(憤號)함은 과연 누가 여기까지 험악화하게 함이냐.115

---

114 『조선일보』 1924년 7월 16일 「인천서는 동정극도 금지」
115 『조선일보』 1924년 7월 14일 사설 「암태사건에 대하야 – 지주의 횡포, 관헌의 위압, 소작인덜은 필경 아사동맹」

한편 목포에서는 암태소작인들의 재판소 마당 단식농성이 계속되는 가운데 문재철과의 협상이 시작되었다. 협상은 경성에서 내려온 조선노농총동맹 위원 이병의(李丙儀)의 주선에 의해 시작되었다. 그는 문재철을 방문하고 교섭을 진행하였으나, 문재철은 1) 지금까지 신문지상에 자신의 명예와 관련된 사실에 대해 일체 사죄문을 만들어 각 신문에 광고할 것, 2) 파괴된 자신의 부친의 송덕비를 다시 회복할 것, 3) 소작료 수납에 대해서는 소작회에서 책임질 것 등을 세 가지 조건으로 내걸었다. 이에 소작회측에서는 도저히 받아들일 수 없는 것이라며 거부했다.[116]

12일 밤, 비가 내리자 면민들은 목포 유지들의 권고에 따라 대부분 항정(港町) 김길룡의 면화창고에 가서 비를 피하였다. 이튿날인 13일 오후 면민들은 다시 재판소로 몰려갔으나 문이 굳게 닫혀 있어 들어갈 수 없게 되자 북교동 문재철의 집으로 가자는 주장이 나왔다. 이에 간부들은 자신들이 먼저 문재철의 집에 가서 담판을 하겠다고 나섰다. 문재철의 집에 간 대표들은 문재철과 담판을 하였으나, 문재철은 "작년의 소작료는 4할 5분으로 금년부터는 대세에 따라서 하겠다"며 사실상 소작료 4할을 거부하였다. 문재철은 "내가 당신들의 요구대로 따라서 하면 행정 관청의 미움을 받고 다른 지주들의 원망을 사게 된다"고 덧붙였다. 총독부와 일본인 지주들을 의식한 말이었다. 담판이 결렬될 즈음, 암태소작인들은 직접 문재철의 집으로 몰려들었다. 이 소식을 들은 목포경찰서는 수십 명의 경찰을 파견하여 문재철의 집을 에워쌌다. 나카지마 경찰서장은 소작인회 대표 서광호[117] 등을 불러 "치안 유지상 내일까지 돌아갈 것

---

116 『동아일보』 1924년 7월 17일 「다수인 재차 검속은 문디주 집에서 담판 파열로」

을 명령하니 이 자리에서 군중들에게 이를 전하고 가부간 회답하라."고 명령했다. 이에 소작인회 간부들이 이 자리에서 곧 회답하기는 어렵다고 답하자, 서장은 "치안경찰법에 의하여 너희들에게 해산을 명령한다."고 말했고, 수십 명의 경찰들은 군중에게 달려들어 강제 해산에 나섰다. 이 과정에서 노파 한 명이 문재철의 집 대문간에서 굴러떨어져 졸도하였다. 군중은 경찰의 강제 해산에 반항하였고, 경찰은 서광호 외 18명의 남자와 김소녀 외 8명의 여자 등 총 26명을 검속하여 경찰서로 압송하였다.118

　소작인회 사람들은 하는 수 없이 전날 밤과 같이 면화창고로 돌아가 밤을 지냈다. 이튿날인 14일 오전 목포서장은 면화창고로 찾아와 소작인들에게 "관헌의 말을 듣지 아니하고 해산하지 않음으로써 검속자가 생기는 것은 이롭지 못한 일이므로 바로 해산하라."고 명하였다. 소작인들은 결국 훗날을 기약하고 6박 7일의 아사동맹을 마치고 암태도로 돌아가지 않을 수 없었다. 소작인들 가운데 일부는 쇠약해진 몸을 추스르기 위해 목포의 친척, 친지들의 집을 찾아 나섰고, 나머지 사람들은 그날 오후 2시경에 범선 2척과 삯배를 나누어 타고 암태도로 돌아갔다.119 목포경찰서는 다음 날인 15일 검속했던 소작인 33명 가운데 서광호와 윤두석을 제외한 이들을 모두 석방하였다.120

117　서광호는 소작인회 회장이었던 서창석의 동생이었다. 최성환, 앞의 글 (2020), 224쪽.
118　『조선일보』 1924년 7월 16일 「6백 남녀의 굳은 결심, 5일간 아사동맹을 계속, 문지주의 모호한 구실, 군중이 문가에게 쇄도」
119　『동아일보』 1924년 7월 17일 「遂解散, 십사일에 서장의 설유를 듣고」
120　『동아일보』 1924년 7월 18일 「검속소작인 전부 방면, 해산되기는 소작회 간부의 권유로」

암태도 소작인들의 아사동맹 소식은 각 신문의 자세한 보도로 전국에 알려졌고, 이는 큰 반향을 불러일으켰다. 대구에서는 노동공제회, 상미회, 대구청년회가 연합하여 동정금을 모아 보내기로 결의하였다.[121] 경성의 건설사에서는 17일까지 들어온 135원을 암태소작인회에 송금하였다. 동정금을 보내온 이들 가운데에는 개벽사, 시대일보사, 조선일보사, 동아일보사 등 언론사 기자들이 많았다.[122] 이후에도 건설사에는 동정금이 계속해서 답지하였다.[123] 인천노동총동맹회에서도 동정금 25원을 모아 암태소작인회에 발송하였다.[124] 경성의 여성동우회에서도 동정금 12원을 모아 보냈다.[125] 전남 완도군 소안도의 소안노농연합대성회에서도 동정금 20원을 보내고, 진상조사 위원도 7월 중에 파견하기로 결정했다.[126] 장성노동공제회에서도 동정금을 거두어 보내기로 결의하였다.[127]

---

[121] 『동아일보』 1924년 7월 18일 「암태사건 동정, 대구 각 단체의 활동」
[122] 『동아일보』 1924년 7월 19일 「암태소작 동정금」
[123] 『조선일보』 1924년 7월 19일 「암태쟁의 동정금」
[124] 『동아일보』 1924년 7월 20일 「인천 노총 美擧, 암태도 사건에 동정, 제1차로 25원 기부」
[125] 『조선일보』 1924년 7월 20일 「여성동우회에서 암태쟁의에 동정」
[126] 『조선일보』 1924년 7월 25일 「암태소작회를 동정하자고, 소안노농회에서는 위원회를 개최하다」 ; 7월 28일 「암태쟁의에 동정」
[127] 『조선일보』 1924년 7월 25일 「암태 아사동맹 동정, 장성 노농공제회에서 결의」

4. 지주측과의 타협과 지주-소작인회의 재충돌

1) 지주측과의 타협

암태소작인들이 목포에서 암태도로 돌아간 다음 날인 7월 15일 광주지방법원 목포지청에서는 목포형무소에 수감 중이었던 서태석 외 소작회 간부 12명을 광주형무소로 압송하였다.[128] 당시 목포에 아직 남아 있던 소작회 대표들은 이 소식을 듣고 목포지청을 찾아가 지청 쪽이 병자는 보석으로 풀어주고 다른 사람들도 곧 해결해 주겠다고 약속하더니 갑자기 광주로 이송한 것은 암태면민들을 속인 것이라고 항의하였다. 그리고 이 소식을 들은 암태소작인회측에서는 이번에는 남자만 장정으로 약 3백 명을 뽑아서 광주재판소로 몰려가서 단식농성을 전개하기로 하고 20일 면민대회를 열고자 하였으나 그날 마침 큰 비가 내려 연기되었다.[129]

암태소작인회는 7월 27일 임시총회를 열고 소작인들이 일제히 광주로 몰려가서 형무소에 수감된 이들과 죽음을 같이하자고 결의하였다. 이에 따라 3백 명의 회원이 광주로 가기로 하고, 그에 앞서 우선 대표자로 박복영을 광주로 보내어 광주지방법원장을 면회하여 암태 소작인들의 요구를 말하고, 만일 그 요구를 듣지 아니하는

---

128 이들을 광주형무소로 옮긴 것은 목포에서 공판을 하는 때에는 암태소작인들이 총출동하여 어떤 소동이 일어날지 알 수 없었기 때문이었다 한다.『조선일보』1924년 7월 18일「서태석 외 십이명 작일 광주에 압송」
129 『조선일보』1924년 7월 28일「암태소작인 장정만 출동계획, 사법관들도 민중을 속인다고 광주로 다시 출동하고자 준비」;『동아일보』1924년 7월 30일「病人 보석문제로 수백 소작인 소동, 암태소작인들이 또 소란, 病人 수감이 최근의 동기」

경우에는 일제히 총출동하기로 결정하였다.130 이 소식을 들은 나카지마 목포경찰서장은 즉시 경비선을 타고 암태도에 들어와 소작인회 간부와 수감된 이들의 가족들을 만나 위로를 하면서, 광주로 결사대를 파견하는 것과 같은 극단적인 수단은 취하지 말도록 종용하였다. 그리고 그는 목포로 돌아온 뒤 지주 문재철과 소작인회 사이의 중재에 나섰다.131

한편 지주 문재철은 암태도에 들어와 서남면의 소작인들을 수곡리로 모아서 소작료를 4할로 해주겠다면서 지주소작상조회를 조직하는 등 암태소작인회의 약화 공작에 나섰다.132 또 문재철은 암태청년회에서 운영해오던 암태면 여자강습원을 약화시키고자 하였다. 여자강습원은 암태청년회의 박복영·손학진·서동오 등이 주축이 되어 1921년부터 운영해오던 것인데, 경영이 어렵게 되자 암태도 유지들의 모금을 통해 기본금을 모았다. 그런데 1924년 3월 27일 이후로 여자교육 반대파인 문시준·문응창·양석진 등이 서남면 일대의 사람들을 감언이설로 꾀어 여자교육기본금을 분할하자고 주장하고 나서 인장을 받아, 면장에게 진정서를 제출하였다. 면장 박종은(朴鍾殷)은 결국 7월 30일 면민대회를 소집하여 기본금의 분할을 논의에 부쳤다. 이에 여자강습원의 대표 박자신(朴慈信)은 여자교육 반대파들에 대해 "당신들은 여자교육에 돈을 쓰지 않아 부자가 되었소"라면서 그들을 비판하였다. 그런데 회의 도중에 밖에서 돌뭉치 한 개

---

130 『동아일보』 1924년 8월 7일 「참담한 결속, 암태소작인회 삼백여 명이 일시에 죽드래도 나가자」
131 『동아일보』 1924년 8월 7일 「구금 간부와 사생동고 결의, 암태소작회에서, 경찰서장이 출장 진무중」
132 『조선일보』 1924년 8월 12일 「소위 지주소작상조회, 문재철의 암태 인심 수습책」

가 날아 들어와 면장은 회의를 중지하고 양측의 대표자를 선발하여 회의를 하기로 결정하였다. 이에 양측 대표자들은 그날 밤 따로 회의를 가졌는데, 결국 반대파가 기본금 1,200원 가운데 600원을 가져가는 것으로 결론이 났다.[133] 이때의 반대파는 바로 지주 문재철의 간사인들이었으며, 문재철은 청년회측이 주도하는 여자강습원을 약화시키기 위하여 이러한 공작을 벌였던 것으로 보인다.[134]

그런 가운데 각지의 암태소작인회를 동정, 지원하는 움직임은 계속되었다. 전북 군산노동연맹회 등 군산의 여러 사회단체들은 동정금을 모아 암태소작인회에 보냈다.[135] 전남 구례 산동농민회에서도 동정금을 모으는 일에 나섰다.[136] 일본 오사카에서도 조선인 노동자들이 암태소작인회를 동정하는 동정금 총 170원 여를 모아서 보냈다. 그리고 재일암태도민회는 열성적으로 동정금을 모아 75명이 70원 여를 보냈다.[137] 목포 유지들도 암태소작인회를 위해 92원, 목포청년회 22원 50전, 목포기독교장로회 14원 80전, 일본인 지주 고바야시 교지로(小林興次郎)도 5원을 모아서 보냈다.[138] 경남 고성군 하이면 소작인조합원들도 6원을 모아서 보냈다.[139]

---

133 『조선일보』 1925년 1월 10일 「암태청년 활동, 여자강습소를 위하야 각 동리에 위원을 파견」
134 『동아일보』 1924년 8월 7일 「암태면 여자강습원, 기본금 문제 해결」 ; 『조선일보』 1924년 8월 11일 「암태여자 강습원의 전말」
135 『조선일보』 1924년 8월 4일 「암태사건 동정」
136 『동아일보』 1924년 8월 7일 「암태쟁의 동정금 모집, 구례군 산동농민회에서」
137 『동아일보』 1924년 8월 11일 「암태소작동정금, 멀리 대판에서」 ; 『조선일보』 1924년 8월 23일 「재대판 동포가 암태소작 동정」
138 『조선일보』 1924년 8월 23일 「암태소작회를 위하야 목포 인사의 혈성적 동정」
139 『조선일보』 1924년 8월 24일 「하의소작조합 암태사건을 동정」

문재철가 앞에서의 시위와 관련하여 구속되어 있던 소작회 간부 서광호와 윤두석의 공판이 8월 23일 광주지법 목포지청에서 열렸다. 이날 공판에서 신토(新藤) 검사는 "이 사건은 단순한 소작쟁의가 아니고 그들 뒤에는 사상문제가 있다."고 주장하고, 각각 징역 6개월의 구형을 내렸다.140 28일 이들에 대한 언도 공판이 있었는데, 업무방해와 소요죄로 서광호는 80원, 윤두석은 40원을 언도받고 석방되었다.141

그런 가운데 나카지마 목포경찰서장은 암태소작인회와 문재철 지주 사이의 중재인이 되어 양측 사이의 타협안을 마련하였다. 그 결과 8월 30일 나카지마 서장, 도 경찰부 고등경찰과장 코가 오카타로(古賀岡太郞), 군수 김동우, 노농총동맹 상임집행위원 서정희 등이 참석한 가운데 지주 문재철과 소작인회 대표 박복영은 나카지마 서장이 마련한 '화해조건'에 동의를 하였다. 화해조건은 다음과 같았다.

　一. 소작료는 4할로 하고, 1할은 농업장려자금으로 할 것
　一. 농업장려자금은 소작회에서 관리할 것
　一. 소작회에 지주도 참여할 것
　一. 미납한 소작료는 3개년을 기한하고 분납할 사.
　一. 도괴 철거한 문태현의 비석을 복구할 사.
　一. 목하 계속 조사중인 형사피고사건은 쌍방에서 취하할 것
　一. 지주는 소작인측에 기본금 2천 원을 기증할 것.142

---

140 『동아일보』 1924년 8월 27일 「전남 암태의 소작쟁의 공판은 일부는 업무집행죄로 심리」
141 『동아일보』 1924년 8월 31일 「암태소작사건 업무방해죄는 모다 벌금형에」
142 『매일신보』 1924년 9월 2일 「암태쟁의 해결, 中島서장의 알선으로」

소작료는 4할로 하고, 여기에 추가로 1할을 더 받아서 농업장려금으로 하되 이는 소작회에서 관리한다는 것이었다. 그리고 지주가 소작인회에 2천 원을 기증한다는 것이 주요한 내용이었다. 9월 11일자 『조선일보』에는 지주 문재철측과 소작인회측 사이에서 맺어진 협정서의 자세한 내용이 보도되었다. 이 가운데 중요한 것은 1) 소작계약 기간은 3년으로 하며, 2) 소작권은 소작료 체납, 소작권의 자의적인 매매 등의 경우가 아니면 해제치 않으며, 3) 사음제도의 폐기를 기하며, 4) 수확의 1할에 해당하는 영농장려자금은 소작인회에서 관리하며, 5) 송덕비는 즉시 복구하며, 6) 계류 중인 형사 피고에 대해서는 공히 고소를 취하할 것, 7) 지주는 소작인회에 기본금으로 금 2천 원을 기증하며, 기한은 1924년 12월 말까지 교부한다는 것 등이었다.[143] 전체적으로 보면 소작료 4할을 주장해온 소작인회측이 승리한 것이었지만, 지주측의 면목을 살려주기 위해 1할을 농업장려금으로 더 받는다는 내용이 들어간 것으로 보인다.

여기서 주목되는 것은 이와 같은 타협안을 만들어내고 협상을 주도한 이가 나카지마 목포경찰서장이었으며, 도 경찰부장과 군수도 이 협정식에 입회하였다는 점이다. 박복영의 증언에 의하면 당시 도지사인 원응상(元應常)이 이 일에 개입하였다고 한다.[144] 당시 경찰과 도, 군 당국에서는 왜 이 일에 적극적으로 나섰을까. 당시 당국에서는 소작쟁의로 인하여 수백 명의 군중이 시위와 농성을 하는 사태가 계속되고, 암태도민들의 기세가 워낙 드센 것을 보고 경찰력으로 이를 제압하는 것은 한계가 있으니, 문재철을 설득하여 문제를 해결하는 것이 낫다고 판단한 것으로 보인다. 특히 경찰로서

---

143 『조선일보』 1924년 9월 11일 「암태소작쟁의 해결과 其 協定書 細目」
144 박순동, 1977, 「암태도 소작쟁의」, 『분노의 계절』, 훈복문화사, 464쪽.

는 암태도민들의 시위를 본뜬 시위가 다른 지역으로 확산하는 것을 사전에 막아야 한다는 생각에서 적극적으로 나선 것으로 보인다.

위와 같은 협상안에 양측이 합의한 직후인 9월 1일 광주지방법원에서는 서태석 등 13인에 대한 재판이 열렸다. 서태석은 검찰이 논고에서 그를 사회주의자라고 지목하자 이에 대해 "본인을 사회주의자라 하였으나 현하 사회제도로는 도저히 우리 민중이 살 수 없으므로 그 주의를 취하게 된 것"이라고 주장하였다. 또 그는 "문(재철) 지주의 비석은 면민 일동이 그의 반성을 촉진하기 위하여 세워주었는데 반성은커녕 더욱더 착취에만 급급한 그에게 송덕비가 필요치 아니하므로 그 비석을 도괴하였다."고 말하고, "소요라든가, 가택침입이라든지 하는 것은 전혀 사실이 아니다."고 주장하였다.[145] 이날 공판에서 지주측과 소작인회측은 이번 사건은 쌍방이 서로 취하하였으니 재판장이 관대한 처분을 내리기 바란다는 진정서를 제출하였다.[146]

9월 8일 소작인측과 지주측 피고인들에 대한 공판이 열렸다. 이날 공판에서 변호사 김병로는 증인 옥산의원 의사 옥풍빈에게 문씨들에 대해 4~5주의 진단서를 끊어주고 감기약만을 처방한 이유는 무엇인가 하고 묻자 옥풍빈은 제대로 대답을 못하였다 한다. 이는 그가 발급한 진단서가 허위 내지는 과장된 것이었음을 짐작케 한다. 한편 검사는 이날도 이번 사건은 단순한 소작문제가 아니요 공산주의와 관계되는 사건이라고 주장하였다.[147] 이날 검사는 소작인

---

145 『동아일보』 1924년 9월 4일 「암태소작사건 공판 상보, 서태석의 거침업는 공술과 방청인의 통쾌감」
146 『조선일보』 1924년 9월 6일 「암태사건 공판중 쌍방이 화해진정」
147 『조선일보』 1924년 9월 11일 「암태사건 공판의 검사의 논고」

측 사람들에게는 서태석 3년, 서창석·박필선·김연태·손학진 각 1년, 박용산·박병완·박응언·박홍언·김문철·서동수·서민석·김운재 각 8월의 구형을 내렸으며, 지주측 사람들에게는 문명호 11개월, 문민순 10개월, 문재봉 벌금 50원을 구형을 내렸다.[148]

　재판 직후 소작회 간부들은 보석신청을 하여 9월 11일 6명이 보석이 허가되어 석방되었다. 석방된 이들은 박홍언·박응언·서민석·김운재·박병완·박용산 등이었다.[149] 9월 18일 광주지방법원에서는 선고 공판이 있었다. 이날 공판에서 서태석은 징역 2년, 서창석은 징역 1년, 김연태·손학진은 징역 8개월, 박필선·김문철·김운재는 징역 8개월에 집행유예 2년, 서동수·박병완·서민석·박홍언·박용산·박응언은 징역 6월에 집행유예 2년, 문명호는 징역 10월, 문민순은 징역 8월에 집행유예 2년을 언도받았다. 소작인회측 피고인에 적용된 법률은 소요 및 상해죄였으며, 지주측 피고인에 적용된 법률은 상해죄였다.[150] 이리하여 서태석·서창석·김연태·손학진 등 4명은 실형을 살게 되었다.

　암태소작인회는 9월 26일 임시총회를 열었다. 이날 회의에는 목포경찰서 나카지마 서장이 참석했으며, 재판에서 풀려난 서동수는 옥살이에 대한 감상담을 말했다. 이날 회의에서는 소작지 대장을 만드는 일에 착수할 것과, 감옥에 있는 이들의 후원비로 현금 5백원을 준비할 것 등을 결의하였다.[151] 또 10월 7일에는 제2회 정기총

---

148 『동아일보』 1924년 9월 11일 「암태소작사건 최고 삼년구형, 판결언도는 십팔일」.
149 『조선일보』 1924년 9월 14일 「소작간부 보석」 ; 『동아일보』 1924년 9월 14일 「암태사건 피고 6명 보석, 지난 십일일에」.
150 암태소작쟁의사건 광주지법 판결문, 3~4쪽.
151 『조선일보』 1924년 9월 30일 「암태소작총회」.

회를 열고 소작료 감정위원과 상무위원 1인씩을 유급으로 하고, 재
감인 후원을 위해 박복영을 대구에 파견할 것, 소비조합을 소작인
회에서 경영할 것 등을 결의하였다. 그리고 각 부서의 임원들을 개
선하였다. 소작인회의 각 부서는 서무부·경리부·경제부·선전부·조
사부·교육부·구호부 등이었다.152 교육부에서는 6개의 촌락에 야학
강습소를 설치하기로 하고, 일체의 경비는 소작인회에서 부담하기
로 하였다. 당시 야학강습소의 생도수는 남자 190명, 여자 141명이
었다.153

2) 지주측의 약속 불이행과 보복

문재철 지주측과 암태소작인회측의 합의는 어떻게 이행되었을
까. 1924년 가을 추수가 시작되어야 할 시기에 암태도의 문재철 토
지 소작인들은 추수를 진행할 수 없었다. 그것은 지주측이 고의로
수확에 대한 간평(看坪: 농작물의 수확 전에 작황을 감안하여 소작
료를 결정하는 일)을 거부하고 있었기 때문이다. 이에 대해 암태소
작인회측의 박복영은 다음과 같이 말했다.

> 지주와 소작인간에 쌍방이 고소를 취하한 것으로 마치 모든 일이
> 해결된 듯이 전하였으나, 이는 서로 고소한 것을 취하하였을 뿐이요,
> 분쟁은 그대로 계속해갑니다. 지주 문재철은 암태도 전체의 삼분의
> 일 이상의 토지를 가지고 매년 1천1백 석 이상의 소작료를 착취하는
> 터인데, 금년에는 소작쟁의로 깊은 감정을 품고 어디까지나 소작인을

---

152 『조선일보』 1924년 10월 17일 「암태사건의 재감인 후원을 소작총회에서
결의」
153 『조선일보』 1924년 10월 18일 「무산 남녀야학 암태소작인회 주최」

곤란하게 하려고 지금까지 논의 나락을 베지 못하도록 하여 나락이 많이 떨어졌으나, 너무 감정에 끌리어 아까운 것도 생각하지 아니하고 갈수록 소작인을 학대하는 모양인 바, 소작인들도 굴하지 아니하고 일양 반항하며, 중대한 생명관계에 그대로 참을 수가 없으므로 암태소작인회가 일어나서 어쨌든 나락을 베어들일 작정이다.154

지주 문재철은 소작료 4할 합의를 사실상 거부하면서 수확의 감정을 거부함으로써 소작인들은 추수를 하지 못하고 있었다. 그런 가운데 11월 12일경 비바람이 거세게 불어 벼 이삭이 모두 논바닥에 떨어지고 말았다. 이에 암태도민 4천여 명이 통곡을 하는 등 사태가 심각하게 되었다. 이에 목포경찰서에서는 경찰을 암태도에 급히 보내 직접 수확을 감정하고 소작인을 진정시키는 일에 나섰다.155 결국 암태소작인회측은 경찰의 도움을 얻어 소작료 4할을 관철시킬 수 있게 되었다. 이 일과 관련하여『조선일보』는 11월 20일자「시평」란에서 "갈수록 분규하는 암태의 소작쟁의는 이제 그 벼 이삭이 물 논에서 썩게 된다 한다. 수확 감정을 거절하는 지주 문재철의 횡포에 기인함이다. 내 논의 벼, 내가 썩히는데 누가 간섭하랴! 이것이 한 심리. 암태도의 수확이 없기로 내 곳간이 아니 차랴! 이것이 또 한 심리. 나는 굶지 않아도 너희는 굶어 죽으리라! 이것이 또 한 심리"라면서 문재철을 강하게 비판하였다.156

이처럼 문재철은 간평을 미루는 식으로 소작인들을 괴롭혔다. 뿐만 아니었다. 그는 수곡리에 거주하는 자신의 친척들과 사음들을

---

154 『조선일보』 1924년 11월 10일 「암태소작쟁의 和解는 虛說」
155 『조선일보』 1924년 11월 19일 「논바닥에 썩는 이삭, 디주는 간평을 아니하고 작인은 거두지를 안하야」
156 『조선일보』 1924년 11월 20일 「시평, 횡포심리(2)」

모아 '암태지주소작인상조회'를 만들어 암태소작인회를 약화시키려 하였다. 회장은 문화오(文化五), 부회장은 문응오(文應五)였으며, 주로 문씨가의 마을인 수곡리를 중심으로 인근 마을의 소작인들을 회원으로 끌어들였다. 당시 상조회측에서는 상조회에 입회하면 소작료는 암태소작인회측에서 요구하는 4할보다 더 적게 해주며, 소작권도 다시 분배하여 영구히 보장할 것이고, 전년도 불납동맹으로 내지 않은 소작료도 면제해 주겠다면서 유인하였다고 한다.[157]

또 그동안 서남해 도서지방의 연락선을 운행하던 남일운수주식회사가 그동안 맺어왔던 암태취급점과의 계약을 취소하도록 하였다. 남일운수주식회사는 서남해 도서지역의 유지들이 자금을 내어 만든 회사였는데, 당시 사장은 문재철이었다. 또 이 회사의 암태취급점은 암태청년회에서 운영하던 것이었고, 암태청년회는 대부분 암태소작인회와 간부진이 겸하여 맡고 있었다. 암태청년회는 그 수익금을 교육사업에 쓰고 있었다. 문재철은 암태청년회 대신 암태면 서부에 새로 조직된 교육협회측에 암태취급점을 맡겼는데, 교육협회는 문재철의 친족들과 간사인(사음)들이 조직한 것이었다.[158]

위와 같은 상황이었기 때문에 박복영은 "소작인과 청년회는 같은 한 편이라고 여러 방면으로 추궁하는 문재철의 횡포한 태도에는 누구든지 적의를 품고 죽을 때까지 싸워볼 결심인데, 의외로 무사히 화해하였다는 풍설이 전파되는 것은 좋지 못한 일이라고 생각한

---

157 『조선일보』 1925년 1월 16일 「4동 작인 連袂脫退, 소위 지주소작상조회에서 속았던 것을 뉘우치며 암태소작회로 다 갔다」
158 『조선일보』 1924년 10월 27일 「암태청년과 남일회사, 쟁의가 可慮」 ; 『동아일보』 1924년 11월 2일 「남일운수주식회사에게 그 회사의 암태취급점을 경영, 그 소득으로 교육사업에 충용하기로 하고 돌연히 해약통지한 데 대해」(자유종)

다."고 말하였다.¹⁵⁹ 『조선일보』도 「시평」란을 통해 "일찍이 일세의 이목을 놀라게 한 전남의 고도 암태의 소작쟁의의 화수(禍首) 악지주(惡地主) 문재철은 지금껏 그 불령한 완심(頑心)이 풀어지지 않고 어디까지든지 백방으로 소작인을 추궁하여 증오할 승리의 기쁨을 자랑하려 한다."고 비난하였다.¹⁶⁰

그런 가운데 그동안 형무소에 수감되어 있던 나머지 소작인회측 간부들도 보석으로 풀려나기 시작했다. 11월 15일 병으로 신음하고 있던 소작인회 회장 서창석이 대구형무소에서 보석으로 풀려났다.¹⁶¹ 또 12월 3일에는 서태석·손학진·김연태 등 나머지 세 사람도 보석으로 대구형무소에서 출옥하였다. 검속 후 9개월 만의 출옥이었다.¹⁶² 석방된 네 사람은 6일 오전에 목포에 도착하였는데, 목포무산청년회에서는 이들을 위로하기 위한 위로연을 베풀었다.¹⁶³ 그리고 목포에서 이틀간 휴식을 가진 이들은 8일 오전 배편으로 암태도에 도착하였다. 암태도 도민 수백 명은 암태도 부두에까지 마중을 나와 환영의 노래를 불렀으며, 소작인 사무소 앞에서 수백 명이 참석한 가운데 성대한 환영회를 열었다.¹⁶⁴

문재철은 소작인회측과의 합의에서 소작인회의 기금으로 2천 원

---

159 『조선일보』 1924년 11월 10일 「암태소작쟁의 和解는 虛說」
160 『조선일보』 1924년 11월 11일 「(시평) 악지주 문재철」
161 『조선일보』 1924년 11월 17일 「서창석씨 보석출옥, 암태사건 간부, 신병으로 인하여」
162 『조선일보』 1924년 12월 5일 「암태사건 3씨, 삼일 보석 출옥」 ; 『시대일보』 1924년 12월 7일 「암태사건 피고, 재작 무사귀향」
163 『조선일보』 1924년 12월 9일 「보석된 암태소작쟁의 간부 목포에 도착, 무산청년회에서 위로」
164 『시대일보』 1924년 12월 15일 「암태간부 대환영, 도처에 성대한 환영회를 열어」

을 내놓겠다고 하였다. 그리고 그 기한은 1924년 연말까지였다. 하지만 그는 약속을 지키지 않았다. 12월 29일 소작인회측에서 문재철을 방문하여 이에 대해 묻자, 그는 "소작인회측에서 먼저 협정을 부인하므로 돈은 줄 수 없다."고 답하였다. 이에 소작인회측에서 어떤 협정을 위반하였는가를 묻자, 그는 "스스로 생각해보라"는 식으로 답변을 회피하였다.165

한편 암태청년회에서는 12월 20일 암태보통학교에서 임시총회를 열고,166 그동안의 회장제를 위원제로 고치기로 하고, 위원(장)에 박복영, 집행위원에 서태석·서창석·손학진·김연태 등 19명을 선임하였다.167 이날 총회에서는 암태보통학교 문제를 주로 논의하였다. 당시 암태보통학교는 4년제(4학급)였고 이듬해면 첫 졸업생이 나오게 되어 있었다. 이에 군 당국에서는 면민들이 2,700원을 모아주면 5년제(5학급)를 만들 수 있다고 하였다. 청년회원들은 2,700원이면 5년제가 된다고 해도 암태보통학교에 다니는 여학생이 거의 없어 사실상 남학생들만을 위한 5년제가 된다고 보았다.168 청년회원들

---

165 『시대일보』 1925년 1월 1일 「암태소작인쟁의 又復開始, 지주의 협정 부인으로」
166 이날 임시총회에는 내빈으로 조선노농총동맹 집행위원 서정희, 광주노동공제회 집행위원 유홍집, 목포무산청년회 간부 김일섭 등이 참석했으며, 서태석의 사회와 서창석의 경과보고와 규칙통과 등으로 진행되었으며, 암태청년회의 무목청년연맹 참가를 결의하였다고 한다. 『조선일보』 1924년 12월 26일 「암태청년회에서 남녀교 경영 결의, 2천7백원의 경비를 가지고 두 학교를 5년제로」
167 『시대일보』 1924년 12월 26일 「암태청년 총회, 회장제를 위원제로 하며 무목청년에 가입을 결의」. 이날 총회에 내빈으로 참석한 조선노농총동맹의 서정희는 암태청년회가 무산계급해방을 목표로 정하여 혁신하고 있는 점을 치하하였다고 한다.
168 암태공립보통학교는 1922년 11월 설립되었으며, 1930년 당시 수업연한 4

은 보통학교를 5년제로 만드는 것보다는 학교에 다니지 못하는 남성과 특히 여성의 교육을 위한 야학강습소를 만드는 것이 더 필요하다고 보았다. 따라서 2,700원을 모아 1,000원으로 남자강습소 5학급을 유지하고, 1,700원을 가지고 현재의 4학급인 여자강습소를 5학급으로 증설하자는 것이었다.[169]

암태청년회가 이런 결의를 한 데에는 배경이 있었다. 원래 암태청년회는 1921년 여성들의 교육을 진흥하기 위해 '하령(夏令)강습회'를 조직하여 암태여자강습소라는 것을 설립하여 운영해왔다. 1923년 청년회는 여자강습소를 위하여 면화공동판매소에서 매근 1전씩의 돈을 걷기로 결의하여 청년들이 매일 현장에 출장하여 1,200원의 기금을 모았다.[170]

그런데 1924년 소작쟁의가 발생한 이후, 문재철 지주파 사람들은 암태청년회에서 운영하는 여자강습소를 반대하여 '암태교육협회'라는 것을 만들어 암태도 서부에서 자신들이 따로 여자강습소를 하겠다고 하면서, 암태여자강습소의 기본금 1,200원 가운데 600원을 빼앗아갔다. 이에 따라 암태여자강습소는 경비가 부족하여 유지가 어렵게 된 상황이었던 것이다.[171] 이에 암태청년회와 자매단체인 암태소작인회의 교육부는 1924년 10월 단순히 여자강습소를 부활시키는

년, 직원수 4인, 학급수 4, 아동수 남자 159명, 여자 11명, 합계 170명의 학교였다. 染川覺太郎, 1930, 『全羅南道事情誌』, 전라남도사정지간행회, 825쪽.
[169] 『조선일보』 1924년 12월 26일 「암태청년회에서 남녀교 경영 결의, 2천7백원의 경비를 가지고 두 학교를 5년제로」, 1925년 1월 10일 「암태청년 활동, 여자강습소를 위하야 각 동리에 위원을 특파」
[170] 『시대일보』 1925년 1월 15일 「지주의 毒牙에 걸린 암태여자강습원」
[171] 『조선일보』 1925년 1월 10일 「암태청년 활동, 여자강습소를 위하야 각 동리에 위원을 특파」

데 그치지 않고, 암태도의 무산남녀들을 위하여 본격적인 야학부를 설립하기로 결의한 뒤, 주요 마을에 6개의 야학을 설치하기로 결의하였다.172 이에 따라 6개의 야학을 설치할 마을과 교원을 결정하고, 각 야학의 학생을 모집하였다. 그 결과는 〈표 8-4〉와 같다.

〈표 8-4〉 암태소작인회(암태청년회)의 야학 현황

위치	교원씨명	생도수
基洞里	徐範東군	女 61
	金福善양	
短庫里	金用學군	男 30
	金慈信양	女 40
松谷里	尹玉均군	男 47
	尹蘭碩군	女 30
浦島里	姜奉春군	男 40
瓦村里	孫英鈺군	男 35, 女 10
益今里	金良福군	男 38
計	9명	男 190, 女 141

자료 : 『동아일보』 1924년 10월 18일 「무산남녀야학, 암태소작인회 주최」

〈표 8-4〉에서 보는 것처럼, 6개 마을에 설치한 야학에서 남학생 반은 5개 학급, 여학생은 4개 학급이었던 것이다. 따라서 암태청년회와 소작인회는 2,700원을 모아 1,000원으로 남자강습소 5학급을 유지하고, 1,700원을 가지고 현재의 4학급인 여자강습소를 5학급으로 증설하려 한 것이었다. 이 일은 원래 암태여자강습소를 운영해 오던 암태청년회측에서 담당하게 된 것으로 보인다. 1925년 1월 5일 암태청년회는 위원회를 열고, 서창석의 사회로 여자강습원의 교

---

172 『조선일보』 1924년 10월 17일 「무산남녀 야학, 암태소작회의 사업」

사를 수리하기로 결의하고, 수리감독위원 3인을 선정한 뒤, 교육비와 청년회비를 거둘 수금위원 11명을 선정하여 구역을 나누어 수금에 들어갔다.[173]

한편 남일운수 암태취급점 문제와 관련하여 12월 23,24일 남일운수측은 중역회의를 열어 토의하였다. 25일 남일운수 전무 김송기는 암태청년회 대표 박복영을 만나, 암태청년회와 암태교육협회가 남일운수 선박을 공동취급하며 만일 양측이 서로 협조하지 못한다면 취급권을 면사무소에 위임할 것이며, 이를 방해할 때에는 암태취급점을 철회하고 항행까지 폐지하겠다고 통지하였다.[174] 이에 암태청년회는 12월 30일 남일운수주식회사측과 다시 접촉을 가졌다. 이날 회의에는 자은청년회, 비금청년회, 도초청년회, 목포무산청년회 등이 동석하였다. 이날 회의에서는 장시간 토의가 있었지만, 아무런 결론도 내지 못했다.[175]

이에 암태청년회는 목포무산청년회, 자은청년회, 도초청년회, 비금청년회 등과 함께 다도운수주식회사를 만들기로 합의하고, 이를 위해 주식을 내는 사원 모집에 나섰다. 이에 대해 문재철은 1월 18일 직접 암태도에 와서 앞으로는 암태청년회나 교육협회가 아닌 배에서 직접 표를 팔겠다고 광고를 써붙였다.[176] 이로써 문재철측과 암태청년회 간의 갈등은 더 고조되었다.

한편 암태소작인회측에서는 1925년 1월 4일 암태보통학교에서

---

173 『시대일보』 1925년 1월 10일 「청년위원회」
174 『조선일보』 1925년 1월 2일 「남일사의 무리로 암태청년 분기」
175 『동아일보』 1925년 1월 2일 「아즉도 未解決, 南一運輸株式會社의 岩泰取扱店問題(木浦)」
176 『조선일보』 1925년 1월 23일 「암태취급점 문제, 거익 위험화, 낙관하기 어렵다」

정기총회를 열었는데, 참석자가 1천여 명에 달하였다. 이날 회의에서는 총대표위원 박복영을 비롯하여 44인의 임원을 선출하였다. 박복영은 이날 총회에서 비로소 소작인회의 대표가 되었다. 총회는 아울러 결의사항을 의결하였는데, 그 내용을 다음과 같다.

　一. 지주 대 소작 소송 기타 쟁의는 본회에서 절대 책임을 담당할 것.
　一. 소작권은 영구 보장할 것.
　一. 소작료는 밭 3할, 논 4할로 할 것.
　一. 간작(間作)은 전답작(田畓作)을 물론하고 소작료를 폐지할 것.
　一. 소작료 감정은 평예(坪刈) 또는 예분(刈分)으로 할 것.
　一. 두량(斗量)은 두개(斗槪)를 사용할 것.
　一. 지주의 무리한 계약은 절대 듣지 말 것.
　一. 소작료 운반에는 1리(里) 이상은 상당한 자금을 요구할 것.
　一. 제언방축공사(堤堰防築工事)는 지주가 부담할 것.
　一. 사음제도(舍音制度)는 절대 폐지할 것.
　一. 규칙 위반 회원은 총회 및 위원회의 결의로 개전(改悛)할 때까지 교제를 단절할 것.
　一. 회원간에는 소작권을 절대 침범치 말 것.
　一. 각 동리(洞里)별로 농노단(農勞團)을 조직할 것.
　一. 기아구제(飢餓救濟)의 동정금을 모집할 것.[177]

여기서 특히 주목되는 것은 각 동리별로 '농노단(農勞團)'을 조직하도록 한 것이다. 이는 소작인회의 기본 조직을 군건히 하기 위한 것이었다고 여겨진다. 이어서 소작인회에서는 6일 위원회를 개최하고 상무집행위원을 선출하였는데, 서무부에 김상규·박복영·박용산·김정순·김문일 등을, 경리부에 서병석·박필선·김운재·박좌일 등을,

---

177 『조선일보』 1925년 1월 9일 「암태 소작총회에서 14조항을 결의하였다」

교육부에 서동수·서동오 등을 선출하였다.[178]

이후 암태소작인회와 지주 문재철측 간의 긴장은 더욱 고조되었다. 암태소작인회측이 결속력을 더욱 강화하면서 활발한 활동을 펴 나가자, 문재철이 조직한 암태지주소작인상조회에 들어갔던 소작인들이 탈퇴하여 암태소작인회에 들어오기 시작했다. 그것은 상조회측이 약속과는 달리 소작료를 모두 4할 이상으로 하였고, 소작권 재분배도 말뿐이었으며, 불납동맹 때의 소작료도 강제적으로 거두어 갔기 때문이다. 이에 오상리, 신정리, 천포리, 목도리의 소작인들 가운데 상조회에 들어간 이들은 모두 탈퇴하여 바로 암태소작인회에 입회하였다.[179] 또 신석리의 지주 천모와 천씨가 청년들은 암태청년회의 교육사업에 적극 협력하기로 하여, 교육비의 징수가 훨씬 수월하게 되었다.[180] 이로써 소작인회와 문재철 지주 사이의 갈등과 긴장도 더욱 고조되었다.

그런 가운데 1925년 1월 중순에는 목포에서 무목청년연맹(務木靑年聯盟)이 창립되었다. 이는 목포무산청년회, 암태청년회, 자은청년회, 도초청년회, 비금청년회 등 5개 단체의 발기로 시작된 것이었다. 1924년 12월 20일 암태면 기동리 암태청년회관에서는 위의 5개 단체 대표자 30여 명이 모여서 서태석의 사회로 무목청년연맹 발기회를 개최하고 임시의장에 서태석을 선출했다. 그리고 창립준비위원으로는 서태석, 박복영, 박승억, 김해룡, 서응삼 등 5명을 선출했

---

178 『조선일보』 1925년 1월 10일 「암태소작회 상무위원 선정」
179 『조선일보』 1925년 1월 16일 「4동 작인 連袂脫退, 소위 지주소작상조회에서 속았던 것을 뉘우치며 암태소작회로 다 갔다」
180 『조선일보』 1925년 1월 24일 「암태여자원 유망, 문지주측에서 방해하나 청년의 활동은 더욱 열렬」; 『시대일보』 1925년 1월 25일 「암태교육문제 원만해결」

다. 준비사무소는 목포 호남정 7번지에 두기로 하고, 가맹자격은 목포 무안지역의 청년남녀단체로 하기로 하였다.[181] 발기대회 과정을 보면, 암태청년회의 서태석과 박복영이 이를 주도하고 있었음을 알 수 있다. 1925년 1월 12일 목포 사립희성유치원에서 열린 창립대회에 출석한 참가 단체는 앞의 5개 단체와 지도청년회, 해제청년회, 임자청년회 등 모두 8개 단체였다. 창립식에는 각 단체에서 3명씩 참석하였으며, 배치문이 사회를 보았다. 이날 선출된 집행위원은 김일섭(목포), 김필호(목포), 박종식(도초), 정두현(목포), 강응원, 배치문(목포), 나만성(지도), 김해룡, 박복영(암태), 김용택(도초), 조극환(목포), 서동오(암태), 김상수(지도), 송기화(자은), 박승억(목포) 등 15명이었다.[182] 무목청년연맹은 11일 임시대회를 열고, 선언과 강령을 채택하였는데, 강령은 "1. 대중본위인 신사회의 건설을 기도함. 1. 무산대중 해방운동에 선구가 되기를 기함."이었다.[183]

무목청년연맹의 창립과정을 보면 암태청년회가 상당히 주도적인 역할을 했으며, 암태도 소작쟁의의 투쟁과정이 창립의 원동력이 되었다고 볼 수 있다. 그리고 향후 암태도 인근의 섬들인 자은도, 도초도, 지도에서의 소작쟁의를 견인하기 위해 암태청년회가 주도하여 무목청년연맹을 만들었음을 알 수 있다. 이 과정에서 서태석이 사실상 주도적인 역할을 한 것으로 보이는데, 그는 당시 보석으로 임시 출소한 상태에 있었고, 1925년 2월 대구복심법원의 판결을 앞두고 있어 무목청년연맹에 집행위원으로 직접 참여하지는 못한 것으로 보인다.

---

181 『조선일보』 1925년 12월 24일 「무목청년련맹 창립준비」
182 『조선일보』 1925년 1월 13일 「무목청년연맹 창립, 去十日에 발회식」
183 『조선일보』 1925년 1월 15일 「무목연맹 임시회」

3) 지주-소작인회의 재충돌

지주측과 소작인회측 사이의 갈등과 긴장 고조는 결국 1925년 1월 19일 폭발하고야 말았다. 이날 청년회와 소작인회측에서는 감옥생활을 하고 나온 이들을 위로하기 위해 포도리 강성태의 집에서 점심을 같이한 뒤 산회하였고, 5~6명이 남아 포도리에서 강습소 개설을 위한 교육회비를 징수하고 있었다. 그런데 오후 2시경 교육협회와 상조회 회원 1백여 명이 몰려와 이들을 습격하였다. 이에 소작인회측에서는 뱃길로 6km쯤 떨어진 신석리에 교육회비를 거두러 나와 있던 이들에게 긴급 통지하였다. 신석리에 있던 박복영과 6~7명의 소작인회원들이 현장에 도착했을 때에는 이미 날이 어두워졌고, 교육협회와 상조회원들은 사라지고 손학진 등 소작인회원들만 부상당한 채 남아 있었다. 이튿날 박복영 등 소작인회 간부들이 상조회측을 찾아가서 전날의 습격 이유에 대해 묻자 이들은 잘못했다고 사죄하여 소작인회 간부들은 일단 철수하였다. 그런데 그날도 상조회원들은 다시 포도리에서 교육회비를 거두고 있던 소작인회원들을 습격하여 양측 간에 충돌이 빚어졌다. 문재철의 사촌 문응창은 이를 빌미로 삼아 경찰에 소작인회 회원들이 문시준과 문재봉을 구타하여 반쯤 죽게 하였다고 신고하여 경찰이 포도리에 출동하였다. 『조선일보』에 의하면, 이와 같은 사건은 모두 문재철이 지시한 것이었다고 한다. 그는 19일 암태도에 들어가 남강진 선두에 수곡리·추엽리·도창리 사람들을 모아 놓고 연회를 베푼 뒤, 세 마을 사람들이 암태청년회와 소작인회에 대항하여 교육기관을 만들 수 있다면 돈 1천 원을 내놓겠다고 하면서 당시 포도리에 소작인회 쪽 사람들이 나와 있으니 이 기회에 한 번 되게 두들겨주라고 말하였다고 한다. 이에 세 마을 사람 20여 명은 남일환을 타고 4km쯤 떨어진 포도리에 건너가 소작인회 측 사람들을 습격하였고, 문재철은 그 배를 타고 목포로 돌아갔다는 것이다.[184]

양측간의 갈등은 1월 23일 우연히 목포-암태간 배에서 만난 문재철과 박복영이 남일운수 암태취급점 해약 문제로 언쟁을 벌이는 등 더욱 심화하였다.[185] 이 문제는 결국 남일운수주식회사의 주주총회에서의 충돌로 이어졌다. 사장 문재철은 암태취급점을 없애겠다고 말하였다. 그러나 일반 주주들은 이에 반대하면서, 주주총회를 열어 이번 암태취급점 문제로 일반 사회에서 남일운수를 비난하고 있으니 암태취급점을 복구시키는 것이 옳다는 주장이 우세하여 결국 가결되었다. 이에 따라 회사 측은 암태청년회에 이 사실을 통지하였다. 이로써 이 문제는 문재철 측의 패배로 결론이 났다. 하지만 암태청년회 측에서는 그동안의 손해배상금과 사죄문을 보내라는 강경한 태도를 보임으로써 양측간의 갈등은 쉽게 해소되지 않았다.[186]

그런 가운데 2월에 들어서면서 소작회원들에 대한 경찰의 검속이 시작되었다. 2월 13일 목포경찰서는 14명의 경찰을 암태도에 파견하여, 암태소작인회 회원 20여 명이 포도리에 들어가 교육회비 기부를 강권하였다면서 7명을 연행해갔다. 연행된 7명은 손학진·김

---

184 『조선일보』 1925년 1월 24일 「문재철지주의 일파, 소작간부를 습격, 소작회와 청년회를 박멸코자 친족과 사음들을 시켜서 폭행, 쌍방에 중경상자가 다수」 ; 『시대일보』 1925년 1월 24일 「문지주의 回測한 심장, 마름을 시켜 소작간부를 치고, 돌이어 마젓다고 무고로 얽어, 경관을 끼고 가진 폭행」 ; 『동아일보』 1925년 1월 27일 「지주 문재철, 백출하는 譎計毒手, 돈 줄 조건으로 女學 파괴 교사」
185 『시대일보』 1925년 1월 28일 「청년과 남일 사장이 선중에서 대충돌」
186 『조선일보』 1925년 2월 14일 「해결된 암태취급점, 사죄운동을 또 요구」

정순·김상규·박응언·박금담·이봉오·김세중 등이었다. 이들 가운데 김상규와 손학진은 일단 방면되었으나, 나머지 5명은 목포지청 검사국에서 조사를 받고 협박·공갈·상해죄로 목포형무소에 수감되었다.[187] 결국 이들은 재판에 회부되어, 4월 6일 손학진·박응언·김세중은 각각 징역 8월, 김정순·박금담·이권익은 각각 징역 6월을 언도받았다.[188]

또 1924년의 소작쟁의 사건으로 구속된 13명 가운데 1심에서 실형을 언도받고 보석으로 풀려나와 있던 4명에 대한 대구복심법원의 공판이 1925년 2월 28일 열렸다. 그리고 언도공판은 3월 13일 열렸는데, 1심과 마찬가지로 서태석 2년, 서창석 1년, 김연태 및 손학진 8월의 징역형이 언도되었다. 이후 상고는 기각되었다.[189] 서태석은 2년을 다 복역하고 1927년 2월 26일 만기 출옥하게 된다.[190]

1925년 4월 5,6일 목포 공회당에서는 '전남농담회'(全南農談會) 회의가 열렸다. 전남농담회는 앞서 본 바와 같이 1924년 4월 암태소작쟁의가 시작될 무렵 일본인 지주들을 중심으로 결성된 것이었다. 1년 만에 열린 이 회의에는 동척 목포지점을 비롯하여 일본인 지주 40여 명 외에도 조선인 지주 6,7명이 참석하였다. 첫날 회의에서는 각지의 소작쟁의 상황에 대해 동척 목포지점장, 진도와 지도의 일

---

[187] 『동아일보』1925년 2월 16일 「무안군 암태소작인을 검거, 입회를 강제 권유했다고」, 3월 1일 「수감된 암태작인 일곱명 중 다섯 명」 ; 『조선일보』1925년 2월 17일 「목포서 돌연활동, 암태에서 6명을 검거. 사건의 내용은 절대 비밀」

[188] 『동아일보』1925년 4월 29일 「암태사건판결, 위연금 모집한 암태청년회 간부들」

[189] 『조선일보』1925년 3월 8일 「암태소작쟁의 1심대로 구형」 ; 암태도소작쟁의사건 대구복심법원 판결문

[190] 『조선일보』1927년 3월 3일 「서태석군 출옥, 암태소작쟁의 주도자」

본인 지주 10여 명과 조선인 지주 문재철의 보고가 있었다. 이들은 모두 "소작쟁의의 근본 원인은 소작인의 궁박에서 비롯된 것이 아니라 제3자인 불량주의자, 노농회 간부 등이 선동한 결과이며, 소작인은 일시 부화뇌동한 것이니 당국에서는 저들을 엄중히 취체(단속)하지 아니하면 도저히 산업개발을 기하기 어렵다."고 주장하였다. 그리고 이를 당국에 알리기 위해 청원서를 제출하기로 결의하였다. 또 이틀째 회의에서는 전남도 경찰부장이 소작쟁의에 관해 자문해온 내용에 대해 토의하였다. 경찰부장은 지주-소작인 관계의 공평하고 정당한 표준은 무엇인가를 질문했다. 그는 소작료는 5할을 넘지 않는 것이 적당하다고 생각하는데 지주들의 의견은 무엇인가 등 소작관계의 11항목에 대해 질문했다. 경찰부장은 이러한 질문 배경에 대해 "경찰 취체의 필요 상 소작쟁의가 정당한 이유가 있는 것인지, 아니면 과격한 목적을 가진 주의자, 운동자의 선동에 의한 것인지를 구별"하기 위한 것이라고 설명하였다.[191]

2월의 충돌과 4월의 재판 이후 잠시 조용하던 암태도 소작인회와 문재철 지주 측 간의 관계는 그해 가을 다시 악화하였다. 그해 10월 암태소작인회는 전년도에 문재철이 소작료 감정을 무한정 미룸으로써 큰 고초를 겪었던 것을 되풀이하지 않기 위해 소작료 감정 방법을 변경하겠다고 지주 측에 통고하였다. 그 내용은 소작료 감정 날짜를 소작인회 측에서 정하여 지주에게 통고하면, 지주 측은 정한 날에 현장에 와서 소작회 감정위원과 같이 감정하되, 만일 지주 측에서 오지 않으면 소작인회 측 감정위원만 파견하여 4할로써 소작료를 감정하겠다는 것이었다. 이러한 통고문을 받은 지주들은 대체로 소작인회 측의 통고를 수락하였다. 하지만 문재철은 이

---

191 『동아일보』 1925년 4월 12일 「지주와 소작쟁의, 취체를 진정한 전남농담회」

를 끝까지 반대하고 불응하는 태도를 보였다.

1925년 8월 문재철은 무안군의 지주들을 모아 '다도농담회'(多島農談會)라는 지주단체를 새로 만들었다. 이는 암태도뿐만 아니라 도초도, 자은도의 소작인들도 암태도와 마찬가지로 소작료 4할을 요구하고 있었기 때문이다. 문재철은 암태지주소작상조회와 다도농담회의 응원을 얻어 지주 측의 주장대로 5할로써 감정을 하겠다고 나섰다. 하지만 실제 지주 측은 그보다 훨씬 많은 액수를 감정하기 일쑤였다. 이에 11월 3일 소작인들은 지주 측 감정위원들이 감정하러 나온 서부 도창리에 모여 상조회 간부들과 농담회 간부들을 쫓아버리기도 했다.[192]

또 11월 10일 암태소작인회는 임시집행위원회를 열고 1923년 문재철에게 내지 않은 소작료 미납분 부분에 대해 소작료 전부를 모아서 소작인회에서 보관한 뒤에, 문재철이 소작인회 측에 기부하기로 한 2천 원을 지불하면 소작료를 내기로 하였다. 또 밭 소작료는 3할로 하며, 악지주의 명부를 작성하고 그 죄악을 조사하여 공포하며, 전남노농연맹에 가입한다는 등의 내용을 의결하였다.[193]

그런 가운데 문재철과 천후빈, 나카미치 세이타로 등 암태도 지주들은 소작인들에게 자신들이 정한 소작료 납부 고지서를 다도농담회의 이름으로 보냈다. 이들이 정한 소작료는 수확의 6~8할에 달하는 것이었다. 이에 대해 소작인회 측에서는 11월 22일 임시총회를 열었는데, 7백여 명의 회원이 참석하였다. 총회에서 회원들은 고지서를 모두 반송하기로 결의하였다. 소작인회는 그 이유로서, 1)

---

192 『조선일보』 1925년 11월 14일 「암태소작회 신규정, 지주 입회하에 4할씩을 감정」
193 『동아일보』 1925년 11월 19일 「암태소작위원회 諸 결의, 거 11일 임시회서」

본회는 소위 다도농담회를 인정하지 아니한다. 그럼에도 불구하고 동회의 명의로 된 소작료 납입고지서를 발부한 것은 받아들일 수 없으며, 2) 지주측의 집도(執賭) 방법은 탁상 계산에 불과하고, 3) 본회 회원은 소작료 4할을 초과하는 것은 내지 않겠다고 서약한 바가 있다는 것 등을 들었다.194 소작인들은 금년도 소작료는 소작인회에서 정당히 감정한 것을 각 지주에 통지서로 발송하고, 만약 지주가 이에 불응할 때는 불납동맹을 실시한다고 결의하였다. 또 총회에서는 집행위원회가 의결한 대로 1923년의 문재철 소작료는 소작인회에서 모두 모아 보관하고, 문재철이 2천 원을 기부하면 그때 문재철에게 건네주기로 의결하였다.195 이후 이 사안과 관련한 기사가 신문지상에 보이지 않는 것으로 보아, 1925년분의 소작료 납부 방식과 관련해서는 소작인 측의 입장이 대체로 관철된 것으로 보인다. 다만 문재철이 소작인회에 2천 원을 기증하고 1924년분의 소작료를 받아갔다는 기사도 보이지 않아 이 약속은 무산된 것으로 보인다.

이로써 전국을 뒤흔든 1924년과 1925년의 암태도 소작쟁의는 소작인회 측이 사실상 승리한 가운데 어느 정도 일단락되었다. 하지만 이후에도 지주 측과 소작인 측 간의 갈등과 분쟁은 끊이지 않았다. 예를 들어 1926년 봄 지주 문재철과 천후빈은 전년도 소작료를 예정된 기일까지 납부하지 않았다는 이유로 암태농민조합(1926.1.30 암태소작인회를 개칭한 것)에 소속된 30여 명의 소작권을 강제 이동시켰다. 이에 대해 암태농민조합측은 4월 21일 긴급총회를 열고

---

194 『조선일보』 1925년 11월 28일 「암태소작 임시총회 7백여명 출석」 「암태소작인 고지서 반려」
195 『동아일보』 1925년 12월 1일 「암태소작회 임총, 소작료에 대한 강제집행 문제에 결사대항 선언」

소작권 이동을 반드시 막을 것을 결의하였다.196 이후 모내기철이 다가오면서 소작권이 이동된 논에서는 신구 소작인들간의 싸움이 곳곳에서 벌어졌다. 이에 암태면 주재소는 목포경찰서장에서 사태를 보고하였고, 목포경찰서는 간부를 파견하여 이동된 소작권을 원래대로 복구시키는 조치를 취하여 겨우 사태가 안정되었다.197

한편 무안과 목포의 청년운동 단체들이 1925년 1월 무목청년연맹을 만든 것에 이어서, 노농운동 단체들도 무목노농연맹을 만들기로 의견을 모았다. 이에 따라 1925년 9월 13일 목포청년회관에서 창립대회를 갖고 중앙집행위원과 상무집행위원으로 선출했다.198 무목노농연맹은 14일 제1회 임시대회를 열고, 주요 사항을 의결하였다. 그 가운데 소작문제와 관련된 내용을 보면 다음과 같다. 1) 소작료는 답 4할 이내, 전 3할 이내로 할 것. 2) 제언방축비는 지주의 부담으로 할 것, 단 공비(工費) 2원까지는 소작인이 부담함. 3) 소작료 운반비는 10리(조선식 10리로서 4km -인용자) 초과한 부분은 지주의 부담으로 함. 4) 소작권은 영구보장할 것. 5) 간작(間作) 소작료는 부인할 것. 6) 사음제도는 절대 부인할 것. 7) 특시비료(特施肥料)의 비용은 4할은 지주, 6할은 소작인의 부담으로 할 것. 8) 소작료 두량(斗量)은 두개(斗槪)를 사용할 것.199 이와 같은 내용은 그동안 암태도를 비롯하여 무안군 도서지역 농민들이 한결같이 요구해 온 것들로서, 가장 중요한 것은 논 소작료 4할, 밭 소작료 3할 부분이었다. 무목노농연맹의 결성은 암태도에서의 소작쟁의가 인근 섬

---

196 『동아일보』 1926년 4월 28일 「소작권 문제로 농민조합 임총, 21일 암태서」
197 『매일신보』 1926년 5월 24일 「암태면 소작쟁의, 依然又復紛糾, 가혹한 지주의 처치로 작인이 畓中에서 난투」
198 『동아일보』 1925년 9월 17일 「노농연맹 무안에서 창립」
199 『동아일보』 1925년 9월 18일 「진행방침 토의 무목연맹에서」

들로 확산해 갈 수 있는 중요한 발판이 된 것으로 보인다(이 책 제9장 참조).

한편 무목노농연맹은 1926년 1월 들어 노동운동과 농민운동을 분리하여 진행하기로 하고, 이에 따라 무목노농연맹을 목포노동연합회와 무안농민연합회로 분리하기로 결정하였다.[200] 이에 따라 1926년 1월 25일 분리된 무안농민연합회 제1회 임시대회가 열렸다. 여기에서는 서동오(암태), 김상수(지도)의 지도·도초·안좌·자은·비금·암태 등 각 도서의 상황보고가 있은 후에 규약과 예산 등을 의결하였다. 이날 집행위원으로 선출된 이는 조승하·표준·문영철·조상숙·나만성·박복영·김상수·서동오·김남숙·김명진·김해룡·설준석 등이었다. 또 상무집행위원으로는 서무부에 서동오, 조사부에 설준석, 선전부에 김상수, 구호부에 조상숙, 경리부에 김해룡 등이 선임되었다. 이날 대회에서는 여러 사항을 결의하였는데, 가장 중요한 것은 농촌에서는 리(里)에 농민단, 면(面)에 소작인회의 범위를 넓혀 자작농, 농촌노동자까지 포괄하는 '농민조합'을 만든다는 것이었다.[201] 이후에 각 면의 소작인회는 모두 농민조합으로 개편을 하게 된다. 이와 같은 개편은 1926년 1월초 조선노농총동맹이 조선노동총맹과 조선농민총동맹으로 분립하면서, 조선농민총동맹이 택한 운동방침이기도 했다.[202]

암태소작인회는 위의 결의에 따라 1926년 1월 30일 '암태농민조

---

[200] 『동아일보』 1926년 1월 14일 「호남지방」.
[201] 『동아일보』 1926년 1월 29일 「무안농민연합회 제1회 임시대회」.
[202] 『조선일보』 1926년 1월 10일 「신년에 분립하는 양 동맹의 조직」. 당시 조선농민총동맹은 면 단위를 세포로 한 군연맹, 군 단위를 세포로 한 도연맹을 두고, 도 단위를 세포로 한 농민총동맹을 조직한다는 구상이었다. 따라서 면에서는 소작인조합을 면농민조합으로 개편해야만 했다.

합'으로 이름을 바꾸었다. 또 각 리에 조직된 '농노단'을 '농민단'으로 변경하고,203 소작권은 영구 보존하며, 소작료는 논 4할, 밭 3할 이내로 하고, 지주의 무리한 계약은 절대 거절하며, 소작료 운반은 1리 이상은 임금을 요구하고, 리에는 야학을 개최한다는 것 등을 결의하였다.204 암태농민조합은 이후에도 다른 지역과는 비교가 안 될 정도로 강한 조직력을 갖고 활동을 계속하였으며, 그 힘은 1924년의 소작쟁의의 승리에서 비롯된 것이었다고 보인다.

1928년 암태도를 방문한 『동아일보』 기자는 소작쟁의 이후의 암태도에 대해 다음과 같이 쓰고 있다. 이를 보면 소작쟁의 때 정해진 4할 소작료는 그 이후에도 계속 유지된 것으로 보이며, 이는 암태도 주민들에게 상당한 도움이 된 것으로 보인다.

> 이 섬의 호수(戶數)는 1천3백여 호요, 인구는 약 7천 인이라는데, 토지가 비옥하야 농산물이 비교적 풍부한 데다가 부업으로 어업까지 겸하고 소작료는 전부 4할이오, 대금(貸金) 이자는 2분5리가 최고이며 토지는 전부 도민의 것으로 외지 사람 더욱이 일본인의 소유는 촌토(寸土)가 없으므로 일반 도민의 생활은 안정하고 풍족하다 한다.
> 4년전의 암태소작쟁의는 아직도 세상 사람의 기억에 새롭거니와

---

203 당시 암태도에 있던 '농노단'은 다음과 같다. 송곡농우회(松谷農友會), 송곡농노단(松谷農勞團), 해당농노단(海棠農勞團), 활목익금농노단(活目益今農勞團), 오상농노단(五相農勞團), 단고농노단(短庫農勞團), 풍촌농노단(風村農勞團), 기동농노단(基洞農勞團), 오산농노단(五山農勞團), 기산농노단(基山農勞團), 오도농노단(梧島農勞團), 신석농노단(新石農勞團), 탄금농노단(彈今農勞團), 목도농노단(木島農勞團), 용포농노단(用浦農勞團). 『조선일보』 1925년 2월 12일 「암태도 단체수 23단체」

204 『동아일보』 1926년 2월 1일 「암태소작인회를 농민조합으로, 총회에서 개칭 결의」 ; 『조선일보』 1926년 2월 4일 「암태소작 임총」

조선에서 일어난 대규모의 소작쟁의는 이것이 효시라 한다. 희생자 백여 명, 쟁의자금 만여 원이라는 것을 보면 얼마나 큰 사건이었는지 넉넉히 연상할 수 있다 한다. 그 이전에는 지주가 7할, 대금업자가 5분 내지 대동(倍)변을 받았다 하니 이 소작쟁의의 효과를 엿볼 수 있는 것이다.205

5. 맺음말

암태도 소작쟁의는 일본에 의한 조선의 식민지화 이후 점점 더 가혹해진 지주의 소작료 수취에서 비롯되었다. 당시 암태도에는 문재철, 나카지마 세이타로, 천후빈 등의 지주가 있었다. 문재철은 1925년경 암태도에서만 논 29만평, 밭 11만평을 소유한 암태도 제일의 지주였다. 당시 지주들은 일반적으로 5할 정도의 소작료를 수취하였는데, 문재철의 소작료 수취는 보통 수확의 6할 정도에 이르고 있었다. 따라서 암태도민들은 이러한 가혹한 소작료 수취에서 벗어나기 위해 자구책을 마련하지 않을 수 없었다.

암태도에서는 1920년대 초 설립한 사립 암태학원에서 길러낸 인재들을 기반으로 암태청년회와 부녀회를 조직하였다. 암태청년회의 서태석, 서창석 등은 1923년 12월 암태소작인회를 조직하였다. 암태소작인회는 창립총회에서 소작료는 논 4할, 밭 3할로 하며, 이러한 소작료에 불응하는 지주에게는 소작료를 내지 말 것, 소작료의 운반은 1리 이내로 할 것 등을 결의하였다. 소작인회의 이와 같은 결의는 1922년의 진주 소작노동자대회, 순천소작쟁의에서 결의

---

205 『동아일보』 1928년 8월 15일 「도서순례 하의도방면(3) 암태도의 문화」

된 내용과 유사한 것이었다. 특히 순천소작쟁의에서는 소작료 4할을 결의하여 이를 관철시켰는데, 암태소작인회는 이로부터 큰 영향을 받은 것으로 보인다. 당시 서태석은 소작료 4할 문제가 농민들에게 중요한 이해관계가 있는 문제로서 농민들을 결집시킬 수 있는 주요 이슈가 될 수 있을 것으로 보고, 암태소작인회에서 우선적으로 이 문제를 다루도록 지도한 것으로 보인다.

암태소작인회의 이와 같은 결의에 대해 나카지마 세이지로나 천후빈 등의 지주는 대체로 이를 수용하였으나, 암태도 최대 지주인 문재철은 이를 거부하였다. 이에 암태소작인회측은 문재철에 대한 소작료 납부를 거부하는 불납동맹을 시작하였다. 소작인회측은 3월 27일 면민대회를 열어 지주측을 압박하면서 협상을 시도하였으나, 지주측은 면민대회가 열린 날 송덕비 부근을 지나던 소작인회 일부 간부들에게 린치를 가하여 소작인회 간부 2명이 크게 부상을 입었다. 면민대회를 마치고 뒤늦게 달려온 소작인들과 지주측 사람들 사이에 충돌이 빚어졌다. 이튿날, 소작인회측은 협상을 시도했으나 지주측은 이를 소작회측의 제안을 거부하였고, 결국 면민들은 면민들이 세워준 지주 문재철의 부 문태현의 송덕비를 무너뜨려 버렸다. 문씨가는 3월 27일의 충돌에서 부상자가 발생했다는 허위 진단서를 근거로 소작인회 사람들을 경찰에 고소하였다. 그 결과 서태석, 서창석 등 소작인회 간부 13명이 구속되었다. 소작인회측도 역시 상대를 고소하였지만, 지주측에서는 2명이 구속되는 데 그쳤다.

소작인회측은 억울하게 구속된 13명의 석방운동을 펴기로 하고 6월 4,5일 4백 명의 군중이 배를 타고 목포로 나왔다. 이들은 광주지방법원 목포지청으로 몰려가 농성을 시작했으며, 농성은 8일까지 계속되었다. 이 사건은 신문에 크게 보도되어 전국적으로 큰 반향을 일으켰다. 구속된 13명이 예심 뒤에 1명도 석방되지 않고 모두 공판에 회부되자 암태소작인회는 재차 목포에 원정시위를 하기로 하였다. 하지만 이번에는 1차 때보다 강력한 '아사동맹'(단식농성)을 하기로 했다. 5백여 소작인들은 광주지법 목포지청 마당에서 단식농성을 시작하였으며, 이들은 밤에도 자리를 옮기지 않고 농성을 계속하였다. 5백 명 군중의 단식농성은 무려 6박 7일동안 계속되었다. 암태도 소작쟁의는 다시 한번 전국적인 반향을 불러일으켰고, 각지에서 이들을 동정, 지원하는 모금운동이 벌어졌다. 소작인회측에서는 지주 문재철과 협상을 시도하였으나 무위로 돌아갔고, 흥분한 군중들은 문재철의 집을 포위하고 시위를 벌였다. 이에 경찰은 군중을 강제 해산시켰고, 저항하는 일부 군중들을 연행하였다. 그리고 이들 가운데 2명이 구속되었다.

  암태도 소작인들이 암태도로 돌아간 뒤 구속된 13명은 광주형무소로 이송되었다. 이에 암태도 소작인들은 당국이 자신들을 속인 것이라고 분개하고, 3백 명을 뽑아서 광주재판소로 몰려가 단식농성을 전개하기로 결의하였다. 이 소식을 들은 목포경찰서장은 즉시 암태도로 달려와 이들을 만류하는 한편, 지주 문재철을 만나 양보를 종용하였다. 전남도청과 무안군청 쪽도 문재철에 압력을 넣은 것으로 보인다. 결국 문재철이 양보하여 타협안이 마련되었다. 타협안의 내용을 보면, 1) 소작료는 4할로 하고, 1할은 농업장려금으로 할 것, 2) 농업장려금은 소작회에서 관리할 것, 3) 미납한 소작료는 3년 안에 분납할 것, 4) 철거한 비석은 복구할 것, 5) 고소한 사건은 쌍방에서 취하할 것, 6) 지주는 소작인측에 2천 원을 기증할 것 등이었다.

  위와 같은 합의는 있었지만, 재판에 회부된 13명 가운데 4명은 결국 실형을 언도받고 복역하게 되었다. 또 지주 문재철측은 소작료 4할의 규정에 불만을 품고 그해 가을 추수가 시작될 때 간평(소작료 감정)을 사실상 거부하였다. 간평을 하지 못한 소작인들은 발을 동동 굴렀지만 지주는 막무가내였고, 결국은 목포경찰서에서 파견한 경찰이 간평을 대신해 줌으로써 추수를 할 수 있었다. 또 문재철은 암태소작인회측에 기증하기로 한 2천 원을 내지 않았다. 뿐만 아니라 연락선 회사 남일운수(사장 문재철)와 암태청년회 간의 계약도 취소하였다. 또 문재철 주변의 사람들로 교육협회라는 단체를 따로 만들어 암태여자강습원의 운영을 위해 모금한 기본금도 반분해갔다. 그리고 소작인회를 약화시키기 위해 암태지주소작인상조회라는 단체를 따로 만들기도 하였다. 그리고 마침내는 암태청년회측에서 남녀강습소 기본금을 마련하기 위한 기금 모집을 방해하고, 모금활동을 하던 청년회 겸 소작인회 회원들을 습격하였다. 그리고는 경찰에 소작인회 회원들이 기금의 기부를 강권했다면서 무고하여, 소작인회 회원들은 협박·공갈·상해죄로 5명이 구속되었다.

　1925년 가을에 들어서도 문재철은 새로 조직된 지주단체 다도농담회의 지원을 받아 소작료를 5할로 감정하겠다고 나왔다. 이는 명백한 약속 위반이었다. 소작인회측이 이를 거부하자 문재철은 자신이 마음대로 정한, 6~8할의 소작료를 다도농담회의 이름으로 소작인들에게 통지하였다. 소작인회측은 이를 거부하였고, 결국 소작인회측이 스스로 감정한 소작료를 지주측에게 내는 것을 관철시켰다. 이처럼 문재철은 1924년 암태소작인회측과 합의한 약속을 거의 지키지 않았고, 심지어는 소작인회측에 여러 형태로 앙갚음을 하려 하였다. 그러나 소작인회측은 소작료 4할을 관철시켰으며, 이는 이후에도 계속 유지되었다.

1925년 도초도·자은도의 소작인단체들도 암태도와 마찬가지로 소작료 4할을 요구하고 나왔다. 여기에는 무안과 목포의 청년단체, 노농단체 들이 모여서 1925년에 결성한 무목청년연맹, 무목노농연맹 등이 상당한 역할을 한 것으로 보인다. 이에 문재철 등 무안군 도서지방의 지주들은 다도농담회를 결성하고, 소작인들에게 강경하게 대처하였다. 이와 같은 강경방침을 주도한 이는 문재철이었다. 소작인들이 소작료 납부를 거부하자, 다도농담회측은 소작료 강제 차압으로 나왔고, 결국 양측은 충돌하여 도초도와 자은도에서 각각 20명과 39명이 구속되는 사태를 낳았다.

암태도소작쟁의는 1923, 24년 소작쟁의가 막 고조되던 시기에 일어났다. 직접적으로는 순천소작쟁의의 영향을 받아 일어났고, 지도·자은도·도초도·진도 등의 소작쟁의로 연결되었다. 암태도소작쟁의는 강고한 단결력과 지속적인 투쟁으로 전국적인 반향을 불러일으켰으며, 결국은 쟁의에서 승리함으로써 다른 소작쟁의에도 큰 힘을 불어넣어 주었다. 이러한 이유로 암태도 소작쟁의는 식민지시기의 가장 대표적인 소작쟁의로 평가되고 있다.

제9장
1920년대 중반 지도·도초도·자은도·매화도의 소작쟁의

1. 머리말

　1924년 암태도 소작쟁의가 일어난 뒤, 이는 같은 무안군에 속한 인근의 섬들, 즉 지도·도초도·자은도·매화도에 영향을 미쳐 1924년부터 1927년 사이 소작쟁의가 연이어 일어났다. 이 섬들에서의 소작쟁의도 대체로 소작료율을 논에서는 4할, 밭에서는 3할로 할 것을 소작인들이 요구하고, 지주들은 이를 거부하여 일어난 것이었다. 당시 순천·광양에서 소작료 4할을 요구하는 소작쟁의가 일어난 것을 본받아 암태도를 비롯한 무안의 섬들에서 이와 같이 소작쟁의가 연이어 일어났는데, 이후 다른 지역에서는 이와 같은 소작쟁의가 별로 일어나지 않았다. 그렇다면 왜 무안의 여러 섬에서는 이와 같은 소작쟁의가 연이어 일어난 것일까.

일제하 무안군 지도

자료 : 染川覺太郞, 1930, 『전라남도사정지』, 전라남도사정지간행위원회, 목포, 812쪽.

위의 1930년경 무안군의 지도에서 보듯이 도초도와 자은도는 암태도와 가까이 있는 섬들이었다. 그리고 지도(智島)는 자은도 바로 북동쪽에 있는 섬이었다. 매화도는 압해면의 북쪽에 있는 작은 섬이었다. 당시 목포항을 기점으로 하는 여객선이 안좌, 암태, 자은, 비금, 도초도를 1일 1~2회 다니고 있었기 때문에, 이들 섬 사이의 교통은 비교적 좋은 편이었다.[1] 따라서 암태도에서 일어난 소작쟁의는 바로 인근 섬에 영향을 미칠 수 있었다. 특히 암태도, 도초도, 자은도의 가장 큰 지주는 모두 암태도의 문재철(文在喆)이었기 때문에, 이들 섬의 소작인들은 공통의 이해관계를 갖고 있었다. 따라서 암태도에서 소작료 4할을 관철시킨 뒤, 도초도와 자은도의 소작인들이 같은 소작료 4할을 요구한 것은 자연스러운 일이었다. 지도의 경우에는 주요 지주가 다소 다르고, 밭에서의 면화 소작료가 중요한 이슈가 되었지만, 논의 소작료를 4할로 요구한 점에서는 같았는데, 이 또한 암태도 소작쟁의의 영향을 받은 것이었다. 무안군의 섬들에서 소작쟁의가 연이어 일어난 것은 위와 같이 주요 지주가 모두 문재철이었다는 것과 관련이 있었다고 볼 수 있다. 그러나 왜 다른 지역에서는 '소작료 4할'을 요구하는 소작쟁의가 강하게 일어나지 않았는데, 무안의 여러 섬에서는 그런 소작쟁의가 일어날 수 있었을까. 여기에는 무엇인가 다른 이유가 있었다고 보아야 한다. 이 글에서는 우선은 각 섬에서의 소작쟁의의 전개과정을 정리하지만, 궁극적으로는 이러한 소작쟁의가 가능할 수 있었던 그 배경이 무엇이었는지에 관심을 갖고 논의를 전개해나가고자 한다.

이들 섬에서의 소작쟁의에 대해서는 최근 들어 연구가 활발하다. 박상수는 일찍이 1993년에 전남대 석사논문으로 암태면, 지도면, 도초면의 소작쟁의에 대해 정리한 논문을 썼다.[2] 고석규는 2003년에 자은도의 소작쟁의에 관한 논문을 발표했다.[3] 탁현진은 2013년 목포대 석사논문으로 매화도 소작쟁의에 관한 논문을 썼다.[4] 이

---

1 染川覺太郎, 1930, 『전라남도사정지』, 전라남도사정지간행위원회, 827쪽.
2 박상수, 1993, 「일제시기 전남 도서지역 농민운동에 관한 연구 – 신안군 암태면, 지도면, 도초면의 사례를 중심으로」(전남대 사회학과 석사논문)
3 고석규, 2003, 「20세기 자은도의 시련과 화해」『도서문화』21, 목포대 도서문화연구소.

창영은 2016년 연세대 석사논문으로 도초도의 소작쟁의에 관한 논문을 썼다.5 또 탁현진은 2020년 지도 소작쟁의에 관한 논문도 발표했다.6 같은 해 이정선도 자은도 소작쟁의에 대해 좀 더 자세한 논문을 발표했다.7 최성환도 2020년 도초도 소작쟁의에 대해 좀 더 자세히 정리한 논문을 썼다.8

신안군에서는 신안군농민운동기념사업회가 조직되어 2020년에 목포대 도서문화연구원과 함께 『신안항일농민운동사 자료집』을 펴냈다. 이에는 당시 암태도, 도초도, 자은도, 매화도, 하의도의 사건들과 관련된 각종 판결문과 신문기사, 주요 인물 사전 등 중요한 자료가 정리되어 있고, 최근에 나온 논문들도 싣고 있다. 이 글에서는 이 자료집, 신문기사, 재판기록과 위의 논문들을 참고하면서, 지도·도초도·자은도·매화도에서의 소작쟁의에 대해 차례로 정리해보기로 한다.

---

4 탁현진, 2013, 「매화도 소작쟁의 연구」(목포대 사학과 석사논문)
5 이창영, 2016, 「1920년대 무안군 도초도 농민운동 연구」 (연세대 교육대학원 석사논문)
6 탁현진, 2020, 「지도 소작쟁의의 전개과정과 특징」 『도서문화』 56, 목포대 도서문화연구원.
7 이정선, 2020, 「일제시기 자은도 소작쟁의의 전개과정과 특징」 『도서문화』 56, 목포대 도서문화연구원.
8 최성환, 2020, 「일제강점기 도초도 소작쟁의의 전개과정과 특징」 『신안군항일농민운동사 자료집』.

2. 지도 소작쟁의

1) 지도소작인공조회의 조직

지도(智島)는 무안군 해제면 바로 앞에 있는 섬으로서, 1896년 조선 정부가 현재의 신안군 도서지역을 묶어 '지도군'을 만들었을 때, 군 치소가 있던 곳이다. 지리적으로 보면 해제면을 거쳐 함평이나 영광으로 바로 연결되는 곳으로, 영광·함평의 영향도 많이 받았다. 일제하 지도의 호구를 보면 1928년 당시 일본인 8호에 22명, 조선인 2,232호에 13,263명, 합 13,298명이었다.9 인구상으로 보면, 무안군 도서지역에서 인구가 가장 많았다.

1914년 행정구역 개편 이후 지도에는 읍내리를 비롯하여 자동리, 내양리, 광정리, 봉리, 태천리, 감정리 등 7개의 리가 있었고, 37개의 자연마을이 있었다.10 1930년대에 조사된 동족마을을 보면, 지도면에는 내양리(밀양 박씨), 선도리(밀양 박씨)의 2개 마을밖에 없었다.11 그러나 이 조사는 부실했던 것으로 보인다. 1986년 조사된 동족마을을 보면, 내양리 외양마을(밀양 박씨), 내양리 적동마을(광산 김씨), 봉리 봉동마을(진원 박씨), 봉리 서동마을(풍천 임씨), 감정리 백련마을(금성 나씨), 감정리 금출마을(남양 홍씨), 광정리 적기마을(전주 최씨), 자동리 자동마을(전주 이씨), 자동리 오룡마을(전주 최씨), 자동리 효지마을(남양 양씨), 태천리 유동마을(진주 강씨), 선도리 대촌마을(밀양 박씨), 선도리 매계마을(밀양 박씨) 등 13개

---

9 染川覺太郎, 앞의 책, 815쪽.
10 越智唯七, 1917, 『신구대조 조선전도부군면리동 명칭일람』, 중앙시장, 354쪽.
11 조선총독부, 1934, 『朝鮮の姓』, 236쪽.

마을이 있었다. 각 마을에 거주하는 동성(同姓) 호수는 30~50호 정도였다.12 이들 동족마을은 하루 아침에 만들어질 수 있는 것은 아니기 때문에 1920년대에도 이미 동족마을로서 존재했을 것으로 추정된다. 동족마을은 아무래도 각성마을보다는 결집력, 단결력이 강할 수밖에 없다. 지도소작쟁의는 기본적으로는 지도소작인회의 조직에 의해 진행되었지만, 이와 같은 동족마을이 갖는 결집력도 간접적으로 이용한 것으로 보인다.

일제하 지도면의 지주를 보면, 일본인 지주 우치다 유우키(內田佑義), 하시모토 요시사다(橋本瀨貞)가 상당한 토지를 소유하고 있었고, 조선인 지주로서는 박종섭(朴鍾燮), 나정환(羅正煥) 등이 있었다.13

지도에서는 1924년 6월 소작쟁의가 발생하여 1년 가까이 진행되었다. 지도소작쟁의는 1924년 1월 면민대회를 통해 지도소작인공조회가 결성된 것으로부터 시작되었다.14 암태도소작인회가 결성된 지 한 달 뒤의 일이었다. 소작인공조회는 2월 25일 이사장 김상수(金祥洙)의 사회 아래 이사회를 개최하고, 소작료를 4할 5분으로 할 것, 지세공과금은 지주가 부담할 것, 소작료 운반은 1리 이내로 할 것 등을 결의하였다.15 지도소작인공조회는 1924년 3월 26일 청년회관에서 제1회 총회를 개최하였는데, 1천여 명의 회원이 참석하였다

---

12 이해준, 1987, 「智島지역의 문화배경」 『도서문화』 5, 목포대 도서문화연구소, 12쪽.
13 탁현진, 앞의 글(2020), 281쪽. 이 글에 의하면, 1925년 우치다는 논 222.6정보, 밭 79.9정보를, 하시모토는 논 125.1정보, 밭 83.1정보를 소유하고 있었다. 또 1930년 박종섭은 논 44정보, 밭 40정보를, 나정환은 논 90정보, 밭 6정보를 소유하고 있었다.
14 『시대일보』 1924년 10월 5일 「무안-지도소작운동 점차 성공」
15 『매일신보』 1924년 3월 15일 「지도소작공조회」

고 한다. 이날 이사장으로는 김상수, 이사로는 나만성(羅萬成) 외 10명, 간사 86명, 서기 4명, 평의원 11명이 선출되었다고 한다.16

지도소작인공조회가 창립되기 전에 지도에는 지도청년수양회가 있었다. 지도청년수양회는 1922년 4월 14일 지도보통학교에서 회원 170여 명이 참석한 가운데 창립되었으며, 임원으로는 회장에 박종섭, 부회장에 김용병(金容昞), 총무에 김상수, 서무부장 겸 문서부장에 조성환(曺成煥), 외교부장 겸 지육부장에 나만성, 재무부장에 김택규(金澤奎), 덕육부장에 이연조(李連祚), 산업부장에 천상섭(千相燮), 체육부장에 양선묵(梁宣默), 평의원회 의장에 나만성 등이 선출되었다.17

이들 가운데 지도소작인공조회(이하 지도소작회)를 주도한 인물은 김상수와 나만성이었다. 김상수는 1894년 지도면 내양리 출신으로, 1914년 지도보통학교를 졸업한 뒤 목포에서 매일신보 전남분국 직원으로 근무했다. 1920년에는 목포청년회에서 활동하였으며, 1922년 지도에 돌아온 후 지도청년수양회의 총무를 맡았고, 금주단연회 이사 등으로도 활동했다. 나만성은 1896년 지도면 읍내리 출신으로, 1914년 지도보통학교를 졸업한 뒤, 1923년 물산장려운동이 일어나자 지도에서 자작회(自作會)를 창립하여 회장을 맡았다.18

지도소작쟁의는 1924년 6월 지도소작회의 밭에 대한 소작료 조정으로부터 시작되었다. 당시 지도에서는 밭에서의 소작료를 보리와 면화로 2회 납부하는 관습이 있었다. 지도소작회는 이를 개혁하

---

16 『조선일보』 1924년 4월 6일 「지도소작공조회 총회」
17 『동아일보』 1922년 4월 27일 「지도청년수양회」
18 신안군농민운동기념사업회·도서문화연구원편, 2021, 『신안항일농민운동사 자료집』, 198~199쪽.

여, 면화로 1회만 납부하기로 결의하였다. 당시 지도에서는 밭에 면화를 많이 재배하고 있었기 때문이다. 소작회는 소작회원들과 지주들의 집을 방문하여 이에 협조해줄 것을 요청하였는데, 일본인 지주의 경우는 이미 면화로 소작료를 1회 징수하고 있어 문제가 되지 않았고, 조선인 지주 13명 가운데 반수 이상의 승낙을 얻어낼 수 있었다. 지도소작회는 또 더 이상 보리소작료(총 2천여 석)를 내지 않기로 결의하고(불납동맹) 이를 실행에 옮겼다. 그 결과 그해 가을까지 보리소작료는 일절 내지 않고 있었다. 지도소작회는 그해 10월 정기총회에서는 논의 소작료를 4할로 하고, 밭의 소작료는 상·중·하로 등급을 나누어 면화로 낼 것을 결의하였다.[19] 10월에 지도소작회가 논의 소작료를 4할로 하기로 한 것은 그해 8월 말 암태소작인회가 문재철 지주측과 소작료 4할에 합의하였기 때문에 이로부터 영향을 받은 것으로 보인다.

한편 지도에서는 9월 29일 노동운동 단체로서 임은노동조합(賃銀勞動組合, 賃銀은 賃金을 의미)이 창립되었는데, 이를 주도한 것도 역시 김상수, 나만성이었다(위원장 김상수).[20] 또 9월 28일에는 지도청년회, 지도소작인공조회, 보통학교후원회 주최로 지도 면민대회가 열렸다. 이날 면민대회의 의장으로는 김상수가 선출되었다. 면민대회에서는 보통학교 후원회 기부금을 3천 원 모금할 것, 각 리에 유급(有給) 이장을 배치할 것, 소비조합을 설립할 것 등을 결의하였다.[21]

그런 가운데 지도소작회 측은 지주들을 차례대로 만나 논의 소작료 4할제 실시를 응락해줄 것을 요청했다. 그 결과 상당수의 지

---

19 『시대일보』 1924년 10월 5일 「무안-지도소작운동 점차 성공」
20 『시대일보』 1924년 10월 5일 「임은노조 창립」
21 『시대일보』 1924년 10월 6일 「무안-면민대회」

주들이 이를 받아들여 4할제 실시는 어느 정도 순항하는 듯했다. 이에 소작회측에서는 그해 11월 6일 임시총회를 열고, 밭 소작료에 대해서도 논의를 하여 밭의 소작료는 4등급으로 나누어 면화로 10근 내지 16근으로 할 것을 결의하였다.[22]

그런데 지도소작회 내부에 분란이 일어나 주판동·양영협·김재호·김종기 등이 탈퇴하여 소작회를 방해할 목적으로 일본인 지주 하시모토, 우치다 등의 협력을 얻어 '지주소작번영회'라는 것을 조직하였다. 이들은 선전대를 조직하여 각 동리를 순회하면서 "지주의 요구대로 응하지 않으면 금년 소작은 차압 수속을 진행할 것이며, 명년에는 소작권을 이전할 터이니 순종하라"고 야단을 치고 다녔다. 이에 소작인들은 크게 흔들렸다. 지도소작회는 긴급히 간부회의를 열고 청년회, 소작회, 면사무소의 합동 주최로 면민대회를 열고 반동단체인 지주소작번영회를 박멸하기로 결의했다.[23]

이에 맞서 지주측에서도 12월 10일 하시모토의 집에서 박종섭, 하시모토 등 여러 지주들이 모여 '지도지주회'를 조직하였다. 『조선일보』의 보도에 의하면, 이들은 이 자리에서 1) 밭의 소작료는 매 두락에 실면(實綿: 씨를 빼지 않은 목화) 10근에서 18근까지로 할 것, 2) 논의 소작료는 4할제를 받아들일 것, 3) 소작료 수납은 당지의 번영회에 위탁할 것, 4) 회원으로서 결의사항을 위반할 시는 손해금을 부담케 할 것 등을 결의하였다.[24] 이는 지도소작회의 요구를 거의 받아들인 것이었다. 그러나 이 자리에는 조선흥업회사 등은

---

22 『동아일보』 1924년 11월 17일 「지도소작결의」. 1등지는 면화 16근, 2등지는 면화 14근, 3등지는 면화 12근, 4등지는 면화 10근으로 한 것이다.
23 『조선일보』 1924년 12월 11일 「반동단체를 박멸」
24 『조선일보』 1924년 12월 19일 「무안에도 지주회 창립」

참석하지 않았고, 이들은 소작료 4할을 받아들이지 않았다.

12월 14일에는 예정대로 청년회, 소작회, 면사무소가 공동으로 주최한 면민대회가 지도청년회관에서 열렸다. 이 대회의 사회는 면장 김용환(金容煥)이 보았는데, 대회 중에 번영회 일부 간부들이 자진 출두하여 자신들의 잘못을 일일이 자백하고 해산하겠다고 애걸하였다. 이에 대회 참석자들은 그들을 용서해주기로 하고, 소작료는 지도소작회에서 결정한 대로 따르기로 결의하였다.[25] 그러나 번영회라는 단체가 해산된 것은 아니었다. 오히려 그들은 면장을 축출하기 위한 운동을 펴기도 했다.[26]

지도소작회에서는 12월 19일 임원회를 개최하고, 일시 사임하였던 김상수를 다시 상무집행위원장으로 선출하고, 밭의 소작료에 대해서는 14일의 면민대회에서 결의한 것처럼 최저 12근, 최고 18근의 범위 내에서 지주와 소작인 간에 합의를 하고, 합의가 되지 않을 시는 소작회 간부가 입회한 가운데 원만한 등급을 결정하여 소작료를 납부하기로 결의하였다. 또 이들은 지주소작번영회를 박멸하기 위한 대책도 논의하였다.[27]

그리고 앞서 본 것처럼 1925년 1월 12일 창립된 무목청년연맹에 지도청년회도 참여했다. 그리고 이틀 뒤인 14일 지도에서는 주명식, 박용일 등 사회운동가들이 '노농주의자동맹'을 발기하였다. 그리고 16일에 청년회관에서 명칭을 바꾸어 '무산자동맹'을 창립하였다. 이들은 각 동리에 세포단체를 만들 것, 반동단체를 박멸할 것, 소작회를 후원할 것 등을 결의했다. 이들의 토의내용으로 보아, 무산자동

---

25 『조선일보』 1924년 12월 24일 「반동단체 해산」
26 『조선일보』 1925년 1월 2일 「번영회의 휼계(譎計)」
27 『동아일보』 1924년 12월 22일 「지도소작 임원회」

맹은 '번영회'와 싸우기 위한 일종의 '투쟁단체'로서 만들어진 것으로 보인다. 이날 상무집행위원으로 선출된 이는 박재실(朴在實)·조영희(曹永喜)·주복수(朱福洙)·박용일(朴鎔逸)·장유성(張有聲)·최판용(崔判用)·김용우(金容佑)·주명식(朱明植)·김판범(金判凡)·김용철(金容哲)·양원묵(梁元默) 등이었다.28

무산자동맹은 1월 17일 청년회관에서 집행위원회를 열고, 주명식의 사회하에 번영회 박멸책을 논의했다. 이들은 소작회간부와 연합하여 각 리를 순회하여 "쥐새끼로서 인형을 쓴 번영회 간부를 밟아죽이자"는 의미의 만화선전 비라를 가가호호에 돌리고, 각 리에 소작지회를 조직하여, 번영회 회원과는 수화(水火)를 불통하도록 하자는 결의를 하였다.29

그러나 지주측과 번영회도 물러서지 않았다. 1월 18일 지도의 대지주인 조선흥업회사 직원이 집달리를 데리고 지도에 들어와 소작료를 징수하기 시작하였다. 조선흥업회사측은 소작료 4할을 받아들이지 않고 있었다. 그러나 소작인들은 소작회의 결의에 따라 4할만을 주었고, 이에 조선흥업회사 직원과 집달리는 소작인들의 재산에 차압을 붙이기도 했다.30

그런 가운데 1월 21일 목포에서는 지도, 비금, 도초, 자은소작인회와 지도 임은노동조합, 목포기공노동회 등 7개 단체의 대표가 모여 '해협노농연합대회' 발기 준비회를 개최하고, 무안, 목포, 진도, 완도, 영암, 강진, 해남, 제주 등 7개 군의 노농단체 연합대회를 조직하기로 하였다. 이들은 준비위원으로는 암태소작회의 박복영, 목

---

28 『조선일보』 1925년 1월 21일 「지도면에 무산자동맹」
29 『조선일보』 1925년 1월 23일 「쥐색기 가튼 자를 답살하자」
30 『조선일보』 1925년 1월 25일 「지도 인심 흉흉, 흥업회사 차압으로」

포무산청년회의 박승억을 선정하였다.31

2) 경찰의 소작인공조회 간부 연행

한편 지도의 무산자동맹과 소작회측은 2월 3일부터 약 1주일 동안 공동으로 각 리에 세포단체를 조직하는 작업에 들어갔다.32 이에는 청년회, 임은노동조합도 적극 참여하여, 4개 단체가 합동으로 각 단체의 깃발을 날리면서 60여 명이 군악에 맞추어 혁명가를 부르고, 선전비라를 살포하면서 각 마을을 순회하며 세포단체를 조직하였다.33 그리하여 그들은 각 리에서 이른바 '을축동맹'이란 세포조직을 만들기 시작했다. 각 리의 을축동맹은 위원장 1인과 위원 5명 내외로 구성되었다. 그리하여 2월 4일부터 16일까지 총 36개 을축동맹이 조직되었다.34 을축동맹은 강령으로서 "1. 우리는 우리 계급의 해방을 기함. 1. 우리는 단결의 힘으로써 신사회 건설할 군사 양성을 기함."을 채택하였다.35 을축동맹이 무산자동맹의 세포단체인 만큼 강령에서 사회주의의 영향이 나타나고 있다. 을축동맹 맹원들과 소작회 회원들은 이후 번영회 회원들과는 일체 언어를 서로 통하지 않고, 우물물도 길어 먹지 못하게 하는 등 번영회 회원과 그들의 가족을 마을에서 철저히 고립시켰다.36

---

31 『조선일보』 1925년 1월 16일 「해협로농련맹을 칠 단테에서 발긔하얏다」
32 『조선일보』 1925년 2월 6일 「조직 선전 준비」
33 『조선일보』 1925년 2월 17일 「會旗 날리며 각 리를 순회, 4단체 연합의 세포단체 조직 착착 실현」
34 『조선일보』 1925년 2월 22일 「지도 전체 을축동맹화」. 탁현진, 앞의 글, 289~290쪽 참조.
35 『조선일보』 1925년 1월 21일 「지도면에 무산자동맹」

이에 경찰도 가만히 있지 않았다. 목포경찰서 고등계주임과 5,6명의 경찰은 경비선을 타고 지도에 들어와 소작회 간부 김상수, 나만성 두 사람을 주재소로 불렀다. 고등계 주임은 여러 단체가 연합하여 마을을 순회한 것은 보안경찰법에 위반되므로 회기를 들고 군악을 연주하며 행진하는 것, 5인 이상이 순회하는 것을 금지하겠다고 말하고, 동시에 을축동맹 규약 제8조와 제9조를 삭제시키고, 선전비라와 서약서를 압수하였으며, 완도사건 동정금 모금도 금지시켰다.37 여기서 '완도사건'이란 1924년 10월 소안도에서 벌어진 소안노농대성회 회원들의 연행 사건을 가리킨다.

목포경찰서는 3월 1일을 앞둔 2월 27일 경비선으로 경관 십여 명을 지도에 보내, 지도소작인회 간부 나만성 외 7인을 검거해 목포서로 데리고 갔다.38 경찰이 이들을 연행해 간 것은 소작운동선전대가 동리마다 방문하는 중이던 2월 12일 감정리를 방문했을 때, 소작회에 참여를 거부한 번영회원 박채언을 소작회원들이 소작인들의 집회가 열리고 있던 양동진의 집으로 끌고 가 구타했다는 이유에서였다.39 당시 신문기사를 보면 소작회원들이 그를 질책하면서 그의 면상에 침을 뱉고 뺨을 때렸다고 한다. 빈영회 측에서는 이 기회를 이용하기 위하여 박채언으로 하여금 진단서를 떼어 소작회 간부 나만성 외 5인을 목포경찰서에 가옥침입, 업무방해, 상해죄로 고소하였다.40 훗날 밝혀진 바에 의하면, 이는 지주 박종섭이 박채언을 꼬여

---

36 『조선일보』 1925년 2월 24일 「을축동맹 단결과 지도번영회원과 가족의 곤경」
37 『조선일보』 1925년 2월 25일 「목포서에서 을축동맹을 압박」
38 『조선일보』 1925년 3월 3일 「전남 지도 무산자동맹」
39 「지도소작쟁의 광주지방법원 판결문」, 『신안항일농민운동사자료집』, 269~270쪽.
40 『조선일보』 1925년 3월 18일 「지도번영회와 을축동맹의 갈등」

그에게 돈 5백 원, 소 한 마리, 쌀 석 섬을 주겠다면서 박채언의 몸
에 파란 물을 칠하고 초를 발라 중상을 입은 듯이 꾸며, 목포 남교
동 옥산의원에 가서 전치 4주의 진단서를 받아 경찰에 고소하게 한
것이었다.41 지주측이 박채언을 매수한 사실은 박채언의 가족들이
이를 폭로함으로써 밝혀졌으나, 구속된 나만성은 1,2심에서 결국 유
죄를 언도받고 1926년 1월에야 만기 출옥하게 된다.42

3) 소작인공조회측의 승리

그런 가운데 1925년 3월 들어 지주회와 번영회는 소작회를 굴복
시키기 위하여 소작회 간부와 회원들 약 1백여 명의 소작권을 이동
시키는 조치를 취하였다. 이른바 '이작'(移作)이었다. 지주회측은 또
소작회를 철저히 박멸하기 위하여 소작회를 탈퇴하고 지주회에 가
입하는 자에게는 소작할 수 있는 논을 무제한으로 주고, 농비(農費)
까지 제공하겠다고 유인하였다. 또 지주회측은 소작계약을 맺는 이
들에게는 세 가지 조건을 수락할 것을 강요했다. 그것은 1) 소작료
는 매년 간평(看坪) 후 1주일 안에 우량종으로써 지주가 지정한 장
소에 납입하되, 말리는 법이나 가마니 등은 모두 지주의 지시대로
복종할 것, 2) 밭의 소작료는 매년 음력 8월 15일 이내에 육지면 1등
급으로 지주가 지정한 장소에 납입할 것, 3) 연대보증인은 5인조로
하되 본 계약을 해제할 때까지 그 책임을 질 것 등이었다. 이는 소
작인들에게 매우 가혹한 계약조건이었다.43

---

41 『동아일보』 1925년 3월 31일 「지주의 간계가 원인」
42 『동아일보』 1925년 3월 31일 「地主의 奸計가 原因, 지도소작인 천여명 여전
   운동」, 1925년 4월 3일 「지도소작총회, 진행방침을 토의」

이에 3월 17일 4백여 명의 소작인들이 면사무소에 몰려가서 "사지에 빠진 우리 소작인들을 살려달라"며 농성을 하기 시작했다. 이에 경찰 주재소에서 출동하여 해산을 명령하였으나, 소작인들은 '이작' 문제를 해결하기 전에는 해산할 수 없다고 주장했다. 이에 면사무소에서는 지주들을 초청하여 의견교환을 한 결과, 일본인 지주 우치다와 하시모토는 이작 조치를 취소하겠다고 약속하였다. 그러나 이 자리에 조선인 지주 박종섭과 나정환은 참석하지 않았다.[44] 소작인들은 면사무소를 떠나 번영회 사무소로 행진하였으며, 사무소 앞에서 농성하다가 새벽 2시경에야 해산하고 돌아갔다. 이들은 해산에 앞서 1) 번영회를 해산케 할 것, 2) 지주는 소작회 규약에 응하여 따를 것(이작의 취소를 의미- 인용자), 3) 악지주 박종섭과 나정환은 반성할 것, 4) 위의 각 조항은 일주일 이내에 실현케 할 것 등을 결의하였다.[45] 그 이튿날인 3월 19일에는 감정리의 박순량이 자신의 소작권이 모두 박탈당한 것을 비관하여 독약을 먹고 자살하는 사건까지 일어났다.[46]

소작회원들은 지주측에 1주일 이내에 3대 조건을 실행할 것을 요구했지만, 1주일이 지나도록 아무런 소식이 없었다. 이에 소작인들은 25일에 다시 면사무소로 몰려가 면장 김용환에게 대책을 세워줄 것을 요구하였다. 이에 면장이 서기를 시켜 지주회측에 답변을 요구했으나, 소작회원들의 요구서가 없으면 답변할 수 없다는 회답을 보내왔다. 이에 소작회원들은 요구서를 보내 5시간 만에 답변서

---

43 『조선일보』 1925년 4월 3일 「지도소작쟁의 아사동맹까지」
44 『동아일보』 1925년 3월 23일 「作人隊 面所에 쇄도」
45 『조선일보』 1925년 3월 24일 「전남 무안군에서 남녀 합동의 소작시위」
46 『조선일보』 1925년 3월 26일 「악지주 횡포에 소작인이 음독자살」

를 받아보았지만, 아무런 내용이 없는 요령부득의 답변서일 뿐이었다. 이에 소작회원들은 지주회장 박종섭을 직접 만나고자 했으나, 박종섭은 소작인들과는 만날 필요가 없다며 도주하였다. 이에 소작인들은 면사무소에서 철야를 하고 이튿날 박종섭의 집으로 가기로 했다.[47] 26일 소작인 천여 명은 박종섭의 집으로 찾아가 이작을 취소하라는 소작회의 요구에 응하라면서 농성에 들어갔다. 이들은 그날 밤 박종섭의 집 앞에서 굶어가며 철야농성을 했다.[48]

그런 가운데 27일 나만성 등 소작회 간부를 고소한 번영회 박채언의 가족들은 번영회로 몰려가 박채언에게 소작회 간부를 고소만 하면 현금 5백 원과 농우 한 마리와 백미 다섯가마를 주겠다고 약속해놓고 왜 이를 이행하지 않느냐고 번영회 간부들에게 따졌다. 이 말을 들은 나만성 등 소작회 간부의 가족들은 번영회로 몰려가 번영회 간부들에게 항의하였고, 경찰주재소에 고소를 하였다.[49]

결국 사태가 이와 같이 지주회측에 불리하게 돌아가자 27일 지주회, 번영회, 유지회, 면사무소 측은 4자 회동을 갖고 지주회측이 어느 정도 양보를 하기로 결정했다. 그 내용은 1) 논의 소작료는 4할 이내로 할 것, 2) 밭의 소작료는 밭 한 마지기에 매년 1회 면화 10근에서 18근까지 받을 것, 3) 소작인으로부터 소작계약증서를 받은 것은 모두 철회할 것 등이었다. 이에 소작회 측은 29일 소작회관에서 임시총회를 열고 김상수의 사회로 그동안의 진행 상황과 지주회측의 타협안에 대해 보고했다. 사실상 소작인들이 승리한 것이었다. 소작인회에서는 소작인들에게서 이른바 '소작인허표'를 거두어

---

47 『동아일보』 1925년 3월 30일 「作人隊 面所에서 철야」
48 『조선일보』 1925년 3월 31일 「지도 지주의 횡포! 천여 인의 소작권을 박탈」
49 『동아일보』 1925년 4월 3일 「지도 소작군중 번영회에 쇄도 소동」

지주측에 모두 돌려주고, 무리한 내용의 소작계약증도 모두 찾아오기로 결정했다.50

그러나 지주측이 이미 이작을 해버린 백여 명의 경우 다시 환작을 받지는 못하였다. 지주들은 이미 이작을 한 이상 다시 환작을 하기는 어렵다고 한 것이다. 4월이 되어 새 작인들이 이미 농사 준비에 착수하고 있는 상황이었다. 이에 이들 백여 명은 낙작인회(落作人會)를 조직하고 공동으로 대응하기로 하였다.51 그리하여 이들은 3대로 나누어 자신들이 그동안 농사짓던 땅에 들어가 공동경작을 시작하였다.52 이는 새 작인들과 충돌을 빚기도 했다. 낙작인회측은 지주측과 계속하여 교섭을 진행했고, 그 결과 지주 나정환은 구 작인들에게 모두 환작을 해주기로 결정을 했고, 박○○, 우치다, 하시모토 등 세 지주는 그동안 과실이 없었던, 즉 소작료를 내지 않은 적이 없었던 소작인들에게는 모두 환작을 해주기로 결정을 했다. 그러나 지주 박종섭은 목포에 가 있어 교섭이 잘 되지 않았다.53 결국 일부 빼앗겼던 소작권도 대체로 돌려받게 되어 지도소작쟁의는 소작인들의 승리로 마무리되어 갔다.

한편 지도의 소작인 시위와 농성을 통해 지주의 자의적인 소작권 이동 문제가 큰 사회적 이슈가 되자, 『조선일보』는 사설을 통해 조선총독부는 사회 안정을 위해 조선 농촌에서 커다란 사회문제가 되고 있는 소작권의 안정을 도모하는 정책을 어서 세워야 한다고 촉구했다.54 지도소작쟁의는 소작권의 자의적인 이동을 사회적 이

---

50 『조선일보』 1925년 4월 3일 「지도소작쟁의 아사동맹까지」
51 『동아일보』 1925년 4월 15일 「지도에서 낙작인회 창립」
52 『동아일보』 1925년 4월 27일 「낙작인 공동경작」
53 『조선일보』 1925년 5월 3일 「지도쟁의 완화, 떼였던 땅을 도로 주어」
54 『조선일보』 1925년 4월 1일 「(사설) 소작권의 이동문제 - 智島小作爭議의 報를

슈로 부각시키는 데에 큰 역할을 했던 것이다.

지도소작쟁의는 지주측을 대상으로 한 오랜 싸움에서 논 소작료를 4할로 하고, 밭의 소작료도 1회로 하고 또 등급화하는 승리를 거두었다. 이는 암태도소작쟁의에서 논 소작료를 4할로 한 것과 더불어 소작쟁의의 역사에서 중요한 승리였다. 지도소작쟁의가 이와 같이 소작인들의 승리로 끝날 수 있었던 것은 무엇보다도 소작인들의 조직적인 단결, 지속적인 투쟁이 가능했기 때문이며, 지도청년회·무산자동맹 등의 지원도 큰 역할을 했다고 볼 수 있다.

한편 앞서 본 것처럼 무안농민연합회에서는 1926년 1월 각 면의 소작인회의 명칭을 '농민조합', 각 리의 조직을 '농민단'으로 통일하기로 결정하였다. 이에 따라 지도면에서도 1926년 3월 15일 지도소작인공조회 제8회 정기총회를 열고 회명을 지도농민조합으로 변경하기로 결정했다. 또 각 리의 을축동맹도 '농민단'으로 명칭을 변경하기로 결정했다.[55]

그리고 1926년 8월 16일 지도의 사회운동가들은 사상단체로서 '전초동맹'(前哨同盟)을 결성했다. 집행위원으로는 나만성·주명식·김생기·이용백 등이 선출되었다.[56] 그러나 이 소식을 들은 목포경찰서는 22일에 경비선으로 경찰관 여러 명이 지도에 가서 청년회관과 나만성의 자택을 수색한 후 전초동맹과 관련된 서류 일체를 압수하였다. 목포경찰은 23일에는 목포에 머물고 있던 김상수, 나만성을 목포경찰서로 호출하여 전초동맹은 강령과 규약에 위법한 내용이 들어 있으므로 해산을 명한다고 하고, 만일 해산하지 않으면 상당

듣고」
55 『조선일보』 1926년 3월 21일 「지도소작 혁신, 명칭변경과 신전투준비」
56 『동아일보』 1926년 8월 19일 「전초동맹 창립, 운동선 통일을 期코자」

한 처치를 하겠다고 통고하였다. 이에 두 사람은 지도에 돌아가 상의해보겠다고 답하고 지도로 돌아왔다.[57] 이후 지도전초동맹에 관한 신문기사가 없는 것으로 보아 결국 해산한 것으로 보인다.

3. 도초도 소작쟁의

1) 도초소작인회의 조직

도초도는 암태도 서남쪽에 자리하고 있는 섬으로, 규모는 암태도와 비슷하다. 1928년 도초면의 인구를 보면, 조선인만 1,346호에 7,165명이 거주하고 있었다.[58] 동족마을로는 고란리의 장흥 고씨, 만년리의 김해 김씨, 지남리의 밀양 박씨가 확인된다.[59] 그러나 실제로는 이보다 많은 동족마을이 있었을 것으로 추정된다. 그리고 도초도에는 오래전부터 서당이 많았다고 한다. 1755년경 위도(蝟島)에서 서당 훈장을 한 박천우(朴天遇)는 "그곳(도초도)에는 서당이 많아 고랑동 서당에서 10여 학도를 데리고 2년간 머무르면서 학장으로 밥을 먹었다"고 말하였다.[60] 도초도에 서당이 많았다는 것은 그만큼 글을 아는 이가 많았다는 것이고, 이는 뒤에 보는 소작인회와 같은 조직을 만들고 운영하는 데 큰 자산이 되었을 것이다.

도초도에는 조선인 지주로 문재철, 윤영현(尹永炫), 박응식(朴應

---

57 『동아일보』 1926년 8월 28일 「전초동맹 해산? 선후책 강구」.
58 染川覺太郎, 앞의 책, 815쪽.
59 조선총독부, 1934, 『朝鮮の姓』, 236쪽.
60 『추안급국안』 191책, 「을해 포도청추안」 (정순우, 2012, 『서당의 사회사』, 태학사, 446쪽 참조).

植), 박인식(朴仁植), 김동규(金東奎), 고민철(高玟喆) 등이 있었고, 일본인 지주로는 이마이 도요마(今井豊馬), 나카미치 세이타로(中道淸太郞), 야노 쇼사쿠(矢野庄作) 등이 있었다.[61]

도초도 소작쟁의는 도초소작인회의 결성으로부터 시작되었다. 도초소작인회는 1924년 10월 창립되었는데, 집행위원으로는 김용택(金容澤)·김상희(金相喜)·김병섭(金秉燮)·박창진(朴昌珍)·고만희(高萬希)가 선출되었다. 종래 도초면에서는 지주는 소작료를 가능한 한 높게 책정하여 논에서는 5할, 밭에서는 한 마지기에 보리 1두 5승 내지 2두를 징수해왔는데, 소작인들은 이 소작료가 지나치게 높다고 주장하고 논에서는 4할, 밭에서는 3할로 낮추기로 결의하였다.[62] 이후 김용택·김상희 등은 소작인회를 대표하여 목포로 가서 나카미치 세이타로(中道淸太郞) 외 여러 명의 지주를 방문하여 소작료를 논에서는 4할, 밭에서는 3할로 감액해달라고 요구하였다. 도초도 소작쟁의 관련 광주지방법원 판결문에 의하면, 소작인들이 뜻한 바와 같이 교섭은 잘 이루어지지 않았고, 소작인회에서는 자신들의 요구를 받아들이지 않는 지주들에 대해서는 소작료를 납부하지 않기로 결의하였다고 한다.[63] 그러나 『동아일보』와 『시대일보』 기사에 의하면, 이때(1924년 겨울) 지주측이 대체로 논의 소작료 4할, 밭의 소작료 3할을 승낙하여 이에 해당하는 소작료를 납부하였는데, 지주

---

61 한국농촌경제연구원, 1985, 『농지개혁시 피분배지주 및 일제하 대지주 명부』, 206쪽.
62 당시 무안군에서는 논에서 이모작으로 보리를 심는 경우는 그리 많지 않아서(染川覺太郞, 앞의 책, 816쪽에 의하면, 밭에서 이모작으로 하는 보리 농사는 밭에서의 보리 농사의 약 10분의 1에 지나지 않았다), 이하 '보리 소작료'라 하면 곧 밭에서의 소작료로 보아도 좋을 듯하다.
63 「도초도 소작쟁의 광주지방법원 판결문」, 『신안군항일농민운동자료집』, 277쪽.

들이 1925년 9월 '다도농담회'를 구성한 뒤 태도를 바꾸어 다시 이전의 소작료대로 내라고 하면서 나머지 소작료를 받겠다고 하여, 소작인들이 이를 거부하였고, 결국 지주들이 잔여액 부분을 차압하겠다고 나와서 집달리·경찰과 소작인들이 충돌하는 사건이 일어났다고 설명하고 있다.64 그러나 『매일신보』의 기사에 의하면, 도초소작인회가 구성된 이후 "부당한 소작료는 불납하자는 동맹을 하여, 작년도 소작료를 지금까지 불납한 고로 금번에(1925년 10월) 최후 수단으로 가차압수색을 하여 집달리와 경찰관에 응원을 청하야 해당 면에 출장"하게 된 것이라고 설명하고 있다.65 이상 재판 판결문과 신문 기사들을 종합해 보면, 지주측이 논 4할, 밭 3할의 소작료를 승낙한 경우에는 그에 해당하는 소작료를 납부한 것으로 보이며, 승낙하지 않은 경우에는 불납동맹을 맺어 납부하지 않은 것으로 보인다.

한편 일본인 지주 나카미치 세이타로, 니즈마(新妻), 무라가키 나오스케(村上直助)의 마름을 맡고 있던 도초면 면장 고석규(高碩奎)는 면장 일보다 마름 일을 더 중시하여 자기 아우 고순규를 보내 소작료를 받는 일에 분주하였다. 그런데 1924년 12월 16일 고순규가 이곡리의 소작인 김형옥의 집에 몰래 들어가 하인을 시켜 마당에 쌓아둔 볏섬을 지고 나오다가 김형옥에게 들켜 서로 싸우는 사건이 발생했다.66 이에 도초청년회, 도초소작인회는 20일 수항리에서 면민대회를 개최하고 면장 고석규의 비행을 일일이 열거하여 면장을 배척하기로 결의하였다. 면장 배척의 이유는 민의를 무시하고 책임

---

64 『동아일보』 1925년 9월 28일 「사백 소작회원 화도부두에 쇄도」 ; 『시대일보』 1925년 10월 27일자 「도초도 소작료사건에 대하야」
65 『매일신보』 1925년 10월 13일 「무안군 도초 소작쟁의」
66 『조선일보』 1924년 12월 28일 「일본인의 사음이 무리한 짓을 함부로 하고」

을 감당하지 못하며, 면 교육행정에 성의가 없고, 면서기의 면민 교화사업을 방해한다는 이유에서였다.67 소작료 문제가 결국 면장 배척으로 확대된 것이었다.

이에 따라 면민대표로 선정된 김용택과 김상희는 12월 27일 목포에 있는 무안군청에 가서 서무과장에게 면장을 배척하는 진정서를 제출하였다. 그리고 당시 현안이 되고 있던 도초면의 교육, 남일운수 등에 대해 서무과장에게 질문하였으나 과장은 자세히 모르겠다는 모호한 답변만을 할 뿐이었다.68 한편『시대일보』에는 면장을 배척하는 면민의 투고가 실리기도 했는데, 이 글에서는 면장은 "면민 일반에게 일호의 복리될 만한 일을 하지 아니하고, 도리어 대정 9년(1920년)과 10년경에 7천 면민의 자각으로 조성된 빈민 자제 교육비 7천여 원을 징수 관리하는 위탁을 받아서, 소위 아동 수용할 교사(校舍)로 약 2천 원 가액되는 초가 1동을 건축하여 놓고 나머지는 자기 부하인 면 이원(吏員)과 결탁하여 사복을 채웠으며, 빈민에게 한 번 징수하기도 어려운 공과금을 다시 징수한 일도 있었으며, 생활보장 문제로 부득이 조직된 소작인회를 방해하며, 문화발전에 노력하는 청년회를 음해한 일이 있었"다고 지적하였다.69

1925년 2월 15일 무안군 당국은 면민 대표자 김용택과 김상희를 군청으로 불러 면장에 대한 불만은 도초면뿐만 아니라 여러 면에서 있고, 군청에서도 도초면장 고석규의 과오가 있다는 것을 인정하지만, 도초면장을 바로 면직시키면 다른 면에서도 면장 배척운동이 일어날 우려가 있으니 당분간 온순한 태도로 기다리면 당국에서 면

---

67 『조선일보』 1924년 12월 28일 「도초면장 배척」
68 『시대일보』 1925년 1월 1일 「도초대표의 질문, 모호한 무안군 당국」
69 『시대일보』 1925년 1월 8일 「도초면장 고석규에게」

직 처분을 할 것이라고 말하였다. 이에 대해 두 사람은 면장 배척을 다시 강경히 주장하고 면장을 바꾸기 전에는 세금을 내지 않겠다고 말했다.70 결국 도초면장은 1925년 4월 최숭문(崔嵩文)으로 교체되었고, 도초면민들은 이에 대체로 만족했다.71

2) 소작인회와 경찰의 충돌

한편 1925년 여름 소작인회측은 논 4할, 밭 3할의 합의를 본 지주들의 경우, 지주들이 소작료 수납을 소작인회에게 위탁하여 소작인회에서는 여름 소작료 보리(밭의 소작료로 보임)를 일일이 수집하여 각 구역에 저장하고 각 지주에게 지불통지서를 발송하였다고 한다.72 그런데 1925년 8월 들어 지주 문재철의 주도로 지주단인 '다도농담회'(多島農談會)가 만들어지면서 지주들의 태도가 강경해지기 시작하였다. 특히 도초도의 주요 지주 문재철, 나카미치 세이타로(中道淸太郞), 이마이 도요마(今井豊馬), 윤영현(尹永炫) 등이 그러하였다. 문재철과 나카미치는 암태도·자은도의 주요 지주이기도 했다. 1925년 9월 보리로 내게 되어 있던 밭농사 소작료 3할을 지주측이 받아들이지 않아 이를 납부하지 않자, 지주 중에 야노 쇼사쿠(矢野庄作), 김준기는 소작료를 전처럼 받기 위해 광주지방법원 목포지청에 신청하여 가차압 명령을 받았다. 다른 지주인 문재철, 나카미치 세이타로도 역시 가차압 명령을 받은 것으로 보인다.73

---

70 『조선일보』 1924년 2월 24일 「군 당국의 간청도 불응」
71 『조선일보』 1925년 7월 8일 「최면장의 열성」
72 『조선일보』 1925년 10월 21일 「목포서 경관과 충돌된 전후 경과」
73 위와 같음.

소작인회측은 이러한 소식을 듣고 음력 8월 15일 수항리 소작인회 사무실에서 정기총회를 열었다. 이들은 만일 지주측이 가차압을 할 경우는 소작인들은 일치단결하여 그 집행을 방해함으로써 초지를 관철하자는 결의를 하여 소작쟁의의 발단을 열었다.74 시기가 정확하지 않지만, 소작인들의 단결을 위해 이즈음에 소작인회측에서는 각 구(區)에 '노농단'(勞農團)을 조직한 것으로 보인다.75 이는 앞서 본 지도의 '을축동맹'과 비슷한 성격의 것이었다.

9월 21일 광주지방법원 목포지청 집달리 3명과 목포경찰서 서원 2명이 위의 지주들에 대한 도초도 소작인들의 밭 소작료 불납분을 논에 있는 벼로 대신 차압하기 위해 도초도에 왔다. 그러나 도초소작인회 4백여 명이 화도(火島·불섬) 부두에 모여 이들을 제지하자 그들은 강제집행을 중지하고 그냥 돌아갈 수밖에 없었다.76

이어서 10월 7일 정오 목포경찰서 고등계 주임 나가타 다케오(長田武男) 경부보의 지휘하에 경관 4명과 집달리 5명이 위의 4명의 지주에 대한 50여 건의 소작료 불납에 대해 가차압을 시행하기 위해 다시 들어왔다. 이에 소작회원 등 1천여 명의 대중이 행렬을 지어 수항리 소작회 사무실 앞에 모였고,77 나가타 경부가 차압의 이유와 집달리의 권위에 대해 설명하자 군중은 그런 설명은 다 알고 있으니 재삼 설명할 필요가 없다고 떠들어 경부는 설명을 중지할 수밖에 없었다. 경찰측과 소작회 대표들은 교섭을 계속하였으나 결렬되

---

74 「도초도 소작쟁의 광주지방법원 판결문」, 『신안군항일농민운동자료집』, 277쪽.
75 『조선일보』 1925년 11월 4일 「도초소작인 재차출동을 결의」 기사에 '노농단'이 나온다.
76 『동아일보』 1925년 9월 28일 「四百 小作會員, 火島 부두에 쇄도, 소작인회 결의를 무시하는 지주의 처리에 대항」.
77 광주지법 판결문에 의하면 옛 경찰관주재소로 쓰던 빈집 앞이었다고 한다.

고, 결국 집달리편에서 직권으로 집행을 강행하겠다고 사무실 문 앞까지 나왔으나 군중에 밀려 좌절되었다. 군중은 이러나저러나 죽기는 매일반이라며 죽여달라고 고함을 지르며 형세가 맹렬해졌다. 김용택은 나가타 경부보에게 "오늘은 지주의 부탁에 의해 차압하러 왔으나 소작인들이 주장하는 바에 의하면 지주의 요구가 부당하므로 오늘의 집행을 정지하고 지주측의 융화, 협조를 얻도록 장래 노력할 것을 맹세한다"는 문안을 제시하고 그대로 맹세해달라고 요구했고, 다중의 위력에 눌린 나가타는 이에 따를 수밖에 없었다. 그리고 경찰과 집달리 일행은 목포로 돌아갈 수밖에 없었다.78

경찰과 집달리 일행이 떠나간 이후, 같은 날 발매리의 해안에서 김상희의 발의에 의해 약 1백 명의 소작인들이 모여 협의를 계속하고, "집달리가 다시 차압하러 섬에 오면 나팔을 신호로 하여 다시 그 집행을 방해하자"고 결의하였다.

한편 목포경찰서는 도초소작인회의 행위는 공무집행방해죄에 해당한다고 보고, 신속한 조치를 취하기로 하였다. 이에 따라 목포경찰서는 다른 경찰서의 지원을 받아 경찰 120명을 10월 10일 밤 경비환 금강환에 태워 도초도에 파견하였다. 경찰은 새벽 3시에 도초도 발매리 선착장에 도착하여 날이 채 밝지 않은 가운데 발매리, 지남리, 외남리, 오류리, 수항리 등에서 소작인회의 김용택 등 간부 6명을 체포하였다. 이들을 순차적으로 경비선에 싣고, 경찰들도 역시 순차적으로 작은 배로 경비선에 옮겨 타고 목포로 떠나려 하던 오전 7시경 뒤늦게 이 사실을 알게 된 도초소작인회 회원 5백여 명

---

78 『동아일보』 1926년 10월 11일 「천여 소작인 시위행렬로 차압 온 집달리와 경관에 대항, 필경은 집달리와 경관대는 차압을 못하고 군중의 위협에 못 이기여 그대로 도라갓다. 今後가 注目되는 都草島小作爭議」

은 손에 몽둥이나 곤봉 등을 들고 "구인된 사람들을 돌려보내라. 저들은 죄를 지을 자들이 아니다. 우리와 함께 한 것이니 우리도 저들과 함께 끌고 가라. 지주만 옹호하고 소작인을 옹호하지 않는 경관은 때려죽이자"고 소리를 지르며 소요를 일으켰다. 그 결과 선착장 부근에서 경계 중이던 경찰관과 군중 사이의 격투가 벌어졌고, 또는 경찰에게 돌을 던지거나 구타하여 부상을 입히기도 했다. 경찰도 군중을 향해 닥치는대로 곤봉을 휘둘러 부상자가 다수 발생하였다. 경찰은 소요 과정에서 16명을 추가로 체포하여 목포경찰서로 압송하였다.[79] 경찰이 체포해 간 이들은 다음과 같다.

 소작인회 간부 : 김용택(金容澤), 김상희(金相喜), 김병섭(金秉燮), 문양순(文亮純), 박정수(朴正水), 박창진(朴昌珍).
 소작인회 회원 : 김종언(金宗元), 강기수(姜基秀), 고만희(高萬希), 고형빈(高亨彬), 고기산(高己山), 문종렬(文宗烈), 김용정(金容廷), 박남기(朴南基), 김명준(金明俊), 강예선(姜禮善), 최창수(崔昌洙), 최동민(崔東珉), 김명률(金明律), 김광식(金光植), 김종담(金鍾淡), 김홍임(金洪林).[80]

 경찰은 이들 20여 명을(위의 명단은 22명이나 판결문을 보면 누락된 3명이 있었던 것으로 보임) 공무집행방해 또는 소요 혐의로 조사하고, 12일 비밀리에 기차에 태워 광주지방법원 검사국으로 모두 송치하였다.[81]

---

79 『동아일보』 1925년 10월 13일 「소작회 간부 회원 등 이십여 명 검거」 ; 『동아일보』 1925년 10월 14일 「천여 군중이 봉기하야 무장경관대와 대충돌」 ; 『매일신보』 1925년 10월 14일 「도초도민 수백 경찰대와 난투」
80 『동아일보』 1925년 10월 14일 「천여 군중이 봉기하야 무장경관대와 대충돌」. 이들 가운데 문종렬, 김종담, 김명준, 김명률 등 4명은 광주형무소에서 10월 20일 방면되었다. 『조선일보』 1925년 10월 28일 「도초소작회 4씨 방면」

10월 16일 도초소작인회는 긴급 총회를 열었다. 소작인회 간부와 회원 20여 명이 연행된 상황이어서 회의 분위기는 격앙되어 있었다. 이날 회원들은 1) 검속된 회원은 관계당국에 적극적으로 교섭하여 즉시 방환케 할 것, 2) 본회 위원 18인 중 10인이 검속 중이므로 이들이 방면될 때까지 임시집행위원을 선출할 것, 3) 이번 쟁의의 초점인 악지주 문재철, 윤영현, 이마이 도요마, 나카미치 세이타로 등의 죄악을 적발 공포하는 동시에 성토문을 작성하여 전조선 각 동지단체에 보내고, 국내외 각 신문지상에 공개할 것, 4) 소위 인민의 생명재산을 보호한다는 경찰당국이 무리한 고압책을 취함에 대하여 금후의 각성을 촉구하는 동시에 검속자를 무사방면케 할 것, 5) 소작료 감정 및 수납에 관하여는 본회의 기정방침과 같이 본회에서 감정위원이 감정한 소작료를 정액으로 할 것이며, 만일 지주가 불응할 때는 종전과 같이 불납동맹을 할 것 등을 결의하였다.[82]

이어서 도초도 소작회는 검속된 이들을 구출하기 위해 직접 나섰다. 10월 19일 도초도민 남녀 2백여 명은 세 척의 배를 타고 새벽 1시 반에 목포에 도착하여 목포경찰서로 몰려갔다. 이들은 검속된 20여 명을 석방하든지 아니면 자신들도 함께 가두라고 요구하였다. 이에 경찰은 이들을 경찰봉으로 난타하거나 붉은 잉크를 끼얹으며 매질을 가하여 경찰서 밖으로 몰아냈다. 이에 무목노농연맹은 경찰의 매를 맞아 부상한 이들을 삼산병원에 입원시키고, 나머지 군중은 목포청년회관에 수용하였다.[83] 이날 경찰서 앞의 충돌과정에서

---

81 『동아일보』 1925년 10월 14일 「천여 군중이 봉기하야 무장경관대와 대충돌」
82 『동아일보』 1925년 10월 22일 「'악덕지주의 죄악을 천하에 적발하자' 도초소작회 결의」
83 『조선일보』 1925년 10월 20일 「소작회원 이백여 명이 목포서 경관과 충돌」 ; 『동아일보』 1925년 10월 20일 「경찰에 쇄도하여 재차 대충돌」 『동아일보』

경찰에 추가 검속된 이는 15명에 달하였다. 이튿날 도초도민들은 대표 5명을 선발하여 목포경찰서장을 면회하고 검속된 15명의 석방을 요구하였다. 이에 경찰은 "다시는 폭동을 일으키지 않겠다는 다짐을 하라"고 요구하고, 15명을 모두 석방하였다. 목포청년회관에 모인 도초도민들은 이후의 운동 방침에 대해 논의하였는데, 일부는 일단 도초도로 돌아가 다시 정돈하여 출동하기로 하고 몇 사람의 대표만 남겨두자고 주장했으나, 다수의 군중 특히 여성들은 "우리는 경관에 맞아 죽더라도 그냥 돌아갈 수는 없다"고 주장하였다. 그리하여 20여 명이 검속되어 있는 광주로 모두 가자는 쪽으로 결론이 났다. 이에 따라 22일 오전 10시에 목선을 빌려 영산포까지 가서 다시 육로로 광주에 가기로 하고 출발을 준비하였다.[84]

그러나 22일 아침 바람이 심하여 그들은 배를 탈 수 없었으며, 결국 그들 가운데 백여 명은 도보로 180리를 걸어 나주로 향하였다. 이들이 22일 오후 나주에 도착하자, 나주경찰서는 서원을 총출동시켜 경계를 엄중히 하고, 광주경찰서에서 출장을 온 고등과장과 경찰들이 기차 차표를 사서 도초도민들에게 목포로 돌아갈 것을 종용하였다. 도초도민들은 결국 남녀 6명의 대표를 뽑아 광주에 파견하고, 나머지 군중은 목포로 돌아가기로 결정하여 이날 밤 11시에 목포로 돌아왔으며, 결국 도초도로 돌아갈 수밖에 없었다.[85]

23일 아침 광주에 도착한 대표 6명은 광주노동공제회관에서 광

1925년 10월 21일 「赤色에 물드린 木浦署前의 慘景, 警官杖下에 二百餘 老弱 팔도 부러지고 쓰러지며 쫓겨들 가서 람루한 홋옷으로 찬 밤을 해안에 새여, 도초도 소작인과 경관의 충돌 상보」.
84 『동아일보』 1925년 10월 23일 「구금된 간부들을 따라 목포로부터 광주에」 ; 『조선일보』 1925년 10월 23일 「농민대표 교섭으로 십오명은 遂 放釋」.
85 『동아일보』 1925년 10월 25일 「남녀노소의 가족, 무죄 성박을 애소」.

도초소작쟁의로 연행된 이들을 석방해달라고 목포에 몰려온 2백여 명의
도초소작인회 사람들
『조선일보』 1925년 10월 23일

주 사회단체 대표들과 선후책을 강구하였으며, 곧 광주지방법원 검사정을 방문하였다. 또 24일에는 전남 경찰부장을 면회하여 도초소작인회 간부들은 소작료를 7~8할이나 징수해가려 하는 지주측의 강제집행에 저항한 것뿐이며, 소수의 부자만을 옹호하고 다수의 소작인을 도외시하는 목포경찰서에 의해 억울하게 검속된 것이라고 주장하였다. 이에 검사정과 경찰부장은 조사해보고 속히 결정을 내릴 것이라고 달래면서 일단 도초도로 돌아가 기다리라고 종용하였다.[86] 이에 대표들도 도초도로 돌아올 수밖에 없었다.

도초도로 돌아온 소작인들은 10월 26일 소작인회 회관에서 3백 명의 회원들이 모인 가운데 임시총회를 열어 향후의 대책을 논의하

---

86 『동아일보』 1925년 10월 26일 「간부들을 노하달라고 검사와 경찰에 탄원」

였다. 이 자리에는 정사복 순사들이 임검하였다. 이날 회의에서 결의된 사항을 정리해보면, 1) 소작료는 이미 결의한 대로 논 4할 이상을 요구할 때는 절대 불납할 것, 2) 감옥에 갇힌 이들의 사식을 소작회에서 책임지고 공급할 것, 3) 감옥에 갇힌 이들의 논밭은 소작회에서 대신 공동 경작해줄 것 등이었다.[87] 이들은 또한 감옥에 갇힌 이들을 구출하기 위하여 소작인 가운데 장정들을 뽑아 다시 출동하기로 하였다. 한편 도초도의 지주들 가운데 고민철(高玟喆), 김성좌(金成佐), 박연도(朴然道) 3인은 소작회의 소작료안을 그대로 받아들이겠다고 소작회에 알려왔다고 한다.[88] 그러나 가장 큰 지주인 문재철과 일본인 지주 나카미치, 이마이 등은 응낙하지 않았다.

도초소작인회는 10월 30일 다시 소작인회관에서 4백 명이 참석한 가운데 임시총회를 열고, 제2의 출동에 관한 건, 경찰 당국의 비행(非行)에 관한 건, 재감(在監) 동무 후원에 관한 건, 악지주(惡地主) 대항 방침의 건(절교를 단행하며 악행은 성토문으로 발표할 것), 각 구(各區) '노농단'에 관한 건(악지주 및 경찰의 비행을 조사하여 그 응징은 각 단이 일제히 행할 것), 반동회원 처치의 건(水火를 불통하는 동시에 적극적으로 驅逐할 것) 등을 논의하였다.[89] 그리하여 이들은 일단 대표자만 광주에 파송하여 재감자의 석방에 관해 당국에 질문을 하기로 하고, 나머지 소작인들은 도초도를 지키면서 앞으로 예견되는 세 번째 지주측의 가차압을 결사적으로 막아내기로 하였다.[90] 이에 따라 소작인회 대표로 윤금병(尹今炳), 박재순(朴在淳) 두

---

87 『조선일보』 1925년 10월 31일 「4할이상이면 불납, 모안 도초소작회 결의」
88 『동아일보』 1925년 10월 31일 「도초도쟁의 小作民 又復 出動을 계획」
89 『조선일보』 1925년 11월 4일 「도초소작인 재차 출동을 결의, 임시총회를 열고 토의한 결과, 여섯가지 사항을 결의하얏다」
90 『동아일보』 1925년 11월 3일 「제4회 가차압 결사적 방지를 결의」

사람이 광주에 파견되었고, 이들은 광주청년회관을 임시사무소로 하면서 각지와 통신을 하기로 하였다.91 또 소작인회는 김인홍(金仁洪), 명양준(明良俊) 두 사람을 광주에 파견하여 광주지방법원 검사정과 전라남도 경찰부장을 면회하도록 하였다. 이들은 두 사람을 만나 도초도에는 "보리죽도 변변히 얻어먹지 못하는 사람이 태반이므로, 금년에도 아직 성숙치도 못한 벼를 훑어다가 그것으로 죽을 쑤어 늙은 부모와 어린 처자들과 근근히 호구를 하는 터인데 그것을 모두 가차압을 하게 되면 그날부터 소작인 전부는 피땀을 흘려가며 지어놓은 농작물이 눈앞에 있을지라도 굶어 죽을 수밖에 없는 처지에 이르게 될 터이므로 차압나왔던 집달리(執達吏)에게도 면(面) 전부의 생명이 여기 달렸으니 이것만은 말아달라고 애원하였더니 목석이 아닌 집달리는 차마 하지 못하여 돌아간 것이요, 결단코 우리들이 그를 방해한 것은 아니었는데 천만뜻밖에 무장경관(武裝警官) 수백 명이 도초도를 에워싸고 달려들어서 칼을 번득이고 총을 겨누어 가며 남녀로유(男女老幼)를 물론하고 만나는 대로 난타(亂打)하여 수십 명 중경상자를 나게 하고도 도리어 우리가 소요(騷擾)하였다고 하니, 당치도 아니한 죄명으로 우리 동무들이 희생하게 됨을 거저 보고 있을 수가 없다 하여 지금 수백 명 장정 도민이 출동하려고 함을 위선 중지시키고 우리 두 사람이 먼저 나왔으니 속히 감금된 이십 명을 석방하여 달라"고 하소연하였다. 이에 대해 검사정은 만일 도민들이 다시 출동하여 광주에 나오면 몇백 명이든지 다 검속할 터이니 그러지 말고, 20여 명에 대한 판결을 기다리고 있으라고 하였다. 전남 경찰부장은 광주에 오는 것보다는 목포경찰서에 진정하여 서장의 중재로 지주와 타협하여 조건만 맞으면 곧 석

---

91 『동아일보』 1925년 11월 4일 「구금된 간부 위해 광주에 간부 파견」

방할 수 있다고 답하였다.[92]

3) 지주-소작인회 협상의 실패

11월말까지 도초도의 지주 50여 명 가운데 40여 명은 소작인회의 요구인 소작료 4할제를 수용하여 소작인들은 소작료 납부를 마쳤다. 그런데 대지주인 목포의 문재철과 일본인 지주 나카미치 세이타로, 이마이 도요마 외 2인은 소작인회의 요구를 여전히 강경히 거부하고, 소작료 납입고지서를 발부하여 이에 응하지 아니하면 강제로 징수하겠다고 나왔다. 그리고 마름들을 각 마을에 몰래 보내 갖가지 수단을 동원하여 소작인들의 결속을 교란하려 하였다. 그러나 이는 별 효과가 없었다. 이에 무안군수 송완섭(宋完爕), 목포경찰서장 나카지마 겐조(中島健三)은 11월 하순부터 지주측과 소작인회측 대표를 목포경찰서로 불러 쌍방의 타협을 극력 권유하였다. 그러나 소작인회측은 자신들의 요구가 관철되기 전에는 도초소작인 전부가 구금되는 일이 있더라도 물러설 수 없다는 강경한 태도를 보였다.[93] 지주측 역시 소작인회측의 4할제를 받아들일 수 없다는 입장이었고, 따라서 양자 간의 타협은 잘 이루어지지 않았다.[94]

수감 중인 소작인회 간부들은 석방되지 않은 가운데 해를 넘겼다. 1926년 1월 3일 소작인회는 임시총회를 열고 현안에 대해 논의하였다. 이날 이들은 문재철, 나카미치, 윤영현, 김준기, 이마이(今井

---

92 『동아일보』 1925년 11월 10일 「稻穗를 뜯어다가 죽 쑤어 근근연명」
93 『동아일보』 1925년 12월 18일 「요구관철까지는 최후까지 항쟁, 도초소작쟁의 其後」
94 이후 양자간의 협상이 어떻게 결말이 났는지는 신문 보도가 없어 잘 알 수 없다.

豊馬) 등의 을축년(1925년) 소작료는 구금 간부 20인 사건이 해결될 때까지 납부하지 않기로 결의하였다. 또 이들은 향후 집달리들이 다시 오면 이에 대항할 것이며, 재감 간부들의 사식은 석방될 때까지 1일 1식을 차입할 것, 반동분자(배신자)와는 교제를 단절할 것 등을 결의하였다.95

또 2월 15일에는 삼광학원에서 제3회 정기총회를 열고 도초소작인회의 명칭을 '도초농민조합'으로 변경하며, 각 마을의 '노농단'은 '농민단'으로 이름을 변경하기로 결의하였다. 그리고 새 농민조합의 임원으로는 대표위원으로 김인홍(金仁洪), 위원으로 이태규(李泰奎)·조상숙(趙尙淑)·문영철(文寧喆)·박봉욱(朴奉旭)·최창준(崔昌俊)·박장빈(朴長彬)·김용선(金容旋)·송동현(宋東炫)·강진수(姜晉秀)·고용규(高用圭)·윤선옥(尹先玉)·조현숙(趙賢淑)을, 상무(常務)로 김동환(金東煥)·문응천(文應天)·윤중좌(尹重佐)·박봉욱(朴奉旭) 등을 선출하였다.96

한편 그동안 광주형무소에 구금되어 있던 소작인회 회원 21명 가운데 6명이 1926년 3월 19일 예심에서 면소처분을 받고 석방되었다. 이들은 목포를 거쳐 도초도로 돌아갔다. 면소 석방된 이는 강기수(姜基秀)·김용정(金容廷)·김양보(金良寶)·최창수(崔昌洙)·부태담(夫太淡)·고점수(高占水) 등이었다.97

한편 나머지 광주형무소에 구금된 이들 15명은 광주지방법원 1심 공판에 회부되었다. 이들의 명단을 보면, 공무집행방해죄가 적용된 이들은 주로 소작인회 간부로서 김용택(金容澤)·김상희(金相喜)

---

95 『조선일보』 1926년 1월 12일 「도초소작인 총회」
96 『조선일보』 1926년 2월 20일 「도초 농민 정시총회」
97 「도초도소작쟁의 광주지방법원 예심 판결문」 『신안군항일농민운동자료집』, 273쪽.

·김병섭(金秉燮)·문상연(文尙淵)·박정수(朴正水)·박창진(朴昌珍)·김종보(金宗甫)·고경일(高京一) 등 8명, 소요죄가 적용된 이들은 주로 회원으로서 김행중(金行中)·김종원(金宗元)·고만희(高萬希)·고형빈(高亨彬)·강경용(姜京鎔)·박남기(朴南基)·최동민(崔東珉) 등이었다.[98] 이들에 대한 판결은 5월 3일 있었는데, 김용택은 징역 10월, 김상희는 징역 8월, 문상연과 박창진은 징역 7월을 언도받았다. 김병섭·박정수·김종보·고만희·최동민·강경용·김종원·고형빈은 징역 6월과 집행유예 2년을 언도받았다. 또 고경일·김행중·박남기는 벌금 30원을 언도받았다.[99]

한편 도초도소작쟁의는 전국적으로 엄청난 반향을 불러일으켰다. 이 쟁의가 진행되는 동안 전국의 사회단체에서는 도초소작인회를 적극적으로 지원하였다. 1925년 10월 11일 소작인들과 집달리·경관이 충돌하고, 소작인회 간부와 회원들이 체포되어 가고, 19일 밤 수백 명의 도초도민들이 목포로 나와서 여러 날에 걸쳐 체포된 이들의 구출운동을 펴고 있다는 소식이 여러 신문에 보도되자, 각계각층의 단체들이 도초소작인회를 응원하고 나섰던 것이다.

가장 먼저 나선 단체는 경성노동회와 자유노동조합으로서 10월 20일 밤 경성노동회관에서 긴급회의를 갖고 사태를 조사하기 위해 상무위원 이광을 목포로 파견하였으며, 동정금을 모금하기로 하였다. 또 조선노동당에서도 위원 문봉현을 20일에 목포로 파견하였다.[100] 또 조선청년총동맹도 상무집행위원 신표성(愼杓晟)을 목포에

---

98 「도초도 소작쟁의 광주지방법원 판결문」, 『신안군항일농민운동자료집』, 276쪽.
99 「도초도 소작쟁의 광주지방법원 판결문」, 『신안군항일농민운동자료집』, 276~277쪽 ; 『동아일보』 1926년 5월 6일 「도초소작쟁의 사건 피고 九氏는 출감」
100 『동아일보』 1925년 10월 21일 「재경 각 단체 조사위원 파견」

파견하여 사건의 진상을 조사하게 하였다. 조선노농총동맹도 참여 단체들에게 도초소작인회를 지원해줄 것을 요청하는 공문을 보내고, 진상조사를 위해 위원을 파견하려 하였으나 경찰의 방해로 뜻을 이루지 못했다. 경성노농연맹에서는 진상 조사를 위해 박래원(朴來源)을 목포에 파견하였다.101

이후 도초소작쟁의를 지원하기 위해 전국 각지에서 단체 혹은 개인들이 동정금을 목포에 있는 무목노농연맹으로 보내오기 시작하였다.102 또 목포에 와서 도초소작쟁의를 조사하고 있던 사회단체들과 파견된 이들은 경성노동당의 문봉현(文鳳鉉), 경성노동회의 이광(李洸), 조선청년총동맹의 신표성(愼杓晟), 광주해방운동자동맹의 강석봉(姜錫奉), 광주노동공제회의 설병호(薛炳浩), 전라노농연맹회의 정윤모(鄭倫模) 등이었다.103 인천노농총동맹은 도초소작쟁의에 대한 격려전문을 10월 22일 발송하였고,104 전남 순천의 순천농민공제회에서는 도초소작인회에 동정금을 발송하고 격려 전문을 발송하였다.105

목포에 와서 진상을 조사하던 조선노농총동맹의 서정희(徐廷禧), 전라노농연맹회 정윤모, 순천농민대회 이창수(李昌洙) 등은 10월 25일 도초도로 가기 위해 남일환에 타려 하였으나 목포경찰서 고등계 주임 이하 정사복 경관 5,6명이 달려와서 배를 붙들고 "당분간 도초도는 교통을 차단한다"고 하며 입도를 못하게 하여, 도초도로 들어가지 못했다.106

---

101 『동아일보』 1925년 10월 22일 「악덕지주의 죄악을 천하에 적발하자」
102 『조선일보』 1925년 10월 23일 「도초쟁의에 동정금품 답지」
103 『조선일보』 1925년 10월 24일 「각 대표운집, 사건발생디로」
104 『조선일보』 1925년 10월 24일 「인천노총 집행위원 보선」
105 『동아일보』 1925년 10월 28일 「도초쟁의와 각 단체」

또 전라노농연맹에서는 도초도 소작쟁의를 응원할 방침으로 각 가맹단체에 공문을 발송하려 하였으나, 경찰이 이를 중지시켜 할 수가 없었다. 한편 순천의 순천무산자동맹, 순천농민회, 전남동부청년연맹, 순천농민연합회, 순천노동연합회, 순천노동청년회, 순천청년회 등에서는 동정금으로 모두 16원을 보내왔다.107 또 완도군 소안도 유지, 영암노동야학생 일동, 목포선하노동조합 등에서 동정금을 모아 목포무산청년회에 전달하여 도초소작쟁의 사건으로 감옥에 있는 이들을 후원해달라고 하였다.108 영암노동회, 영암무산청년회 등에서도 격려 전문과 동정금을 보내왔다.109 또 경북 안동의 사상단체 화성회와 경북 풍기소작조합에서는 격려 전문을 보냈다.110 경북 안동 풍산소작회에서도 격려전문과 동정금을 보내기로 했는데, 안동경찰서에서 이를 절대 금지한다고 하여 부득이 중지하는 일이 있었다.111 이와 같이 전국 각지에서 도초소작쟁의를 지원하는 격려전문과 동정금이 답지하였는데, 일부 지역에서는 경찰이 이를 중지시키는 등 방해하는 일들도 있었다. 도초소작쟁의는 그만큼 전국적으로 커다란 반향을 일으킨 사건이었다.

도초소작쟁의의 성격을 정리해보자. 조선총독부에서 발간한 『조선의 군중』(朝鮮の群衆)이라는 책을 보면, 도초도 소작쟁의는 "소작

---

106 『조선일보』 1925년 10월 27일 「각 단체의 도초도 입도를 금지」
107 『조선일보』 1925년 10월 29일 「도초쟁의에 대한 연맹의 공문 금지, 각 단체의 동정답지」
108 『동아일보』 1925년 11월 2일 「도초쟁의 동정」
109 『조선일보』 1925년 11월 4일 「영암노동위원회」 ; 「영암무산총회」
110 『시대일보』 1925년 11월 7일 「도초소작회에 격문 발송, 화성회」 ; 『조선일보』 1925년 11월 13일 「풍기소작 총회」
111 『조선일보』 1925년 11월 22일 「도초사건에 동정 금지」

인 약 7백 명이 보리 소작료가 고율이라는 이유로 소작료불납동맹을 조직하고, 대표자를 뽑아 지주와 교섭하였다. 지주는 공동징수를 개시하고 미납소작료를 강제집행 처분에 붙이게 되었다. 쌍방이 서로 대치하여 마침내는 소요를 야기하기에 이르렀다."고 설명하고 있다.112 소작인들이 밭에서의 보리 소작료가 너무 고율이므로 이를 낮추어줄 것을 지주측에 요구하였으나, 지주측이 이를 받아들이지 않고 강제집행(차압)에 나서, 결국 소작인들이 소요를 일으키게 되었다는 것이다. 그러나 도초소작쟁의는 이에 그치지 않았다. 도초소작쟁의는 이후 논에서의 소작료로 쟁점이 옮겨가 소작인들은 소작료 4할을 지주들에게 받아들일 것을 요구하였다. 50여 명의 지주 가운데 40여 명은 이를 받아들였다. 그러나 문재철 등 주로 대지주들이 이를 받아들일 수 없다고 하여 양측은 끝내 타협점을 찾지 못하였다. 소작인회측은 소요로 검속된 이들이 나올 때까지 소작료 납부를 거부하였고, 이후에는 4할제를 관철시켜 나간 것으로 보인다.

한편 당시 언론도 도초도 소작쟁의 사건을 자세히 보도하였다. 『동아일보』는 도초도 소작쟁의를 심각한 사건으로 받아들이고 사설을 통해 당국이 소작쟁의에 대한 대책을 세울 것을 다음과 같이 주장하였다.

> 현금(現今) 조선에서 일어나는 소작쟁의는 소작인이나 지주의 정반대되는 이해관계에서 배태(胚胎)한 이익(利益)의 소사(所使)가 그 분쟁(紛爭)의 근본적 원인이지만 이 분쟁을 더욱 확대하고 번민케하는 또 한 가지 원인은 법규(法規)의 불비(不備)라고 아니 할 수 없다. 다소라도 현하(現下) 조선 농민의 생활상태와 수지계산에 관한 상식(常識)이

---

112 조선총독부관방문서과, 1940, 『朝鮮の群衆』, 25쪽.

있는 자이면 금일의 조선 내 소작쟁의의 대체가 소작인에게 무리가 있다고 하는 것보다도 지주 측에 탐욕과 무리가 과다하다는 것은 분명함에도 불구하고 년년이 심각화하여 가고 확대되는 경향에 있는 소작쟁의에 대하여 당국자는 하등의 구체적 대책을 취하지 아니하고 수수방관할 뿐 아니라 어느 지방 사건에 이르러서는 지주를 원조하고 미약하고 참담한 소작인을 압박하는 실례가 불소하니, 소작 분쟁으로 인하야 사회의 무익한 분쟁을 증가시키며 내지 아니하고도 그칠 법률상 죄인을 현출시키는 것은 지주의 탐욕보다도 어느 편으로 보아서는 위정자의 죄도 지중한 줄 믿는다.113

위의 사설은 소작쟁의의 근본원인이 '법규의 불비'에 있다고 지적하였다. 당시 언론들은 논과 밭에서의 소작료와 관련한 구체적인 법규가 필요하다고 말하고 있었다. 즉 소작료의 징수 문제를 개별 지주와 소작인들에게 맡겨두고 있는 현실에서는 계속해서 소작쟁의가 발생할 수밖에 없으니, 이와 관련된 법규를 총독부 당국에서는 만들라고 촉구하였던 것이다. 조선총독부는 1934년에 '조선농지령'을 공포하면서 소작료와 관련된 조항은 전혀 넣지 않았고, 1939년에 '조선소작통제령'을 공포하면서는 관련된 조항을 넣었지만 지주의 소작료 인상 등 소작료 변경을 어렵게 만들었을 뿐, 이미 실행되고 있는 고율소작료는 그대로 인정하는 것이었다. 소작료 상한선에 대한 규정은 없었던 것이다. 소작료의 상한선에 관한 규정을 넣는다면 3할 또는 4할을 넣어야 하는데, 그렇게 하는 경우 일본인과 조선인 지주측의 이익이 크게 줄어들고, 미곡시장에 나오는 쌀이 크게 줄어들어 일본으로 실어갈 수 있는 쌀이 줄어들게 되기 때문이었다.

---

113 『동아일보』 1925년 10월 14일 「(사설) 小作爭議 期節에 臨하야」

4. 자은도 소작쟁의

1) 자은소작인회의 조직

도초도에 이어 자은도(慈恩島)에서도 소작쟁의가 발생했다. 자은도는 암태도 바로 북쪽에 있는 섬으로, 섬 규모는 암태도와 비슷하다. 1928년에 조사한 자은도의 인구를 보면, 조선인 1,184호에 6,357명, 일본인 3호에 8명으로, 합계 1,187호, 6,365명이었다.114 자은도의 동족마을로는 고장리의 전주 이씨, 백산리의 김해 김씨, 윤각리의 경주 최씨 등이 확인된다.115 자은면의 조선인 지주로는 문재철, 천철호(千哲鎬), 김현수(金炫壽) 등이 있었고, 일본인 지주로는 나카미치 세이타로(中道淸太郎)가 있었다.116

자은도에서 자은소작인회가 조직된 것은 1924년 1월이었다. 이때는 암태도에서 소작인회가 조직된 지 한 달 뒤였다. 아마도 암태도 소작인회의 창립으로부터 영향을 받았던 것으로 보인다. 창립 당시 자은소작인회의 회장은 표성천(表聲天)이 맡았으며, 서무부장은 박영선(朴英善), 서무위원은 성경섭(成慶燮), 재무부장은 김진운(金進云), 집행위원은 김봉남(金俸南)·최복운(崔福云)·김창화·서옥봉(徐玉奉), 소작감정위원은 황진숙(黃珍淑)이 각각 맡았다.117 당시 자은도에는 자은청년회가 조직되어 있었다. 자은청년회가 언제 조직

---

114 染川覺太郎, 앞의 책, 815쪽.
115 조선총독부, 1934, 『朝鮮の姓』, 236쪽.
116 최성환, 2020, 「신안항일농민운동의 뿌리와 전개양상」, 『신안항일농민운동사자료집』, 52쪽.
117 「자은도 소작쟁의 광주지방법원 예심 종결결정문」, 『신안항일농민운동사자료집』, 282쪽.

되었는지는 확실하지 않으나, 암태청년회가 1923년 1월 이전에 만들어진 것을 보면 비슷한 시기인 1922~23년에 조직되지 않았을까 여겨진다. 자은도소작쟁의 재판기록에 의하면, 자은소작인회는 자은청년회의 회장 송기화(宋基華)의 제창에 의해 소작조건의 유지, 개선을 위해 창립되었으며, 송기화는 항상 소작인회를 위해 분주히 활동하였다고 한다. 또 자은소작쟁의 때 함께 구속된 암태소작인회의 집행위원 박복영은 전라남도 각 도서의 소작인회와 연락하고, 소작인회들을 조종하여 소작쟁의를 책동하였다고 한다.[118] 이를 보면, 자은소작인회의 창립과 소작쟁의의 발생은 암태소작인회의 영향을 크게 받은 것이 틀림없다.

예심 재판기록에 의하면, 자은도에 농지를 가지고 있는 지주들은 대부분 마름을 부려서 이들이 소작지 경영을 전담하게 했다고 한다. 따라서 지주들은 소작인의 실정도 잘 알지 못했고, 소작지의 위치도 잘 알지 못했다고 한다. 당시 소작료는 집조(執租)의 방법으로 생산량의 5할 내지 6할을 징수하였으며, 여기에다 공조(公租:地稅를 의미)와 공과금을 역시 소작인들에게 부담시켰다.[119] 1932년 조선총독부에서 간행한 『조선의 소작관행』(朝鮮の小作慣行)이란 자료를 보면, 전남지방에서 집조의 방법으로 소작료를 거두는 경우, 보통의 경우 광양이 5.7할, 무안, 광주, 나주, 완도가 5.5할로 소작료율이 높았다고 한다.[120] 따라서 재판기록에서 5~6할을 소작료로 거두었다는 것은 정확한 것으로 보인다. 여기에 공조와 공과도 소작인의 부담으로 했기 때문에, 소작료는 사실상 6할 이상이 되었을 것으

---

118 위와 같음.
119 위와 같음.
120 조선총독부, 1932, 『朝鮮の小作慣行』 上, 175쪽.

로 보인다.

　그리하여 자은소작인회는 1924년 10월 마침 자은도에 온 지주 문재철, 천후빈(千后彬) 등과 자은면사무소에서 만나 소작료의 비율에 대해 협의하게 된다. 이때 양측은 소작료는 생산고를 기준으로 논에서는 4할, 밭에서는 3할로 하고, 별도로 농업장려비로서 생산고의 1할을 지주 및 소작인회의 대표가 보관하여 필요에 따라 지출하기로 협정하였다.[121] 1924년 10월은 암태도 소작쟁의가 8월 30일 지주측과 소작인회측의 합의에 의해 일단 가라앉은 때였다. 당시 지주 문재철과 암태소작인회가 합의한 내용은 1) 논의 소작료는 4할로 하고, 1할은 농업장려금으로 할 것, 2) 농업장려금은 소작회에서 관리할 것, 3) 지주는 소작인측에 기본금 2천 원을 기증할 것, 4) 미납한 소작료는 3년 동안 분납할 것 등이었다.[122] 따라서 문재철은 자은도에서도 자은소작인회측과 논에서의 소작료 4할과 농업장려비 1할에 합의한 것으로 보인다.

　그런데 지주 문재철은 암태도에서 약속을 잘 지키지 않았다. 1924년 가을 추수가 시작될 시기에 간평을 지주측이 거부하였던 것이다. 따라서 소작인회측은 경찰측에 간평을 요청하여 간신히 추수를 하고 4할 소작료를 납부할 수 있었다. 또 문재철은 자신이 경영하던 남일운수주식회사의 연락선 관련 업무를 맡고 있던 암태취급점과의 계약을 취소해버렸다. 당시 암태취급점은 암태청년회에서 운영하던 것이었기 때문이다. 이처럼 문재철은 소작인회와의 약속을 잘 지키지 않고, 소작인회측을 괴롭히고 있었다. 이런 상황은

---

121 「자은도 소작쟁의 광주지방법원 예심 종결결정문」, 『신안항일농민운동사 자료집』, 282쪽.
122 이 책의 제8장을 참조할 것.

1925년 자은도에서도 나타나게 된다.

2) 다도농담회의 조직과 소작인회와의 충돌

문재철은 1925년 8월 가을 추수를 앞두고 돌연 무안군 도서지방의 지주들을 규합하여 '다도농담회'라는 지주회를 조직했다. 문재철은 다도농담회의 조직을 앞세워 소작료 4할을 거부하고, 5할로 하겠다고 선언하고 나섰다. 이는 암태도·자은도 소작인회와의 4할 협정을 파기하는 것이었다. 이에 자은소작인회는 1925년 9월 총회를 개최하고, 소작료는 1924년에 협정한대로 논에서는 4할, 밭에서는 3할로 해야 한다고 결의했다. 또 지주측이 1924년 농업장려비를 소작인들에게 교부하지 않았으므로 이에 연 5할의 이자를 붙여 1925년도의 소작료에서 공제하여 지급하고, 만일 지주측이 이를 거부할 때에는 소작료 불납동맹을 결행한다는 결의를 하였다. 그리고 이러한 내용을 다도농담회측에 통지하였다.[123] 이에 대해 일부 지주들은 이를 수용하였는데 문재철, 나카미치 세이타로, 천철호 등은 이를 거부하였다.

결국 자은소작인회는 1925년 11월 17일에 회관에서 임시총회를 열고 대책을 논의하였다. 이 자리에서 소작인회는 소작료 지불과 관련하여, 1) 본회의 요구인 소작료 4할을 승인한 지주의 소작료는 소정의 기일까지 소작료를 지불하고, 2) 본회의 요구를 거부한 지주의 소작료는 문제가 해결될 때까지 불납동맹을 단행한다는 것을 결의하였다. 그밖에 악사음(惡舍音), 소작권 이전 문제 등에 대한 토의

---

123 「자은도 소작쟁의 광주지방법원 예심 종결결정문」, 『신안항일농민운동사 자료집』, 282쪽.

와 결의가 있었다.124 그런 가운데 문재철은 다도농담회의 명의로 7,8할의 소작료를 감정한 후 납입고지서를 소작인들에게 보냈다. 소작인들은 이를 모두 도로에 날려버리고 자신들은 소작회규정에 의한 지불통지서를 준수하겠다고 선언하였다.125 이에 대한 대책으로 자은소작인회는 소작료 징수위원들을 선임하여 이들로 하여금 불납동맹을 하고 있는 경우의 소작료를 한운리, 구영리, 유각리의 각 마을 앞에서 징수하여 보관하게 하였다. 계속해서 12월 19일경에는 소작인회 간부 표성천, 박영선, 김봉남, 최복운, 김진운, 성경섭, 황진숙 등이 소작인회 사무실에서 만나 징수, 보관된 나락에 대해서 강제집행을 하게 되는 경우에는 회원들은 일치하여 이를 막을 것을 결의하였다. 이에 대해 지주측의 문재철, 나카미치 세이타로, 천철호 등도 이에 대한 대응책으로 소작료를 납부하지 않은 자은면 내의 손악동 외 149명에 대해 불수취채권보전(不收取債權保全)을 법원 목포지청에 신청하여 이들에 대한 가차압명령을 얻었다.126

법원 목포지청과 목포농담회측은 12월 24일 집달리 2명과 농담회 고용원 2명과 문재철의 마름을 자은도로 보내 도초도에서처럼 불납 소작인 150명의 유체동산 가차압을 단행하려 하였다. 이들은 먼저 유각리 손악동의 집에서 나락 두 가마니 및 동인 집 앞 광장에 보관 중이던 소작인회에서 징수한 소작료인 나락 70섬을 가차압하였다. 그리고 같은 마을 최병옥의 집에서 나락 1가마니, 면화 1자루를 가차압하였고, 같은 마을 최운일의 집에서 나락 3섬을 가차압하

---

124 『동아일보』 1925년 11월 28일 「자은소작총회, 제반사항을 결의」
125 『조선일보』 1925년 12월 4일 「徹底한 惡에 徹底反抗. 文在喆地主에 대한 慈恩作人」
126 「자은도 소작쟁의 광주지방법원 예심 종결결정문」, 『신안항일농민운동사 자료집』, 282~283쪽.

였다. 그후 구영리 김춘보의 집에 가서 집 앞에 있던 소작인회에서 징수한 나락 95섬을 가차압하려 하였다. 그때 이 사실을 들은 면민 수백 명이 몽둥이를 들고 몰려와 가차압의 집행을 중지하고, 앞서 손악동 등의 집에서 가차압한 것도 취소하라고 요구하였다. 군중은 법원 집달리와 농담회 간사들을 포위하고 차압 해제를 요구하며 차압 집행을 방해하였다. 집달리들은 군중의 위세에 눌려 결국 차압을 모두 해제하였다. 그리고 군중은 밤이 깊었음에도 불구하고 이들을 인근의 암태도로 추방하였다. 한편 송산리와 한운리 방면에서도 농담회 사무원과 마름에 의한 가차압이 집행되었다. 이들은 소작인 개인의 재산과 소작인회에서 거두어놓은 소작료를 가차압하였다. 그리고 문재철의 마름 집에서 숙박을 하던 중, 수백 명의 군중이 곤봉과 몽둥이를 들고 몰려와 송산리와 한운리에서 집행한 가차압을 해제하라고 요구하였다. 그리고 이들을 데리고 송산리와 한운리로 가서 가차압 표시를 강제로 제거하게 하였다. 또 나머지 차압서류를 빼앗았다.[127]

다음날인 25일 소작인회 간부인 표성천·박영선·김봉남·성경섭·김진운·황진숙 등은 구영리 소작인회 사무실에 모여 "집달리 및 그 대리인의 가차압 직무를 방해하였으니 반드시 경찰관이 범인 검거를 위해 자은도에 올 것이다. 이에 대해 면민을 일치단결하여 폭행을 가해 범인을 체포하지 못하도록 해야 한다"고 결의하였다. 또 암태도 소작인 집행위원인 박복영은 자은도에서 소작인의 소요가 일어난 사실을 25일에 듣고 곧 바로 자은도로 건너왔다. 그는 유천리

---

[127] 『시대일보』1925년 12월 29일 「자은면 소작농민의 분노, 착취에 또 가차압은 斷不容貸, 기어이 지주의 차압을 해제케 해」; 「자은도 소작쟁의 광주지방법원 예심 종결결정문」『신안항일농민운동사자료집』, 283~285쪽.

서광팔의 집에서 문옥산에게 "소작회원에게 자은소작인회에서 집달리의 직무집행을 방해한 것에 대해 반드시 이를 검거하기 위해 경찰관이 출장할 것이다. 그때는 다중이 협력하여 폭행, 협박을 가하여 이들을 몰아내야 한다. 경찰관도 수천 명이 힘으로 하면 수천 명을 모두 검거할 수 없다"는 내용으로 연설하도록 지시하였다. 이에 문옥산은 그날 밤 구영리 소재 소작인회 사무실로 가서 동 간부 최복운 등 십여 명에게 위와 같은 취지의 연설을 했다고 한다.[128]

이러한 소식을 접한 목포경찰서는 26일 경찰관 5명을 자은도에 파견하여 사실을 조사하려 하였다. 이들은 자은도에 들어가 자은경찰관주재소로 갔는데, 이 소식을 들은 자은소작인회 회원 수백 명이 곤봉과 몽둥이를 들고 몰려와 경찰 일행을 포위하거나 저지하였다. 이들은 경찰들에게 자은도에 온 이유를 캐묻고, "경찰관을 쫓아내자"고 외치기도 했다.[129]

이 소식을 들은 목포경찰서에서는 27일 다시 17명의 경찰을 경비선 편으로 자은도에 보내 소작인들의 가산 차압을 집행하려 하였다. 이에 자은소작회원들은 더욱 적극적으로 그에 대항하였다.[130] 전남 경찰부에서는 담양·장성·나주·광주 등 각 경찰서에서 병력 100여 명을 징발하고, 다른 관하 각 경찰서에서도 다수의 경찰을 소집하여 모두 180여 명을 1월 3일 경비선 두 척과 발동기선에 실어 자은도에 급파하였다.[131]

---

128 「자은도 소작쟁의 광주지방법원 예심 종결결정문」, 『신안항일농민운동사 자료집』, 285쪽.
129 위와 같음.
130 『조선일보』 1926년 1월 3일 「전남 무안군에 又復 소작쟁의 발발, 문데의 지주 문재철, 중도청태랑, 천털호 등이 소작료를 강제로 집행하려다가 큰 소동, 목포서에서 경관 십칠명을 현장에 급파」

자은도에 상륙한 경찰은 다도농담회 고용인과 집달리에 대항한 농민과 자은소작인회 간부 20여 명을 검거하였다. 이 소식을 들은 군중 1천여 명이 부두에 모여 검속자를 방면하라고 요구하다가, 결국은 밤 10시경에 경찰과 군중 사이에 대규모 충돌이 일어나 중경상자 40여 명이 발생한 뒤 군중이 해산하였다. 경찰은 4일 아침까지 약 40명을 검속하였는데, 도민들은 아침부터 다시 경찰주재소로 모이기 시작하여 약 4백 명에 달하였으며, 극도로 긴장한 경찰은 군중을 강제로 해산시켰다. 뒤를 이어 집달리와 농담회 고용인은 4대로 나뉘어 각각 경관 30명씩의 보호를 받으며 가차압을 행하였다. 그리고 경찰은 현장에서 이에 저항하는 이들을 검속한 뒤, 그날 오후 3시 자은도에 약 30명의 경찰을 남겨놓은 채 경비선에 검속자들을 싣고 목포로 돌아왔다. 집달리와 농담회 간부들은 경관의 위세를 빌려 자은소작회에서 소작인들로부터 모아둔 소작료를 차압하여 즉시 목포로 실어왔으며, 또 소작인들의 집집마다 다니면서 양식을 남겨놓지 않고 모조리 차압하였다.132 또 집달리 비용이라 하여 1호

---

131 『조선일보』 1926년 1월 5일 「殺氣瀰滿한 자은면 일대, 세디주의 무리로 이러난 군중, 백여 경간이 출동하야 진무 중. 인심은 자못 전전긍긍」. 출동한 경찰이 2백 명이 넘는다는 기사도 많다.
132 『동아일보』 1926년 1월 7일 「全島를 포위하고 이십여명 검거, 량도 교통까지 두절식혓다. 務安 慈恩島의 소작쟁의와 출동한 이백여 경관대」, 1월 9일 「百五十名의 武裝警官隊와 千餘名 小作民의 大亂鬪, 當夜 중경상자 사십여명, 아해밴 부녀 외 사십여명을 검속, 島民 全部에 差押(慈恩小作爭議 後聞)」, 1월 14일 「자은도소작쟁의, 家家戶戶에 食糧까지 差押」. 당시 대규모 경찰이 자은도에 출동한다는 소식을 들은 신문기자들은 배를 타고 자은도로 왔으나, 경찰이 상륙을 하지 못하게 배 안에 감금하여 당시 상황을 자세히 취재할 수 없었다고 한다. 『시대일보』 1926년 1월 8일 「수화불통의 무안 자은면, 검거부상 팔십여 명, 신문기자까지 감금, 상륙을 못하도록 선중에」

에 8원씩을 강제로 징수하였으며, 못 내는 이들에게는 주재소로 가자고 위협과 공갈을 하여 자은도 소작인 3천여 명은 기근과 불안, 공포에 휩싸였다고 한다. 또 목포경찰서는 만일의 사태를 우려하였는지 현지에 머물던 경관 30여 명 외에 무장 경관 20여 명을 1월 11일 추가로 자은도에 파견하였다.133

이와 같은 경찰과 소작농민간의 대규모 충돌 사건이 일어나자 언론은 이를 대서특필하였다. 당시 『조선일보』는 다음과 같은 시평을 게재하였다.

> 소작쟁의라 말하며 전남 무안을 생각하게 되었다. 암태의 소작쟁의가 있었고, 도초의 소작쟁의가 있어 자못 천하의 이목을 용동(聳動)케 하는 바 있었다. 그리하여 또 지주 문재철의 이름이 항상 그림자가 본물(本物)에 따라 다니는 것과 같이 이들 소작쟁의에 부수되게 되었다. 그리하였더니 금번에 또 무안군의 자은면에서 소작쟁의가 발작하게 되었는데, 상대가 되는 지주는 또 문재철이라는 사람이다. 그리하여 형세가 매우 위급하게 되었으므로 목포경찰서에서는 이백여 명의 경관이 출동하게 되었다. 그 결과 농민과 경관 사이에 충돌이 있어서 소작인 측에서는 중경상자 40여 명을 내게 되었다. 그리고 또 경관은 9명의 소작조합 간부를 체포하였으므로 천여 명의 남녀노약은 해산하지 아니하고 회집하여 간부의 방환(放還)을 요구하였다 한다.
>
> 이와 같이 무안의 천지는 소작쟁의로 하여 항상 불안중에 있어, 우리로 하여금 무안(務安)이 어찌도 무안(無安)한가 함을 생각하게 한다. 물론 현재의 제도하에 있어서 노자(勞資)의 충돌이 그치지 아니할 것은 생각할 수 있는 바이지만, 무안의 소작쟁의와 같이 심한 것은 우리 조선에서 그 예를 보지 못하는 바이다. 이와 같이 되는 것은 그 지주가 범인(凡人)과 특별히 다른 바가 있다고 단정하지 아니할 수 없

---

133 『동아일보』 1926년 1월 14일 「자은도 소작쟁의, 가가호호에 식량까지 차압」

다. 지주가 그처럼 완강하고 본 즉, 소작인이 또한 견강(堅强)한 태도를 취하게 되지 아니할 수 없다. 무안(務安)의 무안(無安)한 땅은 하시(何時)에나 유안(有安)하게 될까.134

즉 무안의 암태도, 도초도, 자은도에서 연이어 격렬한 소작쟁의가 일어나게 된 이유는 그 상대가 되는 지주인 문재철의 '악행' 때문이라고 보지 않을 수 없다는 것이 이 시평의 분석이었다. 실제로 도초도와 자은도의 소작쟁의는 소작인들이 암태도의 경우처럼 소작료 4할을 요구하자, 무안군의 지주들이 다도농담회를 만들어 소작인들에게 강경한 자세로 맞섬으로써 격렬하게 전개되었는데, 다도농담회의 결성과 지주들의 강경한 태도의 중심에는 항상 문재철이 있었다.135

자은도 소작쟁의가 발생하자, 이번에도 각지의 사회단체에서 응원이 잇따랐다. 경성의 조선노농총동맹에서는 진상조사와 소작인 위로를 위해 중앙집행위원 신동호를 이번에도 현장에 파견하였다. 그러나 그도 목포경찰서에 의해 현장인 자은도에 들어가지 못하고 목포에 발이 묶였다.136 또 경성노동회에서도 진상조사를 위해 상무집행위원 이항발(李恒發)을 자은도에 급파하였다. 그러나 목포경찰

---

134 『조선일보』 1926년 1월 9일 「<시평> 務安 何無安? 務安의 소작쟁의가 매우 치열한데 이는 그곳 地主의 惡行이 다른 곳보다 더 심하기 때문에 小作人들이 참지 못해 이러난 것이다」
135 당시 신문기사들은 문재철 등 소수의 지주 몇 명이 강경한 태도를 고수하고 있었다고 보도했다. 『동아일보』 1925년 12월 18일 「要求貫徹까지는 最後까지 抗爭. 四十餘地主는 四割을 承諾하엿스나 文在喆외 幾人은 依然히 態度가 强硬, 都草小作爭議 其後」
136 『동아일보』 1926년 1월 10일 「자은소작쟁의에 노총위원 특파, 위로 조사차로」; 『시대일보』 1926년 1월 14일 「자은쟁의 조사원에 현장 투족을 엄금」

서는 그가 자은도에 들어가는 것을 금지시켰다.[137] 목포의 사회단체들도 자은도 사건의 대책을 세우기 위해 1월 16일 '무안군 소작쟁의 대책강구회'를 개최하였는데, 이에는 목포청년회, 전위동맹, 목포노동연맹, 목포무산청년회, 무목청년연맹, 목포여자청년회, 목포여자수양회, 목포면려청년회, 목포유학생구락부, 목포기자단, 무안농민조합연합회 등 11개 단체가 참여하였다. 이날 회의에서는 자은도에서의 경찰의 폭행 소문, 목포에 거주하는 몇몇 지주들의 악행으로 인한 매년 수많은 농민들이 투옥되고 있는 현실 등에 대한 대책을 세우기로 하였다.[138]

3) 소작인회의 절반의 승리

한편 1926년 1월 30일 지주측과 소작인대표들은 목포경찰서에서 나카지마 목포경찰서장, 송원섭 무안군수, 성백인 자은면장 등이 입회한 가운데 합의서를 교환하였다. 합의서의 주요 내용을 보면, 1) 논의 경우 총 수확의 5할을 소작인의 소득으로 하며, 지주측은 총 수확의 5할을 받아서 그중 10분의 1을 장학비로 소작인에게 교부하며, 2) 밭 소작료는 기존의 정조(定租)로 하고, 3) 가차압은 모두 해제한다는 것 등이었다.[139] 소작인측은 소작료 4할을 관철하지는 못했지만, 소작료 5할의 10분의 1을 지주가 장학금으로 내놓도록 하는 양보를 얻어낸 것이었다. 이는 암태도가 소작인 5할, 영농자금 1할, 지주 4할의 타협안을 얻어낸 것만큼은 되지 못했지만 사실상 4.5할

---

137 『동아일보』 1926년 1월 14일 「특파 入島 금지, 경성로동회 특파원」
138 『동아일보』 1926년 1월 19일 「幾個의 地主로 인해 年年 희생자 다수」
139 『매일신보』 1926년 2월 3일 「무안 자은도 소작쟁의 해결」

로 타협을 본 것이었다. 소작인회측의 절반의 승리라고 할 수 있다.

그 이후 1926년 2월 6일 자은소작인회는 임시총회를 열고 그동안의 경과를 보고하고, 회명을 '자은농민조합'으로 개칭하였다.[140] 또 그해 9월에는 감옥에서 나온 서창석, 송기화 두 사람이 농민조합 회원 80여 명과 함께 협의를 거듭하여, 1925년 소작쟁의 당시에 경관대에게 협력한 자와는 교유를 단절하며, 또 감옥에 가 있는 소작인들의 가족에게는 물질적 도움이나 제초를 돕는 일을 하자는 데 의견을 모았다고 한다. 그런데 경찰은 이에 대해 '선동적 시위운동'이라 하여, 서창석을 25일간, 송기화를 20일간 즉결로 구류에 처하였다. 이에 소작인들은 다시 불안에 휩싸였다고 한다. 이즈음 자은면의 소작인들은 크게 위축되어 있었던 것으로 보인다.[141]

자은도 소작쟁의로 체포된 50여 명 가운데 15명은 방면되었으나, 39명은 소요죄로 1926년 1월 15일 광주형무소로 넘겨졌다. 표성천·최복운·박영선·김봉남 등 39명은 광주지법에서 재판을 받게 되었다. 그리고 암태농민조합 간부 박복영도 자은도 소작쟁의를 선동했다는 이유로 구속되어 같이 재판을 받았다. 7월 26일부터 재판이 시작되어 8월 16일에 언도 공판이 있었는데, 박복영과 표성천 징역 1년 2월, 김진운과 박영선 징역 8월 등 4명이 실형을 언도받았다. 또 송기화·안창화·최복운·문옥산·서옥봉·김봉남·황진숙·성경섭은 각 징역 7월, 김창수·우판도·양봉이·최명봉·서난수·김옥석·이옥경·안갑천·박덕기·서응삼은 각 징역 6월을 언도받았다. 다만 송기화·안창화·최복운·문옥산·서옥봉·김봉남·황진숙·성경섭·김창수·우판도·양봉이·최명봉·서난수·김옥석·이옥경·안갑천·박덕기·서응삼은 모

---

140 『동아일보』 1926년 2월 11일 「자은소작인회를 농민조합으로 개칭」
141 『매일신보』 1926년 9월 11일 「如履薄氷 중에 잇던 소작인의 불안」

두 각 2년간 그 형의 집행을 유예받았다. 그리고 이시보·손악암·황생주·김봉각·성낙표·성권수·양석암·표생규·김상렬은 모두 각 벌금 20원을 언도받았다.142 자은도 소작쟁의로 실형을 받고 수감되었던 표성천은 1927년 2월에 은사감형으로, 박복영은 1927년 5월 17일 만기로 출옥하였다.143

5. 매화도 소작쟁의

1) 매화도와 지주 서인섭

매화도는 압해면 매화리에 속한 세 섬 중의 한 섬이다. 매화도는 압해도로부터 서북쪽으로 2km 정도 떨어진 섬으로, 면적은 암태도의 5분의 1 정도 규모이다. 매화도의 마을로는 가장 큰 마을인 대동(大洞)을 비롯하여, 학동·산두·청석·청성 등의 마을이 있었다.144

서울대 규장각도서관에는 「도서문적류(圖署文績類)」라는 자료가 있는데, 그 안에 선희궁(宣禧宮)의 『지도군매화송이안마도세책』(智島郡梅花松耳鞍馬賭稅册) 4권(1904, 1905년 작성)이 있다.145 이를 보면, 매화도는 선희궁에 속한 궁방전이었던 것으로 보인다. 1908년에

---

142 「자은도 소작쟁의 광주지방법원 형사부 판결문」, 『신안항일농민운동사자료집』, 289쪽 ; 『동아일보』 1926년 8월 21일 「최고 1년 2월, 자은소작쟁의 언도」.
143 『조선일보』 1927년 2월 15일 「은사와 감형」 ; 『동아일보』 1927년 5월 25일 「박복영씨 출감」.
144 탁현진, 2013, 「매화도소작쟁의 연구」(목포대학교 석사논문), 7~8쪽.
145 규장각 도서번호는 규 22015, 21919이다.

작성된 『국유지조사서 초』에 의하면, 선희궁은 전라도 지도군 안마도, 송이도, 매화도에 도장(導掌)을 두고 장토를 관리했으며, 도장의 성명은 고영택(高永澤)이었다고 한다. 앞의 도세책 4권은 추수기로서, 1904년 매화도의 사례를 보면, 원전답(元田畓)은 45결여였으나, 진전답, 둔장호방색장예급분 3결을 빼면 실상납분은 28결 남짓이었다. 도세는 매년 풍흉을 막론하고 1결에 30량씩을 납부하는 것으로 되어 있었다.146 그런데 1결에 30량씩을 내는 것은 1894년 갑오년에 결세를 1결당 엽전으로 30량씩 내게 한 것과 일치한다. 이는 1결의 토지에서 1석 10량의 조 30석, 즉 600두가 산출되는 것을 기준으로 하여 그 10분의 1, 즉 3석의 대가(代價) 30량으로 결가를 정한 것이었다.147 이렇게 본다면, 선희궁에서 거두어간 것은 결세(結稅)에 해당하는 것이었고, 따라서 매화도의 궁방전은 무토(無土) 궁방전이었던 것으로 추정된다. 이 때문에 통감부 시기의 궁방전을 포함한 역둔토 정리 과정에서 매화도의 땅은 모두 민전(民田)으로 인정받은 것으로 보인다.

신안군 토지대장에 나타난 1915년 매화도의 토지소유 분포를 분석한 탁현진의 논문에 의하면, 당시 매화도에서 15,000평 이상의 농지를 소유한 지주는 서인섭(徐寅燮), 서병재(徐炳在), 조석숭(趙錫崇) 등 3인으로, 이들이 차지하고 있던 토지는 12만여 평이었으며, 전체 토지 48만 4,487명의 약 4분의 1에 해당했다. 그러나 1925년이 되면 15,000평 이상의 지주는 4명으로 늘어났다. 서병재의 토지는 22,034평에서 1,448평으로 크게 줄어들었고, 대신 27,132평의 박두영(朴斗永)과 43,380평의 에토 다이조(衛藤對藏)가 새롭게 등장했다. 또 서

---

146 규장각의 도서문적류 심화해제 참조(https://kyudb.snu.ac.kr/book/view.do)
147 박찬승, 2008, 『근대이행기 민중운동의 사회사』, 경인문화사, 365쪽.

인섭의 토지는 195,887평으로 크게 늘어났으며, 조석승의 토지는 15,954평으로 변함이 없었다. 이들 4명이 차지하는 토지는 282,353평으로 전체의 58.3%를 차지했다. 그만큼 토지소유의 집중이 심화된 것이다.[148] 여기에서 가장 주목할 이는 서인섭이다. 그는 일제하 매화도에서 가장 많은 토지를 소유한 이였다. 1925년 그가 매화도에서 소유한 농지 195,887평은 매화도 전체 농지 484,274평의 40.4%에 해당하는 것이었다.

서인섭은 1700년대 무안군 몽탄면에서 매화도에 입도한 서진방(徐震邦)의 5대손으로, 매화도에서 가장 큰 마을인 대동(大洞)에 거주하다가 1920년대에는 목포로 진출하여 그곳에서 거주하면서 활동했다. 서인섭은 본명은 서상식(徐相湜)이며, 부친은 서치규(徐致奎, 일명 徐聖國)이다. 서씨가가 부를 축적하기 시작한 것은 서치규 때부터인 것으로 보인다. 서치규는 주로 고리대금업을 통해 재산을 불린 것으로 추정된다. 그는 고리대금업을 통해 축적된 자금으로 매화도에서 논과 밭을 사들인 것으로 보인다. 또 고리대금업을 하면서 저당을 잡은 토지를 결제일이 지나면 자신의 땅으로 만들기도 한 것으로 보인다. 그는 1915년에 이미 논 41,733평, 밭 42,423평을 소유하고 있었다. 서인섭은 이를 승계한 것으로 보이며, 1915년부터 1925년 사이에 토지를 크게 늘려 논 90,330평, 밭 103,719평을 소유하게 되었다.[149]

그런 가운데 1921년 서치규(서성국)는 매화도 주민 김학동 외 1백여 명에게 돈을 빌려주었는데, 이들이 제대로 돈을 갚지 않자, 농민들로부터는 한 해 농사를 지어놓은 곡식을 모두 빼앗아갔고, 수

---

148 탁현진, 앞의 논문, 18~22쪽.
149 같은 논문, 23~26쪽.

공업자들로부터는 연장을 모두 빼앗아갔다. 이에 채무자들은 서치규의 집 앞에 몰려가서 살려달라고 애걸하였지만, 서치규는 돌아보지도 않았다. 결국 이들 백여 명은 도저히 살길이 없어 모두 동서남북으로 흩어져 유리걸식을 하게 되었다고 한다. 이 사건은 『매일신보』에 두 차례 크게 보도되었는데, 이 기사에 의하면 서성국은 "매화도 백여 호에 사는 주민 5백여 명에 모두 받을 채권이 있어 자기의 간사인 이재원(李在元), 강태수(姜太守)를 시켜 (채무자들에게 돈을 갚으라고) 강제적 압박과 지독한 악행을 함으로 그 주민들은 견딜 수 없어 차례로 매화도를 떠나 사방으로 흩어지는 중"이었다고 한다.150 이처럼 서인섭의 부친 서성국은 고리대금업자로서 매화도에서 악명을 높이고 있었다.

서인섭이 목포로 언제 나왔는지는 확실하지 않다. 그런데 1923년 그는 목포부협의회원 선거에 출마하여 당선되었다는 『동아일보』의 기사가 있다. 당시 정원이 14명이었고, 조선인 몫으로는 5명이 당선되었는데 그중의 한 명으로 당선되었다는 것이다.151 그런데 같은 선거 결과를 보도한 『매일신보』는 당선자의 이름을 서인섭이 아닌 서윤창(徐允昌)으로 보도하였다.152 두 사람이 같은 사람일 수도 있다. 그런데 『조선일보』는 선거가 끝난 지 약 두 주일 뒤에 서인섭을 소개하면서 "금번 목포부협의원 후보도 일반의 공인인 바"라고 썼다. '당선자'라고 쓰지 않고 '후보'라고 쓴 것이다.153 이를 보면, 그는 후보로 출마는 했지만 낙선한 것이 아닌가 여겨진다. 『동아일보』

---

150 『매일신보』 1921년 2월 26일 「무도한 채권자에 생활자료 일코」; 1921년 3월 6일 「매화도의 주민이산 문제」
151 『동아일보』 1923년 11월 23일 「각지 선거 조선인 5인 목포, 정원 14명」
152 『매일신보』 1923년 11월 22일 「각지 협의원 총선거, 목포」
153 『조선일보』 1923년 12월 8일 「서지주의 厚誼」

도 선거가 끝난 지 한 달쯤 뒤에 '목포 죽동 서인섭씨'라고만 소개하였다.154 서인섭이 목포부협의회원으로 소개된 경우는 한 번도 없었다. 이를 보면, 서인섭은 부협의회원 선거에서 낙선했을 가능성이 더 크다고 보인다. 선거가 끝난 직후인 1923년 11월 27일 『조선일보』에는 다음과 같은 기사가 보도되었다.

> 전남 목포부 죽동에 거주하는 서인섭은 원래 천여 석 추수하는 부자로서 목포부 일반사회라든지 자기 친족 간에 항상 인심을 잃어서 누구에게든지 인색하다는 평판을 듣는다는데 그는 자기의 친척이나 빈한한 사람에게 토지 마지기 식이나 소작권을 주고 추수할 때가 되면 항상 소작료로 문제가 되어 싸움이 많이 일어나는 터인데, 금년에도 그의 토지가 있는 매화도라는 섬에서는 일반 인민이 모두 살 수 없다고 인심이 흉흉하다는데, 그 이유인즉 그 섬으로 말하면 토지 전부가 서인섭의 소유임으로 그 섬 인민은 전부가 그의 토지를 소작하야 근근히 생활하야 가는 터인데 금년 추수는 혹독한 중에도 더욱 혹독히 하여 토지의 실소출이 한 섬쯤 되면 소작료는 한 섬 두 말이나 작정하여 받아 갈 뿐 아니라, 어떤 소작인에게는 농작한 곡물 전부를 소작료로 받고도 부족한 것은 소작인의 동산물까지 사유로 차압한 일까지 있어 소할(所轄) 경찰관도 매우 주목 중이며, 일반 소작인들은 추운 겨울에 모두 굶어 죽겠다고 울며 청원하는 소리가 낭자하다더라.155

이 기사에서도 서인섭은 천석군의 부자로만 언급되고 있으며, 목포의 일반사회에서 인심을 잃은 인물로 묘사되고 있다. 그리고

---

154 『동아일보』 1923년 12월 30일 「서지주의 頌德」
155 『조선일보』 1923년 11월 27일 「매화도 소농민의 원성, 서인섭의 소작료 남봉으로」

소작료를 혹독하게 거두어 소출보다 더 많은 소작료를 거둬가기도 하고, 소작료가 부족하다고 소작인의 재산(동산)까지도 차압하는 존재이기도 했다.

그런 가운데 1924년 2월 14일 매화도에서는 서병대(徐炳大, 徐炳戴)가 청년들과 협의하여 '노농공조회'라는 단체를 만들었다. 이 단체의 목적은 친목, 연학(硏學), 산업장려, 농사개량, 소작에 대한 폐해 제거 및 소작인 상조, 미풍양속 장려 등이었다.156 암태도에서 소작인회가 만들어진 지 두 달 정도 뒤에 매화도에서도 소작인들이 단체를 만든 것이다.

1926년 11월에는 목포부협의회 선거가 또 있었지만, 서인섭은 출마하지 않았다. 오히려 선거를 전후하여 그는 경찰에 쫓기는 몸이 되었다. 『조선일보』 보도에 의하면, 그는 "매화도에서 왕이라는 칭호를 받고 있을 뿐 아니라, 목포에 있어서는 관료배와의 교제수단이 능하여 인민에 대한 횡포대장이란 별명도 있다"면서, 이번에 "매화도 주민 몇 사람을 속여 수천 원의 돈을 편취하려다가 흑막이 폭로되어 공범인 구장(區長) 권일영(權日永)이 체포됨을 보고 서인섭은 도주하였다."고 보도하였다. 이 사건은 1920년 매화도 도민들이 자신들의 연고림(공유림)이 국유로 편입된 것을 발견하고, 이를 대부출원하기 위해 그 비용 3백 원을 서인섭의 아버지 서치규로부터 차용하면서 시작되었다. 당시 출원자 대표인 김현수(金炫洙)와 권일영은 차용증서를 쓰고 서치규로부터 돈을 빌렸는데, 그 뒤 변제해야 할 시기가 오자, 서치규와 서인섭은 채무변제를 시키지 아니하고 김현수로부터 논 30두락, 밭 4두락, 농우 1마리 등 1천여 원의 재산을 강제로 빼앗았다. 논밭을 빼앗긴 김현수는 고향을 떠나 목포로

---

156 『동아일보』 1924년 2월 25일 「노농공조 創會」

이주했다. 이어서 서치규는 도민들이 이 일을 잘 모르는 사정을 이용하여 서인섭, 권일영과 공모하여, 조석숭 등 9명이 연대 채무자가 되어 834원을 자신에게 차용증을 쓰고 빌렸고, 변제일은 1926년 11월 10일이라고 주장하고, 변호사에게 위임하여 대금청구소송을 제기하였다. 그리하여 강병호 등 세 사람에게는 이자를 합하여 1천원의 돈을 받고, 나머지 여섯 사람에게는 이천여 원을 청구하였다. 그런데 이들 가운데 조석숭이 자신들이 썼다는 차용증서가 위조된 도장을 쓴 위조문서임을 확인하고 목포경찰서에 고소하였다. 목포경찰서에서 권일영을 붙잡아 취조하자 권일영은 그 차용증서가 위조되었다는 사실을 실토하고, 이 일은 모두 서인섭이 시켜서 한 일이라고 자백하였다. 이에 목포경찰서의 형사대가 서인섭의 집을 급습하였으나, 서인섭은 급히 도주하여 붙잡히지 않았다.[157] 서인섭은 이때 경성으로 도주하여, 모 관청의 국장을 하고 있던 처남의 도움을 받아 법망을 빠져나갔다고 한다.[158]

2) 매화도농민조합의 조직과 소작쟁의

그런 가운데 매화도의 청년과 농민들은 단결을 도모하고 있었다. 1924년 2월 14일 서병대가 주축이 되어 만든 '노농공조회'는 1926년 봄 다른 면에서 소작인조합이 모두 '농민조합'으로 명칭을 변경하는 것을 보고, '매화도농민조합'으로 명칭을 변경한 것으로

---

157 『조선일보』 1926년 12월 3일 「島民 사기한 서인섭, 오래간만에 사실이 발각돼 아닌 밤중에 라테로 도망질」 ; 12월 8일 「악랄한 수단을 다 써서 島民의 재산을 병탄, 방금 경찰의 손에 들키여 자식은 도망, 아비는 구검」
158 『조선일보』 1927년 9월 8일 「가집달리 이십명 일대, 흉기로 수십 동민을 斫傷」

보인다. 그리고 1927년 6월 24일 최석현의 집에서 매화도 농민조합의 혁신총회를 열어 농민들의 친목이나 상부상조보다는 농민운동의 근본정신인 소작조건 등 당면문제를 해결하는 데 힘을 기울이기로 하였다. 이날 농민조합의 새 임원으로는 서병대(徐炳大), 박관섭(朴寬燮), 강윤경(姜允庚), 김동준(金同俊), 김백수(金伯洙), 박행규(朴幸奎), 김병래(金炳來), 서병창(徐炳昌) 외 9인이 선출되었다. 이날 혁신총회에서는 소작조건에 관한 건, 당면문제에 관한 건, 무안농민연합회에 가맹하는 건 등을 논의하였다.159

또 같은 날 같은 장소에서는 고희조(高義祚) 박종규(朴鍾奎) 등의 발기로 '매화청년회' 창립총회가 열렸다. 박종규의 사회로 진행된 창립총회에서 회원들은 규약을 통과시키고, 임원을 선출하였으며, 임시총회를 열어 주요 사항을 결의하였다. 이날 선임된 임원은 박종규(朴鍾奎) 고희조(高義祚) 박행규(朴幸奎) 서병창(徐炳昌) 서병도(徐炳道) 박성섭(朴成燮) 최판용(崔判用) 김오복(金五福) 김재남(金在南) 이동필(李同必) 정길조(鄭吉祚) 등이었다. 이날 결의사항은 회원들의 교양에 관한 건, 농민조합운동에 관한 건, 무목청년연맹 가입의 건 등이었다.160

매화도 도민들이 농민조합과 청년회를 조직하고 혁신한 것은 다른 면들에 비해서는 1~2년 정도 늦은 것이었지만, 압해면 매화리에도 이제 사회운동의 물결이 들어왔음을 말해주는 것이었다.

농민조합은 6월 25일경 최응문의 집에서 조합원들이 회합을 갖고, 다음과 같은 사항을 결의했다. 1) 소작료에 관해 논의 소작료 5할을 4할로 감한다. 2) 밭에 대해서는 3등급으로 나누어 1등지는 면

---

159 『조선일보』 1927년 6월 28일 「무안 매화도 農民組 혁신」
160 『조선일보』 1927년 6월 30일 「무안 매화도에 청년회 창립」

화 18근, 2등지는 15근, 3등지는 12근으로 하고, 그 반액을 보리로 납입한다. 3) 거처(坐地)는 이를 6등급로 나누어 1등지 면화 16근, 2등지 14근, 3등지 12근, 4등지 10근, 5등지 8근, 6등지 7근으로 하고, 전부 면화로 납입한다. 4) 조합원이 이를 위반할 시는 조합에서 제명 처분한다. 조합은 이와 같은 결의사항을 지주들에게 통고했는데, 지주 고희조(高羲祚), 박두영(朴斗永)은 이를 받아들였으나, 서인섭은 이를 거부하였다.161

그런 가운데 지주 서인섭은 1927년 9월 들어 악덕 고리대업자로서의 면목을 과시하면서, 농민조합의 조합원들을 괴롭혀 조합에서 탈퇴하도록 유도하기 시작했다. 그는 매화도 도민이자 조합원 10명에게 가옥을 전당잡고 돈을 빌려준 뒤 변제기일이 넘기를 기다렸다가, 기일이 넘었다는 이유로 목포재판소에 가옥에 대한 강제명도신청수속을 제기했다. 그리고 동 법원 집달리 1명과 기타 9명을 데리고 매화도에 들어가서 자신의 부친 서치규의 집에서 머슴살이하는 11명을 추가로 데리고 채무자 10명의 집을 돌아다니면서 이들을 모두 집에서 쫓아냈으며, 가지고 간 자귀, 몽둥이(장작개비) 등으로 가구를 박살내고 집 밖으로 내던져버렸다. 이에 당사자들과 이웃 사람들이 항의하자 이들을 몽둥이로 난타하여 2명이 중상을 입고 20여 명이 경상을 입어 중상자는 목포의 병원으로 실려가 입원하는 사태가 벌어졌다. 이들 부상자들은 서인섭을 경찰에 고발하여, 목포경찰서에서는 매화도에 출장하여 사실을 조사하였다.162

---

161 「매화도소작쟁의 광주지방법원 판결문」, 『신안항일농민운동사자료집』, 298쪽.
162 『동아일보』 1927년 9월 7일 「壯漢을 인솔 폭력으로 집행, 壯漢 십명을 데리고 가서 폭력으로 강제집행을 해」 ; 『조선일보』 1927년 9월 8일 「가집달리 이십명 일대, 흉기로 수십 동민을 작상, 목포 徐富豪 극도 발호」

『조선일보』는 이 문제로 시평까지 썼다. 이 시평에서는 "문제의 주인공은 목포의 한 고리대금업자 서인섭이라 한다. 그는 전일 전남 무안군 매화도에 있을 때에 빈한한 도민들에게 고리대금을 하여 기한이 조금만 지나면 저당한 토지와 가옥의 소유를 별반 간계를 다하여 이전시켰다고 한다. (중략) 지난 3일에는 타인의 소유권을 대지가 다만 자기의 소유라는 구실로 집달리 1명과 가집달리 9명을 파송하는 동시에 응원대 11명을 가하여 가옥을 비워달라고 폭행을 함부로 하였다는데 가구집물의 파훼는 물론이요 남녀노유를 불구하고 머리채를 끌어 밖으로 축출하여 가옥을 봉쇄하였다고 한다. 그뿐만 아니다. 이러한 불법행동에 반항하는 자들은 한사축출(限死逐出)한다고 동가(洞家) 8호를 동일한 수단으로 집행하는 일면에, 이웃 주민 2명을 흉기로 타작(打斫)하여 중상을 냈다."면서, "일개 고리대금업자가 일개 공리(公吏)를 끼고 빈한한 농민에게 방약무인하게 폭행을 가한 것은 의아"하다고 지적하였다.163

집에서 쫓겨난 이들은 농민조합측에서 조합원들의 집에 수용하겠다고 제안하였지만, 이를 사양하고, "죽어도 지주집에 가서 죽겠다"면서 서인섭의 부친인 서치규의 집으로 찾아갔다. 서치규는 문을 잠그고 들어오지 못하게 하였고, 병든 노인들과 아이들만 행랑채에서 잠을 잘 수 있었다고 한다. 목포경찰서에서는 여러 차례 경비선을 보내어 집을 잃은 농민들을 대상으로 사실을 조사하고 또 문제를 해결하려 하였지만, 서치규와 서인섭 측의 거부로 해결을 보지 못하였다.164 이들 농민들은 매화도 내에서 방황하다가 목포로 나와서 서인섭의 집으로 찾아갔다. 그러나 서인섭은 만나주지 않았

---

163 『조선일보』 1927년 9월 9일 「(시평) 금권과 관권」.
164 『동아일보』 1927년 10월 12일 「冬寒은 박두한데 病者까지 속속 발생」.

고, 경찰은 이들 일행을 가로막았다. 결국 이들은 목포법원지청에 찾아가 지청에 호소하고 나섰다. 그러나 지청에서는 경찰에 신고하였고, 경찰이 출동하여, 이들 일행을 서인섭의 집 근처의 빈집에 수용하고, 서인섭이 경성에 가고 없으니 돌아올 동안 기다리라"고 설득하였다.[165]

그런 가운데 사태는 소작쟁의로 번졌다. 매화도 농민조합에서는 추수기를 맞아 소작료를 4할로 할 것을 다시 결의하였다. 그리고 소작료의 감정은 지주·소작인과 이해관계가 없는 공정한 사람을 선정하여 감정할 것을 지주측에 요구했다. 매화도에 땅을 가진 지주들은 모두 이 요구를 수용하였지만, 지주 서인섭만 이를 거부하고 소작료 5할을 주장했다. 그리고 11월 12일 돌연히 목포경찰서 소속 경비선 금강환으로 목포재판소 소속 구리야마 가네키치(栗山兼吉) 검사가 서기 1명과 목포경찰서 순사와 형사 4~5인, 서인섭 지주의 차인(差人:심부름꾼) 4명을 이끌고 매화도에 찾아왔다. 그는 농민조합 간부들을 불러 "너희는 지주가 요구하는 소작료 5할을 받아들이겠는가 못하겠는가"하고 물었다. 농민조합 간부들은 당연히 규약에 따라 4할 이내를 주장하고, 지주가 자기 욕심대로 간평하는 5할(실제로는 7~8할)을 주고는 살 수가 없다고 답하였다. 이에 구리야마 검사는 "금년 소작료는 작년례로 지불하라."고 하였고, 농민조합측에서는 "연풍연흉(年豊年凶)의 관계로 보아 작년은 금년에 비하여 풍작이었고, 금년은 한재(旱災)로 인하여 수확이 적으니 작년례의 반할(半割:50%)은 지불치 못하겠다."고 하였다. 이에 구리야마 검사가 "그러면 지주가 발행한 고지서대로 지불하라." 하자, 농민조합측

---

165 『조선일보』 1927년 10월 15일 「소작료 강제징수로 노숙민이 백여명, 아무러나 죽기는 일반이라고 군중 재판소에 쇄도」

은 "그것도 불공평하니 응하지 못하겠다."고 답하였다. 이 검사는 소작료 문제에 관청의 지시대로 순응하지 않는 자는 검속하겠다면서, 농민조합 간부 14인을 목포로 붙잡아가서 목포형무소로 넘겼다.166 그런데 구리야마 검사는 지주의 소작료 5할 납부 요구를 거부했다는 이유로 이들을 구속할 수는 없었다. 따라서 구리야마 검사는 농민조합 간부들이 농민조합에 가입하지 않으면 수화불통(水火不通)을 하겠다는 등 농민들을 협박하여 조합에 가입하게 했으며, 조합에 가입하지 않거나 소작료를 4할 이상 지주에게 납부하는 농민들에게 협박을 하고 구타를 가하고 상해를 입혔다는 혐의를 뒤집어씌웠다. 그리하여 이들에게 모두 협박과 상해죄를 적용하여 구속한 것이다.167 아마도 조합에 가입하기를 거부하는 농민들과 조합 간부들 사이에 있었던 사소한 언쟁과 몸싸움을 협박과 상해로 확대하여 사건을 만든 것으로 보인다.

그런 가운데 『조선일보』 등 여러 신문은 지주 서인섭이 "수십 년 동안 소작인들을 심하게 취급해 왔고, 금년에 와서는 추수기를 당하여 소작인과 농민조합에는 하등 통지도 없이 자기는 5할로 감정한다 하고 수확고 이상으로 소작료 납입고지서를 발부했다."고 보도했다. 예를 들어 소작인 김남원에게는 수확고가 3섬 9말 2되였는데 지주의 소작료 납입고지서에서는 4섬 19말 3되를 요구했으며, 정

---

166 『동아일보』1927년 11월 17일 「매화도 농조 간부 십사인을 검거, 디주 요구에 불응한다고, 즉시 형무소에 수용」 ; 『조선일보』1927년 11월 17일 「농민운동에 희생된 십사인, 지주 5할설에 항쟁. 검사국 송치」 ; 『중외일보』1927년 11월 19일 「검사 돌연 출장, 작인 14인 검속, 무리한 지주와 무리한 법관. 매화도 소작쟁의 후문」
167 「매화도소작쟁의 광주지방법원 판결문」, 『신안항일농민운동사자료집』, 298~299쪽.

성래에게는 수확고가 4섬 2말 4되인데, 지주의 납입고지서에서는 4섬 7말 6되를 요구했다고 한다. 즉 수확고 이상으로 소작료를 요구한 것이다. 그 해는 한발과 병충해가 매우 심하여 소출이 크게 줄어들었는데, 지주측은 이를 전혀 감안하지 않고 평년의 소출을 염두에 두고 50% 이상의 소작료를 요구한 것으로 보인다. 이러한 상황에서 구리야마 검사는 소작인들에게 지주가 요구하는대로 소작료를 내라고 하였던 것이다. 그런 가운데 지주측 소작인 중의 한 사람이 박극중의 논에 자기 소를 풀어놓아 논의 벼를 먹게 하였고, 이를 본 박극중과 그의 딸은 이를 힐책하였는데, 박모는 도리어 박극중의 딸 박소사를 구타하였으며, 이를 본 주위 사람들이 그를 말렸는데 이를 빌미삼아 적반하장으로 박소사외 14명이 자기를 위협하였다고 경찰에 고발하였고, 목포의 검사국은 박소사 외 14인을 호출하여 취조하였다.[168]

그런 가운데 위에서 본 10여 호의 가옥명도가차압 사건으로 집을 잃고 방황하던 이들에게 서인섭의 조카 되는 농민조합 간부 서병언(徐炳彦)이 의분을 참지 못하여 이들 집을 봉쇄한 것을 파괴하고 지주의 승낙을 얻었으니 들어가 살라면서, "죽어도 내가 죽고 징역을 살아도 내가 살 터이니 집에 들어와 목숨이나 보전하라"고 하여, 집을 잃었던 이들은 이 말을 듣고 집에 들어갔다. 그런데 서인섭은 이들을 고발하여 목포 검사국에서 12명을 호출하여 조사하였고, 6명을 목포형무소로 넘기는 일이 발생했다.[169] 그리고 검사국은

---

[168] 『조선일보』 1927년 11월 18일 「무안 매화도 지주의 신인공노할 착취수단, 총수확은 7석 8두에 작료가 12석 2두」
[169] 『동아일보』 1927년 11월 19일 「도민 6명 又復 獄行, 거듭 오는 디주의 마수」 ; 『조선일보』 1927년 11월 19일 「泣寒老幼의 참상보고 격분끄테 封鎖破除, 농조원 6명 또 다시 수감, 매화도사건 점익 혐악」

서병언도 호출하여 취조한 뒤 목포형무소에 수감하였다.170 검사국
은 이들 집을 잃은 이들이 집달리 등이 가옥명도가차압을 진행할
때 몽둥이 등을 들고 가로막고 살해 위협을 가하고 구타를 하는 등
소요를 일으키고 공무집행을 방해하였다는 이유로 이들을 구속하
였다.171 그러나 앞서 본 것처럼 사실은 오히려 반대였다. 매화도의
주민들은 오히려 집달리 일행으로부터 구타를 당하고 상해를 입었
던 것이다.

매화도사건이 이와 같이 확대되어 가는 가운데, 구리야마 검사
는 11월 12일 경찰을 동원하여 매화도 농민조합을 간접적으로 응원
하고 있던 목포 시내의 조선일보 목포지국, 목포노동연맹을 수색하
고, 대성동의 서병재의 집을 비롯하여 시외 죽교리의 서병인, 서병
남 형제의 집도 수색하였고, 서병남이 경영하는 해안통의 공영상회
까지 수색을 단행하였다.172 이들 서병재, 서병인, 서병남 3형제는
매화리 출신이었으며, 그 가운데 서병인은 목포의 사회운동계에 주
요 인물 중의 하나였다.173 매화도 농민조합의 배후에 서병인 형제
들이 있지 않은가 조사했던 것으로 보인다.

---

170 『조선일보』 1927년 11월 24일 「당숙의 잔인으로 당질이 刑所 呻吟」
171 「매화도 소작쟁의 광주지방법원 판결문」 『신안항일농민운동사자료집』, 299~
300쪽.
172 『조선일보』 1927년 11월 26일 「매화도 사건으로 검사 각 단체 수색. 배후
에 무슨 선동이나 있는가 해, 단체 및 지주의 집을 일일 수색」
173 서병인(1996~1949)은 목포상업학교 2년을 수료하고 면화중개업을 했다.
1925년 이래 목포청년회 간부, 목포전위동맹 간부, 목포면업노동조합 이
사, 무목노농연맹 위원, 목포노동총동맹 집행위원 등으로 활동했다. 1927
년 8월에는 비밀리에 조선공산당에 입당하여 목포야체이카에서 활동했다.
1928년 제4차 조선공산당 사건으로 체포되어 투옥되었다. 강만길·성대경
1996, 『한국사회주의운동인명사전』, 창작과비평사, 233쪽 등 참조.

그런 가운데 당시 일본 자유법조단의 일원으로 노동농민운동을 지원하던 변호사로서, 조선공산당 사건을 변호하기 위해 조선에 와 있던 후루야 사다오(古屋貞雄)는 매화도 사건을 조사하기 위해 목포에 왔다. 그는 구리야마 가네키치 검사와 나카지마 겐조(中島健三) 목포경찰서장을 방문하고 이 사건에 대해 질문을 하였지만, 두 사람의 답변은 애매모호하였다. 이에 그는 광주검사정을 만나기 위해 광주를 방문했다. 그는 광주에서 사카이 다케오(酒井赳夫) 검사정을 만나 "매화도 소작인들의 고소를 하등의 심리도 없이 각하한 것에 대해 어떻게 생각하느냐"고 물었는데, 검사정은 "목포법원의 구리야마 검사가 다음 달 초에 광주에 오면 상세한 보고를 받고 불편부당한 처치를 하겠다."고 답할 뿐이었다.[174]

12월 16일에는 매화도 소작쟁의 사건으로 수감된 20여 소작인들의 가족 30여 명이 광주지방법원 목포지청에 쇄도하여 예심판사에게 면회를 요청하였다. 목포지청은 경찰서에 통지하여 경찰들이 달려와서 이들을 해산시켰으며, 해산에 불응하는 여섯 명을 경찰서로 끌고 갔다. 이에 남은 이들은 여섯 사람을 따라서 경찰서로 쇄도하여 "우리는 먹을 것도 없고 잠잘 곳도 없으니 경찰서에 유치하여 달라"면서 저항하였다.[175]

---

174 『조선일보』 1927년 11월 29일 「古屋변호사 광주검사정에 질문, 무안 매화도 사건으로」; 11월 30일 「매화도사건에 古屋씨와 검사 양인간 문답」
175 『조선일보』 1927년 12월 19일 「무안군 매화도 소작쟁의 확대, "寢食이 無路하니 경찰서에 유치해라" 여자 6인을 손목 끌어 해산」

3) 농민조합측의 패배

그런 가운데 경성의 나가이(永井)라고 하는 이가 지주 서인섭과 농민조합 사이의 중재에 나섰다.176 아마도 목포경찰서장이 그에게 조정을 의뢰한 것으로 보인다. 양자 사이의 조정은 1928년 5월 5일 타결되었는데, 그 내용을 보면 1) 소작료는 타작 2분의 1로 하고, 나머지는 소작인의 소득으로 할 것, 2) 소작인의 뜻에 반대되는 소작권의 이동을 하지 말 것, 3) 분규 중에 있는 1927년도의 소작료는 쌍방 협정 공평으로 결정할 것, 4) 농사경영 자금은 일보(日步) 5전으로써 소작인에게 대부할 것, 5) 1928년도 비료는 무이자로 대여할 것 등이었다.177 협상 타결의 내용을 보면, 소작료가 4할이 아니라 5할이 되어 농민조합측이 사실상 패배한 것이라 할 수 있다. 또 1927년도의 소작료에 대해서도 확실한 결론이 나지 않은 상태였다. 경찰과 검사국의 공권력을 동원한 서인섭 지주측의 힘에 농민조합측이 밀린 것이라 볼 수 있다.

한편 매화도 사건으로 구속된 이들의 재판이 진행되어 1928년 9월 20일 언도공판이 있었다. 구리야마 검사는 농민조합 사건과 가옥명도가차압 사건을 하나로 합쳐 재판을 진행했다. 그는 농민조합 간부들은 농민조합의 세력을 키우기 위해 조합에 가입하지 않은 자

---

176 나가이(永井)가 누군지는 정확히 알 수 없지만, 당시 경성에서 변호사 개업을 하고 있던 나가이 미치타다(永井道忠)일 가능성이 있다.
177 『朝鮮新聞』 1928년 5월 7일 「解決した梅花島の爭議, 從來の經緯を忘れて双方が堅い握手」. 특이한 것은 이와 같은 협상의 내용이 일본인들이 발행하는 『조선신문』에만 보도되고, 조선인들이 발행하는 『조선일보』나 『동아일보』에는 전혀 보도되지 않았다는 점이다. 따라서 이러한 합의가 사실이었는지는 확실하지 않다.

및 탈퇴자를 조합에 가입시키기 위해 절교를 선언하는 등 협박을 했고, 구타를 통해 상해를 입혔다고 주장했다. 또 가옥명도가차압을 위해 집달리 등이 매화도에 오는 것을 알고, 나팔을 불어 사람들을 모이게 한 뒤 소나무 몽둥이 또는 손발로 집달리 일행을 구타하여 공무집행을 방해하고 상해를 입혔다고 주장했다. 그리고 이 일이 있기 전 서병대 등 농민조합 간부들은 소요를 일으키기로 계획을 세웠으며, 집달리 일행이 오자 군중 100여 명과 함께 그들을 폭행하고 협박했다고 주장했다. 결국 재판장 김응모(金膺模)와 2명의 배석판사들은 피고인 26명에게 모두 유죄판결을 내렸다. 서병대(徐炳戴)·박관섭(朴寬燮)·서병천(徐炳千)은 징역 1년을 언도받았고, 박행규(朴幸奎)·박병순(朴炳淳)·조봉홍(趙奉洪)은 징역 8월, 임백춘(林伯春)·김동준(金東俊)·박홍규(朴洪奎)·서병은(徐炳殷)·조순창(曺順昌)·서병언(徐炳彦)은 징역 6월을 언도받았다. 12명이 실형을 언도받은 것이다. 강윤경(姜允庚)·정성래(鄭成來)·남금석(南今石)·김봉일(金奉日)·강윤국(姜允局)·한윤산(韓潤山)·김남원(金南元)·이만춘(李萬春)·한현채(韓鉉采)·한영근(韓永根)·이동필(李同必)·박동운(朴東云)·서옥균(徐玉均)·최권순(崔權順)은 징역 6월, 집행유예 2년을 선고받았다.[178] 이들 26명은 결국 지주 서인섭과 검사 구리야마가 억지로 만들어낸 사건에 의해 억울한 옥살이를 해야만 했던 것이다.

 이후 매화도에서의 소작료 5할 제도는 변함없이 지속된 것으로 보인다. 매화도 소작쟁의는 농민조합 측의 완벽한 패배로 끝났다. 이는 서인섭 측이 검찰과 경찰을 자기편으로 만들어 농민조합 측을 압도하였고, 농민조합은 조합원의 수가 많지 않아 이에 제대로 대항하지 못했기 때문이 아닌가 여겨진다.

---

178 「매화도소작쟁의 광주지방법원 판결문」, 『신안항일농민운동사자료집』, 298쪽.

그런 가운데 1934년에 지주 서인섭의 송덕비 사건이 있었다. 이 사건은 매화도가 아닌 무안군 망운면 연리에서 있었던 일인데, 서인섭의 소작인 60여 명이 서인섭의 송덕비를 세우려 하다가 그곳 청년들과 충돌한 것이다. 이 사건은 이곳 서인섭의 농지 마름인 안남용을 1933년 강모로 바꾸었는데, 강모가 소작권 일부를 이동시킨 뒤 오래전에 건립된 서인섭의 부친인 서치규의 송덕비에 누군가가 똥칠을 한 사건이 일어났다. 안남용은 이를 서인섭에게 알리고 아마도 소작권 이동에 불만을 품은 자의 소행일 것이니 이동된 소작권을 환원해주자고 하였다. 서인섭이 이에 동의하자 안남용은 서인섭에게 아부하기 위하여 서인섭 송덕비를 세우기 위해 자신이 발기인이 되어 일부 소작인들을 모아 송덕비를 세우고 제막식을 열려고 한 것이다. 이에 그 지역의 청년들이 서치규의 비에 누군가 똥칠을 한 지 얼마 되지 않았는데, 아들인 서인섭의 송덕비를 세우는 것은 옳지 않다면서 송덕비를 세우려는 소작인들과 충돌하게 된 것이다. 양측은 격투를 벌였고, 결국 중경상자가 발생하였으며, 청년측 6명이 경찰에 상해죄로 검거되었다고 한다.[179] 서인섭측이 무리하게 송덕비를 세우려다 발생한 사건이었다.

한편 해방 이후인 1950년 농지개혁 당시 서인섭의 토지는 논 28.3정보, 밭 37.7정보, 합계 66정보를 갖고 있었으며, 농지개혁 때 1,218석을 보상받은 것으로 나온다.[180]

---

[179] 『동아일보』 1934년 11월 3일 「지주공덕비 제막식에 작인들이 대난투극, 일부의 소위라고 비에 똥칠까지, 목포서 청년 6명 검거」
[180] 한국농촌경제연구원, 1985, 『농지개혁시 피분배지주 및 일제하 대지주 명부』, 63쪽.

6. 맺음말

　1924년 암태도 소작쟁의에 이어 지도, 도초도, 자은도, 매화도에서 1927년까지 차례로 소작쟁의가 일어났다. 이 섬들에서의 소작쟁의도 대체로 소작료율을 논에서는 4할, 밭에서는 3할로 해줄 것을 지주에게 요구하면서 일어난 것이었다.
　지도에는 일본인 지주 우치다, 하시모토와 조선인 지주 박종섭, 나정환 등이 있었다. 지도에서는 1924년 1월 지도소작인공조회가 결성되었다. 암태소작인회가 조직된 지 한 달 뒤의 일이었다. 소작인공조회는 지도의 사회운동가 김상수, 나만성에 의해 지도되었는데, 이들은 초기에는 소작료를 4할 5분으로 할 것을 결의하였다. 지도 소작쟁의는 1924년 6월 밭에 대한 소작료의 조정으로부터 시작되었다. 지도소작인공조회는 그동안 밭에서 소작료를 보리와 면화로 2회 납부하던 관행을 없애고, 면화로만 1회 납부하기로 결의하였다. 이에 따라 보리소작료는 내지 않기로 결의하였다. 그리고 그해 10월에는 논에서의 소작료를 4할로 하기로 결의하였다. 이는 암태도 소작쟁의의 영향을 받은 것이었다. 지주측은 이에 맞서 지주소작번영회라는 단체를 만들었으며, 또 지도지주회라는 것도 만들었다. 지도지주회는 대체로 소작인회측의 요구를 받아들였으나, 대지주인 조선흥업회사 등은 이를 받아들이지 않았다.
　대지주측의 소작료 강제 징수에 대응하기 위하여 소작인공조회측은 '무산자동맹'이라는 것을 만들고, 각 마을마다 '을축동맹'이라는 것을 만들어 소작인들을 결집시켰다. 소작인공조회가 을축동맹을 만들기 위해 마을을 순회하면서 행진을 하고 비라를 뿌리자 목포경찰 10여 명이 출동하여 지도소작인회 간부 8명을 연행해갔다. 소작인공조회 가입을 거부한 번영회원 박채언을 구타했다는 이유에 서였다. 그러나 이는 지주 측이 박채언을 매수, 조작한 것이었다.

또 지주회 측은 소작인회 간부와 회원 약 1백 명의 소작권을 이동시켰다. 이에 소작인 4백여 명이 면사무소에 몰려가 농성을 시작했다. 소작인들은 악지주 박종섭과 나정환을 성토했다. 그리고 번영회원 박채언 구타사건이 매수, 조작되었다는 것이 그의 가족들에 의해 폭로되었다.

사태가 지주회 측에 불리하게 돌아가자 지주회는 결국 양보를 하기로 결정했다. 지주회는 논의 소작료는 4할로 하고, 밭의 소작료는 매년 1회 면화로 하기로 약속했다. 이작을 했던 논들도 모두 원래의 소작인들에게 소작권을 돌려주기로 결정했다. 이로써 지도소작쟁의는 소작인회 측의 승리로 마무리되었다. 지도 소작쟁의가 이렇게 소작인들의 승리로 끝난 것은 소작인들의 단결과 지속적인 투쟁, 그리고 지도청년회와 무산자동맹(을축동맹)의 지원 등이 크게 주효했다고 할 수 있다.

도초도에는 조선인 지주로 문재철, 윤영현, 박응식 등과, 일본인 지주로 이마이, 나카미치, 야노 등이 있었다. 도초도에서는 1924년 10월 도초소작인회가 결성되었다. 이를 주도한 것은 김용택, 김상희 등이었다. 도초소작인회는 그동안 소작료를 논에서는 5할, 밭에서는 보리 1두 5승 내지 2승을 거두어온 것을 논에서는 4할, 밭에서는 3할로 낮추기로 결의했다. 이를 받아들이는 지주도 있었고, 거부하는 지주도 있었다. 거부하는 경우에는 소작인들은 소작료를 내지 않았다.

1925년 여름 소작인회 측은 보리밭의 소작료 보리를 3할씩 거두어 보관하였다. 지추 측은 문재철의 주도로 '다도농담회'를 조직하여 강경한 태도로 나오기 시작했다. 이들은 광주지방법원 목포지청에 신청하여 밭농사 소작료를 전처럼 받기 위해 가차압 명령을 받았다. 9월 21일 집달리 3명과 목포경찰서 서원 2명이 소작료 불납분의 차압을 위해 도초도에 왔다. 그러나 소작인회 4백여 명이 이들을 제지하자 그들은 강제집행을 중지하고 그냥 돌아갔다. 10월 7일 다시 경관 4명과 집달리 5명이 지주 4명의 가차압을 시행하기 위해 도초도에 왔다. 소작회원 등 1천여 명이 이를 가로막았고, 양측은 타협을 위해 교섭하였으나 교섭은 결렬되었다. 결국 군중의 위력에 눌린 집달리와 경찰은 다시 돌아갈 수밖에 없었다.

목포경찰서는 도초소작인회의 행위는 공무집행방해에 해당한다고 보고 주변 경찰서의 지원을 받아 경찰 120명을 10월 10일 밤중에 도초도에 파견했다. 한밤중에 도초도에 도착한 경찰은 소작인회 간부 6명을 체포하였다. 이 소식을 뒤늦게 들은 소작인회 회원 5백여 명이 부두에 몰려와 경찰과 충돌하여 상당수의 부상자가 발생했다. 경찰은 소요 과정에서 19명을 추가로 체포하여 목포경찰서로 압송했다.

도초소작인회는 검속된 이들을 구출하기 위해 직접 나섰다. 10월 19일 도초도민 2백여 명은 배를 타고 목포로 가서 목포경찰서로 몰려갔다. 이들은 검속된 20여 명을 석방하라고 요구했다. 경찰서에서 쫓겨난 도초도민들은 20여 명이 검속되어 있는 광주로 가기로 결의하고 육로로 광주로 향하였다. 그들이 나주에 다다랐을 때, 나주와 광주의 경찰들이 그들을 가로막았다. 결국 그들은 대표 6명만 광주로 보내고, 나머지는 도초도로 돌아왔다. 광주로 간 대표들은 검사정과 경찰부장을 만났으나 별 소득이 없었다.

이후 도초도의 지주 50여명 중 40여명의 지주들은 소작회의 소작료안을 수용하겠다는 뜻을 보였으나, 가장 큰 지주인 문재철과 일본인 나카미치, 이마이 등 5인의 지주는 여전히 이를 거부했다. 이에 무안군수, 목포경찰서장이 중재에 나섰지만, 양측의 타협은 결국 결렬되었다. 결렬된 이후 소작인들은 이들 지주에 대한 소작료 납부를 상당 기간 거부하였고, 이후 더 이상의 보도가 없어 자세히 알 수 없으나 소작인들이 4할제를 관철시켜 나간 것으로 보인다.

검속된 이들 가운데 15명은 재판에 넘겨져 공무집행방해죄, 소요죄로 모두 유죄 판결을 받았다. 하지만 도초소작쟁의는 엄청난 반향을 불러일으켜 전국에서 이를 지원하는 전문과 동정금이 답지했다.

자은도에는 조선인 지주 문재철, 천철호, 김현수 등이 있었고, 일본인 지주로 나카미치 세이타로가 있었다. 자은도에서는 1924년 1월 송기화의 제창으로 자은소작인회가 조직되었다. 암태도에서 소작인회가 조직된 지 한 달 뒤였다. 아마도 암태도의 영향을 받았을 것이다. 자은소작인회의 회장은 표성천이었으며, 자은청년회 회장 송기화, 암태소작인회 집행위원 박복영도 그를 크게 도왔다.

자은소작인회는 1924년 10월 지주 문재철, 천후빈 등과 만나 소작료를 논에서는 4할, 밭에서는 3할로 하고, 농업장려비로 1할을 지주 및 소작인회 대표가 보관하여 필요에 따라 지출하기로 합의했다. 이는 암태도 소작쟁의에서의 합의와 거의 같은 것이었다. 그러나 문재철은 이후 약속을 지키지 않았다. 그는 1925년 8월 가을 추수를 앞두고 '다도농담회'라는 지주회를 조직했다. 그리고 소작료 4할을 거부하고 5할로 하겠다고 선언하고 나섰다. 이는 암태도, 자은도 소작인회와의 4할 협정을 파기하는 것이었다. 자은소작인회는 문재철의 5할 요구를 거부하기로 결의했다. 문재철은 다도농담회의 명의로 실제로는 7~8할에 달하는 소작료를 요구하는 납입고지서를 보내왔다. 소작인회를 이를 거부하였다. 이에 문재철, 천철호, 나카미치 등은 자은도에서 소작료를 납부하지 않은 150명에 대한 '불수취채권보전'을 법원에 신청하여 가차압 명령을 얻었다.

12월 24일 법원의 집달리와 다도농담회 고용원, 문재철의 마름 등이 자은도로 왔다. 이들은 소작인들의 집을 순회하며 추수한 나락과 소작인회에서 보관하던 소작료를 가차압하였다. 이에 소작인 수백 명이 몽둥이를 들고 몰려와서 이들에게 차압해제를 요구하였고, 차압 집행을 방해했다. 집달리들은 군중의 위세에 눌려 차압을 해제했다. 이러한 소식에 접한 목포경찰서는 26일 경찰관 5명을 파견해서 사실을 조사하려 하였다. 그런데 소작인회 회원 수백 명이 몽둥이를 들고 몰려와 경찰 일행을 포위하였다. 이 소식을 들은 목포경찰서는 다시 17명의 경찰을 자은도로 보내 소작인들의 가산을 차압하려 하였다. 이에 소작회원들은 더욱 거세게 저항하였다. 이에 전남 경찰부는 1월 3일 담양, 장성, 나주, 광주 등 경찰서에서 병력을 징발하여 모두 180명의 경찰을 자은도로 급파했다. 자은도에 상륙한 경찰은 소작인회 간부와 집달리에 저항한 농민 등 20여 명을 검거했다. 이 소식을 들은 군중 1천여 명이 부두로 몰려나와 경찰과 군중 사이에 충돌이 일어나 중경상자 40여 명이 발생한 후 군중은 해산하였다. 경찰은 추가로 사람들을 검속했고, 집달리와 농담회 고용인들은 4대로 나누어 경찰의 보호를 받으면서 가차압을 집행하였으며, 소작인들이 모아둔 소작료를 차압하여 목포로 실어왔다. 또 소작인들의 집집마다 다니며 양식까지도 모조리 차압하였다.

자은도 사건이 발생하자 전국 사회단체에서 응원을 보냈고, 언론도 이를 대서 특필하였다. 언론은 이 사건은 지주 문재철의 악행 때문에 일어난 것이라고 지적하였다. 1926년 1월 30일 지주측과 소작인회측은 목포경찰서에서 합의서를 교환했다. 그 내용을 보면, 논의 소작료는 5할로 하며, 지주는 그 가운데 10분의 1을 장학비로 소작인에게 교부한다는 것, 밭 소작료는 정조(定租)로 하고, 가차압은 모두 해제한다는 것이었다. 소작인회측은 소작료 4할은 관철하지 못했지만, 사실상 4.5할로 하는 소득을 얻어내고 타협한 것이었다.

자은도 소작쟁의 사건으로 39명이 소요죄로 광주형무소에 넘겨졌고, 광주지법에서 재판을 받았다. 4명이 징역 1년 2월, 징역 8월 등 실형을 언도받고 복역했으며, 나머지는 징역 7월 혹은 6월에 집행유예 2년, 그리고 일부는 벌금형을 언도받았다.

매화도는 압해면 매화리에 속한 3개의 섬 중의 하나로 5개의 자연마을이 있었다. 매화도에는 서인섭, 조석숭, 에토 다이조 등의 지주가 있었다. 이 가운데 서인섭의 농지가 1935년에 매화도 전체 농지의 40.4%를 차지할 정도로 비중이 컸다. 서인섭의 부친 서치규는 한말~일제초기 고리대금업을 통해 부를 축적하여 논과 밭을 사들인 것으로 보인다. 또 저당을 잡은 토지를 자신의 땅으로 만들기도 한 것으로 보인다. 1921년에도 서인섭은 돈을 갚지 않은 농민들의 추수곡을 모두 빼앗아가는 등의 행태로 악명이 높았다.

아들 서인섭은 목포로 나와서 거주했으며 1923년에는 부협의회원 선거에 출마하기도 하였다. 그러나 당선되지는 않은 것 같다. 그는 목포에서도 평판이 별로 좋지 않았다. 1926년에는 서치규-서인섭 부자와 구장 권일영이 짜고 차용증을 위조하여 매화도 주민들로부터 재산을 빼앗으려다 들통이 나서 서인섭은 경성으로 도망을 하기도 하였다. 하지만 모 관청의 국장을 하고 있던 처남의 도움으로 체포되지 않았다.

　매화도에서는 소작인들이 1924년 2월 노농공조회를 만들었다가 1926년 봄 '농민조합'으로 개칭하였다. 이를 주도한 이는 서병대였다. 그리고 1927년 6월 24일에는 농민조합을 혁신하는 총회가 열려, 농민들의 친목보다는 소작조건 등 당면문제를 해결하는 데 힘을 기울이기로 하였다. 이 역시 서병대에 의해 주도되었다. 또 같은 날 매화도 청년들은 매화청년회를 창립했다. 농민조합은 논의 소작료를 5할에서 4할로 감하고, 밭의 소작료는 3등급으로 나누어 면화와 보리로 납입한다는 결의를 하였다. 고희조, 박두영 등 지주는 농민조합의 이러한 결의를 받아들였으나, 서인섭은 이를 거부하였다. 서인섭은 농민조합의 조합원을 괴롭히기 위해 조합원 가운데 가옥을 담보로 돈을 빌린 뒤 변제기일을 넘긴 이들 10명의 가옥을 법원에 강제명도받을 수 있도록 해달라고 신청을 했다. 법원에서 이를 허용하자, 집달리와 자기가 부리는 사람들을 데리고 매화도에 들어간 서인섭은 채무자 10명의 집을 돌아다니며 이들을 모두 집에서 쫓아내고 가구도 박살냈다. 이에 당사자들이 항의하자 그들을 구타하여 2명이 중상, 20여 명이 경상을 입었다.

　그런 가운데 농민조합측에서는 추수기를 맞아 소작료 4할을 다시 결의하였다. 다른 지주들은 이를 모두 수용했지만, 서인섭만은 이를 거부했다. 그리고 11월 12일 목포재판소 소속 구리야마 검사가 경찰들을 거느리고 직접 매화도에 들어와, 농민조합 간부들을 만나 지주의 요구대로 5할의 소작료를 내라고 강요했다. 농민조합측에서 이를 거부하자, 검사는 농민조합 간부 14인을 목포로 연행했다. 검사는 소작료 문제로 이들을 구속할 수는 없었기 때문에, 농민조합 간부들이 농민들을 대상으로 조합에 가입하지 않으면 수화

불통을 하겠다는 등 협박을 하여 조합에 가입하게 하였고, 끝내 거부하거나 지주에게 소작료 4할 이상을 납부하는 이들을 구타하여 상해를 입혔다는 혐의를 뒤집어씌웠다.

또 가옥명도가차압사건으로 집을 잃고 방황하던 이들에게 서인섭의 조카이자 조합 간부였던 서병언이 자신이 책임진다면서 각자 자신의 집에 들어가 살라고 하였다. 집을 잃고 갈 데가 없던 이들은 이 말을 믿고 집에 들어갔다. 그러나 서인섭은 이들을 검사국에 고발하여 6명이 목포형무소에 수감되었다.

목포경찰서장은 경성의 나가이라는 인물에게 중재를 요청하여, 그가 서인섭과 농민조합 사이의 중재에 나섰다. 양측은 협상을 통해 소작료는 타작으로 2분의 1로 하고, 소작인의 뜻에 반대되는 소작권 이동을 하지 말 것 등에 합의하였다. 농민조합측은 소작료 4할을 관철시키지 못하고 지주측의 5할 주장을 받아들인 것이었다. 이는 경찰과 검찰의 공권력을 동원한 지주 서인섭의 힘에 농민조합측이 패배했음을 의미한다.

한편 매화도 사건으로 검속된 이들 26명은 재판에서 모두 유죄판결을 받았다. 12명이 실형을 선고받고 복역했고, 14명은 집행유예를 선고받았다. 매화도 소작쟁의는 농민조합측의 패배로 끝났다. 이는 서인섭 측이 검사와 경찰을 자기편으로 만들어 농민조합 측을 압도하였고, 농민조합은 조합원의 수가 많지 않아 이에 제대로 대항하지 못했기 때문으로 풀이된다.

결국 1920년대 중반 소작료 4할을 내걸고 일어난 무안군 도서지역 소작쟁의 가운데 암태도와 지도 소작쟁의는 소작인측의 승리로, 도초도 소작쟁의는 승리도 패배도 아닌 애매한 상태로, 자은도 소작쟁의는 4.5할을 얻어내 절반의 승리로, 매화도 소작쟁의는 패배로 끝났다고 할 수 있다.

그런데 무안군 도서지역에서 소작료 4할 관철을 내건 이와 같은 대규모 소작쟁의가 연이어 일어난 뒤, 다른 지역(심지어 같은 무안군의 육지쪽 면)에서는 이와 같은 대규모 소작쟁의가 거의 일어나지 않았다. 그렇다면 무안군 도서지역에서는 왜 이와 같은 대규모 소작쟁의가 연이어 일어날 수 있었을까. 이와 관련해서는 다음과 같은 점들을 들 수 있다.

1) 4할 소작료의 문제가 시대적 요구라는 것을 인식한 서태석과 같은 걸출한 농민운동 지도자가 있었다는 점, 2) 암태도·도초도·자은도의 경우에 문재철이라는 공통의 지주가 있었고, 그가 4할 소작료를 강경히 거부하며 5~6할 소작료를 강요했다는 점, 3) 공동의 상대와 맞서기 위해 소작인조합들이 무목노농연맹, 무안농민연합회와 같은 연대 조직을 결성하였다는 점, 4) 각 섬에 청년회, 부녀회 등이 조직되어 소작인조합을 적극 지원했다는 점, 5) 섬지방 마을, 특히 동족마을의 경우 주민의 결속력이 강하였고, 소작인회 산하에 각 마을별로 노농단(농민단), 을축동맹과 같은 조직을 만들어 소작인들의 결집력을 더 강화했다는 점, 6) 사립학교나 서당, 여자강습원 등을 통해 청소년과 여성 교육을 활발히 해왔다는 점, 7) 전국에서 소작쟁의를 지원하는 사회단체들의 전문과 동정금이 답지하여 전국적 지원을 받을 수 있었다는 점, 8) 동아일보, 조선일보, 중외일보 등이 소작쟁의를 대서특필하여 지원해주었다는 점 등을 들 수 있으며, 이 가운데 특히 1), 2)가 가장 중요했다고 할 수 있다.

제10장
조선후기~해방직후 하의 3도의 농지탈환운동*

1. 머리말

　서해의 작은 섬 하의도와 그 옆에 나란히 놓여 있는 상태도와 하태도는 오늘날 평화로운 작은 섬들로 전국에서 가장 많은 소금을 생산하는 염전이 많은 섬이다. 하지만 이 섬들은 80여 년 전만 해도 수백 년 동안 얽히고 섥힌 토지문제의 내력으로 인하여 결코 평화롭지 못한 섬들이었다.
　서해의 섬들에는 대부분 임진왜란 전까지만 해도 조선 정부의 공도(空島)정책에 의해 사람이 거의 살지 않았다. 임란 이후 비교적 평화로운 시대가 오고, 인구가 늘면서 토지가 부족하게 되자 사람들이 서해의 비옥한 땅에 눈을 돌려 이주하기 시작했다. 하의도·상태도·하태도의 이른바 하의 3도(荷衣 三島)에 사람들이 많이 들어가 살기 시작한 것도 바로 이때였고, 토지를 개간하기 시작한 것도 이때부터였다. 원래 조선왕조의 법전에 따르면 미간지는 개간자가 10

---

* 이 글은 1999년 신안군의 지원을 받아 진행된 당시 목포대 사회과학부 손형섭교수와의 공동연구의 결과로 집필되었으며, 『하의삼도 농지탈환운동 자료집』(1999, 신안군·목포대임해지역개발연구소)에 실린 것을 이번에 대폭 수정 보완한 것임을 밝혀둔다.

년이 지나면 토지의 소유권을 갖게 되어 있었다. 하지만 당시 궁방에서는 서해 연안에서 이미 개간되고 있던 많은 토지를 미간지라 하여 국왕으로부터 사패받아 그 소유권을 빼앗았다. 그러나 미간지, 한광지는 갈수록 줄어들었고, 이에 궁방에서는 관이 거두어야 할 민전의 수조권을 절수받아 전세를 대신 받고 있었다.

하의 3도(이하 '하의도'로도 지칭함) 토지의 불운도 여기서 시작되었다. 하의도의 개간된 땅 24결은 선조의 딸인 정명공주(홍씨가에 혼인)에 하사되어, 이후 홍씨가가 이 토지로부터 결세보다 다소 많은 1결당 미 40두의 도세(賭稅)를 거두어갔다. 그리고 홍씨가는 이 토지의 소유권을 절수받은 것처럼 행세했다. 홍씨가의 탐욕은 끝이 없어 이후에 개간된 토지 140결까지도 모두 절수받았다고 속이고 이곳에서도 1결당 미 40두의 도세를 받아갔다. 결국 하의도민들은 홍씨가와 관아(나주목) 양쪽에 세금을 내야만 했다. 하의도민들은 이를 '일토양세(一土兩稅)'라고 규정하고 저항하기 시작하였지만, 홍씨가의 하늘을 찌르는 권세를 꺾지 못하여 '일토양세'의 상황에서 벗어나지 못하였다. 그리고 한말에 이르러 그 토지는 홍씨가에서 내장원으로, 내장원에서 다시 홍씨가로 넘어왔다. 하의도민들은 홍씨가를 상대로 토지소유권을 다투는 재판을 시작했다. 그러자 홍씨가는 하의도의 농지 전부를 브로커들에게 넘겼고, 결국 일본인 우콘 곤자에몬(右近權左衛門)을 거쳐 도쿠다 야시치(德田彌七)에게 넘어갔다.

그 과정에서 하의도민들은 끈질기게 저항하였다. 그들은 결코 홍씨가로부터 도쿠다까지 이어지는 지주들을 인정하지 않았다. 그들은 도세 혹은 도전의 납부를 거부하고, 각종 소송을 통하여, 그리고 농민조합 등을 통해 이에 저항하였다. 3백여 년에 걸친 하의도민의 이러한 저항은 한국사에서 토지문제를 둘러싼 농민들의 항쟁 가운데 가장 대표적인 것이었다. 이 운동은 일제시기 암태도 등 이웃 섬들에서 있었던 여러 소작쟁의와는 차원을 달리한다. 즉 하의 3도 농지탈환운동은 이 땅의 농민들의 오랜 한이었던 내 땅에 대한 염원이 담긴 항쟁으로서, 조선시기부터 일제시기까지 이 땅의 토지문제가 지니고 있었던 모순을 가장 대표적으로 보여주는 항쟁이었다. 그런 점에서 이 항쟁은 역사적으로 매우 중요한 의미를 지니고 있으며, 자세한 분석이 요구되는 사건이라 할 것이다. 이제 이 글에서는 그동안의 연구를 참고하면서,[1] 자료의 문제상 아직 제대로 정리되지 못했던 이 항쟁에 대한 보다 상세한 분석을 통해 사건의 전말을 정리하고 이 운동의 성격을 명확히 해보고자 한다.

그리고 해방 이후 하의 3도의 농지를 둘러싼 미군정과 하의도민들의 갈등으로 빚어진 이른바 7·7사건, 그리고 1956년에야 비로소 이루어지는 농지상환조치에 대해 살펴보고자 한다.

이 글을 작성하는 데 많은 도움을 주신 신안군청과 수많은 하의

---

1 기존 연구로는 다음의 글들이 있다.
金鍾先, 1986,「西南海 島嶼地域의 農地紛爭 및 小作爭議에 關한 硏究(2) -荷衣三島 農地紛爭을 중심으로-」『목포대학교논문집』7, 인문사회과학편.
李圭洙, 1996,『近代朝鮮における植民地主制と農民運動』제8장「全南荷衣島土地回收運動」, 信山社, 東京.
박찬승, 2000,「조선후기~일제하 하의삼도의 농지탈환운동」『지방사와 지방문화』2, 역사문화학회.
이규수, 2002,「일제하 토지회수운동의 전개과정 -전남 무안군 하의도의 사례-」『한국독립운동사연구』19, 한국독립운동사연구소.
홍동현, 2020,「1920년대 하의도 농민운동의 전개와 항일연대」『도서문화』56, 목포대 도서문화연구원.
김학윤, 2006,『하의도 농민운동사』, 책과함께.

도민, 특히 상세한 증언을 해주신 분들께 감사드린다. 그리고 귀중한 자료를 제공해주신 일본 교토대학의 미즈노 나오키(水野直樹) 교수와 이규수(李圭洙) 교수께도 감사를 표한다.

2. 조선후기 하의 3도와 정명공주방

1) 정명공주방의 하의 3도 농지 절수

하의도는 조선 시대 전 기간 나주목(羅州牧)에 속한 소위 '나주군도'(羅州群島)의 하나였다. 1895년(고종 32년) 지도군(智島郡)이 설치되면서 이에 소속되었고, 1914년 행정구역 개편 시에 무안군에 편입되었다가, 1969년 신안군이 독립되었을 때 하의면으로 독립하여 면단위 행정구역이 되었다. 하의면은 하의본도와 상태, 하태 3도로 구성되었으며, 출장소가 개설되었던 상태도와 하태도가 1974년 신의면(新衣面)으로 독립하면서 현재는 하의본도만이 하의면으로 되어 있다. 하지만 이 글에서 다루는 하의 3도는 하의본도와 상태도, 하태도를 모두 포함한다.

하의 3도는 신안군의 여러 섬 가운데 가장 남단에 위치하여 진도군의 가사도, 조도군도와 인접해 있고, 해남 화원반도와도 인접해 있다. 또 목포에서 흑산도나 홍도 등으로 나가는 길목에 자리잡고 있다. 동북쪽으로 이웃한 장산도(長山島)에는 백제 때 거지산현(居知山縣)이 설치되었고, 신라 때 안파로 개명하여 압해현의 영현이 되었다가, 고려 때에 장산도로 개명하여 장산현이 설치되었고, 고려말 조선초기에 왜구로 인해 폐현되었다고 한다. 장산도와 인근한 하의도와 안좌도는 오랫동안 장산현에 속해 있었던 것으로 보인다.[2]

그러나 조선정부의 공도(空島) 정책으로 인하여 조선전기까지 하의도에 살던 이들은 많지 않았고, 하의도에 많은 사람들이 이주하기 시작한 것은 임란 이후의 일이었다. 현재 주민들의 직계 혈조로서 소위 '입도조'(入島祖)라 불리는 이들은 모두 임란 이후에 이곳에 정착한 이들이었다. <표 10-1>은 하의도 입도조들의 입도시기, 입도전 거주지, 입도후 분산지 등을 정리한 것이다.

<표 10-1> 각성 입도조의 입도시기와 전거주지

성씨	입도조	입도시기 (추정)	입도전 거주지	입도후 분산지	비고
김해 金氏 (삼현파)	守文	1600~1645	강진 칠량	장흥, 해남	
진주 姜氏	之謹	1643~1691	강진성전→해남화원→암태 →해남우수영, 안좌	해남, 안좌	
완산 李氏	世綱	1650 이후	장병도	해남, 흑산도, 안좌	귀양
김해 金氏 (사군파)	信轍	1652~1717	楊州	해남, 진도조도	
칠원 諸葛氏	萬益	1668~1715	해남 송지	장산	
낭주 崔氏	仲漢	1675~1737	영암	장산, 제주, 해남, 자은	
파평 尹氏	行遠	1677 이후	화산		
경주 金氏	道順	1682 이후	고현·해남우수영	장산, 영암	
단양 禹氏	明泰	1702~1737	영암서호·자은→소호(안좌)	정착	
밀양 朴氏	宗秀	1703~1749	해남 송지	대야도	
제주 梁氏	濟老	1722~1737	해남 옥천·송진→장산	상태 서리	
경주 鄭氏	元萬	1786~1791	무안→해남 고현·화산	장산, 송이도	

자료 : 이해준, 1985, 「장산도·하의도 문화의 배경」『도서문화』 3, 16쪽.

---

2 이해준, 1985, 「장산도·하의도 문화의 배경」『도서문화』 3, 목포대 도서문화연구소, 3~11쪽.

〈표 10-1〉을 보면, 하의도에 입도조로 들어온 이들은 대체로 임진왜란 직후인 17세기 전반부터 18세기 후반 사이에 하의도에 들어왔다는 것을 알 수 있다. 조선전기의 공도정책(空島政策)이 풀리면서 섬에 사람들이 들어오기 시작한 것이다. 이들은 대체로 가까운 해남, 영암, 강진의 해안가 또는 섬에서 하의도로 이동해 왔음을 알 수 있다.

조선후기 하의도의 인구는 얼마나 되었을까. 『여지도서』(1759년 간행)에는 하의도에 총 60호, 160명(남 79, 여 81)이 거주하는 것으로 되어 있다. 이는 그 시점보다 훨씬 이전의 수를 기록한 것으로 보인다. 『호구총수』(1789년 간행)에는 하의도에 143호, 540명(남 277, 여 263), 상태도에 80호, 311명(남 193, 여 118), 하태도에 73호, 203명(남 112, 여 91)이 거주한 것으로 되어 있다. 또 『지도군총쇄록』에 따르면 1896년 현재 하의도의 총 호수는 413호로 나타나 있다.

조선후기 하의 3도의 토지는 어떤 상황에 있었을까. 앞서 제7장에서 대강 살펴보았지만, 여기에서 다시 자세히 정리해보기로 한다.

『비변사등록』 영조대 기사에 따르면 "하의도와 상하태도는 모두 정명공주방에서 절수한 땅이다. 당초 사여(賜與)는 20결에 불과했고, 그 뒤 도민(島民)이 사비(私費)와 물력(物力)으로 둑을 쌓아 작답(作畓)하였습니다"라고 하였다.[3] 『영조실록』 기사에서는 "정명공주방의 면세전 20결이 섬 속에 있었다가 그 뒤 공주의 외손들에게 전해졌는데, 선조 때 섬 전체를 절수했다고 핑계를 대고는 민전 160결에 대해 몽땅 수세하니"라고 하였다.[4] 선조대에 20결에 불과했던 전답이 이후 간척으로 인해 영조대에 이르면 이미 160결로 크게 늘어

---

[3] 『비변사등록』 제 152책, 영조 44년 10월 초7일
[4] 『영조실록』 영조 6년 12월 29일

낮음을 알 수 있다. 『지도군총쇄록』에 따르면 1896년 현재 하의도의 결수는 116결 78부 2속, 상태도의 결수는 49결 81부 9속, 하태도의 결수는 37결 21부 8속으로 총 전답은 203결 81부 9속으로 나타난다. 그러나 1900년 궁내부 내장원에서 조사한 바에 의하면, 하의도의 답은 54결 87부 3속, 전은 34결 52부 2속, 상태도의 답은 24결 70부 8속, 전은 19결 17부 4속, 하태도의 답은 15결 86부 2속, 전은 17결 82부 1속 등으로 총 166결 96부 0속으로 다소 작게 나타난다.[5]

하의 3삼도의 토지가 정명공주방에 절수된 것은 어떤 경위에서였을까. 이에 대해서는 『영조실록』 영조 6년조(1730년)에는 다음과 같이 그 쓰여있다.

    (사헌부에서) 또 계(啓)하기를 전라도 금성현의 하의·태금 등 위아래 세 섬의 백성들이 정장(呈狀)하기를, "정명공주방의 <u>면세전(免稅田) 20결</u>이 섬 속에 있었다가 그 뒤에 공주의 외손들에게 전해졌는데, 선조(宣祖) 때 전체의 섬을 절수했다고 핑계를 대고는 민전 1백60결에 대해 몽땅 수세하니, 백성들이 원통함을 견디지 못하여 <u>계묘년(경종 3, 1723년)</u> 무렵에 한성부에 송사를 냈으나 결국 졌습니다"라고 하였습니다. 그래서 한성부의 송안(訟案)을 가져다가 상고해보니, 대개 이 송사의 요점은 면세와 절수의 분별에 있었고, <u>절수 여부는 왕패(王牌)의 유무에 달려 있는데</u>, 한성부에서 처결할 때에 이러한 곡절은 버려두고 묻지도 않고서 도리어 백성들의 2백 장이나 되는 문서를 관사(官斜:관의 증명문서)가 없다 하고 패소로 처결해버렸습니다. 대저 노비의 매매를 제외한 전답의 문서에는 경향(京鄕)을 막론하고 관사를 한 일이 없는데, 이것을 해도(海島)의 우맹(愚氓)에게 요구했으니 이것이 벌써 칭원(稱寃)의 사단이 되었습니다. 더구나 각 궁가(宮家)의 노

---

5 『全羅南道各郡驛牧屯土及各樣查漏田畓庚子條定賭錢穀都總成冊』(규장각 19208)(광무 5년 2월)

복 무리들이 궁차(宮差)라 거짓으로 일컫고는 한꺼번에 내려가서 세력을 믿고 함부로 설치니 닭이나 개들도 편안히 있을 수가 없었다 합니다. 백성들이 천리 길에 바다를 건너 발을 싸매고 와서 호소를 하였으니 원통하고 억울한 사정이 없었다면 반드시 이 지경에 이르지는 않았을 것입니다. 청컨대 한성부의 송안(訟案)과 원고, 피고를 본도(本道)로 내려보내 감사로 하여금 직접 맡아 분명하게 판결토록 하여 다시는 호소하는 폐단이 없게 하소서 하니, 임금이 그대로 따랐다.[6] (밑줄-필자)

이에 따르면 선조의 딸 정명공주는 하의삼도의 땅 20결을 면세전으로 하사받았고, 이후 이 땅은 정명공주의 외손들에게 전해졌다. 그런데 훗날 외손들이 섬 전체의 땅을 절수받았다고 하면서, 나머지 140결까지 포함한 전체 160결의 땅에서 세금을 거두어갔다. 이때 세금을 얼마나 거두어갔는지는 이 사료에는 나오지 않는다.

정명공주의 외손은 풍산 홍씨가였다. 정명공주의 남편은 풍산 홍씨 홍주원(洪柱元, 1606~1672)이다. 그는 대사헌 홍이상(洪履祥)의 손자, 예조참판 홍영(洪霙)의 아들로 태어나 김유(金瑬)로부터 수학하였으며, 1623년(인조 1)에 선조의 딸 정명공주(貞明公主)에게 장가들어 영안위(永安尉)에 봉해졌다. 네 차례에 걸쳐 중국을 사은사 등으로 다녀왔으며, 문학을 즐긴 인물로 알려져 있다. 그로 인하여 정명공주방은 영안위방(永安尉房) 혹은 영안위궁으로 불리게 된 것으로 보인다.

하의도의 땅이 언제 어떤 형식으로 정명공주에게 하사되었는지는 분명치 않다. 후일 『동아일보』 등은 현지 주민의 말을 빌려 정명공주가 홍주원에게 하가할 때에 주어졌다고 쓰고 있는데 이는 인조

---

6 『영조실록』 영조 6년(경술) 12월 29일(계해)

1년에 해당한다.7 정명공주(1603-1685)는 인조반정(1623)이 일어나 어머니 인목대비와 함께 복권되고, 곧바로 홍주원과 결혼하게 되었는데(21세 때) 그때 하의도 땅 등을 하사받은 것이 아닌가 여겨진다. 문제는 홍씨가가 훗날 20결만이 아니라 하의삼도 전체의 농지에 대한 수세권을 받았다고 주장한 데에서 비롯되었다. 다음『비변사등록』의 영조 44년조 기사를 살펴보자.

> 영의정 金이 아뢰기를 "하의도와 상하태도는 모두 정명공주방의 절수지로, 처음에 사여(賜與)할 때에는 20결에 불과하였으나, 이후 섬사람들이 스스로 비용과 인력을 내어 제방을 쌓고 논을 만들었는데도, 지금 궁전(宮田)과 민전(民田)의 구분이 없이 일례로 징세를 하여 매결 米 40두에 이르고, 또 전세(田稅) 대동(大同) 미 23두를 본관(本官)에 내도록 하니 일지양세(一地兩稅)라 극히 원왕(冤枉:원통하고 억울함)한 일입니다. 절수는 절수이고 민전은 민전인데 하물며 사여(賜與)한 결수가 있은즉 궁전과 민전을 어찌 판별하기 어렵겠습니까. 궁에서는 궁차(宮差)를 임명하여 일례로 징봉하니 도민들은 두 군데에 세(稅)를 내야 하니 일의 해괴함이 이같이 심할 수 있겠습니까. 본도(本道)에 엄히 명하여 실제에 맞게 양전(量田)을 하여 경계를 정하여 첩세(疊稅)의 원통함이 없게 함이 어떻겠습니까". 상왈(上曰) "진실로 그와 같다면 엄히 칙유하도록 하라".8

즉 홍씨가는 처음에는 하의도에서 개간된 땅(宮田) 20결에서 미 40두를 징수하다가, 이후 민인들에 새로 개간한 민전(民田)에서도 미 40두를 징수하였다. 그런데 관(아마도 나주목)에서 새로 전세와 대동 몫으로 미 23두를 거두어가기 시작하여, 일토양세가 되고 있

---

7 『동아일보』 1924년 1월 31일 「기원은 홍가세도, 선조대왕때에 홍가에게 주어」
8 『비변사등록』 제152책, 영조 44년 戊子 10월 초7일.

다고 한 것이다. 따라서 하의도민들은 처음에 홍씨가가 절수받은 20결에서만 미 40두를 거두도록 하고, 절수 이후에 새로 개간한 땅에서는 관에 미 23두를 낼 수 있도록 해달라고 한 것이다. 당시 영의정과 국왕 영조는 이같은 상황이 잘못되었다고 보고, 양전을 실시하여 본래의 20결에 대해서만 홍씨가가 수세를 하고 나머지에 대해서는 거두지 못하도록 하라는 지시를 내린 것이다.

그런데 1909년 하의도민들이 홍주원의 후손 홍우록(洪祐祿)을 상대로 낸 다음과 같은 소장을 보면, 위의 내용과는 상당한 차이가 있다.

> 삼도(三島) 소재의 전답은 지금부터 5백 년 전 공소인 등 다수 주민의 조상들이 초생지를 개간하여 소유권을 획득한 것으로서 그 개척지는 점차 확대되어 151결 24부에 달하였다. 우(右) 경지는 소유권을 이래 연면히 도민(島民) 각 개인의 선대(先代)에 전하여 금일에 이르렀다. 우 전답에 대해서는 4백수십 년 전부터 결세(結稅)를 탁지부(이전에는 戶曹)에 상납해 왔다. <u>선조시대(370년 전)에 이르러 정명공주방(당시의 왕족)이 당시의 왕실로부터 본건 전답에 대한 결세 징수의 사패를 받음으로써 총 결전 가운데 24결을 동 궁가에 상납하였는데, 그 후 동궁(同宮)의 자손이 5대가 지나서 이는 단절되어 결세를 모두 다시 호조로 상납하게 되었다.</u> 그런데 정조시대에 이르러 정명공주의 자손이라 칭하는 자가 나와서 삼도의 경지는 정명공주 사패의 장토이므로 세금을 모두 나에게 상납하라고 강박하였다. 전술한 바와 같이 이미 세금은 그 전부를 호조에 상납하고 있음에도 불구하고 이제 다시 정명공주의 자손이 다시 거두어간다는 것은 이유가 있을 수 없어 당시의 관찰사 군수 등에 그 부당함을 호소하였으나 끝내 권세가에 저항할 수 없어, 해당 경지의 결전을 호조 외에 정명공주 자손에게도 부득이 납부할 수밖에 없게 되었다.9

하의도민들의 위의 주장을 요약하면, 1) 5백년 전, 즉 임란 이전부터 하의도 주민들은 초생지를 개간하여 151결 토지의 소유권을 얻게 되었으며, 2) 4백 수십년 전부터 결세를 호조에 납부했으며, 3) 선조대에 정명공주방이 151결 가운데 24결의 결세 징수의 권리를 사패받아 24결은 정명공주방에 납부하였으며, 4) 정명공주방의 자손이 5대가 지난 뒤에는 '대진궁방(代盡宮房)'이 되어 다시 호조에 결세를 납부하게 되었으며, 5) 정조대에 이르러 정명공주의 후손이자 권세가인 홍씨들이 나타나 하의 3도의 농지는 모두 정명공주의 장토라고 주장하며 결세를 거두어가, 하의도민들은 홍씨가와 호조 양쪽에 세금을 내야만 하게 되었다는 것이었다. 이에 따르면 정명공주방이 처음에 절수를 받은 24결도 토지의 소유권을 절수한 것이 아니라, 결세징수의 권리를 절수받은 것이 된다. 앞의 제7장에서 본 것처럼, 당시에는 이를 '민결면세전'이라 불렀다. 하의도민들의 위의 주장 가운데 1), 2)는 사실과 차이가 있다. 하의도에 사람들이 들어가 본격적으로 개간을 하여 농지를 만들기 시작한 것은 임진왜란 이후의 일이다. 따라서 1), 2)의 주장에서 시기는 정확치 않다고 보인다. 또 3)에서 선조대에 정명공주방에 24결이 사패되었다고 했지만, 정명공주는 선조가 52세 때인 1603년에 태어났고, 1608년 광해군이 즉위한 뒤 오빠인 영창대군이 사사되고 어머니인 인목대비와 정명공주는 폐서인되었기 때문에 선조대에는 토지를 하사받았다고 보기 어렵다. 1623년 인조반정이 일어나 인목대비와 함께 복권이 되고 창덕궁으로 거처를 옮기면서 21세의 나이에도 미혼이었기에 곧바로 부마를 간택하여 홍주원과 결혼을 하게 되는데, 그때부터

---

9 신안군·목포대임해지역개발연구소, 1999, 『하의삼도 농지탈환운동 자료집』 「1909년 홍우록을 상대로 한 소송 판결문(경성공소원)」, 170~171쪽.

정명공주방은 많은 토지를 하사받게 되었다. 따라서 하의도 땅도 이때 하사된 것으로 봐야 한다.

홍씨가가 절수한 20결(혹은 24결)의 성격에 대해서 일제하의 신문들도 대체로 하의도민들과 같은 견해였다. 당시 『시대일보』에서는 "선조 때에 전기 결수(152결) 중에서 24결을 정명공주의 시가되는 홍씨의 문중에 사패하였는데, 그때의 장정으로 말하면 사패에는 유토(有土)와 무토(無土)의 두가지가 있어서 유토사패는 영원히 소유권을 갖게 되지만 무토사패는 오대까지 효력이 있으므로 억울한 백성들은 오랫동안 참고 참아오면서 그대가 얼른 지나가기만 기다리던차에…"라고 기록하였다.10 이는 홍씨가가 사패받은 땅(24결)이 유토가 아닌 무토라고 본 것이다.

『동아일보』는 "선조대왕 때에 왕녀 정명공주를 홍주원에게 하가하실 때에 당시의 국법에 의거하여 전기 토지 150결 중 24결을 공주에게 하사하여 홍가에서는 이래 수년 동안은 하사한 부분에 대한 결세만 징수하였으나 그 후로는 세력을 믿고 토지 전부에 대한 결세를 강제로 징수하야 도민들은 이중(二重)의 결세로 생활이 어지러움을 따라 원성이 일어나매 --"라고 하여,11 역시 24결의 토지가 민결면세지의 '무토'였다고 보고 있었다. 이들 기사는 위의 판결문에 나오는 하의도민들의 소장을 참고한 것으로 보인다.

과연 24결은 소유권을 하사받은 유토였을까, 아니면 수조권만을 하사받은 무토였을까. 숙종대 『비변사등록』을 보면, "면세궁둔(免稅宮屯)은 매 부(負)에 쌀 2승(升) 3홉씩을 걷고 영작궁둔(永作宮屯)은 매 부에 벼[租] 2두(斗)씩을 걷되 인정(人情) 및 잡비와 선가(船價)·마

---

10 『시대일보』 1924년 12월 11일 「怨府의 하의도(1)」.
11 『동아일보』 1924년 1월 31일 「기원은 홍가세도, 선조대왕때에 홍가에게 주어」.

가(馬價) 등도 모두 그 속에 포함시키기로 일찍이 순무사(巡撫使)의 서계로 인하여 명백하게 결정을 지은 바 있으니 지금은 마땅히 그 내용을 다시 밝혀 한결같이 그 사목(事目)에 의존하여 받도록 하여야 하겠습니다."라고 하였다.12 여기에서 면세궁둔은 민결면세지를 말하며, 민결면세지(무토)의 경우에는 부가세까지 포함하여 결당 미 23두(租로는 약 60두)를 수취했고, 영작궁둔(유토)의 경우에는 도조로 조 200두 정도를 수취했다고 한다.13 수취량에서 상당한 차이가 있었던 셈이다.

그런데 뒤에 보는 『비변사등록』 영조 44년 10월 7일조 기사에 의하면, 홍씨가는 자신들의 땅 20결 외에도 민전 140결에 대해서도 1결당 40두의 도지를 거두어갔고, 민전 140결에서는 결세 1결당 23두를 따로 나주목에 내야만 했다고 한다. 여기에서 주목할 것은 홍씨가에서 도지를 1결 당 미 40두씩 거두어갔다는 것이다. 이는 조(租) 100두에 해당한다. 당시 전세와 대동미가 1결당 미 23두였으니, 이보다는 많다. 그러나 영작궁둔(유토)의 도세 1결당 조 200두(미 80두)의 반밖에 되지 않는다. 그렇다면 당시 홍씨가가 받았다는 하의도의 전답은 영작궁둔이라기보다는 민결면세지로 보아야 하지 않을까 생각된다. 140결 외에 20결에서도 같은 액수를 받았으므로, 20결의 경우도 마찬가지로 민결면세지였을 것으로 보아야 할 것 같다.14

---

12 『비변사등록』 숙종 34년 1708년 12월 30일.
13 『신편한국사』 30권, 「조선중기의 정치와 경제」 중 '4장. 자연재해 전란의 피해와 농업의 복구' 참조.
14 필자는 『하의삼도 농지탈환운동 자료집』(1999, 신안군·목포대임해지역개발연구소)에 실린 「하의삼도 농지탈환운동의 전개과정」에서 당시까지 학계의 궁방전 연구성과에 의거하여 궁방에 '민결면세지'를 지급한 것은 숙종 21년(1695)의 이른바 '을해정식'을 만든 이후의 일이었기 때문에, 그 이전인 인

2) 영조대 이후 하의 3도 농민들의 홍씨가를 상대로 한 농지탈환운동

영조대 이후 홍씨가가 하의 3도 전체 농지를 대상으로 결세를 거두기 시작함으로써 하의도민들의 이에 대한 저항도 거세게 일어났다. 앞서 본 것처럼 하의삼도민들은 경종 3년(1723)에 한성부에 소송을 제기하여 24결 외에 하의도 농토 전체에 대해 수세하는 것에 대한 이의를 제기하였으나 패소하였다. 당시 한성부는 하의삼도민들이 가지고 있는 토지문기에 관인이 없다는 이유, 즉 관에서 인정한 문기가 없다는 이유로 하의삼도민들에게 패소판결을 내렸던 것이다. 하지만 하의삼도민들은 이에서 포기하지 않고 영조 6년(1730) 다시 사헌부에 정소(呈訴)하여 사헌부에서 국왕에게 계를 올

조 초에 정명공주방이 받은 20결은 유토일 가능성이 더 높다고 썼다(26쪽). 그러나 최근에 나온 염정섭 교수의 연구(염정섭, 2020, 「17세기 후반~18세기 초반 궁방전의 변화 추이 - 절수·면세에 대한 논의와 정책을 중심으로」, 『인문학연구』 60, 한림대 인문학부)에 의하면, 임란 이후 궁방전을 지급하던 초기부터 민결면세전, 즉 민전에서 결세만을 징수할 수 있는 권리를 준 땅도 상당히 많았다고 한다. 따라서 하의도의 20결도 이에 해당할 수 있는데, 이 20결과 나머지 140결에서 징수한 것이 조 100두(미 40두)로 같았고, 이는 영작궁둔에서 1결에 조 200두를 거두라고 한 것(숙종 21년, 1695)에 비해 반밖에 되지 않기 때문에, 20결도 유토에 해당하는 영작궁둔이라고 보기는 어렵다고 결론을 내렸다. 또 뒤에 보듯이 1909년 경성공소원에서 하의삼도 토지의 소유권문제를 놓고 홍씨가와 하의삼도민이 다투었을 때, 경성공소원은 홍씨가가 하의도의 토지, 140결뿐만 아니라 20결까지도 소유권을 하사받은 유토사패라는 것을 문서로써 증명하지 못했다고 하였다. 따라서 하의삼도의 토지는 모두 결세징수권만을 지급받은 '무토사패'에 해당한다고 결론을 내렸다. 이러한 점들을 참고하여, 필자는 1999년에 쓴 글을 수정하여 하의도의 20결 또한 유토가 아닌 무토, 즉 영작궁둔이 아닌 민결면세지로 봐야 한다는 결론을 얻어 이 글에서 수정하게 되었음을 밝혀둔다.

리게 하였다. 국왕은 사헌부의 계에 따라 이 사건을 다시 전라감사에게 내려보내 재심하여 판결하도록 지시하였다.15 그러나 그 결과는 기록되어 있지 않다.

『비변사등록』 영조 44년 10월 7일 기사를 보면, 영의정 김치인이 나주 목장 적간낭청 구이겸(具以謙)의 보고를 인용하여, "하의도와 상·하태도는 모두 정명공주방에서 절수한 땅입니다. 당초 사여는 20결에 불과했고, 그 뒤 섬사람들이 사비와 물력으로 둑을 쌓아 논을 만들었습니다. 그런데 지금 궁전(宮田)과 민전(民田)을 논하지 않고 일례로 세를 징수하여 매 1결에 미 40두에 이르고, 또 전세로 대동미 23두를 본관(나주목)에 납부하니, 한 땅에 두 가지 세를 내는 것은 지극히 억울하다는 것입니다."고 말하고, 김치인은 "절수한 것은 스스로 절수한 것이고, 민전은 스스로 민전입니다. 더구나 사여한 결수가 있으니 궁전과 민전을 어찌 분별하기 어렵겠습니까. 그런데 궁임(宮任), 관차(官差)가 일례로 징봉하여 도민으로 하여금 그 세를 두 번 내게 하니 이보다 더 해괴한 일은 없습니다. 속히 본도로 하여금 사실대로 측량하여 경계를 정하고 다시 이중으로 세를 받아 원통함을 호소하는 폐단이 없게 하는 것이 어떻겠습니까?"하고 말하였다. 이에 임금은 "아뢴 바가 과연 옳으니 그렇게 엄중 신칙하라"고 지시하였다.16

그러나 이를 그대로 두고 볼 홍씨가가 아니었다. 같은 해 12월 홍씨가의 세도가이자 신임 영의정 홍봉한은 국왕 영조를 만나서 "구이겸의 수본에 논한 바 하의도는 곧 신의 선대에 하사받은 땅입니다. 그런데 차차 분파(分派)되어 지금은 거의 모두 소원한 사람에

---

15 『영조실록』 영조 6년(경술) 12월 29일(계해).
16 『비변사등록』 제152책, 영조 44년(1768년) 10월 초7일.

게 귀속되었습니다. 그 본래의 일로 말하면 비금도의 일과 같습니다."라고 하였다. 이에 국왕 영조는 "그러면 비금도의 예를 따라 시행하도록 분부하라"고 지시하였다.17

이를 보면 구이겸이 수본을 올려 영의정 홍봉한의 하의도 농지 소유가 부당함을 논한 것으로 보이고,18 홍봉한은 이로 인해 곤경에 처하였던 것 같다. 홍봉한은 이에 대해 하의도는 사패받은 땅이며, 그의 당대에는 먼 친척들의 손에 들어가 있다고 하였다. 그리고 하의도의 일은 비금도의 일과 같은 경우라고 왕에게 말하였고, 왕은 그의 말을 따라주었다.

여기서 홍봉한은 차차 분파하여 하의도의 땅은 먼 친척들의 손에 들어가 있다고 말하였다. 그의 말은 진실이었을까. 여기서 홍씨가의 가계를 살펴보자. 그의 가계를 살펴보면, 시조 홍지경(洪之慶)은 1242년 (고려 고종 29) 문과에 장원하여 국학(國學) 직학(直學)에 이르렀다. 그가 풍산(豊山: 안동 속현)에 정착 세거하였기 때문에 후손들이 본관을 풍산으로 쓰게 되었다. 조선시대 그의 후손들을 살피면 10세 홍이상(洪履祥: 대사헌, 영의정추존) - 11세 홍영(洪霙: 공조참판, 영의정 추존) - 12세 홍주원(洪柱元: 인조 1년 정명공주와 결혼, 영안위에 봉해짐) - 13세 홍만용(洪萬容: 우참찬, 대사헌) 등으

---

17 『비변사등록』 제152책, 영조 44년(1768년) 12월 3일.
18 구이겸(1740-1787)은 정조 1년(1777) 충청도 병마절도사, 이듬해 함경도 병마절도사, 이어 황해도 병마절도사를 역임했다. 정조 4년(1780)에는 우포도대장, 이듬해 삼도수군통제사, 정조 7년 우포도대장, 평안도 병마절도사 등을 지냈다. 그러나 정조 10년(1786) 사도세자가 뒤주 속에서 갇혀 죽은 임오화변이 거론되자 당시 왕명으로 뒤주를 알선한 양아버지 구선복과 함께 구이겸도 처형되었고, 삼족이 멸하는 화를 당하였다. 「디지털포천문화대전」 참조.

로 이어졌고, 홍만용 이하를 살피면 다음과 같다.

```
洪萬容 - 重箕 - 錫輔 - 象漢 - 樂性 - 義謨 - 耆周 - 祐健
                              樂命 - 稷謨 - 翰周 - 祐昌
                              樂三
                              樂最
                 鉉輔 - 鳳漢 - 樂仁 - 守榮
         重範 - 鼎輔 - 羽漢
         重衍 - 鑑輔 - 善浩 - 義正
                              義敬
                              義命 - 一謨 - 澈周 - 祐祿 - 準箕
                                    說謨 - 洛周 - 祐勝 - 承泰
```

여기서 15세 홍석보(洪錫輔)는 이조참판, 전라도관찰사(1718년)를 지냈으며, 그의 아들 홍상안(洪象漢)은 대사헌·형조판서·병조판서를 지냈고, 그의 아들 홍낙성(洪樂性)은 여러 판서를 거쳐 영의정에까지 올랐다. 홍석보의 동생 홍현보(洪鉉輔)는 예조판서를 지냈으며, 그의 아들 홍봉한(洪鳳漢)은 영조대 영의정을 지냈으며, 혜경궁 홍씨의 아버지로서, 즉 영조의 사돈(사도세자의 장인)이 되었다. 홍낙성의 동생 홍낙명(洪樂命)도 병조판서를 지냈다. 홍낙성의 후손들을 살피면, 아들 의모(義謨)는 정조대에 공조판서·형조판서·강원도관찰사를 지냈고, 손자 기주(耆周 1787-1855)는 고양군수, 증손자 우건(祐健, 1817-1866)은 이조참판과 예문관제학, 고손자 우영(承永, 1858-1938)은 음성군수를 지냈다.

뒤에 문제의 인물이 되는 홍우승(洪祐勝)과 홍우록(洪祐祿)은 홍만용의 셋째 아들인 중연(重衍)의 후손들이다. 홍우록의 아버지인 홍철주(洪澈周)는 전보국의 초대 총판(1887)을 지냈으며, 홍우록(洪

祐祿, 1883-1938)은 1906년 육군기병참위를 지냈다고 한다. 홍우록과 홍우승은 증조부가 같은 6촌 간이 되는데, 홍우승의 조부 홍설모(洪說謨)는 이조판서를, 부 홍낙주(洪洛周, 1856-1889)는 도사(都事)의 벼슬을 지냈다고 한다. 홍우승은 관직에 나아간 일은 없었다. 1908년에 홍우록과 하의도민들간에 토지소유권을 둘러싸고 소송이 벌어졌을 때 홍우록은 하의도의 땅이 홍우승의 조부, 즉 홍설모로부터 홍우록의 부친, 즉 홍철주에게 양도된 것이라고 주장하였다. 홍설모는 앞에서 본 것처럼 홍만용의 셋째 아들인 홍중연의 후손이다. 그렇다면 이 하의도의 토지소유권은 홍만용 이후 장손인 홍중기-홍석보-홍상한으로 내려가지 않고, 홍중연(3남)-홍감보(장남)-홍선호(장남)-홍희명(3남)-홍설모(2남)로 내려갔다는 말이 된다. 그러나 조선후기 장자상속제가 일반적이었던 상황에서 어떻게 이런 일이 있었을까. 만약 홍우록의 말이 사실이라면 홍상한의 주장도 사실일 가능성이 있다. 하지만 장손인 홍상한측에서 이를 홍우승의 조상에게 매매 혹은 양도하였을 가능성도 있어 진실이 어떠했는지는 확언하기 어렵다.

한편 위에서 설명했듯이 홍씨가의 세도는 숙종에서 영조, 정조대에 걸치는 시기에 가장 위세를 떨쳤다. 그런 상황에서 정조대에 하의도민들은 윤세민 등 3명을 대표로 뽑아 진정서 등을 지니고 상경케 하였다는 다음과 같은 말이 전해오고 있다.

> 도민들은 대회를 소집하고 타개책을 강구하였다. 윤세민 외 1인을 대표자로 선정하여 진정서 및 제반 증거서류를 휴대 상경하야 정부에 제출할 것을 꾀하였으나 촌계입성(村鷄入城)으로 어찌할 바를 모르던 이들은 다급한 가운데 용약하야 대궐문전에 여닫는 궤고(掛鼓, 白日擊鼓는 民意 상달의 유일한 기관)를 백주에 수차 대격(大擊)하였다. 국

왕은 북소리를 듣고 사령(使令)에게 명령, 격고자(擊鼓者)를 불러 하문이 있었다. 이들이 진정서를 올렸더니 국왕은 살펴어 본 후 홍가(洪家)는 나라를 속이고 도민(島民)을 착취한 죄 괘씸하니 엄벌에 처하겠다 하고 도민(島民)에게 무명잡세(無名雜稅)를 일체 혁파하는 어제(御題)를 하사하였다. 두 사람은 황감히 어제를 배수 귀로하야 흔희작약하면서 명일로 빨리 돌아가 도민에게 이 희보(喜報)를 전하고자 행장을 수습하였다. 이를 본 여관주인이 말하기를 중로에 홍가의 충복이 잠복하고 있다가 필연코 살상을 가할 터이니 급히 서둘지 말고 풍정낭식(風靜浪息)한 10여일 후에 귀향하라는 권유가 있었다. 그러나 환희 무량한 이들은 주인의 간곡한 말도 듣지 않고 즉시 귀향 도정에 올랐다. 한강을 건너 영등포를 지나는 도중 괴한 5,6명에게 붙들려 어제(御題)와 제반 서류를 모다 강탈당하고 홍가의 집에 붙잡혀 있는 동안 홍가의 무고로 삼수 갑산지방에 정배되었다.[19]

위와 같은 사실은 조선왕조실록이나 비변사등록에서는 전혀 확인되지 않는다. 아마도 영조 때 있었던 정소의 경우가 아닌가 여겨지기도 하지만, 사실을 확인하기는 어렵다.

이후에도 홍씨가의 세도가 약화되기만을 기다리던 하의도민들은 고종대 들어 대원군이 집권하면서 홍씨가의 세도가 약화되었다고 판단되자, 1870년 전라감사 이호준(李鎬俊)에게 호소하게 되었다. 이호준은 홍가의 사람들을 불러 국법위반을 꾸짖고, "무권리한 세미 수봉은 절대 용허할 수 없으니 지금부터 24결 외 120여결에 대해서는 절대 수봉치 못하도록 엄명하고, 24결에 대해서도 1결에 백미

---

[19] 김웅재, 1946.7, 「荷衣三島 토지쟁의 실기」 『예술문화』 제5호, 예술문화동맹 문학부, 목포). 『하의삼도농지연혁급분쟁경위』와 윤세민의 후손인 尹祥玉 신안군의회 의원이 쓴 『하의도 농지탈환투쟁사』에 의하면 3인의 대표는 모두 유배지에서 사망하여 불귀의 객이 되었다고 한다.

하의도 양세바위
하의도 주민들이 세금을 관과 궁방 양쪽에 낸다 하여 이름붙여진 '양세(兩稅)'바위

20두씩만 수봉하도록 결정하였다. 이호준의 판결은 24결 외의 120결에 대해서는 홍씨가가 아무 권한이 없다고 판정하고, 나아가 24결에 대해서는 홍씨가가 1결당 백미 20두씩만 거두도록 함으로써 24결도 민결면세(무토면세)에 해당한다고 판단하였다. 이로써 도민들은 일토양세의 부담에서 벗어나게 되었고, 그의 공덕을 기리는 비를 하의도 웅곡리와 상태도 서리 두 곳에 세웠다.[20] 그러나 이러한 조치도 그리 오래 가지는 못한 것 같다. 뒤에 보면 홍씨가는 140결의 전체 토지에서 여전히 결세를 거두고 있었다.

---

[20] 상태도의 비는 상태 서리 앞 부둣가에 현존하고 있다. 비문 앞면에는 「觀察使李公鎬俊永世不忘碑 甲戌O月 日立」이라고 쓰여있다. 갑술년은 1874년에 해당한다. 이 비는 서리 입구 산 밑에 있던 것을 현재의 부둣가로 1981년에 옮긴 것이라고 한다(朴秀民, 상태서리, 80세 증언, 1999.7.15).

3. 한말 하의 3도 농민들의 농지탈환운동

1) 한말 내장원의 하의삼도 농지 귀속

대한제국기에 들어와 궁내부 내장원경 이용익(李容翊)은 왕실재정의 확충을 위해 역둔토·인삼·광산·포사(庖肆)·해세(海稅) 등을 내장원으로 이속하는 데 혈안이 되었다.21 그 과정에서 궁방전도 물론 모두 내장원 소속으로 되었다. 그리고 이용익은 과거 궁방전, 목장토 등의 이름이 붙었던 곳들을 모두 다시 조사하여 누락되었던 곳들을 내장원에 부속시키는 조치를 취하였다. 1900년 내장원은 이에 관한 조사를 마치고 새로 부속된 토지의 명부를 만들었는데 하의도의 땅도 이때 다시 내장원에 포함되었다. 이 조사에 따르면 하의도의 답은 54결 87부 3속, 전은 34결 52부 2속, 상태도의 답은 24결 70부 8속, 전은 19결 17부 4속, 하태도의 답은 15결 86부 2속, 전은 17결 82부 1속 등이었다.22 이 가운데에는 홍씨가의 소유로 인정되었던 24결, 그리고 하의도민의 땅으로 인정받은 나머지의 땅도 모두 포함되었던 것으로 보인다.

하의도의 농민들은 이제 내장원에 도전(賭錢)을 내는 처지가 되었다. 도전의 액수는 하의도 전답에서 2,681냥 8전 5푼, 상태도 전답에서 1,316냥 4전 6푼, 하태도 전답에서 1,010냥 4전 9푼에 달하였다.23 그러나 그 액수는 1901년부터는 인상되었다. 그리고 하의도민

---

21 이에 대해서는 양상현, 1997, 「대한제국기 내장원 재정관리 연구-人蔘·鑛山·庖肆·海稅를 중심으로-」(서울대대학원 국사학과 박사논문)
22 『全羅南道各郡驛牧屯土及各樣查漏田畓庚子條定賭錢穀都總成冊』(광무 5년 2월) (규장각도서 19208)
23 『全羅南道各郡驛牧屯土及各樣查漏田畓庚子條定賭錢穀都摠成冊』(광무 5년 2월) (규장

들은 이를 한참 뒤에야 납부하는 상황이 계속된 것으로 보인다. 아래 표는 1901년부터 1903년까지의 도전 납부 현황이다. 이 표에서 보면 1901년과 1902년에 납부해야 할 도전이 1905년에 이르러서야 납부되고 있었음을 알 수 있다.

〈표 10-2〉 1901, 1902년 내장원의 하의 3도 부과 도전과 납부액수

구분	연도	도전 액수	납부현황
荷衣屯	신축(1901년)분	3,575냥 8전	1905년 5월 납
	임인(1902년)분	3,844냥 7전 2푼	3,814냥 3전 2푼 1905년 5월납, 30냥 4전 堂頭坪 海堰防築費下
	계묘(1902년)분	3,840냥 7전 2푼	本郡 未納(1905년말현재)
下台屯	신축분	1,347냥 3전 2푼	1905년 5월 납
	임인분	1,489냥 6전 4푼	1905년 5월 납
	계묘분	1,489냥 6전 4푼	본군 미납(1905년말현재)
上台屯	신축분	1,755냥 2전 8푼	1905년 5월 납
	임인분	1,962냥 4푼	본군 미납(1905년말현재)
	계묘분	1,962냥 4푼	본군 미납(1905년말현재)

자료 : 『全羅南道各郡屯驛賭各稅額各年條未捧成冊』(규장각도서 19137) 제2책.

2) 홍씨가의 농간과 부당이익 반환소송

하의 3도의 땅이 내장원에 부속된 지 약 5년이 지난 뒤인 1904년 러일전쟁과 1905년 을사늑약이 있었고, 이를 계기로 내장원경 이용익은 실세하고 친일파 이완용이 득세하게 되었다. 한편 홍씨가에서는 19세기 중반쯤 정명공주의 6대손인 홍설모(홍우승의 조부)가 홍우록의 부친 홍철주에게 하의도의 땅을 양도하였다고 한다. 홍우록

각도서 19208의 1)

은 이호준과 이용익에 의해 빼앗겼다고 생각하는 하의삼도의 땅을 되찾기 위해 1908년 3월 제실유급국유재산조사국(帝室有及國有財産調査局)에 반환을 청구하였다. 조사국에서는 바로 조사를 마치고 내각에 보고하여 내각은 홍우록의 소유임을 인정하는 하급증을 발급하였다. 즉 하의삼도의 전답 151결 24부 3속은 홍씨가에 속한다고 확인해준 것이다. 이에 대해 『황성신문』은 다음과 같이 보도하였다.

> 사필귀정, 전동(典洞)에 사는 홍우록씨의 8대 상전(相傳)하던 전답이 전라남도 지도군 하의 하의·상태·하태 3도에 있는데 해당 토지는 인목대비께옵서 홍씨 8대 조모 정명공주께 하사, 홍씨가로 도조가 수납되기 지금으로부터 3백여 년임은 다 아는 일이어늘 지난 기해년에 검사위원의 오보로 인해 내장원에 편입되었더니 금번 국가재산조사국에서 홍씨가에 소재한 문적과 양안을 일일이 조사한즉 소유권이 소연 적확하여 내각으로 상주해 그 섬 전답을 홍우록씨에게 다시 하급하였거늘 어리석은 섬사람들이 사실을 모르고 자칭 민유지라 하여 호소, 조사타가 홍씨의 문적이 확연하므로 도민 소장이 받아들여지지 않았다고 하더라.24

그런데 훗날 경성공소원에서 이 사건과 관련하여 조사국에 근거 서류를 보내달라고 요청하였지만, 조사국측은 별다른 서류가 없다는 답변을 보내왔다고 한다. 그리고 이 과정에서 하의도민들에게는 일체의 확인 절차가 없었던 것은 물론이었다. 따라서 조사국의 조사라는것은 홍씨가가 제출한 문서들만을 근거로 그의 소유를 확인해주는 일방적인 것이었음을 알 수 있다.

---

24 『황성신문』 1908년 6월 27일.

한편 그런 사정을 잘 몰랐던 하의도민들은 1908년 7월경 탁지부 및 임시재산정리국 그리고 통감부 등에 진정서를 내고 내장원에 속한 하의도의 전답을 하의도민에게 되돌려달라고 요청하였다. 하의도민들이 진정서에 대한 회답을 기다리고 있는 가운데 홍우록은 그 해 음력 9월 김예묵(金禮默)·이학범(李學範)과 일본인 시모츠케 로산(下野浪參) 등 여러 명을 하의도에 보내 하의도민들에게 도전(賭錢)을 낼 것을 요구하였다. 이에 하의도민들은 한 푼도 낼 의무가 없다고 이에 극력 저항하였다. 이에 홍우록측은 목포에서 제일 난폭한 조선인과 일본인 무뢰배 약간명을 매수하여 하의도에 와서 도민들을 협박 구타하게 하였다. 도민들은 "이 경지는 우리에게 소유권이 있는 것이므로 (당시 대장 및 양안 지세수납부에 도민의 소유로 등록되어 있었다고 한다) 일호(一毫)라도 지불의무가 없다"고 강력히 저항하였다. 이에 무뢰배들은 장총을 발사하여 도민 문경수의 왼쪽 어깨를 관통 부상케 하고 목포로 도주하는 사건도 발생하였다.

홍우록측은 직접 하의도민들을 강박하기가 어렵다고 판단하여 지도군수 채수강(蔡洙康)에게 운동하여 채군수는 도민 중 유력자 17명을 지도로 불러 화해를 권고하였다. 그는 1년분의 도조를 홍우록에게 지불하라고 하면서 우선은 직접 홍씨가에게 지불치 말고 군수에게 보관하여 두라고 누누히 엄명하였고, 또 경찰측도 그렇게 하기를 사실상 강요하였다. 이에 하의도민들은 권리상 쟁의는 뒷날로 미루고 일단 관의 명령에 불가항력이라 판단하고 도전 1,361원 18전 6리를 군수에게 맡겼고, 군수는 결국 이를 홍씨가에게 전달했다. 이에 하의도민들은 대표자로서 김석찬(金碩燦)·이권문(李權文)·박공진(朴公振)을 뽑아 경성에 보내 홍우록을 상대로 1909년 부당이득반환청구소송(정식 명칭은 損害要償請求訴訟)을 제기하였다.

이 소송의 공소인이 된 김석찬과 이권문은 하의도 대리 사람이었고, 박공진은 상태도 서리 사람이었다. 그들은 처음에는 경성지방법원에 소송을 제기하였으나 변호인들의 무책임한 대응으로 패소하였다. 이에 그들은 변호사로 일본인 고노 도라노스케(木尾虎之助)를 다시 선정하고 경성공소원에 공소심(항소심)을 제기했다. 피공소인은 홍우록(洪祐祿)이었고 그의 변호사는 장일(張壹)이었다. 재판장은 일본인 하시모토 칸(橋本寬), 배석판사는 나가노 마사모토하코(永野正元函)와 박기준(朴基駿)이었다. 이 소송은 무려 3년 여의 시간을 끌어 1912년(혹은 1913년인지 불확실)경에야 판결이 나오게 되었다. 이 소송의 공소장에서 하의도민측은 다음과 같이 주장하였다.

  공소인 등은 전라남도 지도군 하의면 상태 하태 3도의 주민으로서 3도 소재의 전답은 지금부터 5백년 전 공소인등 다수 주민의 조상들이 힘을 쏟아 초생지를 개간하여 소유권을 획득한 것으로서, 그 개척지는 점차 확대되어 151결 24부에 달하였다. 우 경지는 소유권을 그 이후 연면히 도민 각 개인의 선대에 전해져 금일에 이르렀다. 우 전답에 대해서는 4백 수십년전부터 결세를 탁지부(이는 戶曹라 칭한다)에 상납하여 왔는데, 선조시대(370년전)에 이르러 정명공주방(당시의 왕족)이 당시 왕실로부터 본건 전답에 대한 결세 징수의 사패를 받았고, 총 결수 가운데 24결분을 동 궁가에 상납해왔는데, 그후 동궁(同宮)의 자손이 5대에 미친 뒤로는 중단되어 결세 전부를 다시 호조에 상납하기에 이르렀다. 그런데 정조시대에 이르러 정명공주의 자손이라 칭하는 자가 나타나 3도의 경지는 정명공주 사패장토이므로 세금을 모두 우리에게 상납하라고 압박하였지만, 앞서 서술한 바와 같이 세금은 이미 전부 호조에 상납하고 있었음에도 불구하고 다시 이를 정명공주의 자손이 재징(再徵)하는 것은 이유가 전혀 없으므로 당시의 관찰사 군수 등에 그 부당함을 호소하였지만, 끝내 권세가에 저항할 수 없어, 해당 경지의 결전을 호조 외에 정명공주 자손에게도 부득이 납부할 수밖에 없게 되었다. 그리하여 광무 2년 즉 명치 31년에 이르기까지 이중의 세금을 납부해왔는 바, 정명공주 자손에 대한 납세를 폐지하고 다시 내장원에 납세하라는 뜻의 명을 받아 그 명에 따라 실행하였지만 일면에서는 공소인 외 다수의 주민은 이중의 징세에 부당함을 느껴 명치 41년 (융희 2년) 7월경 탁지부 및 임시재산정리국 또는 통감 등에 진정서를 내고 하명을 기다리던 중, 피공소인 홍우록은 정명공주 8대손이라 칭하고 본건 3도의 경지를 전부 자기의 소유라고 주장하고, 명치 41년 음력 9월 중 한인 김예묵(金禮默), 일본인 下野浪參 등 외 수명을 동도(同島)에 보내 본건의 전답 151결 24부 3속의 세금을 납부하라는 뜻을 강박하였다. 이에 공소인등은 동 경작지의 소유권은 도민에 있기 때문에 세금은 물론 도조(賭租)로서도 한 푼도 지불할 의무가 없다는 뜻으로 극력 항쟁하였지만, 위 피공소인 등의 폭행에 대적할 수 없었고, 경찰관의 유시도 있어 그 결과 권리상의 다툼을 연일 계속할 수 없다고 생각한 공소인들은 도민을 위해 3명의 공동 자금 중에서 금 1361원 18전 6리를 지불하기에 이르렀다. 이는 곧 피공소인의 권리가 없는 부당한 행위로 인해 공소인등이 받은 손해에 다름 아니므로 그 배상을 구하는 것이다.[25]

여기서 주목할 것은 하의도민들의 토지의 내력에 관해 주장하고 있는 부분이다. 그들은 하의도의 땅은 선조대 전에 이미 151결여의 토지가 개간되어 도민들이 소유권을 획득하였고, 그 결세를 호조에 내고 있었다고 주장하였다. 그런 가운데 선조대 정명공주방이 24결의 결세징수권을 하사받았다는 것이다. 즉 정명공주방은 무토사패를 받은 것이라는 것이다. 그리고 무토사패는 4대에 한정하도록 되어 있어 4대 뒤에는 다시 호조에 납부해왔는데 정조시대에 이르러

---

25 신안군·목포대임해지역개발연구소, 1999, 『하의삼도 농지탈환운동 자료집』 「1909년 홍우록을 상대로 한 소송 판결문(경성공소원)」, 170~171쪽.

정명공주의 자손이라 칭하는 자가 나타나 하의삼도 전체를 사패받았다고 주장하면서 결세를 다시 홍씨가에 내라고 요구하여 호조에 이미 결세를 내고 있으므로 낼 수 없다고 주장하였지만 권세를 이기지 못해 일토양세를 낼 수밖에 없었다는 것이다. 그러던 중 1898년에 이르러 정명공주방에 내던 것을 폐지하고 내장원에 내도록 지시가 있어 그대로 따를 수밖에 없었지만, 그 부당함을 시정하고자 1909년 탁지부, 임시재산정리국 등에 진정서를 냈다는 것이다. 그런데 하의도민들의 주장은 하의도의 실제 토지 내력과는 약간 차이가 있다. 하의도에 사람들이 들어가 본격 개간하기 시작한 것은 임진왜란 이후인 17세기부터였다. 그리고 정명공주(1603-1685)방에 24결을 하사한 것은 인조반정(1623)이 일어나 정명공주가 어머니 인목대비와 함께 복권되고, 곧바로 홍주원과 결혼하게 되었을 때(21세 때) 하사받은 것으로 보인다. 따라서 선조 때가 아닌 인조대인 것이다. 인조는 정명공주를 후대하여 상당히 많은 토지를 하사받은 것으로 보인다. 그리고 이 가운데에는 민결면세전, 즉 토지의 소유권이 아닌 수조권만을 하사받은 토지가 상당히 많았고, 하의도도 그런 경우에 해당했던 것으로 보인다.

다음에는 공소장에 나타난 홍우록측의 주장을 살펴보자.

피 공소 대리인은 본건 공소는 이를 기각하고 공소비용은 제1,2심 공히 공소인의 부담으로 하라는 판결을 구하는 뜻을 신립하였다. 그 답변의 요지는 다음과 같다. 공소인이 주장하는 본건 경지는 3백여 년 전 피공소인의 6촌 홍우승의 8대 조모 정명공주가 당시 왕실로부터 사패받은 토지로서 홍우승의 조부 시대에 이를 피공소인의 부친에게 양도함으로써 피공소인에 미치게 된 것인 바, 광무 3년경 국유지라 오인하여 내장원에 들어가 이래 누차 그 반환을 청구하였지만 목적을 이루지 못하였다. 그런데 명치 41년 3월 제실유급국유재산조사국에 반환을 청구한 바, 당국에서는 다시 조사를 마쳐 내각에 보고한 결과, 마침내 명치 41년 3월 피공소인의 소유로서 이를 하급하였습니다. 그 후 동년 10월 중 홍우승에 이를 양도하고 군수로부터 동인 소유의 증명을 얻음으로써 홍우승은 김예묵 외 여러 명을 수도대인(受賭代人)으로서 본건 지도군에 파견하고, 동년 11월경 마름 3명에 교섭하여 극히 평온히 공소인 주장과 같은 금액을 도조로서 거두었던 것입니다. 일찍이 폭력강박을 가한 사실은 듣지 못하였습니다. 또 가령 홍우승에 수긍하지 않는 행위가 있었더라도 전권리자인 피공소인은 본건에 하등의 관계가 없으므로 공소인의 청구에 응할 수 없으며, 본 소송을 공동소송으로서 제기한 것은 소송수속에 위배되는 불법입니다.[26]

홍우록측은 하의도 전답은 정명공주가 사패받은 땅, 즉 '유토사패지'라고 주장하고 그 근거로서 내각총리대신 이완용이 내린 하급증을 제시하였다. 그리고 이 땅은 홍우승의 조부대에 홍우록의 부친에게 양도하였으며, 홍우록이 이를 다시 홍우승에게 1908년 10월 양도하였다는 주장이다. 홍우록의 진술이 진실이라고 한다면 앞서도 언급한 바 있듯이 이 땅이 어떤 경위로 홍주원의 장손쪽으로 전승되지 않고 방계인 홍우승의 조부쪽으로 내려왔다고 볼 수 있다. 그리고 홍우록은 도조를 받기 위해 김예묵 등을 파견한 것은 자신이 아니라 홍우승이라고 주장하였다.

하지만 재판부는 우선 김예묵 등을 파견한 것은 1908년 9월인데, 홍우승에게 양도한 것은 10월이므로 김예묵 등을 파견한 것은 홍우록 자신일 것이라는 점을 분명히 하였다. 또 재판부는 이 사안을 다

---

26 같은 책, 171쪽.

루기 위해서는 이 토지의 내력을 분명히 해야 한다고 못박고 이에 대한 재판부의 판단을 판결문에 서술하였다. 이에 따르면 본 건의 전답은 공소인, 즉 하의도민들이 제출한 구문기(舊文記) 가운데 강희(康熙), 건륭(乾隆) 연호 시대의 매매 문건, 즉 최소한 60년 이전에 성립된 것으로 보이는 문건들이 있어 주민들이 수백 년 전에 이미 개척한 토지로서 주민들이 자유로이 이를 처분하고 정당하게 소유권을 행사해 온 토지임을 확인할 수 있다고 하였다. 또 지도재무서에서 제출한『기유조결세원부(己酉條結稅原簿)』안에「하의도민유지고하책(荷衣島民有地考下冊)」이라는 책이 있는데, 이에는 전답의 소재, 결수, 두락수 및 각 소유자의 씨명이 기록되어 있어 이들 전답이 민유지로서 하의도 주민의 소유에 귀속되고 있었음이 명확하다고 서술하였다. 따라서 재판부는 이 토지는 홍씨가 일 개인의 소유가 아니라 하의삼도 주민 개개인이 분유하고 있었음을 인정하는 것이 지당하다고 하였다. 재판부는 또 정명공주방에서 24결을 하사받은 것은 피공소인의 주장처럼 유토사패(有土賜牌)가 아니라 단순히 결세징수권만을 받은 것, 즉 무토사패(無土賜牌)로 인정할 수 있다고 서술하였다. 재판부는 임시제실유급국유재산조사국에서 본건에 대해 조사하는 과정에서 홍우록측이 제시한 서류 외에 다른 서류가 없었으며, 또 하의도 주민측의 증거를 전혀 고려하지 않았다는 점에서 홍우록측의 토지소유권을 인정하기 어렵다고 판단하였다. 결국 재판부는 피공소인 홍우록이 본건의 전답에 대해 소유권을 가진다고 인정할 수 없고, 따라서 홍우록이 수도(受賭) 대리인으로 김예묵 등을 지도군에 파견하여 도조를 징수한 것은 권리가 없는 행위를 감행하여 공소인 등에 재산상의 손해를 입힌 것이므로 공소인 등에게 배상 책임이 있다고 판결하였다.[27] 당시 홍우록측은 140결은 물론이고 24결의 소유권을 하사받았다는 자료조차 제출하지 못한 것으로 보인다. 이 때문에 재판부는 140결은 물론 24결도 무토사패지로 판정한 것이다.

하의도민들은 김석찬·이권문 등이 가져온 판결문을 보고 승소의 기쁨을 누렸고, 이제는 자신들의 토지를 확실히 소유할 수 있게 되었다고 생각했다. 그 기쁨에 그들은 이 소송에 공이 컸던 일본인 변호사 고노 도라노스케(木尾虎之助)와 그 사무원 남만웅(南萬雄)의 공덕비를 성금을 모아 하의도 대리 앞에 세웠다.28

그런데 문제는 전혀 엉뚱하게 풀려갔다. 그것은 이 재판이 진행되는 과정에서 홍우록이 자신에게 재판이 불리하게 돌아간다고 판단하여 해당 토지를 다른 사람들에게 팔아넘긴 것이었다. 그는 당시 한일은행장 조병택(趙秉澤)과 백인기(白寅基)에게 대금 1만5천 원에 이 토지를 팔아넘겼다. 그리고 이들은 다시 목포의 정병조(鄭炳朝)에게 5만7천 원에 팔아넘겼다. 정병조는 이 토지를 다시 일본 오사카에 사는 우콘 곤자에몬(右近權左衛門)에게 11만5천 원에 팔아넘겼다.29 홍우록은 아마도 내각총리대신 이완용으로부터 받은 하급증이라는 것을 근거로 이들 토지를 매도하였을 것이고, 값이 워낙 쌌기 때문에 정병조, 우콘 등으로 거치면서 그 값은 무려 8배 가까이 뛰게 되었을 것이다. 하의도민들은 재판에서는 승소하였으나 그때 땅은 이미 새로운 지주로 등장한 일본인 우콘으로 넘어갔다.

---

27 같은 책, 171~172쪽.
28 김웅재, 앞의 글, 『하의삼도 농지탈환운동자료집』, 284쪽. 고노 도라노스케 변호사는 1908년 한국에 건너와 하의도토지분쟁, 33인 재판, 대동단 사건 등의 변호인으로 활약했다.
29 전라남도 무안군, 1964, 「荷衣三島농지연혁급분쟁경위」『하의삼도 농지탈환운동 자료집』, 301쪽.

4. 식민지 시기 하의 3도 농민들의 농지탈환운동

1) 일본인 지주 우콘과 하의도민의 이른바 토지소유권 확인소송 강제 화해

우콘 곤자에몬(右近權左衛門, 1853~1916)은 어떤 사람인가. 그는 후쿠이현(福井縣)의 에치젠(越前)이란 지방에서 선박업을 가업으로 10대째 계승해 온 집안에서 태어났다. 그는 오사카로 나와 제42은행 두취(頭取), 일본해상보험 사장이 되었다. 그는 조선에서의 해상운송 및 부동산관리를 목적으로 하는 우콘상사(右近商社)를 1909년 1월 설립하였다. 이어서 농업부동산관리를 전문으로 하는 일해흥업(日海興業)을 1914년 8월에 설립하였다. 우콘이 조선에서의 토지매수에 적극적으로 나선 배경에는 러일전쟁 후의 해운업계의 불황이 있었기 때문이다. 여기에 덧붙여 한국병합을 목전에 두고 토지를 방매하려는 조선인 대지주들의 움직임이 있었고, 이 때문에 조선의 지가 폭락이 우려되는 상황에서 당시 데라우치 통감이 일본인 자산가들에게 조선의 토지매수를 권유하였다고 한다.[30] 1931년의 시점에서 우콘상사는 전라북도 익산군 이리에 사무소를 두고 2,092정보의 논밭을 소유하고 있었다.[31] 우콘은 하의도 땅을 관리하기 위해 1911년에는 경성 내산상회(內山商會)에 그 경영을 위탁했다고 한다. 이 상회는 하의도에 출장소를 설치하고 주임으로 하여금 경영을 맡

---

30 神谷丹路, 1996, 『韓國近い昔の旅』, 凱風社, 東京, 109~110쪽.
31 한국농촌경제연구원, 1985, 『농지개혁시 피분배지주 및 일제하 대지주 명부』, 180쪽. 우콘농장의 땅은 주로 익산·전주·김제·부안에 있었으며, 전라남도에는 땅이 없었다.

도록 하였다. 그리고 지도 군청에 하의도 소유권의 증명을 받으려 하였으나 앞서본 것처럼 재판에서 하의도민의 승소로 끝나자 소유권 증명을 받기 위해 뇌물을 바쳤던 동 군서기 등 3명을 수뢰 및 횡령죄로 고발하여 구속시킨 일도 있었다.32

우콘은 재판에서 하의도민들이 승소하자 자신의 하의도 땅 투자가 낭패를 보는 지경에 처했다고 판단, 이 사태를 완전히 뒤집는 방안을 모색하기 시작했다. 우선 그는 도민 대표 중 박공진(朴公振)을 위협과 회유로써 자신의 편으로 만드는 데 주력하였다. 우콘은 목포 재판장 오타니 노부오(大谷信夫)와 목포경찰서장 마쓰이 노부스케(松井信助)와 결탁하고 박공진에게 "금번 공소원 승소 판결은 부당이득반환에 불과한 것이요, 소유권확인 판결은 아니다."고 도민들에게 말하라고 지시하고, 아울리 토지소유권확인청구소송을 위한 위임장을 작성하여 도민에게서 도장을 받아오라고 지시하였다. 또 박공진에게는 경성공소원의 판결문을 빼앗아 가져오라고 지시하였다. 이 과정에서 박공진에게는 거액의 운동자금이 건네졌다.33

박공진은 상태도에 돌아와 도민들을 모아놓고 말하기를 "이번 공소원의 판결은 부당이득 승소에 불과하고 토지소유권확인에는 하등 관계가 없으니 토지확인 소송이 필요하다."고 주장하였다. 그는 또 하의도에 와서도 같은 말을 반복하였으나 하의도민들은 어불성설이라 하고 거부하였다. 하지만 상태도의 박씨가를 중심으로 박응식(朴應植) 외 340명이 위임장에 서명하였다. 당시 하의 3도의 경

---

32 『매일신보』 1912년 2월 6일 「智島의 瀆職事件, 郡書記 3명의 拘引」
33 이하 우콘과의 분쟁에 대해서는 전라남도 무안군의 『荷衣三島농지연혁급분쟁경위』(1964) 및 김응재의 「荷衣三島토지쟁의실기」(1946)의 기록을 참조하여 서술한다. 이 기록들은 『하의삼도 농지탈환운동자료집』에 실려 있다.

작호수는 1,500여호 정도였다. 따라서 그 가운데 약 5분의 1에 해당하는 상태도의 박씨와 일부 주민들만이 서명한 것이다. 그리고 하의도민들이 각 마을을 돌면서 재판비용을 거두러 상태도로 건너갔을 때 박공진의 조카가 경성공소원의 판결문을 빼앗아 목포로 도주해버렸다. 이에 제갈홍빈 등 하의도 주민들은 배를 타고 그를 쫓아 목포경찰서 앞에 진을 치고 있다가 박공진의 조카를 잡았다. 도민 대표들과 박공진의 조카 사이에 문서를 내놓으라며 옥신각신 충돌이 빚어지자 목포경찰서장이 나와서 그 문서를 자기에게 맡겨 놓았다가 나중에 하의도 대표 1명과 상태도 대표 1명이 찾아오면 돌려주겠다고 약속했다. 하의도민들은 이를 액면 그대로 믿고 하의도로 돌아왔다. 결국 그 문서는 다시 박공진의 조카와 이권문의 사위인 문영준(文泳俊)의 손을 통해 박공진을 거쳐 우콘의 손으로 들어갔다.[34]

한편 박공진은 박응식 등의 서명을 받은 위임장으로 토지소유권 확인 소송을 광주지방법원 목포지청에 냈다. 목포지청은 도민들을 불러 "우콘이 본건 토지로 인하여 거금을 손해보았으니 그 정경이 가엾지 않으냐. 또 이같이 다년간 분쟁만 하면 쌍방이 모두 불리할 것이다. 그러니 3도 토지를 각 군의 토지가격을 조사하여 최고가격으로 우콘에게 매도하고, 도민들은 영소작권(永小作權)을 받으면 어떠냐?"고 회유하기 시작하였다. 그러나 도민들은 이에 일체 불응하였다. 박공진의 음모의 전말을 파악하게 된 도민들은 섬에 돌아와 3도민대회를 열고 무익한 소송을 취하함과 동시에 도청 및 총독부에 진정키로 결의하고 도민 대표들이 목포에 나갔으나, 목포경찰서장이 이들 도민 대표들의 상경을 막고 도민들에게 유리하게 해결되

---

34 제갈남출(구술), 1985.6. 「참으로 한맺힌 곳이요이, 요 쪼깐한 섬이」, 『학원』 305호.

도록 해주겠다고 하자, 이를 믿고 돌아오고 말았다.

그러나 얼마 되지 않아 목포지청에서 도민 대표들을 불러 만일 우콘측과 화해하지 않으면 도민들이 패소할 것이라고 협박하고 하의도민들의 소송취하장 접수를 거부하였다. 이에 도민들은 이를 어디에 호소할 것인가 궁리하던 차에 조선총독 하세가와(長谷川)가 목포지방을 순시한다는 말을 듣고 대표를 선정하여 진정차 배를 타고 목포로 나가려 하였다. 그러나 이 소식을 들은 목포경찰서장 마쓰이 노부스케(松井信助)는 다수의 순사를 이끌고 경비선 여러 척에 분승하여 대표 일행을 중간 해상에서 차단하였다. 이에 분노한 하의도 대표들은 섬으로 돌아와 대회를 소집하고 이 일의 사단을 만든 박공진과 그 공모자들을 규탄하였다. 도민들은 이러한 배신행위를 하는 자들은 그대로 둘 수 없다 하여 섬에서 내쫓기로 결의하였다. 분노한 부녀자들은 박공진의 집을 찾아갔다. 그러나 벌써 눈치를 챈 박공진은 도주하고 없었다. 격분을 참지 못한 수십 명의 부녀자는 박공진에 동조한 이권문과 그의 사위 문영준 등의 집을 찾아가 가옥을 파괴하였다. 또 이들은 배를 타고 상태도로 건너가 박응식 외 5,6명의 집을 파괴하였다. 이들 부녀들은 내녀회(內女會) 회원들로 주로 하의도 대리(大里) 사람들이었다.

가옥을 파괴당한 이들은 목포로 나와 경찰서와 검사국에 이들을 '폭도'라고 지목하고 처벌해줄 것을 요구하였다. 경찰서장 마쓰이는 경성 경무국에 이 일을 보고하였고, 경찰부 안도(安藤) 경시 외에 여러 명과 전라남북도의 순사 수백 명, 그리고 일본 군인들까지 포함하여 7백 명에 가까운 병력이 대형 경비선 등에 나누어 타고 하의도로 들어왔다. 이들은 웅곡리에 배를 대고 대리로 쳐들어갔다. 이 소식을 들은 대리 사람들도 떼지어 나와 웅곡리 쪽으로 행진해왔다. 경찰들과 대리 주민들은 대리와 웅곡리 사이에서 대치하였고, 경찰들은 대리 주민들을 포위하고 자기들이 파악한 이른바 '폭도'의 명단을 호명하여 그들을 검속하기 시작하였다. 이어서 그들은 대리를 비롯하여 하의도 내 가옥을 일일이 수색하여 모두 백여 명의 도민을 검속하였다. 경찰은 이들을 배에 싣고 목포로 나가 목포형무소에 가두었다. 한편 목포경찰서의 형사와 순사 2명은 행상처럼 가장하고 하의삼도를 돌아다니며 민심을 조사하면서 화해를 주장하는 사람은 그대로 두고 화해를 거부하는 사람은 구타 혹은 검속하여 목포로 송치하였다.

『하의삼도농지분쟁연혁급분쟁경위(荷衣三島農地紛爭沿革及紛爭經緯)』에 의하면 당시 목포의 각 관공서에서는 너무나 무리한 협박과 무리한 화해권유를 하여 도민들은 이에 분개하여 3도민이 총출동하여 목포경찰서와 재판소에 몰려가 항의하고 일부 기물을 파손한 사건도 있었다고 한다(이를 하의삼도 2차 소동이라도 부른다). 그리고 이 일로 인하여 하의도민 수백 명이 또 투옥되었고, 관에서는 협박·유도·강제 등으로 화해를 종용하였다는 것이다.

결국 도민들이 더 이상 반대하지 못하는 가운데 화해가 성립되었다. 그런데 화해 성립의 과정은 다소 모호하다. 김웅재의 「하의삼도토지쟁의실기」에는 대리 구장(區長)인 이상섭(李尙燮)을 화해 위원으로 하여 430명의 위임장 위에 도장을 받아 검사국에 제출하였다고 되어 있다. 그런데 목포지방법원의 「화해조서」에는 박응식 외 340명, 즉 처음에 토지소유권확인소송을 제기한 원고가 화해의 주체가 된 것으로 기록되어 있다. 또 상대가 되는 피고도 우콘이 아닌 홍우승(洪祐勝)으로 되어 있다. 그런데 제갈남출의 증언에 의하면 처음에는 화해조서를 박응식 외 138명이 도장을 찍어서 들고 갔으나 하의면 호수가 2천 호가 넘었기 때문에 그 숫자로는 부족하다고 하여, 대리의 구장 이상섭이 나서서 1,300여명이 도장을 찍어 주었다고 한다.35 제갈남출의 증언이 비교적 신빙성이 있으나 확실한 상황은 알 수 없다. 결국 검속된 대부분의 사람이 풀려나오는 조건으로 화해는 성립되고, '폭도'로 지목된 8명은 재판에 회부되었다. 재판에 회부된 이는 다음과 같다.

> 諸葛興彬(大里 區長), 尹下台(대리, 諸葛永凡의 처), 文氏(대리, 鄭在京의 母), 尹通心(대리, 吳化先의 처), 孔間玉(대리, 孔明同의 고모), 尹五音(대리, 金良瑞의 처), 崔文擧의 母, 姜順燁(대리, 崔龍道의 母)36

그런데 이들의 재판기록을 현재 국가기록원에서는 찾을 수가 없다. 이들이 대구형무소에서 1~3년 복역했다고 전해지고 있으나 형을 얼마나 선고받았는지는 확실히 알 수 없다.

결국 화해조서는 1914년 2월 28일자로 맺어졌고, 현재 신안군청에 남아 있는 토지대장을 보면 1914년 9월 28일자로 우콘 곤자에몬(주소: 大阪市 西區 西長堀 北通 5丁目) 앞으로 토지소유권이 확인된 것으로 되어 있다. 이는 일제가 토지조사사업을 할 때 작성한 것으로 그 최초의 근대법적 소유권자로 우콘의 이름이 올라간 것이다. 그러면 화해는 어떤 조건으로 이루어졌을까. 화해조건은 다음과 같았다.

---

35 위와 같음.
36 김정호, 1998, 『하의도:내땅찾기 300년 역사의 섬』, 한국도서(섬)학회, 61쪽. 제갈남출은 제갈홍빈 외에 8명이 복역했다고 증언하였다.

〈화해조건〉

제1. 좌기 원고는 별지 제1의 전답의 소유권이 주참가인에 있음을 인정하고 동시에 이를 인도하기로 한다. 전기 전답에 대한 문기 기타 소유권을 증명하는 일체의 서류는 본일부터 2개월 이내에 주참가인에게 이를 인도한다.

제2. 주참가인은 소유자로서 원고에 대하여 전기 전답의 영소작권을 부여한다.

전항 소작권은 주참가인이 종래의 관습 및 소작지의 상황 등을 참작하여 본일부터 3개월 이내에 이를 一定하고 當廳의 승인을 받는다. 이 승인에 대해서는 누구도 이의가 없는 것으로 한다. 영소작권의 설정 행위에 대해서는 전 각 항으로 족하며 그 외에 주참가인이 정하는 바에 따른다.

제3. 영소작인으로서 소작료를 일정한 날로부터 5개년 이상 소작인의 의무를 지니며 성적이 우량한 자에 대해서는 영소작인의 청구에 의하여 주 참가인의 선택에 따라 그 소작지의 10분의 1을 증여하고, 또는 소작지의 시가에서 1할 減한 가격으로 매도할 수 있다.

제4. 주참가인은 금일로부터 3개월 내에 원고 및 피신청인(대정3년 제1호 이상섭 외 1명)에 대하여 전답에 대한 위자금으로서 3만2백원을 當廳으로 제출하고 當廳은 智島郡守의 조사 등을 참작하여 우기 표준에 의하여 각자가 종래 소유자로서 소지한 두락수에 따라 이를 분배하기로 한다.

 하의도 田 金 5,900원
 하의도 畓 금 1만원
 상태도 전 금 3,220원
 상태도 답 금 6,060원
 하태도 전 금 1,750원
 하태도 답 금 3,250원

제5. 주참가인은 원고가 종래 소지한 家垈 墳墓의 소유권이 원고에 있음을 인정하고 주무관청이 적당하다고 인정하는 장소에 공동묘지를 제공하기로 한다.

제6. 좌기 산림에 대해서는 地籍보고를 한 원고 尹武鉉은 주무관청에서 소유권을 인정받은 후 전항에 든 분묘지를 제외한 1反步 금 30전의 비율로써 이를 주참가인에게 양도하기로 한다.

  1. 지도군 하의면 하태 後栗木山 1町8反7畝25步

  1. 동면 基洞 西使大芥西山 1정2반8무7보

  1. 동면 同堂後山 7反12步

지적보고를 하고 소유권을 인정받은 기타의 원고도 또한 위의 정한 바에 따라 이를 주참가인에게 양도한다.

제7. 전항에 의하여 소유권을 인정받지 못한 원고 및 지적보고를 하지 않았기 때문에 소유권을 주장할 수 없는 원고는 주참가인의 청구에 응하여 森林讓與願을 주무관청에 제출하고 양여를 받아 곧 주참가인에 대하여 1반보 30전의 비율로써 이를 양도하기로 한다.

제8. 제6, 제7항 이외의 삼림에 대하여 주참가인이 그 貸下願을 주무관청에 제출함에 제하여 원고는 이에 보조를 하고 스스로 출원하는 것 같은 방해행위를 하지 않기로 한다.

제9. 주참가인은 우 제6 내지 제8항의 산림에 植林을 하기로 한다.

제10. 주참가인은 산업개발을 위해 연 8株 이하의 이식으로써 총액 2만원 이내의 자금을 원고 및 전기 신청인에 대하여 대여하기로 한다.

제11. 주참가인은 관개를 위하여 금일부터 3년 내에 적어도 하의도에 3개소, 상태도, 하태도에 각 1개소의 저수지를 축설한다.

제12. 주참가인은 전항 기간 내에 교통에 필요한 도로 및 渡船의 설비를 하기로 한다.

제13. 주참가인은 하의도 외에 2섬에 전항의 기간 내에 간이 학교 및 병원의 설비를 하기로 한다.

제14. 주참가인은 대정 2년까지의 전기 전답 소작료는 이를 징수하지 않기로 한다.

제15. 주참가인은 본건 소송비용으로서 원고 대리인인 岡田榮에 金

1500원, 동 박공진에 금 50원을 금일부터 2개월 내에 교부하기로 한다.
제16. 본건 당사자는 각 항을 제외한 본건에 관하여 종래 가진 권리는 모두 이를 포기하고 또 同上 소송비용은 각자 부담하기로 한다. 朴應植 외 340명

대정3년2월29일
광주지방법원목포지청
 조선총독부판사서기 新木義家
 재판장 조선총독부판사 大谷信夫[37]

위의 제1항에서 보면 하의도민들은 이제 하의3도의 토지소유권이 우콘측에 있음을 확실히 인정한 셈이 된다. 뿐만아니라 하의도의 산림도 이제는 우콘의 소유로 모두 들어가게 되었다. 그리고 하의도민들이 받은 것은 그에 대한 일정한 위자금과 영소작권이었다. 그런데 하의도민들의 증언에 의하면 영소작권을 받았다는 말은 있으나 위자료를 지급받았다는 말은 전혀 없다. 당시 신문에서도 위자료 지급은 전혀 없었다고 보도하였다.[38] 다음 화해조건에는 저수지, 도로, 선착장, 병원, 학교 등을 우콘측이 개설해주기로 약속한 내용이 들어있다. 또 영농자금을 저리로 대부해준다는 내용도 있다. 이는 하의도민측에서 요구한 것으로 알려졌다.[39] 그러나 우콘은 이러한 약속을 하나도 지키지 않았다.

그런데 특이한 것은 상태 서리 박남현(朴南玄)의 토지 1,500두락

---

37 전라남도 무안군, 1964, 「하의삼도농지연혁급분쟁경위」, 『하의삼도 농지탈환운동 자료집』, 321~326쪽.
38 『시대일보』 1924년 5월 28일 「하의도 토지사건(8)」
39 제갈남출, 앞의 글.

은 소유권을 복구하여 준다고 한 오타니(大谷) 재판장의 공증 증서가 나온 것이었다. 이같은 사실은 1915년 토지조사국에서 토지조사사업을 하면서 상태도에 세부측량을 나오면서 박남현의 토지 1,500두락에는 박남현의 표목(標木)을 박아놓음으로써 널리 알려졌다. 이에 대해 김응재는 "이것은 박남현의 길거(拮据)도 있으려니와 우콘의 사업이 가경(佳境)으로 점입하매 박남현은 박공진의 6촌 종형인바 우콘은 공진의 청에 의하야 1천5백 두락을 떼어준 것이니 기타의 도민(島民)은 땅을 모조리 빼앗기고 박응식 일가의 토지는 일호(一毫)의 손해도 없이 무사하게 되었다."라고 썼다. 그런데 '박남현의 길거', 즉 저항에 대해서 제갈남출은 "박남현은 이미 전부터 천석 이상을 해온 부자였다. 우콘은 박남현의 땅도 모두 자기 소유로 하려고 하였으나 박남현이 직접 우콘측을 찾아가서 자기의 땅은 돈을 주고 사라고 요구하여 우콘측이 할 수 없이 돈을 주고 이를 샀다"고 증언하였다.[40] 하의도민 고자산(高滋産)의 증언에 의하면 우콘측이 박남현의 땅의 소유권을 인정하고, 박남현은 이를 우콘측에 되팔았다고 한다. 그리고 그는 그 돈으로 임자도에 땅을 샀다는 것이다.[41] 당시 『시대일보』는 다음과 같이 보도하였다.

> 우콘은 이왕부터 섬사람 박응식이란 자와 내응이 되어서 이왕 박응식의 소유로 있던 땅 1,500두락을 비밀히 박응식에게 도로 주기로 약조하고 그 대신 박응식으로는 자기의 일을 도와주게 하였던 일이 있어 서로 기맥을 통하여 별별 기괴한 일이 있었던 것도 이에 이르러 현로되었다.[42]

---

40 위와 같음.
41 高滋産옹 증언 (1999.7.15, 상태도 신의면 동리 315번지 자택)
42 『시대일보』 1924년 5월 28일 「하의도 토지사건 8」

앞의 박남현은 바로 박응식의 아버지였다.[43] 따라서 우콘이 박남현의 토지소유를 인정한 것은 그의 저항 때문이라기보다 이번 소송에서 큰 공을 세운 박응식 일가를 고려한 때문이었다고 보아야 할 것이다.

화해조서가 도민과 우콘에게 각 1통씩 교부되고 우콘은 그해 보리농사부터 소작료를 거두어 가게 되었다. 그러나 몇 해가 지나도 우콘은 화해조서에서 도민들에게 약속한 조목을 한 건도 실행하지 않았다. 우콘은 자신의 신변에 사고가 있음을 사칭하고 이를 실행하려는 성의를 전혀 보이지 않았다고 한다. 이에 도민들은 1916년 7월 김응재(金應才) 외 2인을 대표로 뽑고 김택현(金宅鉉) 변호사를 선임하여 '부당이득반환소송'을 목포지청에 제기하고 그해 가을부터는 일절 소작료를 내지 않기로 불납동맹을 결의하였다. 또 1918년 3월에는 대구복심법원에 변호사 호리이케 쓰네사쿠(堀池常作)를 위임하여 '토지소유권반환소송'을 제기하였다. 이에 우콘은 김응재 외 16명의 재산을 차압하였으나 김응재 등은 이에 개의치 않고 소송을 계속하였다. 그런 가운데 우콘은 1919년 하의 3도의 토지를 대금 17만 원에 일본 대의사 가미나리 신조(神波信藏)에게 넘겼다. 당시 가미나리는 2만 원만 자기 돈으로 지불하고 15만 원은 도쿠다 야시치(德田彌七)란 자에게 이 땅을 담보로 하여 빌려서 산 것이었다. 이런 사실은 당시 일본에 건너가 우콘과 가미나리를 만난 김응재에 의해 확인되었다. 당시 가미나리는 김응재에게 이 땅을 17만 원에 도로 사가라고 말하였다. 당시 저당 기한이 5,6개월이 남아 있

---

43 박남현은 당시 하의면 전체에서 유일하게 기와집을 짓고 살았다. 1914년 부녀자들의 소동 때에 군중이 그의 집 기둥에 줄을 매어 무너뜨리려 했으나 뜻을 이룰 수 없었다고 한다(제갈남출, 앞의 글).

었기 때문에 하의도민들이 대금만 치른다면 되팔 수 있다는 것이었다. 김응재는 하의도에 돌아와 도민들에게 이같은 사실을 알리고 땅을 돈을 주고서라고 되찾자고 주장하였다. 그는 소송을 하기 위해 변호사 비용이 한 번에 8만 원씩이나 소요되니 두 차례 소송을 하면 16만원이 된다는 것을 말하고 그 비용이면 차라리 땅을 되사는 것이 낫다고 설득하였다. 그러나 김호준 등은 소송을 계속할 것을 주장하고 이에 반대하여 땅을 되사는 일은 허사로 돌아갔다. 그런 사이에 하의삼도의 땅은 1920년 도쿠다 야시치에게 소유권이 넘어갔다. 그리고 김응재 등은 목포지방법원과 대구복심법원에서 모두 패소하고 말았다. 그것은 앞서 말한 것처럼 이미 토지조사사업 과정에서 작성된 토지대장과 등기부에 하의삼도 농지 전부가 우콘의 이름으로 올라가 있었기 때문이다.[44]

2) 일본인 지주 도쿠다 야시치와 도민 간의 갈등

이제 하의삼도 도민들은 새로운 지주, 도쿠다 야시치와 맞서 싸우지 않으면 안 되었다. 1928년에 있었던 하의도농민조합 관련 재판기록에 의하면 도쿠다가 우콘으로부터 하의도 땅 약 400만 평을 매수한 것은 1919년 9월이었다. 그는 하의면의 답 1,055필, 전 1,617필 합계 약 400만 평을 체납 소작료 쌀 보리 5천 석과 함께 대금 25만 원으로 매수하였다는 것이다. 그리고 하의삼도 농민 약 1,200명에게는 소작료를 수확의 3분의 2로 정하여 소작료를 받았다고 한다.[45]

---

44 김응재, 1946, 「하의삼도토지쟁의실기」, 『하의삼도 농지탈환운동 자료집』, 287~290쪽.
45 「1928년 하의도농민조합사건 예심종결결정서」, 『하의삼도 농지탈환운동 자

도쿠다 야시치는 누구인가. 그는 1880년 일본 가가와현(香川縣)에서 평민 신분으로 태어났으며, 러일전쟁 이전부터 오사카에서 인쇄업·잡화무역상을 하면서 텐진·홍콩과 동남아시아 등을 왕래하면서 인쇄물·잡화·기계류 등의 수출에 종사하였다. 러일전쟁 이후 공황을 맞아 홍콩 거래선의 도산으로 그도 큰 타격을 받았다고 한다. 그는 이후에도 오사카에서 인쇄업, 홍콩에서 무역업에 종사하면서 1910년에는 석박(錫箔: 납과 주석의 합금을 얇게 펴서 종이처럼 바꾼 것)공장을 세우고 제연기계(製煙機械), 종이류, 잡화 및 인쇄물 수출업을 재개하여 1914년 1차 대전의 발발로 호황기를 맞아 큰 돈을 벌었다고 한다. 1920년 미국을 여행하면서 불황기가 올 것을 예견하고 일본에 돌아와 공장을 폐쇄하여 불황기에 큰 타격을 받지 않았다고 한다.46 그가 하의도의 땅을 사들인 것이 바로 이 시점이었다. 하의도의 땅 매입은 그의 조선에서 유일한 토지 투자였다. 당시 그가 하의도에서 소유한 땅은 논 680정보, 밭 763정보, 합계 1,443정보였다.47

도쿠다는 전 육군 중위 미야자키 노리유키(宮岐憲之)를 대리인으로 파견하여 목포에 출장소를, 하의도에 사무소를 두고(현 면사무소 자리) 전 헌병보조원 신기빈(申寄彬), 전 순사 양효묵(梁孝默)·김영두(金榮斗)·장운경(張雲敬) 등을 사무원으로 채용하였다. 그리고 마름으로는 고태진(高泰珍)·이상섭(李尙燮)·김자욱(金子郁)을 지명하였다.48

료집』, 177쪽.
46 神谷路丹, 앞의 책, 110쪽 ; 『昭和戰前財界人名大事典』(大空社刊) 1929년판, 제1권, と5쪽, 1931년판, 제2권, 10쪽.
47 한국농촌경제연구원, 앞의 책, 197쪽.
48 『시대일보』 1924년 12월 13일 「怨府의 하의도 (3)」

도쿠다는 우콘으로부터 토지는 사들였지만 우콘이 도민들에게 약속한 5개 항은 하나도 실행하지 않았다. 오히려 대리인 미야자키는 갖은 위협과 수단으로 소작료 체납자를 닥치는 대로 차압하고 반항하는 자는 구타하여 공포 분위기를 조성하였다. 당시 도민들은 체납소작료를 받으려거든 우콘과 맺은 6개 조항을 실행하라고 요구했지만, 미야자키는 "미수된 소작료는 받기로 했지만 6개 조건은 모른다"면서 체납소작료를 강제로 거두려 하였다.[49] 미야자키는 1916년 가을부터 도민들이 불납동맹을 결의하여 우콘에게 내지 않았던 소작료까지 모두 내라고 요구하고 나섰다. 미야자키는 하의도에 오자마자 "나는 전 육군대좌이다. 너희는 이제부터 나의 명령에 복종하라"고 하였다 한다. 그리고 그가 가장 먼저 한 일은 소작료 체납자 60여 명의 가산을 차압하는 일이었다. 그는 소작인들의 세간을 빼앗아서 배로 목포로 실어 날랐다.[50]

미야자키의 횡포는 살인까지 이어졌다. 그는 도민 김준열(金俊烈)을 구타 폭행하여 두 달 만에 세상을 뜨게 만든 것이다. 또 도조(賭租)는 해마다 올려서 소위 추수를 해도 도조도 제대로 감당하기 어려운 형편이 되었다.[51] 그러면서도 그는 1921년 8월 자기 마름이 된 이상섭(전 대리 구장으로 1910년대 우콘과의 화해에 앞장섰다)·고태진·김자욱 등을 이용하여 하의삼도의 부랑자 10여 명에게 돈을 주고 꾀어서 소위 「하의삼도 평화기념비」를 2개나 세우게 하였다. 그는 그동안 문제가 많았던 하의삼도는 이제 평화가 되었으며 새 지주 도쿠다는 소작료를 특별히 감하여 주민들은 모두 안도하게 되

---

49 『시대일보』 1924년 12월 14일 「怨府의 하의도 (4)」
50 『시대일보』 1924년 5월 29일 「하의도 토지사건 9」
51 『시대일보』 1924년 5월 31일 「하의도 토지사건 10」

었다고 하면서, 실제로는 밭 1두락에 콩 3말, 논 한두락에 벼 7말씩 등 높은 소작료를 받았다. 이는 우콘이 밭 1두락에 콩 1.5말, 상답 1두락에 벼 3.5말을 받았던 것의 2배에 해당하는 것이었다. 또 우콘은 1923년부터 소작료를 두락수로 계산하여 받았으나 도쿠다는 평수로 계산하여 받았다. 이 때문에 상태 서리 김화정의 논은 20평밖에 되지 않았는데, 옛 두락을 평으로 환산하여 64평이 되었고, 김용심의 논은 60평쯤 되는데 164평이 되었다고 한다. 또 말로는 수확의 3.5할을 받는다고 하였지만, 황무지와 논두렁까지 평수에 넣어 계산하였기 때문에 실제로는 6~7할이 되었다. 이에 농민들이 반항하는 경우 미야자키는 업무방해죄로 이를 고소하여 많은 농민들이 주재소로 끌려가서 구타를 당하는 등 곤욕을 치렀다.[52]

도민들은 또 우콘이 영소작권을 인정하였으므로 영소작권은 매매가 가능하다고 생각하여 좋은 논은 6,70원, 나쁜 논은 2,30원씩 받고 영소작권을 매매하였다. 그리고 영소작권을 가진 이가 또 소작을 주는 경우도 있어, 이 경우 영소작권을 가진 이는 간지주(間地主: 중간지주)가 되어 소작인은 지주와 간지주(間地主)의 두 사람에게 수탈당하기 때문에 남는 것이라곤 거의 없는 형편이었다.[53]

하의 3도는 목화를 많이 재배하고 있었다. 미야자키는 농장 사무원 오타니 쓰네지로(小谷常次郎)를 시켜 목화무역에도 손을 댔는데 군청 낙찰 시가보다 매 근에 3전 5리씩 싸게 사들여 수천 원의 부당이득을 취하였다. 또 마름 고태진과 공모하여 상태도에서 목화 수천 근을 매근 4,5전씩 속여서 밀매한 일도 있었지만 경찰은 이를 알

---

52 『시대일보』 1924년 12월 13일 「怨府의 荷衣島 (3)」 ; 『시대일보』 1924년 12월 14일 「怨府의 荷衣島(4)」
53 『시대일보』 1924년 12월 13일 「怨府의 荷衣島 (3)」

고도 모르는 체하였다.54

하의도민들은 이같이 일본인들에게 도민들이 당하는 것은 배우지 못한 때문이라 생각하여 교육에 크게 힘을 쏟았다. 1924년 당시 하의삼도민은 모두 8천여 명이었는데, 그 가운데 외국 유학생이 2명, 경성의 각 전문학교에 3명, 고등보통학교에 10여 명을 가르치고 있었으며, 보통학교 졸업생은 30여 명이 되었다고 한다.55

1923년 대리의 김응재는 하의도 땅을 도쿠다로부터 되사기 위해 다시 나섰다. 그는 일본으로 건너가 동경에서 상애회(相愛會) 회장 이기동(李起東)을 만났다. 상애회는 1921년 회장 이기동과 부회장 박춘금이 주도하여 결성한 일본 소재의 대표적인 친일단체로서, 겉으로는 노동자 구호 등을 내세운 사회단체였으나 실제로는 일종의 테러단체였다.56 김응재가 이기동을 찾아간 것은 하의삼도 토지 매수자금을 빌리기 위한 것이었다. 이기동은 도민의 위임장을 받아 전보를 치면 자신이 직접 목포에 와서 도민 대표들과 위임장 전면에 매려(買戾: 還買 즉 되사기를 의미) 및 연부상환의 각항 조건을 기재한 후, 오사카로 도쿠다를 방문하여 도민의 명의로 매수하고 연부는 20~25년 정기 상환하기로 한다는 약속을 하였다. 김응재는 하의도로 돌아와 도민들에게 그 뜻을 전달한 바 도민들은 거의 이에 찬동하였고, 도민 대표 10여 명은 목포로 나와 이기동에게 전보를 쳤다. 그러나 이기동으로부터는 아무런 회신이 없었다. 그것은 바로 그 전날 관동대지진이 일어나 도쿄의 전신 전화가 모두 불통

---

54 『시대일보』 1924년 12월 14일 「怨府의 하의도 (4)」
55 『시대일보』 1924년 12월 15일 「怨府의 하의도 (5)」
56 『朝鮮思想通信』 1927년 11월 19일, 21일 ; 임종국, 1982, 『일제침략과 친일파』, 청사, 87쪽

되었기 때문이었다. 그같은 일이 없었다고 해서 이기동이 약속을 지키리라는 보장은 없었지만, 어쨌든 김응재의 노력은 허사로 돌아가고 말았다.

이듬해인 1924년 1월 하의도민들은 도쿠다가 하의삼도의 땅을 또 다른 사람, 즉 부산 초량에 사는 김국태(金局泰)에게 팔려고 한다는 소식을 듣게 되었다. 이에 도민들은 차라리 자신들이 도쿠다에게 22만 원을 주고 사버리자는 쪽으로 다시 의견을 모았다. 하지만 도쿠다는 이에 응하지 않았다. 이에 김응재 등은 경성에 가서 토지를 되살 수 있도록 해달라고 총독부에 진정서를 내기도 하였다.[57] 4월 중순 도민들은 삼도 주민총회를 열어 이영환(李英煥)의 사회로 670여 명 주민 대표가 모여 3도 토지가 다른 사람 소유로 돌아가기 전에 도민의 소유로 하지 않고는 살아갈 가망이 없다 하여 아래의 4가지 조건을 만장일치로 가결하고 실행위원 6명을 선정하여 즉시 각 방면의 운동에 들어갔다.

결의 사항
一. 토지대금은 20만 원으로 결정하여 매수할 것
一. 德田彌七이 매도를 거절할 시는 최후의 결사적 행동까지 취하고 일변으로 소송을 제기할 일
一. 소위 家地主 右近權左衛門에 대한 화해조건과 덕전미칠에 대한 화해계약은 저들로부터 무시하는 터임으로 島民도 이를 해제할 것
실행위원
金應才, 金亨均, 李英煥, 朴寅權, 崔炳寅, 申子弘[58]

---

[57] 『동아일보』 1924년 1월 31일 「前約을 무시하고 賣渡에도 불응」
[58] 『동아일보』 1924년 5월 20일 「三島住民總會 4개조항결의」 ; 『시대일보』 1924

도쿠다는 이 소식을 듣고 지배인 나카지마(中島)를 시켜 목포와 경성을 드나들면서 요로의 인물을 만나게 하고, 한편으로는 마름 이상섭·김자욱·우자환(禹子環), 그리고 김경진(金京振) 외 5명에게 많은 돈을 주면서 "지주는 팔 의사가 없는데 불량배 몇 사람이 도민을 선동하여 매수운동을 하는 것"이라는 말을 퍼뜨리게 하였다.59 나카지마와 미야자키는 몇 가지 선심성 조건을 제시하면서 도민 회유에 나섰다. 하지만 실행위원들은 이에 개의치 않고 본격적인 운동에 나섰다.60

그러나 문제는 매수자금이었다. 특히 1924년에는 큰 한해가 들어 경작 면적의 3분의 2도 제대로 경작을 하지 못했다. 그런 가운데 도쿠다가 하의삼도 토지를 동양척식주식회사에 넘긴다는 말이 떠돌았다. 또 그해 가을 도쿠다농장은 사무원들을 각 동네에 매일 파견하여 타작 마당에서 그해의 소작료와 그 전해의 미수(未收) 부분을 아울러 다 받으려 하여 도민들과 분쟁이 일어나지 않을 수 없었다. 때문에 사무원들은 경찰들을 데리고 다니면서 걸핏하면 강제집행이라 하여 있는 것은 무엇이든지 닥치는대로 가져갔다. 이같은 일은 힘없는 사람들이 가장 많았던 하태도에서 특히 심하였다. 때문에 그해 12월에 벌써 하태도 농가 230여 호에 조석을 잇지 못하는 집이 반수 이상이 되었다. 또 도쿠다농장은 장부상으로 경작면적을

년 6월 3일 「하의도토지사건 13」
59 위와 같음.
60 『동아일보』 1924년 6월 2일 「窮凶한 懷柔運動, 土地散賣, 低資融通, 作料輕減등으로 도민을 롱락하는 덕던」. 도쿠다측에서 내놓은 선심은 다음과 같다. 一. 땅을 팔기는 팔되 개개인에게 나누어 散賣하며 甲은 다섯 해의 年賦로 上土는 1두락에 50원, 中土는 35원, 下土는 25원. 一. 본래 우콘과 강제 화해를 체결할 때에 약속한 저리자금 2만원을 융통해준다. 一. 소작료를 감하해준다.

크게 늘려서 소작료도 역시 올려서 받아갔다. 상태 서리 임문순(任文順)의 경우, 소작료 납입고지서를 보면 1923년에 소작면적 2,013평에 소작료 2석 5두 4홉이 부과되었는데, 1924년에는 소작면적 2,713평에 소작료 3석 8두 9홉이 부과되었다.[61]

1924년 8월에는 상애회 부회장 박춘금(朴春琴)이 목포와 하의도에 나타나 한바탕 소동이 일었다. 그는 목포에서 우선 김응재 등을 만나 관동대지진으로 인해 상애회가 하의삼도 토지환매를 돕지 못한 것에 대해 유감을 표하고, 그러나 이미 토지환매는 가능성이 없으니 단념하는 것이 상책일 것이라면서 도민을 위해 도쿠다측과 악수하고 여생이나 편안케 지내는 것이 어떠냐고 회유하였다. 김응재는 그 자리에서 이를 거절하지 못하고 하의도에 돌아와 상황을 설명하였다. 그리고 박춘금이 직접 하의도에 와서 하의도 도민들의 민심을 읽게 하는 것이 차라리 낫겠다는 생각에 그가 하의도에 오게 하였다. 8월 14일 박춘금은 총칼을 들고, 정복 순사 2명과 역사(力士) 1명을 대동하고 상태도 서리 박응식의 집에 와서 동네 사람들을 모이도록 하였다. 도민들은 그가 도쿠다와의 화해를 종용하자 슬금슬금 해산해버렸다. 도민들이 이같이 해산하려 하자 박춘금은 달아나는 사람을 붙잡고 "나는 서울서 동아일보 사장 아무개도 두들겼으며, 그 외에 누구누구도 모두 내 주먹 밑에서는 끽소리 못하게 한 박춘금이란 사람이다. 너희도 만일 내가 하라는대로 아니하고 나의 말에 반항하는 때에는 조금도 용서치 아니하고 곧 이 자리에서 이 총과 칼로써 너희를 처치할 터이다"라고 하면서 주먹을 휘두르며 눈을 부릅뜨고 총과 칼을 들었다 놓았다 했다고 한다. 이에 박의 행동이 너무 괘씸하다고 생각한 김형균(金亨均)·윤민환(尹敏煥)

---

61 위와 같음.

등 몇 사람이 그 불법과 무례함을 꾸짖었더니 박춘금은 다짜고짜 달려들어 그들을 폭행하였다. 그리고나서 박춘금은 서류 한 장을 꺼내어 도민들에게 날인할 것을 강요하였다. 이에 몇 사람이 그 서류의 내용도 보지 못한 채 서명하였는데, 박은 40여 명의 서명을 받은 후에 비로소 이 서류는 지주 도쿠다와 하의삼도 주민의 소작계약증서라고 말하였다. 이에 주민들이 분노하여 그것은 위협에 의해 강제로 서명한 것이니 효력이 없다고 주장하자, 박은 또 달려들어 이런 말을 한 박형천(朴亨天)·박형식(朴亨植)·박윤권(朴允權) 등을 마구 구타하였다. 박춘금은 "나는 상애회 회장으로 일선융화를 위해 일하는 터인데 들으니 하의도 주민들이 지주 도쿠다란 일본인과 항상 서로 불합하다 하기에 이를 융화시키려고 옴이며, 또 너희들이 시방 도장을 찍은 이 서류는 곧 도쿠다에게 보내줄 터이며, 너희가 전 지주 우콘이와 화해할 때 체결한 6개 조건을 전부 곧 이행케 할 뿐만 아니라 우선 완전한 토지측량을 하게 하며, 저리자금 2만원을 풀어서 너희 생활을 구해주리라"하고 큰소리를 친 뒤, 상태도를 떠났다. 이에 주민들은 곧 도민대회를 열고 위협과 사기로 우리 의사를 무시한 강제계약은 무효라는 통지서를 지주 도쿠다에게 발송하는 한편, 이 사실을 목포경찰서에 고소하였으나 그해 연말까지 아무런 소식이 없었다.62

또 도쿠다농장측은 우콘으로부터 땅을 사들인 후 도민들에게 전 지주 우콘 때에 불납한 소작료를 내라 함으로 상태도 박형식·박윤두 두 사람이 전 지주 때의 소작료는 현재의 지주 도쿠다와는 아무런 관계가 없으니 낼 수 없다고 주장하자 1923년 10월 가차압 처분을 하여, 박형식과 박윤두 두 사람은 목포지청에 소송을 제기하였

---

62 「怨府의 하의도 (7)」『시대일보』 1924.12.16.

다. 그러나 재판은 15회나 연기되어 미결상태에 놓여 있었고, 그런 가운데 1924년 12월 3일 도쿠다농장의 사무원 오타니 쓰네지로(小谷常次郎), 다카야 에이타로(高谷榮太郎), 양효묵(梁孝默) 등 3명이 집달리를 데리고 박형식의 집에 와서 가차압을 한 후 같은 날 오후에는 박윤두의 집에 가서 소작료 1석 6두를 가차압을 하러 왔다 하고, 하오 9시경까지 그 집을 수색하여 4섬 곡식을 강탈하여 갔다. 이에 박윤두는 목포경찰서에 고소를 제기하는 등 도민과 도쿠다농장 측의 갈등은 끊이지 않았다.

한편 김응재의 글에 의하면 그는 이후에도 다음과 같이 토지 환매운동을 계속하였다고 한다.63 박춘금은 하의도에서 도민들과의 화해에 실패한 책임이 김응재에게 있다고 생각하고 목포서에 김응재를 고소하였다. 이에 김응재는 경성 부산 등지로 피신하였다. 김응재는 1924년 7월 경성에 올라가 이진호(李軫鎬)를 만났다. 이진호는 1880년대 무관으로 진출하여 1895년 갑오개혁 당시 육군 참령으로 친위대 제2대대장을 지냈다. 그러나 아관파천으로 김홍집내각이 무너지자 일본으로 망명하여 1907년에야 돌아올 수 있었다. 그는 1907년 평안남도 관찰사, 1910년 경상북도 관찰사, 1916년 전라북도 지사 등을 지내는 등 일제 지배하에서 출세가도를 달렸다. 1919년 3·1운동이 발발한 뒤 '전북자제단(全北自制團)'을 조직하여 운동이 고조되지 않도록 힘썼다. 1921년 중추원관제가 개편될 시 중추원참의에 자신이 선발되지 못한 데 대해 불만을 품고 도지사직을 사임하였다. 이에 총독부는 그를 회유하기 위해 동양척식주식회사의 유일한 조선인 이사로 임명하였으며, 1924년에는 조선총독부 학무국장으로 임명하였다. 그는 조선인으로서 유일한 총독부의 국장급 관료

---

63 이하 김응재, 앞의 글, 292~293쪽.

가 된 것이다. 1929년까지 학무국장직에 있었던 이진호는 당시 대표적인 친일 관료중의 하나였다고 할 수 있다.[64] 이같은 친일 관료 이진호를 김응재가 만난 것은 그의 힘을 빌려 하의삼도 토지문제를 해결해보고자 하는 생각 때문이었다.

이진호는 김응재에게 자신이 일본 총리 가토 다카아키(加藤高明)와 친분이 있으니 하의삼도 사건을 자신에게 위임해주면 일본에 건너가 선처를 구해보겠다고 약속했다. 이에 김응재는 이진호에게 이를 위임하고 여비를 조달해 주었다. 그 뒤 이진호는 학무국장에 임명되었고, 이듬해(1925년) 3월 일본에 건너가 하의도 문제를 가토에게 간접적으로 부탁하였다. 이에 가토는 도쿠다를 불러 일선융화를 해치고 있는 데 대해 크게 질책하고, 당장 토지를 반환하라고 하였다 한다. 이에 도쿠다는 자신은 직접 간여하지 않고 지배인을 보내 관리하고 있다면서 조사위원을 보내 만일 실상이 그러하다면 가토의 말대로 무상양여하겠다고 말했다 한다. 가토총리는 정부에서 조사위원을 파견하여 실지조사 뒤에 결론을 내기로 했다. 4,5개월 뒤 조사위원은 하의삼도에 오게 되었다. 그 사이 도쿠다는 지배인 미야자키에게 그해 소작료 수입 이상으로 비용이 들더라도 도민의 민심 무마에 주력하라고 지시하였다.

그때 마침 박동금(朴東金) 등이 소작회를 조직한다는 소식이 있자, 미야자키는 박장환(朴庄桓)·김기배(金基培) 등을 몰래 불러 "소작회를 조직한다 하니 이것은 소작인에게도 유리한 회이며, 지주에게도 유리한 회이니 급속히 설회하라"고 지시하고, 그해 소작료도 소작회에 위임하여 거둘 것이며, 소작회의 비용도 지급하겠다 하고 일금 8천 원을 내놓았다고 한다. 박장환·김기배 등은 이 뜻을 도민

---

64 반민족문제연구소, 1993, 『친일파 99인』 1, 돌베개, 202~207쪽.

들에게 설명하여 소작회를 구성하였다. 소작료도 소작회에서 걷고 소작료도 그 전해에 5석(石) 내던 것을 5두(斗)만 내어도 아무 말이 없었으니 도민의 민심은 급속히 박장환에게 쏠리었다고 한다. 결국 일본에서 조사위원들이 군수, 목포지청 판검사, 경찰서장 등을 대동하고 하의도에 왔을 때 소작회 간부들이 도민대표로 나서서 "지주와 소작인간의 알력이 심하고 불친(不親)하다는 것은 사실무근이다"고 역설하였다고 한다. 이로써 조사위원들은 하릴없이 돌아갔다고 한다.[65]

소작회의 이같은 활동은 일시적인 것에 그치고 이후 유야무야된 것으로 보인다.[66] 1928년 「하의농민조합 예심종결결정서」는 다음과 같이 기록하고 있다.

> (荷衣三島의-인용자) 소작인은 同島 金應才라는 자의 선동을 받아 대정 13년경부터 소작료를 체납하여 同島 소작쟁의는 점차 심각하게 되어 왔다. 도쿠다양행 목포출장소 주임 宮岐憲之는 동년 8월 동경 상애회 총본부 부회장 朴春琴의 조정에 의하여 소작인에 대하여 보리 소작료는 7월 31일까지 완납자에 대하여는 종래 3분 7리를 징수하던 것을 3분 5리로 저감하였다. 檢見 협정을 마친 경우에 있어서 定租는 前記 납입 기일까지 완납할 때에는 旣定率보다 백 평에 대해 3合을 감하였다. 同 洋行 농장사무소의 査定에 기초한 불모지 교통로로 인정되는 곳은 그 지적을 감하였다. 각 연도의 소작료를 완전 납입한 자에 대

---

65 김웅재, 앞의 글, 293쪽.
66 高滋産(85세, 상태 서리. 1999. 7. 15 면담)의 증언에 의하면, 朴庄桓은 도쿠다가 농민을 위해 빌려준 융자금을 가로채 다른 곳에 썼다가 도쿠다가 되갚을 것을 요구하여 임자도의 땅을 팔아서 이를 갚았다고 한다. 아마도 이런 사건들과 농민들의 신뢰 상실로 인해 소작회는 유야무야된 것이 아닌가 여겨진다.

하여는 대정 10년 1월 20일 동 양행과 소작인과의 사이에 체결된 소작계약 이전의 체납소작료는 이를 독촉하지 않았다. 소작인으로 하여금 유익한 부업을 경영하는 데 필요한 자금을 요하는 경우에는 우 농장사무소가 적당하다고 인정되는 사업에 대해서는 금품을 대여하기로 한다고 각서를 교부함에 이르렀다. 이래 저리 부업자금 합계 약 1만 원을 대여하고, 쌀 보리의 종자를 대부하고 비료대 3분의 1을 보조하고, 성적이 우량한 소작인에 대해 상품을 수여하는 등 소작인의 우우(優遇)에 힘을 썼는데도, 소작인은 이제 대정 8년 이후의 소작료 쌀 합계 2천 석, 보리 합계 2천7백 석 및 전기 체납 소작료를 납입하지 않았다. 우 소작쟁의는 더욱 악화해왔는 바(하략)[67]

이에서 보면 1924년 이후 하의삼도의 상당수 농민들은 제대로 소작료를 내지 않아, 1919년 도쿠다가 토지를 매입하기 이전의 체납 소작료는 물론이고, 매입한 이후에도 쌀 2천석, 보리 2,700석을 체납하고 있었음을 알 수 있다. 그리고 이는 김응재의 선동에 의한 것이라고 쓰고 있는 것으로 보아 하의삼도 도민들은 자신들의 토지를 언젠가 되찾게 되리라는 생각을 강하게 갖고 있었음을 알 수 있다.

한편 1925년 4월 17일 하의도에서는 하의청년회가 조직되었다. 이날 하의도의 진명학교(進明學校)에서는 270여 명이 참석한 가운데 창립총회가 열려 장영태(張永泰)의 사회로 취지설명, 회칙 통과, 결의사항 결의, 임원선거 등이 진행되었다. 이날의 결의 사항과 선출된 임원은 다음과 같다.

---

67 「1928년 하의농민조합사건 예심종결결정서」, 『하의삼도 농지탈환운동 자료집』, 177~178쪽.

결의사항
一. 지방발전 및 도덕관념을 진작케 할 일
一. 청년자제 교양을 勵行할 일
一. 미풍양속을 장려하고 惡慣弊習을 박멸할 일
一. 회원간 친목 상호부조를 도모할 일
一. 각 단체 연맹과 소작문제 해방의 선구가 될 일.
임원씨명
會長 金琪培 副會長 諸奉信
總務 梁孝默 庶務部 金洪奇
智育部 金洪球 調査部 卞文玉
理財部 金珉植 産業部 禹珍先
宣傳部 趙京悅 顧問 金良奎, 李尙燮, 金石斗, 張永泰[68]

이들이 청년회를 조직하게 된 경위는 확실하지 않다. 또 청년회의 성격은 친목을 위주로 한 단체 정도였던 것으로 보이며, 이후 특별한 활동을 했다는 기록도 찾기 힘들다. 다만 회장에 소작회 간부 김기배가 선임되고, 총무에 도쿠다농장 사무원 양효묵, 고문에 도쿠다농장 마름 이상섭 등이 들어있는 것 등으로 보아 소작회와 비슷한 도쿠다농장의 어용적인 성격을 띤 것이 아닌가 여겨진다.

3) 하의농민조합 운동

도쿠다농장의 갖은 횡포와 토지 환매의 거듭된 좌절, 그리고 일종의 어용 소작회의 등장은 도민들로 하여금 새로운 대응을 불가피하게 하였다. 그 결과 등장한 것이 1928년의 하의도농민조합이었다.

---

68 『동아일보』 1925년 4월 25일 「하의청년회 17일에 창립」.

하의도 농민조합은 대리 출신 최용도(崔龍道)와 상태 서리 출신 고장명(高長明) 등의 오사카에서의 만남에서 비롯되었다. 1920년대 식민지 조선의 많은 농민들이 노동을 위해 일본으로 건너갔다. 당시 일본의 노동자 임금은 조선의 노동자 임금보다 상대적으로 고임금이었기 때문에, 많은 사람들이 일자리를 찾아 일본으로 건너간 것이다. 1920년대 재일 조선인노동자의 수는 1920년 32,461명, 1923년 80,617명, 1926년 148,015명, 1929년 276,031명, 1931년 311,247명 등으로 급증하고 있었다. 그 가운데 조선인 노동자가 가장 많이 몰린 곳은 공장지대가 밀집한 오사카지역이었다. 오사카 거주의 조선인 수는 1926년 35,278명, 1929년 67,972명, 1931년 85,567명이었으며, 노동자 수는 1926년 24,475명, 1929년 52,815명, 1931년 77,743명에 달했다. 이들은 오사카의 동성구 학교정(東城區 鶴橋町)등 여러 곳에 조선인촌을 형성하여 살고 있었다. 그런데 특기할 것은 오사카 거주 조선인 가운데 전남 출신이 가장 많았다는 것이다. 1928년 6월 현재 전남 출신이 21,663명(47.9%)으로 가장 많았고, 다음이 경남(10,113명) 전북(4,223명), 경북(3,638명), 경기(1,261명), 충북(814명), 강원(417명), 평남(415명), 황해(385명), 함남(306명), 함북(189명), 평북(176명) 순이었다. 전남 가운데에는 제주도 포함되어 있었는데, 1934년 제주 출신은 전체 조선인의 26% 정도였다고 한다. 여기서 제주를 제외하면 전남 출신은 전체의 약 20% 정도를 차지하는 것으로 볼 수 있다.[69]

당시 최용도와 고장명 등 오사카에 거주하던 하의도 출신 노동자는 60명 정도였다고 한다. 이들은 1927년 친목도모를 위해 '하의

---

69 정혜경, 1998, 『일제하 재일한국인 민족운동의 연구-大阪지방을 중심으로-』(한국정신문화연구원 한국학대학원 박사논문), 31~55쪽.

노동청년회'를 조직하였다. 그리고 그해 6월 오사카에서 사회운동에 종사하던 일본인 아사히 겐즈이(朝日見瑞, 일명 朝日俊雄)에게 하의삼도 토지문제에 대해 설명하고 하의도농민조합 결성을 지원해 줄 것을 요청하였다.70 아사히는 당시 일본 노동농민당 오사카지부 상임위원, 일본농민조합 간부으로서 활동하면서, 오사카의 조선인 노동운동에도 깊숙이 간여하고 있었다. 그는 1927년 3월 25일 재일본조선노동총동맹 오사카연합회의 제2회 정기대회에서 집행위원의 한 사람으로 선출되었다.71 최용도 등이 아사히에게 지원을 요청한 것은 그 직후인 그해 6월이었다. 최용도는 그의 지원 승낙을 받고 그해 9월 하의도로 돌아왔다.

최용도가 하의도농민조합을 만들기 위해 준비를 하고 있는 가운데, 그해 11월초 일본 노동농민당에서 조선공산당 사건 변호인으로 특파된 후루야 사다오(古屋貞雄)가 하의도를 방문하였다. 그는 당시 일본농민조합 고문을 맡고 있었는데, 재일본조선노동총동맹과 신간회동경지부가 일본 노동농민당과 교섭하여 조선공산당 사건 변호인을 파견해줄 것을 요청하여 조선에 오게 된 것이었다. 후루야는 1927년 9월 10일 재일본조선노동총동맹 집행위원장 정남국(鄭南局)과 이동재(李東宰), 신간회 동경지회의 강소천(姜小泉), 대중신문사의 최익한(崔益翰) 등과 동행하여 조선에 왔다. 그는 조선공산당 공판과정에서 공판정의 엄중한 경계에 대해 항의하고, 피고인들이 고문을 당하였다는 사실을 들어 피고인들이 고문경관들을 고발하게 하는 등 맹활약을 하였다. 그런 가운데에서도 그는 조선의 농민운동

---

70 「1928년 하의농민조합 예심종결 결정서」 『하의삼도 농지탈환운동 자료집』, 178쪽.
71 정혜경, 앞의 글, 116쪽.

에도 관심을 가져 부평농민조합 창립대회에도 참석하였으며, 당시 전조선 그리고 일본에까지 널리 알려져 문제가 되고 있던 완도 소안도의 소안사립학교 문제와 하의도 토지문제의 실상을 파악하기 위하여 현지를 방문하였다.72 그해 11월 초 후루야는 신간회 동경지회 대표 강소천과 함께 소안도를 방문하고, 이어서 6일 하의도를 방문하였다. 그는 하의도 대리를 거쳐 상태도를 돌아보았는데, 선창에는 7백여 명의 도민이 나와 '후루야씨 만세'를 외쳤다고 한다. 그가 상태도에 건너가 상태보명학원(上台普明學院)의 운동장에 들어섰을 때 그곳은 이미 인산인해를 이루고 있었으며, 이 자리에서 후루야는 자신은 하의도를 위하여 있는 힘을 다 하겠다는 연설을 하였고, 이어서 강소천(姜小泉)·강사원(姜仕遠, 소안도)·장병준(張炳俊, 장산도)·나만성(羅萬成, 지도)·최용도(崔龍道) 등이 소감을 말하였다 한다. 후루야는 하의도와 상태도에서 하의도 토지분쟁의 전말을 들은 후 목포를 거쳐 경성으로 돌아갔다. 후루야는 상태도를 떠나면서 기자들에게 당시 하의삼도에서 문제가 되고 있던 도쿠다농장측의 소작료 강제 차압에 대해 이는 불법차압으로서 조선이 아니고서는 볼 수 없는 지주의 폭행이라고 비난하였다.73 그런데 그가 경성으로 돌아온 직후인 9일 밤 그는 자신의 숙소인 수표정 대소관(水標町 大昭館)에서 돌연 일본인 괴한 2명에게 폭행을 당하는 사건이 일어났다. 괴한들은 "하의도사건 조사는 순진한 도민을 선동한 것"이라며 후루야의 얼굴을 때리고 도주하였다. 그의 부상은 크지 않았고, 범인들은 곧 자수하였다. 범인들은 경성 황금정의 토목청부업 기무라

---

72 梶村秀樹, 1976.2.3., 「東亞日報にみる朝鮮共産黨事件と古屋貞雄」『朝鮮研究』153, 日本朝鮮研究所, 43~45쪽.
73 『중외일보』1929년 11월 9일 「古屋氏 일행의 하의도사건조사」

구미(木村組)의 노동자들이었다. 동기는 기무라구미의 주인인 기무라 기요시(木村淸)가 하의도의 토지와 관계를 갖고 있었다는 것인데, 아마도 그는 지주 도쿠다와 어떤 관련을 갖고 있었던 것으로 보인다.74 후루야가 습격당했다는 소식을 들은 하의도민들은 대표를 뽑아 후루야를 위문하고 기무라에게 질문하기 위해 대표들이 경성으로 상경하기도 하였다.75

하의농민조합의 결성을 지원하기 위해 일본에서 아사히 겐즈이(朝日見瑞)가 하의도에 온 것은 그해 12월 말이었다. 그는 일본 농민조합 특별위원의 자격으로 동 조합의 고문 이로카와 유쿠타로(色川行太郎), 동 조합 상임위원 니시나 유이치(仁科雄一), 고장명 등과 함께 12월 24일 오사카를 출발하여 27일경 하의도에 들어왔다. 그들은 하의도민들에게 단결하여 지주에 대항할 필요가 있음을 역설하고 1928년 1월 2일 하의삼도민 약 3백 명이 참석한 가운데 하의도 대리 구 학교 내에서 하의농민조합 발회식을 가졌다. 이들은 "장래 일치단결하여 조선 전무산계급의 일체의 운동과 결합하여 전 세계 무산계급의 절대적인 응원 하에 용감히 강욕(强慾)한 지주의 압박과 관헌의 간섭을 돌파하고 열악한 소작제도로부터 해방되어 광명의 대도에 나아가 전진하자"는 선언을 하고, "단결의 힘으로 농민생활의 조건을 개선하고, 합리적인 소작조건의 획득을 기하며, 토지의 개량, 농업기술 및 농업경영방법의 개선의 촉진을 기하고, 조합의 조직과 활동에 의하여 농민의 문화적 생활을 완성할 것을 기한다"는 강령을 내걸었다. 또 그들은 경작지 재측량의 실시, 생산고의 결

---

74 『동아일보』 1927년 11월 11일 「조선이 아니고는 상상도 못할 사실, 실지조사 강소천씨담」
75 『조선일보』 1927년 11월 20일 「古屋氏 습격설로 수천 도민 격앙」

정에 소작인 대표자의 참가, 비법적인 차압 절대반대, 학교 병원 및 기타 문화적 시설의 완비, 관개의 설비, 체납소작료 전액 면제 등을 주장하였다.76 강령과 결의사항 등은 대체로 일단 토지소유권의 회수투쟁보다는 소작료 및 소작조건 등에 더 초점을 맞춘 것으로 보인다. 하의농민조합은 일본농민조합에 가맹을 결의하였다. 이는 일본농민조합의 지원을 받기 위한 조치였던 것으로 보인다.

한편 조직으로는 집행위원회와 상임위원회, 그리고 서기장·구제부·농사부·교육부·조사부·외교부·선전부·부인부·회계부 등을 두었고, 간부로는 집행위원장(張正泰), 집행위원(최용도·변인옥·공화범), 상임위원, 각부 부장, 회계, 감사 등을 두었다. 각부 부장으로는 선전부장에 최용환, 교육부장에 고장명 등이 있었고, 아사히 겐즈이는 고문이 되었다. 창립 시 가입회원은 8백여 명에 달하였다.77 이로써 명실상부한 하의도민들의 대표기관이 만들어진 셈이었다.

1928년 2월 2일 동 조합은 집행위원회를 열어 도쿠다양행 목포지점과 소작문제에 대해 교섭할 것을 결의하였다. 이에 따라 최용환·고장명은 2월 14일경 지점장 미야자키에게 경작지 재측량의 건, 미납소작료의 건, 소작료 검견(檢見) 시 소작인 대표 참가의 건 등에 대해 논의하기 위해 조합대표위원을 동 지점에 파견하겠으니 교섭기일을 정해달라는 6일자 공문을 지니고 목포로 나갔다. 그들은 16일경 목포에 도착하여 동 지점 사무원 오타니에게 공문을 전하고 회답을 구하자 25일 이후에나 지점장과 회견할 수 있다는 회답을

---

76 「하의도농민조합 발회식 선언 강령규약 (1927.12.30.)」『신안항일농민운동사 자료집』, 341~342쪽 ; 「1928년 하의농민조합사건 예심종결결정서」,『하의삼도 농지탈환운동 자료집』, 178쪽.
77 「1928년 하의농민조합사건 예심종결결정서」『하의삼도 농지탈환운동 자료집』, 178~179쪽.

들었다. 대표단은 날씨가 나빠 배를 타고 하의도로 돌아오지 못하고 목포에 체류하고 있던 중, 마침 도쿠다양행으로부터 하의도 소작쟁의에 대해 조정을 해달라는 부탁을 받은 상애회 부회장 박춘금이 18일 동회 간사 하시모토 기요시(橋本淸) 등과 함께 목포에 도착하였다. 박춘금 등은 18일 밤 최용환·고장명 등이 목포에 있는 것을 알고 그들을 목포부내 미요시노(三吉野)여관으로 불러 만났다. 이 자리에서 박춘금 등은 권총·단도 등 흉기를 내놓으면서 불문곡직하고 악언패설을 하며, "너희는 무엇하는 놈들로서 우매하고 순량한 농민들을 충동하여 농민조합같은 못된 단체를 조직하여 못된 행동을 하느냐"며 갖은 협박을 하고, "우리는 일본 상애회에서 너희 농민조합을 해체하려 왔으니, 곧 해체하는 동시에 너희도 우리 상애회 일을 보라"고 위협하다가 돌려보냈다. 다음 날 19일 정오경 박춘금 등은 최용환·고장명과 함께 하의도로 떠났다. 하의도에 도착한 일행은 오후 4시 30분경 대리 하의농민조합사무소에 도착하여 아사히·고장명·최용환·변인옥·최용도·장정태·양정숙 등과 대좌하였다.78

    그런데 박춘금이 1924년 하의삼도에 와서 벌인 행패를 기억하고 있던 도민들은 박춘금이 왔다는 소식을 듣고 그에게 복수하겠다는 생각으로 빨래방망이 등을 들고 3백여 명이 조합 사무소 앞으로 몰려들었다. 이들은 부근에 있던 커다란 종을 쳐서 사람들을 더 불러 모았다. 한편 사무실 내에서는 박춘금이 조합측에 소작인의 지주에 대한 요구를 말하라고 하자, 아사히가 "당신은 하의농민조합과 하등 관계가 없으니 관여하지 말라, 지난번에도 하의소작문제를 해결하겠다고 하였지만 하나도 해결한 바 없으니 관여하지 말고 하의도

---

78 『조선일보』 1928년 2월 24일 「하의도농민대표를 권총과 단도로 협박」

를 떠나라"고 요구하였다.79 양측의 살벌한 분위기는 일시 하시모토의 중재에 의해 누그러져 소작인측에서 요구사항 등을 말하던 중, 사무소밖에 모인 군중들의 소란으로 다시 분위기가 반전되었다. 상애회측에서는 밖에서 왜 이렇게 소란한가 하고 물었고, 농민조합측에서는 일본에서 상애회가 저지른 행위, 즉 하마마쓰시(濱松市)사건, 오사카 쓰루하시(鶴橋) 사건, 그리고 1924년 하의도사건 때문에 그렇다하고 답하였다.80 이에 흥분한 박춘금은 아사히에게 "너는 어떠한 놈으로서 조선에 와서 순진한 농민을 선동하야 야료를 일으키느냐"며 흉기를 꺼내어 위협을 가하였다. 이 광경을 본 최용도는 박춘금이 최용환·고장명을 목포의 여관으로 불러 권총으로 협박한 사실을 들어 박춘금을 힐난하고, 옷을 벗고 덤벼들면서 "총을 놓을 터이면 나에게 놓으라"고 배를 들이대자 이 소리를 들은 사무실 밖의 군중들도 흥분하였다. 군중들은 사무실 입구로 들어와 박춘금을 끌어내라, 박춘금의 고기를 씹자고 외치며 노호하였다. 해가 질 무렵 군중의 수는 약 4백 명(혹은 2백명이라는 기록도 있다)에 달했으며, 아사히가 군중의 흥분을 누그러뜨리려 하였지만 군중들은 박춘금

---

79 「1928년 하의농민조합사건 예심종결결정서」, 『하의삼도 농지탈환운동 자료집』, 179쪽.
80 濱松市사건이란 1926년 5월 빈송시에서 일어난 일본악기회사 쟁의에 상애회원들이 쟁의 본부를 습격한 사건이다. 鶴橋사건이란 확실치 않으나 1926년 상애회가 오사카 관서연합회와 勞動連珠會를 습격한 사건을 말하는 것이 아닌가 여겨진다. 당시 일본에서 상애회는 재일본조선노동총동맹의 본부를 습격하고, 각지의 조선인노동단체를 습격하여, 재일노총과 국내의 노동운동단체는 이에 대한 대책을 강구하였고, 오사카의 관서연합회측은 1926년 6월 재일노총 본부 습격사건을 조사하기 위해 동경에 조사단을 파견하였는데, 그 안에는 朝日晃瑞가 포함되어 있었다(정혜경, 앞의 논문, 133~134쪽 참조).

의 말은 믿을 수 없다면서 박춘금을 살려 돌려보내지 말라면서 더욱 흥분하였다. 아사히는 도민들에게 무사의 도량으로 적의 사자를 무사히 돌려보내자고 호소하여 박춘금 일행은 그 자리를 빠져나오게 되었는데 그 과정에서 일부 군중들이 그들 일행에 쇄도하여 약간의 폭행을 가하였다.[81]

상애회원들은 그날 밤 배를 타고 목포로 도주하였으며, 다음 날 아침 목포경찰서에서는 경비선 금강환, 작환 두 척에 순사 20여명을 싣고 하의도에 들어왔다. 경찰은 하의도에서 동 조합 간부 최용환·고장명·공유범·변인옥·최용채·송정윤 등 6명을 검속하여 목포로 돌아갔다.[82] 2월 24일 최용도와 아사히 겐즈이는 비밀리에 경성에 올라와 2월 17일 하의농민조합 간부 최용환과 고장명이 상애회원들에게 폭행을 당했다고 당국에 고소하기 위해 김병로·허헌 두 사람을 만나 변호를 위임하였다.[83] 하의도농민조합과 상애회의 충돌사건은 각 신문에 대대적으로 보도되었고, 조선농민총동맹·신간회본부·경성변호사단·조선기자동맹 등 사회단체들도 진상조사를 위한 특파원을 3월 30일 하의도로 파견하였다.[84]

경찰의 체포망을 피해 목포부 북교동 김치호의 집에 은신 중이던 최용도와 아사히는 4월 6일 경찰에 체포되고 말았다. 이로써 최

---

[81] 「1928년 하의농민조합사건 예심종결결정서」, 『하의삼도 농지탈환운동 자료집』, 179~180쪽.
[82] 『조선일보』 1928년 2월 24일 「2척 경비선으로 20여명 검속, 상애회원들은 퇴거하고 부근 일대 인심 흉흉」.
[83] 『조선일보』 1928년 2월 26일 「상애회원 상대 폭행고소 준비, 하의도 농민조합원 상경」.
[84] 『조선일보』 1928년 3월 29일 「하의도소작쟁의 각단체특파조사, 경성에서도 농총 신간 등 유력단체 일제 분기」; 『중외일보』 1928년 3월 29일 「하의도쟁의 사회단체 조사원파견」.

용환(崔龍煥, 웅곡리, 25세), 고장명(高長明, 웅곡리, 27세), 최용채(崔龍彩, 대리, 25세), 공유범(孔有凡, 대리, 45세), 변인옥(卞仁玉, 대리, 33세), 우정륜(禹正倫, 일명 禹文鍾, 후광리, 25세), 우정선(禹正先, 일명 禹世先, 후광리, 51세), 김찬배(金贊培, 대리, 37세), 최옥종(崔玉宗, 후광리, 32세) 등은 소요와 치안유지법 위반 혐의로 예심을 거쳐 재판에 부쳐지고, 아사히 겐즈이(朝日見瑞, 오사카, 31세)는 면소처분을 받았다. 1928년 10월 26일 광주지방법원 형사부에서 최용환·최용채·공유범·변인옥·우정륜·공화범·우정선·김찬배·최옥종·최용도는 각각 징역 6개월의 선고를 받았다. 다만 최용채·공유범·변인옥·우정륜·공화범·우정선 등은 3년간 집행유예에 처해졌다. 그리고 고장명과 아사히 겐즈이에게는 무죄가 언도되었다.[85]

이 사건 이후 하의도민들의 투쟁은 크게 기가 꺾이게 된다. 그러나 하의도민들의 투쟁이 완전히 끝난 것은 아니었다. 하의농민조합은 4월 20일자로 재대판하의노동회(在大阪荷衣勞動會)를 통해 일본농민조합 전국대회에 격문을 보냈다. 그 격문의 내용은 다음과 같다.

> 전투적 전일본 농민제군에 호소함.
> 보라. 이 단말마적 폭압을!
> 조선은 일본의 식민지이다. 우리들을 지배하는 것은 극도로 반동화한 제국주의적 절대전제정부의 출장소인 조선총독정치 그것이다.
> 보라! 田中군벌내각의 반동적 식민지 정책이 여하히 우리를 탄압하고 착취하고 있는가를.
> 우리 민족은 이제 사활적 결정적 순간에 이르렀다.
> 참절을 극한 조선 하의도소작쟁의 사건을 보라.
> 聯隊는 수천의 육군을 지휘하고 사법경찰은 수백의 경관을 총동원

---

85 「1928년 하의농민조합사건 판결문」,『하의삼도 농지탈환운동 자료집』, 182쪽.

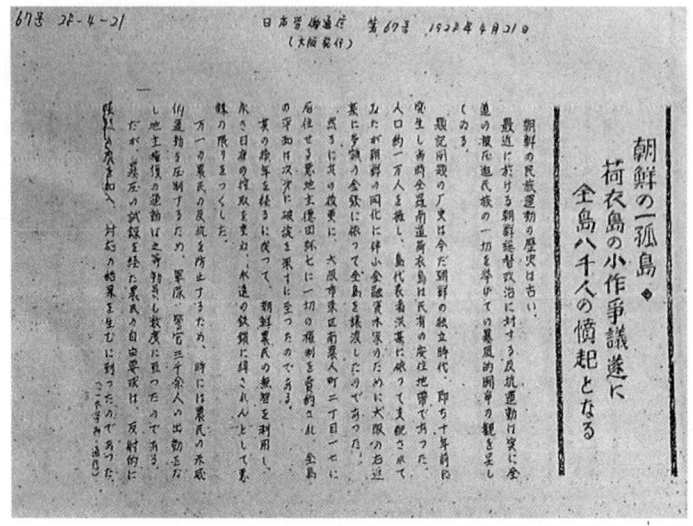

재대판하의노동회 격문
1928년 오사카 거주 하의도 출신 노동자들이 만든 재대판하의노동회에서
하의도 소작쟁의를 지원하기 위해 만든 격문.

하여 무조건 불법으로 전 도민을 협박하였다.
　보라! 이 기만적 반동수단을! 惡地主 德田彌七은 반동적 단체 조선인 상애회의 대표를 매수하여 조선총독 관헌의 보호 하에 용감히 싸우고 있는 우리 대표를 피스톨로 협박하였다.
　보라! 이 폭압을. 이에 반항한 우리 대표를 무조건 철창생활을 시키고 있지 않은가.86

이 글에서 하의도 농민항쟁은 이제 단순한 대지주 투쟁이 아닌 반총독정치, 반일투쟁으로 발전되고 있음을 알 수 있다. 이 글을 받

---

86 『일본노동통신』 제67호, 1928년 4월 21일 (일본 법정대학 대원사회문제연구소 소장)

은 재대판하의노동회는 이 격문에 첨부하여 4월 20일자로 일본 각 노동, 농민단체에 「조선의 일 고도(一 孤島), 하의도의 소작쟁의 마침내 전도(全島) 8천인의 분기(奮起)로 되다」라는 제목의 격문을 일본농민조합 전국대회에 보냈다. 그 끝머리에 그들은 다음과 같이 쓰고 있다.

> 전투적 동지제군!
> 현단계에서는 조선전피압박민족의 해방 없이는 일본 무산계급의 해방도 있을 수 없다. 특히 日鮮농민대중은 단결하여 저 惡地主를 타도하지 않으면 안 된다.
> 제군!! 하의소작쟁의의 상세한 것은 농민조합 본부 기관지 대조. 우리는 전투적 의지를 가지고 성대한 귀 전국대회를 축하한다. 동시에 위 쟁의에 대해서는 용감한 응원을 切望하는 바이다.
> 　　日鮮勞農大衆提携萬歲
> 　　打倒朝鮮總督暴壓政治
> 　　打倒惡地主德田彌七.[87]

여기서 일본노농운동의 지원을 기대하는 하의도민들의 모습을 볼 수 있다. 한편 하의도농민조합에서는 1928년 5월 26일자로 일본농민조합 전국대회에 「폭압의 정보」라는 제목의 호소문을 보냈는데, 그 내용은 다음과 같다.

> 폭압의 정보
> 　　　　　　　　　　　　　　조선하의도지부
> 一. 惡地主側에서는 소작인에게 보리 4斗씩을 지급하면서 쟁의를 중

---

[87] 위와 같음.

지시키려 하기 때문에 소작인들은 더욱 분개하여 극렬히 싸우
　　고 있다.
ㅡ. 相愛會가 협박당한 일에 대해서는 무조건 10명을 검속하고 또
　　송치하였다. 지금까지 도피중이던 朝日君과 崔龍道도 체포되어
　　송치되었다.
ㅡ. 하의도인에 한해서는 3인 이상 동반하여 바깥출입을 하는 것을
　　일절 금지하고 있다.
ㅡ. 하의도에서 간담회도 금지.
ㅡ. 여자에 한해서는 이웃 출입도 금지
ㅡ. 지주의 대리인은 가로되 나는 육군이기 때문에 敵이 와도 좋다
　　고 협박하고 있다.
이같은 여러 탄압은 비인간적인 것이다.
전국대회 貴中

또 1928년 8월 오사카에 있던 하의도 출신 노동자들은 도쿠다의 집 앞에 '하의도토지소유권회수동맹'이라는 간판을 붙이고 회수운동을 전개하였다. 당시 이 운동의 대표자는 윤상규(尹庠奎)로서, 그는 관련 증거자료를 모으기 위해 하의도에 다녀가기도 했다.[88] 현재 일본 오사카의 호세이대학(法政大學) 오하라(大原)사회문제연구소에는 '하의토지소유권회수동맹' 창립대회 당시 채택된 '선언'과 '강령' '규약' '결의문' '주장' 등이 남아 있다. 이 가운데 '강령'을 보면 다음과 같다.

　　강령(綱領)
　　1. 조선 하의도민의 생존과 생활을 근본적으로 박해하고 파괴하는
　　　 봉건적 금권(金權)의 횡포와 약탈을 철저히 배격하는 동시에 그

---

88 『동아일보』 1928년 8월 16일 「도서 순례 (4), 하의도방면」

를 옹호하고 조장하는 전제정치(專制政治)에 대하야 끗까지 항쟁하기를 기(期)함.
 2. 역사적으로 하의도민의 토지는 하의도민의 소유인 것은 물론, 그것이 법률로도 하의도민의 소유로 확정되엿슴에도 불구하고 그 판결을 묵살하기 위하야 관력(官力)과 군력(軍力)을 동원하는 저 포학한 식민정책의 정체를 여실히 폭로하는 동시에 그 토지는 결사적으로 회수함을 기(期)함.
1928 5월 10일
하의도토지소유권회수동맹(河衣島土地所有權回收同盟)[89]

이들은 작금의 하의도토지문제는 관과 군을 동원하는 포악한 식민정책에 근본원인이 있다고 선언하고 있다. 그것은 '하의도의 토지는 하의도민의 것'이라는 선고가 있었음에도 불구하고, 판결문을 강탈하고, 경찰과 소방대, 군대까지 동원하여 농민들의 정당한 '토지회수' 요구를 억압하고 있다고 보았기 때문이다. 따라서 이러한 식민정책의 정체를 폭로하고 그 토지를 결사적으로 회수하겠다고 하는 것이 이 동맹의 목표라고 선언하였던 것이다. 전체적으로 '선언'이나 '강령'의 내용을 보면, 이는 그해 4월 일본농민조합 전국대회에 보낸 하의농민조합의 '격문' 내용과 대체로 비슷하다.[90] 한편 이들은 또 '주장'을 통해 다음과 같이 자신들의 활동 방향을 밝혔다.

주장(主張)
 1. 하의도 토지의 연혁과 및 최근 사실을 거(擧)하야 조선총독의 기유정책(欺瞞政策)을 철저히 폭로할 것

---

[89] 「조선하의도 토지소유권회수동맹 창립대회」, (1928.5.10.) 『신안항일농민운동사자료집』, 346쪽.
[90] 홍동현, 앞의 글, 332쪽.

2. 하의도 토지의 연혁과 밋 최근 사실을 거(擧)하야 조선총독 급(及) 일본내각(日本內閣)에 항의하는 동시에 전남경찰부(全南警察部) 급(及) 지방법원(地方法院)에 경고문을 발송할 것
3. 하의도민을 적극 응원(應援)하야 토지소유권 회수 소송을 제기할 것
4. 하의도민의 토지회수 소송을 제기한 동시에 소작료 불납동맹을 결행하야 소송이 종료되기까지 지주의 횡취(橫取)를 절대 거절할 것
5. 재만동포옹호동맹(在滿同胞擁護同盟)을 적극 지지할 것
6. 제주도공제조합반대동맹(濟州島共濟組合反對同盟)을 지지할 것
7. 조선총독폭압정치반대동맹(朝鮮總督暴壓政治反對同盟)을 적극 지지할 것
8. 일본무산계급과 국제단결을 공고히 하야 공동투쟁을 전개할 것
9. 내지(內地) 각(各) 지회(支會), 단체(團體)에 요(徼)하야 하의도 문제를 정치문제화하야 전민족적으로 항쟁을 확대할 것.[91]

위의 주장을 보면, 하의도토지문제를 정치문제화하여 총독부, 일본 내각, 전남경찰부, 법원 등지에 항의하거나 폭로하는 방향으로 운동을 하겠다고 선언하고 있다. 그러나 그 이후 회수동맹이 어떤 활동을 전개하였는지에 대해서는 아쉽게도 자료가 없어 자세히 알 수 없다. 하의도 현지의 농민조합이 해체된 상황에서 운동의 동력이 떨어져 제대로 활동하지 못했던 것이 아닌가 여겨진다.

농민조합 사건 이후 하의도의 상황은 어떠했을까. 1920년대 말~1930년대 초 약 3년 동안 도쿠다농장의 사무원으로 근무했던 김상배(金相培)의 증언에 따르면 다음과 같다. 당시 사무소에는 조선인 사무원 4명이 있었다. 이즈음 소작료는 이전보다 크게 낮아졌다. 밭

---

91 「조선하의도 토지소유권회수동맹 창립대회」(1928.5.10.) 『신안항일농민운동사자료집』, 347쪽.

에서는 100평당 1등 田에서는 겉보리 10말을, 5등 田에서는 겉보리 2말을 받았으며, 논에서는 매년 작황에 따라서 검견을 하여 받았는데 생산고의 31%를 거두었다고 한다. 그리고 1930년대에 들어 하의 삼도에서도 총독부 방침에 따라 '자작농창정사업'이 일부 진행되었다. 그것은 당시 군수가 도쿠다를 설득하여 이루어진 것인데, 상태도 서리에서 자작농창정사업이 시도되어 농민에게 땅을 주고, 땅값은 연부상환으로 소작료 정도를 내서 갚는 식으로 하였는데, 제대로 시행되지 못한 가운데 해방이 되어 버렸다고 한다.[92]

5. 해방후 하의 3도 농민들의 농지탈환운동

1) 미군정하 신한공사의 출현과 3·1 소작제 실시

1945년 8월 15일 2차대전의 종결로 이 땅을 지배해 온 일본 제국주의의 지주세력은 붕괴하게 된다. 그리하여 일제하 하의 3도[93] 농민들을 괴롭혀 온 일본인 지주 도쿠다 야시치의 하수인들은 하의 3도를 떠나갔다. 이제 하의 3도 농민들은 조선시대 이래 지난 4세기에 걸친 기나긴 농지탈환운동이 드디어 끝났구나 하는 환희의 기쁨에 들떠 있었다.

그러나 해방된 지 겨우 한 달도 되지 못한 1945년 9월 11일 미군

---

92 金相培(대리, 1913년생) 증언 (1999.4.5). 김상배는 김기배의 동생이다.
93 당시 荷衣三島의 행정구역은 전라남도 무안군 하의면으로 荷衣本島, 上台島, 下台島인 三島로 이루어져 있었으나, 1969년 1월 1일 행정구역개편으로 무안군에서 신안군으로 개편되고, 하의면은 다시 1983년 2월 15일 하의면(하의본도)과 신의면(상태도 및 하태도)로 분면된다.

정청이 발족되고, 두 달도 되지 못한 1945년 10월 5일 미군정청에 의해 맨 먼저 취해진 농지정책은 미국 군정청 포고령 제9호에 의한 「최고소작율 결정에 관한 건」이었다. 미군정청 포고령 제9호는 제1조에서 일제하의 가혹한 소작료에 신음해 오던 농민들의 상태를 반노예적 상태라고 규정하고, 제2조에서는 일체의 소작료는 수확량의 3분의 1을 초과할 수 없다고 명시하고 있다.[94] 이것은 일제하 1934년의 「조선농지령」, 1939년의 「소작료 통제령」에서 방치하였던 소작료 상한선을 일률적으로 규제한 것이었다. 이는 미국 군정청이 농지소유제도를 개혁하기 전에 우선 실시한 지주-소작제도에 대한 긴급조치였다고 볼 수 있다.

그러나 이러한 '소작료 3·1제'는 농민들의 생활안정을 위한 미봉책일 뿐 지속적인 안정을 위해서는 농지소유 자체를 농민들에게 분배할 필요성이 있었다. 그리하여 남한에 있는 일본인 재산에 대한 소유권을 1945년 9월 25일부로 미군정청이 취득하고, 미군정청이 그 재산 전부를 소유한다고 발표하였으며, 미군정청의 허가없이 그 재산의 침입, 점유, 이전, 훼손은 불법이라고 규제하였다.[95] 또 미군정청 법령 제9호를 명확히 하기 위하여 1945년 11월 10일 「소작료에 관한 건」을 공포하여 종래의 소작계약이 수확고의 3분의 1을 초과하는 경우에는 그 초과분은 무효라고 밝히고 있다.[96] 이른바 '소작료 3·1제'의 실시였다.

그리고 1945년 11월 12일 미군정청 법령 제33호를 공포하여 일본

---

94 군정청법령 제9호, 「최고소작료 결정건」. 1945년 10월 5일.
95 미국 군정청법령 제33호, 「조선소재일본인재산권취득에 관한 건」, 1945.12.6. ; 오연호, 1989, 「미국 군정청 신한공사와 하의도 7·7항쟁」, 『말』 32, 37쪽.
96 조선은행 조사부, 1948, 『조선경제연보』, 조선은행, 90쪽.

인들의 재산을 모두 미군정청에 귀속시킨다는 것을 발표했다. 미군정청 법령 제33호 제2조는 "1945년 8월 9일 이후 일본 정부나 그 기관, 그리고 국민, 회사, 단체, 조합 또는 그 정부가 조직하거나 취체한 단체가 직간접적으로 일부 혹은 전부를 소유 관리하는 전 종류의 재산과 수입에 대한 소유권은 1945년 9월 25일부로 조선군정청이 취득하고, 조선군정청이 재산 전부를 소유함"이라고 못 박고 있다.97

그리고 그 재산을 효율적으로 관리하기 위하여 미군정청은 1946년 2월 21일 미국 군정청 법령 제52호를 공포하고, 귀속재산의 관리를 위해 '신한공사'(新韓公社, The New Korean Company)를 미군정청 산하에서 독립기관으로 설립했다.98 그러나 신한공사의 사장은 미군 장교가 맡았고, 미국의 국익에 관계되는 모든 정책문제의 결정은 전권이 미군정청에 있었으므로 신한공사는 사실상 미군정청의 산하기관일 뿐이었다.99

그리하여 하의 3도의 농지도 모두 신한공사 소속 토지가 되었다. 하의 3도에도 '신한공사 하의지부'가 일본인 지주 도쿠다 야시치 농장 관리사무소에 설치된다. 이것은 일본인 도쿠다라는 지주 대신에 미군정청의 신한공사가 새로이 하의 3도 지주로 등장한 것을 의미

---

97 1946년 2월말까지 미국 군정청의 소유로 정리된 토지는 전답과 임야를 합하여 전국에 32만 4천여 정보에 이르렀고, 그중 전라남도에 속한 것은 전체의 4분의 1에 가까운 7만 5천 3백여 町步였다(한송주, 1989, 「하의도 농토탈환투쟁 (5)」, 『월간 예향』 60, 247쪽).
98 미군정 법령 제52호 「신한공사의 창립」, 1946년 2월 21일.
99 군정청이 신한공사를 통해 직접 징수한 소작료 총액은 1945년 8월 15일 이후 매년 평균 13억원에 달하였고, 1947년에는 순이익만도 무려 5억 9천만원이었다(농림신문사편, 1949, 『농업경제연보』, 농림신문사 ; 오연호 앞의 글, 37쪽).

한다. 이제 하의섬 전체가 신한공사의 소작농이 된 것이다.[100] 그리고 1946년 6월 15일, 미군정청 농무부는 농무부령 제2호를 통해 신한공사 소속 토지의 소작인들은 신한공사에 1945년도 가을 소작료를 30일 이내로 완납하라고 지시하였다. 하의삼도의 지난 4세기에 걸친 기나긴 농지탈환운동은 아직도 미해결된 상태에서 신한공사가 일제하 도쿠다 소유의 하의삼도 전 농지를 접수하고, 하의삼도 농민들에게 소작료 독촉을 시작한 것이다.

다만 신한공사는 소속 농지에서 보리소작료는 받지 않기로 결정했다. 1946년 6월 미군정청 농림부장 장상욱은 이모작소작료 문제에 대한 견해를 발표했는데, 그는 "신한공사에서는 국내 각 지점 현지에 출장조사를 한 결과 논보리, 드렁콩 등 논농사의 부작물 소작료는 이를 전폐하기로 군정당국에 전달하였다"면서, 논보리의 소작료는 받지 않겠다고 선언하였다. 그는 일제시기에도 소작지에서 논보리 소작료를 일찍이 받은 적이 없다는 것을 감안한 것이라는 점도 덧붙였다.[101]

그런데 새로운 문제가 제기되었다. 1945년 가을부터 해외로부터 귀국하는 인구가 폭발적으로 늘어나면서 식량이 크게 부족하게 되었고, 이에 따라 식량가격이 폭등하였다. 미군정은 당시 식량부족 사태의 원인을 1) 비료부족, 2) 인구증가, 3) 잡곡수입 정지, 4) 수해

---

100 신한공사의 농지소유 규모는 남한 전체 농지의 13.4%이고, 전체 미곡생산량의 4분의 1이며, 신한공사 소작농은 전 농민의 28.5%였다. 이곳 전라남도의 경우는 전 농민의 43.5%가 신한공사 소작농이었고, 이들 소작농의 반 이상이 0.5% 미만의 貧農이었다 (광주전남현대사기획위원회, 1991, "하의도 봉기", 『광주전남현대사』I, 실천문학사, 170~171쪽).
101 『서울신문』 1946년 6월 3일 「신한공사 농림부장 장상욱, 이모작 소작료문제에 관한 견해발표」

등으로 분석하였다. 당시 미군정청은 이같이 식량이 크게 부족하기 때문에 부득이 미곡 수집, 즉 공출을 실시할 수밖에 없다고 말하고 있었다.102 결국 미군정청은 1946년 1월 25일 법령 제45호로 '미곡수집령'을 공포하였다. 제1조 '목적'을 보면, "광범한 기아, 영양불량, 질병, 민심불안을 제거하기 위하여 조선군정청은 북위 38도 이남의 조선에 있는 미곡을 수집하되, 적당한 가격을 지불함. 단 매 호에서는 1석의 백분지 45를 상주하는 가족 인원수로 곱한 수량의 백미 혹은 현미를 보유할 수 있음"이라 하였다. 제2조 '미곡의 양도'를 보면, "전조에 규정한 수량 이상을 소지한 자는 미곡소재지 부윤, 읍, 면장의 요구가 있는대로 그 초과량을 부윤, 읍, 면장 또는 그 대리인에게 양도하고, 공시로 결정된 최고공정가격으로 법화(法貨), 또는 부윤, 읍, 면장 혹은 그 위임기관이 서명 날인한 지불명령서로 그 대리지불을 수령함"이라 하였다.103

미군정은 1946년 5월 29일에는 '식량규칙' 제1호 '하곡수집'을 공포하였다. 제1항을 보면, "본 규칙의 목적은 1946년 하계 수확기부터 추수기까지의 4개월 간 조선에 필요한 식량을 확보하기 위하여 하곡수집에 관한 국가계획을 완비함에 있음"이라 하였다. 그 목표는 약 209만 석의 하곡을 수집하여 이를 배급하는 것이었다. 그리고 이 일은 중앙식량행정처에서 대행하게 되었으며, 최말단에서는 읍면장과 구장이 각기 할당된 양을 수집하게 되어 있었다.104

---

102 『경향신문』 1946년 10월 24일 「남조선의 식량정책에 대하야 러취장관 성명」
103 군정청법령 제45호 「미곡수집령」 공포. 1946년 1월 25일.
104 조선은행조사부, 1948, 『조선경제연보』 1946년 5월 29일, 「식량규칙 제1호 (하곡수집)가 공포」

2) 하의 3도의 소작료 불납동맹과 7·7도민봉기

1945년 10월 5일에 미군정청에 의해 제정된 3·1소작제는 일제하의 소작제보다는 나은 것이었으나, 지난 4세기에 걸친 농지탈환운동은 하의 3도 농민들에게는 소작료율의 문제가 아니고 농지소유권의 문제이었다. 따라서 소작료를 납부한다는 것은 마치 전농민이 다시 신한공사의 소작인이 된다는 것이고 농지소유권을 포기한다는 의사표시와 같기 때문에 하의 3도 농민들은 단결하여 소작료 납부를 거부하고 있었다.

특히 하의 3도 내 농토는 원래 하의 3도 농민들이 개간한 농토였으나 조선시대 정명공주방·홍씨가에 의해 영유한 바 되어 한말에 전전매도되다가 일제초기 도쿠다라는 일본인의 개인소유로 매수되어 수십년 간 전 농민이 그 소작인의 지위에서 그 농토를 경작해 왔기 때문에 일본인 지주의 수탈에 원한이 깊었다. 그러던 중 1945년 해방의 날이 왔는데, 뜻밖에도 도쿠다 소유의 전 농토가 미군정청 산하 신한공사의 관리로 귀속되어 버렸다. 이에 하의 3도 농민들은 1945년의 소작료를 내지 않고, 1946년 하곡성출(夏穀誠出:하곡수집)도 따르지 말자는 분위기가 팽배하였다. 그런 가운데 상태리에 거주하는 박필순, 박몽룡은 같은 동네 박주흠, 박두순, 박일주 등과 함께 1946년 7월 15일, 16일 양일 밤에 걸쳐 동네의 동사(洞舍)에서 마을주민회를 개최하여 수십 명이 모인 가운데 신한공사에 납부할 소작료의 불납과 군정청 계획하에 실시 중인 1946년도 하곡수집에도 불응하기로 결의하였다. 그리고 신한공사에서 소작료와 하곡수집을 위해 상태도에 오는 경우, 소위 '방역단'을 조직하여 방역을 핑계로 이들이 상륙하는 것을 막는다는 계획을 세웠다.[105]

이튿날인 7월 17일 오전 10시경 상태도의 닭머리 선착장인 계두도선장(鷄頭渡船場)에서 신한공사 직원들과 하의도민들과의 첫 충돌이 발생했다.106 상태도의 닭머리 선착장에 상륙하고자 하는 목포 소재 신한공사 파견의 직원들에 대해 상태도 도민들은 '방역단'을 자처하는 위의 박필순, 박몽룡의 주도하에 방역을 구실로 신한공사 직원들의 상륙을 저지하였다. 이로써 신한공사의 소작료 수취와 하곡수집의 시도는 실패로 돌아갔다.107

이와 같이 몇 차례의 최후 독촉과 협박에도 불구하고 아무런 효과도 없이 소작료 징수에 실패한 신한공사 하의지부 직원들은 1946년 8월 2일 목포경찰서 및 하의분서 경찰관들의 협조를 얻어 소작료 합동징수작전에 들어갔다. 이날 하의도에 들어간 이들은 목포경찰서에 근무하는 경찰 10명, 신한공사 직원 1명이며, 하의도 현지에서는 경찰 4명, 면직원 2명이 그들을 도왔다.108

이들은 우선 그동안 신한공사 직원들의 업무를 방해한 이들 16명을 체포했다. 이때 체포된 이들은 아마도 7월 17일 상태도 계두선착장에서 신한공사 직원들이 상륙하는 것을 방해한 이들로 추정된다. 경찰은 이들 16명을 경찰이 타고 온 경비선에 일단 실어두었다.109

이후 신한공사 직원과 경찰들은 2개 조로 나뉘어 제1조 7명은 남

---

105 광주지방법원 목포지청,「1946년 하의도 7.7사건 판결문」(1946.12.10.)『하의삼도 농지탈환운동 자료집』, 220쪽.
106 이에 참가한 上台島民들은 朴必順, 朴夢龍, 朴柱鉉, 朴斗淳, 朴一柱 등이다(「1946년 하의도 7.7사건 판결문」).
107 필자가 1999년 7월 15일 신의면을 방문하였을 때 들은 고자산, 박수민 등의 증언을 참고로 하였다.
108 경남대극동문제연구소편, 1989,『지방미군정자료집』2, 경인문화사 (『하의삼도 농지탈환운동 자료집』, 240쪽)
109 위와 같음.

동쪽의 오림리(五林里)로 갔고, 제2조 7명은 동북쪽의 대리(大里)로 갔다. 당시 이들이 이 두 곳을 지목한 것은 하의본도 7개리 중에서 오림리와 대리가 가장 큰 마을이므로 이 두 마을의 소작료 징수사업만 성공하면 자연히 다른 마을은 잘 해결될 것으로 보았기 때문이다.110

1946년 8월 2일 정오경 오림리에 도착한 제1조의 소작료 합동징수조는 순경 임사빈, 정정옥, 김태화, 신판수와 목포부 소재 신한공사 직원 김산광(金山光), 하의면 직원 2명 등 7명이었다.111 이들은 집집마다 가택수색을 감행하면서 노인과 부인들까지 붙들고 소작료를 내지 않으면 총살한다고 총을 들이대고 폭언과 협박을 자행하였다. 이런 광경을 바라다본 마을주민 200여 명이 마을 중심지에 있는 방천에 모여들었다.

그런 가운데 사건이 발생했다. 이날 오후 2시경 신한공사 직원과 경찰관들이 소작료 강제징수를 위해 오림리 마을 중심지에 있는 방천 옆의 가게인 김석철(金錫哲)112의 집에 들이닥치더니 집을 지키던 김석철씨의 부친 김농권(金弄權)의 뺨을 때리고, 총기를 휘두르면서 무작정 소작료를 내라고 폭언과 폭력을 자행하였다. 이에 김농권이

---

110 『광주전남현대사』 I, 172쪽.
111 「1946년 하의도 7.7사건 판결문」, 『하의삼도 농지탈환운동 자료집』, 220쪽.
112 판결문에 의하면 이 사건의 발단은 1946년 8월 2일 오후 2시경 金德七씨의 집 앞 노상에서 순경 金台化가 먼저 200여명의 군중을 목격하자 군중 앞에 나아가 소작료 징수에 협력하여 주기 바란다는 언사를 비롯하여 군중과의 대화가 시작될 때에 金台化가 군중의 일인 金子權을 끌어 가까이 하고자 할 때에 의외로 김자권의 上衣 단추가 떨어진 것이 사단이 되어 군중으로부터 '저놈 죽여라'하는 고함이 일어나면서 방어책으로 공중을 향하여 4회의 발포를 한 것으로 기록되어 있다.(「1946년 하의도 7.7사건 판결문」, 『하의삼도 농지탈환운동 자료집』, 221쪽).

'뜬금없는 무슨 소작료냐'라고 말하자, 젊은 신한공사 직원 김산광이 노인의 뺨을 때리면서 복부를 걷어차고, '이 노인이 정신이 있어 없어' 하면서 폭언을 하였다. 이 광경을 담 너머로 지켜보던 김학면, 김병훈, 김자곤, 김용곤 등 부락 청년들이 이에 항의하려 달려들자 겁에 질린 경찰이 공포를 쏘았고, 이에 흥분한 주민들을 의식한 경찰은 도망하면서 4발의 총을 쏜 것이 마을주민 박종채의 머리를 스치자 박종채는 겁에 질려 그 자리에서 실신하였다.[113]

이에 더욱 분개한 오림리 주민들은 '저놈들이 사람 죽인다'면서 '저놈 잡아라'라는 함성이 터졌다. 이에 순경 김태화는 오림 2구 방면으로 달아났고, 순경 임사빈, 신판수, 정정옥과 신한공사직원 김산광 등은 어은리 방면으로 각각 달아났다. 이때 이희철, 임창오 등은 오림 2구 방면으로 달아나는 순경 김태화를 5마정 거리까지 추격하여 붙잡아 최재민 집 앞까지 끌고 왔고, 박권태, 윤인수, 최정만, 김용빈, 이남전, 김웅수, 김병구 등은 최재민 집에서 이강국 집까지 연행하였다. 또한 김혁곤, 김범규, 강인철 등은 어은리 방면으로 달아나는 순경 임사빈, 정정옥, 신판수와 신한공사 직원 김산광을 김덕칠가 앞으로부터 약 2마정 거리의 지점에서 붙잡아 이강국 집으로 끌고 왔다. 또한 오림리 도민봉기 현장을 지나다가 이를 하의지서에 급보코자하는 목포경찰서 순경 정등만도 현장에서 붙잡아 이강국 집까지 끌고 왔다.[114]

---

113 1999년 3월 26일부터 27일까지 필자가 오림리 현지를 방문하였을 때 노인회관에서 姜恩相(노인회장), 金學允(전 하의도 서울 향우회장), 姜福氣, 金旺坤 씨의 증언을 토대로 하였고, 『광주전남현대사』Ⅰ, 172~173쪽 ; 오연호, 앞의 글, 37쪽, 『조선일보』 1946년 8월 21일자를 참조하였다.
114 「1946년 하의도 7.7사건 판결문」, 『하의삼도 농지탈환운동 자료집』, 220~221쪽.

그리하여 오림리 주민들은 경찰들과 신한공사 직원을 이강국 집에 끌어다 놓고 두들겨 주고, 권총 1자루와 장총 3자루도 압수하였다. 그리고 이곳에 집결한 200여 명의 주민들은 지난 3세기 동안 투쟁해 온 농지탈환의 긴 역사를 언급하며 신한공사의 강압적 폭언과 폭행을 동반한 소작료 강제 징수에 대하여 항의하였다. 결박돼 무릎 꿇린 징수대원들은 백배사죄하며 선처를 빌었다.115 이들 경찰과 신한공사 직원들은 하룻밤을 오림리에서 억류된 채 보내게 된다.

한편 웅곡리, 대리, 어은리 주민들은 오림리에서 사건이 발생했다는 소식을 듣고 오림리 사장터로 몰려들었다. 한편 대리에서 소작료를 내라고 다그치고 있던 세금 징수대의 경찰과 신한공사 직원들은 "오림리에서 징수대원들이 수백 명의 주민들에 붙잡혀 폭행을 당하고 있다"는 소식을 듣고 사태가 심상치 않다고 판단하여 경찰선으로 이동하여 배에 실어두었던 체포한 16명을 싣고 바로 목포로 돌아오게 된다.116

목포경찰서에서는 8월 3일 새벽 50여 명의 경찰을 하의도에 파견하였다. 오전에 하의도에 도착한 경찰은 우선 오림리에 들어가 억류된 경찰과 신한공사 직원들을 구출하고, 주민들을 모두 모이게 하여 총의 개머리판과 가죽혁대를 이용하여 닥치는대로 주민들을 구타하였다. 전날 경찰들이 구타당하고 억류된 데 대한 보복이었다. 경찰은 또 오림리 주민 수십 명을 체포해간 것으로 보인다. 경찰은 또 이날 대리에도 들어가 그동안 소작료 납부를 강경히 거부해온 구장과 주요 인물들 6명을 체포한 것으로 보인다.

---

115 한송주, 앞의 글, 250쪽 ;『광주전남현대사』I, 173쪽.
116 경남대극동문제연구소편,『지방미군정자료집』2 (『하의삼도 농지탈환운동 자료집』, 240쪽)

1946년 8월 3일 오후 3시경 웅곡리 선착장에 운집한 500~600여 명의 도민들을 보고, 위기를 의식한 경찰과 신한공사 직원들은 자신들의 가족들과 체포한 김응배 등 30~40명을 포승줄로 묶은 채 바다에 정박한 본선인 '강경환(江景丸)'이라는 목포경찰서 경비선에 옮겨 싣기 위하여 종선(從船)인 전마선(傳馬船)에 태웠다. 종선인 뗏목 전마선은 정원이 20명에 불과하였으나 무려 50여 명이 탔다.

　전마선이 기우뚱거리면서 강경환이라는 본선을 향하여 운항하고 있을 때, 선착장에 모인 도민들은 '뗏목을 뒤집어라, 뒤집어라'고 고함을 쳤다. 이때 김응배의 형인 김지배(金志培, 金點培라고도 함)가 자신의 동생은 아무 죄가 없으니 풀어달라고 하소연하면서 뒤쫓아가려고 배의 밧줄을 푸는데 강경환에서 콩볶듯 총성이 울렸다. 김지배가 외마디 비명을 지르며 뻘밭에 쓰러졌고, 옆에 있던 김봉남은 다리를 움켜쥐고 넘어졌다. 결국 한 명의 사망자와 한 명의 부상자가 발생한 것이다. 강경환은 이들을 그대로 놓아두고 목포로 떠나갔다. 이리하여 스물다섯 살의 김지배는 두 살 난 아들과 아내를 남겨두고 사망했다.[117]

　이에 분노와 울분을 참지 못한 도민 500~600명은 1946년 8월 3일 바로 김지배의 시신을 들쳐 메고 경찰들이 있었던 하의지서로 몰려가 이를 불태웠다. 그리고 1시간 후인 오후 4시경에는 인근의 신한공사 하의지부 사무실로 몰려갔다. 일제하에서는 악덕지주인 도쿠다농장의 사무소이고, 지금은 미군정청 산하인 신한공사 사무소에 누군가 불을 질렀다.[118] 가장 먼저 불을 놓은 이는 누군지 확실치

---

117 한송주, 앞의 글, 250쪽.
118 『광주전남현대사』 I, 174~175쪽 ; 오연호, 앞의 글, 39쪽 ; 제갈남출, 1985, 「참으로 한맺힌 곳이요이, 요 쪼깐한 섬이」, 『학원』, 여름 계간 제1호, 113~114쪽.

않다.119

　이날 밤 불탄 신한공사 하의지부에 봉화가 오르고 하의 3도 도민들은 면민대회를 열었다. 그 자리에서 면민들은 이길진(李吉辰), 장정태(張正泰), 제갈호식(諸葛好植)을 면민대표로 뽑아 다음날 미국 군정청에 항의사절단으로 보내기로 결의하였다.120 이날이 양력으로는 1946년 8월 3일이고, 음력으로는 7월 7일이어서, 이날을 하의 3도 농민들은 '하의도7·7농민봉기' 또는 '하의도7·7농민항쟁'이라고 부른다.

　'하의도7·7농민봉기'가 있던 다음 날인 8월 4일에 미군정청은 하의도 농민봉기를 '폭동'이라고 규정하고, 무자비한 진압작전에 나선다. 50명의 목포경찰서 경찰 외에 추가로 20명의 경찰과 미군 장교를 하의도에 다시 파견하였다. 이들은 완전무장을 하고 오림리로 달려가서 청장년과 노인을 불문하고 200여 명의 주민을 체포하였다. 8월 5일에는 대리 등지에서 주민 200여 명을 다시 체포하였다. 8월 6일 아침에도 무장경관 40여 명이 하의도 전체를 수색하여 청년 15~16명을 체포하였다.121

　무장경관들은 체포한 주민들을 꿇어앉혀 놓고 혁대와 총신으로 마구 때리고 주리를 틀었다. 그리고 그 가운데 90여 명의 도민을 목

119　7·7사건 판결문에 의하면 1946년 8월 3일 오후 3시경에 金世培, 李浩彬, 孔上品, 李春同 등이 100여 명의 군중에 솔선하여 하의지서 목조와즙 -棟 및 부속건물을 불지르고, 동일 오후 4시경에 신한공사 하의출장사무소 1棟도 放火(방화자 不詳)한 것으로 기록되어 있다(「1946년 하의도 7·7사건 판결문」, 『하의삼도 농지탈환운동 자료집』, 225~226쪽). 판결문에서는 김세배가 자신의 3종제인 김지배가 죽자 흥분하여 방화에 앞장섰다고 쓰고 있다. 그러나 주민들은 김세배가 책임을 뒤집어쓴 것이라고 말하기도 한다.
120　『광주전남현대사』 I, 175쪽.
121　오연호, 앞의 글, 40쪽 ; 한송주, 앞의 글, 253쪽 ; 『광주전남현대사 I』, 176쪽.

포경찰서로 연행했다. 나머지 하의도민들은 모두 들로 산으로 도피하여 하의도는 폐허가 되었고, 그 상황은 처참하기 그지없었다.

이와 같이 하의도민들은 무려 90여 명이 목포경찰서에 연행되고, 나머지 도민들은 도피생활을 하고 있을 때, 1946년 8월 8일 미군정청은 미 33보병중대 소속인 쇼트버거 중위를 책임자로 한 약 20여 명의 군인들을 웅곡리 하의초등학교에 주둔시킨다. 그리고 하의초등학교에 본부를 차린 미군들은 하의도 마을들을 돌아다니면서 '3·1제 소작료' 징수의 필요성을 설명하였다.[122]

쇼트버거 중위는 3개월간 하의도에 주둔하면서 하의도의 기나긴 농지탈환운동의 현지상황을 소상히 알아보고 미군정청에 보고하게 된다. 그리하여 미군정청은 하의삼도 도민들의 농지탈환운동 문제는 대한민국 정부 수립 후에 한국정부가 해결하기로 하고 미군들을 하의삼도에서 철수시키게 된다.[123]

그간 목포경찰서로 연행된 90여 명의 하의삼도 도민들은 폭도 또는 방화범으로 몰려 가혹한 조사를 받았다. 그리하여 1946년 12월 10일 이 사건의 재판 판결문에 의하면 1946년 7월 17일 상태도의 계두도선장에 하곡성출(夏穀誠出) 독려 차 내도(來島)하려던 신한공사 직원들의 상륙을 방해하였다는 이유로 상태도 농민 박필순, 박몽룡에 대하여 미국 군정청 법령 제19호 및 하곡수집령 위반혐의로 5천 원의 벌금형에 처하였다.

그리고 1946년 8월 2일 오림리에서 신한공사직원 및 경찰들의

---

122 미군주둔병력은 쇼트버거 중위외 두 명의 특파원, 의료하사관 1명, 한국인 통역 윤발매, 그리고 15명의 사병으로 구성된 20명이었다(Meade, American Military Government in Korea, 1951 ; 『광주전남현대사』Ⅰ, 176쪽).
123 제갈남출, 앞의 글(구술), 116~117쪽

강압적 소작료 강제 징수행위에 대하여 저항하고 경찰을 폭행한 오림리 농민 이희철, 박권태, 임창오, 김혁곤, 김용빈, 김병구, 최정만, 윤인수, 김응수, 임현욱, 임경윤에 대하여는 공무집행방해 및 불법체포 감금 폭력행위 등 처벌에 관한 법률위반혐의로 징역 1년형부터 징역 4년형까지 언도하였다.

또한 1946년 8월 3일 웅곡리에서 경찰의 발포에 의한 농민 김지배의 사망으로, 이에 울분하여 하의지서 건물에 방화하였다는 이유로 대리 농민 김세배, 이춘동, 정화진에 대하여는 건물손괴 방화혐의로 징역 2년 6개월형부터 징역 12년형까지 언도하였다. 이 가운데 김세배는 옥중에서 사망하였다.124

이러한 하의삼도 도민들의 '하의도7·7농민봉기'에 대한 형사판결 결과는 다음과 같다.125

- 징역 12년형 : 金世培(30세)
- 징역 7년형 : 李春同(18세)
- 징역 4년형 : 李喜喆(46세), 朴權泰(18세), 任昌吾(28세)
- 징역 2년 6개월형 : 鄭花珍(22세)
- 징역 2년형 : 金赫坤(23세), 金用彬(34세), 金炳迷(23세), 崔正萬(22세), 尹仁守(25세), 金應洙(18세), 任京允(21세)
- 징역 1년, 집행유예 3년 : 任玄旭(26세)
- 벌금형(5천원) : 朴必順(30세), 朴夢龍(29세)

'하의도7·7농민항쟁'에 대해 법원은 하의삼도 농민들에 대하여는 이상과 같이 혹독한 유죄를 판결한 반면, 하의도민들을 무자비하게

---

124 『광주전남현대사』I, 176쪽
125 「1946년 하의도7·7사건 판결문」, 『하의삼도 농지탈환운동 자료집』, 218~219쪽.

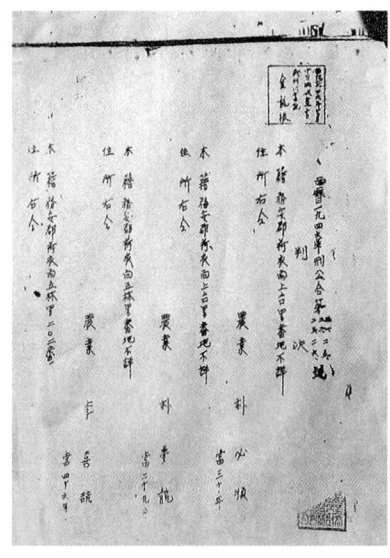

하의도7·7사건 판결문
1947년 음력 7월 7일 하의도에서 발생한 주민들의 항쟁 당시 검거, 구속된 이들의 재판 판결문.

강압 구타한 경찰 임사빈, 신판수, 정정옥, 김태화, 최윤달, 최금암 등 그리고 김농권, 김응배 등을 구타한 신한공사 하의지부 직원 김산광 등에 대하여는 '자기방어'로 간주하여 무죄를 언도했다.

특히 김지배를 향해 발포하여 사망케 한 경찰은 밝혀지지도 않은 채, '하의도 농토는 우리 농토'라는 일념 하에 소작료의 불납을 주장한 농민들 90여 명은 목포경찰서에 연행되어 폭도와 방화범으로 갖은 문초를 당하고, 결국 14명이 실형을 언도받는 것으로 '하의도7·7농민항쟁'은 끝났다.

3) 정부수립 후 하의 3도 농지소유권 분쟁의 해결과정

1948년 8월 15일 대한민국 정부가 수립됨에 따라 1949년 7월 하의도 면민대회가 열렸고, 하의도민들의 농지 무상환원 진정을 받아들인 전라남도는 이를 중앙정부에 건의하는 한편, 하의도민들은 그간의 억울한 농지투쟁사를 제헌국회에 탄원하게 된다.[126]

---

126 尹祥玉, "상환농지관련 청원소개의 건", 「第27回 新安郡 議會 本會議 會議錄(제1차)」, 1993.9.23. 15쪽.

그리하여 1949년 8월 1일 국회산업위원회 농림분과위원인 류홍렬, 황두연, 황숙현 의원 및 농림부 농지국 지정(地政)과장인 윤택중 등 일행이 하의도에 찾아와 귀속농지 1,500정보에 대한 국회차원의 현지조사를 계기로 하의도 농지문제가 재연된다. 백발노인들이 국회의원들을 붙들고 조선왕조 인조 1년(1623) 이래 무려 325년간 투쟁해온 쓰라린 농지탈환운동의 과정을 회고하며, 눈물로 농지반환을 요구하는 하의도민들에게 제헌 국회의원들은 즉시 무상반환토록 조치할 것을 약속하고 하의도를 떠났다.[127]

국회는 1950년 2월 2일에 하의도 농지에 대한 소유권 무상환원(無償還元)을 만장일치로 가결하고, 이를 정부에 통고하였다. 따라서 정부는 농림부 토지행정청 귀속농지 관리국에 근무하는 이강덕을 1950년 5월에 하의도에 파견하여 개인별 경지 및 환원대상자를 조사하게 된다.[128]

그러나 한 달 후인 1950년 6월 25일 전쟁 발발로 무상환원 결의는 이행되지 않았다. 전쟁이 끝난 1954년 3월 재차 하의도 면민대회를 열고, 국회에 탄원하였으나, 1956년 6월 하의삼도 1,500정보의 농경지는 무상환원이 아닌 평당 200원의 가격으로 적산을 구입하는 형식으로 농민들에 유상환원(有償還元)하는 것으로 결정되었다.[129]

따라서 1950년 2월 2일 국회의 무상환원 의결은 하등의 실효를 거두지 못하고, 하의도 전 농지가 귀속농지의 적용을 받음으로써 농지법 제11조 및 13조, 동시행령 39조에 의해서 1956년부터 1961년

---

127 위와 같음 ;『호남신문』, 1949년 8월 14일.
128 尹祥玉, "상환농지관련 청원소개의 건",「第27回 新安郡 議會 本會議 會議錄(제1차)」, 1993.9.23. 15~22쪽.
129 尹祥玉, "상환농지관련 청원소개의 건",「第27回 新安郡 議會 本會議 會議錄(제1차)」, 1993.9.23. 15쪽 ; 김정호, 1998,『荷衣島』, 한국도서(섬)학회, 73쪽.

까지 유상상환하고, 상환법 제16조에 의해서 수배자 명의의 금납상환(金納償還)으로 농지분배를 실시하게 되었다. 그리고 행정기관에서 농지대가(農地代價) 상환금납부통지서가 발부되고 대금 납부기한이 1960년 5월 15일로 시달되었으나 농민들은 그 시기가 춘궁기임을 들어 연도 말까지 연장하여 줄 것을 요청했다.[130]

이로써 농지상환이 시작되고, 상환과 동시에 일본인 도쿠다 야시치(德田彌七) 명의의 귀속농지는 실질농지소유 주민명의로 등기하게 된다. 또한 정보당 200원 유상환원으로 결정된 농지의 소유권 이전등기비용은 정부가 부담하기로 하여, 농민들은 농지대가(農地代價)만 상환하면 모든 소유권 이전은 정부의 책임지게 될 것으로 알고, 하의도 농민들은 전액 농지대가를 상환하게 된다.[131]

따라서 주민들은 하의도의 농지문제는 해결된 것으로 믿고 있었다. 면사무소 등기신청 과정에서 취급자의 업무소홀 및 법원의 업무소홀로 귀속농지의 소유권 이전이 완전하게 이루어지지 못하고 있음을 뒤늦게 알게 되었다.[132] 1993년 6월 16일 하의, 신의면민 일

---

[130] 金納償還에 관하여는 1959년 10월 30일자 하의면장의 하의면 농지 금납상환 신청공문, 1960년 4월 26일자 하의면 의회의 제42회 제2차 본 회의에서 결정된 農地代價 상환 금납통지서 기한 연장공문(1960년 5월 15일까지의 농지대가 상환기한을 추곡수확기인 1960년 12월 30일까지 연장요청), 1960년 4월 28일자 하의면장의 무안군수, 전라남도지사, 농림부장관에게 전달된 공문에 잘 나타나 있다.

[131] 1984년 8월 24일자 신안군에서 전라남도 농정과에 보고한 농지대가 상환 실적보고서를 보면, 하의면(하의도)과 신의면(상태도, 하태도)은 未納量이 없는 것으로 보고되어 있고, 비금면만 13.592kg이 미납된 것으로 나타나 있다. 따라서 하의삼도 농민들의 農地價 상환은 1984년 8월 24일 이전에 완납된 것으로 여겨진다.

[132] 농지개혁법 제16조 2항에 의하면 경작주민이 農地價를 상환 완료하였을 때에는 完納日로부터 30일이내에 읍면장 책임하에 소유권 이전등기를 필하

동은 신안군의회 의장 및 신안군수에게 일본인 도쿠다 명의의 토지 소유권 등기이전을 촉구하는 청원서를 제출하게 된다.[133]

그리고 1993년 9월 23일 제27회 신안군의회 본회의에서 윤상옥 의원이 하의삼도 상환토지관련 청원 소개의 건을 발표하고, 특별위원회 구성을 제안한다.[134]

그리하여 1993년 11월 19일자로 신안군 의회에서 하의삼도 상환농지 관련 청원심사 특별위원회가 구성되고, 1993년 11월 22일부터 1994년 2월 15일까지 귀속분배농지 처리를 위한 특별위원회가 활동하게 된다.[135] 또한 1994년 1월 12일에는 신안군의회에서 군의원들이 중심이 되어 하의삼도 상환농지 청원관련 면민과의 대화가 있었다.[136]

1994년 3월 신안군의회 상환농지 관련 청원심사 특별위원회의

도록 되어 있으나 면사무소 직원의 업무소홀로 일본인 도쿠다 소유토지 9,167필지(1,803,000평, 1,260호)의 일부가 소유권 이전등기가 제대로 되지 않았다. 도쿠다 명의의 토지는 지목별로 보면 논이 3,595필지, 밭이 4,089필지, 임야가 643필지, 대지가 481필지, 기타 잡종지가 1,350필지이고, 면별로 보면 하의면이 6,151필지(1,235,000평, 800호), 신의면이 3,016필지(568,000평, 460호)로 파악되었다(『무등일보』 1993년 6월 19일 및 신안군, 하의, 신의 분배농지 관계서류 및 청원서).

133 1993년 9월 17일자로 신안군의회에 접수된 청원은 신안군 하의면 대표 김대민 및 신안군 신의면 대표 홍성희 외 1,239명이 청원하였다(신안군 의회 사무과, "상환토지관련 청원심사 특별위원회 구성 결의안", 「제29회 신안군의회 본회의록(제1차)」, 1993.11.19., 6~8쪽).

134 신안군 의회 의사과, 「제27회 신안군 의회 본회의 회의록 1차」, 1993.9.23., 12~22쪽.

135 신안군 의회의 상환농지 관련 청원심사 특별위원회는 위원장 서응준, 간사 윤상옥, 위원 박충은, 박갑철, 김행기 5명으로 구성되었다.

136 면민과의 대화는 군의회에서 서응준, 윤상옥, 박충은, 박갑철, 김행기 의원이 참석하였고, 면주민 56명(하의면 50명, 신의면 6명)이 참석하였으며, 기타 유관기관 10명이 참석하였다.

활동결과 보고에 의하면 청원 당시 도쿠다의 소유토지 가운데 미등기로 남아 있는 농지는 모두 600필지로 확인되었다.[137] 신안군의회는 등기소유자는 국가이나 30년 전에 현금 또는 현물로 상환 완료하여 농지를 관리경작하고 있는 농가가 사실상 소유자일 것이므로 미상환 필지에 대하여 면장 확인 하에 그 당시 법가(法價)로 상환하여 주기 바라며, 상환증서를 제출하는 농가에 대하여는 군 행정당국이 등기수수료를 부담하여 소유권 이전 등기토록 조치하였다.

이러한 도쿠다 분배농지 미등기로 확인된 600필지에 대해 신안군은 1994년 4월 10일부터 1994년 7월 10일까지 3개월간 처리기간으로 정하고, 미상환농가는 농지개혁사업 정리에 관한 특별조치법 제5조의 규정에 의하여 당해 농지 분배년도의 정부관리양곡 수납가격으로 산출한 금액으로 수납하여 상환대장을 정리하고, 상환증서 보유농가는 면장책임 하에 상환대장을 정리한 후 상환완납 확인서를 발급하여 위 특별조치법 시행령 제11조 규정에 의하여 소유권 이전 등기를 신청토록 조치하였다.

1995년 1월 7일 신안군의 내부 보고[138]에 의하면 총 600필지 중 등기신청 필지는 451필지이고, 미신청필지는 149필지로 파악되었다. 이를 면별로 보면 등기 미신청필지 149필지 중 하의면이 68필지이고, 신의면이 81필지였다.[139]

---

137 조사결과 600필지는 하의면이 343필지(논 163, 밭 180)이고, 신의면이 257필지(논 106, 밭 151)로 총 115,634평으로 조사되었다.
138 600필지 미등기 현황은 신안군 유병오 군수가 광주지방법원 목포지원장에게 분배농지 소유권 이전등기에 따른 협조의뢰 공문에 잘 나타나 있다(문서번호 산업 27210-2283, 1994년 10월 6일자).
139 등기신청필지는 총 451필지로 이를 면별로 보면, 하의면이 275필지로 79%이고, 신의면이 176필지로 69%이며, 미신청필지는 하의면이 68필지로

1995년 이후 등기신청사항을 보면 하의면이 1997년 9월 12일 1필지, 1997년 10월 20일 1필지, 1997년 12월 15일 1필지, 1998년 11월 17일 2필지로 4년 동안 등기신청필지수는 5필지에 불과하였다. 이와 같이 등기신청실적이 저조한 것은 농지 실소유자가 농지개혁사업 정리에 관한 특별조치법 제5조의 규정에 의하여 별도 국가를 상대로 한 소유권 이전소송에 의하여 농지소유권 이전등기를 주장하여야 할 것이나, 농지 실소유자가 도시 및 원격지 거주로 무관심하거나, 농지면적이 50~100평 미만으로 소유권 이전신청을 소홀히 하기 때문인 것으로 여겨졌다.[140]

　그리하여 1999년 10월 31일 현재 국가소유인 도쿠다 귀속분배농지의 소유권 이전등기는 신안군 의회의 상환농지관련 청원심사 특별위원회가 1994년 조사한 미등기농지 총 600필지 중 456필지인 76%가 실질 소유자에게 등기되었고, 144필지인 24%가 등기 미신청 상태에 있다. 이러한 등기 신청상황을 면별로 살펴보면 하의면은 총 343필지 중 280필지인 81.6%가 등기되었고, 63필지인 18.4%가 등기 미신청상태에 있었고, 신의면은 총 257필지 중 176필지인 68.5%가 등기되었고, 81필지인 31.5%가 등기 미신청상태에 놓여 있었다. 2024년 2월 언론 보도에 의하면, 현재는 51필지가 등기 미신청상태에 있어 아직도 도쿠다 야시치의 명의(국가소유)로 되어 있고, 한국자산관리공사가 이를 관리하고 있다고 한다.[141]

　　21%이고, 신의면이 81필지로 31%이다(자료 : 신안군산업과, 「하의, 신의 분배농지 소유권이전 민원 추진상황보고」, 1995년 1월 7일자)
140 신안군 산업과 제공 자료.
141 『오마이뉴스』 2024.2.20. 「하의3도 주민들의 380년 토지 반환 투쟁」

6. 맺음말

하의도의 농지탈환운동의 뿌리는 인조 초년 선조의 딸 정명공주에게 하의도의 땅 20결을 절수해준 데 있었다. 이 토지가 토지의 소유권을 준 유토인지, 아니면 토지의 수조권만을 준 무토인지는 확실하지 않다. 하의도민들은 한말 이후에 이 땅은 무토사패지, 즉 민전의 결세 수조권만을 준 것이라고 주장하였다. 최근의 연구에 의해 임란 이후 절수된 궁방전의 상당수가 수조권만을 준 이른바 '민결면세지'였다고 하는 사실이 밝혀졌다. 따라서 이 토지 20결은 정명공주방에 황무지를 주어 이후 도민들로 하여금 개간하게 만들었을 가능성도 있지만, 이미 개간된 민전의 결세를 거두는 권리만을 준 땅일 가능성도 있다.

그런데 정명공주가 시집을 간 풍산 홍씨가는 18세기 초, 즉 경종대 즈음 하의3도의 땅이 더 개간되어 150여결에 이르자 이를 모두 자기들이 사패받은 땅이라고 우겨 이곳에서도 세를 받아가기 시작했다. 당시 민전에서는 이미 관에 전세와 대동미를 1결당 미 23두를 내고 있었는데, 홍씨가에서 다시 1결당 미 40두를 거두어가게 되자 도민들은 이를 일토양세(一土兩稅)라고 부르면서 한성부에 송사를 내었지만 패소하였다. 그런데 궁방에서 소유권을 갖는 영작궁둔(永作宮屯)의 경우 1결당 조 200두(미 80두)를 거두고 있었던 것을 보면, 미 40두만을 거두던 정명공주방의 20결과 150결은 영작궁둔이라고 보기는 어려울 듯하다. 아마도 이는 민결면세지로서 원래는 결당 미 23두를 거두어야 하지만, 잡세를 덧보태어 40두를 거두고 있었던 것으로 추정된다.

하의삼도 토지문제는 영조대에 조정에서도 계속 문제가 되었으나 홍씨가의 세도로 인해 시정되지 못하였다. 정조대에는 윤세민 등 2명의 대표가 한양에 올라가 신문고를 두들겨 국왕에게 직접 진정서를 올려 국왕으로부터 도조 수취 금지에 대한 어제문(御製文)을 받기도 하였으나 다시 홍씨가의 무고로 인해 윤세민 등이 귀양을 가는 등 뜻을 이루지 못하였다. 19세기 들어 홍씨가의 세도가 약화된 틈을 타 1870년 도민들은 다시 전라감사 이호준에게 하소연하여 24결 외 120결에 대해서는 절대 도조를 거두지 못하도록 하고, 24결에 대해서도 1결에 백미 20두씩만 수봉하도록 하는 판결을 얻어냈다.

하지만 대한제국 시기인 1900년 궁내부 내장원경 이용익이 전국의 과거 궁방전 명목이 있던 토지를 모두 색출하여 내장원 소속으로 만들 때 하의3도의 땅도 모두 내장원 소속으로 되어 버렸다. 그런데 이용익이 실각하고 이완용이 득세한 1908년에 이르러 홍씨가 가운데 홍우록이란 자가 하의3도의 땅을 모두 차지하려는 욕심을 갖고 이완용에게 접근하여 그로부터 하의3도의 땅이 모두 홍씨가의 소유라는 하급증을 받게 된다. 이런 사정을 잘 몰랐던 하의3도민들도 1908년 내장원에 속한 하의3도의 땅을 되돌려 달라고 임시재산정리국 등에 진정서를 내 요구하였다. 그런 가운데 홍우록이 보낸 차인들이 하의3도에 들이닥쳐 도조를 요구하고서야 하의도 사람들은 홍우록이 하급증을 받은 상황을 알게 되었다. 하의3도민들은 도조 수납을 거부하였으나, 지도군수 경찰 등이 반강제로 도조수납을 강요하여 결국 일단 군수를 통해 도조를 내고, 홍우록을 상대로 1909년 부당이득반환청구소송을 경성지방법원에 제기하였다.

도민들은 경성지방법원에서는 패소하였으나, 경성공소원에서는 하의3도의 땅은 20결을 포함하여 모두 무토사패지로서 하의도민의 소유임을 확인하고, 홍우록은 도민들에게 이미 거두어간 도조를 반환하라고 판결하였다. 그러나 홍우록은 재판이 자신에게 불리하게 돌아가는 것을 보고, 이 땅을 조병택과 백인기에 팔아넘겼고, 이들은 다시 정병조에게 팔았으며, 정병조는 다시 일본인 우콘 곤자에몬(右近權左衛門)에게 팔아 넘겼다.

우콘은 하의3도민들이 재판에서 승소함으로써 자신의 토지매입이 헛일이 되자, 이를 뒤집기 위해 나섰다. 그는 재판에서 하의도민 대표로 나섰던 이들, 특히 박공진을 매수하였다. 박공진은 도민들에게 이번 재판은 '부당이득반환청구소송'이지 '토지소유권 청구소송'이 아니라고 도민들에게 말하고, 다시 토지소유권확인소송을 해야 한다면서 도민들의 서명을 받기 시작하였다. 다수의 도민은 이를 거부하였으나 상태도의 박씨 일가를 중심으로 일부 사람들이 이에 서명하여 목포지방법원에 소송을 제기하였다. 이는 결국 우콘의 각본대로 재판부를 비롯하여 경찰 등 관헌의 강제화해 요구로 이어졌다. 화해란 우콘의 소유권을 인정하고 우콘이 도민들에게 영소작권을 부여한다는 기만적인 것이었다. 도민들, 특히 부녀자들은 박공진 등의 배신행위를 알고 분노하여 우콘에 협조한 이들의 집에 몰려가 이를 파괴하는 사건이 일어났다. 이에 목포경찰서에서는 수백 명에 달하는 경찰병력을 하의도에 파견하여 주민 백여 명을 검속하였다. 경찰은 이후에도 도민들에게 화해를 강요하였고, 도민들은 목포경찰서와 재판소에 몰려가 항의를 하는 등 갈등이 계속되었다. 결국 도민들 가운데 일부가 이에 굴복하여 화해조서에 서명함으로써 우콘의 소유권을 인정하고 말았다.

우콘은 화해시 하의3도에 저수지와 도로를 만들고, 학교와 병원 등을 세우는 등 편의시설을 해주겠다고 약속하였으나 전혀 이행하지 않았다. 대신 그는 이 땅을 다른 일본인에게 넘겨 결국 오사카의 도쿠다 야시치(德田彌七)의 손에 들어갔다. 도쿠다는 농장을 인수한 뒤 전 육군중위 미야자키와 헌병보조원등을 사무원으로 고용하여 도민들에게 강압적인 태도를 취하면서 이전의 2배에 달하는 소작료를 강요하였다. 또 그는 우콘이 지주일 때에 체납된 소작료까지도 요구하고 나섰다. 이에 도민들은 강하게 저항하였고, 미야자키는 강압과 위협, 그리고 폭력으로써 소작료를 거두어갔다. 또 소작료를 체납하는 이들에게는 불법적인 가차압을 서슴지 않았다. 도쿠다 농장측에 대한 농민의 저항이 예상외로 강하자 도쿠다는 친일 테러 단체인 상애회를 동원하여 도민들을 굴복시키려 하였다. 1924년 8월 상애회 부회장 박춘금은 상태도에 들어와 도민들을 모아 놓고 폭행 등 갖은 행패를 다하면서 강제로 소작계약서에 날인을 받아갔다.

이즈음 하의3도민들은 더 이상의 소송 등을 통해 토지소유권을 되찾기는 어렵다고 보고 아예 도쿠다로부터 땅을 되사버리자는 쪽으로 운동을 전개하기 시작했다. 그러나 1923년경부터 김응재가 중심이 된 이 운동은 매입자금 문제에 부딪쳐 진전을 보지 못했다. 그런 가운데 도쿠다농장측은 소작인들을 장악하기 위한 수단의 하나로 어용 소작회를 만들었다. 그러나 소작회 간부들의 자금 유용 등으로 소작회는 얼마 가지 않아 유야무야되고 말았다.

소유권을 둘러싼 소송과 토지환매에 실패한 하의3도민들은 새로운 방법으로 도쿠다측에 저항하였다. 1928년 결성된 하의농민조합이 그것이었다. 하의농민조합은 당시 오사카에서 노동자로 생활하고 있던 최용도·고장명 등이 일본인 사회운동가로서 일본농민조합 특별위원인 아사히 겐즈이(朝日見瑞) 등과 함께 하의도에 돌아와 아사히의 지원을 받아 결성한 것이었다. 그들은 토지소유권의 회수보다 일단 지주에 대한 소작인의 권익 옹호에 더 초점을 맞추어 단계적인 투쟁방향을 선택하였다. 한편 도쿠다측은 하의농민조합을 분쇄하기 위해 상애회의 박춘금을 다시 하의도에 파견하였다. 하지만 하의도민은 예전과는 달랐다. 농민조합측은 박춘금에게 하의도 문제에 더 이상 관여하지 말라고 요구하였고, 도민들은 박춘금을 살려보내지 말라고 외치면서 그에게 위협을 가하였다. 박춘금은 무사히 풀려나기는 하였으나 약간의 구타를 당하였고, 그는 목포로 도망해와 경찰에 하의도민들이 자신을 폭행하였다고 고발하였다. 경찰은 하의도에 들어가 농민조합 간부들을 체포하였고, 결국 이 사건으로 10명이 옥고를 치렀다. 당시 하의농민조합은 일본농민조합에 격문 등을 보내 지원을 기대하였고, 일본 노농운동에서도 이에 대해 상당한 응원을 하였던 것으로 보인다. 하지만 이 사건 이후 하의도민들은 조직적인 투쟁을 더 이상 하지 못한 채 해방을 맞이하였다.

　1945년 해방의 날이 오자 하의3도민은 이제야 하의3도의 땅은 도민들의 것이 되었다고 기뻐했다. 그러나 도쿠다의 땅은 적산이 되어 모두 미군정의 신한공사로 넘어갔고, 도쿠다농장 하의관리소는 신한공사 하의지부가 되었다. 신한공사는 1946년 7월에 전해의 소작료 징수와 하곡 수집을 위해 하의도에 신한공사 직원과 경찰을 파견하였다. 도민들은 징수대에 소작료와 하곡을 낼 수 없다고 저항하였고, 결국 8월 2일 오림리에서 경찰과 도민들 간에 충돌이 발생하였다. 오림리 주민들은 경찰과 신한공사 직원을 붙잡아 구타하고 총기를 탈취했다. 보고를 받은 목포경찰서는 다음 날 8월 3일(음력으로 7월 7일) 약 50명의 경찰을 하의도에 파견하여 오림리를 포위하고 오림리 주민을 무조건 폭행하고 수십 명을 붙잡아 웅곡리지서로 연행하였고, 대리에서도 경찰은 소작료 납부를 거부하는 농민 6명을 지서로 연행하였다. 연행한 이들을 배편으로 목포로 이송한다는 소문이 각 마을에 퍼지자 하의도민 오륙백 명이 웅곡리에 몰려들었고, 경찰은 연행한 이들을 목포로 데리고 가기 위해 경비선에 태웠다. 그때 이를 저지하려는 김지배가 경찰의 총에 맞아 즉사하였고, 흥분한 군중들은 하의지서와 신한공사 하의지부 사무실에 불을 질렀다.

다음 날 8월 4일 군정청은 하의도민들의 소요를 '폭동'으로 규정하고 경찰 50명과 미군 장교 1명, 경찰 20명을 추가로 하의도에 파견하였다. 경찰은 오림리에서 약 200여 명을 체포하였고, 대리 등지에서도 200여 명을 체포하여 조사하였다. 이 과정에서 경찰의 주민들에 대한 폭행이 있었음을 물론이다. 체포를 피한 도민들은 주변의 산과 들, 그리고 섬들로 도피하였다. 체포된 도민 가운데 90여 명이 목포로 연행되었다. 이 가운데 8월 2일 소요와 관련해서 11명이 징역 1년형부터 4년형까지를 언도받았다. 또 3일 방화사건과 관련해서는 3명이 징역 2년 6개월에서 12년형까지를 언도받았다. 상태도에서도 7월에 신한공사 직원들의 상륙을 방해하였다는 이유로 2명이 벌금형을 받았다. 반면 하의도민들을 먼저 폭행한 경찰과 신한공사 직원들은 무죄 판결을 받았다.

대한민국 정부가 수립되자 하의도민들은 1949년 7월 면민대회를 열어 농지 무상환원을 정부와 국회에 탄원하게 된다. 이에 따라 8월 1일 국회의원과 농림부 직원이 하의도에 와서 현지조사를 하였고, 국회에서는 1950년 2월 하의도 농지에 대한 소유권 무상환원을 만장일치로 가결하였다. 이에 따라 정부는 하의도에 관련 공무원을 파견하여 개인별 농지를 조사하기 시작하였으나 한 달 뒤인 6월 25

일 한국전쟁이 발발함으로써 이는 중단되고 말았다. 전쟁이 끝난 뒤 하의3도민은 재차 면민대회를 열고 국회에 탄원하였으나 1956년 6월 하의 3도 1,500정보의 농경지를 무상환원이 아닌 평당 200원의 가격으로 적산을 불하받는 형식으로 농민들에게 유상환원하기로 결정되었다. 정부는 도쿠다의 소유로 되어 있는 토지를 도민들에게 이전하는 소유권이전 비용은 정부가 부담하기로 하였다. 그러나 정부는 이 약속을 제대로 이행하지 않았다. 각 면사무소에서는 상환가만 수납하고 소유권이전 수속을 제대로 해주지 않은 것이다. 이로 인해 1993년까지도 많은 필지의 땅이 여전히 도쿠다 야시치, 혹은 국가의 이름으로 남아 있었다. 1993년 신안군 의회가 하의3도 상환농지관련 청원심사 특별위원회를 구성하고 확인한 결과 6백여 필지가 미등기로 남아 있었다. 신안군은 이후 신고를 받아 등기이전 작업을 진행하여 2024년 현재 51필지가 미등기로 남아 있는 상태이다.

　1623년에 시작된 하의3도 토지의 수난은 이로써 마무리 단계에 들어섰다. 하지만 무려 3백30여 년 동안 도민들이 겪은 수난과 저항의 역사는 결코 잊혀지지 않을 것이다. 하의3도민의 수난과 저항의 역사는 이 땅의 민중이 겪은 수난과 저항의 역사를 상징하며, 그러한 가운데에서도 꾸준히 전진해온 이 땅의 역사를 상징하기 때문이다.

참고문헌

1. 자료

□ **조선시대 연대기 및 법전**
성종실록, 중종실록, 숙종실록, 영조실록, 정조실록, 고종실록
비변사등록, 승정원일기
경국대전, 속대전

□ **신문**
독립신문, 황성신문, 동아일보, 조선일보, 시대일보, 중외일보, 매일신보
주간 완도신문, 무등일보

□ **규장각 소장 자료**
궁내부, 『훈령』
내장원편, 『全羅南北道各郡訴狀』
내장원편, 『訓令照會存案』
법부 검사국, 『통첩기안』
『嚴泰島屯捧上册』
『全羅南道各郡屯驛賭各稅額各年條未捧成册』
『全羅南道各郡驛牧屯土及各樣查漏田畓庚子條定賭錢穀及舊未收區別成册』
『全羅道羅州牧所在明惠公主房買得免稅田畓飛禽全一島己丑改量成册』
『전라도장토문적』
제실유급국유재산조사국, 『조사국래거안』
탁지부, 『공문편안』
호조 판적사, 『판적사신축등록』
호조, 『비금도완문』

□ 국가기록원 소장 자료

광주지방법원, 「도초도 소작쟁의 판결문」(『신안항일농민운동사 자료집』 소수)
광주지방법원, 「매화도 소작쟁의 판결문」(『신안항일농민운동사 자료집』 소수)
광주지방법원, 「자은도 소작쟁의 예심 판결문」(『신안항일농민운동사 자료집』 소수)
광주지방법원, 「하의도농민조합사건 예심종결결정서」(『하의삼도 농지탈환운동 자료집』 소수)
광주지방법원 및 대구복심법원, 「암태도소작쟁의 사건 판결문」(『신안항일농민운동사 자료집』 소수)
광주지방법원 목포지청, 「1946년 하의도 7.7사건 판결문」(『하의삼도 농지탈환운동 자료집』 소수)
광주지방법원 목포지청 형사부, 「전남운동협의회 사건 판결문」
광주지방법원 장흥지청 및 대구복심법원, 「김영현사건 판결문」
광주지방법원 장흥지청, 「임재갑 등 신지도 사립학교 강연회사건 판결문」
광주지방법원 장흥지청, 「신지주재소 태극기사건 결정문」
광주지방법원 장흥지청, 「차종화 등 판결문」
광주지방법원 장흥지청, 「황의영 유언비어유포사건 판결문」
대구복심법원, 「대신리 신우회사건 판결문」
「완도군완도면협의회회의록」(1929년)
「珍島赤色農民組合に關する件」

□ 기타 자료 및 자료집

강만길·성대경 1996, 『한국사회주의운동인명사전』, 창작과비평사.
경남대극동문제연구소편, 1989, 『지방미군정자료집』 2, 경인문화사.
고금면, 1927, 『고금면연혁』.
고금면, 1954, 『古今面誌抄』.
곽영보편저, 1986, 『거문도풍운사』, 전라남도.
광주전남현대사기획위원회, 1991, 『광주전남현대사』 I, 실천문학사.
국사편찬위원회편, 2001, 『韓民族獨立運動史資料集』 47(三·一運動一週年 宣言文 配布事件·十字架黨 事件 1).
국사편찬위원회편, 2002, 『韓民族獨立運動史資料集』 49 (서울학생同盟休

校事件 裁判記錄1).
김영헌, 1955, 『淸海秘史』, 농촌계몽문화사.
김웅재, 1946.7, 「荷衣三島 토지쟁의 실기」 『예술문화』 제5호, 예술문화동맹 문학부, 목포(『하의삼도 농지탈환운동 자료집』 소수).
金正明편, 1967, 『조선독립운동』 4, 原書房, 東京.
김정호 편, 1994, 『전남의 옛 지도』, 전라남도.
농림신문사편, 1949, 『농업경제연보』, 농림신문사.
독립운동사편찬위원회편, 1973, 『독립운동사』 제5권, 독립유공자사업기금운용위원회.
독립운동사편찬위원회편, 1975, 『독립운동사』 제3권, 독립유공자사업기금운용위원회.
박승극, 1936, 「張錫天이여!」 『新朝鮮』 제5권 1호(1936년 1월호).
박순동, 1969, 「암태도소작쟁의」 『신동아』 1969년 9월호(1977년 『분노의 계절』, 훈복문화사 소수).
소안항일운동사료편찬위원회, 1990, 『소안항일운동사료집』.
『昭和戰前財界人名大事典』(大空社刊) 1929년판, 제1권.
송기숙, 1981, 『암태도』, 창작과비평사.
신안군농민운동기념사업회·도서문화연구원편, 2021, 『신안항일농민운동사 자료집』.
신안군·목포대임해지역개발연구소, 1999, 『하의3도 농지탈환운동 자료집』.
신안군 산업과, 「하의, 신의 분배농지 소유권이전 민원 추진상황보고」, 1995년 1월 7일자.
신안군의회 의사과, 「第27回 新安郡 議會 本會議 會議錄(제1차)」, 1993.9.23.
신안군의회 의사과, 「제29회 신안군의회 본회의록(제1차)」, 1993.11.19.
染川覺太郞, 1930, 『전라남도사정지』, 전라남도사정지간행위원회.
오연호, 1989, 「미국 군정청 신한공사와 하의도 7·7항쟁」, 『말』 32.
오횡묵 저 (김정섭, 김형만 역), 2008, 『지도군총쇄록』, 신안문화원.
완도군, 1981, 『내고장 전통가꾸기』.
완도군, 1987, 『완도군 마을유래지』.
완도군, 1992, 『완도군지』, 완도군.
완도군항일운동기념사업회, 2000, 『완도군항일운동사』, 역사비평사.

越智唯七 編纂, 1917, 『新舊對照 朝鮮全道府郡面里洞名稱一覽』, 중앙시장.
全羅南道, 1935, 『全南の産業-商工』, 전라남도.
전라남도 무안군, 1964, 『하의삼도 농지연혁 및 분쟁경위』(『하의삼도 농지탈환운동 자료집』 소수).
정진백 대담, 1984, 「인간을 찾아서. 독립운동가 이기홍」『금호문화』 7-8.
제갈남출(구술), 1985.6. 「참으로 한맺힌 곳이요이, 요 쪼깐한 섬이」『학원』 305호(『하의삼도 농지탈환운동 자료집』 소수).
조선은행 조사부, 1948, 『조선경제연보』, 조선은행.
朝鮮駐箚憲兵隊司令部編, 1911, 『全羅南道海岸並島嶼ノ狀況』, 朝鮮駐劄憲兵隊司令部.
조선총독부경무국, 1927, 『治安狀況』.
조선총독부, 1932, 『朝鮮ノ小作慣行』, 조선총독부.
조선총독부, 1934, 『朝鮮の姓』, 조선총독부.
조선총독부, 1935, 『朝鮮の聚落』II, 조선총독부.
조선총독부, 『조선총독부직원록』, 각년판.
朝鮮總督府官房文書課, 1926, 『朝鮮の群衆』, 조선총독부.
中村資良 編, 1935, 『朝鮮銀行會社組合要錄』(1935년판), 東洋經濟新報社.
진도군, 1975, 『珍島郡誌』, 진도군.
통감부, 『統監府文書』.
한국농촌경제연구원, 1985, 『농지개혁시피분배지주 및 일제하 지주 명부』.
한송주, 1989, 「하의도 농토탈환투쟁 (5)」, 『월간 예향』 60.
향토지리연구소 엮음, 2008, 『완도 신지 - 薪智面 鄕土誌』, 완도신지면지편찬위원회.

2. 저서 (가나다순)

김경옥, 2004, 『조선후기 도서(島嶼)연구』, 혜안.
김명기, 2019, 『이기홍평전』, 선인.
김용섭, 1970, 『조선후기농업사연구』(1), 일조각.
김정호, 1998, 『하의도 : 내땅찾기 300년 역사의 섬』, 한국도서(섬)학회.

김준엽·김창순, 1986, 『한국공산주의운동사』 2, 청계연구소.
김학윤, 2006, 『하의도 농민운동사』, 책과함께.
노영택, 1979, 『일제하 민중교육운동사』, 탐구당.
님웨일즈(조우화 옮김), 1984, 『아리랑』, 동녘.
박남일, 2023, 『암태도 소작쟁의 지도자, 서태석 평전』, 선인.
박찬승, 1992, 『한국근대정치사상사연구』, 역사비평사.
박찬승, 2008, 『근대이행기 민중운동의 사회사』, 경인문화사.
박찬승, 2010, 『마을로 간 한국전쟁』, 돌베개.
神谷丹路, 1996, 『韓國近い昔の旅』, 凱風社, 東京.
안종철, 1991, 『광주·전남지방현대사연구』, 한울.
이준식, 1993, 『농촌사회변동과 농민운동 -일제침략기 함경남도의 경우-』, 민영사.
정순우, 2012, 『서당의 사회사』, 태학사.
조동걸, 1979, 『일제하 한국농민운동사』, 한길사.
지수걸, 1993, 『일제하 농민조합운동 연구 -1930년대 혁명적 농민조합운동을 중심으로-』, 역사비평사.

3. 논문 (가나다순)

고석규, 1997, 「설군논의를 통해 본 조선후기 섬의 변화」『도서문화』 15, 목포대 도서문화연구소.
고석규, 2003, 「20세기 자은도의 시련과 화해」『도서문화』 21, 목포대 도서문화연구소.
김경옥, 2002, 「조선후기 나주목 비금도 주민들의 토지운영 실태」『도서문화』 19, 도서문화연구소.
김경옥, 2013, 「18~19세기 진도 송산리의 동계·학계 운영」『지방사와 지방문화』 16-1, 역사문화학회.
김경태, 2015, 「1920년대 무안군 도서지역의 소작쟁의와 지역사회」『청람사학』 24, 청람사학회.
김경태, 2016, 「1920년대 전반 소작쟁의의 확산과 '4할 소작료' 요구」『사림』

55, 수선사학회.
김점숙, 1991, 「전남지방 조선공산당 재건운동 연구」 『한국사연구』 74, 한국사연구회.
김종선, 1984, 「서남해 도서지역의 농지분쟁 및 소작쟁의에 관한 연구-암태도 소작쟁의를 중심으로-」 『인문과학』 1, 목포대 인문과학연구소.
김종선, 1986, 「서남해 도서지역의 농지분쟁 및 소작쟁의에 관한 연구(2) -하의삼도 농지분쟁을 중심으로-」 『목포대학교논문집』 7, 인문사회과학편.
梶村秀樹, 1976.2., 「東亞日報にみる朝鮮共産黨事件と古屋貞雄」 『朝鮮研究』 153, 日本朝鮮研究所.
박상수, 1993, 「일제시기 전남 도서지역 농민운동에 관한 연구 -신안군 암태면, 지도면, 도초면의 사례를 중심으로」 (전남대 사회학과 석사논문)
박성준, 2017, 「17~18세기 궁방전에서 導掌의 발생과 역할」 『역사문화연구』 64, 한국외대 역사문화연구소.
박준성, 1984, 「17・18세기 궁방전의 확대와 소유형태의 변화」 『한국사론』 11, 서울대 국사학과.
박찬승, 1993, 「일제하 소안도의 항일민족운동」 『도서문화』 11, 목포대 도서문화연구소.
박찬승, 1994, 「일제하 조약도의 항일민족운동」 『도서문화』 12, 목포대 도서문화연구소.
박찬승, 1995, 「일제하 고금도의 항일민족운동」 『도서문화』 13, 목포대 도서문화연구소.
박찬승, 2000, 「조선후기~일제하 하의삼도의 농지탈환운동」 『지방사와 지방문화』 2, 역사문화학회.
박찬승 2000, 「근현대 사회변동과 진도 동족마을 주민의 대응 -식민지시기 細燈里를 중심으로-」 『지방사와 지방문화』 3-2, 역사문화학회.
박찬승, 2001, 「일제하 완도(체도)의 항일민족운동」 『지방사와 지방문화』 4-1, 역사문화학회.
박찬승, 2010, 「1924년 암태도 소작쟁의의 전개과정」 『한국근현대사연구』 54, 한국근현대사학회.
박찬승, 2013, 「식민지시기 완도군 신지도의 항일민족운동」 『구술사연구』 4-2, 한국구술사학회.

박천우, 1983, 「한말·일제하의 지주제 연구 - 암태도 문씨가의 지주로의 성장과 그 변동-」 (연세대 석사논문).
배영순, 1980, 「한말 사궁장토에 있어서의 도장의 존재형태」 『한국사연구』 30, 한국사연구회.
선영란, 1998, 「간척농지의 공동체적 운영방식의 지속과 변화 - 전남 완도 '정도신농조합'을 중심으로-」 (목포대 사학과 석사논문).
손형부, 1992, 「식민지시대 송내호·송기호형제의 민족해방운동」 『국사관논총』 40, 국사편찬위원회.
송양섭, 2001, 「17세기말 - 18세기 전반 둔전이정책의 논의와 전개」 『한국문화』 28집, 한국문화연구소.
송양섭, 2005, 「조선후기 나주 제도의 절수와 설읍 논의의 전개」 『대동문화연구』 50, 대동문화연구원.
水野直樹, 1989, 「黃埔軍官學校と朝鮮の民族解放運動」 『朝鮮民族運動史研究』 6, 조선민족운동사연구회, 청구문고.
신주백, 1991, 「조선공산당 재건운동의 조직방침」 『일제하 사회주의운동사』, 한길사.
양상현, 1997, 「대한제국기 내장원 재정관리 연구-人蔘鑛山·庖肆·海稅를 중심으로-」 (서울대대학원 국사학과 박사논문).
염정섭, 2020, 「17세기 후반~18세기 초반 궁방전의 변화 추이 - 절수·면세에 대한 논의와 정책을 중심으로」 『인문학연구』 60, 한림대 인문학부.
오미일, 2003, 「1920년대 진주지역 농민운동」 『진주농민운동의 역사적 조명』, 역사비평사.
이계형, 2012, 「일제강점기 사회주의자 장석천의 생애와 활동」 『한국학논총』 38, 국민대 한국학연구소.
李圭洙, 1996, 『近代朝鮮における植民地地主制と農民運動』 제8장 「全南荷衣島土地回收運動」, 信山社, 東京.
이균영, 1989, 「해방의 땅 - 소안도」 『사회와 사상』 1989년 8월호, 한길사.
이성임, 2018, 「18~19세기 무토도장의 차정과 전계 - 장토문적을 중심으로」 『대동문화연구』 104. 성균관대 대동문화연구원.
이수애, 1983, 「도서지방의 촌락구조 -암태도 사례연구」 『도서문화』 1, 도서문화연구소.

이애숙, 2000, 「1920년대 광주지방의 청년·학생운동과 지역사회」『광주학생운동연구』, 아세아문화사.
이정선, 2020, 「일제시기 자은도 소작쟁의의 전개과정과 특징」『도서문화』 56, 목포대 도서문화연구원.
이종범, 1986, 「1920·30년대 진도지방의 농촌사정과 농민조합운동」『역사학보』 109, 역사학회.
이창영, 2016, 「1920년대 무안군 도초도 농민운동 연구」(연세대 교육대학원 석사논문).
이해준, 1985, 「장산도·하의도 문화의 배경」『도서문화』 3, 목포대 도서문화연구소
이해준, 1987, 「智島지역의 문화배경」『도서문화』 5, 목포대 도서문화연구소.
이해준, 1994, 「조약(약산)도 지역의 역사문화배경」『도서문화』 12, 도서문화연구소.
임성수, 2019, 「17~18세기 과세지 확대와 궁방전 규제 강화」『한국문화』 87, 규장각 한국문화연구원.
임학성, 2014, 「조선시기 경기 도서지역의 공간인식 변화」『도서문화』 43, 도서문화연구소.
정근식, 1995, 「집단적 역사경험과 그 재생의 지평-소안도 항일기념탑의 사회사」『사회와 역사』 47, 한국사회사학회.
정병준, 2007, 「암태도 소작쟁의의 주역의 세 가지 길 -서태석·박복영·문재철」『한국민족운동사연구』 51, 한국민족운동사학회.
정혜경, 1998, 『일제하 재일한국인 민족운동의 연구-大阪지방을 중심으로-』(한국정신문화연구원 한국학대학원 박사논문).
최성환, 2020, 「신안항일농민운동의 뿌리와 전개양상」『신안항일농민운동사 자료집』.
최성환, 2020, 「암태도 소작쟁의의 참여인물과 쟁의의 특징」『도서문화』 56, 목포대 도서문화연구원.
최성환, 2020, 「일제강점기 도초도 소작쟁의의 전개과정과 특징」『신안군항일농민운동사 자료집』.
최성환, 2023, 「1920년대 박복영의 암태도 소작쟁의 역할과 대외활동」『인문과학』 90, 성균관대 인문학연구원.

탁현진, 2013, 「매화도 소작쟁의 연구」(목포대 사학과 석사논문).
탁현진, 2020, 「지도 소작쟁의의 전개과정과 특징」『도서문화』 56, 목포대 도서문화연구원.
홍동현, 2020, 「1920년대 하의도 농민운동의 전개와 항일연대」『도서문화』 56, 목포대 도서문화연구원.
황금연, 2021, 「전라남도 완도군의 행정구역(면, 동리) 명칭 변화」『지명학』 35, 한국지명학회.

인명 찾아보기

/ㄱ/

가미나리 신조(神波信藏)　520
가와카미 데쓰고로(川上鐵五郎)　45
가토 다카아키(加藤高明)　531
강경도(姜京道)　57
강경용(姜京鎔)　436
강경환(康鏡環)　57, 59, 93
강기수(姜基秀)　428, 435
강두석(姜斗碩)　193
강례선(姜禮善)　428
강봉규(姜奉圭)　254
강사원(姜仕遠) → 강정태
강석봉(姜錫奉)　33, 34, 35, 437
강성태　389
강성휴(姜聲烋)　106
강세원(姜世遠)　36
강소천(姜小泉)　68, 69, 536, 537
강순저(康淳姐)　62
강영석　228
강우열(康禹烈)　36
강윤경(姜允庚)　460
강응원　388
강인철　557
강자수(姜子秀)　193
강정주(姜程周)　95
강정태(姜正泰, 일명 姜仕遠)　33, 34, 39, 40, 46, 49, 50, 52, 53, 54, 55, 57, 58, 62, 74, 78, 80, 99, 110, 111,

112, 537
강진수(姜晋秀)　435
강태수(姜太守)　456
강태안　60
강택완(姜宅完)　35
강택진(姜宅鑛)　362, 365
고경일(高京一)　436
고기산(高己山)　428
고노 도라노스케(木尾虎之助)　504, 509
고마다 유조(駒田祐造)　89
고만희(高萬希)　422, 428, 436
고민철(高玟喆)　422, 432
고바야시 교지로(小林興次郎)　349, 373
고백화(高白花)　359, 360, 364
고산(高山)　57, 78
고석규(高碩奎)　423, 424
고순규　423
고오길(高吾吉)　33
고영택(高永澤)　454
고용규(高用圭)　435
고자산(高滋産)　519
고장명(高長明)　535, 538, 539, 540, 542, 543, 572
고점수(高占水)　435
고태진(高泰珍)　522
고형빈(高亨彬)　428, 436
고홍채(高洪彩)　57
고희조(高羲祚)　460, 461, 477
공유범　542, 543

공화범 539
곽경륜 30
곽두인(郭斗仁) 281, 284
곽문환(郭文煥) 257
곽병관 267, 269, 279, 280
곽병무 249, 264
곽병운(郭丙雲) 280
곽병휘(郭丙輝) 262, 265, 266, 269, 284
곽사길(郭士吉) 201, 202, 203, 204
곽재근(郭在根) 280
곽재림(郭在林) 280
곽재술(郭在述) 270, 271, 274, 275, 276, 277, 278, 279, 280, 281, 284
곽재의(郭在儀) 267, 269
곽재인(郭在仁) 267, 269
곽재중(郭在中) 267, 269
곽재필(郭在必) 262, 264, 265, 266, 269, 270, 274, 275, 276, 278, 281, 284
곽재헌(郭在憲) 267, 269
곽재환(郭在煥) 267
곽정배(郭正培) 279, 280
곽종언(郭鍾彦) 267, 269, 280
광해군 298
구리야마 가네키치(栗山兼吉) 463, 464, 468, 477
구이겸(具以謙) 494, 495
권동규 202
권봉안(權奉安) 103
권유섭(權有燮) 36
권이진 312
권일영(權日永) 458, 459, 476
권표(權杓) 101
김경진(金京振) 527

김경천(金景天) 57, 58, 62, 64, 71, 78, 80
김경태(金敬太) 153, 162, 180, 185, 187, 189, 190, 191, 192, 193, 196, 197, 198, 202, 205
김공술 152
김관선(金寬先) 103
김광균 152
김광선(金光善) 83, 113
김광식(金光植) 428
김광재 37
김광준(金廣俊) 193
김광진(金光鎭) 35
김국태(金局泰) 526
김기배(金基培) 531, 534
김기범(金基範) 176
김기석(金基石) 184, 189, 190
김기석(金奇碩) 89
김기찬(金基贊) 97
김기한(金起漢) 32
김길룡(金吉龍) 121, 122, 150
김낙주(金樂周) 90
김남두(金南斗) 46, 49, 53, 57, 58, 60, 76, 78
김남숙 396
김농권(金弄權) 556, 563
김달수(金達首) 103
김대동(金大同) 90
김덕한 366
김동규(金東奎) 422
김동섭(金東燮) 101, 104
김동우 374
김동준(金同俊) 460

김동환(金東煥) 435
김두문(金斗文) 184, 188, 190
김두병(金斗柄) 103, 105
김두일 97, 313
김두환(金斗煥) 184, 188, 191
김득운(金得云) 33
김명규(金明圭) 105
김명길(金明吉) 78
김명륜(金明倫) 63, 64
김명률(金明律) 428
김명준(金明俊) 428
김명진 48, 396
김문일 386
김문철 356, 377
김문환(金文煥) 93
김민곤(金玟坤) 57
김민혁(金敏爀) 57
김민홍(金玟洪) 95
김백수(金伯洙) 460
김병구 557, 562
김병규(金柄奎) 33, 34, 47, 49, 53, 54, 55, 77, 100, 101, 103, 105, 108, 110, 111, 115, 116, 117, 124, 125, 126
김병래(金炳來) 460
김병련(金柄連) 104
김병로 361, 376
김병섭(金秉燮) 422, 428, 436
김병섭(金炳燮) 62
김병훈 557
김병희(金秉禧) 94
김복근(金卜斤) 219
김복수(金福守) 184, 191
김봉각 453

김봉균 347
김봉남(金俸南) 441, 445, 446, 452
김봉두(金奉斗) 103
김사홍(金仕홍) 57, 62, 70, 78, 80
김산광(金山光) 556, 557, 563
김상규(金相奎) 346, 364, 386, 391
김상규(金商圭) 93
김상근(金商瑾) 26, 88, 92, 93, 114
김상덕 64
김상렬 453
김상석(金商奭) 88, 133
김상선(金尙善) 349
김상섭(金商燮) 88, 90
김상수(金商守, 완도군 고금면 조약도) 184, 188, 190
김상수(金相洙, 강진군 대구면) 185, 194
김상수(金祥洙, 무안군 지도면) 35, 408, 388, 396, 409, 410, 418, 420, 471
김상숙(金相淑) 46
김상오 355
김상희(金相喜) 422, 424, 428, 436, 472
김생기 420
김서옥(金瑞玉) 89
김석동(金石同) 77
김석진 152
김석찬(金碩燦) 503, 509
김석현(金石鉉) 88
김선우 219
김선이(金先以) 184, 189, 190
김성도(金成道) 184, 188, 190, 191
김성서(金聲瑞) 254

김성좌(金成佐) 432
김세배 562
김세중 391
김수부(金水夫) 270
김수천(金洙千) 57, 60, 78
김수흥(金壽興) 294
김시중(金時中) 33, 229
김아기(金阿其) 119, 123, 146
김안식(金安植) 214
김양보(金良寶) 435
김양숙(金良淑) 33
김양주(金養主) 101
김양호 160
김연태 354, 356, 377, 381, 382, 391
김영두(金榮斗) 522
김영수 362
김영식(金永植) 57, 78
김영안(金永安) 78
김영진(金永鎭) 184, 189, 190, 191, 202
김영현(金榮炫) 112, 113, 114, 125, 126, 226
김영휘 365
김예묵(金禮黙) 503, 507
김오복(金五福) 460
김옥도(金玉道) 119, 122, 146, 149, 150, 152, 153, 158, 177, 180, 181, 202, 205
김옥석 452
김용곤 557
김용무 362
김용병(金容昞) 409
김용빈 557, 562
김용선(金用善) 349

김용선(金容旋) 435
김용안(金容安) 88
김용우(金容佑) 413
김용정(金容廷) 428, 435
김용준(金容準) 101, 104
김용철(金容哲) 413
김용택(金容澤) 388, 422, 424, 428, 435, 436, 472
김용학(金龍學) 360
김용환(金容煥) 412, 417
김우봉 151
김우진(金宇鎭) 97, 124
김운재 347, 354, 355, 356, 377, 386
김원일(金源日) 101
김유곤(金裕坤) 57
김유순(金柔順) 270
김유인 366
김윤석(金允石) 184, 189, 190, 202
김윤순 249
김은호(金銀浩) 57, 60
김은환(金澱煥) 33, 35
김응배 563
김응섭(金應燮) 33
김응수 557, 562
김응재(金應才) 514, 520, 521, 525, 526, 530, 532, 533, 572
김인수(金仁洙) 251
김인수(金寅洙) 33
김인학(金仁學) 122
김인홍(金仁洪) 104, 433, 435
김일섭 388
김자곤 557
김자욱(金子郁) 522, 527

김장균(金章均) 78
김장렬(金壯烈) 90, 93, 96, 98, 99, 100, 111, 124, 226
김장순(金章順) 57
김장안(金章安) 37, 57, 58, 77
김재경(金在敬) 95, 99
김재교(金在教) 90
김재남(金在南) 460
김재명(金在明) 35, 366
김재수 37, 38
김재희(金在禧) → 김정상(金正祥, 완도군)
김정상(金正祥, 완도군) 213, 214, 216, 218, 220, 225, 233
김정상(金正祥, 구례군) 33
김정순(金正順) 347, 359, 364, 386, 391
김정현(金正炫) 103
김정환(金淀煥) 33
김종담(金鍾淡) 428
김종보(金宗甫) 436
김종섭(金宗燮) 33, 60
김종언(金宗元) 428
김종오(金鍾吾) 104
김종원(金宗元) 436
김종헌(金鍾憲) 99
김종호(金宗浩) 77
김종호(金鍾浩) 57
김주현(金周炫) 103
김준기 425, 434
김준열(金俊烈) 523
김중현(金仲炫) 104
김지배(일명 김점배) 559, 574
김진운(金進云) 441, 445, 446, 452

김찬배 543
김창륜(金昶倫) 77
김창선(金昌鮮) 62, 114, 213, 216, 218, 220, 225, 233
김창수 452
김창영(金昌英) 103
김창용 229
김창현(金昌炫) 185, 194
김창호(金昌浩) 135
김창화 441
김채곤(金彩坤) 101
김채윤 151
김채일(金采日) 103
김천녕(金天寧) 138, 140, 155
김철공(金喆功) 184, 188, 190, 191, 196, 197
김철진(金哲鎭) 33, 35
김춘수(金春水) 90
김충식(金忠植) 108, 133
김치우(金致雨) 103, 105
김태규(金泰圭) 90
김태영 361
김태현(金台鉉) 89
김태협(金台狹) 95
김태화 556, 557, 563
김태환(金太煥) 104
김택규(金澤奎) 409
김택현(金宅鉉) 520
김통안(金通安) 49, 53, 74
김판범(金判凡) 413
김필호 388
김학면 557
김학모 343

김한정 316
김해곤(金海坤) 57
김해룡 387, 388, 396
김행중(金行中) 436
김혁곤(金炫坤) 62, 557, 562
김현수(金炫壽) 441, 474
김형곤 58
김형균(金亨均) 528
김형옥 423
김호준 521
김홍기(金洪基) 37, 38, 47, 57, 58
김홍배(金洪培) 119, 120, 123, 146, 147, 161, 178
김홍석(金洪碩) 57
김홍섭(金洪燮) 78
김홍임(金洪林) 428
김홍추(金洪秋) 90
김후식(金厚植) 108

/ㄴ/

나가노 마사모토하코(永野正元函) 504
나가타 다케오(長田武男) 426, 427
나가타 도오루(永田亨) 102
나만성(羅萬成) 35, 388, 396, 409, 410, 415, 416, 418, 420, 471, 537
나봉균(羅鳳均) 33, 34, 35, 93, 98, 99, 100, 101, 105, 111, 124
나정환(羅正煥) 408, 417, 419, 471, 472
나카미치 세이오(中道淸男) 349
나카미치 세이타로(中道淸太郎) 349, 393, 422, 423, 425, 429, 432, 434, 441, 444, 445

나카이 미쓰하치(中井三八), 89
나카지마 겐조(中島健三) 364, 368, 374, 375, 377, 398, 434, 451, 467, 527
남만웅(南萬雄) 509
노다 츠타(野田津太) 68
노동준(盧東俊) 57
노주봉(盧周鳳) 118, 153
니시나 유이치(仁科雄一) 538
니즈마(新妻) 423

/ㄷ/

다카야 에이타로(高谷榮太郎) 530
대원군 498
도쿠다 야시치(德田彌七) 481, 520, 521, 522, 523, 525, 526, 527, 528, 531, 565, 572, 573, 575

/ㅁ/

마쓰이 노부스케(松井信助) 511, 513
명양준(明良俊) 433
명혜공주 314
무라카미 나오스케(村上直助) 423
문경석 353
문길호 353
문남균(文南均) 57
문덕칠 353
문명호 352, 353, 354, 363, 377
문민순 363, 377
문봉현(文鳳鉉) 436, 437
문상연(文尙淵) 436
문승수(文升洙) 121, 122

문시준 372, 389
문양순(文亮純) 428
문양현 322
문영준(文泳俊) 512, 513
문영철(文寧喆) 396, 435
문옥산 452
문응오(文應五) 380
문응창 359, 363, 372, 389
문응천(文應天) 435
문익태 322
문재봉 363, 377, 389
문재철(文在喆) 322, 325, 334, 335, 336,
    349, 355, 359, 368, 372, 374, 375,
    378, 379, 380, 381, 383, 385, 389,
    390, 393, 394, 398, 399, 400, 401,
    405, 410, 421, 425, 429, 441, 443,
    444, 445, 450, 472, 474, 479
문종렬(文宗烈, 도초도) 428
문종렬(文鍾烈, 완도) 97
문진현 322
문창주 226
문태현(文泰炫) 322, 334, 335, 350, 351,
    353, 354, 363, 399
문학현 322
문화오(文化五) 380
미야자키 노리유키(宮岐憲之) 522,
    523, 527, 531, 532, 572

/ㅂ/

박경규(朴京奎) 57
박경남(朴京南) 184, 188, 190, 191
박경삼(朴京三) 349

박경옥(朴京玉) 184, 188, 190
박공진(朴公振) 503, 504, 511, 512, 519,
    571
박관섭(朴寬燮) 460
박권재(朴權宰) 57
박권태 557, 562
박금담 391
박기숙 52, 77
박기준(朴基駿) 504
박길배 249
박남기(朴南基) 428, 436
박남현(朴南玄) 518, 519, 520
박노길(朴魯吉) 95
박노호(朴魯灝) 140, 151, 152, 153, 159,
박노훈(朴魯釦) 135
박노훈(朴魯勳) 135
박덕기 452
박동규(朴東珪) 203
박동금(朴東金) 531
박동수(朴東秀) 57
박동인(朴東仁) 265, 266, 269, 284
박동준(朴東俊) 122
박두순 554
박두영(朴斗永) 454, 461, 477
박두재 261, 262, 265, 283
박득수(朴得守) 57
박래원(朴來源) 437
박만세(朴萬世) 184, 190, 191, 202
박명재 249, 250
박몽룡 554, 555, 561
박백련(朴百連) 90
박병률 151
박병완 356, 377

인명 찾아보기 591

박복영(朴福永)　324, 325, 360, 364, 371,
　　372, 374, 375, 378, 380, 382, 385,
　　386, 387, 388, 389, 390, 396, 413,
　　446, 452, 453, 474
박봉선(朴奉先)　103
박봉욱(朴奉旭)　435
박사욱(朴仕彧)　33
박상규　151
박석현(朴錫鉉)　251, 254
박석홍(朴錫洪)　254
박성래(朴聖來)　173
박성섭(朴成燮)　460
박순직(朴淳稷)　258, 259, 260
박승극(朴勝極)　231
박승억　387, 388, 414
박아지(朴芽枝)　93
박안근(朴安根)　95
박연도(朴然道)　432
박영배(朴永培)　247
박영선(朴英善)　441, 445, 446, 452
박영환　230
박영희(朴暎熙)　62
박용규　313
박용산　356, 377, 386
박용우　60
박용일(朴鎔逸)　413
박용채(朴龍采)　349
박윤권(朴允權)　529
박응두(朴應斗)　97
박응식(朴應植)　421, 472, 511, 514, 519,
　　520, 528
박응언　355, 356, 377, 391
박응호　321, 322

박이규　356
박이만(朴以萬)　184, 188
박인배　261, 283
박인선(朴仁善)　94, 95, 107, 226
박인식(朴仁植)　422
박일주　554
박자신(朴慈信)　372
박장빈(朴長彬)　435
박장호(朴長浩)　31
박장환(朴庄桓)　351, 531, 532
박재교　95
박재순(朴在淳)　432
박재실(朴在實)　413
박정립(朴晶昱)　98
박정수(朴正水)　428, 436
박정순　33
박정인(朴正仁)　57
박종규(朴鍾奎)　460
박종남(朴宗南)　346, 352, 353, 354, 355,
　　362
박종섭(朴鍾燮)　408, 409, 411, 415, 417,
　　418, 419, 471, 472
박종식(朴鍾殖)　265, 388
박종은(朴鍾殷)　372
박종채　557
박종춘　271, 274, 275, 278, 284
박종협(朴鍾浹)　251, 253, 254, 259, 260,
　　261, 262, 265, 266, 269, 271, 274,
　　275, 276, 278, 281, 283, 284
박좌일　355, 386
박주평(朴周平)　57
박주흠　554
박준삼　229

박창진(朴昌珍)　422, 428, 436
박채언　415, 416, 472
박천세(朴千世)　174, 183, 185, 187, 189,
　　　190, 191, 192, 196, 197, 202
박천우(朴天遇)　421
박춘금(朴春琴)　528, 529, 530, 532, 540,
　　　541, 542, 572, 573
박치빈　355
박태술　119, 146
박필선(朴弼善)　347, 351, 352, 354, 356,
　　　377, 386
박필순　554, 555, 561
박한세(朴漢世)　184, 188, 190, 191
박행규(朴幸奎)　460
박형식(朴亨植)　529, 530
박형천(朴亨天)　529
박홍언　354, 356, 377
박화국(朴化局)　36, 57
박흥곤　40, 52, 77
배명순(裵明順)　138, 139, 140, 155
배봉기(裵鳳琪)　104
배윤빈　151
배일호　152
배치문　388
백남주(白南珠)　57
백인기(白寅基)　310, 509, 571
백태윤(白泰胤)　62
백형기(白亨奇)　52, 76
백형섭(白亨燮(基))　33
변인옥　539, 540, 542, 543
부태담(夫太淡)　435
빈광국(賓光國)　57, 58, 59

/ㅅ/

사카이 다케오(酒井赳夫)　467
서광설　362
서광주　356
서광호(徐光浩)　349, 360, 364, 368, 374
서난수　452
서동수　356, 377, 387
서동오　352, 372, 387, 388, 396
서민석　356, 377
서병남　466
서병대(徐炳大)　458, 459, 460, 477
서병도(徐炳道)　460
서병석　386
서병언(徐炳彦)　465, 478
서병인　466
서병재(徐炳在)　454, 466
서병창(徐炳昌)　460
서상식(徐相湜)　455
서성국 → 서치규
서송언(徐宋彦)　349
서옥봉(徐玉奉)　441, 452
서응삼　387, 452
서인섭(徐寅燮)　454, 455, 456, 457, 458,
　　　459, 462, 464, 465, 468, 470, 476,
　　　477, 478
서정희(徐廷禧)　355, 374, 437
서종오　353
서중현(徐重炫)　33
서창석(徐倉錫)　346, 347, 351, 352, 354,
　　　356, 377, 381, 382, 391, 398, 452
서치규(徐致奎, 일명 徐聖國)　455, 456,
　　　458, 462, 470, 476

인명 찾아보기　593

서태석(徐邰錫) 325, 326, 347, 354, 356, 371, 376, 377, 381, 382, 387, 391, 398, 479
서홍렬(徐洪烈) 135
석진형(石鎭衡) 66
선태섭(宣泰燮) 33
설병호(薛炳浩) 437
설준석(薛峻碩) 33, 35, 396
성경섭(成慶燮) 441, 445, 446, 452
성권수 453
성낙표 453
성백인 451
소진춘(蘇鎭春) 245, 249
소진호(蘇鎭浩) 258, 259, 283
손병익(孫炳翼) 245, 257
손악암 453
손재형(孫在馨) 245
손학진 354, 356, 372, 377, 381, 382, 389, 390, 391
송기호(宋琪浩) 22, 33, 34, 40, 53, 55, 57, 58, 62, 72, 78, 80, 110, 213, 216, 218, 220, 221, 225, 233
송기화(宋基華) 33, 35, 388, 442, 452
송내호(宋乃浩) 21, 22, 31, 33, 34, 37, 38, 39, 40, 46, 48, 50, 52, 53, 55, 57, 58, 59, 71, 78, 79, 80, 81, 90, 91, 110, 115, 125, 224, 226
송동현(宋東炫) 435
송봉호(宋奉浩) 57
송완섭(宋完燮) 434
송원섭 451
송윤삼(宋胤三) 31
송정윤 542
송준길(宋浚吉) 292
송화식 48
스즈키 아이쵸(鈴木愛重) 141
시모츠케 로산(下野浪參) 503
신광희(申光熙) 46, 49, 50, 52, 53, 57, 58, 75, 78, 101
신구희(申龜熙) 57
신기빈(申寄彬) 522
신길조(申吉祚) 33
신동호 450
신동희(申洞熙) 39, 41, 50, 52, 57, 60, 62, 75, 78
신만희(申晩熙) 50, 52, 75, 100, 106
신병희 151
신봉채(申奉彩) 77
신용균 37
신우석(申禹錫) 57
신우승(申禹昇) 36, 39, 57
신우악(申禹岳) 57
신익상(申翼相) 295
신일용 365
신준희(申晙熙) 33, 34, 35, 39, 40, 46, 49, 50, 52, 53, 54, 55, 75, 78, 100, 109, 110, 111, 115
신태희(申台熙) 99
신판수 556, 557, 563
신표성(愼杓晟) 436, 437
심상규 355

/ㅇ/

아베 슈(阿部秀) 93
아사히 겐즈이(朝日見瑞, 일명

　　　　朝日俊雄) 536, 538, 539, 540, 541,
　　　542, 543, 572
안갑천 452
안남용 470
안영락 319
안창화 452
안천강(安天江) 247
야노 쇼사쿠(矢野庄作) 422, 425
야마자키 가쓰우에몬(山崎勝右衛門)
　　89
양동진 415
양막내(梁莫乃) 221
양봉이 452
양석암 453
양석진 372
양선묵(梁宣黙) 409
양양순(梁良順) 221, 233
양정숙 540
양효묵(梁孝黙) 522, 530, 534
에토 다이조(衛藤對藏) 454, 476
영창대군 298, 490
오기만(吳基萬) 134
오기호(吳基灝) 135
오놀보 160
오문현(吳文鉉) 119, 120, 146, 147, 161,
　　178,
오석균(吳錫均) 93, 114
오시수(吳始壽) 294
오창석 151
오타니 노부오(大谷信夫) 511
오타니 쓰네지로(小谷常次郎) 524, 530,
　　539
오횡묵(吳宖黙) 330

옥풍빈 376
우자환(禹子環) 527
우장승(禹張昇) 135
우장승(禹長昇) 99
우정선 543
우치다 유우키(內田佑義) 408
우콘 곤자에몬(右近權左衛門) 481, 509,
　　510, 515, 523, 524, 571
우판도 452
원응상(元應常) 375
위경량(魏京良, 일명 魏京永) 37, 57, 76,
　　100
위경영(魏京永) → 위경량
유상운(柳尙運) 295
유성오(劉聖吾) 57
유용의(柳龍義) 35
윤가현 153
윤금병(尹今炳) 432
윤덕진(尹德津) 116, 117
윤덕환(尹德丸) 103
윤두석 369, 374
윤민환(尹敏煥) 529
윤상규(尹庠奎) 546
윤상옥(尹祥玉) 564
윤선옥(尹先玉) 435
윤세민 497, 570
윤신지(尹新之) 311, 312
윤영현(尹永炫) 421, 425, 429, 434, 472
윤인수 557, 562
윤인옥(尹仁玉) 121, 122
윤중좌(尹重佐) 435
윤치형(尹致亨) 103
윤택중 564

윤행임 209
이각재(李恪宰) 46, 49, 57, 58
이갑백 249
이갑빈 60
이갑준(李甲俊) 33, 52, 77
이강덕 564
이강채(李康彩) 28, 64
이경명(李京銘) 106
이경옥(李敬玉) 89, 249
이공진 138
이광(李洸) 437
이광사(李匡師) 209
이권문(李權文) 503, 509, 512, 513
이권익 391
이규승(李圭昇) 21, 83
이기동(李起東) 138, 156, 525
이기용(李埼鎔) 62
이기태(李基泰) 103
이기홍(李基弘) 119, 120, 137, 138, 140, 142, 146, 147, 150, 151, 152, 153, 157, 161, 178
이길진(李吉辰) 560
이남두(李南斗) 33
이남련(李南璉) 89, 90, 108
이남전 557
이남휴(李南休) 106
이도재(李道宰) 21, 83, 113, 114
이동운 138, 151, 156
이동재(李東宰) 536
이동필(李同必) 460
이두성(李斗聲) 122
이득재 60
이로카와 유쿠타로(色川行太郎) 538

이마이 도요마(今井豊馬) 422, 425, 429, 432, 434
이만손 209
이맹신 152
이명래 117
이명지(李明智) 57, 60
이병의(李丙儀) 365, 368
이병익(李炳翼) 185, 194
이병진(李秉津) 185, 194
이병호(李秉昊) 104
이봉오 391
이봉재 28
이사열(李士烈) 90, 156
이상섭(李尙燮) 514, 515, 522, 527, 534
이서(李曙) 292
이성재 28
이세보 209
이수산(李洙山) 77
이수산(李守山) 37, 57
이수열(李守烈) 138, 140, 155
이승길 311
이시보 453
이시완(李時琓) 62
이쌍봉 152
이연조(李連祚) 409
이영민(李榮珉) 344
이영식(李永植) 153, 162, 180, 182, 183, 185, 187~190, 192, 196, 197, 202, 205
이영환(李英煥) 526
이옥경 452
이완용 307, 310, 501, 507, 570
이용백 420

이용익(李容翊)　307, 313, 500, 501, 570
이원재(李元宰)　57, 64
이월송(李月松)　23, 32, 35, 37, 46, 57,
　　58, 76, 101
이유근　256
이윤련(李允連)　77
이응길(李應吉)　116, 117
이의형　48
이일봉(李一峰)　116, 117
이장백(李長伯)　57, 78
이재석(李在石)　265, 266, 269, 284
이재순　305
이재옥(李在玉)　57
이재원(李在元)　456
이정동(李廷東)　43, 46, 49, 57, 58, 77
이정렬(李貞烈)　138, 156
이정윤　365, 366
이정인(李正仁)　116, 117
이정재　138
이종섭(李宗燮)　34
이종운　137
이종학(李宗學)　103
이준희　151
이지홍　313
이진호(李軫鎬)　68, 530, 531
이창수(李昌洙)　437
이철암(李鐵巖)　97
이철호(李喆鎬)　35
이춘동　562
이태규(李泰奎)　435
이태봉(李泰奉)　57
이태호(李泰護)　106
이평존(李平存)　37, 57, 60

이학범(李學範)　503
이한재(李漢宰)　28, 64
이한태　28, 226
이항발(李恒發)　33, 35, 229, 450
이해숙　60
이현렬(李顯烈)　91, 137, 139, 140, 141,
　　143, 144, 150, 154, 160, 161, 180,
　　181
이형두(李亨斗)　36, 57
이형인(李亨仁)　37, 57, 77
이형춘(李亨春)　36
이형칠(李亨七)　57
이호건　62
이호준(李鎬俊)　304, 498, 499, 501, 570
이홍숙(李弘淑)　101
이홍용　114
이휴의(李休儀)　214
이홍세(李興世) → 이홍쇄(李興刷)
이홍쇄(李興刷, 일명 李興世)　33, 34,
　　99, 150, 151, 152, 153, 158
이희철　562
인목대비　298, 490, 506
임경윤(任京允)　562
임봉순(任鳳淳)　366
임사빈　556, 557, 563
임성관(任成寬)　103
임 표(林彪)　33
임재갑(任在甲)　33, 34, 36, 111, 125,
　　213, 214, 216, 218, 219, 223, 224,
　　226, 233, 234
임재영(任在穎)　99
임재옥　265
임종만　366

임창오 562
임표 366
임학 311
임현욱 562
임홍기(林弘基) 99, 111
임홍남 60

/ㅈ/

장명재(張明在) 116, 117, 193
장병준(張炳俊) 33, 537
장상욱 552
장석천(張錫天) 223, 227, 228, 229, 230, 231, 234
장선홍(張宣洪) 221
장수천(張首泉) 221
장순재(張順在) 221
장영태(張永泰) 533
장운경(張雲敬) 522
장유성(張有聲) 413
장일(張壹) 504
장재명 117
장재성 121, 228
장정돈(張正敦) 184, 189, 190, 191
장정태(張正泰) 539, 540, 560
장진우(張鎭宇) 36
장한준(張漢俊) 33
전도(全濤) 33, 35, 366
전일 366
정경옥(鄭景玉) 251, 253, 254
정광택 37
정권(鄭權) 100
정규선(丁圭善) 101

정긍조(鄭肯朝) 90
정길조(鄭吉祚) 460
정남국(鄭南局) 33, 34, 36, 40, 50, 52, 53, 55, 68, 72, 78, 536, 100, 109
정남균(鄭南均) 174, 176
정덕채(鄭德采) 184, 88, 190, 191
정덕추(鄭德秋) 184
정두현 388
정명공주(貞明公主) 298, 485, 486, 487, 490, 491, 501, 505, 506, 507, 508, 569
정문두(鄭文斗) 153, 162, 174, 180, 182, 185, 187, 189, 190, 192, 193, 196, 197, 198, 199, 201, 202, 205
정민홍(鄭敏弘) 104
정병국(鄭炳國) 176
정병기(鄭炳基) 184, 188, 190
정병래(鄭炳來) 153, 162, 174, 180, 182, 185, 187, 189, 196, 199, 202, 205
정병련(鄭炳連) 184, 189, 190
정병생(鄭炳生) 174, 183, 185, 187, 189, 190, 191, 192, 193, 196, 197, 198, 202
정병완(鄭炳完) 184, 188, 190
정병용(鄭柄鏞) 33, 35
정병조(鄭炳朝) 310, 509, 571
정복팔(鄭福八) 184, 188, 190, 191
정부균(鄭富均) 152, 153, 159, 180, 182, 187, 189, 190, 196, 198, 205
정부명(鄭富明) 184, 188, 190, 191, 196, 197, 200, 202
정생균(鄭生均) 199
정석규(鄭錫奎) 57

정석추 188, 190, 191, 202
정성수 316
정순영(鄭淳永) 32
정약전 209
정운해 356
정윤모(鄭倫模) 437
정윤섭(鄭允燮) 36
정응빈(鄭應彬) 90
정인주(鄭仁主) 98
정재숭(鄭載嵩) 294
정정옥 556, 557, 563
정창남(鄭昌南) 57, 77
정탁균 202
정태선(鄭太善) 190
정태열 60
정태화(鄭太和) 293
정학균(鄭鶴均) 101, 137, 138, 139, 140, 154, 160, 180
정해성 60
정화진 562
정환중(鄭煥中) 173
정후균(鄭後均) 152, 153, 159, 162, 177, 180, 181, 182, 191, 193, 194, 195, 198, 201, 202, 204, 205, 206
제갈남출 514
제갈호식(諸葛好植) 560
제갈홍빈 512
제문명 104
조규린(曺圭麟) 276, 278, 284
조규선(曺圭先) 262, 264, 265, 266, 267, 269, 270, 271, 274, 275, 276, 277, 278, 279, 281, 284
조규영(趙圭英) 270

조극환(曺克煥) 33, 35, 388
조동선(趙東善) 92, 119, 121, 122, 123, 146, 149, 150, 160
조문환(曺文煥) 33
조병수(曺秉洙) 245, 254
조병정 248
조병택(趙秉澤) 310, 509, 571
조병하(曺秉河) 275, 276, 278, 284
조봉암 366
조봉학(趙鳳鶴) 103
조상숙(趙尙淑) 396, 435
조석숭(趙錫崇) 454, 476
조성환(曺成煥) 409
조승하 396
조영희(曺永喜) 413
조용근 257
조용술 257
조종래(趙鍾來) 104
조치형(趙致亨) 105
조현숙(趙賢淑) 435
주명식(朱明植) 413, 420
주복수(朱福洙) 413
주진 60
주채도(朱彩道) 37, 49, 53, 76, 78
지석영 209
지종호(池鍾浩) 108
지형래(池泂來) 95
진옥진(陳玉振) 176

/ㅊ/

차낙선(車樂先) 103
차납순 151

차승만(車承萬) 254
차재정 229, 230
차종화(車鍾和) 96
차태희(車泰喜) 181
채수강(蔡洙康) 503
천길호(千吉鎬) 334
천돈섭(千頓燮) 100
천상섭(千相燮) 409
천선재(千善才) 108
천철호(千哲鎬) 441, 444, 445, 474
천후빈(千后彬) 349, 359, 361, 393, 394, 398, 443, 474
최경윤(崔敬允) 203, 204
최금암 563
최기원(崔基元) 247
최덕민(崔德敏) 57, 60
최동민(崔東珉) 428, 436
최명봉 452
최병기 57
최병옥(崔秉玉) 166
최병우(崔炳佑) 33
최병재(崔柄宰) 57
최병준(崔秉準) 166, 173
최복순 151
최복운(崔福云) 441, 445, 452
최사홍 313
최선일(崔先日) 202, 204
최성태(崔聖泰) 57
최세련(崔世蓮) 202
최수강 308
최숭문(崔嵩文) 425
최옥종 543
최용도(崔龍道) 535, 536, 537, 539, 540, 541, 542, 572
최용채(崔龍彩) 542, 543
최용환(崔龍煥) 540, 542
최원택 356
최원휴(崔元休) 106
최윤달 563
최익재(崔翊載) 33
최익한(崔益翰) 536
최장주(崔璋柱) 106
최재문(崔在汶) 257
최정래(崔正來) 101
최정만 557, 562
최준희 80
최창규(崔昌珪) 119, 122, 140, 146, 150, 152, 153, 157, 161, 180, 181
최창수(崔昌洙) 428, 435
최창익 365
최창준(崔昌俊) 435
최천렬(崔千烈) 96, 226
최판용(崔判用) 413, 460
최평산(崔平山) 43, 46, 49, 53, 54, 55, 57, 58, 60, 74, 78, 110
최형천(崔亨天) 33, 34, 39, 40, 46, 49, 50, 52, 53, 54, 55, 62, 63, 74, 78, 100, 101, 110, 112
최홍길(崔洪吉) 57, 58
추길철(秋吉鐵) 221
추상민 30
추성균 60

/ㅋ/

코가 오카타로(古賀岡太郞) 374

/ㅍ/

표생규 453
표성천(表聲天) 441, 445, 446, 452, 453, 474
표준 396

/ㅎ/

하시모토 기요시(橋本淸) 540
하시모토 요시사다(橋本瀨貞) 408, 411
하시모토 칸(橋本寬) 504
한귀재(韓貴才) 174, 176
한길상(韓吉祥) 33, 34
한승리 245
한신오 34
한원교(韓遠敎) 251
한원석(韓元石) 34
한치교(韓致敎) 254
허찬 249
허찬오 245
허치성(許致成) 116, 117
허행복(許行福) 254
허헌 229
허환 249
혜경궁 홍씨 496
호리이케 쓰네사쿠(堀池常作) 520
홍감보 303
홍낙성(洪樂性) 496
홍낙주(洪洛周) 303, 497
홍만용 303, 495
홍봉한(洪鳳漢) 302, 494, 495, 496

홍상안(洪象漢) 496
홍석보(洪錫輔) 496
홍설모(洪說謨) 303, 307, 497
홍여경(洪汝景) 89
홍영(洪靈) 487
홍우록(洪祐祿) 303, 307, 308, 309, 310, 489, 496, 497, 501, 502, 503, 504, 506, 507, 508, 570, 571
홍우승(洪祐勝) 303, 307, 496, 497, 507, 514
홍이상(洪履祥) 487
홍자표(洪子杓) 94
홍주원(洪柱元) 298, 303, 487, 489, 490, 491, 495, 506
홍중연 303
홍진유 60
홍철수(洪哲洙) 138, 140, 155
홍철주(洪澈周) 303, 307, 496
홍현보(洪鉉輔) 496
황계주(黃繼周) 213, 214
황권팔(黃權八) 87, 133, 135
황규하 152
황금성(黃金城) 101, 104
황동윤(黃同允) 92, 114, 119, 121, 122, 123, 124, 146, 147, 149, 150, 161, 178
황두연 564
황상남(黃相南) 119, 121, 122, 123, 146, 149, 150
황상식(黃相植) 57
황생주 453
황숙현 564
황영률(黃영律) 103

황영철(黃英哲) 90
황의보(黃義補) 57
황의영(黃義瑛) 222, 223
황인주(黃麟周) 89, 90
황인철 140
황인하 152
황진숙(黃珍淑) 441, 445, 446, 452
황태성 229
황형주(黃亨周) 106
후루야 사다오(古屋貞雄) 69, 467, 536, 537
후지야마 소스케(藤山宗助) 107
후지이 이치니산(藤井一二三) 249, 250

일제하 도서지역의 민족운동과 사회운동
  - 소안도·암태도·하의도 등의 사례 -

초판 1쇄 인쇄 ｜ 2025년 02월 13일
초판 1쇄 발행 ｜ 2025년 02월 20일

지은이 ｜ 박찬승
발행인 ｜ 한정희
발행처 ｜ 경인문화사
주   소 ｜ 경기도 파주시 회동길 445-1 경인빌딩
전   화 ｜ 031)955-9300, 팩 스 ｜ 031)955-9310
이메일 ｜ kyunginp@kyunginp.co.kr
홈페이지 ｜ https://www.kyunginp.co.kr
출판번호 ｜ 제406-1973-000003호

ISBN 978-89-499-6844-5 93910
정가 45,000원

* 파본 및 훼손된 책은 교환해 드립니다.